普通高等教育“十一五”国家级规划教材

周向军　高奇　主编

人际关系学

Renji guanxixue

山东大学出版社

图书在版编目(CIP)数据

人际关系学/周向军,高奇主编.—济南:山东大学出版社,2010.3(2013.1 重印)
ISBN 978-7-5607-4063-8

Ⅰ.①人...
Ⅱ.①周... ②高...
Ⅲ.①人际关系学
Ⅳ.①C912.1

中国版本图书馆 CIP 数据核字(2010)第 054099 号

山东大学出版社出版发行
(山东省济南市山大南路 27 号　邮政编码:250100)
山 东 省 新 华 书 店 经 销
济南景升印业有限公司印刷
720×980 毫米　1/16　30.75 印张　566 千字
2010 年 3 月第 1 版　2013 年 1 月第 3 次印刷
定价:49.80 元

版权所有,盗印必究
凡购本书,如有缺页、倒页、脱页,由本社营销部负责调换

前 言

摆放在您面前的这本《人际关系学》是列入普通高等教育“十一五”国家级规划的教材，它适用于全日制高等学校社会工作与管理、社会学、行政管理学、政治学、秘书学、应用心理学、思想政治教育、传播学、广告学、公共关系、哲学等专业以及管理类各相关专业的大学生，同时，也可作为自学考试、电大、函大选修人际关系学课程的学生的参考用书。对于人际关系学的广大爱好者，这也是一本很适用的参考读物。

一、本教材的来历和结构

1987年，根据教学工作的需要，我们承担了人际关系学这门课程的教学任务。鉴于人际关系问题在当代社会生活中愈来愈突出，而人际关系的理论研究则相对滞后的实际情况，开课之初，我们就下决心撰写一本系统阐述人际关系学的教材，并把备课、授课的过程作为研究和写作的过程。从那时开始，我们就注意收集关于人际关系学研究的论文、学术著作和教材等资料。在吸收当时已经出版或发表的教材、研究成果的基础上，经过努力，于1989年完成了一部书稿，以《人际关系学教程》(周向军撰写)的书名，分上、下册打印出来，作为讲义供学生学习人际关系学使用。以这套讲义作教材，我们先后多次为哲学专业本科生、思想政治教育专业第二学士学位班开过课，还为全校大学生开过通选课，受到同学们的欢迎和好评。

在思想政治教育专业88级第二学士学位班开课时，同学们对课程产生特别浓厚的兴趣和学习热情。应他们的要求，也为了充分发挥他们学习的积极性、主动性、创造性以及教学改革探索的需要，结合课程的学习，师生一起编写了《待人处世的学问——人际关系学通信》一书(周向军主编，济南出版社1990年版)。该书曾获山东省社会科学优秀成果奖，出版后不久即脱销。这给我们很大的鼓舞，增强了进一步讲授和研究人际关系学的信心。在主编和出版此书的过程中，我们对人际关系学的研究水平有了较大的提高；同时，原讲义在使用过程中也暴露出一些问题和不足；加之学术理论界又发表、出版了一批新的研究成果，于是，我们下决心对原书稿进行增补、删除或修改。这一工作，从1992年下半年开始到2001年，历经十年，我们真有“十年磨一剑”的感觉，经反复研究、修改，完成《人际关系学》（周向军著）的书稿，并获得山东大学优秀教材出版基金的资助，由云南人民出版社于2002年1月出版。该书出版后，受到较高的评价，深受广大师生的欢迎。许多高校，如山东大学、中国石油大学等，都将其作为人际关系学教学的首选教材，该书也成为许多通选课、自学考试学生和广大读者比较喜爱的参考书和读物。该教材在不到两年的时间里，于2003年修订再版，印刷三次。总之，该教材使用效果较好，社会效益也较高。

随着我国经济社会快速发展和人民生活水平的普遍提高以及构建和谐社会的迫切需要，人际关系学在社会生活中的地位越来越重要，许多大学在相关专业都开设了人际关系学课程，或作为通选课为所有喜爱这门课的同学们开放，在这种情况下，教材建设成为该课程建设的首要任务。为了适应这一需要，我们再一次对该教材进行了较大幅度的修订，我们坚信只有根据学科发展水平和读者的需要不断充实内容和改进形式的教材，才能成为广大师生喜爱的教材。令人高兴的是，该修订教材已被列入普通高等教育“十一五”国家级规划教材。

本次修订的内容是：在结构上，将原来的三篇改为四篇，即“导论篇”、“历史篇”、“原理篇”和“实践篇”，使之在逻辑和结构上更加合理、严密。在“历史篇”中，在扩充“中国人际关系思想之历史发展”、“西方人际关系思想之历史发展”的基础上，增加了“马克思主义关于人际关系的思想”。调整和扩充了“导论篇”、“原理篇”、“实践篇”的相关内容，新增“人际交往”、“人际吸引”、“人际沟通”、“人际关系测量与评估”、“人际交往中的礼仪与禁忌”等章节，使之更丰富、更充实，针对性更强，适用面更宽。结合正文的内容、背景、时间和人物的介绍，增加专栏、图表等，进一步增强全书的趣味性和可读性。增加各篇的思考题。对全书文字进行润色、推敲、修改，使其表述更准确、语言更流畅。我们希望这次修订能使这本教材登上一个新台阶。修订后的《人际关系学》结构如下图所示。

二、本教材编写之紧要性

尽管中国文献中不乏特定时代的人际关系思想，尽管西方自文艺复兴以来关于人的研究掀起了高潮，尽管现实中关于人际关系的通俗读物充斥市场，但是，编写高等教育人际关系学教材，尤其是编写适应社会主义初级阶段的需要、适应构建社会主义和谐社会需要的人际关系学教材仍是一项迫切任务。

首先，这是在高校中坚持和发展马克思主义的需要。从一定意义上说，马克思主义人际关系学在我国有点空场的味道。在马克思主义产生之前，历史上关

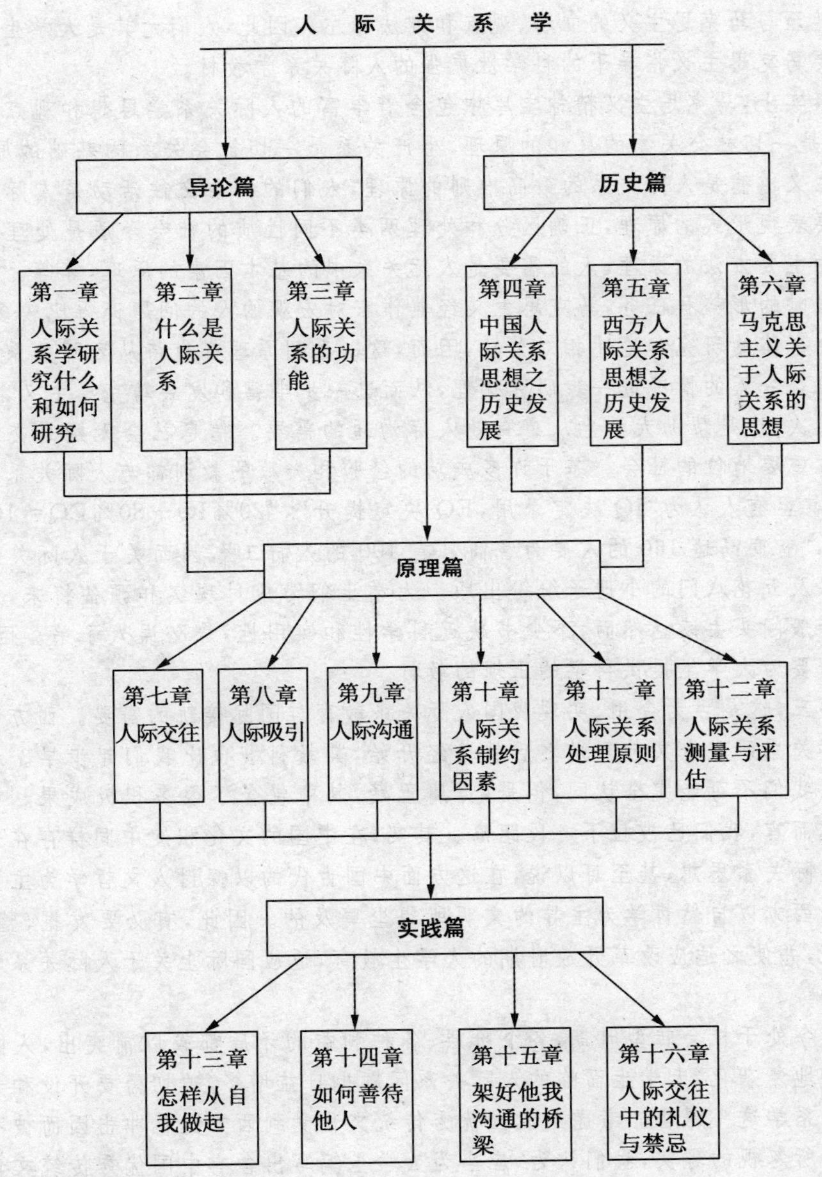

本教材的结构图

于人际关系的理论鱼龙混杂，总体上都是思辨的、经验的。马克思主义传入我国后，在“左”倾思潮泛滥的很长时期里人际关系学以及相关学科都被当成伪科学。近些年来，关于人际关系学的研究出了一些成果，但总体上仍缺乏高度与深度，有的甚至与马克思主义的立场、观点和方法相左。因此,人们尤其是大学生们迫切需要马克思主义指导下的科学性更强的人际关系学教材。

事实上,马克思主义精神宝库中包含着丰富的人际关系学思想和观点。比如,人是一切社会关系的总和的原理,生产关系是一切社会关系的基础的原理,共产主义道德是人际关系的最高准则的原理,人们的社会交往活动是人际关系的主要表现形式的原理,正确区分和处理两类不同性质的社会矛盾是处理人际关系的主要方法的原理,人的需要是人际关系中的基本因素的原理,等等。不过限于当时的形势和任务,马克思主义经典作家对宏观的人的问题谈得比较多,而对社会个体的研究和论述相对欠缺,因而,这一系列原理都有待从人际关系学的角度结合今天的情况进一步研究梳理,从而进一步丰富和发展马克思主义本身。

其次,这是帮助大学生从事有效人际沟通的需要。信息社会无疑是交流和沟通占重要地位的社会。基于许多成功的经验和失败的教训都与人际关系息息相关,甚至有人认为“IQ 决定录用,EQ 决定提升”,“20%IQ+80%EQ=100%成功”,“智商高达 160 的人要为智商只有 100 的人打工”,因而关于人际关系的书籍以及五花八门的小册子纷纷出版。大学生们为应付现实和预备将来,就饥不择食般闷头去读。然而,不少书缺乏科学性和实用性,势必误人子弟。因而,形势需要为大学生提供科学的正规的教材。

第三,这是古为今用、实现我国人际关系教育与国际接轨的需要。西方国家的人际关系研究自文艺复兴之后就已经开始,其教科书也比我们起步早。尽管其观点我们不可能完全认同,但是,毋庸置疑,其中包含了很多积极成果。就现实情况而言,我们已被拉下一段距离。其实,在中国的文化积淀中同样存在着大量的人际关系思想,甚至可以说,在这方面中国古代的以探讨人文哲学为主导的文明是西方以自然哲学为主导的文明所望尘莫及的。因此,有必要发掘、整理、发展之,并使之适应改革开放时期的大学生教育,适应国际上关于人际关系学教育的形势。

当今处于社会转型时期,各个阶层、各种利益的矛盾都较以前突出,人际关系相应地复杂化,大学生面临的人际关系问题也日益增多,迫切需要开设和开好人际关系学这一课程。考虑到我国优秀传统文化受到西方文化冲击因而被不少大学生所忽视的现实,我们认为,应当为大学生编写出含有中国优秀传统文化的人际关系学教材,补上这一课。

第四,这是促使大学生把学习、做事与做人相结合的需要。长期以来,对升学的追求使现在的大学生及其家长自觉不自觉地在学生中小学时期就达成默契:学习好就是一切,做人与做事成为未来才需要关注的事。一个人能否在事业上取得成功,智力水平是第一位的,即智商越高,取得成就的可能性就越大。这大大地影响了大学生的生活质量，出现了一系列人际关系矛盾，产生了不少心理问题，妨碍了学习与做事，且不利于将来走向社会。因而，有必要用高质量的教材来规范引导他们，使之真正能够早日融入社会。

总的来看，目前已出版的教材可以分为国内和国外两类。国外的教材，尽管在叙述方法、具体内容、结构方式等方面，都有一些值得我们学习和借鉴的地方，但是，由于文化背景、意识形态、特别是价值取向的差异，这些教材并不完全适合我国的国情，需要彻底的改造才能使用。就国内已有的教材来看，其中不乏优秀之作，但一些教材与目前的国情（如社会主义初级阶段、社会主义市场经济体制、构建和谐社会等等）联系不够，甚至存在严重脱节；有些程度不同地存在着媚俗、宣扬“庸俗人际关系学”的现象，与建立和发展平等、团结、友爱、互助、和谐的社会主义人际关系的要求不相符，也有违于与社会主义市场经济体系相适应的社会主义道德体系的构建；有的在历史与逻辑、历史与现实、理论与实践、共性与个性、传统与现代等等的有机统一、紧密结合上都还存在着一些需要进一步解决的问题。总之，为大学生编写高质量的人际关系学教材、开设课程，不仅必需而且紧要。

三、本教材的特色

在编写和修订过程中，我们力求使本教材具有以下特色：

思想性与科学性的统一。本教材以马克思主义的世界观和方法论为指导，广泛地、辩证地分析材料。系统运用归纳与演绎、分析与综合、抽象与具体以及历史与逻辑相统一等思维方法，从各种人际关系现象中提炼其中的规律性。特别是以历史唯物主义的眼光审视古今中外的形形色色的人际关系的理论观点，以此为基础，构筑自己的体系。本教材牢牢立足于人际关系的客观社会现象，研究中务求排除主观偏见，使结论符合实际，经受实践与时间的检验。

理论性与实践性的统一。在体例上，本教材不是单纯对人际关系操作术的探讨，也不限于纯粹的理性研究，而是既有实践经验的总结升华，又有在马克思主义人学理论关照下的实践挖掘。由于有理性支撑，因而具有了理论的厚重气息；由于有操作导引，因而具有了现实的时代气息。现有的四篇既各有侧重，又相互辉映，水乳交融。

继承性与求新性的统一。本教材以创新的视角，对人际关系的本质、特色、结构、功能、原理、规律、技艺等作了比较系统的探讨和论述，继承前人又不拘泥于现成结论，形成比较具有特色的思路、轮廓和风格。许多理论观点都与相邻、相近、相关学科实现了互渗、互融和互动。在研究方法上，把马克思主义传统的经典研究模式与诸如系统论等新的研究方法加以综合运用。在研究视角上，力求从多学科审视人际关系这一复杂社会现象，注意克服过去类似教材和读物中视角较单一的问题。

分析性与综合性的统一。本教材包括因素与结构分析、层次分析、系统与子系统及其他系统之间关系的相关性分析、系统内部各要素之间关系的分析；另一方面，本教材又很好地体现了交叉学科和横断学科的综合特点，广泛吸纳哲学、社会学、伦理学、传播学、行为科学、管理学、语言学、思想政治教育学、组织学、人类学和心理学等学科的理论观点和方法。

动态性与静态性的统一。本教材无论是宏观上对人类社会关系的分析、微观上对个体人际关系的剖析，还是各相关因素分析、人际关系认识史的考察等都采取了静态与动态相结合的方法，并突出了其动态性。

学术性与可读性的统一。作为一本教材，本书努力协调学术性与普及性之间的关系，力求把深奥的理论与流畅的语言、生动的实例、丰富的资料、图表、专栏相结合，使之易懂、易记、易用，做到形象生动和雅俗共赏。

本书编写工作分工如下：第一、二、三、十、十一、十三、十四章由周向军撰写，第四章由王春撰写，第五章由周向军、李传实、高奇、耿爱英撰写，第六章由刘玉平撰写，以上部分由孙世明、寇清杰审定；第七、九章由高奇、李传实撰写，第八章由高奇、牟杰撰写，第十二章由孙维胜、牟杰、沈士梅、李传实撰写，第十五章由周向军、高奇撰写，第十六章由牟杰、高奇撰写，部分专栏、图片选择、汉英对照由高奇完成，以上部分由曹现强、高国希审定；全书最后由周向军、高奇、耿爱英统稿、整合完成，由李芹审定。

本书在编写过程中，借鉴和引用了国内外许多教材、专著和论文中的观点和材料以及图表、图片，在此，特向所有作者表示深深的谢意。在原书成稿过程中，曾得到臧乐源教授、周立升教授、樊瑞平教授、谭鑫田教授、张平教授的指导、鼓励和帮助，原书出版曾得到杨云宝编审的大力支持和帮助，责任编辑朱以青编审对本书的编写提出了许多很好的建议，使该书增色不少，在此一并表示诚挚的谢意。同时，对吴伟伟、王瑞、史衍朋、张广亮、罗燕、唐小城、高云、董圣滨的工作也表示感谢。

由于人际关系学是一门新兴学科，从体系到内容尚在探索之中，特别是由于作者的能力和水平有限，书中难免有各种遗漏、缺点和错误，敬请同行专家和读者提出宝贵意见，以便日后修订完善。

周向军　高　奇

2010 年 1 月

目录

导论篇

历史篇

原理篇

实践篇

导论篇

第一章 人际关系学研究什么和如何研究

人际关系学(interpersonal relations studies)是一门新兴的应用性社会科学。同任何一门学科一样，它有自己相对独立的研究对象、研究范围，具有特定的理论基础和理论体系以及研究目的和方法。在学习和研究这门学科时，首先了解这门学科的对象、范围、体系等，也就是从总体上了解人际关系学是怎样的一门学科，对于深入而具体的学习和研究无疑是十分必要的。

第一节　人际关系学的研究领域

一、人际关系学的研究对象

科学学的原理告诉我们，任何一门科学都有其特定的研究对象和探索的领域。科学规定和正确理解每门学科的对象，既是各门科学自身发展的需要，也是学习每门科学的要求。

一般来说，“科学研究的区分，就是根据科学对象所具有的特殊的矛盾性。因此，对于某一现象的领域所特有的某一种矛盾的研究，就构成某一门科学的对象”①。人际关系学的研究对象，也是由人际关系(interpersonal relation)领域中客观存在的某种特殊矛盾(particular contradiction)所决定的。这种特殊矛盾，就是人与人之间的关系。这种关系，不仅具有其区别于其他关系的本质和特点，而且有其独特的发生和发展规律，因此，对于人际关系的本质、特点及其规律的研究，便成为人际关系学的研究对象。

然而，问题还不止于此。马克思主义要求我们，不仅要说明世界，而且要改变世界；说明世界的目的，是为了更好地改造世界。改造世界，就要在揭示世界客观规律的基础上，进一步制定出指导行动的主观指导规律。人际关系学的研

---

① 《毛泽东选集》第1卷，人民出版社1991年版，第309页。

究，当然也应当这样。就是说，人际关系学首先要研究人际关系的本质、特点和规律，即说明人际关系“是什么”、“不是什么”的问题，也就是揭示在这一问题上的客观规律。在这个基础上，同时还要研究，如何在实践中科学地建立、调整、改善和优化人际关系，即说明在人际关系上“应怎样做”、“不怎样做”的问题，以揭示这一问题上的主观指导规律。

所以，从严格的意义上说，人际关系学的研究对象，应当包括两个基本的方面：人际关系现象领域中的客观规律和主观指导规律。这两个方面是紧密地联系在一起、不可分割的。可以说，人际关系客观规律的研究，是其主观指导规律研究的前提和基础；人际关系主观指导规律的研究，则是其客观规律研究的目的和归宿。这两个不可分割的方面，是人际关系学的核心和主线，人际关系学的其他问题，都是围绕着这个核心和主线而展开的。

综上所述，对于人际关系学的研究对象，我们可以作如下的概括：所谓人际关系学，就是关于人际关系的本质、特点及其客观规律以及关于建立、调整和优化人际关系的主观指导规律的科学。

人们大部分时间都在干什么

人是社会性的动物，喜欢群居。研究表明，人们大部分时间都是与他人一起度过的。拉尔森等(Read Larson et al. 1982)对人们的时间利用情况进行了研究。他们分别组织了一群成年人和一群青少年作为研究对象，让这两个群体中的每一位被试在一周内随身携带一部呼机。每天从清晨到深夜，研究人员随机呼叫被试若干次，被试一被呼叫到马上填写一份简短的问卷，说明他们正在做什么，是独自一人还是与其他人在一起。试验结束统计结果表明，人们在将近3/4的非睡眠时间中都与他人在一起，只有在做家务、洗澡、听音乐或在家学习时才独自一人。当人们在学校或是工作的时候，与他人在一起的机会更多。可见，研究人际关系对人类来说是多么重要。

二、人际关系学的涉及范围

人际关系学的研究范围和研究对象有着不可分割的联系，在一定的意义上说，它们是同一问题两个不同的层面。可以说，人际关系学的研究范围，不过是其研究对象的进一步展开和具体化。

人际关系学的研究范围，像许多其他学科一样，也分为历史、理论和应用三大部分。

1. 历史范围

这一部分，着重从历史的角度，考察和分析人际关系现象的产生及其演变过程；考察和分析人类关于这种现象的认识之产生和演变的过程。人际关系是人类所特有的现象。这种现象，是与人类同时产生的，也是与人类同步发展的。也就是说，什么时候有了人类，也就在什么时候有了人际关系；哪里有人类存在，哪里就有人际关系；人类经历了并正继续经历着漫长的发展过程，人际关系同样处在并继续处在发展的漫长途程中。人际关系的发生及其发展的历史，是一种客观存在的事实。

存在决定意识。同人际关系的发生、发展的历史过程相适应，人类对人际关系的认识也有其遥远的过去。尽管作为一门学科，人际关系学还是问世不久的“新生事物”，但是，就其思想因素来说，人们很早就有所认识，并作出许多有价值的论述。这种认识和论述，随着人际关系的发展，也越来越丰富、越来越具体。人际关系的认识之发生、发展史，也是一种客观存在的事实。所以，人际关系及其思想的发生、发展的历史，作为客观存在的事实，当然应当包含在人际关系学的研究范围之内。考察和分析这两种作为过程的客观事实，有利于我们从历史的联系中，揭示人际关系的客观规律以及在此基础上建立调整和优化人际关系的主观指导规律。

2. 理论范围

这一部分，着重从逻辑上直接阐述人际关系的客观规律和主观指导规律。我们知道，任何一门学科，从根本上说，都将揭示事物的规律作为自己的神圣使命。可以说，不揭示一定规律的学科，不可能也不应该进入科学的殿堂。关于规律的逻辑说明，就是该门学科的理论。理论理应成为每一学科的研究范围。人际关系学当然也不能例外。

在现实生活中，人际关系现象既复杂多样、纵横交错，又生生不息、变化多端。但是，不管怎样，它们总是要受必然性的制约和规律性的支配。就是说，人际关系现象领域内部，像在其他现象领域中一样，总是存在某种确定不移的必然的联系，也就是规律性。而且这种规律性，虽是内在的，但可能通过人际关系现象表现出来，因而是可以认识的。根据对人际关系客观规律的认识，人们又可以制定出相应的主观指导规律。对这两种规律的逻辑阐明，就构成了人际关系学的理论部分。只有把理论包含在人际关系学研究的范围之内，人际关系学才能明确地、真正地揭示出人际关系的客观规律以及建立在此基础上的主观指导规律，从而显示出它的理论价值。

从狭义上看，以上所述，就是人际关系学的理论范围。但是，从广义上看，又不只限于此。以上只是人际关系学本身的理论，这些理论反映了该学科的质的规定性，是核心性的或专业性的理论。除此之外，人际关系学的理论范围，还包括某些基础性理论或外延性理论(亦即在边缘上与其他学科交叉的理论部分)。例如,与人际关系学理论紧密相关的心理学、社会学、语言学、传播学以及行为科学等等学科的某些理论。这些理论,虽然不是人际关系学理论本身,只是从属或服从于后者的,但却是人际关系学不能不研究的。因此,在广义上,应当包含在人际关系学的理论范围之内。开展和加强这些理论的研究,有利于人际关系学理论研究的深化。这一点,是由人际关系学的学科性质和地位决定的。关于这个问题,我们在下面的叙述将会讲到。

3. 应用范围

这一部分,着重从具体实践的侧面,探讨和说明如何将处理人际关系的主观指导规律付诸实施。在人际关系客观规律基础上建立起来的主观指导规律,虽然回答了人际关系问题上的"怎样做"、"不怎样做"的问题,但是,问题只是一般性地解决了,并没有进一步具体化,没有深入说明使一般性原则得以实现的各种具体机制。而这个问题不解决,人际关系学的实践意义,就是极其有限的了。人际关系学的学科性质不应当容许这样的问题存在。

人际关系学研究的应用范围,大体上说来,至少包括这样两个基本方面:一是关于处理人际关系的艺术和技巧。例如,交际的礼仪、语言的艺术、拒绝的技巧、体态语言的运用等等,均属此列。二是关于人际关系学一般原理与人际关系具体领域的有机结合。例如,领导人际关系、企业人际关系、家庭人际关系,以及青年人际关系、老年人际关系等等的研究,即属此列。

人际关系学研究的应用范围,是人际关系学的重要组成部分。这不仅因为它能够使理论具体化、现实化,而且能在应用的过程中提供新的材料,提出新的课题,从而丰富理论研究本身。

三个和尚

话说有甲、乙、丙三个和尚在一座破庙不期而遇,看着这座破庙都疑惑不已:"这庙为什么荒废了?"

甲说:"必是和尚不虔,所以菩萨不灵。"

乙说:"必是和尚不勤,所以庙宇不修。"

丙说:"必是和尚不敬,所以香客不多。"

三个和尚各执一词,争论不休,最后他们决定以自己的实际行动来证实自己的观点。于是,三个和尚留了下来,甲礼佛念经,乙修理庙宇,丙化缘讲经。不久后,原本的破庙已是香火缭绕,一派兴旺景象。三个和尚欢喜过后开始居功。

甲说："都因我礼佛虔诚，所以菩萨显灵。"

乙说："都因我勤加管理，所以库务周全。"

丙说："都因我劝世奔走，所以香客众多。"

三和尚就此争执无休，从此无心打理庙宇，庙况日渐衰落，最终不得不离开。离别之际，三人幡然醒悟：庙的荒废，既非不虔，也非不勤，更非不敬，而是不睦。可见，人际关系是多么的重要。

第二节　人际关系学的学科特色

一、人际关系学的学科体系

人际关系学的学科体系，指的是人际关系学作为一门学科的结构系统。人际关系学的学科体系与它的研究对象和研究范围有着密切的联系。前者决定、制约于后者；后者则具体体现和说明前者。由此可见，人际关系学学科体系的结构，客观上已经由人际关系学的研究对象和范围所决定了。

根据以上关于人际关系学研究对象及范围的规定和说明，对于人际关系学的学科体系，我们大体可以作出如下构想，见图 1-1。

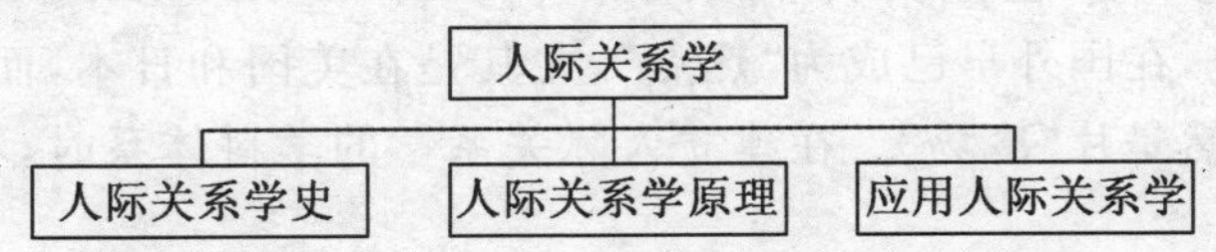

图 1-1　人际关系学的学科体系示意图

1. 人际关系学史

它研究人类对人际关系客观规律以及主观指导规律认识的历史过程和内在规律。它分为通史、断代史、比较史等不同的类别。例如，中国人际关系学说史、西方人际关系学说史、中国古代人际关系学说史、西方现代人际关系学说史、东西方人际关系学说史比较，等等。严格地说，人际关系学史(history of interpersonal relations studies)的研究目前尚未真正开展起来。

2. 人际关系学原理

它直接研究人际关系的本质、客观规律以及在此基础上的主观指导规律。这是人际关系学中最核心的内容。就其抽象性、概括性和普遍性来说，也可以把它称为人际关系的哲学(philosophy of interpersonal relations)。这一方面的研究,已经进行了并正在进行着。从国外来看,较早的有克尼格的《论人际关系》,后来的有皮尔逊的《人际传播:明晰、自信和关注》。从国内看,姚平著的《人际关系学概论》、王雷等人著的《人际关系基础》、郑永廷主编的《人际关系学》等,都属于这方面的研究。但是,总的看来,这方面的研究,仍是薄弱环节。目前已有的研究成果还存在两个严重的不足:一是缺乏全面性和系统性;二是概括性和抽象性的程度不够。这是今后研究不能不加以克服的。

应当特别指出的是,人际关系学原理(principle of interpersonal relations studies)还有一种特殊的情况,即人际关系学原理与其他学科原理交叉形成的一种新的理论。这种理论,从广泛的意义上说,也属于人际关系学原理。例如,人际关系心理学、人际关系语言学、人际关系社会学、人际关系行为学等等,都属于这种情况。这也是人际关系学原理不能忽视的部分。

3. 应用人际关系学

它主要研究两方面的问题:一是研究人际关系学一般原理在人际关系具体领域里的运用。从这个意义上说,应用人际关系学也可以叫做领域人际关系学。例如,领导人际关系学、企业人际关系学、家庭人际关系学、青年人际关系学等等,都属此类。二是依据制约人际关系的某种或某些因素,探讨具体处理和调整人际关系的艺术和技巧。例如,人际关系中的语言艺术、人际交往的艺术和技巧、第一次见面的艺术、让人喜欢你的艺术、微笑的社交、社交礼仪等,均属此列。

值得注意的是,应用人际关系学(application of interpersonal relations studies)的研究,在国外早已成为“热点”,尤其是在美国和日本,而在国内,在很大的程度上依然是片“冷场”。在建立人际关系学的学科体系时,不能忽视这个方面的开拓。

从具体层面来说,人际关系学应包括如下一些分支或方面:

(1)人际关系思想史;

(2)人际关系的本质和特点;

(3)人际关系的类型;

(4)人际关系的结构与功能;

(5)人际关系的形成与发展;

(6)人际关系的影响因素;

(7)协调人际关系的原则;

(8)人际交往;

(9)人际沟通;

(10)人际吸引;

(11)协调人际关系的技法；

(12)人际关系的测量和评估。

二、人际关系学的学科属性

人际关系学的学科性质，指的是人际关系学这门学科的科学属性。正确地了解人际关系学的学科性质，既可以进一步把握人际关系学的对象，又可以运用恰当的方法，有效地开展这门学科的研究。

许多事物的性质可以从不同的侧面作出不同的规定，因为事物本来就是多样性的统一。人际关系学的学科属性，从不同的角度也可以作出不同的说明。而每一种说明，在其所指的意义上都是合理的。

1. 人际关系学是一门社会科学

每一门学科的性质，都是由其研究对象特殊质的规定性所决定的。根据学科研究对象性质的不同，人们习惯上把各种学科划为三大类：自然科学、社会科学和思维科学。从这种分类来看，人际关系学属于社会科学。因为它把人与人之间的关系作为自己的研究对象，而人与人之间的关系，归根结底是一种社会关系，尽管两者之间有一定的区别。

2. 人际关系学是一门新兴学科

任何一门学科，都有它产生的时间性。按照各门学科产生时间的前后顺序，人们把各种学科从总体上分为两大类：旧有(或传统)学科和新兴学科。从这种分类来看，人际关系学属于新兴学科。因为人际关系作为一种“永恒的主题”，虽然早就有人从不同的角度、不同程度上研究过，但长期以来，一直没有被作为一门学科明确地提出来，给予系统的、集中的研究。提出“人际关系学”的名称并对其进行学科性的研究，只是近几年的事情。它的产生是如此之新，以致在已经出版的许多关于新兴学科的辞典中，还找不到它的位置。不可否认，作为客观存在的社会现象，人际关系学早就甚至仍在被某些学科作为研究内容之一。例如，在心理学、社会学、社会心理学、组织学、行为学以及公共关系学的许多教科书中，都可以找到关于人际关系的专章或专节。但是，仅此而已。这种寄人篱下的情况，表明人际关系学并没有作为一门学科独立出来。人类社会和现代科学的发展，才赋予其独立的品格，使之立于世界新学科之林。

3. 人际关系学是一门综合性学科

作为一门新兴学科，人际关系学具有高度的综合性。因为它与人类学、社会学、心理学、语言学、行为学、组织学、伦理学、社会心理学、传播学、思想政治工作学以及信息论、控制论、系统论、耗散结构论、协同论等等有着一定的联系，与其中的某些学科甚至结下了不解之缘。它综合了这些学科的研究成果，吸取了这些学科的某些原理、方法、观点和材料，从而形成自己独具特色的学科体系。由此看来，人际关系学又是一门综合性学科。

4. 人际关系学是一门应用学科

任何一门学科，从根本上来说，都与实践有着不可分割的关系，它们都是从实践中产生出来的，反过来，又都对实践起一定的指导作用。但是，由于各门学科的研究对象不同，特别是它们所揭示规律的层次性不同，所以，各门学科在贴近实践的程度上，存在很大的差别。按照这种差别，人们把各种学科区分为基础理论科学和应用科学。从总体上看，人际关系学不是基础理论学科，而是一门应用学科。它主要是通过研究人际关系的客观规律，探讨人际关系问题上的主观指导规律，提出处理和优化人际关系的原则、方法和技巧，来指导人们的人际关系实践。

综上所述，可以说，人际关系学是一门新兴的综合性应用社会科学。这就是我们对于人际关系学学科性质的基本看法。

三、人际关系学与相关学科

从人际关系学的学科性质中，不难看出，人际关系学与多门学科发生关系。这种关系，首先表现为二者间的联系。值得注意的是，这种联系不是只有一种单向的联系，而是有多种复杂的接触点、交叉处和结合部。正是在这种联系中，才表现出它的综合性。

国内有的研究者曾经指出，在诸多学科中，人际关系学与社会心理学、伦理学、社会学的联系更为密切。它们之间的关系可以用图 1-2 来表示。①

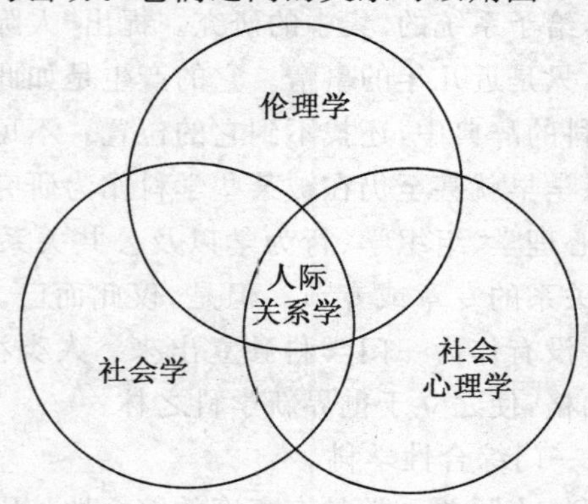

图 1-2　人际关系学与三门学科关系图

① 参见王雷等《人际关系基础》，辽宁大学出版社 1987 年版，第 30 页。

这是对人际关系学与伦理学、社会学、社会心理学三门学科联系的形象说明。实际上,与人际关系学密切联系的学科远不止这三种,我们可以择其要者,对上面的图形作出修改和扩展,见图 1-3。

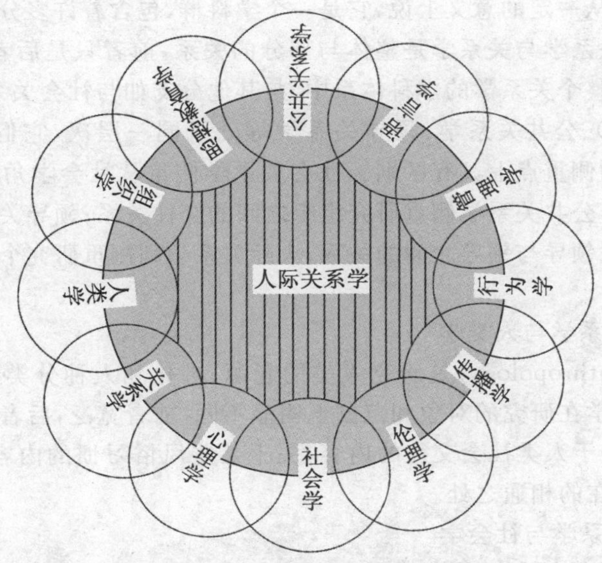

图 1-3　人际关系学与其他学科关系图

图 1-3 说明:

(1)大圆为人际关系学学科体系,其中竖线部分为其核心理论,其余部分,即外延部分,亦即在边缘上与其他学科的交叉部分,是其基础理论。外延部分愈大,其基础理论部分也就愈大。

(2)该图表面看来是封闭式的,实际上应是开放式的。

(3)有些交叉学科也与人际关系学相联系,但由于图形范围所限未能标出,例如社会心理学(作为社会学与心理学的交叉)就属此类。

总之,人际关系学与相关学科有着广泛的、复杂的和密切的联系。这是我们认识它们之间关系时,首先应当注意的。但是,我们也应当看到,人际关系学既不是相关学科某些内容的重复和相加,也不是其他任何学科所能够替代的。如前所述,它是在综合相关学科的研究成果和方法的基础上,重新建构的在质上根本不同于相关学科的一种新的理论系统。看不到它与相关学科的联系不对,否认它与相关学科的区别也是错误的。

为了进一步具体地了解人际关系学与相关学科的区别和联系,下面,择其要者,分而述之。

1. 人际关系学与关系学

人际关系学与关系学(relations studies)关系最为密切。从科学的和广泛的意义上讲,关系学是关于关系的本质、特点及其规律的科学。关系学是一门新兴的横断学科。从一定的意义上说,它是一个学科群,包含着许多分支学科。从总体上看,人际关系学与关系学是整体与部分的关系,前者只是后者的一个分支。人际关系学在整个关系学的学科体系中,与其他分支如与社会关系学(social relations studies)、公共关系学、领导关系学等处于同一层次,它们是并列关系。但是,在研究的侧重点上又有区别。社会关系学侧重从社会学角度研究人们的一般社会关系;公共关系学侧重研究组织之间的交往关系;领导关系学侧重研究领导与被领导、领导与领导之间的关系;人际关系学则侧重研究个人与个人之间的交往关系。

2. 人际关系学与人类学

人类学(anthropology)是研究人类的起源、进化和人种分类的科学。人际关系学与人类学在研究的对象和范围上明显不同,前者宽泛,后者相对狭窄。但是,人类学中关于人类社会交往的内容,关于某些风俗习惯的内容,却与人际关系学有许多内在的相通之处。

3. 人际关系学与社会学

在研究对象上,社会学较之人际关系学要复杂和宽泛。社会学是研究社会现象、社会关系、社会生活、社会问题的综合性学科。这与人际关系学的研究仅以人与人之间的关系为对象有着明显的区别。但是,两者的联系又是十分紧密的。社会学中关于社会关系、社会交往的内容,不仅与人际关系学的内容存在交叉、重合,而且是解释人际交往规律及其社会性特别重要的根据;同时,社会学的某些研究方法,如社会调查法等,可以为人际关系学所借鉴、所利用。人际关系学与社会学的紧密联系是显而易见的。

4. 人际关系学与心理学

心理学特别是社会心理学把人际关系作为研究的一个重要问题。它与人际关系学也存在显而易见的交叉、重合关系,但是,心理学对人际关系的研究,重点放在影响人际关系的各种心理因素上,没能把人际关系作为社会的、变化发展的客观存在加以全面、完整的说明。心理学由于其研究对象和理论体系所制约,既没有分析人际关系的社会和文化背景,也没有涉及人际关系运动的社会原则和道德规范。即使对人际关系中心理因素的分析,也是着重于静态。实际上,人际关系现象及其过程,从根本上说,是受着多种因素制约的,是人们全部物质生活和精神生活的综合反映。因此,心理学关于人际关系中心理因素的分析,虽然为研究人际关系提供了重要的思想资料和研究方法,但却不能代替人际关系学的总体性研究。

5. 人际关系学与伦理学

伦理学是研究道德问题的科学。伦理学对于人际关系学的研究具有重要的意义。所谓伦理学，就是研究人们相互之间的关系应遵守的道德准则。这些准则，对于人际交往来说，是十分必要的。但是，总的看来，在人际关系学体系中，与伦理学关系密切的只是一部分，即人际关系运动的原则这一部分。因此，虽然两者联系紧密，但却不能等同，也不能互相替代。

6. 人际关系学与行为科学

行为科学也是一门新兴学科。尽管目前还没有一个统一的定义，但一般认为，“行为科学就是运用心理学、社会学、社会心理学、人类学以及其他与研究人的行为有关的学科的理论，研究人类行为一般规律的学问”①。人际关系学与行为科学有着特别密切的关系。一方面，从一定的意义上说，人际关系学就是从行为科学中“人群关系学”发展、演化、延伸而来的。另一方面行为科学对于情绪行为（emotional behavior）、适应行为（adaptive behavior）和沟通行为（communicative behavior）的研究，在很大程度上概括了人际关系学的一些重要问题。也许正因为如此，有人主张把人际关系学纳于行为科学体系。这种主张，不能说没有道理。但是，稍加考察便会发现，人际关系学与行为科学无论在研究对象和研究目的上都有重要的区别。从研究对象看，行为科学以人类行为为研究对象，并且，它对行为的研究是以个体行为模型（personal behavior model）为基础进行的。从这个意义上说，它的研究对象是人这种“实体”。而人际关系学所要研究的对象主体是关系，与此相联系，它研究的模型不是单独的个体，而至少是两个人，是两个以上的人在交往中的行为关联性和必然性规律。从研究的目的上看，行为科学研究的目的，是通过掌握人行为的规律，提高对人的行为的预见性和控制力。而人际关系学研究的目的，则是研究正确调整和改善人们交往中的思想和行为的规律，以使交往双方更快地相互适应和更好地建立积极的人际关系。由此可见，简单地、不加分析地把人际关系学等同和归属于行为科学是不合适的。

霍桑实验与人际关系理论

霍桑实验是在美国芝加哥西部电器公司所属的霍桑工厂进行的，并因此而得名，其目的是寻求影响劳动效率的因素。此次实验从 1924 年开始一直延续到 1932 年，共分四个阶段。

---

① 曹杰编著：《行为科学》，科学技术文献出版社 1987 年版，第 1 页。

第一阶段——照明实验

第一阶段的实验共抽调了 12 名女工作为被试，并将她们分成“控制组”和“实验组”两组，被试被安排在独立的两个房间工作。“控制组”的照明条件始终不变，“实验组”的照明条件却不断变化，但结果，两个组的产量都是上升的，并且不存在什么差别。

第二阶段——电话继电器装配实验

这一阶段的实验同样分成“控制组”和“实验组”。“控制组”被试的工资报酬、间歇休息频率、工作时间等不做变动，而“实验组”的则处于变化中。但结果与第一阶段的相似，两个组的装配数量都是上升的，同样没有多少不同。

第三阶段——大规模的访谈实验

1927 年，心理学专家梅奥（G. E. Myao）和罗特利斯伯格（F. G. Roethlisberger）等人来到霍桑工厂，他们在分析了之前两个阶段的实验后，从 1928 年 9 月开始，花了大约 20 个月的时间，先后共对 21000 多名工人进行了认真的访谈。在与每个工人的访谈中，他们都极力为工人营造宽松的气氛，使工人们得以畅所欲言，甚至是发泄情绪。结果发现，在其他条件未变的情况下，工人的劳动效率有了提高。

第四阶段——电话线圈装配工实验

这一阶段的实验选择了 14 名男性工人作为被试，并让他们在可被观察的房间里进行绕线、焊接和检验工作，并实行计件工资制度。结果发现被试的产量只是中等水平，与正常工人的平均日产量相当，这与实验者原来的设想大相径庭，奖励制度未使工人更加努力工作。深入调查后发现，工人间存在着非正式组织以维护他们群体的利益，并自发地形成了一些规范，不会因为计件工作而破坏规范。霍桑实验通过控制一定的条件来寻求其与工人工作效率的关系，采取的是典型的实验研究法。通过霍桑实验得出的观点是：以“社会人”的人性假设代替“经济人”的人性假设；否定“以物为中心”的管理思想，强调应“以人为中心”进行管理，主张通过人的心理和社会方面激励工人的士气来提高生产效率；强调企业中的非正式组织及人际关系的重要性；强调加强对管理人员了解、诊断、调适人际关系技能的培养和训练。1933 年梅奥出版的《工业文明中的人性问题》标志着人际关系理论的创立。霍桑实验在管理学和人际关系学发展史上产生了深远影响。

7. 人际关系学与传播学

传播学是研究人类传播行为的发生、发展规律及其与社会的关系的一门学科。从其研究对象来看，它与人际关系学的区别是明显的。但是，人际关系离不开交往，人际交往要互相沟通，就要靠信息传播来实现，传播手段是人际交往的重要手段，没有传播手段，要实现人际沟通是不可能的。因此，研究人际关系学不能完全离开传播学。两者之间有一定的联系。

8. 人际关系学与语言学

毋庸置疑，语言学和人际关系学，无论在研究对象、领域以及研究方法上，都有严格的区别。但是，语言学对于人际关系学又具有特别的重要性。这是因为，语言对于人际交往来说，是须臾不可离的。正如人们常说的，语言是人类最重要的交际工具。对于语言的深入研究，当然会促进人际关系学的发展。尤其是近年来，语言学研究中兴起的人体语言学，（或称“行为语言学”、“体态语言学等”）更是为在处理人际关系的语言技巧方面，开拓了一个新的领域。有人曾经明确指出，人体语言学已经成为开启人际关系之门的一把重要钥匙。

9. 人际关系学与公共关系学

由于人际关系学和公共关系学都是问世不久（至少在中国是这样）的新兴学科，对于许多人来说，还涉猎不多，再加上两门学科都属关系学的分支，且都冠以“关系学”的字眼，因此，不少人把二者等同起来，认为两门学科可以互相替代，实际上，这是一种误解和混淆。不能说两门学科没有联系，但是，它们之间的区别还是很明显的。一般地说，公共关系学的研究对象是社会组织的公共关系。具体地说，公共关系学主要是研究各种具体的公众关系（如媒介关系、消费者关系、内部公众关系、政府关系等），研究社会组织与公众之间的信息传播规律，研究公共关系作为社会组织的管理职能的种种规律。可见，虽然公共关系学同人际关系学一样，都是关于关系的学问，但是，前者所研究关系的主体是社会组织；后者所研究关系的主体则是个体的人。仅此一个方面的区别，我们就不应该把两者混同起来，也不能互相取代。

总而言之，人际关系学具有自己独特的研究对象和研究领域。它与多门学科发生联系，吸取了相关学科的研究成果，而又具有自己相对独立的、完整的理论体系。

四、人际关系学的理论基础

任何一门学科，都有自己的理论基础。否则，这门学科既不能产生，也不能发展。要研究一门学科，就不能不了解该门学科赖以建立和发展的理论基础。因此，我们研究和学习人际关系学，了解其理论基础是十分必要的。

我们认为，所谓理论基础，乃是指一门学科赖以建立和发展的原理、原则和方法。人际关系学的理论基础，则是指人际关系学赖以建立的原理、原则和方法。

1. 基础的系统性

人际关系学理论基础不是单因素、单方面的，而是由多种学科的理论构成的有机系统。这个系统，可以用示意图 1-4 表示。

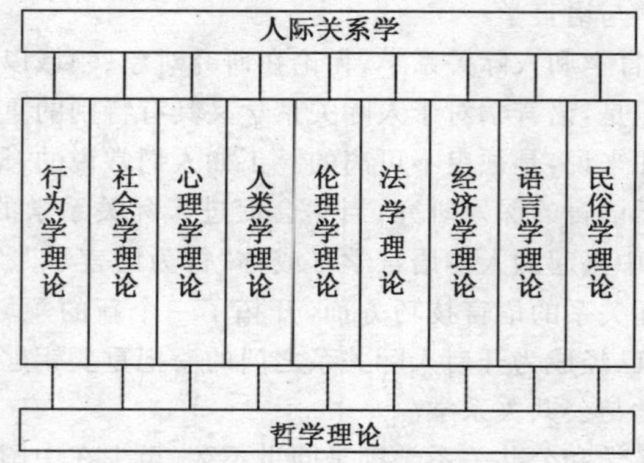

图 1-4 人际关系学理论基础示意图

需要说明的是，示意就是只表示主要意思，并没有也不可能把所有相关的学科理论都列上，尤其不能把许多交叉学科如社会心理学和分支学科如体态语言学等列上。所以，人际关系学的理论基础是多学科的理论构成的开放系统。

在人际关系学理论基础系统中，各种理论成分，对于人际关系学的影响作用，不是并列的、平等的，而是有层次、有重点的。其中，社会学、心理学、人类学和语言学的理论，是人际关系学的四大理论支柱。

在四大支柱中，心理学理论也占有十分突出的地位。现代心理学为人际关系学提供了许多重要的知识和原理。可以说，不懂得心理学，就无法研究人际关系学。

人际关系学的理论基础之所以不是单因素的，而是多因素、有主次、分层次的理论系统，其直接原因是由人际关系学这门学科的性质及其与相关学科的关系决定的。如前所述，人际关系学是一门新兴的综合的应用性社会科学。作为综合科学，它的研究不能不以有关学科的理论为前提或基础，否则，其综合就无从谈起。作为应用科学，人际关系学既要接受某些理论学科的指导，又要受到其他有关应用学科的影响和制约，从而表明了人际关系学的理论基础必须是多样性的统一。与此相联系，其根本的原因，是由人际关系学研究对象的复杂性和多样性决定的。我们知道，人际关系学的研究对象是人际关系。人际关系本身是个极为复杂的问题，其产生、存在和发展及其调整和完善，要受到多种多样因素的制约。其中，既有自然的，又有社会的；既有物质的，又有精神的；既有生理的，又有心理的；既有法律的，又有伦理的；既有经济的，又有政治和文化的，如此等等。因此，单靠某一学科的理论，要对它进行系统全面而科学的研究，是难以奏效的。也就是说，人际关系学研究对象客观上要求自己的理论基础是多样性的统一。不仅如此，不同因素对人际关系的影响作用是很不相同的，无论在深度和广度上还是在质上和量上，都是有差别的。其中，心理因素是最突出的方面。因此，在人际关系学中，必然出现某些学科的理论成为人际关系学的理论基础中的主要支柱，如心理学理论等。因此，将人际关系学的理论基础视为多因素、多层次的系统，并不是我们的主观臆想，而是人际关系学尤其是其研究对象的客观要求。

2. 哲学的重要性

在人际关系学理论基础系统中，哲学占有极为重要的地位，由于它的理论反映的是自然、社会和人类思维的最一般的规律，因而为各门科学提供了世界观和方法论。从这个意义上说，哲学理论是人际关系学理论基础的基础，要科学地研究和理解人际关系学不应该也不可能离开哲学理论的指导。著名的行为学家道格拉斯・麦格雷戈在论述"经理人"的领导行为时，就是从分析经理人的人性观入手的。他根据管理人员看待人性的观点的不同，将管理方式分成不同的类型。有的管理者把职工看成天生的懒惰、好逸恶劳、怕负责任、唯命是从，只能严加控制。他称这种观点为"X 理论"。而另一种管理者把职工看成是勤劳肯干、肯负责任、有创造性、能自我指导和自我控制的人，认为只要善于引导，给予适当的鼓励，其智慧和潜力就能充分发挥出来，他称这种观点为"Y 理论"。不同的人性论产生不同的领导方式。这些就属于哲学范畴。实际上，对人际关系问题的研究，同样要牵涉到许多哲学问题。

马克思像

3. 马克思主义的指导性

需要指出的是，我们充分肯定人际关系学的理论基础是多学科理论构成的有机系统，并不是排除或削弱马克思主义的理论指导作用。事实上，当我们这样肯定的时候，已经把马克思主义的理论包括在内了。不仅如此，马克思主义不是人际关系学理论基础系统中一般的构成要素，而是具有特殊作用的部分。其特殊性的表现，主要在于它对其他理论因素也有指导作用，并渗透在其他因素中对人际关系起作用。

在马克思主义理论体系中，作为人际关系理论基础的内容不是单一的，而是多方面、多层次的。其中，马克思主义哲学理论是最基础的层次。而且在所有马克思主义理论中，从对人际关系学影响作用较为直接和突出的角度来说，以下几方面的理论原理，是学习人际关系学时尤其应当注意的：

(1)人是一切社会关系的总和的原理。

(2)生产关系是一切社会关系的基础的原理。

(3)阶级关系是阶级社会中人际关系的核心的原理。

(4)共产主义道德是人际关系的最高准则的原理。

(5)人们的社会交往活动是人际关系的主要表现形式的原理。

(6)正确区分和处理两类不同性质的社会矛盾是处理人际关系主要方法的原理。

(7)人的需要原理。

把握了这些基本原理，将使我们更好地坚持以马克思主义为指导，从而提高学习、研究人际关系学的水平。

第三节 为何和如何研究人际关系学

人的活动，都是有目的的，并且总是要遵循一定的原则，采取一定的方法。目的明确，原则正确，方法对头，事情往往就事半功倍，反之则事倍功半。为了更好地学习、研究人际关系学，有必要探讨其目的、原则和方法。

一、研究人际关系学的目的

1. 实践和理论目的

同从事许多别的活动一样，学习研究人际关系学的目的不是单一的，而是多重的。从最直接的目的上说，主要有实践和理论两方面的目的。

在实践上，是为了更好地指导人们实际的人际关系活动，以调节优化人际关系，化解人际冲突，消除人际障碍，提高人际交往能力，构建和谐的人际关系。人际关系是与人类同时产生的社会现象，人类从事人际关系活动有着悠久的历史，但是，长期以来，人类从事这项活动，是自发地、盲目地，而不是自觉地、清醒地进行的。这里所谓的“自发”和“盲目”，主要指缺乏一定的理论指导，只能“摸着石头过河”。《人际关系成功之道》一书的作者——梅伦·H·克林纳德女士在其书的《序言》中指出，人们目前所掌握的交际技巧是以两种方式获得的：“从观察别人中学习；从自己的经验中学习。仅靠这两种方式来学，其弊端是显而易见的。依靠效仿他人，使你只能局限于你周围的人所使用的技巧。此种做法还有连他人的消极做法也全盘模仿的危险。从自己的经验中学习，意味着要通过尝试和错误来学，这无疑是个低效的方法。”[①]这种从感觉经验中学习的方法，虽有弊端，但又不得不为之。因为长期以来，人际关系问题的研究，从严格的意义上说，并没有真正开展起来，能为人们的人际关系实践提供指导的理论，实在是太少了。中国有位哲人曾经指出，如果为可能的情况规定一些正确的行为规则，那么，人们每天在交际中发生的紧张状况和摩擦就会得到缓和。这是历史经验的总结，在一定程度上，他点出了研究人际关系学的实践意义。

如果说，人际关系学的研究，在过去就为实践所需要，那么，在现代社会生活中，这种需要尤显迫切。因为随着现代科学技术的发展，随着全球性的开放，人际交往日益频繁，人际关系出现了前所未有的复杂性。在这种情况下，单凭从经验中学习，显然要走更长的弯路，付出更多不必要的代价。因此，开展人际关系学的研究，为人们的实践活动提供科学的理论指导，势在必行。

与此相联系，在理论上，研究人际关系学的直接目的，是通过探求人际关系的本质、特点及其规律，揭示建立和处理人际关系的主观指导规律，从而既快又好地建立和完善人际关系学的学科体系。人们在实践中所需要的人际关系学理论，不是个别的、片面的、零碎的（这样的理论已有不少。日本学者齐藤勇在《人际关系心理学》中指出，如果做一番调查，您就会发现，历代积累和流传下来的有关人际关系的知识和文化遗产浩如烟海），而是多方面的、整体性的和系统的，也就是需要一个科学的人际关系学学科体系。

在社会科学领域，一般地说，判断一门学科是否达到成熟，至少应当注意到如下几点：第一，是否有完整的学科思想史；第二，是否有严密的基础理论体系；第三，是否有科学的应用理论。如前所述，人际关系学是一门新兴学科，就目前来看，它的研究尚处于草创阶段。以上几方面，严格说来，都几乎是亟待开垦的处女地。因此，要使这门学科尽快建立、并逐步完善起来，就不能不加强对它的研究。

2. 长远和根本目的

从长远和根本的目的来看，学习和研究人际关系学的目的突出表现在以下两方面：

第一，是为了建设社会主义精神文明。建设社会主义精神文明具有多方面的任务，其中，有两个方面是不能忽视的：

---

① ［美］海伦・H・克林纳德著，李飞等译：《人际关系成功之道》，北京体育学院出版社 1987 年版，第 1 页。

一是提高全体公民的素质。《中共中央关于社会主义精神文明建设指导方针的决议》(人民出版社1986年版)中指出:“人的素质是历史的产物,又给历史以巨大的影响。在社会主义条件下,努力改善全体公民的素质,必将使社会劳动生产率不断提高,使人和人之间在公有制基础上的新型关系不断发展,使整个社会的面貌发生深刻的变化。这是我国社会主义现代化事业获得成功的必不可少的条件。”这里,明确阐明了提高公民素质在社会主义精神文明中的重要意义。

二是建立和发展新型的人际关系。《中共中央关于社会主义精神文明建设指导方针的决议》中明确提出:“要在全国各民族之间,工人、农民、知识分子之间,军民之间,干部与群众之间,家庭内部和邻里之间,以至人民内部的一切相互关系上,建立和发展平等、团结、友爱、互助的社会主义新型关系。”

研究人际关系学,对于很好地完成这两项任务,具有特别重要的意义。首先,研究人际关系学,可以提供人们迫切需要的精神产品,为人际关系实践提供科学的理论指导。这件事情本身,就为建立和发展新型的人际关系创造了良好的条件。在这个意义上,也可以说,它直接就是建立和发展新型人际关系任务的一个重要组成部分。其次,研究人际关系学,对于提高公民素质的重要性,也是极为突出的。人的素质与人际关系是紧密相联的,人际关系的改善固然离不开人的素质的提高,然而,人的素质的提高,也要受到人际关系的重要影响。在许多情况下,人们是通过人际交往、处理人际关系来提高自身素质的。如上所述,研究人际关系学有利于建立和发展新型的人际关系,因此,也可以说,对于提高人的素质也是重要的。不仅如此,人的素质包含许多内容,其中也包含着处理人际关系的能力和素质。提高人的素质,就其全面性的要求来说,就包括提高人的处理人际关系的能力和素质在内。《神奇的交际艺术》一书的作者在扉页上写道:“任何现代化,说到底,是人类自身的现代化,是人际关系的现代化。”[①]这话说得有理、有力!提高人的人际关系素质的重要途径之一,是系统学习人际关系学的各种理论,包括掌握人际关系的本质、特点及其规律,以及与此相联系的主观指导规律等等。因此,就需要具备这方面的理论研究成果。从这个意义上说,研究人际关系学,是提高公民素质的一个不可缺少的条件。

第二,是为了实现社会主义的根本任务——发展社会生产力。尽管人们对生产力的构成要素存在诸多争议,但有一点是应当肯定的:人是生产力的要素之一,而且是最活跃的要素、起主导作用的要素。从这个意义上说,发展社会生产力,最主要的是调动人的生产积极性。而人际关系状况对于人的积极性的发挥是至关重要的。大量的事实证明:在其他条件相同或相近的情况下,凡是人际关

① 熊守海等:《神奇的交际艺术》,武汉出版社1988年版。

系和谐、正常的地方和单位，工作效率就高，生产搞得就好，生产力发展得就快，往往产生出整体大于部分之和的实际效应；反之，凡是人际关系不正常、人与人之间互相攻击、拆台，互相干扰，内耗丛生的地方和单位，工作效率就低，生产就上不去，生产力发展就缓慢，甚至倒退，往往出现部分之和等于甚至小于整体的实际效应。因此，人际关系是发展社会生产力不可缺少的一个因素。而要正确建立和发展人际关系，又离不开人际关系学的研究。因为人际关系学研究所取得的成果，将会提高人们建立和发展人际关系的自觉性和科学性。

人际关系效应的数学算式

有日本学者提出 5＋5＝10 和 5×5＝25 两个算式。假设有两个人，其能力都是 5，并以甲、乙为代号，那么，甲和乙--起工作的综合能力就存在两种情况：

第一种情况：甲和乙虽一起工作，但不交往，那么，他们各自的能力保持 5 不变，综合能力为 10；

第二种情况：甲和乙一起工作，且人际关系非常好，思想交流非常充分，在这样的情况下，他们的思想容易产生共鸣，其综合能力会得到大的提升，或出现 5×5＝25 的整合能力值。其实还可以根据英国作家萧伯纳的比喻来加深理解：如果甲有一个苹果，乙也有一个苹果，那么，他们相互交换苹果后，甲、乙还是各自有一个苹果；如果甲有一种思想，乙也有一种思想，那么，他们相互交换后，甲、乙将各自拥有两种思想，甚至还会产生新的思想。

其实，根据人际关系的现实还可能出现第三种情况：甲和乙一起工作，且人际关系非常差，甚至到了“对着干”的地步，虽然他们的能力都是 5，但综合能力可能是 5－5＝0。

二、研究人际关系学的原则

1. 客观性原则

客观性原则（principle of objectivity），也就是从实际出发、实事求是的原则。在人际关系学研究中，坚持这一原则，首先要承认人际关系是一种客观存在的社会现象。作为研究客体，它是不以研究者的主观意志为转移的。其次，必须排除各种主观偏见。就是说，要按照其本来面目来认识或反映它，不附加以任何外来的成分，真正做到不因爱而溢其美，不因恨而增其恶，而始终以客观存在的事实为依据。最后，对研究所得出的结论，揭示出的各种规律，也要善于使之回到人际关系的具体实践中去加以检验、修正，尽力使之符合客观实际，经受实践的考验。

2. 系统性原则

系统性原则(systematical principle),也就是唯物辩证法的普遍联系的原则。所谓系统,就是泛指由一定数量的相互联系的因素所组成的稳定的统一整体。系统性原则,要求坚持系统、整体的观点,把研究对象看作由多种要素相互联系而构成的系统,并深入分析其内部各因素的组合方式和相互关系。在人际关系学中坚持系统性原则有其客观基础。作为研究对象的人际关系,自身具有很复杂的因素和结构,自成系统,而且又处在社会的大系统之中,是社会大系统的子系统。作为子系统,它又不可避免地要受到其他许多子系统的影响和制约。因此,人际关系客观上要求我们的研究应当坚持系统性原则。

在人际关系学研究中,坚持系统性原则,必须做到以下几点:

首先,对人际关系系统进行因素和结构上的分析。通过这种分析,弄清楚构成人际关系要素的种类及其数量。

其次,对人际关系系统进行层次分析(hierarchical analysis)。通过这种分析,弄明白各种不同要素在人际关系系统中的层级或地位,并考察其发生和发展的不同规律。

再次,对人际关系系统进行相关分析。通过这种分析,搞懂人际关系子系统与哪些子系统相关联,其他子系统是怎样制约人际关系子系统的,其制约或影响的性质、程度如何。

最后,对人际关系系统内部各要素之间以及人际关系系统与其他相关系统之间相互作用的关系进行整合的研究、综合的分析。需要指出的是,以上几个方面,不是孤立的,而是有联系、相统一的。因此,要把它们有机结合起来,综合运用。

3. 动态性原则

动态性原则(dynamic principle),就是唯物辩证法的发展性原则,也就是坚持变化和发展的观点,把人际关系作为过程来研究,对其变化进行发生学(genetics)的动态研究。在人际关系学研究中,坚持动态性原则,也是有其客观基础的。众所周知,世界上一切事物,由于它们固有的内在矛盾所决定,都处于不断运动、变化和发展的过程中。人际关系当然也不能例外,它是不断变化和发展的,而不是固定不变的。这是不以人的主观意志为转移的。因此,人际关系客观上要求我们的研究必须坚持动态性原则。

坚持动态性原则,涉及到多方面的问题。但是,以下几点是尤其应当注意的:

首先,从宏观上,研究人类社会发展过程中人际关系形态的历史演变,揭示人类群体中人际关系发生、发展的规律。

其次，从微观上，研究个体在一生中不同年龄阶段上人际关系变化的情况，揭示人的个体从幼年到老年的生命途程中的人际关系的变化、发展规律。

再次，研究人际关系的各种相关因素在不同历史时期、不同条件下，对人际关系产生影响的变化，揭示影响人际关系的相关因素的变化和发展的规律。最后，研究人类对人际关系认识的发生、发展史，揭示人际关系思想发生和发展的规律。另外，在研究中，也要注意对人际关系以及人际关系学思想的未来发展作出预测。

4. 综合性原则

这里的综合性原则（synthetical principle），也就是指与分析相联结的综合思维原则。所谓综合，是指在思想中把事物或现象的各个属性、部分、方面结合为一个整体。在人际关系学研究中坚持综合性原则，主要指根据实际需要，充分而正确地综合以往以及当前人类认识的某些成果，建立适合现时需要的科学的人际关系学体系。综合就是创造。研究人际关系学，建立科学的人际关系学体系，是一门创造性很强的工作。这一工作的顺利开展，当然离不开综合的原则。

在人际关系学研究中，一方面要综合历史上取得的某些研究成果。如前所述，长期以来，尽管人际关系学作为学科尚未建立，但关于人际关系的思想却是很丰富。这一点，无论是东方国家，还是西方国家，都是如此。这在人际关系学思想史上得到了证明。另一方面要综合相关学科的研究已取得的成果。如前所述，长期以来，尽管人际关系学作为学科还没独立出来，但在许多别的学科中，如在社会学、心理学、社会心理学、人类学、伦理学中，人际关系在不同的程度上受到重视，并取得一些颇有价值的研究成果。这就为综合性原则的实施，提供了客观的基础。

为更好地贯彻综合性原则，提出注意以下几点是必要的：

首先，使综合建立在分析的基础上。综合与分析是对立的统一。就其统一性而言，两者是互相依赖、相互渗透的，具有不可分割的联系。恩格斯在批判杜林忽视分析、把综合绝对化时，曾经指出："思维既把相互联系的要素联合为一个统一体，同样也把意识的对象分解为它们的要素。没有分析就没有综合。"[①]这对于我们正确贯彻综合性原则是有重要意义的。在研究的过程中，通过分析，对历史上的以及相关学科的思想和研究成果，取其精华，去其糟粕，从而为科学的综合奠定良好的基础。

其次，综合不是主观地、任意地把有关思想资料或材料捏合在一起，也不是

---

① 《马克思恩格斯选集》第3卷，人民出版社1995年版，第381页。

各个部分的机械相加或各种学科知识的简单堆砌，而是力求按其本来的真实的内在联系，从逻辑上把它们有机地结合成一个统一的理论体系。

5. 理论联系实际原则

理论联系实际，也就是理论和实践相结合，这是学习、研究人际关系学更为重要的原则。

学习、研究人际关系学，坚持理论联系实际的原则，首先就要认真读书，掌握人际关系学的理论。不掌握一定的理论，拿什么去联系人际关系的实际呢？要真正地掌握人际关系学理论，以下几个方面是尤其应当注意的：

一是系统性。就是说，要系统地而不是零碎地学习人际关系学。

二是深刻性。就是说，学习不能浮光掠影，浅尝辄止，只停留于现象的描述，而抓不住事物的本质。

三是相关性，就是说，为了学好人际关系学，对相关学科，如人类学、社会学、心理学等学科的理论或知识，也要适当涉猎。

四是自主性。就是说，学习时要独立思考，刻苦钻研；不能满足于背条文，而要着重领会精神实质，力求融会贯通。

其次，一定要密切联系实际。人际关系学是一门应用性极强的社会科学。只有联系实际去学，才能真正学好。而学习它的目的，也正是为了解决人际关系实践中的问题。学习时，要联系历史上人际关系的实际，更要联系现实中人际关系的实际。要联系国外人际关系的实际，更要联系国内人际关系的实际。要联系社会上或单位中的人际关系实际，更要联系家庭中特别是个人的人际关系实际。在联系实际的过程中，既要把人际关系学的某些理论、原则放到实际中验证，错误的就抛弃，有缺陷的就修正，正确的就运用，又要充分利用人际关系学中那些被实践证明为行之有效的原理、原则和方法，分析、说明和解决人际关系中出现的各种问题。只有这样，才能把人际关系学真正学到手，变成自己的东西。要真正做好联系实际的工作，又要注意以下问题：

一是客观性，即坚持一切从实际出发，坚持实践第一的观点。

二是具体性，即具体问题具体分析。也就是要从当时当地的具体情况出发，因时制宜、因地制宜地运用人际关系学的原理、原则和方法。

三是灵活性，即坚持变化发展的观点，根据客观情况的真实变动，灵活运用某些原理、原则和方法，避免用削足适履的办法到客观实际中去硬套。

坚持理论联系实际的原则，必须反对教条主义(dogmatism)。教条主义的态度是只从本本出发，凡是书本上写的，凡是名人讲的，凡是成功的经验，不管当时针对什么情况，也不管人际关系的客观实际及其变化如何，都当作不可移易的真理，无论何时何地，都照抄、照搬、照套。这种错误的态度，在处理人际关系的实际问题时，是极为有害的。

贯彻理论联系实际的原则，还必须纠正经验主义(empiricism)。经验主义的态度看重经验轻视理论。在处理人际关系问题时，总是以以往经验作为行动的准则，忽视和反对人际关系学理论的指导作用，因而在实践中，常常碰壁、走弯路。这种错误的态度，在现实生活中也是极为有害的。

总之，要真正学好人际关系学，必须紧紧掌握理论联系实际这个最基本的原则，反对这一原则上的各种错误倾向。

三、研究人际关系学的方法

学习、研究方法取决于研究客体。正如恩格斯所说，方法是客体的对应物。人际关系学属于社会科学，应主要运用社会科学的学习和研究方法，而不能运用自然科学的方法。例如，不能用显微镜，不能用化学试剂。研究客体是多样性的统一，因此，也决定了它的学习和研究方法不是单一的，而是多层、多元的。较为简单的研究客体是这样，稍微复杂一些的客体，就更是这样。人际关系是很复杂的社会现象，它的研究，客观上要求使用多层、多元的方法。不过，在其所需要的方法系统中，所有方法总有主要和次要、抽象和具体的区别。这里所介绍的，就是几种主要的和具体的研究方法。

1. 观察研究法

观察研究法(又称为“外观研究法”、“自然观察研究法”、“客观观察研究法”)是研究主体通过感官对研究客体外部表现(如言语、表情和行为等)的直接感知去了解人际关系的方法。观察研究法是在自然条件下进行的。就是说，观察者不改变被观察者的日常生活条件，对其行为也不加任何于涉，不使观察者发现自己是观察的对象，这样的研究，较为真实、可靠。此外，观察研究法是有目的、有计划、有系统地进行的，是属于思维知觉，即理性支配下的体认、感知，因而比起通常的、偶然的、片断的、随便的观察，要深刻得多。观察研究法的优点，在于能保持被观察对象表现的客观性。但是，这种方法也有缺点，其主要缺点是，有时观察得来的材料具有偶然性、片断性和非精确性，难以说明人际关系的实质及其发生的原因和机制，易造成主观的臆断。

要搞好观察，必须具备相应的条件。其中，最主要的有两点：

一要提高观察主体的素质，尤其要掌握必要的观察知识和技能(如仔细观察和记录被试者外部表现的能力，正确理解和说明所观察到的事实的能力，科学分析和综合材料的能力等)。

二要注意持之以恒，系统地进行观察，尽力获取丰富和真实的材料，以免造成材料的虚假和结论的片面。此外，为了克服观察法的局限，还必须采用其他的研究方法。例如，运用实验研究法等。

2. 实验研究法

实验研究法是通过控制或创设一定条件，使研究客体在控制的条件下进行活动，从而获取一定材料的研究方法。这种方法，实质上是一种有控制的观察法。实验研究法有多种形式。人际关系学的研究，主要采取自然实验研究法，即在日常生活中通过适当控制条件，结合经常性的业务工作来研究人们的人际关系的方法。例如，著名的“霍桑实验”(Hawthorne experiment)，应用的就是这种方法。自然实验法(naturalistic experimental method)兼有观察法和实验法的优点，因为它既是在主动创设的条件下，又是在较为自然的情况下进行的。

实验研究法的实施，也需要一定的条件。其中，关键的条件，是搞好实验设计。具体地说，既要确定研究的课题，明确研究的目的，对研究的途径、进程要有一定的设想，分析各种制约条件，又要选好研究对象，正确安排实验组和控制组，认真控制实验因子和对比因素，仔细比较、分析在不同条件下所得到的不同结果、反复验证并核实结论。

3. 调查研究法

调查研究法，就是通过亲身的接触和广泛的了解，较为充分地掌握研究客体的有关材料的研究方法。调查研究法的具体形式很多。有普遍调查、典型调查、抽样调查等等。调查的方式也多种多样。例如，有口头的方式、书面的方式等等，书面的方式主要是问卷法。问卷法是人际关系调查常用的方式之一。

4. 测量研究法

测量研究法，是指制定某种量表(scale)对某一单位的某种人际关系加以测量的研究方法。例如，“雷维奇人际关系测试游戏”就是测量研究法的运用。再如，美国社会心理学家莫雷诺(J. Morenno)的社会测量法也属测量研究法的运用。测量研究法的正确使用，关键的问题，是制定好量表。量表要尽量科学，能反映现实情况，否则，难以得出较为科学的结论。

雷维奇人际关系测试游戏

“雷维奇人际关系测试游戏”是美国心理学家雷维奇(P. Lewicki)根据长期从事心理治疗的经验创造的一种用电脑来测试和预言人际关系的方法，并以他自己的名字来命名，其目的是为了更有效地帮助人们认清并及时调整相互关系。雷维奇在为有矛盾的夫妻进行心理治疗时发觉，夫妻之间好像是围绕矛盾在进行游戏，深思熟虑之后，他便开始研究游戏理论，并设计了这样一个游戏：“每个游戏者可以在两条路线中选择一条路线，看谁先到达终点。一条是直而短的路线，内设许多障碍物，容易发生两车相撞；另一条是交错的长路线，走这条路线可以避免两车相撞。参加游戏的双方都控制着一个障碍物，可用它来阻挡或拖延对方走直的路线。

在做游戏时，双方可以交谈，可以商量决定谁走在前面、谁走在后面及如何避免两车相撞，这样，双方就能轮流获胜，最终双方得分可以拉平。"①游戏者在游戏中的表现往往是现实生活中相互关系的写照。之后，雷维奇又将这种游戏仪器化，最初游戏仪器有半个乒乓球台那么庞大，接着又缩小到桥牌桌大小，并最终实现了计算机化。计算机化之后，一次测试只需15～20分钟，并能得到400多条用于分析的信息。从开始测试到分析出结果大概需要90分钟，但这只是一次测试的时间，要想较准确地测出双方的人际关系类型，则至少要做二三十次游戏。"雷维奇人际关系测试游戏"是研究人际关系的一种简捷直观的方法。

5. 统计研究法

统计研究法是根据调查、访问、问卷或量表等得来的研究资料加以统计，进行定量分析。这种方法，能使材料更加精确，更具说服力。统计研究法是以定量分析为特征的，而定量是以定性为基础的。因此，统计研究法的科学使用，必须辅之以定性分析，力求定性分析与定量分析的辩证统一。

以上研究人际关系学的几种方法，都有各自的长处或优点，同时，也都有一定的局限性。因而在研究过程中，不能只用一种方法，必须综合运用几种不同的方法。其中，有时可以某种方法为主，其他方法为辅；有时则可以交替运用几种方法。这样，才能取长补短，充分而正确地发挥作用。

① [美]罗伯特·A·雷维奇、巴巴拉·怀顿著，邵燕燕编译：《人际关系的测试和调整》，上海文化出版社1988年版，第3页。

第二章 什么是人际关系

当我们考察人际关系时，首先遇到的问题就是：什么是人际关系？它有什么特点？它有哪些类型？这是人际关系学研究的首要问题，也是考察其他人际关系问题的前提和基础。下面就来回答这些问题。

第一节 人际关系的本质

一、人际关系的定义

什么是人际关系？正如什么是哲学对哲学家、什么是美对美学家是难题一样，这个问题，对于从事人际关系的研究者来说，似乎也是一个“司芬克斯之谜”。如果说，有多少个哲学家就有多少种哲学的理解，有多少个美学家也就有多少种美的定义，那么，也可以说，有多少个人际关系研究者，也就有多少种对人际关系的理解。

这种众说纷纭、莫衷一是状况的出现，不仅说明了研究客体的复杂性和研究主体的差异性，同时，也表明对于人际关系本质的说明，是每一个认真探讨人际关系的人都不能也不应该回避的问题。每一个研究者都不能不作出自己的回答。所以，对此，我们必须而且应当作出自己的努力。

记得有位学者曾经说过，当我们要给某种事物下定义时，首先要了解历史上是否有人说过、是怎样说的，同时，要看看同时代人是否说过、是怎样说的。此话颇有道理。因为这样做，一来可避免重复、做无用功，二来可以站在他人的肩膀上，站得更高，看得更远，做得更好。

在笔者接触到的关于人际关系的说明中，以下定义具有一定的代表性：

(1)人际关系是在社会生活实践活动过程中，个体所形成的对其他个体的一种心理倾向及其相应的行为。它是通过交往而形成的人与人之间的心理关系。①

(2)所谓人际关系,是在宏观的社会关系制约下的人与人之间的心理关系。②

(3)人际关系是由两个或更多相互依存和相互作用于同一方式的人组成的。人际关系不等于参与其中的人。③

(4)人际关系,是指在共同的活动过程中,可以直接观察到人与人之间的关系,或称为心理上的距离。④

(5)人际关系是指个人或团体彼此寻求满足的心理状态。⑤ 人际关系是人们社会关系的一种形态。⑥

(6)在人们的物质交往与精神交往过程中发生、发展和建立起来的人与人之间的关系,叫做人际关系。⑦

(7)人际关系是一种社会心理现象(social-psychological phenomenon)。它是人们在群体交往(group interaction)过程中,由于相互认识和相互体验而形成的心理关系。人际关系属社会关系的范畴。⑧

(8)人们在劳动、工作、生活中,相互交往,发生各种各样的联系,这种人与人之间互相交往与联系的关系,就叫作人际关系。⑨

以上定义,是对人际关系本质的有益探讨,对于问题的全面而深刻的认识,具有不同程度的启迪意义。但是,我们总感到某种不满足,因而有进一步深入探讨之必要。

综合前人的研究成果,博采众家之长,结合我们的理解,对人际关系,我们试图作出如下的界定:

所谓人际关系,是在人类社会生活实践活动中,作为个体的人为了满足自身生存和发展的需要,通过一定的交往媒介而与他人建立和发展起来的、以心理关系为主的一种显在的社会关系。

---

① 参见高友德主编《青年交往心理学》,湖南人民出版社 1988 年版,第 159 页。

② 参见李庆善《青年情绪调节论》,农村读物出版社 1987 年版,第 164 页。

③ 参见[美]朱迪·C·皮尔逊著,陈金武、朱家麟、黄星民译《如何交际》,湖南人民出版社 1987 年版,第 34 页。

④ 参见俞文钊《领导心理学》,上海人民出版社 1987 年版,第 189 页。

⑤ 参见曹杰编《行为科学》,科学技术文献出版社 1997 年版,第 114 页。

⑥ 参见曹杰编《行为科学》,科学技术文献出版社 1997 年版,第 115 页。

⑦ 参见林秉贤《社会心理学》,群众出版社 1985 年版,第 266 页。

⑧ 参见车文博主编《心理学原理》,黑龙江人民出版社 1986 年版,第 249 页。

⑨ 参见姚平《人际关系学概论》,陕西人民出版社 1987 年版,第 1 页。

话说“关系”

有人说中国人最讲关系，每个人都有一张“关系网”，网的大小影响甚至决定人的前途和命运。“关系”是看不见、摸不着的非实体，但它似乎无处不在，不仅是街谈巷议之话题，也是学者研究之领域。

有人认为，“关系”就等同于“拉关系，走后门”，权钱色交易，“潜规则”等，是“不正之风”的代名词，利用“关系”可以达到不可告人的目的。这样的观点可认为是“关系庸俗论”；还有人认为，“关系”是万能的，有“关系”则无往而不胜，没“关系”则寸步难于上青天，甚至有人“归纳”出一句话：要办事，没“关系”，则“门难进，脸难看，话难听，事难办”。这种观点可称为“关系万能论”。

“关系庸俗论”和“关系万能论”显然是错误的，但它们的影响范围非常广，甚至到了堂而皇之的地步。要消除“关系庸俗论”和“关系万能论”的负面影响，先应厘清“关系”的含义，正确理解“关系”。

二、人际关系定义的分析

这里，有必要对我们所提定义作进一步的说明。

1. 人际关系是“关系”事物

这个定义表明，人际关系是“关系”事物。要把握人际关系的本质，就应当理解它与“关系”的关系。

从一定的意义上，世界上一切事物或现象，可以分为“实体”事物和“关系”事物。人际关系属于关系事物。所谓关系，主要指事物之间的联系或联合。关系与实体是对立的统一。在特定条件下，关系是关系，实体是实体，两者不能混淆，也不能替代。另一方面，关系和实体又是互相依赖、互相包含和互相转化的。两者互相依赖，是说它们之间谁也离不开谁，关系离不开实体，关系总是实体的关系；实体也离不开关系，实体总是处于关系之中，并由关系构成的实体。两者互相包含，是说关系中有实体，实体中也有关系。两者互相转化，是说在一定范围内和条件下是关系或实体，而在另一范围和条件下，就成了实体或关系。

我们说人际关系是关系事物，是说它表征的是作为实体的人之间的联系或联合。从这个意义上看，它虽然离不开实体，但却不能归结为实体。朱迪·C·皮尔逊博士在其《如何交际》一书中，曾引用了桑德福·西尔瓦曼和马丁·西尔瓦曼在他们合著的《关系论》一书中提出的观点。她指出：“在桑德福和马丁这两位作者看来，研究关系时，必须理解整体大于部分之和这个概念。”[①]根据这种看法，我们同样可以说，关系具有不同于其所赖以存在的实体之和的特殊功能。人际关系当然也是这样。正如皮尔逊博士所说，“人际关系不等于参与其中的人”。“人际关系不仅仅是指参与其中的人本身。”[②]这对于我们理解作为关系的人际关系不同于实体是有启发意义的。

2. 人际关系是特殊的社会关系

这个定义表明，人际关系是一种特殊的社会关系。要把握人际关系的本质，就应当理解它在社会关系中的地位。

有人指出，“关系”一词是那些用得最多、最广、最滥的词汇中的一个。这话说得不无道理。这种“关系”的滥用，实际上，是对现实生活中关系事物的多样性和复杂性的反映。“关系”事物尽管多样，但也是可分析的。如果从其是否具有社会性上来分，所有关系事物无非有两大类：一是社会性关系，即社会关系；二是非社会性关系，即自然关系。毫无疑问，人际关系属于社会关系，因为它具有社会关系的一般属性。

所谓社会关系，指的是人们在共同的社会生活实践活动过程中结成的一切相互关系的总称。它是一个外延非常广的概念。与自然关系相比较，社会关系的一般属性之一，在于它的人文性，也就是主体能动性。马克思说：“动物不对什么东西发生‘关系’，而且根本没有‘关系’。”[③]这里的关系，之所以加引号，我们认为，就是特指社会关系。马克思的这一命题说明，社会关系仅仅是对人而言的。只有人与外界的以及人与人之间的联系，才能形成社会关系。离开了人的存在和介入，就没有任何社会关系而言。在马克思看来，人与动物具有根本的不同。重要区别之一，在于人具有动物或其他任何事物所不具备的能动性。动物虽然也与外界发生联系，如相互之间会进行信号联系，以寻觅食物，躲避自然灾害的袭击，但动物的所有这些活动都是本能活动，而不是对外界环境的能动反映，因此与外界不构成社会关系。世界上除了人以外的有机物和无机物虽然相互处于各种联系之中，构成了这样或那样的关系，但是，由于它们都不具备主体意识，都不是人的关系，因此，都不能称为社会关系。总之，“自觉的能动性是人类的特点”，“是人之所以区别于物的特点”。与此相联系，人文性或主体能动性成为社会关系的一个基本属性。从这个角度来看，人际关系之所以是社会关系，

---

① [美]朱迪·C·皮尔逊著，陈金武、朱家麟、黄星民译：《如何交际》，湖南人民出版社 1987 年版，第 35 页。

② [美]朱迪·C·皮尔逊著，陈金武、朱家麟、黄星民译：《如何交际》，湖南人民出版社 1987 年版，第 36 页。

③ 《马克思恩格斯全集》第 3 卷，人民出版社 1960 年版，第 34 页。

就是因为这种关系的主体是人，是具有主体能动性的人之间的关系。

社会关系是一个外延非常广的概念。其内容极为丰富。可以说，它是一个很复杂的关系系统。在社会关系这个系统中，包含着三个相互联系的亚系统或子系统：一是生产关系系统；二是意识形态关系系统；三是人际关系系统。

在社会关系系统中，这三个子系统或亚系统处于不同的层次，具有不同的作用。首先，生产关系系统是社会关系系统的最高层。所谓生产关系，指的是人们在社会生产活动过程中人与人之间结成的物质形态的关系，也就是通常所讲的经济关系或物质关系。生产关系是其他一切社会关系的基础，决定其他形态关系的性质、产生及其发展。正因为如此，它才成为判定社会形态的一个重要方面。

其次，意识形态（ideology）关系系统处于社会关系系统的中层。所谓意识形态关系，指的是人们在生产关系基础上，在社会意识活动中人与人之间结成的关系，具体表现为各种不同的政治关系、法律关系、道德关系、哲学关系、艺术关系、宗教关系等等。社会意识形态关系是对一定社会的生产关系的反映，同时，对社会生产关系有一定的制约作用。社会意识形态关系也反映人际关系，并对人际关系起重要的制约或影响作用。

最后，人际关系系统是社会关系系统的最底层。与此相联系，一方面人际关系是其他社会关系的表现形式，也就是说.是其他社会关系的直接表现。正如苏联社会心理学家安德列耶娃在其《社会心理学》一书中所指出的，在社会关系的经济、社会、政治以及其他形态的截面上所表现出来的东西，就是人际关系。这也正是我们所说人际关系是“显在”的社会关系的原因。另一方面人际关系虽然表现于外，但与其他社会关系又不是两张皮，而是渗透在其他社会关系中。有人将这种“渗透”关系用图 2-1 表示。

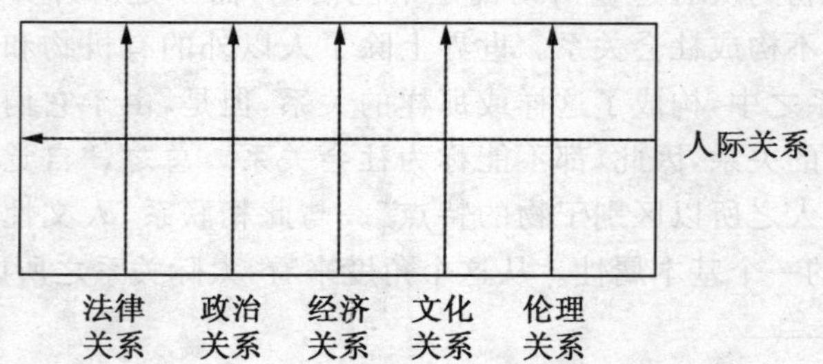

图 2-1　人际关系与其他社会关系的关系

从此图不难看出，人际关系是社会关系总系统的横面。

可见，人际关系与其他社会关系既有区别又有联系。一方面人际关系与其他社会关系有着本质的区别，它属于社会关系，但又不能等同于社会关系；另一方面人际关系与其他社会关系又紧密联系。具体表现在：其他社会关系在更高层次上决定、制约和调节着人际关系。人都隶属于某一社会集团。在人际关系中人们所表现出来的思想、情感、欲望不能不带有该集团的痕迹。因此，“在阶级社会中，每一个人都在一定的阶级地位中生活，各种思想无不打上阶级的烙印”[①]。人际关系反过来又深刻地影响着其他社会关系相互作用的程度和方式。因此，任何一个人，都既生活在一定的其他社会关系系统中，又生活在一定的人际关系系统中，是各种社会关系子系统的统一体。也许正是在这个意义上，马克思才说，人的本质，在其现实性上，是一切社会关系的总和。由此也可以看出，不管人们意识到与否，人总要受到其他社会关系规律和人际关系规律的多重制约。

3. 人际关系是心理关系

这个定义表明，人际关系又是一种心理关系。要把握人际关系的本质，就应当理解它的个性心理特征。

如上所述，人际关系是一种特殊的社会关系。这种特殊性，不仅表现在它在社会关系系统中处在特殊的地位，而且表现在它具有明显的心理特征，是人与人之间的心理关系或个性关系。从一定的意义上说，人际关系与其他社会关系的本质区别，就在于它具有个性，在于它是个性关系。社会关系系统中其他的社会关系，从一定的意义上来说，是一种抽象的关系。如在生产关系中，资本家与工人的关系是一种剥削与被剥削的关系，这种关系是从无数个具体的资本家和无数个具体的工人关系中抽象出来的。马克思在揭示这种社会关系的本质时指出：“这不是个人和个人的关系，而是工人和资本家、农民和地主的关系。”[②]苏联社会心理学家安德列耶娃也指出，其他一切“社会关系”不是建立在同情或不同情的基础上，而是建立在每个个体在社会体系中所占有一定地位的基础之上的。所以，这些关系在客观上受到制约，它们是社会群体（social group）间的关系或者是作为社会群体代表的个体间的关系。这就是说，社会关系（指人际关系之外的其他社会关系——引者注）具有非个性的性质。它们的实质不是存在于具体个性的相互作用中，确切些说，而是存在于具体角色（role）的相互作用中。不难看出，安德列耶娃的思想与马克思的观点，在本质上是一致的。在她看来，人际关系与其他社会关系的实质性区别在于前者具有个性（individuality），后者具有非个性。就是说，具有个性的社会关系就是人际关系。从这个意义上说，人际关系就是个性关系。它与抽象的“非个性化”的社会关系不同，是具体的、带有明显

① 《毛泽东选集》第1卷，人民出版社1991年版，第283页。

② 《马克思恩格斯全集》第4卷，人民出版社1958年版，第135页。

的心理特征(mental characteristic)的个人与个人之间的关系。这是关于人际关系本质的一个很好的说明。

为了更好地把作为个性关系的人际关系同其他社会关系区别开来，这里，有必要说明何谓个性。所谓个性，是指在个人自然素质的基础上由于社会的影响通过人的活动而形成的稳固的心理特征的总和。个性心理是一个具有多层次、多水平的复杂的完整体，其结构包括三种亚结构：

一是动力结构(dynamic structure)——包括需要、动机、兴趣、理想、信念、世界观等心理成分。它们集中地表现了个性的社会实质，因此动力结构是个性心理结构中的核心。

二是特征结构(characteristic structure)——包括人的气质、能力与性格。

三是调节结构(regulatory structure)——即自我调节结构。它是以自我意识为核心。由于自我意识对各种心理现象与行为的调节作用是彼此联系的，所以称之为自我调节系统。自我调节结构的成分，在认识方面，自我意识的首要的成分是自我认识(self-knowing)，包括自我观察(self-observation)、自我分析(self-analysis)和自我评价(self-evaluation)。在情感方面，自我意识的表现称之为自我感受(self-reception)或自我体验(self-experience)，主要有自信感(self-confidence)和自尊感(self-esteem)两种。在意志与活动方面，自我意识又表现为自我检查(self-examination)、自我控制(self-control)。

由于人际关系具有个性，所以，才是看得见、摸得着的、显在的社会关系，才成为其他潜在的或内含的社会关系的表现形式。

当然，个性化了的人际关系，与非个性化的社会关系，虽有实质上的区别，但是，两者也是紧密地联系在一起的。在认识上，人们可以将它们抽象出来，分别地加以考察，在现实生活中，实际上是不可分离的。苏联心理学家安德列耶娃对此作了说明。她在分析作为角色关系的社会关系时指出："实际上每个个体所担任的不只是一个，而是几个社会角色；他可能同时是会计、父亲、工会会员、混合足球队员等。有些角色在人出生时就已确定(例如，是女人或者是男人)，另一些角色是在生活过程中获得的。但是，社会角色本身并不具体决定它的每个具体体现者的活动和行为，因为一切取决于个人掌握角色和使其内化的程度。而内化的行动则取决于这一角色的每个具体体现者一系列的个性心理特点。所以，社会关系(指人际关系之外的其他社会关系——引者注)虽然在实质上是非个性的角色关系，但实际上在它具体的表现中却具有一定的'个性色彩'。"[①]与此相联系，这位社会心理学家还认为，人总是以双重身份参加社会活动的，一方面他

① [苏]F. M. 安德列耶娃著，李钊译：《社会心理学》，上海翻译出版公司1984年版，第71页。

是非个性化的社会角色的扮演者，另一方面他又是以具有个性的人的姿态出现的。她说："因为人际关系是社会关系（指人际关系之外的其他社会关系——引者注）真正的实在现象：在人际关系之外再也找不到在某个地方有：'纯粹'的社会关系。"[①]她还引用马克思的话说："正是个人相互间的这种私人的个人的关系，他们作为个人的相互关系，创立了——并且每天都在重新创立着——现存的关系。"[②]

正因为人际关系与其他社会关系实际上的不可分割，我们在研究其他社会关系时，绝不能脱离人际关系。在这个意义上，可以说，人际关系的重要性，就在于它是研究其他社会关系的必由之路。艺术家、文学家研究人的着眼点，始终放在人际关系上，着力于描述"现存关系"，这是有道理的。马克思不止一次地警告说，只研究按其本质来说是非个性的客观社会关系是不够的，"我们陷入困境，也许是因为我们只把人理解为人格化的范畴，而不是理解为个人"[③]。

第二节　人际关系的特点

一、对人际关系特点的认识

人际关系的本质和特点是紧密地联系在一起的。以上是我们对人际关系本质的初步考察。为了更好地把握人际关系的本质，现在我们将进一步研究人际关系的特点。

所谓特点，主要指事物所具有的特征或特性。任何事物都有自己的特点，不同的事物具有不同的特点。人际关系作为事物的一种，也必然具有自己的特点。

承认人际关系具有一定的特点，这是人们一致的看法。但是，进一步追问：人际关系有些什么特点？问题的分歧就产生了。为了正确而全面地把握人际关系的特点，有必要了解人们在这一问题上的各种见解。

关于这个问题，人们的主要看法有：

(1)人际关系最重要的特点是它具有情感（或情绪）基础。[④]

(2)人际关系"既是客观的，又是主观的"[⑤]。

(3)人际关系具有以下特征："在正式组织中，行为成分是人际关系的主导成

---

① ［苏］F. M. 安德列耶娃著，李钊译：《社会心理学》，上海翻译出版公司 1984 年版，第 71 页。

② ［苏］F. M. 安德列耶娃著，李钊译：《社会心理学》，上海翻译出版公司 1984 年版，第 71 页。

③ 《马克思恩格斯全集》第 23 卷，人民出版社 1972 年版，第 185 页。

④ 参见高友德主编《青年交往心理学》，湖南人民出版社 1988 年版，第 63 页。

⑤ 李庆善：《青年情绪调节论》，农村读物出版社 1987 年版，第 164 页。

分；在非正式组织中，情绪成分承担着主要的调节功能。”[①]

(4)人际关系有六个特点：相互明确性；阶段性；多面性；对应性；复杂性；变动性。[②]

(5)人际关系有间接性、隐蔽性、现实性、情感性。[③]

(6)人际关系在形成、发展的过程中，有着自身的特点，这些特点主要有下述几点：第一，社会性。这是人际关系的一个根本特点。第二，历史性。这是指人际关系所具有的发展变化、新旧交替的特性。第三，客观性。这是指人际关系在人们的客观社会活动中确立，具有现实性和真实性，而不是人们随意的主观想象。第四，多样性。这是指人际关系具有多内容、多形式、多层次。这一特点造成了社会的复杂性和人的复杂性。[④]

以上见解，都是从不同的角度或在某种程度上对于人际关系特点的揭示，对于我们进一步地说明这个问题，具有重要的参考价值。

我们认为，首先应当承认，人们对于人际关系的特点的认识是多种多样的。人们之所以能从不同的角度作出不同的说明，除了认识主体在认识角度、能力、知识结构等方面的差别性之外，在客观上正是决定于人际关系自身特点的多样性。在一定的意义上，从某一个角度或某几种角度揭示人际关系的特点是可行的，也是必要的。但是，如果把人际关系作为直接对象进行集中的全面的研究，就应当全面地、完整地把握人际关系的特点，力求揭示其一切方面。列宁指出：“要真正地认识事物，就必须把握住、研究清楚它的一切方面、一切联系和‘中介’。我们永远也不会完全做到这一点，但是，全面性这一要求可以使我们防止犯错误和防止僵化。”[⑤]这个思想，对于我们正确认识人际关系的特点是有指导意义的。

根据全面性的要求和目前所达到的认识水平，我们认为，人际关系的特点至少应当包括如下方面：

社会性(sociality)和个体性(individuality)；

客观性(objectivity)和主观性(subjectivity)；

直接性(directness)和间接性(indirectness)；

潜在性(potentiality)和显在性(appearance)；

---

① 林秉贤：《社会心理学》，群众出版社1985年版，第266页。

② 参见[美]朱迪·C·皮尔逊著，陈金武、朱家麟、黄星民译《如何交际》，湖南人民出版社1987年版，第37页。

③ 参见宋书义主编《管理心理学》，甘肃人民出版社1987年版，第95页。

④ 参见郑永廷主编《人际关系学》，中国青年出版社1988年版，第14～16页。

⑤ 《列宁选集》第4卷，人民出版社1995年版，第419页。

单一性(unity)和多样性(diversification);

稳定性(stability)和动态性(dynamicality);

简单性(simplicity)和复杂性(complexity);

此外还有渗透性、历史性、时代性、广泛性和层次性等等。

二、人际关系主要突出特点

同认识其他事物一样,对人际关系特点的认识,仅仅满足于全面性的要求,还是很不够的。应当在此基础上,进一步具体分析各种特点的具体情况及其特点之间的区别和联系,进而抓住最突出的特点,做到有重点地把握。

在我们看来,人际关系主要的和突出的特点有以下五个方面:

1. 社会性

这是人际关系区别于非社会性关系事物的特点。所谓社会性,指人际关系本质上是社会的,是人通过社会关系表现出来的属性。人,就其本质来说,在其现实性上,是一切社会关系的总和。人际关系因而也必然是社会性的关系,没有也不可能有无社会性的人际关系。

人际关系的社会性,首先是由劳动决定的。人们在劳动过程中,不仅要与自然界发生关系,而且相互之间要发生一定的联系和关系。“只有在这些社会联系和社会关系的范围内,才会有他们对自然界的关系,才会有生产。”[①]人与人之间的社会关系,制约和影响着人与自然界的关系。劳动在促进人产生的同时,也使人际关系得以产生。劳动从一开始就是社会性的活动,作为劳动产物的人际关系,也必然是社会性的。其次,人际关系总是在一定的社会中得以建立和发展。不管什么人,不管人的什么活动,都离不开社会,都要受到社会各种因素的制约。人际关系当然也毫不例外。人际关系的产生、发展、性质和状况,都是与一定社会的历史条件联系在一起的。

人际关系的社会性,是随着社会的进步而发展的。在古代,人际关系的自然性大,社会性小。在现代社会里,人们活动的社会化程度高了,人际关系的社会性大大增强了。这一点,主要表现在两方面:一方面人们同社会的联系和与社会交换,其活动的途径与方式更多,所涉及的领域和范围更广。另一方面人们同社会联系的内容更丰富、更深刻。现代化的集体劳动把越来越多的人紧密地联系在一起,构成结构复杂、功能齐全的产业系统;人们所使用的工具、生产资料,凝结着更加复杂的社会劳动;在人们所消费的物品中,自然产品越来越少,社会商品种类、规格越来越多。随着现代社会生产力的发展,世界日益成为“地球村”,

---

① 《马克思恩格斯全集》第6卷,人民出版社1961年版,第486页。

人也正在成为“国际人”。这一切，昭示着人际关系的社会性正在越来越强化。

总之，人际关系的社会性，是一个不用详加分析和说明就可以明了的普遍问题。人际关系的社会性，是人际关系区别于其他非社会性关系事物的特点。

社会性被剥夺的可怕后果

“狼孩”卡玛拉8岁被发现时虽然她的生理特征与人相同，但她的习性却与狼无异，后来进行的艰苦恢复性训练的收效也甚微，到她17岁去世时，其智力也不过相当于3岁多的儿童。卡玛拉的遭遇实证了人的社会性，以及社会劳动、社会交往对人的关键性。另有对因避战而深山独居后又回归社会的人进行的研究，发现他们的认知能力和语言能力都受到严重损害，并害怕与人交往。人是社会的人，人际交往中所传递的社会信息对人来说也是至关重要的。加拿大麦克吉尔大学的心理学家设计了一个“感觉剥夺”实验，让被试单独处于一个房间中，并戴上耳机和护目镜以剥夺其听觉和视觉，又将被试的手戴上手套，手臂套上纸筒，腿脚用夹板固定，以剥夺其触觉。被试在这样的状态下连续呆几天后，就会出现恐慌，产生幻觉、思维迟钝、动作反应不到位等身心的严重障碍，并需要数天才能恢复正常。人是社会性动物，如果被剥夺了社会性，其后果是非常严重的。

2. 情感性

这是人际关系区别于其他社会关系的一个特点，也是人际关系最重要、最突出的特点。情感性之所以成为人际关系的最突出的特点，是由情感的特点和作用决定的。所谓情感(feeling)，简单地说，就是客观事物是否符合人的需要所产生的态度和体验，是人脑对客观事物与人的需要之间关系的反映。情感的基本特征是它的两极性，即肯定性和否定性、积极性和消极性。在社会心理学中，情感被归结为两大类：

一是结合性情感——使人接近和结合的各种情感都属于这一类。在这类情感基础上所形成的人际关系程度不同地都带有相互吸引的特征和性质，如热情、友谊、喜欢、亲密、恋爱、爱情等。

二是分离性情感。在这一类情感基础上所形成的人际关系则程度不同地带有相互排斥的特征和性质，如冷淡、嫌弃、厌恶、憎恨、敌对等。

可以说，人际关系之所以以多种类型和状态体现出来，从一定的意义上说，是由于人们的情感的多种表现形式和状态所使然。

当然，人际关系的心理因素是多方面的，远不止情感一种。从心理学上看，人际关系是由认识、情感和行为三个相互联系的成分组成的(认识成分包括对个人、人际关系和自我的感知、记忆、表象、思维、想象等心理过程以及朋友间的相互认同、相互理解等。行为成分包括活动、举止、表情、手势、语言、作风等，即能表现个性的、别人可观察得到的一切外现动作）。这三种成分虽然为一切类型的人际关系所具有，但它们的作用并不是均等的。其中，情感成分是主要的，其作用更为突出。人们之间的相互喜爱的程度，是决定他们互相选择、互相交往的基本因素。情感成分对任何类型的人际关系都起调节作用。而在非正式群体中它更是维系人际关系的主要成分。这是其他心理成分所不能比拟的。

3．主观性

这是它区别于其他社会关系的又一个特点。这是人际关系的又一个重要或突出特点。这个特点是与它的情感特点密切相关的。从这个意义上说，承认人际关系的情感性，就必然要承认它的主观性。

所谓人际关系的主观性，主要是指这种关系是以关系主体的心理需要为前提的，以彼此是否获得满足的主观感受为尺度。“如果双方或某一方，没有结成关系的需要，也就无所谓形成双方的某种心理关系。并且，虽然双方都有结成关系的需求，但双方或某一方对这种关系的主观感受不同，从而形成不同的心理关系。如果双方都能强烈地感受到心理的满足，那就会结为亲密的、和谐的人际关系；如果双方或某一方感受不到心理满足，那就会出现疏远的人际关系，甚至是冲突的、对抗的人际关系。”[①]总之，人际关系的发生、发展、中断以及性质、程度，在很大程度上决定于人际关系主体的心理因素。从这个意义上说，它带有强烈的主观性。

需要特别指出的是，我们充分肯定人际关系的主观性，并不排除它的客观性。事实上，我们已经明确肯定客观性是人际关系的特点之一，只是没有具体说明。所谓人际关系的客观性，主要是指以下三个方面：

一是它的存在是客观的。就是说，“它真实地存在于一切人际之间，有其自身发生和发展的条件，并且直观地表现于人们的认识、情绪和行为，据此可以考察、判断人们之间关系的亲疏、好恶”[②]。

二是它发生、发展的规律是客观的。就是说，它同世上其他事物一样，有其固有的、不以人的主观意志为转移的规律。

三是它的作用是客观的。就是说，不管什么样的人际关系，在现实生活中必然会发生这样或那样的作用。它只要存在着，就要发挥一定的作用。

另外，尽管人际关系中带有某些主观因素，如需要、情感体验等，但是，这些

---

① 李庆善：《青年情绪调节论》，农村读物出版社 1987 年版，第 164 页。

② 李庆善：《青年情绪调节论》，农村读物出版社 1987 年版，第 164 页。

因素，归根结底也是由客观因素或条件决定的。但是，客观性与主观性相比较，主观性更容易把人际关系从其余一切社会关系中分离出来。正是从这个意义上，我们将其作为人际关系的突出特点之一。

4. 复杂性

初看起来，人际关系是极为简单的社会现象，因为每个人从出生到死亡都要与之打交道，是须臾不可分的东西。而且对于每一个人来说，它似乎是与生俱来，且习以为常，司空见惯，没有什么不可思议的。实则不然。仔细考察，便可发现，它带有很强烈的复杂性。它的复杂性，主要表现在如下几方面：

一是在人际角色(interpersonal role)方面表现出来的复杂性。所谓人际角色，是指在个性的心理特点的基础上产生的与某一特殊位置有关联的行为模式。不同的关系主体分属不同的人际角色。不同的人际角色有不同的人际关系。尤其需要注意的是，同一关系主体，会表现出不同的人际角色，从而形成更为复杂的人际关系。如果从单方关系主体看，每个关系主体都存在人际向量(interpersonal vector)的问题，即一个人总有一定的与之交往的人的数量。人际向量是复杂的，人际关系也表现出复杂性。在《领导心理学》中，有人研究了领导者人际关系的复杂性。提出了人际关系轮的概念。他们认为，一个工作群体以领导者为核心，同各个方面发生人际关系，从而形成一个圆形的人际关系轮(interpersonal wheel)，见图 2-2。

图 2-2　领导者的人际关系轮

事实上，不同的人际角色，具有不同的人际关系轮，即使同一人际角色，往往也有多重人际关系轮。这些情况，都充分反映了人际关系的复杂性。

人际关系数的计算

美国社会心理学家J·霍姆斯的研究很有说服力。他曾描述了两个人组合交往的情境，如一个人叫约翰，另一个人叫亨利。表面上看来，是约翰和亨利两个人在交往，实际是6个人在交往。当约翰(或亨利)单独存在时，他只是实际的约翰一个人，一旦约翰和亨利发生联系，他就变成了3个人，实际的约翰、自我意识的约翰(客观的自我和自我意识的自我常常不一致，如约翰是一个无能而又很自负的人，他对自己能力的估计就会高于自己实际的能力)、在亨利印象中的约翰(一个人的实际和他给别人的印象也常常不一致，如约翰本来很善良，但因为样子长得有点古怪，给亨利的印象却是凶恶的)。与此相适应,亨利也就变成了3个人,这样本来是两个人的关系,却变成了6个人的关系,一是实际的约翰和实际的亨利的关系,二是骄傲的约翰和实际的亨利的关系等等。

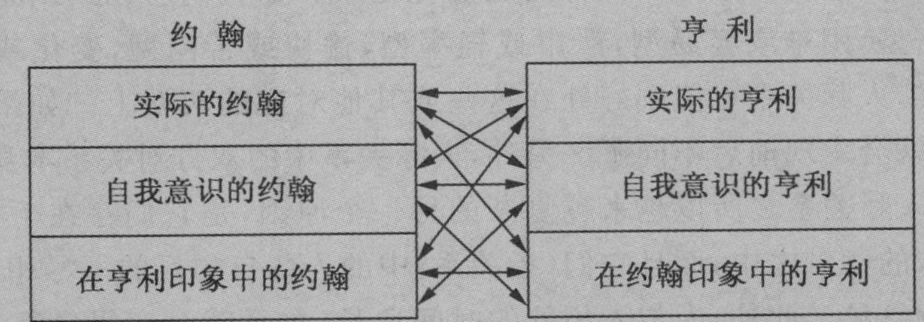

按照组合的数学规律,上述约翰和亨利一旦发生联系,就可能出现9种关系。在日常生活中我们能够体会到,上述每种不同的关系都会产生不同的交往效果,这就使人际关系呈现了复杂的局面。而这仅仅是指两个人之间的交往所发生的人际关系,如果3个人、4个人或更多的人进行交往,那么,人际关系就会变得更加复杂了。法国管理学家格兰库纳斯提出了一个计算群体中人际关系的公式:

人际关系$=n(2n-1+n-1)$(其中n指一个群体的人数)

按照这个公式计算,2个人交往时是6种关系(与霍姆斯的计算方法不一样),3个人时是18种关系,4个人时是44种关系,5个人时是100种关系;当群体人数增加到10个人时,则人际关系变成5210种。难怪一个4口之家,如果新娶一个儿媳妇,则家庭关系可能顿时变得复杂化。因为人际关系由原来的44种一下猛增为100种,而其中还未把岳父、岳母,七姑、八姨计算在内,作为家庭领导者的一家之长,如果没有点协调人际关系的高明本领,想驾驭家庭中100种人际关系,恐怕是难以应付自如的。随着现代社会生活的发展,古典的几世同堂的大型家庭越来越向小型化演化,其中一个重要原因,就是为了减轻复杂的人际关系所带来的沉重心理压力。

二是人际关系构成要素的复杂性。人际关系构成要素是个很复杂的问题,仅仅从心理学上看,人际关系的心理因素就有三大成分,即认识、情感和行为,而每一种成分,又分为不同的方面。特别值得提出的,在人际关系学的研究中,有的学者专门考察了人际关系的构成要素。认为人际关系构成要素可分为三个基本方面,这就是方对关系结构、联系媒介结构和交往方式结构。

三是人际关系具体表现的复杂性。在现实生活中,人际关系多种多样、纵横交错,从不同的角度可区分为性质不同、程度不同、作用不同等各有区别的人际关系。总之，我们说人际关系是复杂的，这应当是容易理解的。

人际关系之所以带有突出的复杂性特点，原因本身也是复杂的。对此，美国学者皮尔逊曾作了分析。她认为，人际关系之所以复杂，部分原因是由于它的多面性所致，而且它的每个方面又都处在变化之中。如我们可以判断某个关系是公开或秘密型，困难或容易型，严肃或轻率型，愉快或苦闷型，变化或呆板型等等。有时候，人际关系可能刚好处在这些或其他对应的两端上。如果隔些时候再来观察，就会发现前后不同了。另外，人际关系中的双方对关系本身的看法也不尽相同，人际关系之所以越来越复杂的另一个原因，是它们存在于社会之中，存在于特殊的背景之中，而且它们（指关系）中的人各自的目的不尽相同，对交际准则也各持己见。此外，人与人相处的时间愈长，关系就会变得愈复杂，在我们看来，造成人际关系复杂性的原因，从根本上说，主要有两点：

一是由关系主体的复杂性决定的。关系总是主体的关系，主体的复杂性，必然影响到关系的复杂性。正如朱迪·C·皮尔逊所说："人并不是简单的和单面性的。每个人都有各种特点，有一系列竞争的欲望，有众多的经历、还有各不相同的抱负。当我们同他人建立关系时，我们的多面性同其他人的多面性相互发生着影响和作用。"①事实上，从这方面来看，理解了人际关系的情绪性、主观性，也就容易认识人际关系何以带有如此的复杂性。

二是影响人际关系外在条件和因素的复杂性。这是从外在原因的角度而言，主要指客观环境、文化背景以及这方面的变动不居等等。

认识人际关系的复杂性是十分重要的。它可以促使我们认真地、具体地分析和把握人际关系，避免犯简单化的错误。

5. 动态性

这是人际关系又一个重要而突出的特点。这个特点，在一定的意义上，可以说是对人际关系复杂性特点的进一步说明。所谓动态性，是指人际关系的不断变动性。关于这一点，皮尔逊也作了说明。他认为，人际关系并不是一成不变的，而是不断变化的。人际关系的变化，"同人类发展的过程是相似的。一个人从出生起，要经过少年、青年、成年等阶段，直到最后死去。在此期间，无论是人还是人际关系都不会是停滞不前的。相反，人在变，他们之间的关系也在变，他们的环境也在变"②。与此相联系，人际关系还是不可逆转和不可重复的。我们

① ［美］朱迪·C·皮尔逊著，陈金武、朱家麟、黄星民译：《如何交际》，湖南人民出版社 1987 年版，第 45 页。

② ［美］朱迪·C·皮尔逊著，陈金武、朱家麟、黄星民译：《如何交际》，湖南人民出版社 1987 年版，第 47 页。

既不能倒转某个关系，又不能否认它的存在。这就是人际关系的不可逆转。例如，三年前你同某人关系密切，后来由于某个原因却断绝了关系，这时你可能会追悔莫及，因为关系的破裂完全是由鸡毛蒜皮之类的小事引起的。同样，当你同某人结成至交后，你还想把关系回复到初识阶段，往往也是不可能的。总之，当关系发生变化时，它不可能再转回去了。关系也是不可重复的。当你与高中时结下的朋友断绝关系后，你再也不可能从大学结识的新朋友那里找到那种关系。总之，人际关系是很特别的。人的变化，时间的变化，具体条件的变化，都会导致人际关系的变化。

正确认识人际关系的动态性特点具有多方面的意义：

首先，可以使我们防止思想僵化。以发展变化的眼光去看待人际关系，避免在这一问题上犯形而上学的错误。

其次，有利于我们对人际关系变化发展的可能性作出正确分析和估计，并在此基础上，使人际关系朝着好的可能性发展，保证人际关系的优化。

最后，有利于做好转化工作。当由于种种原因，人际关系处于恶化或不正常状态时，能帮助我们认识到，在一定条件下，这种关系可以向好的方面转化，并为做好这一转化工作而积极努力。

第三节　人际关系的结构

所谓结构，指系统诸要素之间相对稳定的相互联系。人际关系的结构，则是构成人际关系系统诸要素之间相对稳定的相互联系。结构是多种多样的，从不同的角度可以划分不同的类型，如内在结构、外在结构、等级结构、平等结构等等。下面我们对人际关系的内在结构加以考察。

人际关系的内在结构主要指作为微观人际关系系统的构成要素之间的相互联系。

如果把人际关系看作一种系统，那么，人际关系的内在结构可以由三个子系统构成。即由两个作为关系载体的个人系统（也可称为“关系人系统”）和一个作为关系实现机制的交往系统构成。它们的结构可以用图 2-3 表示。

图 2-3　人系关系的内在结构

为了具体了解这一结构，有必要作出以下说明：

首先，作为关系载体的两个关系人子系统，都具有复杂的要素和结构，而且它们之间是共性和个性的统一。例如，从最基本的方面来看，两者都是由生理因素、心理因素和社会因素构成的。换言之，它们都是自然实体、心理实体和社会实体的统一体。但是，在这三个方面中又都有一定的差异性。可以说，世界上完全相同的两个人，实际上是不存在的。正是由于两者在某些方面具有共同性，他们之间才有发生关系的可能；也正是因为两者在某些方面存在差异性，他们之间才有发生关系的必要。仅仅从这种必要性和可能性上，我们也可以说关系人是人际关系的基础。关系人又可分为交往主体和交往对象，交往主体是指人际交往活动的启动者或在交往活动中处于主导地位的交往者。交往对象是交往主体活动的指向者或接受者。交往主体和交往对象是相对的、互动的，在人际关系系统中，关系人都是互为关系的主客体。就是说，每一关系人都一身兼二任，既是关系的主体，又是关系的客体。

其次，作为人际关系实现机制的交往系统，也具有极为复杂的要素和结构。就其主要之点来说，有以下几个方面：

一是交往动机。这是人际关系产生的直接根源和推动力。交往动机又分为多方面。例如，按其性质，可分为自然性动机和社会性动机；按其作用，可分为主导动机和辅助动机；按其社会意义，可分为高尚动机、一般动机和卑劣动机。

二是交往媒介。交往媒介可以分为两类：一类是信息媒介。所谓信息，按一般人的理解，可看作是新的消息、情况和知识。信息作为媒介，其传递又要依赖于一定的载体。在通常情况下，人们把语言、文字和电磁波分别称为信息的“第一载体”、“第二载体”和“第三载体”。另一类是实物媒介。实物媒介更是多种多样的，通常是指用以进行人际交往的种种具有价值的物质。

三是交往方式。交往方式分为直接交往、间接交往、正式交往和非正式交往等多种形式。直接交往是指关系人之间面对面的交往。这是最普遍的一种交往方式。间接交往是借助某种通讯工具进行的交往，如通信、电话、电报、传真等。在网络时代又产生了一种新型的网络人际关系，其特点是多维性、虚拟性、全球化、不确定性、非中心化。正式交往是带有社会公务性质的官方交往。非正式交往是正式交往之外的一切交往。在很多情况下，两种交往方式往往会交叉进行。

四是交往频率，即单位时间内交往进行的次数。

此外还包括交往地点、交往时间、交往环境、交往目的、交往过程、交往内容、交往效果等，所有这些以及其他交往系统中的要素，在人际关系中是互相影响、互相作用的。

应当着重指出的是，交往子系统并不是独立自在的，也就是说，它不是独立的要素，而是依附于关系人系统，并通过后者而起作用的。这也是为什么图 2-3 中以虚线示之的原因。

根据以上的说明，我们似可把人际关系系统重新建构，如图 2-4 所示。

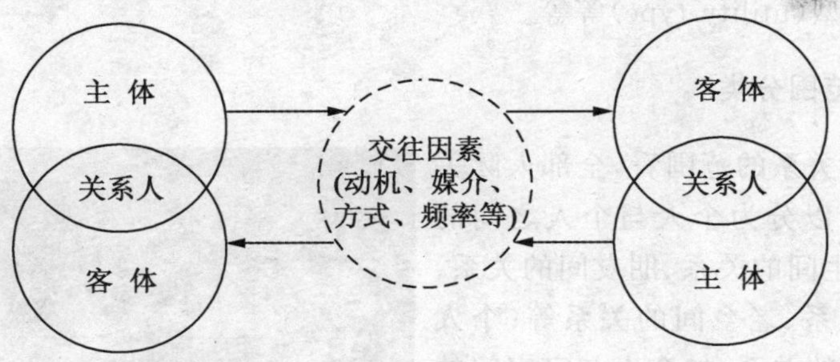

图 2-4 人际关系系统

第四节 人际关系的类型

在社会生活中，由于人们实践范围极其广大，人际关系呈现出丰富多彩的态势、纵横交错的格局。不管人们意识到与否，在我们面前，客观上始终存在着一个复杂的、动态的人际关系的网络(network)系统。人际关系具有多样性，从不同的角度可以作出不同的划分，真可谓“横看成岭侧成峰”。

一、按媒介分类

从人际关系的媒介看，可以分为血缘人际关系(blood interpersonal relation)、地缘人际关系(geographical interpersonal relation)、业缘人际关系(professional interpersonal relation)和趣缘人际关系(friend interpersonal relation)。

血缘人际关系有广义和狭义之分。狭义的血缘人际关系，一般指人与人之间以血缘为纽带而结成的关系。广义的血缘人际关系，则是以血缘为纽带、以姻缘关系为基础而建立起来的人际关系，也就是血缘加姻缘的人际关系。从广义上说，血缘人际关系，主要由家庭人际关系(family interpersonal relation)、亲戚人际关系(kinsfolk interpersonal relation)等成分构成。

地缘人际关系，顾名思义，就是地理环境影响下的人际关系，通俗地说，就是老乡关系。

业缘人际关系，是由共同的职业和事业结合而成的人际关系，如师生关系、同事关系等等。这种人际关系是社会大分工的产物，并随着生产社会化程度的提高和人们交往的逐步扩大而日益发展。

趣缘人际关系，也称朋友人际关系，是指人们之间由于志向相同、性情相投而结成的人际关系。趣缘人际关系也是多种多样的，从其联系媒介上看，有友谊型(friendly type)、兴趣型(interesting type)、志向型(ideal type)、义气型(loyal type)、功利型(utility type)等等。

二、按范围分类

从人际关系的范围看，全部人际关系大体上可以分为个人与个人之间的关系，如师生间的关系、朋友间的关系、同事间的关系、老乡间的关系等；个人与集体之间的关系，如个人与家庭间的关系、个人与班组的关系等；集体与集体间的关系，如家庭之间的关系、单位之间的关系等。

农民的婚礼　[荷]勃鲁盖尔

在 20 世纪 30 年代，费孝通曾根据在中国农村的调查研究，提出了“差序格局”的概念。人们通常以自己为中心，把他人按亲疏远近分为几个同心圆，与自己越亲近，则越靠近中心。处于不同圈里的人则以不同的交往法则来待之，越靠近中心的，对他们越好。

三、按性质分类

从人际关系的性质看，当矛盾的同一性突出时，人际关系就呈现为结合关系；当矛盾的斗争性突出时，人际关系就呈现为对立关系。结合关系是人际关系的主流，它包含着和睦关系、协和关系、强制关系等。对立关系是人际关系的支流，它包含着反感关系、竞争关系和斗争关系。对立关系是人际关系中的特殊形态。

四、按功能分类

从人际关系的功能看，人际关系可以分为：单功能关系，如单纯的夫妻关系、单纯的同事关系等；多功能关系，如父子之间又具有师生、师徒、领导与被领导的关系等等；超功能关系，如妻子利用夫妻关系对丈夫担任的领导工作进行干预、朋友间一方利用友谊使另一方在工作中不按规定而按照他的要求行事等等。

五、按归属分类

从人际关系的归属看，可以分为正式的人际关系和非正式的人际关系：正式的人际关系是在实现正式团体的共同活动目标的过程中形成的人际关系。非正式的人际关系则是在正式团体共同活动目标之外形成的人际关系。

六、按需要分类

从人际关系的需要看，舒茨（W. C. Schutz，1958）认为有包容的需要、支配的需要、感情的需要三类基本人际需要。

包容的需要，即表现愿意与人交往，愿意与别人建立与维持和谐的关系。出于这种动机产生的待人行为特征是沟通、容和、相属、出席、参加、随同等。与此动机相反而产生的人际反应特征是相排斥、对立、疏远、退缩等。

支配的需要，即表现在权力或权威上建立与维持良好的关系，其行为特性表现为使用权力、权威、威信、影响、支配、控制、领导他人等。与此动机相反产生的人际关系特性则是抗拒权威、追随他人、模仿他人、受人支配等。

感情的需要，即在感情上愿意与他人建立并维持良好的关系。它的行为特征为同情、热情、喜爱和亲密。与这种动机相反产生的人际反应特性是冷淡、疏远、厌恶、憎恨等。

这三种基本人际需要加上主动和被动两种表现，构成了六种基本人际关系趋向。详见表 7-1。

黄光国（1988）则把人际关系分为情感性关系、工具性关系与混合性关系：

情感性关系：这是满足爱、安全感、归属感等情感方面需要的长期稳定的关系，它遵循的是需求法则，如家人、亲密朋友间的关系。

工具性关系：作为达到其他目标的手段或工具的关系，这种关系是暂时、不稳定的，它遵循的是市场上的公平法则，如陌生人间的关系。

混合性关系：以上两种关系的混合，时间上有延续性，它遵循的是对等互惠的人情法则，如亲属、邻居、老乡、师生、同学、同事等熟人之间的关系 。

美国心理学家费斯克（A. P. Fiske，1991）根据社会互动原则，认为主要有以下四种关系类型：

共享：共享情感与资源，不分彼此，如家人关系、亲密朋友关系等。

权威排序：依据年龄、阶层、地位等形成不对等的权威与顺从关系，如长幼关系、上下级关系等。

对等互惠：强调双方对等回报与交易的平衡，如邻居、老乡、同事等关系。

市场定价：基于理性，进行得失衡量，考虑成本与收益的比率，如商业关系等。

七、按地位分类

从人际关系所处地位的特征看，人际关系可以分为平等型（equal type）、不等型（unequal type）和对立型（antagonistic type）三种。

平等型的人际关系，是指构成关系的各方在地位上是平等的，处于同一条水平线上。

不等型的人际关系，是指构成关系的各方在地位上是不平等的，各自处于不同的地位，分属于不同的等级。

对立型的人际关系，是指构成关系的各方处于对立的地位，存在着某种对抗和冲突。

易卜生剧作《玩偶之家》剧照

这三种类型的人际关系，大体上说来，在任何社会中都是存在的，但是，在不同性质的社会中，它们在社会生活中所占的比重是很不相同的。例如，在社会主义社会里，人际关系的主流或基本方面是平等型的，但也存在着数量上比旧社会少得多而又比未来的共产主义社会多得多的不平等型和对立型的人际关系。

八、按倾向分类

从人际关系的倾向看，可以分为合作型（cooperative type）、竞争型（competitive type）、应酬型（courtesy type）和混合型（mixed type）四种。

合作型的人际关系，是指关系双方主动支援、互相帮助、共同合作、携手并进的关系。

竞争型的人际关系，是指人与人之间在竞争的活动和过程中形成的关系。

应酬型的人际关系，是指基本上不带功利性，而带有应酬性质的人际关系。这种关系的特点，在交往的时间上，不是长久的，而是短暂的；在交往的程度上，不是深层的，而是表面、肤浅的。

混合型的人际关系，是指人们之间的交往不是单一的，而是混合的，即既有合作，又有竞争，还有应酬，融这几种情况为一体的人际关系。

雷维奇利用“雷维奇人际关系测试游戏”方法，通过对一千多对夫妇进行研究，把人际关系归纳为如下八种类型：主从型、合作型、竞争型、主从—竞争型、主从—合作型、竞争—合作型、主从—合作—竞争型、无规则型。

歌德、席勒等名流、淑女在耶拿花园中

主从型的人际关系是一方支配另一方，另一方服从支配，这种人际关系是比较牢固的，属于这种关系的夫妇虽然一方感到有一定的压力，但是他们不会轻易离婚。

合作型的双方为了实现共同的目标，能相互配合，在双方发生分歧时，往往能够相互忍让。

竞争型的双方为了达到各自的目的，常常会不遗余力。这种人际关系的主要优点是充满活力，缺点是容易发生冲突。

具有主从和竞争特型的人际关系是一种不稳定的人际关系。

具有主从与合作特型的人际关系则是一种较为理想的人际关系，在这种关系中双方能够和谐相处。

竞争—合作型的双方，时而竞争，时而合作，是朋友之间相处的一种方式，不太适用于夫妻关系。

主从—合作—竞争型和无规则型的人际关系要么充满矛盾，要么组织涣散，都是不稳定的人际关系。

九、按发展程度分类

从人际关系发展程度看，可以分为亲密型(intimate type)、团结型(united type)、和睦型(harmonious type)、维持型(maintained type)、冲突型(conflicting type)、疏远型(estranged type)和决裂型(ruptured type)七种：

亲密型是人际关系的最高层次，指构成关系的双方至亲至爱、亲密无间的人际关系。

比亲密型次一等的人际关系是团结型。它是人们为了集中力量实现共同理想或完成共同任务在联合或结合中形成的人际关系。其主要特点是：关系双方态度友好、感情融洽、合作共事、配合默契。

比团结型次一等的人际关系是和睦型。它是这样的一种关系：构成关系的双方虽然不是团结得很紧，但也互相合得来，相安无事，相处尚好。

比和睦型低一个层次的是维持型。维持型的人际关系，是指构成关系的双方，虽能保持一定的联系，但关系一般；虽常有矛盾发生，但能通过解决，维持原关系。

比这种关系低一层的人际关系是冲突型。所谓冲突型，是指构成关系的双方矛盾丛生迭起、逐渐积累激化，时常发生冲突，难以维持正常关系。这种关系恶化的结果便是疏远和决裂。

疏远型和决裂型的人际关系是最低层次的。它是指构成关系的双方，由于矛盾的激化和冲突，原有关系难以为继，最后不得不分道扬镳，彻底决裂。

十、按过程分类

从人际关系存在的过程和状态上看，可以分为五种不同的人际关系类型：

一是在持续时间的长短上，有持久型(enduring type)的人际关系和短暂型(short type)的人际关系。

二是在发展速度的快慢上，有急速型(rapid type)的人际关系和缓慢型(slow type)的人际关系。

三是在变化的大小上，有平稳型(smooth and steady type)的人际关系和波动型(rise and fall type)的人际关系。

四是在关系主体之间的交往频率(interactive frequency)上，有频繁型(frequent type)的人际关系和间歇型(intermittent type)的人际关系。

五是在关系主体之间交往的前后变化上，有先好后坏型、先坏后好型、两头好中间差和两头差中间好型等四种人际关系。

应当指出，人际关系在不同角度上的分类，在其所指的意义上，都是合理的、必要的。同时，也都不可避免地带有一定的局限性。不过，比较起来，总有相对科学、相对合理和相对完善的分类。对于人际关系的研究者来说，重要的是尽可能作出更为科学、更为合理、更为完善的分类。实现这一点，我们认为，有三条原则必须遵循。一是注意分类的合规律性，即分类要与人际关系的客观实际情况相一致，符合人际关系的本质和规律。二要注意分类的合目的性，即分类要最大限度地满足主体的主观需要。三要注意分类的可操作性，即分类要尽可能简明扼要，便于理解和把握。

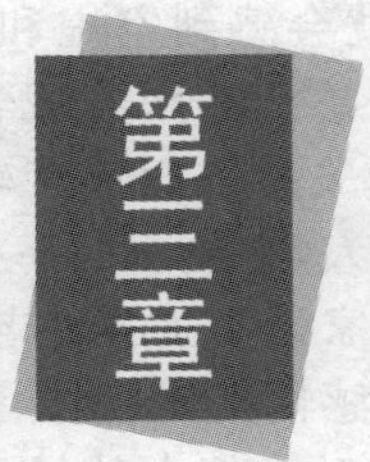

人际关系的功能

与人际关系结构的多样性相一致，人际关系具有多元性功能。从性质上看，人际关系的功能大体上可分为两类：一类是积极的、正向的功能(positive function)；一类是消极的、负向的功能(negative function)。

从范围上看，人际关系的功能又可以分为两个方面：一是对个人的功能，或称个体性功能；二是对社会的功能，或称"社会性功能"。

第一节　人际关系的个体性功能

所谓功能，是指人或事物在运动过程中所显示出来的作用。人际关系的功能，就是指人际关系在现实生活中所显示出来的作用。

人际关系的功能，与人际关系的结构既有联系又有区别。一般来说，人际关系的结构是内在的，它表明人际关系诸要素之间的联系；人际关系功能是外在的，它表明人际关系与外部事物的联系。人际关系结构决定人际关系的功能，在许多情况下，有什么样的人际关系结构，就有什么样的人际关系功能。人际关系功能是人际关系结构的外部表现，同时，对人际关系结构具有一定的反作用。

人际关系的个体性功能指人际关系对个人的生存和发展而产生的影响或作用。它主要表现在以下四个方面：

一、有益于个人的身心健康

1. 消除孤独，交流情感

人是合群的，又是有情感的。正如马克思所说："人是最名副其实的政治动物，不仅是一种合群的动物，而且是只有在社会中才能独立的动物。"[①]任何人都有合群的需要和情感的需要。这些需要得不到满足，就会产生孤独感、空虚感。例如，一个儿童如果与其他人特别是与儿童隔离，就会产生强大的心理压力

① 《马克思恩格斯选集》第2卷，人民出版社1995年版，第2页。

(mental stress);一个青年如果不与他人交往,就会感到空虚和压抑;一个老年人如果独身寡居,就会产生强烈的悲伤感和寂寞感。美国心理学家摩根对纽约州领取退休工资的老人作调查,发现凡是在人际关系方面保持较多往来并取得较为协调关系的老人,比那些很少与人往来的老人,有更多的幸福感。后一种老人更多地体验到的是悲伤与孤独。为此,许多国家设立了各种老年中心、老人俱乐部等机构,以增加人际关系密度增进老人间的感情交流,消除孤独感。不仅老年人,对青年人来说,也是如此。在现实生活中,对青年人的过失,往往用"蹲禁闭"作为惩罚的手段,原因之一,恐怕也是通过增加其孤独感,促其冷静思过。

2. 减轻痛苦,增加快乐

《悲惨世界》剧照

人生总是伴随着快乐和痛苦的,而趋乐避苦的方式之一,就是建立良好的人际关系。英国唯物主义哲学家弗兰西斯·培根有一句名言:"如果你把快乐告诉一个朋友,你将得到两个快乐;而你如果把忧愁向一个朋友倾吐,你将被分掉一半忧愁。"[①]这是培根对朋友关系作用的深刻概括,推而广之,这也是对其他人际关系作用很好的说明。社会心理学家的研究也说明了这种作用。他们认为,人们通过彼此之间的交往,诉说各自的喜怒哀乐,会产生一种亲密感和相互依恋之情,从而减少痛苦和忧愁。许多事实证明:在一定的程度上,可以说,生活中最痛苦的事莫过于失却一个好的人际关系;生活中最快乐的事莫过于建立一个好的人际关系。毫无疑问,在人生整个生活道路上,鳏寡和离婚是典型的最大的不幸。只有33%的离婚和分居妇女认为,她们对生活感到满意。而对生活表示满意的尚无孩子的已婚妇女竟达89%。在男子中,42%的离婚与分居者表示对生活满意,对生活满意的尚无孩子的已婚男青年的比例为77%。凡此均说明人际关系给人们带来欢乐。[②]

3. 减少疾病,延长寿命

这是以上两个方面的必然结果。研究表明,人际关系对生理疾病有重要影响。一方面人际关系有益于手术、受伤与重病后的康复;另一方面又能免除或减少某些疾病的发生。例如,鳏寡与离婚者比已婚和独身者更易患病,更多地抱病

---

① [英]弗兰西斯·培根著,何新译:《培根论人生》,上海人民出版社 1983 年版,第 52 页。

② 参见严炬新、黄静洁编译《现代人际关系》,重庆出版社 1988 年版,第 12 页。

卧床，更经常地寻访医生。精神病（psychosis）患者的数字表明，人际关系对精神病有直接影响，离婚与分居者最易得精神病，或者住院，或者自杀。从未结过婚的单身者患精神病的比例要比已婚者高。对妇女进行的研究表明，结婚有了丈夫，尤其是有一个忠实的丈夫，可以减少抑郁症的发病率。人际关系对人的寿命的影响，也是显而易见的。一般来说，交际越广泛，寿命越长。在美国的加利福尼亚，有 6900 名成人接受了为期 9 年的观察，其中 8%在此 9 年间死亡。在各年龄组中，社会交往少的人死亡比例大。将鳏寡离婚者与有配偶者的愉快程度、健康状况作一比较，就明显地看出鳏寡和离婚、分居者比夫妇生活在一起的死亡率高得多。还有的研究表明，就业人员、已婚者、有孩子的夫妇的身体状况比无业者、单身及没有孩子的要好得多。因此，人际关系对寿命的影响丝毫不亚于吸烟、酗酒、锻炼等因素。①

老年达尔文夫妇在一起

爱抚多么重要

史匹兹（Spitz，1945）观察了一些出生 3 个月就被送到寄托机构的婴儿，结果发现，由于这些婴儿没有得到父母的爱抚，而表现出负面的成长、生病，甚至死亡。

哈洛（Harlow，1959）用恒河猴所做的实验也证明了史匹兹的结论。哈洛让幼猴们一出生就离开母猴，并将它们分成三组：第一组放置一个替代的“铁丝妈妈”；第二组放置一个替代的“布妈妈”；第三组则完全隔离。一年后，将它们与那些自然长大的小猴子放在一起，结果发现第三组的猴子充满了惊惶和冷淡。第一组比第三组表现的要好一些，第二组比第一组表现的要好一些。

---

① 参见严炬新、黄静洁编译《现代人际关系》，重庆出版社 1988 年版，第 4～11 页。

二、促进个人社会化

所谓个人社会化(personal socialization),是指个人通过加入社会环境、社会关系以及同社会环境、社会关系的相互作用,由单纯的自然人转变为社会人的过程。社会化对于任何人都毫不例外。在个人的一生中,社会化是十分重要的。一个人社会化程度的高低,是衡量其成熟程度与能力高低的尺度之一。社会对于社会化程度高的人来说,是其驰骋的疆场;对于社会化程度较低的人来说,是一个厌恶的"尘世"。

在社会生活中,个人社会化是一条必然的规律:

一是因为人们为了满足生存的需要,必须创造物质财富;要创造物质财富,必须具有一定的创造本领和条件;而这些本领和条件只有通过社会化才能获得。因为它们都是社会性的。

二是因为人的生活是丰富多彩的,不仅具有物质需要,而且具有精神需要,如需要文化、娱乐、消遣等。这些需要,只有通过社会化才能实现;如果脱离社会,这些需要的满足,就是一句空话,根本无法实现。

三是因为人类要延续,必须通过一代一代地培养新人,即通过人们的不断的社会化过程来实现。

居里夫人怀抱中的女儿伊伦(右)长大后也获得了诺贝尔奖

个人社会化是一个很复杂的过程。其实现涉及许多因素,需要多种条件。从实现的途径分析,它要经过社会教化(social education)和个体内化(personal internalization)。社会教化,是社会通过社会化的执行者实施社会化的过程,它与广义的教育类同。这是社会化的外部动因。个体内化,是个体接受社会影响,并把外部现实或客观现实转变为内部现实或主观现实的过程。这是社会化的内部动因。社会教化和个体内化是相辅相成的。没有社会的教化,便谈不上个体内化;没有个体的内化,社会教化便成为不可能。无论是社会教化,还是个体内化,都有特定的方式(例如,观察学习、知识加工、角色扮演、主观认同、自我奖赏等,就是个体内化的主要方式),并受其他许多因素的制约。其中,良好的人际关系起着不容忽视的促进作用。

1. 传递社会信息,加深对社会的认识和理解

社会教化和个体内化,都离不开一定的社会信息,而信息的传递和交流又离不开人际关系。尽管人类已经创造了多种多样的信息交流的途径和方式,例如,

鼓声、烽火、狼烟，以及报纸、杂志和广播、电视、电话、互联网等，但是，人际交流仍是重要的、不可或缺的信息传播方式和手段。每个人都是一个社会信息源。人既是信息的传播者，也是信息的接受者。他人是信息的一个重要来源。在各种人际关系中，关系主体既可把自己的信息传递出去，又可从客体那里获取一定的信息。人际关系具有信息交流的功能，这一点并不费解。

六度间隔

1967 年，美国哈佛大学的社会心理学家史坦利·米尔格兰姆(Stanley Milgram)通过研究得出一个惊人结论："你和任何一个陌生人之间所间隔的人不会超过六个，也就是说，最多通过六个人你就能够认识任何一个陌生人。"这就是所谓的"六度间隔"(six degrees of separation)，又称"小世界现象"(small world phenomenon)，即在我们这个社会中，任何两个人之间建立一种联系，最多通过 6 个人。无论这两个人是否认识，生活在地球上任何偏僻的地方，他们之间都只有六度间隔。

后来，美国哥伦比亚大学的邓肯·沃茨等通过"小小世界"研究加以证实。该研究在 13 个国家共随机挑选了包括警察、兽医、档案员等不同职业的 18 人作为电子邮件的目标收件人，然后，招募了 166 个国家共 6 万多志愿者给目标收件人发信，但志愿者不能查找目标收件人的电子邮件地址直接给其发信，而必须通过自己所认识的人转发，并最终转发到 18 个目标收件人之一即可。研究结果显示，成功的志愿者平均只通过 5～7 次转发就可以将电子邮件传递给 18 个目标收件人之一。"六度效应"有力地证明了人际关系网络强大的信息传播能力。

2. 接受社会行为规范

社会教化和个体内化的过程，从一定的意义上说，就是使个人接受并遵循一定的社会生活规范的过程。就是说，人们接受并履行社会行为规范(social behavior norm)，是个人社会化的一个重要内容。

社会行为规范的内容很多，主要有国家的法律、社会的道德、习惯、纪律等等。个人无论生活在什么地方，总要遵循一定的社会行为规范。个人获得一定的社会行为规范，不是被动地接受，而是积极主动地参与，其中包括积极地建立和处理人际关系。美国社会心理学家克特·W·巴克等指出，社会化是人类之间的一种互动，而不是一种人类工程的操纵。就是说，现存的社会行为规范，是在人与人之间的交往中，逐渐接受、履行的。

事实证明，在社会行为规范相同或类似的条件下，个人由于自身交往状况不同，其获得社会规范的程度也不同。一般来说，人际交往范围广的人，获得的社会行为规范就多；人际交往程度较深的人，获得社会行为规范的程度就深一些。

三、有利于健康个性的形成

所谓个性（personality），是指在个人自然素质的基础上，由于社会的影响通过人的活动而形成的稳固的心理特征的总和。个性是一个具有多层次、多水平的复杂的完整系统。个性系统包括三个亚系统：

一是动力系统。它是由需要、动机、兴趣、理想、信念及世界观等成分构成。

二是自我调节系统。它是以自我意识为核心的，包括认识（自我观察、自我分析、自我评价）、情感（自信感、自尊感）和意志与活动（自我检查、自我控制）三个方面。

三是特征结构，即能力特征和性格特征。

人的个性是各个有别、多种多样的。每个人都有自己的个性。法国思想家卢梭说过："我生来便和我所见到的任何人不同；甚至我敢相信全世界也找不到一个生来像我这样的人。虽然我不比别人好，至少和他们不一样。大自然塑造了我，然后把模子打碎了。"这段话，十分生动地描述了人——一个个性化的个体。

个性虽是多种多样的，但是，从个性的性质上看，大致上可以分为根本不同的两种，即健康的个性（healthy personality）和不健康的个性（unhealthy personality）。什么是健康的个性呢？从内部的心理机制来说，健康的个性是一种和谐发展的个性；从外部活动的效能来说，健康的个性是一种富有高度效能的具有创造性的个性；从伦理内容来说，它是人道主义者，包括社会主义人道主义者所具有的个性。社会的发展要求人成为具有健康个性的人。健康个性的形成和发展，要受多种因素、多种条件的制约和影响。换言之，影响、制约个性形成和发展的因素和条件不是单一的，而是多元的，是有关因素的共同作用。但是，不管怎样，人际关系对于健康个性的形成和发展，具有不可低估的作用。

1. 人际关系影响个性形成的理论分析

人际关系对个性形成的影响，从人际关系促进个人社会化的功能中，已经看得出来。个人的社会化过程，也是个性化的过程，也就是说，个人的社会化与个性化是并行的。这是因为社会化不仅是个人适应社会，而且是个人对社会产生影响和发挥作用的过程。当个体发育到一定阶段，理解了社会行为规范并具备了一定技能时，他便在这种规范的支配下，运用所习得的技能从事实践，实践的结果反转过来对个人行为加以强化。实践的领域及其深度、广度的不同，是造成个性差异的主要原因。从社会化与个性化的一致性上说，良好的人际关系在促进个人社会化的同时，也促进了个人的个性化。

人是社会的人，人的健康的个性的形成和发展，离不开人际交往、人际关系。这一点，马克思也曾经作了很好的说明。他说，一个人的发展取决于和他直接或间接进行交往的一切人的发展；彼此发生关系的个人的世世代代是相联系的，后代的肉体的存在是由他们的前代决定的，后代继承着前代积累起来的生产力和交往方式，这就决定了他们这一代的相互关系。总之，我们可以看到，发展不断地进行着，单个人的历史决不能脱离他以前的或同时代的个人的历史，而是由这种历史决定的。马克思明确地阐述了人的个性的历史继承性及人际交往、人际关系与每个人个性发展的关系。

心理学在分析个性形成和发展时，也充分肯定了人际关系的重要作用。车文博先生主编的《心理学原理》一书在分析社会因素对人的个性的影响时指出，社会因素对人的个性的影响是以一种历史形成的社会关系系统表现出来的。这种社会关系系统不是存在于个人生活之外，而是存在其中的。人通过与他人的交往而参与到社会关系系统之中，并以群体中人际关系的形式表现出来。群体中的人际关系是以微观形式而存在的，它本身又受宏观的社会关系首先是经济关系、政治关系、社会意识关系所制约的。因此，关于个性的基本理论的图式见图 3-1。

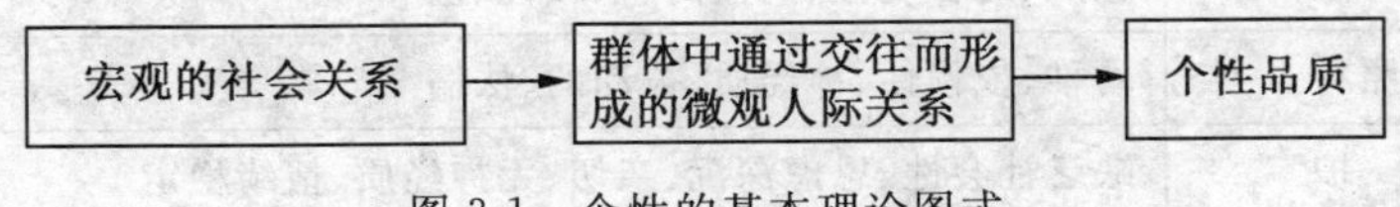

图 3-1 个性的基本理论图式

可见，人际关系对个性的形成和发展有着极为重要的作用。在现代社会生活中，人际关系显得更为重要，人际关系对个性形成的影响也就更大。

2. 人际关系影响个性形成的现实表现

生活在社会中的每个人都在各种不同的群体里活动着，扮演着不同的社会角色。那么，个人所属的群体关系如何，人们对个人采取接纳还是排拒的态度，怎样评价个人的道德行为、能力等，都将影响个人的个性形成及其发展。一般说来，协调、融洽的人际关系，对个性形成会产生积极的影响，使之朝着健康的方向发展；而不良的人际关系，对个性形成将产生不良的影响，使之朝着不健康的方向发展。当然，这不是绝对的，因为这种关系对个性影响如何，很大程度上还取决于个人对这种关系的认知态度。这种影响，可以从各种不同群体的人际关系（如亲子关系、师生关系、个人与集体的关系、同龄伙伴关系等）中看出来。

从亲子关系（parent-child relation）看，社会心理学家经过研究，发现父母与子女的交往中，存在四种不同的人际关系：

一是专制型(autocratic type)。家长独断专行,一切服从家长的意志,不考虑孩子的需要和兴趣。

二是放任型(nonintervention type)。父母对孩子过分溺爱,一切按孩子的意愿办,对孩子过于放纵。

三是支配型(dominant type)。家长处于主动地位,孩子处于服从地位,行事要依赖家长出主意。

四是民主型(democratic type)。家长把孩子看成家庭中的重要成员,尊重孩子的意见,在与孩子有关的问题上,与孩子平等讨论,鼓励孩子发表意见。

研究表明,专制型的人际关系使孩子形成的个性特点是反抗性强,自我为中心,情绪不稳定;放任型的人际关系使孩子形成的个性特点是任性、幼稚、反抗性强,在人际关系中表现为神经过敏;支配型的人际关系使孩子形成的个性特点是温和、顺从、依赖性强,在与他人交往中表现消极被动;民主型交往方式使孩子形成的个性特点是富于独立性,为人直率,热情友好,乐于助人,善于社交。详细的研究结果见表 3-1。①

表 3-1　父母的态度对子女性格的影响

父母的态度	子女的性格
支　配	服从、无自发性、消极的、依赖性、温和
过分照料	幼稚、依赖性、神经质、被动的、怯懦
保　护	缺乏社会性、思虑深沉、亲切、无神经质、情绪稳定
娇　宠	任性、反抗性的、幼稚、神经质
服　从	无责任心、不服从、攻击性的、蛮横
忽　视	冷酷、攻击性的、情绪不稳定、富有创造性、社会性的
拒　绝	神经质、反社会的、蛮横、恶作剧、冷漠
残　酷	固执、冷酷、神经质、逃避的、独立的
民　主	独立的、直率、乐于助人、亲切、善于社交
专　制	依赖性的、反抗、情绪不稳定、自我为中心、胆大

从同龄伙伴关系看。同龄群体是青少年主要的参照群体,它对青少年的行为和个性有着重要的影响。人在儿童时期就有了与同龄人交往的需要,这种同龄伙伴关系是其他群体中的人际关系所不能代替的。心理学家经过研究,认为

① 转引自杨宗等主编《中国实用人际关系大全》,上海文化出版社 1986 年版,第 13 页。

同龄人伙伴关系对一个人个性发展的作用主要表现在：

其一，同龄伙伴关系的复杂性使青少年能体验到各种各样的社会情境，从而使青少年能体验各种各样的角色行为，为走向社会做好准备。

其二，同龄伙伴中存在特殊的价值标准，并自主地对行为后果进行价值评价，从而发展青少年的独立判断能力。

其三，由于同龄同伴都具有相同的经验，所以会对个人的学业、工作和生活上的选择起到支配的作用。

其四，同龄群体是一种特殊的情绪接触形式。当个人意识到自己属于某一群体时，不仅会相互帮助，精诚团结，而且会产生一种情绪安定感，减轻成年人施加的压力。能得到同伴的尊重和爱护，这对一个人的自尊心更有意义，青少年非常重视自己在同龄群体中的形象，他们把同龄伙伴的承认和赞许看得比父母、师长的评价更重要。所以，同龄伙伴对他的期望与评价，对他个性的成长有着重要的意义。

四、发展健全的自我意识

1. 自我意识分析

自我意识(self-consciousness)与自我联系在一起，自我意识中的自我，也就是通常所说的自己。它既是心理的主体，又具有心理的客体的意义。作为主体的自我，它能够反映客观现实，认识、体验和影响自然与社会；作为客体的自我，它又是被自己所不断认识、体验和调节的对象。前者活动的产物是个人关于自然与社会的意识，包括各种自然观和社会观(如道德观、法律观、政治观、艺术观、世界观等)；后者活动的产物是个人关于自我的意识，即自我观念等。个人关于自然与社会的意识和自我意识，都是个人对一定对象的反映。所不同的是，前者以自然和社会为反映对象，后者以自我为反映对象。前者指向自我以外的事物，后者指向自我本身。

自我意识是人类独有吗？

自我意识一向被认为是人类的专利，也经常被人类作为区别于动物的重要标志，很少有人对此产生怀疑。但美国心理学家戈登·盖勒普却不以为然，他设计了一个“镜子实验”来测试动物是否也具有自我意识。实验是这样的：盖勒普把一面镜子放在黑猩猩群中，10 天后，又将黑猩猩麻醉，把它们的眉毛染成红色。红眉毛的黑猩猩自己无法感知其眉毛已经被做了手脚，因为，染眉毛用的颜料是无味的，并且，黑猩猩的眼睛是看不到自己的眉

> 毛的。但盖勒普观察发现，黑猩猩会对着镜子用手指去触碰红眉毛，然后用鼻子闻自己的手指。更意外的是，还有黑猩猩对着镜子剔牙。
>
> 这些迹象说明黑猩猩在照镜子时知道镜子中的影像是自己，也就是说黑猩猩具有“自我意识”。类似的实验也证明了海豚具有“自我意识”。这一发现打破了人类对“自我意识”的垄断，自我意识非人类独有。但是，实验发现的动物的“自我意识”是低层次的，还不具有自我发展完善的功能。

自我意识所反映的自我，既是一个自然实体，又是一个社会实体和心理实体。

作为自然实体的自我，具有一定的解剖生理结构和特征，具有一定的生物属性和生物功能。从这个意义上来说，可以把其看作是自然界的一个分子。

作为社会实体的自我，处于一定的社会关系和人际关系中，具有一定的社会属性和社会作用。从这个意义上来说，可以把其看作是社会的一分子。

作为心理实体的自我，既打着自然与社会的烙印，又刻着自我的印记，既具有人类的共性，又具有自己的个性。从这个意义上说，它是自然与社会的交叉，是共性与个性的统一。

因此，自我意识，也就是个人对于自己的自然属性、社会属性和心理属性的反映，是关于生理的自我、社会的自我和心理的自我意识。

一般来说，从性质上看，自我意识分为健全的和不健全的两种。健全与不健全的区别，通常是以自我意识是否具有客观性、稳定性和内部结构关系的和谐性来衡量的。

所谓客观性，是指自我意识与自我的实际状况相符。

所谓稳定性，是指自我意识前后一贯，自我评价不忽高忽低，自我体验不前后矛盾，自我调节不彼此冲突。

所谓自我意识的内部结构的和谐性，是指自我认识、自我体验和自我调节三者之间的和谐和平衡状态。

健全的自我意识是自我完善的最重要的条件（所谓自我完善，即人有意地改变自己个性的活动）。发展健全的自我意识，需要做多方面的工作。其中，在良好的人际关系中发展，就是重要途径之一。

2. 人际关系对自我意识形成和发展的影响

自我意识不是在封闭的自我中形成和发展的，而是在自我与他人的接触、沟通和互动中进行的，也就是说，是在人际关系中形成和发展的。具体表现如下：

(1)自我评价离不开人际关系

自我评价是对自我认识的重要形式。它是个体对自身及其与外部世界关系的肯定或否定的判断。正确的自我评价，对于个人的心理生活和行为表现有重大关系，对于协调社会生活中的人际关系也是不可缺少的一个主观因素。早在20世纪初，心理学家库利就指出，在人们的心理生活中，自尊或自卑的自我评价意识有很大作用。人们经常会把自己看作是有价值的、令人喜欢的、优越的、能干的人。如果一个人看不到自己的价值，只看到自己的不足，什么都不如别人，处处低人一等，就会丧失信心，产生厌恶自己并否定自己的自卑感。这样的人就会缺乏勇气，缺乏积极性。但是，如果一个人只看到自己比别人好，认为别人都比不上自己，这样就会产生盲目乐观情绪，自我欣赏，自以为是。因此，就不能处理好人际关系，调动主客双方的积极性，而且还会遇到社会挫折，产生苦闷。可见，正确进行自我评价是不容忽视的一个重要方面。

一般来说，一个人很难恰如其分地进行自我评价，而易于过高或过低。但是，仍然是有规律可循的。其中，在人际关系中，评价就是重要方式之一。自我评价离不开人际关系的原因：第一，自我评价总是要根据别人对自己的评价进行。第二，自我评价要通过与社会上和自己地位、条件相类似的人的比较进行。

(2)自我体验离不开人际关系

个人对自己的态度体验，也是以他人对自己的态度为依据的。一个人从周围人们对自己的好感与恶感、喜欢与讨厌、悦纳与排拒等态度中，便体验到自尊与自卑、自爱与自贱等自我情感。

(3)自我调节受到人际关系的影响

在人际关系中，双亲、老师、领导者、朋友、同学和同事对个人的期待，会使个人体会到自我应有的期待。例如，有一位电影演员，在中学时代爱好数学，曾立志当一名数学家。后来他在一次偶然的机会中接触了一位电影导演。这位导演认为他具有电影演员的天赋，并希望他考电影学院。导演对他的期待，使青年的自我期待发生了转变，他改变了当数学家的理想，终于成了一名优秀的电影演员。

第二节　人际关系的社会性功能

人际关系的社会性功能(social function)，指人际关系对社会的存在和发展产生的影响或作用。它主要表现在以下两个方面：

一、创造良好的社会生活空间

群体中人与人之间的交往与联系造成一种重要的心理现象——社会心理气氛。社会心理气氛从总体上分为恶劣的和优良的两种。在恶劣的社会心理气氛中,使人感到压抑、孤寂、苦闷,并最终导致个人的心理变态,对生活、对人生、对工作都抱一种消极的态度,而群体秩序也难以安定,甚至会酿成群体的危机。相反,在良好的社会心理气氛中,每个正常人的健康的、合理的心理需要得到程度不同的满足,从而产生开朗、乐观的情绪,对生活更加热爱,并使整个群体保持一种稳定的、融洽的秩序。

社会心理气氛与社会生活空间联系在一起,正如人总是要生活在一定的社会心理气氛中一样,也总要处于一定的社会生活空间。社会心理学的实验证明,在其他条件不变的情况下,社会心理气氛和社会生活空间对群体成员的工作积极性会带来很大的影响。而人际关系对于社会心理气氛和社会生活空间又有着重要的制约作用。因为社会心理气氛是在一定的社会环境中,由于人际间的相互作用、相互影响而形成的;而社会生活空间的主要成分,又是微观环境中的人际的相互作用及其形成的人际关系。这个道理,在现实生活中得到充分的证明。在一个家庭中,如果家庭成员间的关系和谐,能彼此尊重、互相谅解,那么家庭就能形成良好的社会心理气氛,家庭就成了每个成员的良好的社会生活空间。在这样的气氛和空间中,大人和孩子都能感到心情舒畅,精神愉快。在一个班级中,如果人际关系良好,那么,就能形成具有良好心理气氛的社会生活空间,从而使学生间团结一致,互相帮助,互相爱护,正气上升,邪气下降,每个学生的思想和学习也会进步得更快。总之,良好的人际关系能净化社会心理气氛,并创造良好的社会生活空间。当然,社会心理气氛和社会生活空间反过来也对人际关系的形成和发展起一定的作用。

二、优化群体的整体效应

所谓群体的整体效应(holistic effect),指组成群体的所有个体之间相互结合、相互作用而形成的总的作用或效果。恩格斯指出:“许多人协作,许多力量结合为一个总的力量,用马克思的话来说,就造成‘新的力量’,这种力量和它的一个个力量的总和有本质的差别。”[①]这里的“新的力量”,就是群体的整体效应。在现实生活中,群体整体效应往往表现出三种不同的情况:一是群体大于个体之和;二是群体等于个体之和;三是群体小于个体之和。

---

① 《马克思恩格斯选集》第3卷,人民出版社1995年版,第469页。

影响群体的整体效应的因素很复杂。其中，既与个体的数量有关，也与个体的质量相联，又与群体中的人际关系结构分不开。良好的人际关系结构能使群体取得优化的整体效应，最大限度地增大合力。其理由如下：

其一是良好的人际关系，能消除内耗（减少摩擦系数），增大内聚力。

其二是良好的人际关系，能使个体之间的互补有可能变成现实。所谓互补，是指在群体内部，个体之间的相互学习、取长补短。它实际上是一种通过交际，在多方面的双向交流中产生能力上的跃迁和增值的行为。

其三是良好的人际关系能使群体中成员之间相互激励。在许多情况下，一个孤独的个人，停滞而无生气，而加入一定的群体后，发生种种人际关系，就会产生一种新的活力，可能造成智力和体力上的跃迁，出现奇迹。这种跃迁和奇迹的出现，也就是人际关系的相互激励功能。

人际关系之所以会产生激励的功能，是因为在人际交往中存在有相互激励的因素。具体考察，相互激励有以下几个要素：

其一是群体压力。客观现实中，社会心理环境无不有效地影响着个体的心理变化，根据现代心理学的从众心理效应，社会心理环境一经形成，就会产生一定的群体压力，对群体成员有制约、规范作用。

其二是人际比较，就是通过与周围的人进行对比，来正确地评价、认识自己。

其三是竞争与竞赛。由于人际关系中存在这些因素，就容易导致群体成员间的相互激励，从而增强合力、优化群体的整体效应。

蚂蚁实验

清华大学的研究人员曾经做过一个非常有趣的实验，实验的被试者是36只蚂蚁，它们被安排在三种情况下接受观察：第一种情况是36只蚂蚁在各自的瓶子里各干各的；第二种情况是两两一组在一个瓶子里工作；第三种情况是每三只蚂蚁在一个瓶子里工作。此实验是为了测试蚂蚁在上述不同情况下的挖土、筑巢的积极性和工作效率，并通过观察每只蚂蚁从进入瓶子到开始挖土、筑巢工作所花费的时间和蚂蚁开始挖土、筑巢后的6个小时所挖出沙土量这两个指标来分析。在实验结束前又针对第一种情况再次进行了实验，在这里称为第四种情况。实验结果如下表所示。

蚂蚁工作效率

	每只蚂蚁从进入瓶子到开始挖土筑巢所花费的时间(分)	每只蚂蚁开始工作后6个小时所挖出的沙土量(克)
第一种情况	192	232
第二种情况	28	765
第三种情况	33	728
第四种情况	160	182

显而易见,蚂蚁单独工作的积极性和效率都远低于两只或三只一起工作的情况。蚂蚁在有其他蚂蚁在场的情况下感受到了竞争的压力,这种压力进而转化为工作的动力。其实,人际关系中也存在这种压力和竞争动力。

从更广泛的意义上说,良好的人际关系具有促进社会的物质文明和精神文明的重要功能。例如,上面提到的人际关系创造良好的社会生活空间,直接关系到社会精神文明的建设。社会精神文明既体现在社会的文化、教育、科学技术发展等方面,更体现在人际交往和人际关系上。再如,人际关系优化群体的整体效应,在现实生活中,最突出地表现在各项工作效率的提高上。不难理解,良好的人际关系,必将促使社会创造更多更好的物质文明成果。

著名作家高尔基与演员们在一起

第三节　个体性功能与社会性功能的有机统一

前面我们对人际关系的功能分别从个体和社会两个方面作了考察。应当指出的是,这种区分只具有相对的意义。实际上,这两方面功能是不可分割的。人际关系对个体的功能说到底也是对社会的功能。它对社会的功能要体现在对个体的功能上。这两方面功能的不可分离性,是由个人与社会的有机统一决定的。

从个体和社会两个方面分析人际关系的功能,是人际关系功能的普遍性。这里需要指出的是,人际关系具有多样性、层次性。人际关系的功能还有特殊性和个别性。人际关系功能的特殊性,是说不同层次、不同类别的人际关系都具有特殊的功能。例如,作为人际关系之一类或一种的朋友关系,其功能就有自己的特殊性。对此,曾有人作了如下的说明:朋友的作用或功能主要表现为:思想交流作用,经济援助作用,学习作用,稳定情绪的作用,情感交融的作用。人际关系功能的个别性,是说比某类、某层更为具体的人际关系的功能性所具有的更加特殊的特点。例如,在朋友关系中的青年朋友关系,其功能就有别于一般朋友关系。一般地说来,青年朋友关系主要有八个方面的作用:给青年以稳定感和归属感;给青年以健康的娱乐场所;使青年获得社交的经验;使青年提高宽容和理解的能力;给青年以学习社交技术的机会;使青年获得培养社会洞察力的机会;发展对集体的忠诚心;使青年经历求爱行为。

再如,家庭人际关系的功能也是多种多样的。有人对此作了探讨,认为家庭人际关系有六种功能:一是情爱功能(情爱的主要活动领域仍在于家庭。人间之爱大体上分为五种形式,即婴幼儿期的父母之爱;入学后的师长之爱;成年后的夫妻之爱;社交与工作中的同志和朋友之爱,暮年期的子女之爱。这几种情爱的大部分,都可以在家庭关系中找到,而且家庭既是情爱的发端,又是情爱的归宿);二是生活功能;三是生育功能;四是娱乐功能;五是工作调解功能;六是赡养功能。[①]

音乐家巴赫一家

因此,对人际关系的功能的理解,既应把个体性和社会性统一起来,又应把其普遍性和特殊性结合。一句话,应当辩证地把握。

XYZ 型家庭教养方式

Kagiticibasi(1990)依据家庭中两代人之间的"独立—依赖"关系,归纳出了三种典型的家庭教养方式:

X 型:父母与子女在物质和情感上相互依赖,亲子关系取向都是顺从,属于集体主义模式。如韩国、日本的家庭,这种家庭教养方式培养出来的孩子缺乏心理独立性。

Z 型:家庭中两代人之间在物质和情感上都是相互独立的,亲子关系取

① 参见史仲文等《人际关系学》,书目文献出版社 1989 年版,第 250～256 页。

向是独立的，属于个人主义模式。如美国、加拿大的家庭，这种家庭教养方式培养的孩子有孤独与失落感。

Y型：以上两种教养方式的结合，在物质上独立，在情感上相互依赖。如中国、土耳其的家庭。

本篇思考题

1. 什么是人际关系学？
2. 人际关系的研究对象包括哪些方面？
3. 简述人际关系学的学科体系。
4. 人际关系学主要与哪些学科有密切关系？
5. 学好人际关系学需要具备哪些基础理论知识？
6. 学习人际关系学为什么要理论联系实际？
7. 研究人际关系学的目的是什么？
8. 研究人际关系学的原则有哪些？
9. 研究人际关系学的主要方法有哪些？
10. 如何理解人际关系的定义？
11. 简述人际关系和社会关系的区别和联系。
12. 人际关系有哪些突出特点？
13. 怎样理解人际关系主观性的特点？
14. 雷维奇的八种人际关系类型是什么？
15. 试结合所学分析现代大学生人际关系的特点。
16. 在大学校园中存在哪些类型的人际关系？
17. 人际交往为何有益于身心健康？
18. 人际交往为何有利于自我完善？
19. 搞好人际关系对个人发展有什么意义？
20. 如何取长补短以增强群体的整体效应？
21. 为什么说人际交往会产生激励的功能？
22. 人际关系学对构建和谐社会有什么意义？

历史篇

第四章 中国人际关系思想之历史发展

中国是世界上最早的文明发达的国家之一，有悠久的历史和丰富的文化遗产。尤其在人际关系方面，更有着极其丰富的思想学说。限于篇幅，这里仅对近代以前具有代表性的思想家的有关人际关系思想作概略的考察。

第一节 先秦时期的人际关系思想

在中国古代史上，先秦时期指的是从夏商周直至秦统一六国以前的时期。这一时期大致可分为两个历史阶段：夏商周至战国初期的奴隶制时期和战国中晚期的封建制形成时期。这两个阶段，具有不同的历史特点。与此相联系，在人际关系思想的发展上，也表现出不同的情况。

一、夏商周至战国初期的人际关系思想

1. 人际关系思想的产生和发展

中国的夏商周时代直至战国早期基本上属于宗族奴隶制社会。从夏禹开始，就建立了以"家天下"为特征的宗族统治，商代又使此制度进一步发展，到周代更是粲然大备。周取代殷以后，首先利用宗族关系，让殷族的大小宗族长各自"帅其宗氏，辑其分族"[①]，以实现对天下的管理。周人进一步创立了分封制，即把周天子的同姓子弟封为地方邦国，用以保护周王室至高无上的权力。西周统治阶级划分为四个等级：天子、诸侯、卿大夫、士。天子为最高统治者，其嫡长子继承天子之位，其余庶子被分封为诸侯；诸侯的嫡长子继承诸侯之位，其余庶子被分封为大夫；卿大夫之嫡长子继承卿大夫之位，其余庶子为士；士的嫡长子为士，其余庶子为平民。周王既是全国的最高统治者，又是全族的最大宗法长。他利用宗族血缘纽带，按父权家长制的班辈来分田制禄，设官分职。天子、诸侯、卿

① 《左传·定公四年》。

大夫、士，既是政治上的君臣隶属关系，又是血缘上大宗和小宗的关系。他们处在不同的阶梯上，享有不同的等级名分，取得不同的政治地位和经济特权。因为宗法制度是以血缘亲情来巩固政权、维护统治的，所以这种政权的基础就是血缘关系，而"孝"、"悌"等人际关系概念主要就是在这一时期形成的，并被当作社会的和政治的标准加以提倡、阐释和颂扬，使之成为当时人们人际交往中的重要准则。

天神崇拜也对人际交往原则的建立有着重要的影响。人际关系思想的产生起初是以确立人与天地自然的关系为前提的。在商周以前，人们主要是以自然神崇拜为基础来安置神人之间的秩序和关系，"古者民神不杂……于是乎有天地神民类物之官，是谓五官，各司其序，不相乱也。民是以能有忠信，神是以能有明德，民神异业，敬而不渎"①。至夏、商以后，又产生出了统摄整个宇宙的"天"与"帝"的观念。《尚书·汤誓》称："有夏多罪，天命殛之。……予畏上帝，不敢不正。"这里，"天"、"上帝"则明确被作为调节人际关系的最高依据，统治者为了给自己的政权赋予自然的合法性，将自己与"天"或"帝"相连，并且赋予自己与"天"、"帝"必然的联系。如商人统治权的合法性，就被认为是上天直接赋予的，"帝立子生商"，"天命玄鸟，降而生商"②。这样，商王就成为了沟通人神的中介，并以此成为最具有人间权威的统治者。

周王朝一方面承袭了"君权神授"的天命思想，但对"天"、"帝"与人的关系的理解则有所发展。虽然周王也自称"天子"，不过"天"与周王室的关系已经不像"天"或"帝"与商王室的关系那样是自然天成的单向关系。天命的得失与周王的行为建立了直接的联系，同时天也被赋予了广而无私、好生尚德的德性内涵，并且与民众的意志建立了内在的关联。这意味着，恪尽职守、守正克己的道德规范替代了神命膜拜，成为了承受天命的根据，从而使宗教的内在追求具有了德性的价值，并通过孝、恭、懿、谦、友等具体的德行，转化为调节人际关系的具有普遍意义的内在德性原则，又进一步通过"礼"的固化作用和"乐"的疏导作用，建构了严格完整的人际交往规范系统。

作为调节人际关系的基本框架，礼乐文明是在历史进程中具体形成的。《汉书·礼乐志》说："人性有男女之情，妒忌之别，为制婚姻之礼；有交接长幼之序，为制乡饮之礼；有哀死思远之情，为制丧祭之礼；有尊尊敬上之心，为制朝觐之礼。"可见我国古代礼乐制度是在发端于风俗习惯的礼乐文化的基础上，加以制度化的结果。"礼"，指诉诸理智的行为规范；"乐"，指诗歌、音乐、舞蹈等，是在行

① 《国语·楚语下》。

② 《诗经·商颂·玄鸟》。

为规范基础上的感情调适。社会既需要等级规范，同时需要和谐相处，而礼是别异的，乐是和同的；礼乐兼施，就可以在一定程度上保证社会的基本秩序和良性氛围。礼乐文化的产生，对中国人际关系思想的发展有着深远影响。

在处理具体人际关系尤其是君臣关系的问题上，此一时期的思想家也提出了一些有价值的思想。比如西周末年的史伯论述的和同关系思想就颇有代表性。据《国语·郑语》记载，郑桓公问史伯："周其弊乎？"史伯回答说：周王抛弃智能贤明之人，而好信任无知顽固的谗臣，是"去和而取同"，其衰败是必然的。"夫和实生物，同则不继。以他平他谓之和，故能丰长而物归之；若以同裨同，尽乃弃矣。……故王者居九畡之田，收经入以食兆民，周训而能用之，和乐如一。夫如是，和之至也。于是乎先王聘后于异性，求财于有方，择臣取谏工，而讲以多物，务和同也。"意思是说，只有不同的事物统一起来才能产生新的事物，而在处理人际关系的原则上，也要和而不同，即在保留事物的差异性的基础上求得矛盾的均衡与统一，如果害怕对立面，听不得不同意见，排斥异己，独断专行，则必然会发展到不利的局面。又《左传·昭公十二年》记载，晏婴与齐君论及君臣关系时，也谈到过"和"与"同"的区别。"公曰：'和与同异乎？'对曰：'异。和如羹焉，水火醯醢盐梅以烹鱼肉……君臣亦然。君所谓可而有否焉，臣献其否以成其可。君所谓否而有可焉，臣献其可以去其否。是以政平而不干，民无争心。'"在这里，晏婴也是反对取消差异和分歧的"同"，而主张"否可相济"的"和"的思想。

2.孔子

孔子(前551～前479)，名丘，字仲尼，春秋末年鲁国(今山东曲阜)人。儒家学派的开创者，中国影响最大的思想家、教育家。

孔子所处的时代，正处于中国奴隶社会向封建社会过渡的一大变局。伴随着社会制度的变革，原来的人际关系模式发生了很大的变化，出现了所谓"礼崩乐坏"、伦常失序的局面。为了重建社会秩序，调节失范的人际关系，孔子以其强烈的社会责任感和历史使命感提出了仁礼合一的思想学说，确立了影响深远的系统性的人际关系原则。

仁学是孔子人际关系学说的核心和主导精神。所谓"仁"，孔子曾解释为"爱人"。"爱人"首先体现为对父母亲人的亲情，这是人生而具有的感情，所谓"孝悌也者，其为人之本欤"。而把这种自然亲情扩而广之，施及他人，才算做到了"仁"。孔子把这种由己及人的原则概括为"忠恕"之道，即"己欲立而立人，己欲达而达人"[①]，"己所不欲，勿施于人"[②]的推己及人之道，这是由"亲亲"向"爱

---

① 《论语·雍也》。

② 《论语·颜渊》。

人"过渡的基本途径。而"克己复礼为仁",也正是在承认并肯定人有"亲亲"之"私"的同时,要求人们进一步"克己",并在"礼"的规范下自"忠恕"之途步入"仁"的境界。

孔子讲学图

在强调保证人际交往的主体性原则"仁"的同时,孔子也注重"礼"这一具体的行为规范,以图在自律与他律统一的基础上建构良性的人际关系。孔子提倡礼治,强调"克己复礼","非礼勿视,非礼勿听,非礼勿言,非礼勿动"①,欲以稳定、统一的规范来约束交往中的任意性和随意性,减少以至消除过度和失范现象。"恭而无礼则劳,慎而无礼则葸,勇而无礼则乱,直而无礼则绞"②,如果没有礼的具体规范,恭、慎、勇、直这些看似良性的内在品性亦有可能造成负面的结果。因此,孔子极其重视对礼乐知识的学习和实践,认为"好仁不好学,其蔽也愚;好知不好学,其蔽也荡;好信不好学,其蔽也贼;好直不好学,其蔽也绞;好勇不好学,其蔽也乱;好刚不好学,其蔽也狂"③。这也就是说,人际交往的原则不能仅仅依靠自发产生,而更需要有意地学习领会,并转化到人际交往的实践中去。

协调内在的仁与外在的礼的原则乃是中庸。孔子非常崇尚中庸,他把中庸看作"至德",即规范人们思想行为的最高准则,所谓"中庸之为德也,其至矣乎!民鲜久矣"④。孔子没有对中庸作出明确解释,但通过他运用中庸处理矛盾的见

---

① 《论语·颜渊》。
② 《论语·泰伯》。
③ 《论语·阳货》。
④ 《论语·雍也》。

解，可以了解孔子所谓中庸的实质。他讲："质胜文则野，文胜质则史，文质彬彬，然后君子。"①这在某种意义上即可视为对仁礼关系的描述：过于强调内在的本性，而忽视了对普遍性规范的遵守，以及过分强调刻板的规则，而忽视人内心的真实情感，都无法构成健康活泼的人际交往原则。只有将内在情感与外在规范、自由与规约、自律与他律统一起来，方能为良性的人际关系构建坚实的基础。

中庸还可普遍化为一种基本的方法论原则。《论语·先进》载："子贡曰：'师与商也孰贤？'子曰：'师也过，商也不及。'曰：'然则师愈欤？'子曰：'过犹不及。'"这就是说，超过和不及都偏离了"中"，两者是在相反方向背离了"中"的原则，都是不完美的。只有"允执厥中"，或"执两用中"，即通过对矛盾各方的平衡、协调，达到"无过无不及"的"中"的境界，才是中庸的应有之义。所谓"过"和"不及"是相对于"中"而言的。"中"是"过"与"不及"的联结点和分界点，兼有二者之因素但又不能归结为此二者，这就是孔子所说的"君子而时中"。即是说，所谓"中"也并非一成不变的，而是随时空和条件的不同而不同。因此，要时时得"中"，便要审时度势，灵活处置。孔子主张"毋意，毋必，毋固，毋我"②，又自称是"无可无不可"，正是对"中"的精神的贯彻。

由中庸的思想方法出发，孔子又引出了"和而不同"的人际交往原则。"同"是将多划归为一，是对差异的消除；而"和"则体现了"执两用中"的精神，是包含着差异的多样性的和谐统一。孔子讲："君子和而不同，小人同而不和。"③"和而不同"，讲求的是对话、兼容，是对交往双方主体性的承认；"同而不和"，则往往囿于一味附和或打压不同意见，以我就人或以人就我，结果会造成交往一方的主体性的丧失。孔子的"和而不同"论，继承和发展了史伯、晏婴的和同论，进一步将其确定为人际交往的普遍原则，具有深远的影响。

孔子像

孔子还提出了大量具体的人际交往原则。比如"孝"，就是孔子特别强调的处理子女与父母交往的原则。这一原则又有许多具体的规定，首先子女对父母要有发自内心的敬意，要想父母之所想，行父母之所安。针对那种仅仅把孝视为对父母在物质上的赡养的观念，孔子提出了严厉的批评："今之孝者，是谓能养。至于犬马，皆能有养；不敬，何以别乎？""色难。有事，

① 《论语·雍也》。

② 《论语·子罕》。

③ 《论语·子路》。

弟子服其劳；有酒食，先生馔。曾是以为孝乎？”[①]另外，“孝”还要求继承和发展父辈的事业，完成其未竟的心愿：“父在，观其志；父没，观其行；三年无改于父之道，可谓孝矣。”[②]孔子还主张，当子女和父母在观念上发生冲突时，可以态度温和地提出自己的见解，但如果自己的意见不被父母接受，则仍要服从父母的意见，并且要做到“劳而不怨”。由于父母不仅在血缘关系上对子女具有优先性，而且在人生经验的丰富性上亦具优势，因此孔子的这种主张有一定的合理性，但过于强调子女“无违”的无条件性，亦有可能抹杀子女的主体性，甚至导致愚孝行为的发生。另外，孔子还提出了诸多朋友之间交往的原则，他很重视朋友关系，认为“多贤友”是人生一乐。在择友原则上，孔子尤重其内在德行，主张要“友其士之仁者”，因为好的朋友有辅仁进德之益，而不好的朋友则可能带来危害：“益者三友，损者三友：友直，友谅，友多闻，益矣；友便辟，友善柔，友便佞，损矣。”[③]在与朋友交往的过程中，除了仍将“己欲立而立人，己欲达而达人”作为贯穿始终的原则外，孔子还反复强调“信”的原则。孔子曾自述己志为“老者安之，朋友信之，少者怀之”[④]，可见其于此之重视。另外孔子还主张朋友之间要坦诚率真，不“匿怨而友其人”，而且还要敢于向对方提出批评和不同意见。当然，具体操作时也要把握一定的度，如在其学生子贡问友时，孔子说：“忠告而善道之，不可则止，毋自辱焉。”[⑤]他还说：“可与言，而不与之言，失人；不可与言，而与之言，失言。知者不失人，亦不失言。”[⑥]不过他更强调的还是要“躬自厚而薄责于人”[⑦]，即严以律己，宽以待人，这可谓是朋友之间交往的黄金律则了。

仲尼不假盖于子夏

《孔子家语》、《说苑》等典籍里记载有这么一个故事：有一次孔子将要出行，结果不巧赶上下雨，但又没有雨伞。有弟子说：“子夏有伞，可以借他的来用。”孔子说：“子夏这个人为人比较吝啬，对财物比较看重。我听说与人交往要推其长者，违其短者，这样才能长久。”最终还是没向子夏借伞。

这当然只是件小事，但也有一定的启示性意义。对于吝啬的人，如果向

① 《论语·为政》。
② 《论语·学而》。
③ 《论语·季氏》。
④ 《论语·公冶长》。
⑤ 《论语·颜渊》。
⑥ 《论语·卫灵公》。
⑦ 《论语·卫灵公》。

借用财物，他如果明明有而不借，会使关系陷入僵化，求借的人因被拒绝而相当尴尬，被借的人也没有面子，因为被人看出自己小气吝啬，自己感觉也不会太舒服；但他如果要把东西借出吧，他会始终耿耿于怀，时时念叨这件事，担心自己的东西被损坏或是借用者不能按时归还。因此向吝啬的人借用财物，实际上也就将其推入了一种两难处境，因此还是尽量避免为好。

从这个故事我们可以感受到孔子与人交往的一些原则和技巧。首先是要对交往对象有充分的了解，把握其为人，从而灵活应用相应的交往方式；其次是注意尽量避免使对方在交往过程中陷入两难的尴尬处境，给对方以充分的缓冲空气和选择余地，最好是能扬其长而避其短，使对方的人格尊严和性情自由得到一定程度的维护和肯定。嵇康在著名的《与山巨源绝交书》中就曾引用这个例子说："夫人之相知，贵识其天性，因而济之。禹不逼伯成子高，全其节也；仲尼不假盖于子夏，护其短也。近诸葛孔明不逼元直以入蜀，华子鱼不强幼安以卿相；此可谓能相终始、真相知者也。"

孔子不愧为中国历史上最伟大的一个思想家，他的人际关系思想（见图4-1）包含着极为丰富的、至今仍有重要的理论和现实意义的内容，在人际关系思想的发展史上产生了极为深远的影响。

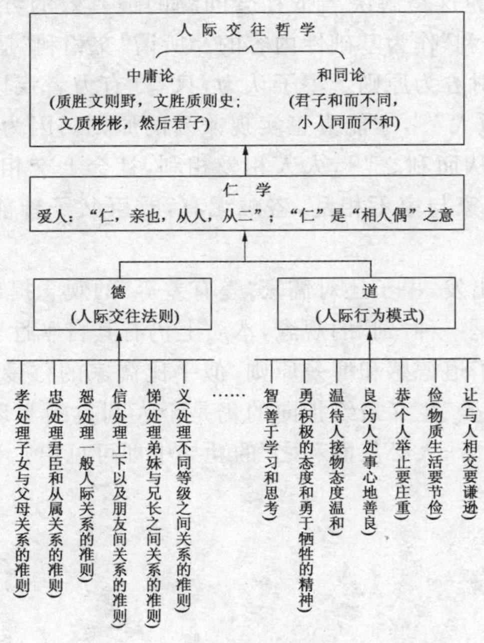

图4-1 孔子人际关系思想体系

3. 墨子

墨子像

墨子(约前468~前376),名翟,鲁国人(一说宋国人),墨家学派的开创者。墨子生活在春秋、战国之交,其祖先是宋国人,后长期定居鲁国。他做过宋国的大夫,后社会地位下降,成为一个手工业者,被称为"贱人"、"北方鄙人"。对于小生产者阶层来说,为了改变自身的社会地位,他们往往积极要求社会平等和平均主义。这一点,也成为他们人际交往的准则。作为小生产者阶层的代表,墨子提出了以"兼相爱、交相利"为主要原则的人际关系思想,在当时也产生了较大了影响。

所谓"兼相爱",就是要不分亲疏、不分等级地爱一切的人。墨子认为,天下种种祸患的根源,就在于人们不相爱而交相恶造成的。如果人们皆以自己的利益为人际交往唯一尺度,自爱而不相爱,结果必将导致混乱的社会局面。而如果人们能够做到兼相爱,像爱自己一样爱别人,自然也就不会有不孝、不慈、不忠甚至盗窃等现象发生了。因此他极力主张要"视人之国若视其国,视人之家若视其家,视人之身若视其身","天下人皆相爱,强不执弱,众不劫寡,富不侮贫,贵不敖贱,诈不欺愚",[①]以为这是解决当下社会问题的最有效的方法和原则。墨子的"兼相爱"是以"交相利"作为基础性内容的。所谓"交相利"是指建立和发展人际关系必须以有利于对方为原则。墨子认为,只有"有力者疾以助人,有财者勉以分人,有道者劝以教人"[②],才能真正实现兼爱的原则。因为"爱人者,人亦从而爱之;利人者,人亦从而利之"[③],人人相爱相利,社会上交相恶的现象就自然消灭,"国与国不相攻,家与家不相乱,盗贼无有,君臣父子皆能孝慈,若此则天下治"[④]。

从兼爱的思想出发,墨子还对儒家"爱有差等"的观念提出了批评,认为儒家亲亲尊尊的观念乃是一种"别"的观念,本质上仍有其自私性。不过表面看来,墨子的"兼爱"论突出了道德感和博爱原则,似乎比儒家的仁爱更具平等性和普适性,但究实来说,"兼爱"主义最终指向的仍是个人利益的实现,这从其"爱人者,人必从而爱之;利人者,人必从而利之"的劝导中即可见出。当然,作为庄子口中

---

① 《墨子·兼爱中》。
② 《墨子·尚贤下》。
③ 《墨子·兼爱中》。
④ 《墨子·兼爱上》。

的“天下之好”者，墨子真正关注的乃是“国家之富，人民之众，刑政之治”，确有着极强的社会责任感。他本人生活俭朴，“以裘褐为衣，以跂蹻为服，日夜不休”，却汲汲奔走，为天下人谋利益。诚然，如果天下人皆如此而行，天下自然可以平治，可问题是何以能令天下人皆如墨子般心怀天下之利呢？便如《庄子·天下篇》中所批评的那样，“墨子虽独能任，奈天下何！离于天下，其去王也远矣！”也许这正是墨学后来渐趋衰微，甚至成为绝学的一个重要原因。

4.老子

老子，生卒年不得详考。据《史记·老庄申韩列传》记载，老子姓李，名耳，字聃，楚国苦县厉乡曲仁里人。他曾做过周朝守藏室之史，孔子曾问礼于他，可见其深通周朝的图书典籍，是位学识渊博的学者。后来，他见周王室衰微，弃官西去，到函谷关的时候遇到关令尹喜，关令尹喜请求他著书，“于是老子乃著书上下篇，言道德之意，五千余言”。后骑青牛出关，飘然而去，莫知所终。老子的这篇著作主要探讨的是道和德的问题，故后人称其为《道德经》，或称《老子》。

老子像

在这部著作里，老子提出了以“道”为核心的哲学体系，用“道”来说明宇宙万物的本质、构成、变化和本原，同时也将其视为人们一切行为的最高原则。因此他所创立的学派被后人称为道家。在老子以前，天往往被视为一个有意志、有知识、有情感的人格神，它是人事的终极决定者、督导善恶的超越力量。孔子则通过淡化天对人的威慑性，力图从人的主体性出发建构人们的行为尺度，从而提出了“仁”的学说。老子也同样是淡化天的神秘性，甚至直接否定作为人格神的天帝的存在，所谓“天地不仁，以万物为刍狗”[①]。在行为原则上，老子也试图超越此前人们对天地的简单比德，而提出更深层的根据：“天长地久。天地所以能长且久者，以其不自生，故能长生。是以圣人后其身而身先，外其身而身存。非以其无私邪？故能成其私。”[②]这里值得注意的是，在效法天地的同时，老子还试图追溯天地之“长且久”的根据，甚至直接去效法这个根据，而这个更为深层的根据，可以视为一种更高的本体，也可以视为一种宇宙法则，我们找不到合适的名字来为之命名，只能“强字之曰道”，而借助于这个概念的建构，老子用一句话就概括了以上讨论的主

① 《老子》第五章。

② 《老子》第七章。

旨:“人法地,地法天,天法道,道法自然。”[①]

老子讲的“道”有多重的意蕴,在人际关系层面或就交往之道来说,自然无为、处柔守弱乃为其主要内容。“无为”强调主要是依循自然而为,不刻意,不造作。比如在人伦关系上,儒家强调仁义,强调为善,而老子则讲“天下皆知美之为美,斯恶已;皆知善之为善,斯不善已”[②],也就是说,刻意地为符合善的规定而行善,往往会导致虚伪的发生,“大道废,有仁义;慧智出,有大伪;六亲不和,有孝慈;国家昏乱,有忠臣”[③]。既然如此,反不如不去强调仁义礼智这些价值原则,“绝圣弃智”,“绝仁弃义”[④],从而恢复人素朴天真的本性,反而能达到理想的社会效果。

但问题是,人生来就有欲望,而对自身欲望的强调往往会导致伦理上的“恶”的发生,从而影响正常的人际关系。对此,老子强调从理性的自我审视出发,自觉地抵制欲望的无节制发展。他讲:“五色令人目盲,五音令人耳聋,五味令人口爽,驰骋畋猎令人心发狂,难得之货令人行妨。是以圣人为腹不为目,故去彼取此。”[⑤]欲望的膨胀会造成对身心的危害,因此应当自觉地“见素抱朴,少私寡欲”,这样反而能够保全自己最本真的价值。从阶级关系来说,统治者日益膨胀的欲望还造成了其与人民关系的日益紧张:“民之饥,以其上食税之多,是以饥。民之难治,以其上之有为,是以难治。”[⑥]为解决这一矛盾,也必须从节制自己的欲望入手:“我无为而民自化,我好静而民自正,我无事而民自富,我无欲而民自朴。”[⑦]老子进而还提出了“知足”的原则,他讲:“名与身孰亲?身与货孰多?得与亡孰病?是故甚爱必大费,多藏必厚亡。知足不辱,知止不殆,可以长久。”[⑧]又说:“祸莫大于不知足,咎莫大于欲得。故知足之足,常足矣。”[⑨]许多争斗和祸患都是由于不知足造成的,因此“知足”的观念的确可以作为解决许多人际问题的内在原则。

另外,由于老子看到了万物相反相成、物极必反的道理,总结出了“反者道之动”的命题,来化归自然界和人类社会中强弱兴废的变化;因此在人际交往方面,老子尤其强调“处柔守弱”的原则。老子看到,“人之生也柔弱,其死也坚强。万

---

① 《老子》第二十五章。
② 《老子》第二章。
③ 《老子》第十八章。
④ 《老子》第十九章。
⑤ 《老子》第十二章。
⑥ 《老子》第七十五章。
⑦ 《老子》第五十七章。
⑧ 《老子》第四十四章。
⑨ 《老子》第四十六章。

物草木之生也柔脆，其死也枯槁。故坚强者死之徒，柔弱者生之徒。是以兵强则不胜，木强则折。强大处下，柔弱处上。”[①]自高自大者往往过早覆亡，而处下居卑者却往往能够进退得宜，老子常喜以水来喻此理，“上善若水。水善利万物而不争，处众人之所恶，故几于道”[②]，“江海所以能为百谷王者，以其善下之，故能为百谷王。是以欲上民，必以言下之；欲先民，必以身后之”[③]。在社会竞争日盛的情势下，老子却极言“不争”，强调“后其身而身先，外其身而身存”[④]的处世智慧，憧憬其心目中“甘其食，美其服，安其居，乐其俗。邻国相望，鸡犬之声相闻。民至老死不相往来”[⑤]的“小国寡民”的理想社会，别具其思想特色。

二、战国中晚期的人际关系思想

1. 孟子

孟子像

孟子（前372～前289），名轲，字子舆，战国时期邹国（今山东邹城市东南）人。受业于子思之门，学习儒术，由此确立终生传播儒家学说的志向。

孟子主要发挥了孔子“仁”的思想学说，力图使“仁义”成为人际交往的基本原则，反对功利主义的交往原则。《孟子·梁惠王上》：“孟子见梁惠王，王曰：‘叟，不远千里而来，亦将有以利吾国乎？’孟子对曰：‘王，何必曰利，亦有仁义而已矣。王曰何以利吾国，大夫曰何以利吾家，士庶人曰何以利吾身，上下交征利而国危矣。万乘之国，弑其君者，必千乘之家；千乘之国，弑其君者，必百乘之家。万取千焉，千取百焉，不为不多矣。苟为后义而先利，不多不餍。未有仁而遗其亲者也，未有义而后其君者也。王亦曰仁义而已矣，何必曰利！’”如果以利为交往的首要原则，则资源的有限性必然导致交往双方的相互争夺，从而破坏人际间的和睦关系。但是问题是，苟能人人仁以待人，社会自可以亲睦和平，可人人皆行仁义又何以可能？对此，孔子曾提到“我欲仁，斯仁至矣”，强调每一个体践仁由义的自发性和主体性，但这里有一个问题是：“欲”作为一种主体自发的道德律令何以可能？其心理基础和前提是什么？也就是说，我

---

① 《老子》第七十六章。
② 《老子》第八章。
③ 《老子》第六十六章。
④ 《老子》第七章。
⑤ 《老子》第八十章。

为什么会“欲仁”而不是“欲不仁”？孟子由此讲到人性，明确地提出性善论的主张。对于人性，在孟子以前人们多是以人的自然性来界定的，比如当时告子就认为“食色，性也”；而孟子认为“天下之言性也，则故而已矣。故者以利为本”，[①]这种“以利为本”的人性论并不足以体现人的超越性，而且还会对人际交往过程产生负面的影响。因此，孟子尽管也承认生理欲望对于人的本然意义，但是却认为不能将其视为人性。他讲：“口之于味也，目之于色也，耳之于声也，鼻之于臭也，四肢之于安佚也，性也。有命焉，君子不谓性也。”[②]在孟子这里，“性”不再是一个关于人与动物之共同属性的称谓，它应当是人与动物之根本区别所在。孟子讲：“人之所以异于禽兽者几希，庶民去之，君子存之。”[③]

孟子认为，人之所以不同于禽兽，就在于人有与生俱来的善性，并进而指出，如果我们想要被指称为人，那么就必须要保持并扩充这种足以与动物区分开来的规定性，真正实现人之为人的本质。这种先天具有的善性孟子称之为善端，他讲：“恻隐之心，仁之端也；羞恶之心，义之端也；辞让之心，礼之端也；是非之心，智之端也。人之有是四端也，犹其有四体也。”[④]他认为，仁、义、礼、智四端完全是天赋的，为人心所固有，且完满自足：“仁义礼智，非由外铄我也，我固有之也。”[⑤]“凡有四端于我者，知皆扩而充之矣，若火之始燃，泉之始达。”[⑥]也就是说，人们只有反身而诚，用心体察自己的善端，并存养之、扩充之，才能认识到自己的本性，并进而实现此上天所与之本性，成为一个真正意义上的人。

从性善论出发，孟子还提出“仁政”学说，试图将此一个体交往原则转化为治理天下的政治原则，成为解决君民关系的基本原则。孟子说：“人皆有不忍人之心。先王有不忍人之心，斯有不忍人之政矣。以不忍人之心，行不忍人之政，治天下可运之掌上。”[⑦]所谓“不忍人之政”，即是“仁政”，也即爱民之政。孟子认为，“民为贵，社稷次之，君为轻”[⑧]，因此得天下，保天下，治天下，王天下，都须以民为本。他强烈抨击开疆辟土，反对兼并战争，对一切残民以逞的暴君污吏进行严正谴责，力图把现实政治引到“保民而王”的轨道上来。另外，孟子还提出限制过分剥削的思想，并主张制民之产，使人民获得基本的生活要求：“五亩之宅，树

① 《孟子·离娄下》。
② 《孟子·尽心下》。
③ 《孟子·离娄下》。
④ 《孟子·公孙丑上》。
⑤ 《孟子·告子上》。
⑥ 《孟子·公孙丑上》。
⑦ 《孟子·公孙丑上》。
⑧ 《孟子·尽心下》。

之以桑，五十者可以衣帛矣。鸡豚狗彘之畜，无失其时，七十者可以食肉矣。百亩之田，勿夺其时，数口之家，可以无饥矣。谨庠序之教，申之以孝悌之义，颁白者不负戴于道路矣。七十者衣帛食肉，黎民不饥不寒，然而不王者，未之有也。”[①]这对儒家重民思想的继承和发扬，对后世有较大的影响。

另外值得一提的是，孟子非常强调耻辱感在人际交往过程中的重要性，并将其作为框范个体行为的一种基础性的内在机制和动力。孟子将仁义礼智“四端”视为人的本质规定，而其中就包括“羞恶之心”。他讲：“人不可以无耻，无耻之耻，无耻矣。”[②]人苟无此耻辱心，则即与禽兽无异亦不自耻，则与语仁义，无异对牛弹琴，亦不堪造就矣。孟子说：“教亦多术矣，予不屑之教诲也者，是亦教诲之而已矣。”[③]教诲之而不悟者，则以“不屑教诲”以击蒙发蒙，促其去蔽而自见其耻，用心可谓良深。他又讲：“耻之于人大矣。为机变之巧者，无所用耻焉。不耻不若人，何若人有？”[④]一旦有了恶辱之心，则其去恶就仁即可指日而待。因而从实际操作的层面上讲，借耻辱感以彰明行之当否，从而纠正行为偏失，恰恰可以作为一种非常必要的修养功夫。

孟子人际关系思想中较有特色的还有他对如何处理某些非平衡性的社会关系——尤其是亲子关系以及君臣关系的讨论。在这种人际关系模式中，由于关系双方基于血缘关系或是占有资源不同，而形成的地位上的先在不平等，并在现实中往往体现为一边倒的趋势。而在这种趋势中，个体的人格也往往会随之发生倾斜。在这种情势下，如何摆正自身的位置，避免人格的丧失，就成为一个相当棘手的问题，因此孟子对此给予了充分的关注。他讲：“事，孰为大？事亲为大。守，孰为大？守身为大。不失其身而能事其亲者，吾闻之矣。失其身而能事其亲者，吾未之闻也。孰为为事？事亲，事之本也。孰不为守？守身，守之本也。”[⑤]为什么“事亲为大”呢？这是因为相对于君臣关系而言，亲子关系显然具有逻辑上的优先性。《郭店楚墓竹简·六位》中就曾明确提出“为父绝君，不为君为绝父”的观念，这在一定意义上可视为是先秦儒家的基本观念。而且先秦儒家极其强调双向伦理，所谓“父慈子孝，兄友弟恭”；然而父既不可绝，那么在父不能“慈”的境遇下又该如何履行“孝”的义务呢？对此，孟子更多地采取了一种妥协和委顺的态度，认为“不得乎亲，不可以为人。不顺乎亲，不可以为子”[⑥]。由此

---

① 《孟子·梁惠王上》。

② 《孟子·尽心上》。

③ 《孟子·告子下》。

④ 《孟子·尽心上》。

⑤ 《孟子·离娄上》。

⑥ 《孟子·离娄上》。

可以看出，孟子尽管竭力想要确立起个体人格的独立性和先在性，但却并没有充分解决其与血缘关系优先论的内在冲突。

不过，在君臣关系上，孟子却走得更远一些，开始把个体人格的独立性放在更突出的位置。这也许是因为与非选择性的亲子关系相比，君臣关系起码还具有一定的选择性。孟子即曾直告齐宣王曰："君之视臣如手足，则臣视君如腹心。君之视臣如犬马，则臣视君如国人。君之视臣如土芥，则臣视君如寇仇。"又讲："无罪而杀士，则大夫可以去；无罪而戮民，则士可以徙。"[①]这里，伦理关系上的平衡开始被强调，而不再是"不择事而安之"，士臣的个体人格有所凸显。在孟子心目中，理想的君臣关系应是一种师友关系，他强调君主应该"不挟长，不挟贵"[②]，即在保证士的独立人格的前提下与他们交往，建构互资互利的良性关系，这样一方面君主利用了士的智力资源，一方面士也借助于君主的现实权力而在一定程度上实现其平治天下的政治理想——在当时的社会背景下，这倒不失为一种"双赢"的选择，但在中国几千的历史实践中，其实这一原则并没有被很好的贯彻，而只是作为儒家知识分子的理想存在罢了。

孟子休妻

《韩诗外传·卷九》中记载有这么一个故事：一天，孟子的妻子独自一人在屋里，叉开腿蹲在地上。孟子进屋看见妻子这个样子，就向母亲说："这个妇人不讲礼仪，请准许我把她休了。"孟母说："究竟是为什么要休她呢?"孟子说："她叉开腿蹲在地上。"孟母问："你怎么知道的?"孟子曰："我亲眼看见的。"孟母说："这是你不讲礼仪，而不是妇人不讲礼仪。《礼》中不是说，将要进门的时候，必须先问屋里谁在里面；将要进入厅堂的时候，必须先高声传扬，让里面的人知道；将进屋的时候，必须眼往下看。《礼》这样讲，为的是不让人措手不及，无所防备。而今你到妻子闲居休息的地方去，进屋没有声响，人家不知道，因而让你看到了她蹲在地上的样子。这是你不讲礼仪，而不是你的妻子不讲礼仪。"孟子听了孟母的教导后，认识到自己错了，再也不敢讲休妻的事了。

中国古代非常讲究礼仪。行走坐卧、洒扫进退皆有一定的规定和要求。人们一般说"坐有坐相，站有站相"即是这一传统的体现。在先秦时代，一般是席地而坐，正规的坐姿一般将臀部搁在脚跟上，上身挺直，双手规矩地放

① 《孟子·离娄下》。

② 《孟子·万章下》。

于膝上，身体气质端庄，目不斜视。有时为了表达说话的郑重，臀部离开脚跟，叫长跪，也叫起。像上文中孟子妻“踞”而坐，即使在家人面前也是不允许的。但人在自己独自处的私密空间，往往会比较放松随意一些，可能未必会完全符合礼的规定，这也是人情之自然。因此，传统的《礼》也并非冷冰冰的不讲人情，它也会提醒我们注意，在进入他人的私密空间前最好要有一定的提醒，让对方有一定的准备，给对方留有余地，同样也是给自己留出余地啊！

2.庄子

庄子（约前 369～前 286），名周，战国时宋国蒙（今河南商丘东北）人。《史记》称他与梁惠王、齐宣王同时。庄子学识渊博，思想深邃。《史记》称“其学无所不窥”，又说他“善属书离辞，指事类情，用剽剥儒墨，虽当世宿学不能自解免也”，其博学和才辩可以说不弱于其时代的任何人。但庄子并不像许多当时的知识分子那样汲汲于功名利禄，而是对荣华富贵不屑一顾。据说楚威王曾派两个使者携重礼聘他为相，他正在濮水上钓鱼，竟“持竿不顾”，并对来人说：我听说楚国有个神龟，死了三千年了，楚王还把它的骨甲珍藏于庙堂上。请问，对于龟来说，它是愿意死去而使自己的骨甲得到楚王珍藏呢，还是宁愿活着拖着尾巴在泥水中爬行呢？楚使答：当然宁愿活着，能自由地爬来爬去喽。庄子于是说：“我宁游戏污渎之中自快，无为有国者所羁，终身不仕，以快吾志焉。”

庄子濮水垂钓

庄子生活的时代社会动荡，战乱不止。身处“乱相昏上之间”，庄子对人际关系的复杂多变和存身处世的困难深有体会。他看到，在人际交往中，人们彼此“与接为构，日以心斗。缦者，窖者，密者。小恐惴惴，大恐缦缦”[①]，关系极度紧张和恶化；另外复杂的君臣关系更是使为臣者时常“朝受命而夕饮冰”，陷入极度的忧患之中。而儒家提出的温情脉脉的仁义之说在这样的社会背景下也无济于

① 《庄子·齐物论》。

事，而且还极有可能被别有用心者利用，成为其谋取利益的工具："田成子一旦杀齐君而盗其国，所盗者岂独其国邪？并与其圣知之法而盗之。故田成子有乎盗贼之名，而身处尧、舜之安。小国不敢非，大国不敢诛，十二世有齐国。则是不乃窃齐国并与其圣知之法以守其盗贼之身乎？"①

那么，究竟该如何在这个混乱的世道中安置自身，并协洽上上下下的人际关系呢？在《人间世》中，庄子借孔子之口这样说道："天下有大戒二：其一命也，其一义也。子之爱亲，命也，不可解于心；臣之事君，义也，无适而非君也，无所逃于天地之间。是之谓大戒。是以夫事其亲者，不择地而安之，孝之至也；夫事其君者，不择事而安之，忠之盛也；自事其心者，哀乐不易施乎前，知其不可奈何而安之若命，德之至也！"在这里可以看到，庄子其实是区分了身与心、内与外，并将其分置于不同的原则之下。一方面，从现实层面来说，对于社会上通行的礼法规范和关系准则，应该无条件地依从之，起码也要"虚与委迤"，而不应过于强调自我的独立性和自由，以避免来自社会的压力与伤害；另一方面，要为自己保留完满自足的心灵空间，能够"自适其适"而不"适人之适"，如此方可超越由现实的受缚感而带来的痛苦和烦恼，而"得至美而游乎至乐"，步入逍遥的妙境。《庄子·养生主》中庖丁解牛的故事即很好地表达了个体精神自由与合理人际关系两者的统一。有其"固然"之理的牛的结构便如复杂的社会关系，而庖丁在这样复杂的筋骨盘结间仍可以游刃有余，不损其精神之刃，这正是庄子既"独与天地精神往来"，又"不敖倪于万物，不谴是非，以与世俗处"，将"养外"与"安内"合而为一的游世精神的巧妙表达。

对于如何协调社会层面不同人们之间的关系，庄子也有其独到的看法。在庄子看来，世间的争端多是由不同个体在利益和观念上的分歧而造成的。因此，如果消弭这些分歧，也就化解了许多的纷争，从而就可以缓和日益紧张的人际关系。从利益的角度来说，人们费尽心思你争我夺，所求者无非富贵利禄，可是"夫富者，苦身疾作，多积财而不得尽用，其为形也亦外矣！夫贵者，夜以继日，思虑善否，其为形也亦疏矣！"②如果将这些东西作为人生的价值目标，最终往往"终身役役而不见其成功，苶然疲役而不知其所归"，因此庄子主张，应将对外物的关注转移到自身的精神自由和心理状态上来，而如此一来正好也就撤除了恶化人际关系的诱因，对改善社会人际关系有着直接的良性影响。再者，从观念的角度来说，不同的社会个体往往有着彼此不同的成见。并且由于人们习惯于"自贵而相贱"，是已而非人，于是才有了人们彼此间互相攻讦、不能并立的混乱局面。对

① 《庄子·胠箧》。
② 《庄子·至乐》。

此，庄子则主张“以道观之”，即站在更高的立场上从观念的相对性入手来化解各自的偏执，从而“齐是非”、“齐物论”，使人们在观念上达到混沌的统一。而且庄子还注意到，由于每个人的眼界、认识层次都有所不同，因此其追求的对象亦各有不同，价值标准也会有差异。《庄子·至乐》中就以鲁侯养鸟的故事来说明这种现象：“昔者海鸟止于鲁郊，鲁侯御而觞之于庙，奏九韶以为乐，具太牢以为膳。鸟乃眩视忧悲，不敢食一脔，不敢饮一杯，三日而死。此以己养养鸟也，非以鸟养养鸟也。夫以鸟养养鸟者，宜栖之深林，游之坛陆，浮之江湖，食之鳅鲦，随行列而止，逶迤而处。”在庄子看来，在人际交往过程中尤其要注意从更高的层面、交互的视野来把握具体的交往原则，要尊重各自不同的价值取向，而不能单方面的自以为是。这在某种程度上也指出了儒家“己欲立而立人，己欲达而达人”原则的某些偏颇之处，因为毕竟也存在“己欲立而人未必欲立，己欲达而人未必欲达”的情况的可能。这种认识无疑是相当深刻的。

在庄子的社会理想中，每一个人应该都是自足的人，无须依附于复杂的社会关系网络，甚至无须彼此之间温情脉脉的仁爱。《庄子·大宗师》中讲了这么一个故事：“泉涸，鱼相与处于陆，相呴以湿，相濡以沫，不如相忘于江湖。”这个故事意思是说，泉水干涸了，鱼儿们都快要干死了，彼此互相用口水来帮助对方苟延残喘，这倒算得是彼此仁爱，但比起大家都在江湖中自在往来，各不相干，又能好到哪里去呢？所谓“鱼相造乎水，人相造乎道。相造乎水者，穿池而养给；相造乎道者，无事而生定。故曰：鱼相忘乎江湖，人相忘乎道术”。由此可以看出，庄子关注的是每个人的真实生命感受，而且由于庄子尤重自足的精神世界之建构，因此更强调每个人通过自我的力量实现自身在精神层面的自由和解放。也许，庄子拥有的是这样的信念——如果这社会的每一个个体都得到了解放，那么这社会也就得以解放。

3. 荀子

荀子（约前 325～前 238），名况，字卿，又称孙卿，战国后期赵国人。荀子曾游学于齐、秦、楚等国，广泛接触各派学者。他批判地总结了儒家、墨家、道家、法家、名家各家的学术思想，吸取各家之长，形成了自己独特的思想体系，在人际关系思想上也有着突出的贡献。

荀子像

荀子首先明确强调了人际交往的社会意义，将其视为区分人与其他存在的根本因素。他讲，人其实有很多地方其实是不如禽兽的，比如人“力不若牛，走不若马”等，但问题却在于，动物尽管可能在某些方面优于人类，但人类却往往能够役使它们，成为它们的主人。那么为什么会这样呢？荀子给出的理由是“人能群，彼不能群也”[①]。也就是说，一个人固然斗不过一只老虎，可是人可以几十个、几百个组织起来，形成一种集团优势。这种集团，就是社会。这样的社会，必须要借助于各种层面的人际交往，形成井然有序的社会关系才能够建立。但是，问题在于，合理有序的人际交往是如何实现的？对此，荀子给予了充分的关注。他认为，要实现人类的“群”，就必须要有一套礼义法度，正所谓“没有规矩，不成方圆”。为使社会结成一个有秩序的共同体，人们就要讲求一种行为的规则，这就是所谓的“礼”。荀子说：“礼起于何也？曰：人生而有欲，欲而不得，则不能无求，求而无度量分界，则不能不争；争则乱，乱则穷。先王恶其乱也，故制礼义以分之，以养人之欲，给人之求，使欲必不穷于物，物必不屈于欲，两者相持而长，是礼之所起也。”[②]

但是，为什么只有人类可以基于礼义法度建立起社会共同体呢？如果说，礼义法度对于社会的存在具有前提意义，那么，礼义法度的产生又是如何可能的？人们对礼义法度的认同又是如何可能的？“人能群”的“能”究竟是基于什么实现的？它在人的本性上有无内在根据？这就引出了荀子的“性恶论”。在荀子那里，所谓“性”是指人基于其自然生命之上之种种生理及心理的本能和欲望，是指人的自然性或动物性，“若夫目好色、耳好声、口好味、心好利、骨体肤理好愉佚，是皆生于人之情性者也，感而自然，不待事而后生之者也”[③]。其实，这一“性”或者说人的欲望本身本无所谓善恶，而不过是“本始材朴”，但如果顺从人的本然之性而任其发展，则极易导致对社会秩序的破坏，这当然是“恶”。而正因为人之性恶，所以才有必要标榜圣王，推崇礼义：“今人之性，固无礼义，故强学而求有之也；性不知礼义，故思虑而求知之也。”[④]然而，既然性中无礼义，礼义对于人们来说又是如何可能的呢？人究竟是靠什么使自己脱离禽兽之行而走向人道的呢？也就是说，人究竟为什么可以不必沿着“性”的方向为恶，而能够反性悖情以就善呢？

概括地讲，人之所以可能为善的根源其实只有一个，那就是“伪”。“性也者，吾所不能为也，然而可化也”[⑤]，伪起性化，恶去善至，因此可以说：“人之性恶，其善者伪也。”“伪”是一种以心之辨、义之能为基础而指向善的能力。正是这种属性或能力将人和动物区别开来，使“善”对人而言成为可能与现实。荀子称：“涂

① 《荀子·王制》。
② 《荀子·礼论》。
③ 《荀子·性恶》。
④ 《荀子·性恶》。
⑤ 《荀子·儒效》。

之人也，皆有可以知仁义法正之质，皆有可以能仁义法正之具。”又说：“水火有气而无生，草木有生而无知，禽兽有知而无义，人有气、有生、有知，亦且有义，故最为天下贵也。”[①]不过需要指出的是，“义”虽然也是生而具有的，但并不等于“性”，因为“性”除了“生之所以然”之外，还有一个规定性，即“不事而自然”。“生之所以然”是从存有处说，是言其与生俱来；“不事而自然”是从发用处讲，是说“性”之实现是自然而然、无须勉力。而内在于人的“义”却只具有前者的意义，体现为一种指向礼义的能力和可能性，而不是充分根据。要使人“为仁义法正”，还尤其需要“注错习俗”和“师法教化”。因此荀子极其强调外在环境和教育对人的影响，认为这是一条使凡俗之人走上圣贤之路。他讲：“今使涂之人伏术为学，专心致志，思索孰察，加日县久，积善而不息，则通于神明，参于天地矣。”[②]而其为学的对象，其实主要是既成的人际交往原则。荀子主张必须通过勉力不倦的学习将其内化为自身的行为出发点，“使目非是无欲见也，使耳非是无欲闻也，使口非是无欲言也，使心非是无欲虑也”，最终达到“生乎由是，死乎由是”的地步，这才是一个理想的社会人，即所谓“成人”。

不过荀子并没有完全认同既定的社会阶级分层。从道德本位的立场出发，荀子甚至还对“世卿世禄”的传统秩序进行了学理上的改造，提出“虽王公士大夫之子孙也，不能属于礼义，则归之庶人。虽庶人之子孙也，积文学，正身行，能属于礼义，则归之卿相士大夫”[③]的见解，这是将人际交往的原则——礼义，视为重新划分社会等级的根据和标准了。这种社会分层思想，是与其社会生成和建构理论内在一致的。

荀子还就人际交往实践过程中的大量具体问题提出了诸多的见解。比如就人际间的言对问答问题，荀子讲：“问楛者勿告也，告楛者勿问也，说楛者勿听也，有争气者，勿与辩也。故必由其道至，然后接之，非其道则避之。故礼恭，而后可与言道之方；辞顺而后可与言道之理；色从而后可与言道之致。故未可与言而言谓之傲，可与言而不言谓之隐，不观气色而言谓之瞽。故君子不傲，不隐，不瞽，谨顺其身。”[④]意思是说，对于一些不正当的事的讨论，自己不要介入，做到不说、不问、不听；对于意气用事的人，不要和他辩论，否则极易由事及人，影响到彼此关系；与人交谈时要注意察言观色，掌握时机和一定的语言艺术等等，尤其要认识到，“与人善言，暖于布帛；伤人以言，深于矛戟”[⑤]。另外，荀子对君子人格的

① 《荀子・王制》。

② 《荀子・性恶》。

③ 《荀子・王制》。

④ 《荀子・劝学》。

⑤ 《荀子・荣辱》。

许多描述都直接涉及他对人际交往原则和技巧的理解，比如"君子易知而难狎，易惧而难胁，畏患而不避义死，欲利而不为所非，交亲而不比，言辩而不辞"，"君子宽而不僈，廉而不刿，辩而不争，察而不激，直立而不胜，坚强而不暴，柔从而不流，恭敬谨慎而容"[①]等等，这些原则直至今天对人们的交往实践也是有一定的指导意义的。

4．韩非

韩非（？～前233），战国末期韩国人，出身贵族世家，为韩国公子。他"为人口吃，不能道说，而善著书"，曾与李斯一起师事荀子。

韩非像

韩非秉承了乃师荀子的"性恶"论，且又有进一步的发展。他以人之"自为心"、"自利之心"、"计算之心"为其理论体系的假设前提，试图用经济利益来诠释人与人之间的各种关系。他讲："人之急利甚也。"[②]"安利者就之，危害者去之，此人之情也。"[③]他认为，天下之人皆自私自利，都在彼此相互算计，出于自身的利益进行着各种各样的交易，"心调于用者，皆挟自为心也。故人行事施予，以利之为心"。拿君臣关系来说，韩非认为，"人臣之情，非必能爱其君也，为重利之故也"[④]。"臣尽死力以与君市，君垂显爵以与臣市，君臣之际，非父子之亲也，计数之所出也"[⑤]，其实不过是一种赤裸裸的相互利用关系。另外，医生、匠人等社会各行各业的人都只是着眼于自身的利益而参与社会活动的，"医善吮人之伤，含人之血，非骨肉之亲也，利所加也。故舆人成舆，则欲人之富贵；匠人成棺，则欲人之夭死也。非舆人仁而匠人贼也，人不贵，则舆不售；人不死，则棺不买。情非憎人也，利在人之死也。"[⑥]正所谓"天下熙熙，皆为利来；天下攘攘，皆为利往"，人世间在韩非眼中无非就是一个大利益场，甚至一般被认为是温情脉脉的父子之间亦不例外，《六反篇》云："且父母之于子也，产男则相贺，产女则杀之。此俱出父母之怀衽，然男子受贺，女子杀之者，虑其后便，计之长利也。故父母之于子也，犹有计算之心以相待也。而况无父子之泽乎？"其见如此，无怪乎司马迁会称其"极惨

---

① 《荀子·不苟》。
② 《韩非子·难四》。
③ 《韩非子·奸劫弑君》。
④ 《韩非子·二柄》。
⑤ 《韩非子·难一》。
⑥ 《韩非子·备内》。

礉少恩”。不过，这种基于经济利益而对人际关系的解读倒也不失为对此前以宗法血缘为基础的人际关系模式的一种超越，只不过多少带有矫枉过正的扭曲罢了。

由此出发，韩非又进一步对荀子的“隆礼重法”进行了扬弃，使“法”取代了“礼”的核心地位。礼尽管对人们的社会行为也有一定的规范作用，但更多具有引人向善的色彩；而法的基本特征则是禁止人们为恶。倡扬道德尽管不能说对于导民向善毫无作用，但比起法律的强制力量来就显得相当苍白了。韩非讲：“夫圣人之治国，不恃人之为吾善也，而用其不得为非也。恃人之为吾善也，境内不什数；用人不得为非，一国可使齐。为治者用众而舍寡，故不务德而务法。”[①]因此，韩非将孟子张扬的凭借推行“仁义”即可以“王天下”的观念视为无用的空谈，甚至是“愚诬之学”。他力主以法律的刑威来威慑天下，使恶的人性在它面前收敛到社会秩序允许的限度。不过，虽然对道德倡导缺乏信心，但韩非也一样强调正面引导的作用。只不过这种引导不是由纯粹的道德评价进行的，而是因人之所欲通过利益的诱导而实现。韩非将“刑德”也即赏罚并称为“二柄”，认为它是调节君臣、上下关系的主要手段，而赏罚所关涉到的亦无非“利益”二字而已。由于人性是好利恶害的，统治者就可借助权势，以法为本，以赏罚为杠杆，因人情之好恶而加以引抑，进而控制和调整人们的社会行为和社会关系：“凡治天下，必因人情。人情者有好恶，故赏罚可用；故禁令可立，而治道具矣。”[②]而正是因为把赏罚视为调节社会关系的一种普遍性手段，所以韩非还由此出发对儒墨张扬的“仁慈”、“怜悯”、“惠爱”等处理人际关系的重要原则进行了抨击，他说：“夫施于贫困者，此世之所谓仁义；哀怜百姓不忍诛罚者，此世之所谓惠爱也。夫有施于贫困，则无功者得赏；不忍诛罚，则暴乱者不止。”[③]这也就是说，所谓的仁慈、施于等行为会伤害到社会公平原则，从而导致赏罚不定、是非不分的混乱局面。而只有进一步将赏罚的标准普遍化、客观化，进而形成具体的政令律文，方可以统一人们的思想和行为，为构建稳定的社会秩序提供稳定的基础。

由于韩非的思想建构是以服务于大一统的王权为中心的，所以他对人际关系的思考也主要放在作为君主如何统御臣下、治理民众这些方面，而对其他社会不同层面的人际交往关注不足。不过，他在当时对人性尖刻而深刻的解读却为进一步勾画人际交往的实质提供了一个独特的视角，从而在人际关系思想史上留下了颇为浓重的一笔。

---

① 《韩非子·显学》。

② 《韩非子·八经》。

③ 《韩非子·奸劫弑臣》。

第二节 汉晋南北朝时期的人际关系思想

经历了先秦的思想繁荣阶段以后，人际思想的发展至两汉进入有选择地吸收、巩固和发展的阶段，并在此基础上建立了一整套适应大一统封建统治的人际关系框架。然而在强调社会整体性、强调为封建集权服务的同时，这种人际关系模式也大大限制了人的个性发展，对个体的身心自由构成了一种束缚。魏晋时期兴起的玄学则或试图冲破这种束缚，强调人性的自由发展；或试图从理论上解决社会与个体、礼法与性情之间的矛盾，使其达到一种相对的平衡，从而使这一时期的人际关系思想呈现出多样发展的格局。

一、两汉时期的人际关系思想

1.陆贾和贾谊

两汉时期，处于中国封建社会的前期。这一时期，在政治上和经济上，是新兴地主阶级巩固、加强统治，建立封建专制的时期；在思想文化上，是根据自己统治的需要，比较、选择以往的思想和学说，从而形成占统治地位的主导思想体系的时期。

陆贾(约前240～前170)，西汉初著名的才辩之士。早年曾“以客从高祖定天下”，是刘邦得力的谋士。秦汉之际的特定生活年代，既使陆贾看到了秦王朝统治的残暴，又使他领略了秦末农民大起义的威力，故他向刘邦提出在建立封建王朝后，应根据客观形势的变化，改弦更张，变攻为守，把儒家的仁义道德说教作为治国的根本原则。经过陆贾的劝说，刘邦改变了态度，并要陆贾探究“秦所以失天下、吾所以得之者何，及古成败之国”的原因。于是陆贾作《新语》十二篇，阐述道德、仁义等思想，得到了朝野上下的普遍推许。

陆贾坚持了儒家尚道德而行仁义的立场，主张“握道而治，据德而行，席仁而坐，杖义而彊”①。他把“仁义”视为自然界和人类社会共同的最高原则，“阳气以仁生，阴节以义降”，“骨肉以仁亲，夫妇以义合，朋友以义信，君臣以义序，百家以义承”②，通过行仁义，最终可以达到“君子之为治也，块然若无事，寂然若无声，官府若无吏，亭落若无民。闾里不讼于巷，老幼不愁于庭”③的社会局面。

陆贾这种试图由“行仁义”而达到“无为而治”的思想明显表现出调和儒道的

① 《新语·道基》。

② 《新语·道基》。

③ 《新语·至德》。

思想意图，而汉初的另一位思想家贾谊则表现出了儒法融合的倾向。

贾谊像

贾谊（前200～前168），是汉初著名的政论家、文学家和思想家。贾谊出于维护汉朝统治的目的，总结了秦朝灭亡的教训，提出了缓和阶级矛盾、巩固中央政权、削弱诸侯地方割据势力、抵御外族侵略等一系列主张和建议。与此相联系，也提出和阐发了不少处理人际关系的原则和方法。

首先，贾谊分析秦亡的原因，强调了“仁义”在处理社会关系中的作用。他认为，秦朝速灭的原因，在于不行“仁义”。他所谓的“仁义”，主要是安定人民的生活，使人民能安居乐业。贾谊认为，人民是国家社稷的根本，“国以为本，君以为本，吏以为本”[①]，因此对于统治者来说，必须“重民”、“爱民”，“凡居上者，简士苦民者是谓愚，敬士爱民者是谓智”，“故有国畜民施政教者，臣窃以为厚之而可耳”[②]。这就是说，对待人民，要从宽从厚。他认为必须重视人民的衣食，“管子曰：‘仓廪实，知礼节；衣食足，知荣辱。’民非足也，而可治之者，自古及今，未之尝闻”[③]。其意是说，只有足民，然后才能治民。

其次，贾谊论述了礼与法在处理人际关系中的区别和联系，强调了礼的原则。他认为，法固不可不用，而礼更为重要。他说：“夫礼者禁于将然之前，而法者禁于已然之后，是故法之所用易见，而礼之所为生难知也。若夫庆赏以劝善，刑罚以惩恶，先王执此之政，坚如金石，行此之令，信如四时，据此之公，无私如天地耳，岂顾不用哉？然而曰礼云礼云者，贵绝恶于未萌，而起教于微眇，使民日迁善远罪而不自知也。”[④]这种主张礼法统一而又强调礼的优先性的观点，是对荀子的礼治思想的继承和发展。贾谊认为，礼有保民的作用，“礼者，所以固国家，定社稷，使君无失其民者也”[⑤]。而礼的内容，就是人与人之间关系的具体规范：“君仁臣忠，父慈子孝，兄爱弟敬，夫和妻柔，姑慈妇听，礼之至也。君仁则不厉，臣忠则不贰，父慈则教，子孝则协，兄爱则友，弟敬则顺，夫和则义，妻柔则正，姑慈则从，妇听则婉，礼之质也。”[⑥]

---

① 《新书·大政上》。
② 《新书·连语》。
③ 《新书·无蓄》。
④ 《汉书·贾谊传》。
⑤ 《新书·礼》。
⑥ 《新书·礼》。

在论述礼的作用及其重要性的同时，贾谊还根据汉初社会的客观情况，对社会等级的区分和形式化表现作出了较为具体的说明。他说："古者圣王制为列等，内有公、卿、大夫、士，外有公、侯、伯、子、男，然后有官、师、小吏，延及庶人，等级分明，而天子加焉，故其尊不可及也。"[①]在贾谊看来，等级分明是秩序得以建立的基本要求，"等级分明，则下不得疑；权力绝尤，则臣无冀志"[②]。而且他还认为，社会的等级不仅体现在内在的政治权力上，还须通过各种具体礼仪比如名号、旗章、秩禄、冠履、车马、宫室、器皿等外在形式上表现出来。

贾谊的人际关系思想，上承儒家本仁重礼的传统，又吸收了法家尊君明分的思想，对于解决汉初错综复杂的社会矛盾起到了较为重要的作用，在人际关系思想史上也有着一定的影响。

2. 董仲舒

两汉时期，真正建立起适合统治阶级需要的人际关系思想体系的是董仲舒（约前 179～前 104）。董仲舒是西汉最著名的哲学家、经学家，也是将儒家思想改造成为维护中央集权封建专制思想体系的重要代表人物。他继承了西周以来关于"天道"、"天命"的思想观念，吸收了春秋战国以来阴阳五行家的神秘主义思想和对唯物主义的歪曲、改造，通过解释发挥《春秋公羊传》的"微言大义"，完成了他的神学唯心主义体系。与此相联系，他以"天"为出发点，把人际关系原则与社会原则结合起来，形成了"三纲五常"说，最终成为对后世影响深远的人际关系框架。

董仲舒像

董仲舒提出，要"深察名号"，即通过理顺名实关系来确立一定的社会秩序和人际关系。他说："治天下之端，在审辨大。辨大之端，在深察名号。……名则圣人所发天意，不可不深观也。受命之君，天意之所予也，故号为天子者，宜视天如父，事天以孝道也。号为诸侯者，宜谨视所候奉之天子也。号为大夫者，宜厚其忠信，敦其礼义，使善大于匹夫之义，足以化也。士者，事也；民者，瞑也。士不及化，可使守事从上而已。"[③]社会的各个层级、各个群体，其职分、责任皆由其名以确立，因而只须循名深察，即可以清楚其基本行为准则，而这种名号则是代表"天意"的"圣人"所制定的。这是对先秦儒家"正名"思想的进一步发展。另外董仲

① 《汉书・贾谊传》。

② 《新书・服疑》。

③ 《春秋繁露・深察名号》。

舒还强调了儒家重义轻利的思想，主张“正其谊不谋其利，明其道不计其功”[①]，强调以“仁义礼智信”等道德原则作为人际交往的基本原则。

董仲舒还把儒学与阴阳五行学说相结合，提出“天人感应”说。他认为世界上的一切都是“天”有目的的安排，“天者，百神之大君也”[②]，“群物之祖也”[③]。天按照自己的样子创造人，人从形体到精神都是天的副本，人际交往的原则、人间尊卑关系也是天定的秩序。“天高其位而下其施，藏其形而见其光，序列星而近至精，考阴阳而降霜露。高其位，所以为尊也；下其施，所以为仁也；藏其形，所以为神也；见其光，所以为明也；序列星，所以相承也；近至精，所以为刚也；考阴阳，所以成岁也；降霜露，所以生杀也。为人君者，其法取象于天。”[④]由于支配自然和主宰人事皆为这一有意志之天，因此人间的尊卑上下也就有了自然的基础而获得了合法性证明，董仲舒正是通过这种方式为整个封建等级制度寻到了一种理论根据。他先使阴阳的平衡关系发生偏转，制造出阳尊阴卑之论，强调“阳”处于主导和积极的方面，而“阴”则处于从属和消极的方面，进而又引申出“君臣、父子、夫妇之义，皆取诸阴阳之道。君为阳，臣为阴；父为阳，子为阴；夫为阳，妻为阴”[⑤]，如此，则自然会引出君尊臣卑、父尊子卑、夫尊妻卑的结论来，董仲舒将其表述为“王道之三纲”，即君为臣纲，父为子纲，夫为妻纲，并认为这种关系是由天决定的，并且绝对不变，乃是框范人际关系的基本准则。这种观念后来被汉章帝钦定的《白虎通义》进一步确认和发挥，成为封建社会通行的伦理纲常。

董仲舒在中国历史上有着重要的影响。他首倡“罢黜百家，独尊儒术”，经汉武帝首肯，从此使儒学登上了封建社会意识形态的王座。他提出的“三纲五常”这一封建道德规范，也成为汉以后整个封建社会里的基本社会关系框架。而从思想的实质来说，董仲舒的人际关系思想，相对于春秋以来的人际关系思想，则是一种历史的倒退。

3.《孝经》

《孝经》的成书年代以及作者历来众说纷纭，未有定论。不过可以确定的是，其在社会上产生广泛影响应是在西汉统治者宣扬“以孝治天下”之后，在漫长的封建社会里，它成为人们修养的必读书目之一。此书对先秦时期儒家的孝道思想进行了系统、完整的总结和提升，并在孝道的思想中突出了“孝治”的理念，使之符合了汉代统治者建立中央集权的统一帝国的需要，并因此而获得广泛的传

① 《汉书·董仲舒传》。
② 《春秋繁露·郊语》。
③ 《汉书·董仲舒传》。
④ 《春秋繁露·天地之行》。
⑤ 《春秋繁露·基义》。

播和影响。

“孝”本来是基于血缘关系和家庭生活而发生的一种自然情感，主要体现为对父母的爱敬之情以及由此引发的相应行为表现。而《孝经》则以此为基点，进一步将孝引申为一种社会伦理原则，上至天子、诸侯，下至士庶人，皆可由孝引发出对应于自身的行为准则：“爱亲者，不敢恶于人；敬亲者，不敢慢于人。爱敬尽于事亲，而德教加于百姓，刑于四海。盖天子之孝也。……资于事父以事母，而爱同；资于事父以事君，而敬同。故母取其爱，而君取其敬，兼之者父也。故以考事君则忠，以敬事长则顺。忠顺不失，以事其上，然后能保其禄位，而守其祭祀。盖士之孝也。”进而，孝不仅适用于亲子关系，同时还被泛化和引申到一般的社会人际交往中，成为最基本的人际交往原则：“君子之教以孝也，非家至而日见之也。教以孝，所以敬天下之为人父者也。教以悌，所以敬天下之为人兄者也。教以臣，所以敬天下之为人君者也。……君子之事亲孝，故忠可移于君。事兄悌，故顺可移于长。居家理，故治可移于官。是以行成于内，而名立于后世矣。”如此一来，孝则由一种家庭伦理膨胀为社会伦理，甚至成为治理国家、教化民众的最根本的道德，“夫孝，天之经也，地之义也，民之行也。天地之经，而民是则之。则天之明，因地之利，以顺天下。是以其教不肃而成，其政不严而治。先王见教之可以化民也，是故先之以博爱，而民莫遗其亲，陈之德义，而民兴行。先之以敬让，而民不争；导之以礼乐，而民和睦；示之以好恶，而民知禁”。《孝经》还把封建道德规范与封建法律联系起来，认为“五刑之属三千，而罪莫大于不孝”，提出要借用国家法律的权威，维护封建的宗法等级关系和道德秩序(moral order)。

总之，《孝经》中包含的最重要的思想就是强调“孝”对于一个人德性生成的基础性作用，以及其在由家及国的过渡机制中的价值。《孝经》在唐代被尊为经书，南宋以后被列为“十三经”之一。在长期的封建社会中它被看作是“孔子述作，垂范将来”的经典，对传播和维护封建纲常起了很大作用。

4. 王符

王符(约 85～162)，字节信，东汉政论家、文学家。他为人耿介，不苟于俗，于仕途颇不得意。于是愤而隐居著书，“以讥当时失得，不欲章显其名”，题曰《潜夫论》。其中有一篇名为《交际》，对人际交往问题进行了专门的讨论。

王符首先揭露了当时交际势利的社会不良风气。“富贵则人争附之，此势之常趣也；贫贱则争去之，此理之固然也。夫与富贵交者，上有称誉之用，下有货财之益。与贫贱者交，大有赈贷之费，小有假借之损”，推其本质，不过是因为人们将利害当成了人际交往的首要条件而已，“夫交利相亲，交害相疏”，这是对世俗交往心理的普遍概括。另外，他还对人际交往中的虚伪现象进行了抨击，指出“世有可患者三”，即“情实薄而辞称厚，念实忽而文想忧，怀不来而外克期”，意思是说其实本没什么情意但口上却说关系十分密切，本来不想念对方却说十分思念，本来不想让对方来却声称期待人来造访，这样一来，会让对方“不信则惧失贤，信之则诖误人”，陷入难堪境地。还有的人“未相照察而求深固，探杯扼腕，拊心祝诅”，其目的不过是想要人家“相护议论而已”，“既得之后，则相弃忘”，早忘记了曾发过的誓言。这些都是当时人际交往恶俗的方面。

针对以上弊端，王符也提出了他心目中的“交往之理”，主要包括四个原则：“一曰恕，二曰平，三曰恭，四曰守。”具体说来，“所谓恕者，君子之人，论彼恕于我，动作消息于心，已之所无，不以责下；我之所有，不以讥彼；感已之好敬也，故接士以礼；感已之好爱也，故遇人有恩；已欲立而立人，已欲达而达人”；“所谓平者，内怀尸鸠之恩，外执砥矢之心；论士必定于志行，毁誉必参于效验；不随俗而雷同，不逐声而寄论；苟善所在，不讥贫贱；苟恶所错，不忌富贵；不谄上而厌下，不厌故而敬新”；“所谓恭者，内不敢傲于室家，处不敢慢于士大夫；见贱如贵，视少如长；其礼先入，其言后出；恩意无不答，礼敬无不报；睹贤不居其上，与人推让；事虑其劳，居从其陋，位安其卑，养甘其薄”；“所谓守者，心也。有度之士，情意精专，心思独睹，不驱于险墟之俗，不惑于众多之口；聪明悬绝，秉心塞渊；独立不惧，遁世无闷；心坚金石，志轻四海；故守其心而成其信”。这些观点基本上属于儒家的立场，是对儒家传统的人际交往思想的集中概括。

王符的观点是非明确，内容切实，说理透辟，指斥尖锐，在当时即有一定影响。另外，“其指讦时短，讨谪物情，足以观见当时风政”，对于我们了解当时社会的人际交往情况也有重要价值。

二、魏晋南北朝时期的人际关系思想

1. 阮籍和嵇康

汉末至魏晋无论在政治上还是思想上都经历了一大变局。在这一时期，政局动荡，思想混乱，战祸频繁，个体的存在每有旦夕之危，这些都促使人们将目光从对家国天下的关注转向自身的存在，开始重新思考个体与群体、性情与礼法的关系。此前，由董仲舒提出并得到政治上强化的天人感应神学强调个体与群体的统一，强调“修身、齐家 、治国、平天下”的整体性，同时安定统一的社会又通过察举、征辟等手段为广大士大夫于群体之中确立个体提供了有利的条件，所以两汉士大夫热衷于积极入世，醉心于建功立业，自觉地将个体融合于群体之中，很少思考自我的真实存在。直到东汉后期，随着天人感应神学的衰落，个体人格观念才又渐渐浮泛而起。及至魏晋，由于天人感应神学已彻底崩溃，人们的精神枷锁被打碎，个性的发展获得了更大的自由，加之老庄思想的抬头，因而崇尚自然、独标自我、追求个体人格一时蔚为风尚。以阮籍和嵇康为代表的竹林玄学在这一过程中有着重要的影响。

阮籍(210～263),字嗣宗,魏晋之际著名的思想家、文学家,“竹林七贤”之一。阮籍为人志气放达,任性不羁,对于一向被奉为圭臬的纲常名教亦不以为意,他曾说:“礼岂为我辈设也!”关于他居丧而饮酒吃肉,纵情啸咏、下围棋等等不守礼的行为,史籍中也多有记载。《世说新语·任诞》中还载有这样一个故事:“阮公邻家妇有美色,当垆酤酒。阮与王安丰常从妇饮酒,阮醉,便眠其侧。夫始殊疑之,伺察,终无他意。”

阮籍像

在人际关系思想上,阮籍基本上承袭了庄子的观念,强调人人“各足于身”。在《大人先生传》里,阮籍描写了“君子”、“隐士”、“薪者”等几种不同的处世方式,并一一进行了批评:“君子”们表面看起来“服有常色,貌有常则,言有常度,行有常式”,而其实多是“怀欲以求多,诈伪以要名”,“假廉以成贪,内险而外仁”,指出“汝君子之礼法,诚天下残贼、危乱、死亡之本耳”;隐士们则逃避与人的正常交往,以为“人不可与为俦,不若与木石为邻”,过着“禽生兽死”的生活,亦无法体现人之为人的本质;而“藏器于身,伏以俟时”,期盼着“先穷而后收”的薪者,同样不免名利之牵累,亦无法达到自足于身的逍遥境地。这些描写更多是寄托了阮籍对理想人生状态的一种想象,有着较为浓重的理想色彩。

阮籍也有较实际的一面。他在《达庄论》中也提出了一些人际交往的具体技巧:“夫善接人者,导焉而已,无所逆之。……因其所以来,用其所以至,循而泰之,使自居之;发而开之,使自舒之。”大意是,善于和他人交往的人,往往会顺着对方的观念和言语加以引导,并不直接顶撞否定对方;他会根据对方的交往心理,利用对方所要达到的目的,循循善诱而疏通对方,使其自己处理自己的矛盾;缓缓启发而开导对方,使其自己舒释自己的疑惑。这的确是一种较高的交往技巧。阮籍在当时险恶的政治环境中能够存身自保,与此或不无相关。《世说新语·任诞》注引《文士传》云:“晋文帝亲爱籍,恒与谈戏,任其所欲,不迫以职事。”又《晋书》本传载:“钟会数以时事问之,欲因其可否而致之罪,皆以酣醉获免。”不过这个方面对于恣性率意的阮籍来说更多是一种无奈的选择,一方面,任诞而不拘礼法;另一方面,要处处小心谨慎,避免触忤权贵,引来杀身之祸,在这两者间找到一个平衡并非易事。很难说阮籍本人是否做到了这一点,因为他也时常处于矛盾和痛苦之中,据《晋书》本传载,阮籍“时率意独驾,不由径路,车迹所穷,辄恸哭而反”,其心之凄楚,由此可见。

相对于阮籍来说，嵇康(223～262)对个性和自由的要求要更加强烈。他对自身的性情、志趣等都有着清醒的觉醒。在《与山巨源绝交书》中，他曾对自己在处理人际关系中存在的问题进行了全面的分析：在性情上，“吾自性狭中，多所不堪”，“又纵逸来久，情意傲散，简与礼相背，懒与慢相成”，“又不识人情，暗于机宜，无万石之慎，而有好尽之累”，“刚肠疾恶，轻肆直言，遇事便发”，这些因素对于建立积极的人际关系是有着不利的影响的。然而嵇康却无意改变自我，不愿主动去适应人情世故。他还分析了自己性情志趣形成的原因，将其归结于“少加孤露，母兄见娇，不涉经学”的早期教育方式及“又读庄老”的思想影响。他虽然承认人的性情受先天禀赋的影响，主张“论理性情，析引异同，固当寻所受之终始，推气分之所由”，但在个性的形成这一点上，他显然更重视后天的教育方式尤其是未成年时的社会化过程对个性的作用，认为“此犹禽鹿，少见驯育，则服从教制；长而见羁，则狂顾顿缨，赴蹈汤火，虽饰以金镳，飨以嘉肴，愈思长林而志在丰草也”。这表明他对自我的认识已不止于感性的印象，同时亦达到了一定的理性深度。

认识自我只是凸显自我的起点。嵇康不止对自我的个性有清醒的认识，还要把它在思想观念、行为举止以至风度气质等各个方面体现出来，在与世俗的分别中确定自身的存在。嵇康有着强烈的“我”与“俗”的分野意识。他明确地表明自己“不喜俗人”，不愿与之交接应酬或者共事。他所说的“俗人”指涉面是相当广的，实指大部分世人，有时他也以“常人”称之，如《家诫》中“常人皆薄义而重利”、“此常人之议也”等。他有意要把自己与“俗人”在思想和行为上区别开来：“俗人皆喜荣华，独能离之，以此为快”。他在这种与世俗的区别中体证到了自身的独特性，并获得了精神的愉悦。

嵇康对世俗的交往心理分析得极其细致入微。他说：“常人皆薄义而重利，今以自竭者，必有为而作，鬻货交欢，施而求报，其俗人之所甘愿。”又说：“俗人传吉迟，传凶疾，又好议人之过阙。”[①]这让嵇康从心底里对与一般世人的交往产生一定的拒斥，力图走出世俗，“长与俗人别”。他在山阳隐居时，当时的权贵钟会曾去见他，嵇康始终“不为之礼，而锻不辍”，从而得罪钟会。又由于他不与统治者合作，又“每非汤武而薄周孔”，而被统治者罗织罪名杀害，最终还是没能走出世俗的范围。

① 《家诫》。

投书绝交

《世说新语·栖逸》载:"山公将去选曹,欲举嵇康;康与书告绝。"

这里讲的"山公",是嵇康的一个好朋友山涛,他也是当时的一大名士,《晋书·山涛传》称他"少有器量,介然不群"。后来遇到嵇康、阮籍等人,便与之同游,亦为竹林七贤之一。山涛对待当时的统治者司马氏的态度并不像嵇康那样激烈,甚至还出仕为官,官至尚书吏部郎,深受当权者重视。他后来离职时,就推荐嵇康来接替自己的职位,嵇康知道此事后,立即写了一封绝交信给山涛,这便是著名的《与山巨源绝交书》。

有人推荐自己做官,在一般人眼中正是求之不得的事,为什么嵇康会有如此激烈的态度呢?在这篇书信中,嵇康充分陈述了其中的缘由。他讲,人的秉性各有所好,自己赋性疏懒,不堪礼法约束。推荐自己做官,说明山涛根本不了解自己的性情与为人,往严重点儿说甚至是要陷其于陷阱牢笼,道不同不相为谋,因此不妨分道扬镳。

不过也有人认为嵇康写此书别有用意。因为自司马氏当政后,嵇康隐而不仕,且时时"非汤武而薄周孔",对司马氏政权颇有微辞,颇为当政者所不满。而山涛一方面归附司马氏政权,同时又与竹林旧游往来过密的话,很容易被当政者所猜忌。因此,写此书从某种意义上也是将山涛推出了是非的旋涡,从而免去了山涛在嵇康与司马氏集团之间的尴尬境地。其实嵇康对山涛是颇为托重和信赖的,他后来还是被司马氏所杀害。临刑前,他对儿子嵇绍说:"巨源在,汝不孤矣。"

嵇康最重要的影响是他对名教的批判。所谓名教,即区"名分"、设"名位"、倡"名节"之统称。礼法名教原本是调节人际关系的一种基本手段,其目的是借助于对道德价值的倡扬以引导人们的社会行为向良性发展。然而在魏晋之时,名教实质上已成为统治者的一种统治工具,并且由于"名"与"利"的联系不断紧密,从而使"名"本身产生异化,成为人们追逐利益的手段,名教渐流于形式而失其本质。嵇康明确揭露了所谓名教的虚伪性、工具性和异己性,在他看来,这种用以规范人们思想行为的"名教"并非出于人们的"自然之情",而是一种有意的"造立"、"制为",由于名教并非产生于众多个体的自发约定性,而是产生于个别的所谓"圣人"的主观规定,如此它必然缺乏客观性的基础,也就难以具有必然的合理性。嵇康心目中的理想社会则是:"洪荒之世,大朴未亏,君无文于上,民无竞于下,物全理顺,莫不自得。饱则安寝,饥则求食,怡然鼓腹,不知为至德之世也。若此，则安知仁义之端，礼律之文？”[①]这里，嵇康想要表达的是，社会秩序无须由人为设计而“造立”，事实上，在每个人的自为过程中，自然而然即可形成社会的有序性，所谓“群生安逸，自求多福，默然从道，怀忠抱义，而不觉其所以然也”。而且，这种自发形成的秩序更容易避免因人为介入而造成的工具性和虚伪性的产生，更有利于人自身的实现。这样一来，顺从自己的本性去生活就不仅体现为人本身的内在要求，而且在社会层面也获得了它的合理性。嵇康说：“六经以抑引为主，人性以从欲为欢。抑引则违其愿，从欲则得自然；然则自然之得，不由抑引之六经，全性之本，不须犯情之礼律。故仁义务于理伪，非养真之要术，廉让生于争夺，非自然之所出也。”礼法名教，只是对人性的束缚和压抑；而人性的自然，则要求一种“不扰”、“不逼”的自由生活。一个良性的社会，对于个人应该是“导其神气，养而就之；迎其情性，致而明之”，为每个人的自由发展创造条件。因此，对于“务于理伪”、钳制人性自由的礼法名教，人们完全有理由加以彻底抛弃，从而“越名教而任自然”，达到生命的本真和自由的状态。

“自然”在嵇康这里不仅有“自由”的含义，而且还有“真实”的意味。真实地呈现自我，“是非无措”，不“匿情”，这是对个体人格的基本要求，也是进行社会交往的基本要求。事实上嵇康尽管极力反对名教，但他并未放弃对“善”和“道”的承诺，他只是对有意“志道存善”往往容易造成异化性后果表示了他的担心。因此他力主“值心而言”、“触情而行”，认为“君子之行贤也，不察于有度而后行也；仁心无邪，不议于善而后正也；显情无措，不论于是而后为也。是故傲然忘贤，而贤与度会；忽然任心，而心与善遇；傥然无措，而事与是俱也”[②]。嵇康认为，如果所有人都能做到“显情无措”，那么是非善恶即可彰显无遗，而“公私交显，则行私者无所冀，而淑亮者无所负矣。行私者无所冀，则思改其非；立公者无所忌，则行之无疑，此大治之道也”。他的意思是，是非彰显，则非者思改其非，是者益笃其是，如此一来，自然即可引导社会行为皆向良性方向发展，社会也就能够达到一种“大治”的局面。

从这里我们可以看出，在嵇康的前提预设中仍有一种是非善恶的标准，不过这种标准并非表现为完全外在于个体的客观规定性，而是在每个个体都“显情无措”的行为交涉中共同拓展而成的，已带有每个个体人格的自我印痕，它对于个体行为的约束也主要体现为个体的自律。个体的行为选择不仅体现为意愿的自由、理性的自觉，另外还涵摄着与他人在情感、心理上的沟通，即所谓“通物情”，这种“通”的视野使得追求自我实现的个体同时又具备了一种开放性，这不仅为

---

① 《难张辽叔自然好学论》。

② 《释私论》。

其立足于社会提供了人际关系上的保证，也为一个具有自由平等的人际关系的社会的建立承诺了必要的条件。

总的来说，嵇康的思想有着过于浓重的理想色彩，在当时的社会背景下，实际上是无法得以实现的。不过他对名教的批判却使人不得不重新审视自然与名教的关系，思考如何在保证正常社会秩序的同时，让生活于其间的人们获得自由、幸福和个性的发展。

2. 向秀、郭象和《庄子注》

向秀（约227～272），字子期，亦为“竹林七贤”之一。向秀为人清悟有远识，雅好老庄之学，当时《庄子》一书虽有流传，但过去的旧注“莫能究其旨统”，向秀因作《庄子注》，解释玄理，一时称善。郭象（？～312），字子玄，西晋名士，玄学家。据《晋书》记载，郭象“少有才理，好老庄，能清言”，向秀的《庄子注》在当时已颇有影响，不过向秀在未能完成此书时就去世了。郭象在向秀注的基础上，增改润色，“述而广之”，使其成为一本完整的著作。由于向秀注本已经佚失，而郭象之《庄子注》又是在向秀注本的基础上完成的，因此后世学者往往将向、郭合称，综而论之。

《庄子注》虽说是解释《庄子》的著作，但其实“注”只是一种形式。以注为作的方式本来就是中国思想发展的主要方式。《庄子注》这本书通过对《庄子》的注释，阐发了向秀和郭象的玄学思想，其中涉及人际关系方面的思想也颇有影响。

《庄子注》先从“性命论”出发，强调“天性所受，各有本分，不可逃，亦不可加”①，即万物包括的本性都有各自的规定，不可更改。因此每个社会个体都应该认识自己的本性，根据自己的本性和才能来做事，“性之所能，不得不为也；性所不能，不得强为也”②，只有社会成员皆能各尽自己的职分，“物任其性，事称其能，各当其分”③，才能够实现精神上的自由，“知不可奈何者命也，而安之则无哀乐，何易施之有哉？故冥然以所遇为命，而不施心于其间；泯然以至当为一，而无休戚于其间”④。这其实就是要求人们无条件地遵循固有的社会关系，而满足于精神层面实现对现实的超越。《庄子注》讲：“夫世之所患者，不夷也。故体大者快然谓小者为无余，质小者块然谓大者为至足。是以上下夸跂，俯仰自失，此乃生民之所惑也。惑者求正，正之者莫若先极其差而因其所谓。所谓大者至足也，故秋毫无以累乎天地矣；所谓小者无余也，故天地无以过乎秋毫矣；然后惑者有

① 《庄子注·养生主》。

② 《庄子注·外物》。

③ 《庄子注·逍遥游》。

④ 《庄子注·人间世》。

由而反，各知其极，物安其分，逍遥者用其本步而游乎自得之场矣。”[①]物有大小，然而从其自性来说大者当其大，小者亦当其小，“大小之殊，各有定分，非羡欲所及”[②]，“以小求大，理终不得；各安其分，则大小俱足”[③]。这也就是说，事物外在或客观上的确存在差别和矛盾，但从“性分”角度其实恰恰可以各得其所，各适其适，从内在和主观方面其实都可以达到一致。由此出发，《庄子注》进一步论述道：“故知君臣上下，手足内外，乃天理自然，岂真人之所为哉？……凡得真性，用其自为者，虽复皂隶，犹不顾毁誉而自安其业。”[④]这也就是说，尽管人类社会存在着诸如贵贱、祸福的差别，但只要各安其位，各足其性，去“羡欲之累”，亦可以视差别为等同，“容愿有余”了。这样一来，名教和自然、遵循社会规范与保持自然本性之间的矛盾就被予以消解，所谓“名教即是自然”，遵循社会规范亦无妨于人的自由和逍遥。在人们无力改变现实社会关系的条件下，《庄子注》的这种观点倒也提供了一种难得的精神慰藉，因此在当时“振起玄风，读之者超然心悟，莫不自足一时也”[⑤]。

在具体处理社会人际的原则方面，《庄子注》继承了庄子“无己”、“忘我”的思想，主张顺应情势，应乎人情，如此则可“旷然无累，与物俱往，而无所不应也”[⑥]。在此基础上，《庄子注》还特别强调要“宽以容物”。其中讲：“夫宽以容物，物必归焉。克核太精，则鄙吝心生而不自觉也。故大人荡然放物于自得之场，不苦人之能，不竭人之欢，故四海之交可全矣。苟不自觉，安能知祸福之所齐诣也！”[⑦]而只有“明夫怀豁者无方，故天下乐推而不厌”[⑧]。这也就是说，宽容对于建立良好的人际关系来说乃是一个十分重要的原则，如果待人刻薄严酷，也必然招到别人的恶意报复；而如能宽以待人，则能获得别人的推崇和好感。这一原则直到今天仍有其现实意义。

3. 颜之推和《颜氏家训》

颜之推(531～594)，南北朝后期到隋朝初年儒家学者、文学家。颜之推撰有名著《颜氏家训》二十篇，系统表述了其立身、治家、处事和进行社会交往的基本原则方法。

---

① 《庄子注·秋水》。
② 《庄子注·逍遥游》。
③ 《庄子注·秋水》。
④ 《庄子注·齐物论》。
⑤ 《晋书·向秀传》。
⑥ 《庄子注·齐物论》。
⑦ 《庄子注·人间世》。
⑧ 《庄子注·逍遥游》。

颜之推在《家训》中首先提供了一整套处理家庭内部伦常关系的方法和原则。家庭作为传统社会的基本构成单位，向来极受重视。如《礼记》中的一篇《大学》即明确提出“明之欲明明德于天下者，先治其国；欲治其国者，先齐其家”。颜之推秉承了这一儒家传统，他详细讨论了家庭中最重要的三种关系：夫妇、父子和兄弟，认为这三种关系处理好了，整个家庭就会尊卑有序、融洽和睦。他讲：“夫有人民而后有夫妇，有夫妇而后有父子，有父子而后有兄弟：一家之亲，此三而已矣。自兹以往，至于九族，皆本于三亲焉，故于人伦为重者也，不可不笃。”①

重刻顏氏家訓序
嘗聞之三代而上教詳於國三代而下
教詳於家非教有殊而家與國所繇
異道也蓋古郅隆之世自國都以及鄉
遂靡不設學爲之立官師辨時物布功
令故民生不見異物而習底於善

颜氏家训

明万历刻本

处理父母与子女的关系，颜之推主张严与慈、爱与教相结合的原则。他说：“父母威严而有慈，则子女畏慎而生孝矣”②，若没有威严，而过于亲昵，以至于“狎”，则失去父母的权威而难以施教。有些父母爱而无教，孩子“饮食运为，恣其所欲，宜诫翻奖，应诃反笑”③，应该约束教育的时候却纵容甚至怂恿，则会养成孩子“骄慢”的性情，“笞怒废于家，则竖子之过立见”，而等到孩子长成之后，“骄慢已习，方复制之，捶挞至死而无威，伊始日隆而增怨”（同上），可谓为时已晚，悔之已迟。另外，颜之推还强调父母对子女不能“偏宠”，而贵在“能均”，“贤俊者自可赏爱，顽鲁者亦当矜怜。有偏宠者，欲以厚之，更所以祸之”（同上）。他还列举了历史上许多父母偏爱子女最终反害子女的事例，主张天下父母要尽力避免此弊。另外，在当时的社会背景下，颜之推难免仍对女孩存有偏见，认为“女之为累，亦以深矣”，但却能强调女孩一样是“天生烝民，先人遗体”，理应得到父母平等的爱。

对于兄弟关系，颜之推特别强调亲爱和睦的必要性。他说：“兄弟者，分形连气之人也。方其幼也，父母左提右挈，前襟后裾，食则同案，衣则传服，学则连业，游则共方，虽有悖乱之人，不能不相爱也。”④兄弟从小一起长大，骨肉情深，非其他关系可比，尤其应当珍惜。而且兄弟相顾相爱也是对父母之爱的延续，“二亲既殁，兄弟相顾，当如形之与影，声之与响，爱先人之遗体，惜已身之分气，非兄弟何念哉?”（同上）另外，“兄弟不睦，则于侄不爱；子侄不爱，则群从疏薄；群从疏

① 《颜氏家训·兄弟》。

② 《颜氏家训·教子》。

③ 《颜氏家训·教子》。

④ 《颜氏家训·兄弟》。

薄，则僮仆为仇敌矣”，这种局面无疑是谁都不愿看到的。另外，颜之推还尤其强调妯娌之间的和睦，主张妯娌之间要“恕己而行”，切忌多生是非，而影响到兄弟之间的关系。

处理夫妻关系，颜之推提倡夫唱妇随，男主女从。他说：“妇主中馈，惟事酒食衣服之礼耳，国不可使预政，家不可使干蛊。如有聪明才智，识达古今，正当辅佐君子，助其不足，必无牝鸡晨鸣，以致祸也。”[①]另外他还特别讨论了续弦后娶的问题，他认为后娶往往会导致许多问题，因为“凡庸之性，后夫多宠前夫之孤，后妻必虐前妻之子；非唯妇人怀嫉妒之情，丈夫有沉惑之僻，亦事势使之然也”[②]，所以他特别告诫子孙不要轻易后娶。

在处理家庭关系中，颜之推还特别指出伦常关系中的尊长尤应注意自身的修养，他讲：“夫风化者，自上而行于下者也，自先而施于后者也。是以父不慈则子不孝，兄不友则弟不恭，夫不义则妇不顺矣。”[③]这是对人际交往中双向伦理的强调，在当时的社会背景下不无纠偏补弊的作用。

在社会层面，颜之推也提出了一些为人之道和具体人际交往原则。在为人之道上，他看到“自古文人，多陷轻薄”，并因此而招致祸患，因此反复晓谕子孙要养成忠君、孝顺、谦恭、礼让这些“厚重”的道德品质。另外还主张“无多言”、“无多事”，以免取祸杀身，这也是在当时政治腐败、朝政多变的社会背景下的经验之谈。在具体的人际交往方面，颜之推强调要谨慎选择交友对象，对于少年儿童来说，这一点尤为重要。他说：“人在年少，神情未定，所与款狎，熏渍陶染，言笑举动，无心于学，潜移暗化，自然似之。……是以与善人居，如入芝兰之室，久而自芳也。与恶人居，如入鲍鱼之肆，久而自臭也。墨子悲于染丝，是之谓矣。君子必慎交游焉。”[④]在与人的交往过程中，颜之推还特意指出要注意避讳、称呼等细节问题。另外他还要求子孙在引用别人的言行时一定要显称其人，“不可窃人之美，以为己力；虽轻虽贱者，必归功焉”[⑤]，这一观念和今天的知识产权意识倒颇为接近。对于一些日常小事，颜之推也不厌其烦地加以劝诫，如“借人典籍，皆须爱护，先有缺坏，就为补治”[⑥]，可谓深详缜密。

颜之推的《颜氏家训》可以说是一部为人处世的系统完整的教科书。其立论平实，讨论具体而琐细，涉及家庭关系、社会关系的基本方面，对后世的家庭教育有着重要的影响，在人际关系思想史上也具有不容忽视的地位。

---

① 《颜氏家训·治家》。
② 《颜氏家训·后娶》。
③ 《颜氏家训·治家》。
④ 《颜氏家训·慕贤》。
⑤ 《颜氏家训·慕贤》。
⑥ 《颜氏家训·治家》。

第三节　宋明时期的人际关系思想

宋明时期的人际关系思想集中体现在宋明理学中。理学亦称“道学”，是宋元时期儒学的主要形态。因宋儒多言“理”而得名。作为一种思潮，理学滥觞于北宋初年，先由“宋初三先生”胡瑗、孙复、石介等人开其端，复由“北宋五子”周敦颐、邵雍、张载、程颢、程颐奠定规模，至南宋而至高峰，产生朱熹和陆九渊两位大家，出现“理学”与“心学”两个分支。明代的王守仁则承心学之绪，使其得到进一步的发展。宋明理学改造了两汉时期的人际关系思想，建立起一套完备的思想体系，对中国社会后半期的人际关系格局有着根本性的影响。

一、理学家的人际关系思想

1. 张载

张载（1020～1077），字子厚，学者多称其横渠先生。他一生的大部分时间都在授徒讲学，著书立说。由于他长期讲学关中，并在关中倡行儒家礼制，化民成俗，因此后人将其创立的学派称为“关学”。

张载像

张载首先提出“太虚即气”的理论，认为万物皆可以统一为气，气的聚散是一切具体事物生灭的内在根源。他说：“太虚无形，气之本体，其聚其散，变化之客形尔。”①气是绝对的、永恒的，它有聚散而无生灭，聚则成万物，散而为太虚。既然宇宙万物皆由一“气”而成，那么人与人之间、人与万物之间就是“通一无二”，是一体的。张载有篇著名的文章，题为《订顽》（后程颐将其改称为《西铭》），文中称：“乾称父，坤称母；予兹藐焉，乃混然中处。故天地之塞，吾其体；天地之帅，吾其性。民吾同胞，物吾与也。”从一气同源出发，天地是我的父母，亦为众人的父母，那么民众就是我的同胞。从这个立场出发，敬养老人、抚育幼小、帮助弱者等事情，都与自己有着直接的联系，为自己的分内之事：“尊高年，所以长其长；慈孤弱，所以幼吾幼。圣其合德，贤其秀也。凡天下疲癃残疾、惸独鳏寡，皆吾兄弟之颠连而无告者也。”有这样一种内在的亲情感为基础，则在与任何人交往的过程中自可友爱亲睦，如同一家。张载

---

① 《正蒙·太和》。

认为，人是万物中的一物，与万物有着共同的本性，因而当“立必俱立，知必周知，爱必兼爱，成不独成”[①]，“大人者，有容物，无去物，有爱物，无徇物，天之道然”[②]。这种天地一体、人我无间的观念将人际关系推进到了一种更高的境界，从形而上的层面论证了亲亲仁民的哲学依据，因此颇为后世学者所称道。

2. 程颢、程颐

程颢(1032～1085)，字伯淳，学者称明道先生，河南洛阳人。程颐(1033～1107)，字正叔，学者称伊川先生。两人是亲兄弟，因同是宋明理学的奠基人，世人往往将其并称为“二程”。二程长期在洛阳授徒讲学，著书立说，产生了相当大的影响。

二程在思想史上最重要的贡献就是创立了“天理”学说。程颢曾说过：“吾学虽有所授受，天理二字却是自家体贴出来。”[③]这个“天理”既指自然界的普遍法则，也指人类社会的应然原则，它适用于自然、社会和一切具体事物。比如阴阳之理，表现于自然则为日月、寒暑，显诸社会则为男女、夫妇；自然有等级秩序，有天地之别、四时之序，在社会中便有贵贱尊卑，这都是理之当然。由此可见，二程提出“天理”其实是要为现有的社会人际关系框架提供一个形而上的根据，以强化其正当性。这样，遵循社会规范就不仅是对人的外在要求或客观规定，也是一个人实现“为人之理”的基本途径。作为一个人，只有依此理而行事，才能“大行不加，穷居不损”，实现自己应然的存在，进而至于贤圣之境。

程颢像

程颐像

但人在社会交往过程中并不是总能依“天理”行事，其中最重要的原因就是

① 《正蒙·诚明》。
② 《正蒙·至当》。
③ 《河南程氏外书》卷十二。

人有私欲，二程讲："大抵人有身，便有自私之理，宜其与道难一。"[①]这也就是说，人欲与天理在根本上存在着冲突。这种冲突在人性层面也即"气禀之性"与"天命之性"的冲突，或者说是人的生物性与道德性的冲突。而生活在社会中的人，要实现自己社会性的存在，就必须要以道德性的一面去对抗生物性的一面，这也就是二程所强调的"存天理，灭人欲"。当然，"灭人欲"并不是要消除人的一切欲望，这是"强人以不能"，自然是做不到也是不当强求的；"灭人欲"只是要防止人们无休止地膨胀自己的物欲和私心，从而维护正常的社会秩序和人际关系格局。

至于如何才能达到这种要求，进而"与理为一"，二程还提出了一套修养工夫论。程颢提出"理与心一"的命题，强调"学者不必远求，近取诸身，只明人理，敬而已矣，便是约处"[②]。又说："圣人，仁之至也，独能体是心而已，曷尝支离多端，而求之外乎？"[③]这也即是说，人们只须向内心静思反省，便可明理之当然。与程颢以心解理不同，程颐则提出"性即理"的观点。所谓的"性即理"，就是认为社会的道德原则是人类永恒不变的本性。程颐虽然也强调"涵养须用敬"的养心工夫，但更重视"格物穷理"，即通过学习、读书、应事接物等方法来具体了解人际交往的诸多繁密细琐的规定，并由此来达到所谓豁然贯通，从而直接体悟所谓"天理"。

那么，遵循"天理"行事对于个人来说其意义究竟何在呢？在二程看来，这一方面如上所论，能够体现"为人之理"，践履人的本性。另外，若在社会交往的各个层面皆可体悟其应循之理，则时时处处皆有"从心所欲不逾矩"之从容，从而也就能够达到"孔颜之乐"了。程颢说："仁者以天地万物为一体，莫非己也，认得为己，何所不至？"[④]如果能够达到这种"浑然与物同体"的境界，则可"廓然而大公，物来而顺应"，不会再计较一己之利害得失，也自然不会以私害公，同时又自得其乐，盎然自足。而通过强调个体生命的内在修养，社会交往层面的要求也就自然而然得以满足，良性的人际关系也就可以在此基础上得以建立了。

如坐春风与程门立雪

朱熹《伊洛渊源录》卷四中云："朱公掞见明道于汝州，逾月而归。语人曰'光庭在春风中坐了一月'。"

明道，即指程颢。程颢为人谦和平易，大有仁者气象。元丰六年(1083)，

① 《二程遗书》卷三。
② 《二程遗书》卷二。
③ 《二程遗书》卷四。
④ 《二程遗书》卷二。

程颢奉旨到河南汝州任职，在办理政务的同时，他也十分注重教育，曾创办书院，教授生徒。嘉祐进士朱光庭闻讯特地前去求教，他的讲授如春风之和煦，如夏雨之润泽，语言循循善诱，态度平易近人，使人闻之可感，观之可亲，朱光庭一个月后离开汝州，回到家中，对人说："我听先生讲授，如同在春风中坐了一个月。"这就是成语"如坐春风"的由来。

有趣的是，程颐的性情却与兄长程颢大不相同。他为人不苟言笑，待人待己皆较为严苛，因此学生对其既尊敬又畏惧。《宋史·杨时传》载："见程颐于洛，时盖年四十矣。一日见颐，颐偶瞑坐，时与游酢侍立不去。颐既觉，则门外雪深一尺矣。"这个程门立雪的故事一向被当成尊师的典型，但想来也与程颐平日的严格谨肃不无关系，不同的性情往往也会造就不同的人际交往方式，由此产生不同的人际关系。从这两个小故事中，我们也许可以获得更多的启示。

3. 朱熹

朱熹(1130～1200)，字元晦，号晦庵，南宋时期最负盛名的理学家。他继承发展了北宋诸子之学，尤其是二程的"伊洛之学"，并以儒学为核心吸收了佛教、道家的思想资料，建立起一个庞大、思辨的思想体系，使传统的儒家理论"至是皆焕然而大明，秩然而各得其所"，从而把理学推向了一个新高峰。

朱熹像

与二程相同，朱熹也把"理"或"天理"视为最高范畴。任何一个事物的存在总有它的道理、根据，这便是它的理。而万事万物合而言之，又有一全体之理，朱熹把这一理之全体称为"太极"。"太极"，是宇宙之本体，亦是事物的本质和规律，体现于人类社会中即为理性所认同的道德法则，同时亦为人际交往的最高准则。但从事物和人的现实存在来讲，并不只是纯然抽象的理，还有必要的构成质料——气。人就是理与气的统一体，"人之所以生，理与气合而已"[①]。朱熹发挥了程颐和张载的"天命之性"与"气质之性"的观点，认为由于天理通一无二，所以人禀天理而先天具有仁、义、礼、智等善性，即"天命之性"；而由于气有精粗、厚薄、清浊之分，人由禀

① 《朱子语类》卷四。

气不同就产生了贤愚、贫富、寿夭之不同，这被称为“气质之性”。他说：“人之性皆善。然而有生下来善底，有生下来恶底，此是气禀不同。”[①]他以此来解释人为善的应然性和社会上存在着的恶的现实之间的矛盾。当然，即使一个人生下来便禀气不佳，亦同样可以勉力为善，方法是“要力去用功克治，裁其胜而归于中”[②]。他进而又提出了“道心”、“人心”的范畴，认为“道心”出于天理，即禀理而成的仁义礼智之心，故为善；“人心”则出于形气之私，是指饥食渴饮之类。又认为“人心”总是处于不自满足的状态之中，在人际交往过程中往往想要多贪多占，自利自惠，如无道德理性加以节制，便很容易流于邪恶。因此，必须用“道心”去统率“人心”，“存天理，去人欲”，以道德理性来超越欲望对人自身的限制，方有可能走上圣贤之途。

“存天理，去人欲”其实是一个修身的过程。朱熹进一步发挥了《大学》中的思想，强调只有做到“身修”，才能进而齐家、治国和平天下。也就是说，整个社会关系的和谐都建立在人性自我完善的基础上。而修身具体又如何进行呢？在朱熹看来，这需要一个“格物致知”的过程。“格物致知”也就是“即物而穷其理”，即通过接触具体的事情而逐渐触动心之灵明。但要使心性完全显发出来，则要经历一个从积累到豁然贯通的过程。需要指出的是，朱熹还特别强调了读书在穷理中的重要作用，这也是他埋头经传，进行大量的注解和考订工作的一个原因。

在具体调整人与人，个人与社会、国家之间关系方面，朱熹十分推崇传统的三纲五常等伦理原则，认为“三纲五常，礼之大体，三代相继，皆因之不能变”。他还对其进行了具体的阐释：“纲，网上大绳也。三纲者，君为臣纲，父为子纲，夫为妻纲。”[③]与此相应的道德规范则是“忠”、“孝”和“节”，朱熹非常赞扬程颐“饿死事极小，失节事极大”的说教，对寡妇再嫁极力反对。“五常”则指仁义礼智信，它们是普遍适用的处理各类人际关系的准则。在五常中最重要的是“仁”，它兼统诸德，“仁字须兼义礼智看，方看得出”。朱熹又把社会人伦关系具体归结为五伦：“父子有亲，君臣有义，夫妇有别，长幼有序，朋友有信，此人之大伦也。”这些人际关系准则具有普遍性的意义，“如父慈子孝，虽九蛮八夷，也出这道理不得”[④]。归根结底是由于它们乃是人心固有的，亦为天理之规定。这些思想对于巩固封建社会的等级秩序、伦理纲常有着重要的理论意义。由此朱熹颇受后来的统治者推崇，元、明、清三代，程朱理学一直被尊奉为官方哲学，还传播到朝鲜、

---

① 《朱子语类》卷四。
② 《朱子语类》卷四。
③ 《朱文公文集·癸未垂拱奏扎二》。
④ 《朱子语类》卷十六。

日本等国，一度成为这些国家的统治思想，影响极为深远。

二、心学家的人际关系思想

1. 陆九渊

陆九渊像

陆九渊(1139～1193)，字子静，号存斋，江西抚州金溪人。在朱熹从“天理”那里寻求建立人际关系的最终依据的同时，陆九渊则别辟一途，提出了“发明本心”的学说，试图将诸多繁琐的人际关系规范还原为心灵的自觉，从而形成了与程朱理学双峰并峙的“心学”体系。

陆九渊曾经对人讲：“女(汝)耳自聪，目自明，事父自能孝，事兄自能弟，本无欠阙，不必它求，在自立而已。”[①]这也就是说，尽管社会交往有诸多不同的层面，有诸多不同的要求，然而人却天生就具备适应社会不同层面人际交往的能力。原因就在于，人皆有具备万理的“心”或“本心”。陆九渊继承了孟子“万物皆备于我”的观点，将仁义理智“四端”视为人的本心，以其为一切伦理道德规范的最终根源。把握住了这个“本心”，也就把握住了人际交往的根本原则，其实不外是“仁义”原则而已。而本心虽善，但由于人还有欲望，会妨碍“本心”的至善和清明，从而造成“心蔽”。因此，人要保持本心，必须清除欲望，解除“心蔽”。而解除“心蔽”的方法是“剥落”，经过层层剥落才能回复“本心”固有的清明。这种“存心去欲”的主张与程朱的“存天理，去人欲”基本一致，但不同之处在于他认为人心就是天理，强调发挥本心良知来战胜物欲。

由于陆九渊认为人人皆有此心，因此在与人交往交谈时，强调彼此之心的共鸣。他说：“吾与人言，多就血脉上感移他，故人之听之者易，非若法令者之为也。如孟子与齐君言，只就与民同处转移他，其余自正。”[②]其实这也是主张与人交谈时要尽量避免强制性的口吻，而是要通过情感的沟通来“感移”对方。他还说：“学者先须不可陷溺其心，又不当以学问夸人。夸人者，必为人所攻。只当如常人，见人不是，必推恻隐之心，委曲劝谕之，不可则止。若说道我底学问如此，你底不是，必为人所攻。”[③]这些也是人际交往的经验之谈。

陆九渊所开创的“心学”体系，作为南宋理学的一个主要分支，和程朱理学交

---

① 《象山语录》上。
② 《象山语录》上。
③ 《象山语录》下。

相辉映，共同构成中国思想史上一个重要阶段，同时也是中国人际关系思想发展史中重要的一环。其实，无论是以朱熹为代表的“理学”，还是以陆九渊为代表的“心学”，其理论的特色都是强调道德本位，强调仁义礼智等儒家人际伦理原则的根本性，从而为维护整个社会伦理秩序服务。它们对于以后数百年正统的封建道德的巩固和发展，起到了极其重要的作用，直到今天还有一定的影响。

2. 王守仁

王守仁(1472～1528)，字伯安，浙江余姚人。由于他筑室于故乡阳明洞，自号阳明子，所以学者多称他阳明先生。

王守仁像

王守仁发挥了陆九渊“心即理”的学说，提出“心外无物”、“心外无理”的观点。这里的“物”其实指的是“事”，主要即指人们的社会交往活动。由于这些活动都是在人的意识参与下展开的，因此必然会打上“心”的烙印。“心”是人社会行为的内在根据，而理学家讲的“理”，亦不过是“心之条理”，“是理也，发之于亲则为孝，发之于君则为忠，发之于朋友则为信。千变万化，至不可穷竭，而莫非发于吾之一心”[①]，由此他认为“心外无理”，“外吾心而求物理，无物理矣”[②]。这也就是说，道德法则和礼义规范并不是外在于人的，而都可以在“心”那里找到依据。

由“心外无理”出发，王守仁进一步提出了他的“致良知”说。所谓“良知”(the very knowledge)，最早由孟子提出，指一种天赋道德意识。王守仁对孟子的这一思想进行了发挥，直接将良知解释为理学中的“天理”或“道心”，认为它是人心先天固有的“本然之知”，是善恶、是非的终极标准。这种是非善恶之心人人皆有，圣愚皆同，圣人不会多一些，常人也不会少一些。因此，只要循着良知，将其实现于社会生活的每一细节，也就是人们说的圣贤了。圣贤并不难为，若良知发行处，“满街都是圣人”。而常人之所以无法成圣成贤，则在于其私欲太重，蒙蔽了这个如明镜般的良知，而圣人则能保持这种良知。故人们要想成为圣贤，就必须保持、扩充和贯彻先天的良知观念，不断“改过迁善”、“胜私复理”，从而使良知充分显露，这就叫做“致良知”。

人能显发其良知，方可达仁者之境。王守仁认为，“仁者以天地万物为一体”[③]，这里讲的“万物一体”，不仅意味着人与自然的一体，更指向人我的沟通。这种观念早在张载那里就已明确提出，王守仁则对此有进一步的发挥。他认为，

① 《王文成公全书》卷八《书诸阳卷》。

② 《传习录》中。

③ 《传习录》上。

要沟通人我必须要通过亲亲仁爱之情的推广，要通过恻隐同情之心的显发。另外，阻碍人我沟通的一个重要原因是人人皆有私心，皆重自我之利益，因此王守仁首先强调要“无我”：“圣人之学，以无我为本，而勇以成之。”[①]“无我”意味着打破自我的封闭性，从而为走向群体破除壁障，这其实恰恰是提升自我的一种方式。王守仁说：“君子之学，为己之学也。为己故必克己，克己则无己。无己者，无我也。”又说：“人须有克己之心，方能克己；能克己，方能成己。”[②]由于把成圣成贤定位为人的最高实现，因此“无己”才能成为“成己”的条件，这其实也正是儒家的一贯观念。

在王守仁的时代，程朱理学由于成为官方的意识形态而逐渐成为一种思想教条，而理学家们“求为圣人”的修身之学也逐渐异化为士子们博取功名的阶梯。在这种背景下，王守仁重提“心学”，就使僵化已久的学术空气又重新活跃起来，而王学也一度成为明代后期影响最大的学派之一，在中国思想史上占有极其重要的地位。明朝中叶以后，王学传到日本，形成“阳明学”，对后来的明治维新也起过一定的积极作用。

摆正位置

嘉靖五年(1525)，王阳明的弟子钱德洪、黄正之等人进京赶考，顺便沿途宣传王阳明的思想。钱德洪往路边一站，双手叉腰，便满嘴“孔子云”、“圣人曰”之类的言语。他原以为一定有许多人围观，来听自己讲圣人之道，没料想听讲的人寥寥无几，且没听一会儿就摇头离开。钱德洪大惑不解，后来见到王阳明后就讲了这件事，王阳明听后笑道：“你们俨然是圣人去讲学嘛！人家见圣人来了，吓都吓跑了；更何况还满嘴子曰诗云的，老百姓哪能听得懂呢！”

在王阳明看来，每个人生来都具有成为圣人的根据，他有首小诗说：“个个心中有仲尼，自将闻见苦遮迷。而今指与真头面，只是良知更莫疑。”一次，王阳明的一个学生王艮出游归来，兴冲冲地对王阳明说：“先生，今日看见了一件奇怪的事情。”王阳明问是什么事，学生答道：“见满街都是圣人。”王阳明说：“这不过是常事，有什么值得奇怪的！”

因此不要觉得自己有多么了不起，会说几句圣人言语未必便表明自己真成了圣人了。而且摆出一副居高临下的教训姿态，很容易引起别人的反

① 《王阳明全集》，上海古籍出版社1992年版，第232页。

② 《王阳明全集》，上海古籍出版社1992年版，第272页。

感。另外针对不同的对象，要采用不同的对话方式，和老百姓交往最好是通过拉家常的方式，结合切身体会娓娓道来，才能引起他们的共鸣。甚至每个人都有自己的个性，要学会"只如狂者便从狂处成就他，狷者便从狷处成就他"，如此方能明德新民，成己成物，实现儒者德化天下的抱负。

第四节 明末以来的人际关系思想

明末清初，处于中国封建社会的后期。这时，商品经济比过去有很大的发展，资本主义生产关系开始萌芽。与此相适应，出现了第一批资本主义生产关系的思想代表。他们批判和否定封建主义人际关系思想，在人际关系思想发展中发挥了启蒙的作用。其中，何心隐、李贽、黄宗羲、戴震等人，是启蒙主义思潮的倡导者和代表者。

一、明末清初的人际关系思想

1. 何心隐

何心隐(1517～1579)，原名梁汝元，字柱乾，江西吉安人。他师从王艮的再传弟子颜钧(颜山农)，是泰州学派的重要代表。黄宗羲曾论："泰州(王艮)之后，其人多能以赤手搏龙蛇，传至颜山农、何心隐一派，遂复非名教之所能羁络矣。"[①]何心隐就是这样一位力倡平等之义，"非名教之所能羁络"的杰出思想家。

何心隐从阳明心学一贯强调的"万物一体"的命题出发，认为人与人之间不应过分强调亲疏贵贱、上下尊卑之别。他说："仁无有不亲也，惟亲亲之为大，非徒父子之亲亲已也，亦惟亲其所可亲，以至凡有血气之莫不亲，则亲又莫大于斯。亲斯足以广其居，以覆天下之居，斯足以象仁也。"[②]这就是说，仁不仅指父子之亲，而是有着更广泛的指向，由此而使天下如一家，如此才真正达到了仁。他又说："义无有不尊也，惟尊贤之为大，非徒君臣之尊贤已也，亦惟尊其所可尊，以至凡有血气之莫不尊，则尊又莫大于斯。尊斯足以正其路，以达天下之路，斯足以象义也。"[③]其意亦在于打破尊尊的界限，强调要尊敬所有的人。而最终的追求是要达到彼我无分、人己一体的境界，如此才是仁义的真正内涵。

从这种仁义观出发，何心隐重新审视了中国传统的人际关系。他说："天地

① 《明儒学案》卷三二《泰州学案》。

② 《何心隐集·仁义》。

③ 《何必隐集·仁义》。

交曰泰，交尽于友也，友秉交也，道而学尽于友之交也。昆弟非不交也，交而比也，未可以拟天地之交也。……夫妇也，父子也，君臣也，非不交也，或交而匹，或交而昵，或交而陵、而援。八口之天地也，百姓之天地也，非不交也。小乎其交者也。"[①]这也就是说，传统的"五伦"关系中，君臣、父子、兄弟、夫妇关系因受到血缘、政治或经济等因素的干扰，都有其局限性，无法普遍化为"天地之交"，唯有师友一伦因其平等而最为理想，乃为社会关系之极致。他主张以师友之道统率人际关系，使君臣、父子、兄弟、夫妇关系融入师友关系，各类人都平等地相交相处、相亲相爱。他说，"臣民亦君也。君者，均也。君者，群也。臣民莫非君之群也，必君而后可以群而均也。"[②]这里有把统治者和被统治者视为平等的倾向，这种观念对传统的人际关系模式具有一定的冲击作用。

何心隐还认为在社会的各个行业、阶层之间也不应有绝对不可逾越的界限，"农工之超而为商贾"，"商贾之超而为士"，"士之超而为圣贤"。[③] 社会不同的阶层，通过自身的努力，"必实超而实为之"，都可以不断改善自己的生存处境和社会地位。

以这种平等观为理论基础，何心隐还曾在家乡创办"聚和堂"，进行他的"理想社会"的实验。《明儒学案》卷三十二《泰州学案序》记："谓《大学》先齐家，乃构萃（聚）和堂以合族，身理一族之政，冠昏丧祭赋役，一切通其有无，行之有成。"这个"聚和堂"以团结、平等的原则建立，财富均平，有着浓重的乌托邦色彩，只经营了数年便解体了。

何心隐生活的时代，正是王权专制日益强化、礼制森严的时代。而"人伦有五，公舍其四，而独置身于师友贤圣之间"（李贽语），力图借师友关系之平等来取代和弱化君臣、父子关系的支配性和隶属性，这是对传统人际关系框架的巨大冲击，体现出与体统相背离的倾向，促进了早期启蒙伦理思潮的形成和发展。

2. 李贽

李贽像

李贽（1527～1602），字叔简，号卓吾，福建泉州晋江人。李贽早年亦曾埋头于"四书"、"五经"，研读科举考试所规定的朱熹章句之学。然而，突出的个性和强烈的批判精神使他能够不依他人藩篱，纵横百家，"不守绳辙，出入儒、佛之间"，充满了学术独立精神和怀疑精神。时人目之为"异端"，而他却索性便以异端自

① 《何心隐集·论友》。

② 《何心隐集·论中》。

③ 《何心隐集·答作主》。

居，以投枪匕首般的词锋对理学及道学家展开了尖锐的批判。

李贽首先从功利主义的立场出发，对道学家的封建道德说教进行了猛烈的抨击。他说："余自幼倔强难化，不信学，不信道，不信仙释，故见道人则恶，见僧则恶，见道学先生则尤恶。"[①]道学先生满口仁义礼智，主张革尽人欲，去己之私；可事实上却和常人一样"耕田而求食"，"买地而求种"，"架屋而求安"，"读书而求科第"，"居官而求尊显"，"博求风水以求福荫子孙"，又何尝去得私利？这种禁欲主义伦理的虚伪性可谓一目了然。李贽指出，所谓"德礼刑教"，都是束缚人民的工具而已。道德与宗教是钳制人民思想的，政治与法律则是束缚人民手足的，都是扰害人民而使人性扭曲，进而导致社会动乱和人民痛苦的根源。

李贽大胆地提出"人必有私"的观点，认为"穿衣吃饭，即是人伦物理。除却穿衣吃饭，无伦物矣。世间种种，皆衣与饭类耳。故举衣与饭，而世间种种自然在其中。非衣食之外，更有所谓种种绝与百姓不相同者也"[②]，而"穿衣吃饭"的基本性也使其成为人际交往的重要基础。李贽认为，人与人往往是基于利益而相结合的，君臣、父子、夫妇、兄弟、朋友五伦无不如此。君臣之间，臣为利禄驱使才为君尽忠，而为君而死者亦不过为名而已，幸而不死，则"遂有臣福"，得获大利。父子之间亦关涉利害，"父既有子，则田宅财帛欲将有托，功名事业欲将有寄"[③]，所以会把子孙看得很重。这正是因为，"趋利避害，人人同心。是谓天成"[④]，也即根源于人的天性。既然如此，何不揭开那一层道德的遮羞布，人人皆以"童心"、以真性情坦诚相待呢？他尖锐地指出，那些道学家们"口谈道德而存高官，志在巨富；既已得高官巨富矣，仍讲道德说仁义自若也"，因此，他认为，这些伪君子们"反不如市井小夫，身履是事，口便说是事，作生意者但说生意，力田作者但说力田，凿凿有味，真有德之言，令人听之忘厌倦矣"。[⑤]

从强调"真心"、"童心"出发，李贽极力强调人要"率性而行"，他把这解为"尊德性"，"于是焉，或欲经世，或欲出世；或欲隐，或欲见；或刚或柔，或可或不可，固皆吾人不齐之物情，圣人且任之矣"[⑥]。而在人际交往中，也要尊重对方的性情和价值选择，不可以己之所欲强加于人。他说："夫人之与己，不相若也。有诸己矣，而望人之同有；无诸己矣，而望人之同无。此其心非不恕也，然此乃一般之有

① 《阳明先生年谱·后语》。

② 《焚书·答邓石阳书》。

③ 《焚书·答李如真》。

④ 《焚书·答邓明府》。

⑤ 《焚书·答耿司寇》。

⑥ 《李氏文集·明灯道古录》卷上。

无也，而非通于天下之有无也，而欲为一切有无之法以整齐之，惑也。”[①]李贽极力强调个体人格的独立性，认为“夫天生一人，自有一人之用”[②]，每一个人都有其独特之价值，在人格上是平等的，“圣人不曾高，众人不曾低”[③]。李贽还特别批判了男女不平等的偏见，肯定男女在才智上的平等。他讲：“余窃谓欲论见之长短者当如此，不可止以妇人之见为短也。故谓人有男女则可，谓见有男女岂可乎？谓见有长短则可，谓男子之见尽长，女子之见尽短，又岂可乎？”[④]他还同情寡妇再嫁，主张婚姻自主，这些观念在当时的社会背景下是非常难能可贵的。

李贽的思想具有鲜明的反封建、反传统的特色，他批判封建礼教，揭露了一些道学家的虚伪，讲求思想解放、个性自由、男女平等，这对于人际关系思想的发展，都是有进步意义的。他的思想代表了时代的呼声，是对当时市民阶层意识一定程度的反映，对于明代中叶以后的思想解放运动起到了推波助澜的作用。

3. 黄宗羲

黄宗羲(1610～1695)，字太冲，号南雷、梨洲，学者称其为梨洲先生或南雷先生，浙江余姚人，明清之际著名学者、思想家，与顾炎武、王夫之并称为“清初三大儒”。

黄宗羲像

在人际关系思想方面，黄宗羲的突出贡献在于，通过考察君主与天下的关系、君臣关系以及君臣各自的责任和义务，批判了封建专制主义君权论，提出了一种带有初步民主色彩的君民、君臣关系。他认为，在上古时代，君主的最初设立，是由于有人能为天下兴“公利”、除“公害”，“不以一己之利为利，而使天下受其利；不以一己之害为害，而使天下释其害”[⑤]，于是受到天下人的拥护，拥戴以为君。在这种情况下，“古者以天下为主，君为客，凡君之所毕世经营者，为天下也”。但这种合理的君民关系，后来被颠倒过来了，君主为一人之私，往往“屠毒天下之肝脑，离散天下之子女”，不顾百姓死活。而且更可恶的是，君主往往还将一己之利说成是天下之公利，将维护自身利益的“一家之法”当作“天下之法”。对此，黄宗羲予以深刻的揭露，认为后世之君主，实为“天下之大害”，“今也天下之

① 《焚书·论政》。
② 《焚书·答耿中丞》。
③ 《焚书·复京中友朋》。
④ 《焚书·答以女人学道为见短书》。
⑤ 《明夷待访录·原君》。

人怨恶其君，视之如寇仇，名之为独夫，固其所也”。[1] 这种对封建君主专制制度的批判不仅大胆，而且深刻。

黄宗羲还明确提出“天下为主，君为客”的主张，并由此出发对君臣关系重新加以厘定。他强调“天下之治乱，不在一姓之兴亡，而在万民之忧乐”，认为“君”应该是“以天下万民为本”，臣也应该“为万民”而“非为一姓”，君臣都是在为万民的利益而各尽职守，并以此为基础维系着双方的关系。臣之事君乃是从天下人民的利益出发，若君主能兴天下之利，去天下之害，则尽力辅佐；若君主只为一己之私，则可弃背之而不顾。他严格区分了“臣”与“仆妾”，认为臣应该“以天下为事”，而“君之仆妾”则仅仅是君主的奔走服役之人。臣应该是君的“师友”，不应该作君主私人的奴仆。这是对孟子君臣关系思想的进一步发展。

总之，黄宗羲关于君臣君民的学说，打破了“君为臣纲”的传统思想，是对封建专制主义的有力批判，具有较为明显的初步民主思想。这在人际关系思想发展史上，是有重要意义的。

4. 戴震

戴震(1723～1777)，字东原，又字慎修，安徽休宁人。处在封建专制统治与资本主义萌芽的发展要求之间矛盾日趋激化的时代，戴震的人际关系思想，正反映了这一时代思想启蒙的要求。他对程朱理学的批判，以及在这种批判中所提出的一些颇富近代意义的新思想和新观念，在思想史上都有着重要的意义。

戴震像

戴震首先肯定了人的欲望存在的合理性，把人的欲望和需要作为人际行为的原因和动力，并由此出发批判了程朱理学存天理灭人欲的主张。戴震指出，“人生而后有欲，有情，有知，三者，血气心知之自然也”[2]。而“理者，存于欲者也”，它并不在人欲之外，而在人欲之中，人欲的正常、健康的满足即是“理”的表现。他说：“凡事为皆有于欲，无欲则无为矣，有欲而后有为，有为而归于至当不可易之谓理。”[3]戴震并不主张无限制地张扬人的欲望，认为那样就会“丧其自然”，这时就应以理对其加以框整，以“归之自然”，这体现为一种“必然”，我们也可理解为“应然”。由此

---

① 《明夷待访录·原君》。
② 《孟子字义疏证·才》。
③ 《孟子字义疏证·权》。

可见，戴震也主张应对过分膨胀的私欲加以扼制，但这并不等于扼杀人们正常的自然生理欲求，否则的话，就会造成“以理杀人”的可悲后果。由于“理”往往以正义、善的面目出现，因此它往往会被“在位者”所利用，成为人民难以挣脱的桎梏。他沉痛地说：“尊者以理责卑，长者以理责幼，贵者以理责贱，虽失，谓之顺。卑者幼者贱者以理争之，虽得，谓之逆。于是下之人不能以天下之同情、天下之同欲达之于上。上以理责其下，而在下之罪，人人不胜指数。人死于法，犹有怜之者；死于理，其谁怜之！”[①]这不仅抨击了封建等级压迫制度，控诉了尊者、长者、贵者的专制、特权，同时也发出了反对封建礼教、要求平等的呼声。

从肯定自然人欲合理性的观点出发，戴震进而提出了“体民之情，遂民之欲”的政治主张，认为在人际交往中也要使人们各自的需要尽可能地得到满足，即“遂己之欲者，广之能遂人之欲；达己之情者，广之能达人之情”，最终“使人之欲无不遂，人之情无不达”，才是人际关系的理想状态。他还认为，社会道德和具体的人际关系准则都是从欲望所生成的人伦日用之中逐渐产生的。他说：“就人伦日用，举凡出于身者，求其不易之则，斯仁至义尽而合于天。人伦日用，其物也；曰仁曰义，其则也，专以人伦日用举凡出于身者谓之道。”这实际上肯定了人际交往的原则其实来源于现实的社会生活，而不是所谓“天命”之类的神秘力量。

不难看出，戴震的人际关系思想，在一定程度上，已经具有某些新时代的特征，其中不乏民主和向往社会解放的可贵思想，可谓开时代之先声。

二、近代人际关系思想

在中国历史上，近代主要指鸦片战争至五四运动这一历史时期。这一时期，中国开始进入半殖民地半封建社会。人际关系思想的发展，也呈现出极为复杂的情况。从阶级属性来说，这时的人际关系思想的总体特征，属于资产阶级的新文化和新思潮。从来源上看，一方面是在反对封建主义思想，吸取中国古代某些思想成果的基础上形成的；另一方面也是更突出的方面，是通过向西方近代资产阶级人际关系思想学习，进一步发展而来的。通过积极吸纳各种思想文化资源的营养，中国近代的知识分子开始致力于对传统观念的改造，在一定程度上促进了中国人际关系思想向近代的转型。

1. 龚自珍

龚自珍(1792～1841)，字璱人，号定盦，清末思想家、文学家。龚自珍生活在我国封建社会急剧衰败、开始沦为半殖民地半封建社会的转折时期，他亲眼目睹了社会贫富急剧分化、社会矛盾日趋尖锐的残酷现实，感受到当时整个社会已经

① 《孟子字义疏证·理》。

到了“痹痨之疾，殆于痈疽，将萎之华，惨于槁木”的末日境地。因此他大声疾呼，提出了许多改善社会关系和政治局面的主张，在很大程度起到了思想启蒙的作用。

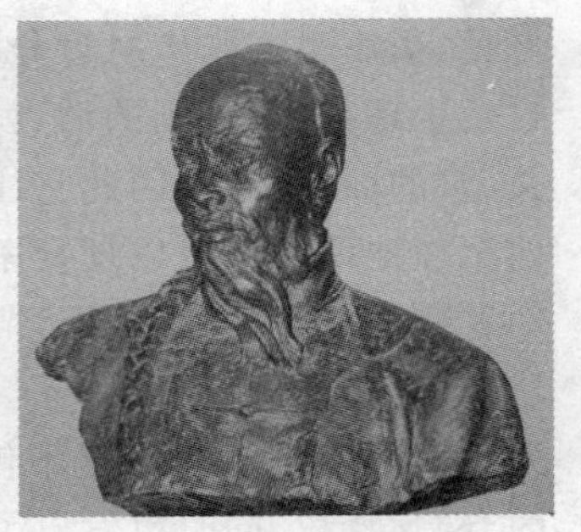
龚自珍像

在人际关系思想方面，龚自珍提出了“平均论”和“宥情”的思想。他认为，“贫富不均”是历代王朝治乱兴亡的根源。贫富悬殊愈大，亡天下就愈快；贫富相差减少了，太平时代就到来了。这是“千万载治乱兴亡之数”，即有史以来治乱兴亡的规律。因此他在《平均篇》中指出了贫富不均所造成的社会失衡现象及其危险的后果：“小不相齐，渐至大不相齐；大不相齐，即至丧天下。”他甚至还提出“均田”的改革主张，要求“贵乎操其本源，与随其时而剂调之”，“挹彼注兹”，平均贫富。可如何才能消除贫富不均？在龚自珍看来，问题的关键在于“王心”，王心一平，则人心正，不但物产增多，贫富对立也就消除了。其实即便是龚自珍自己后来也看到真正的平均包括均田制在当时是很难实现的，不过表达了一种良好的愿望而已。

在谈到人性问题时，龚自珍着重探讨了“情”的问题。他反对宋明理学把“情”看作万恶的“人欲”而予以扼制。他认为，情是与生俱来的一种自然真实的感情。他主张，对这样的情，应当“宥”(即宽容)，应当任其自然发展。所以他说：“夫我也，则发于情，止于命而已矣。”他反对把人的不同感情、才能纳入一个模子，所以要求“不拘一格降人才”。他认为，如用各种要求去限制各个人的特性，那即便是最有才能的人，也无法得到充分的发挥。而在当时的社会，人才的束缚、压制、摧残是极其严重的。龚自珍在《乙丙之际箸议之九》对此进行了明确的揭露：“当彼之世也，百才士和才民出，则百不才督之缚之，名亦戮之，声音笑貌亦戮之。……其法亦不得要领，徒戮其心，戮其能忧心，能愤心，能思虑心，能作为心，能有廉耻心，能无渣滓心。又非一日而戮之，乃以渐或三岁戮之，百年而戮之。”这也就是说，即便社会出现了个别才士，也会在畸形的社会中被造就成畸形的人。他的《病梅馆记》就是对这一现象最典型的揭示。他强烈主张要尊重人的个性，为人才生长提供宽松的社会环境。这种“宥情”的思想，提供了处理人际关系的一个重要原则，在当时具有要求个性解放的进步意义。

2. 康有为

康有为(1858～1927)，字广厦，号长素，广东南海人，后人因而称其为南海先生或康南海。中国近代资产阶级政治家、思想家。

康有为的人际关系思想集中体现在其以仁为本的博爱思想和主张平等的“大同论”中。他糅合了传统儒学的思想资源和资产阶级的人道主义思想，以及某些自然科学的内容，以元气论为基础形成了具有近代特色的仁学思想。他认为，天地万物都造起于元气，人与人同质同类，并且由于共同具有“知气”、“神气”而能够互相感通。这种所谓的“知气”近似于“电气”，“光电能无所不传，神气能无所不感”，“有知觉则有吸摄，磁石犹然，何况于人。不忍者吸摄之力也”。[1] 这种类似于电磁力的感应能力即为孟子所讲的“不忍人之心”或“恻隐之心”。有了这种“不忍人之心”，才会体察和同情他人的疾苦，对现实社会的不合理之处进行质疑和批判。康有为在《大同书》中，就对封建的纲常名教进行了深刻全面的批判。他看到，君主专制下，“其民枯槁屈束，绝无生气者是也”；父为子纲的宗法制度下，“一家之人，亦为家长所累，半生压制，而终不得自由”；男尊女卑，“以女为私属”，则“无量年，无量数之女子，永沉苦海而不之救矣”。纲常名教给人的压迫之苦“比之囚于囹圄尚有甚哉”。我们不愿看到别人受此苦，便欲决力去此桎梏，这样就能够推动社会之发展、人类之进步。康有为认为，“人道之仁爱，人道之文明，人道之进化，至于太平大同，皆从此处”[2]，都要由此“不忍人之心”引出。

在《大同书》中，康有为提出了“大同”的社会理想，认为这是人类社会发展的最高阶段。在这个社会中，“无贵贱之分，无贫富之等，无人神之殊，无男女之异”，“人人平等，无有臣妾奴隶，无君主统领，无有教主教皇”，总之，是一个“至平也、至公也、至仁也、治之至也”的尽善尽美的社会。他强调了“天下为公”的思想，主张“凡农工商之来，必归之公，举天下田地皆为公，人无得私有而私买卖之”，“农工商一切出于公政论，绝无竞争，性根皆平”。这样，则人人皆能“无所用其私”，养成去私为公和舍己助人的高贵品质。康有为还提出了人生而平等的思想，他说：“凡人皆天生，不论男女，人人皆有天与之体，即有自立之权，上隶于天，人尽平等，无形体之异也。”他明确提出了近代资产阶级“人权、平等、独立”的口号，在当时具有一定的思想启蒙的意义。

不过，从根本上说，康有为的大同理想的乌托邦色彩是十分明显的，“人人皆公，人人皆平”的人际交往原则在一定意义上也只是一种浪漫的意愿，而很难成为一个普适性的可操作原则，最终难免陷于空谈。

3. 谭嗣同

谭嗣同（1865～1898），字复生，号壮飞，湖南浏阳人。谭嗣同出身于封建地主官僚家庭，早年丧母，“为父妾所虐，备受孤孽苦”，对“殆非生人所能忍受”的封建纲常名教有亲身之体验和认识，因而其批判也更加激进和坚决。作为 19 世纪末资产阶级改良派的中坚分子，他也热情地呼唤新道德，热切盼望新型的社会人

① 《大同书》。
② 《孟子微》。

际关系的建立。他的人际关系思想，突出地表现出崇尚人的平等、自由和尊严的人道主义特征。

谭嗣同的批判锋芒首先直指封建社会的纲常名教。他在《仁学》一书中指出，纲常名教乃是出于维护专制统治的需要，用来压制人民的。“名者，由人创造，以上制其下，而下不能不奉之……君以名桎臣，官以名轭民，父以名压子，夫以名困妻”，最终达到“不惟关其口，使其不敢昌言，乃并锢其心，使不敢涉想”的统治目的。正是因为有名教，“数十年来，三纲五常之惨祸烈毒，由是酷焉矣”。三纲规定的人际关系，皆是不平等之关系。就君民关系来说，“君主视天下为囊橐中之私产，而犬马土芥天下之民”，实为最不合理之事。谭嗣同认为，君只是“为民办事者也”，臣只是“助办民事者也”，如果君主不为大家办事，则可“共废之”。他还批评了那种为君主“死节”的愚忠行为，认为“君亦一民也，且较之寻常之民而更为末也”，死节其实只是“宦官臣妾”的奴隶道德。父子关系在谭嗣同看来也完全应该是平等的，因为父和子都是天之子，因此有先在之平等关系，所谓“孝”亦当以此为前提。男人和女人也一样“同为天地之菁英，同有无量之盛德大业”，因此夫妇关系亦应平等相均。而重男轻女乃为“至暴乱无礼之法也”。因此，他得出结论，在封建伦常中，所谓“三纲”是必须彻底废除的；传统的五伦中，只有朋友一伦没有流弊，体现了平等、自由和独立自主的原则，其他四伦都应变为朋友关系。他对纲常名教的批判，在反对封建人际关系思想的斗争中，有突出的进步意义，产生了较大的影响。

在反对封建主义的斗争中，谭嗣同竭力提倡自由、平等和博爱，推崇民主主义和人道主义。可以说，他是中国近代史上宣扬资产阶级人道主义的代表人物之一。他把自由、平等和博爱总之为“仁”，把他的学说称为“仁学”。他说：“仁以通为第一义。”所谓“通”，是说没有阻塞和隔阂。按照他的解释，“仁”有四方面的含义：一是“上下通”，即打破在上的和在下的界限，如君民的界限，贵贱的差别；二是“中外通”，即打破中国和外国的界限，同西方国家通教、通学、通政、通商；三是“男女内外通”，即打破男女的界限，宗族的界限；四是“人我通”，即打破别人和自己的界限，人与人之间“相亲相爱”。他认为打破这些界限，实现了自由和平等，即可使整个社会呈现出新的局面，最终进入普遍幸福之“大同世界”。这就是谭嗣同心中的社会理想。虽然不无幻想的成分，但其对平等、自由的向往和对人的权利、价值和尊严的肯定，都具有一定的社会启蒙意义，在中国人际关系思想史上书写了重要的一笔。

第五章 西方人际关系思想之历史发展

在西方，从古至今，关于人际关系的思想也很丰富，在许多思想家的论著中，不乏精湛的理论和独到的见解。这里，仅就古希腊时期、欧洲中世纪、欧洲近代、现代西方一些主要代表人物的人际关系思想作概略的考察。

第一节 古希腊时期的人际关系思想

黑格尔说："一提到希腊这个名字，在有教养的欧洲人心中，尤其在我们德国人心中，自然会引起一种家园之感。"①这种看法，尽管在一定程度上与"欧洲中心论"的偏见联系在一起，但在很大程度上，反映了古代希腊是西方精神文明摇篮的历史事实。的确，由于得天独厚的地理条件和自然条件，使古希腊的文化很早就得以发展。正如恩格斯曾经说过的，希腊人，在他们出现在历史舞台上的时候，已经站在文明时代的门槛上了。西方精神文明发源于希腊的事实，要求我们研究西方人际关系思想的发展，不能不从古希腊溯起。

荷马在吟唱

一、早期的人际关系思想

在古希腊，最早描述人际关系问题的，是荷马史诗。盲诗人荷马(Homer)在其两部史诗《伊利亚特》和《奥德塞》中，记叙了当时男女之间、不同阶层人们之间

① ［德］黑格尔著，贺麟等译：《哲学史讲演录》第1卷，商务印书馆1959年版，第157页。

处理相互关系的原则，热情歌颂了人际交往中的忠诚、正义和大公无私的美德。

但是，真正从人的本质出发，提出调整人际关系准则和规范的，是荷马之后的赫希阿德。在他写的教喻诗《农作与日子》中，提出只有用"公正"、"正义"来协调和处理人际关系，才能建立正常的社会秩序。他认为，主持正义和公道是神的意旨，要反对人际交往中的弱肉强食的现象。他较为自觉地把"正义"、"公道"作为处理人际关系的原则提出来。在诗中，他把人们平等地交往、和睦地相处作为评价社会风尚优劣的标准，称这样的社会为"黄金时代"。而把人们之间相互欺骗、彼此为敌、兄弟反目、父子成仇这样的社会称为"铁器时代"。赫希阿德的人际关系思想主要反映的是当时小农阶层的思想和愿望。

荷马史诗和赫希阿德生活的时代，是希腊原始社会的末期，处于原始社会向奴隶社会的过渡阶段，亦称"英雄时代"(或"铁剑时代"、"荷马时代")。此后，希腊进入城邦僭主政治的时期。在这一时期，"智者"毕达哥拉斯(Pythagoras，约前580～约前500)对人际关系思想的发展作出了重要贡献。他在总结古希腊传统的美德——中庸思想时，强调和谐与秩序，把和谐作为人际关系处理的基本原则。他认为，人际交往中，要注意用道德的标准而不是用利益标准选择朋友。他主张，与人交往要公平，朋友之间要谦让、要忍耐。他强调人们的行为和欲望都应有节制，这样生活在群体中的人就能避免别人对自己的忌恨。毕达哥拉斯在《金言》中建立了古希腊道德规范的雏形，其中含有不少人际关系的哲理。

二、古典时期的人际关系思想

1. 苏格拉底

与毕达哥拉斯相媲美，苏格拉底(Socrates，前469～前399)把道德伦理研究提到首位，提出了"美德即知识"的著名命题，进一步丰富了人际关系思想。苏格拉底强调要人"认识你自己"，就是说要人认识"真正的我"。这个"我"是指我的灵魂(心灵)，也就是"理智"。他把关心改善自己的灵魂看作是"更重要的事情"，因为只有灵魂或理智才能使人明辨是非。一个把自己的灵魂或理智看作至高无上的人，自然能知道什么是善，什么是恶，并且能够做一个有道德的人。苏格拉底把道德和知识合二为一。照他看来，"美德就是知识"，而不道德便是无知的同义语。他认为，一个人如果要在人际交往中遵守道德规范，那么，他必须首先懂得这些规范，掌握有关人际交往原则的知识。否则，就不可能产生道德的行为。他还强调，知识是可以传授的，道德是可以教育的。一个人努力学习，并按德育理论行善，他就会成为有德行的人。

苏格拉底像

“认识你自己”

苏格拉底是古希腊著名的哲学家，被后人推崇为西方哲学的奠基人。

有一次，苏格拉底问欧绪德谟：你是否曾经去过特尔斐的神庙？

欧：是的，没错，苏格拉底。

苏：你是否注意到它的入口处刻着一段铭文？

欧：哪一段？苏格拉底。

苏：就是“认识你自己”。

欧：哦！是的！但是我并没去留意它。

苏：那么，后来你有没有想过呢？

欧：没有，从来没有……而且我认为没有必要去考虑它。我怎么可能不认识自己呢？

苏：好的。但是，让我们换个角度思考一下。昨天我看见你在阿里斯泰德挑选马匹。

欧：是的，我正要去那里买下一匹我看中的马。

苏：那么，你是否花了不少时间去观察那匹马以确定它是否强壮、健康和驯服？

欧：当然。

苏：那么，你是否已经想好了，那匹马能为你做些什么？你在观察那匹马的时候，有没有根据自己的需要来衡量它？

……

欧：我想我明白你的意思了。我应该像审视我的马一样审视我自己。

苏：没错。而且你是否认为，人们在了解了自己的长处和短处之后，可以作出更加明智的选择呢？

欧：确实如此。

2. 德谟克利特

在古希腊历史上，对人际关系学思想发展作出重要贡献的另一个人，是德谟克利特（Demokritos，前460～前370）。德谟克利特反对苏格拉底的某些观点，如认为人的知识来源于自己的心灵世界，道德修养以神对人的启示为准则，完全否认人的情感需要，否认物质利益对于人际关系发展的影响，等等。他坚持唯物主义原则，把人性看作是物质的，把人的修养看作是向外界学习的过程。他认为人有两种本性，通过教育可以创造人的第二本性。这就使他有可能从变革人的

德谟克利特像

本性考虑改善人际关系的途径。德谟克利特从人的本性出发,论述了处理和改善人际关系的一些原则。他主张人们之间应该互相同情,互相关心。他认为人际交往中体现人性的行为就是关心与同情。他还特别地论述了人际间友谊的作用和价值。他说,人们之间只有建立起友谊,生活才有意义,也才有价值。“连一个高尚朋友都没有的人,是不值得活着的。”他不仅把人际间的友谊当作一种高尚生活的激情,而且对友谊作为人际关系一种形式的社会作用作了说明。他认为友谊的基础是共同的利害关系,而友谊建立的前提是“思想感情一致”。真正的友谊使人们在逆境中互相帮助。特别是对有知识有学问的人的友谊,对于个人的修养是尤为宝贵的。与这样的朋友交往,就会使人聪明智慧,日趋完善。

3. 亚里士多德

古希腊人际关系思想集大成者,是亚里士多德(Aristotle,前384～前322)。他对人际关系思想和理论的贡献,主要表现为以下四点:

亚里士多德像

第一,注意人的社会性特点,看到个人与整体的联系,重视人际关系中的社会因素。亚里士多德认为,人在本质上是政治动物,人际交往的规范和准则不可能离开政治生活、离开社会单独存在。因此,要把人际关系放在社会的、政治的环境中考察。基于这种认识,他分析了个人与整体的联系。他认为,城邦国家的利益高于个人和家庭。城邦国家的命运与个人的幸福和完美相联系。个人只有在政治制度良好的城邦中才能获得幸福和自身的完善。他说,就本性来说,全体必然先于部分。以身体为例,如全身毁伤,则“手足也就不成其为手足”,“我们确认自然生成的城邦先于个人,就因为个人只是城邦的组成部分,每一个隔离的个人不足以自给其生活。”

第二,阐发了人际关系理论中的价值观。亚里士多德认为,人们财产、身体、名位和品德上的差别最为重要,人的价值大小决定于其品德的高低。人们只有凭借“纯粹理性”才能够正确地选择和确立人生目的。而正是这种人生的目的决定着人的价值。因此,他认为人生的目的存在于所从事的事业中。谈幸福和理想都不能脱离开事业和公众的利益。

第三，明确提出和分析了处理人际关系的适度原则。亚里士多德认为，作为政治动物，人的美德与人的激情和行动有关。所谓激情，指伴有愉快或痛苦的许多感觉，诸如恐惧、信心、欲望、愤怒、怜悯、友善、憎恨等等。激情和由激情所引起的行动都有过多、不足和中间的情况。其中过多或不足都是不好的，只有中间才是最好的，才是美德。因此，在人的一切行为中（包括人际行为），必须选择两极之间的"适中"，也就是遵循"中道"。他说："美德是一种适中"，"过度和不足是恶行的特性，而适中则是美德的特性"。[①] 例如，鲁莽和懦弱是过分和不足，勇敢则在两者之间，是"中道"或"适中"；慷慨在浪费和吝啬之间，自尊在傲慢和自卑之间，温良在暴戾和萎靡之间，文雅在粗野和卑屈之间，谦恭在无耻和怕羞之间，节制在放纵无度和麻木不仁之间，等等。这些激情都是"中道"或"适中"，因而，也都是美德。亚里士多德进一步分析了如何把握这种"中道"或"适中"。他认为，这种中道决不可能是机械的算术的中项，就像 6 为 10 与 2 之间的中项一样。而且，中道也是相对的，要受时间、地点、条件等等的制约，因人因环境的差异而有所不同。在这件事这个人身上是中道，在另一件事另一个人身上就可能不是中道。这就是说，中道并没有一个绝对的标准，因此，要掌握中道，就要靠每个人的智慧、见识，亚里士多德称之为"实践智慧"。他认为，"实践智慧"是在不断的实践活动中训练出来的。人们在实践活动中不断摸索，就可以找出中道的分寸来，由习惯而成自然。他说，在美德方面，我们由于首先运用才获得它们，正如在技艺方面的情形一样。同样地，我们也是由于行为公正而成为公正的，由于行为有节制而成为有节制的，由于行为勇敢而成为勇敢的。所以，实践智慧也就是人在交往中有所选择、决定善恶时的一种智慧。人们根据这种智慧，就能找到一种"合理原则"，他们的行为就合乎中道，就是美德。

第四，阐述了人际关系理论的社会作用。面对当时希腊社会人情冷淡、道德衰败的状况，亚里士多德意识到人际关系的发展与希腊社会的发展具有内在的联系，只有促进人际关系的改善，才能恢复希腊社会的生机。他指出，我们现在的研究，不像其他仅以理论知识为目的的研究；我们的研究不仅仅要知道什么是道德，而且要成为善人；否则它对我们毫无用处。由此出发，亚里士多德把伦理学与政治学、心理学、法律学等知识糅合在一起，第一次形成了对指导和调整人际关系具有综合作用的理论和思想。他认为，若各学派理论上的分歧难以解决，要具体指导人们相互交往和人际关系发展的实践更为困难。这单凭道德伦理的

---

① 北京大学哲学系外国哲学史教研室编译：《西方哲学原著选读》上卷，商务印书馆 1985 年版，第 156 页。

研究和说教是远远不够的。

总之，亚里士多德对人际关系思想的丰富和发展作出了多方面的贡献。从这个意义上，我们可以说，他是西方人际关系学的奠基者。

亚里士多德之所以能对人际关系问题作出较为系统的阐述，并不是偶然的，而是由多方面的条件决定的。从客观上说，决定于历史的特点和条件，他生活的时代，是希腊奴隶社会逐渐衰落的时代。社会上两极分化使贵族奴隶主与平民、奴隶之间的矛盾日益加剧。经济上的衰退、政治上的危机，更使社会矛盾达到十分尖锐的地步。社会的剧烈变化，向人们提出了反思人际关系的问题。从主观上讲，亚里士多德是奴隶主贵族中间阶层的代表。由于其所处的经济和政治地位所决定，他深深地忧虑希腊社会的前途。这就使他对人际关系问题给予极大的关注。同时，由于他学识渊博，在当时各个知识领域中都进行过独立的研究和探索，成为古希腊思想家中“最博学的人物”。所以，他有可能肩负历史的重托，对人际关系问题作出大量的研究和著述。

第二节　欧洲中世纪的人际关系思想

欧洲中世纪，在历史学上，通常指公元 5 世纪末西罗马帝国灭亡到 17 世纪中叶英国资产阶级革命爆发这一时期，也就是欧洲古代与近代之间、从奴隶社会瓦解起到向资本主义过渡为止的时期，即欧洲的封建社会时期。

欧洲中世纪，大体上可以分为两个不同的历史时期：基督教统治时期和文艺复兴时期。与这两个时期相适应，人际关系思想和理论也表现出不同的内容和特点。

一、基督教统治时期

基督教统治时期，指的是从 5 世纪末到 14 世纪上半叶，西欧封建社会形成、发展和繁荣时期。西欧封建制是在罗马帝国的废墟上建立起来的。“它把古代文明、古代哲学、政治和法律一扫而光”[①]，唯一保存下来的几乎就只有基督教。在这一时期，基督教会不仅支配着思想文化领域，而且有着强大的政治经济势力。在经济上，教会本身就是最有势力的封建领主，“拥有天主教世界的地产的整整三分之一”[②]。在政治上，教会按封建等级制原则建立了自己的教阶制，把整个西欧联合成为一个庞大的政治体系，成为西欧封建统治的国际中心。至于

① 《马克思恩格斯全集》第 7 卷，人民出版社 1959 年版，第 400 页。

② 《马克思恩格斯选集》第 3 卷，人民出版社 1995 年版，第 705 页。

在思想文化领域，那更是基督教的一统天下，基督教会是最高的权威，教会教条同时就是政治信条，“圣经”词句在各法庭中都具有法律的效力。总而言之，基督教使西欧封建社会的各个方面都染上了宗教的色彩。与此相适应，这一时期的人际关系思想，也是以宗教理论为依据的。这一点，集中体现在基督教经典《圣经》中。

保罗布道

《圣经》反映了这一时期的思想家们对人际关系问题的认识。《圣经》把人际关系的原则建立在人对上帝的关系基础之上，要求人们无条件地热爱、信仰和服从上帝。劝诫人们不要爱世界和万物，而首先要爱上帝，然后，由此推及爱他人和事物。《圣经》认为，一切人际关系表现出的社会关系都是上帝和他的儿女之间的关系。因此，在人际交往中，必须遵循这样的原则：你们愿意人怎样待你们，你们也要怎样待人，也就是要“爱人如己”。这是《圣经》对人际关系最基本原则的概括。《圣经》极力宣扬逆来顺受、驯良服从、敌我不分、爱仇如己的观点。它要求人们，不但要爱自己的父母、兄弟、朋友、同事，而且要爱自己的仇敌。《圣经·新约全书》马太福音第5章第39～40节中明确地说：“不要与恶人作对，有人打你的右脸，连左脸也转过来由他打。”“要爱你们的仇敌，为那逼迫你们的祷告。”这种从人的爱心出发，宣扬“牺牲”精神，宣扬宗教人道主义，是从宗教上提供思想武器，以维护封建社会的现存制度。

《圣经》还从人与上帝关系的需要出发，阐述人际交往的原则。《圣经》指出，人需要拯救自己的灵魂，需要得到上帝的爱，因此要不断地完善自己，并在人际交往中表现自己的善。它要求人们在人际交往中，要爱人，讲信用，有热情，很虔诚，能忍耐，富于同情心，能顺从人。它特别强调的美德是谦恭和忍耐。这些美德的实践要求人们克服和战胜自己的情欲，也就是在人的灵魂与肉体的斗争中，使灵魂战胜肉体的欲望和需要，以便将来进入天国。《圣经》中的这些说教，使人掩饰自己的真正情感，放弃对正义和真理的追求，实际上成为人及其关系发展的桎梏。

二、文艺复兴时期

文艺复兴时期，指的是从 14 世纪下半叶到 16 世纪中叶，欧洲封建社会瓦解和资本主义生产关系形成的时期。在这一时期中，欧洲的社会生产力有了迅速的提高，生产工具不断改进，生产规模不断扩大，科学技术也有了长足的进步。生产力的发展要求，把打破封建制度的桎梏作为时代的中心任务提出来。与此相适应，在思想文化领域，掀起了一场反封建、反宗教的资产阶级思想解放运动。恩格斯在《自然辩证法》一书中谈到这一时期的情况时曾经指出，这是一个需要巨人而且产生了巨人——在学识、精神和性格方面的巨人的时代。

在这样一个大变革的时代中，人们要求冲破宗教禁锢，进行真实思想、真实情感、追求个性解放的自由交往。这一时期的思想家们，以公元前 2 世纪拉丁诗人特伦特诗中的一句古代箴言"我是人，凡是人的一切特性我都具有"为主要口号，高举人道主义旗帜，以人道反对神道、以人性反对神性，高扬人的尊严和价值。被称为"人文主义之父"的彼特拉克(Francesco Petrarca，1304～1374)提出"不认识自己，决不能认识上帝"的思想。他强调个性独立，主张个人奋斗。在他看来，社会上人人为自己，并且为了自己而不惜损害别人，因此，社会生活中充满了尔虞我诈、损人利己的关系。在这种情况下，为了得到个人幸福，就应该不受一切道德规范社会义务约束。人文主义的重要代表薄伽丘(Giovanni Boccaccio，1313～1375)提出了"人应该是全面发展的人"的思想。他认为，自然把人创造得又美丽又匀称，不是用木头和金刚钻造人，而是用血肉造出来的，所以，人应当是全面发展的人。人应该是聪明的、灵活的、强壮的、受到教育的。男人和女人都应该是这样，应该全面地发展他们的能力。由此观点出发，他嘲笑愚笨的人和精神不健全的人，反对男人对女人的奴役，反对买卖婚姻。

这一时期，由于处于从封建主义向资本主义过渡的时期，阶级矛盾复杂、阶级斗争尖锐。各个阶级都有代表自己利益的政治理论家。他们也分别从不同的立场，探讨了人际关系的有关问题。例如，代表资产阶级利益的马基雅弗利(Niccolo Machiavelli，1469～1527)提出了形而上学的人性观点，他认为人的本性是永恒不变的，如同天空、自然现象和太阳的不变一样。他又认为，人的本性向恶而不向善，人们自私自利，贪得无厌，胆小怕事，相互妒忌，朝三暮四，忘恩负义。人的本性决定他易于沾染上恶习而不会模仿善行。马基雅弗利从这种人性论出发，提出了他的人际交往的原则。他主张在人际交往中必须从维护自己的利益出发，以行为的功利判定行为的标准。人们交往的一切手段都要服从目的。只要目的是正当的，采取任何手段都无关紧要。他还鼓吹利用人的弱点来统治人、与人打交道。他认为，进行统治的方法有几种：一是采用法律，二是采用暴力。前者适用于人，后者适用于兽。统治者应当兼用对人对兽的两种办法。他提出，统治者要具备狮子与狐狸两种性格。狮子勇敢，但不能防陷阱，狐狸狡猾，但不能抵御狼。所以，要像狐狸那样知道有陷阱，像狮子那样叫人害怕。在他看来，在人际交往中，要有威有智，又高压又怀柔，不必讲信用，也不必讲原则，只要玩弄权术就可以了。马基雅弗利的人性论及其交往原则和方法，反映出资产阶级的自私本性，给人际关系的发展指出了一条凶险而又令人绝望的路。

马基雅弗利像

如前所述，文艺复兴时期是封建制度衰落，资本主义形成和发展的时期。人际关系的发展也处于封建主义人际关系被资本主义人际关系取代的转折时期。与此相适应，人际关系思想的发展，在性质和内容上也表现出由封建主义向资本主义转换的特点。

第三节　欧洲近代的人际关系思想

我们这里所说的欧洲近代，指的是从 16 世纪 40 年代到 19 世纪上半叶这一时期。在这个时期中，社会生产力有了突飞猛进的发展，生产工具不断改进，生产规模不断扩大，世界市场不断开拓，交通条件愈益便利。这一切，大大地促进了人们之间的交往，使之进入前所未有的新时期。人际交往在社会生活中发挥着越来越大的作用，并愈来愈引起人们的重视。对人际关系的研究也得到进一步加强，开始进行全面系统的阐述。

这一时期的人际关系思想深深地打着资产阶级的烙印。这是与资产阶级的成长和壮大分不开的。在这一时期，由于生产方式和交换方式的一系列变革，资产阶级得以产生和发展，正如马克思所说："大工业建立了由美洲的发现所准备好的世界市场。世界市场使商业、航海业和陆路交通得到了巨大的发展。这种发展又反过来促进了工业的扩展，同时，随着工业、商业、航海业和铁路的扩展，资产阶级也在同一程度上得到发展，增加自己的资本，把中世纪遗留下来的一切阶级排挤到后面去。"[①]在资产阶级的发展过程中，它的人际关系思想和原则也得以建立。这种思想和原则，"把一切封建的、宗法的和田园诗般的关系都破坏了。它无情地斩断了把人们束缚于天然尊长的形形色色的封建羁绊，它使人和人之间除了赤裸裸的利害关系，除了冷酷无情的'现金交易'，就再也没有任何别

① 《马克思恩格斯选集》第 1 卷，人民出版社 1995 年版，第 273 页。

的联系了。它把宗教虔诚、骑士热忱、小市民伤感这些情感的神圣发作，淹没在利己主义打算的冰水之中，它把人的尊严变成了交换价值，用一种没有良心的贸易自由代替了无数特许的和自力挣得的自由”①。

这一时期的人际关系思想和理论，尽管多带有资产阶级的思想特征，但是，由于资本主义经济、政治和文化，在不同的国家或一个国家的不同时期都存在很大的差异，所以，在不同国家、不同思想家那里，表现出不同的内容和特点。

一、经验论者和唯理论者的人际关系思想

1. 培根

在英国，资产阶级的人际关系思想和理论突出地表现在弗兰西斯·培根（Francis Bacon，1561～1626）和霍布斯（Thomas Hobbes，1588～1679）两人的思想中。培根的人际关系思想，主要表现在三个方面：

培根像

一是在人际关系理论发展史上，第一次把对人性的研究作为一种知识、一门科学。此前人们总是先从个人的体验中提出人性的理论，然后依据这个理论建立人际关系学说。培根改变了这种作法。他坚持用唯物主义经验论说明人性。他认为，不能简单地从人们一般社会表现来判定人性是善是恶，而应该从科学的角度，从人际交往过程中人们之间的相互影响去研究人性。这样，不仅开创了感性主义人性论的先河，而且使人们对于人际关系的客观性和社会意义的认识有了正确的途径。

二是强调了人际关系及其研究的重要作用。培根认为，掌握人际关系理论，可以使人善于处理世事，能够扬长避短，求得社会的帮助。他指出，研究人际关系是不断完善个人的重要途径。因为道德修养使人们在内心中达到善，而人际关系的研究则可以使人获得外在的善。所以，他主张必须重视人际关系，加强对人际关系的研究。

三是提出具体的协调和发展人际关系的方法。他认为必须协调好人际关系，政治生活中的人际关系要依靠法律来协调。他还应用归纳方法把人际关系分类考察，从而建立起自己的人际关系思想体系。需要指出的是，培根没有从经济方面考察人性和人际关系问题，因而，他的人际关系思想还缺乏严格的科学性。

---

① 《马克思恩格斯选集》第1卷，人民出版社1995年版，第274～275页。

培根论友谊

亚里士多德曾说，喜欢孤独的人不是野兽便是神灵。没有比这句话更能把真理与谬误混为一谈了。如果一个人脱离社会，甘愿遁入山林与野兽为侣，这也许表明他的确有几分兽性，那么在他身上恐怕是并不能找到什么神性的。

友谊对人生是不可缺少的。群氓并非伴侣。如果没有友情，生活就不会有悦耳的和音。在没有友谊和仁爱的人群中生活，那种苦闷正如一句古代拉丁谚语所说："一座城市如同一片旷野。人们的面目淡如一张图案，人们的语言则不过是一片噪音。"

由此可以看出，人与人的友情对人生是何等重要。得不到友谊的人将是终身可怜的孤独者，没有友情的社会则只是一片繁华的沙漠。因此那种乐于孤独的人，其性格不是属于人而是属于兽的。

毕达哥拉斯曾说过一句神秘的格言——"不要啃掉自己的心"。确实，如果将这句比喻讲得明白一些，那么就可以说，那些没有朋友的人，就是自己啃啮自己心灵的人。实际上，友谊的奇特作用是：如果你把快乐告诉一个朋友，你将得到两个快乐，而如果你把忧愁向一个朋友倾吐，你将被分掉一半忧愁。

最能使人心灵健全的莫过于朋友的良言忠告。阅读伦理的教条不免感觉枯燥，以别人的过失为鉴戒有时也未必切合自身的实际，自我改善的最好办法无过于朋友的告诫。事实上许多人（包括伟人）之所以做出终身悔恨之事，就是由于他们身边缺乏益友。所以正如圣雅各说的："虽然照了镜子，却看不清自己的面容。"

由此可见，友谊对人生是何等重要。它的好处简直是无穷无尽的。总而言之，当一个人面临危难的时候，如果他平生没有任何可信托的朋友，那么我只能告诉他一句话——你只能自认倒霉了！

2. 霍布斯

与培根同时代的霍布斯，是从机械唯物论和功利主义的角度阐述人际关系问题的。在他看来，人是一架机器，社会也是一架机器，因此，人际关系可以用数学和力学的原理加以解释。他从利己的人性论出发，把人的各种关系归结为功利关系。他认为，人性是极端自私的，必须用法律和契约限制和约束人们的欲望，协调人际关系。只有让人在法律和制度的限制下追逐个人利益，实现个人愿望，社会才能协调地发展。霍布斯的人际关系理论的重要缺陷，在于他把人际交

霍布斯像

往的准则看成是相互契约关系的产物，脱离开社会历史条件的分析看待法律、制度和道德。

3. 斯宾诺莎

在荷兰，斯宾诺莎（Benedictus de Spinoza，1632～1677）的人际关系理论也很有特色。他注意到情感在人际交往中的作用，把它作为人际交往中各种行为的来源。在他看来，人若为被动的情感所支配，往往明知是恶而偏要去作恶。他指出，摆脱情感对人奴役的最好办法，就是力求对情感加以真正的理解，对之形成清楚明白的观念。这样，被动的情感就会变成主动的情感，人就会由情感的奴隶变成受理智指导的自由人。

斯宾诺莎像

斯宾诺莎也重视理智在人际交往中的意义。他强调在人际交往中，人必须用理智控制感性欲望。他指出，只有遵循理智指导的人们在本性上才会必然永远同善相符合。为了达到自我保存的目的，他们在理智支配下定会结为友谊，互相扶助，甚至可以以德报怨。

他认为人的本性是自私的，理性使人自爱和利己。但又强调在社会生活中，人为了自爱和利己就必然对他人有所需求，为了达到自爱和利己的目的就必然相互交往，建立起相互扶助、相互支持的人际关系。人只有在他人的帮助和支持下，与他人保持和谐稳定的关系，才能确保个人的私利。不难看出，斯宾诺莎人际关系思想的主要原则是个人主义，尽管他也重视友谊、互助，但最终目的还是为了保存自己。

卢梭像

二、法国启蒙学者的人际关系思想

1. 卢梭

在法国，卢梭（Jean-Jacques Rousseau，1712～1778）从激进的资产阶级民主主义思想出发，阐述了人际关系理论。概括起来说，他的思想集中体现在以下三个方面：

一是从变化发展的社会物质生活中考察人际关系及其发展。他认为，人际交往是社会生产力发展的客观需要。他特别地指出了私有制的产生对人际关系发展的极大影响。他认为，随着私有制的产生，在人与人之间出现了妒忌与暗害、诡诈与残酷的行为以满足贪得无厌的奢望；同时，人类天赋的自由和平等随之消失，不平等也就随之产生和发展起来。所以，卢梭说："在诗人看来是金和银，而在哲学家看来是铁和谷物使人走向文明，同时也让人类走向没落。"[①]这就是说，随着生产的发展，人们脱离原始的野蛮的自然状态进入文明社会，这是人类社会的一个进步；但由于生产的发展，出现了私有制，产生了社会的邪恶，这是一个退步。

二是精辟地阐述了人的自我完善和人际关系的发展。卢梭在其名著《论人类不平等的起源和基础》中，深刻地指出："我觉得人类的各种知识中最有用而又最不完备的，就是关于'人'的知识。"他把认识人类自身看作是认识社会和政治问题的基础。他认为，人天生的具有自爱和对他人的怜悯心。自爱心使人不断地完善自己，善是自爱之心的必然结果。怜悯心是人特有的类意识，它能使人们之间相互同情和帮助，在人际交往中宽厚待人，讲究人道主义。他认为人类的怜悯心对于调节人际关系具有重要作用。

卢梭将花送给一位给孩子喂奶的母亲

三是分析了人际关系中的良心问题。他认为，良心得自天赋，是一种天生具有的自然情感。良心制约着人们的自爱和怜悯心，是人际关系发展的内在动力。根据良心的要求，人们绝不可以伤害别人，而将爱己之心推及他人。由爱己而爱一切与保持自己生存有关的人。为了唤起人们泯灭的良心，卢梭认为必须改造社会，造就新人。而这个途径又"必须通过人去研究社会，通过社会去研究人"[②]。卢梭把人性的认识和改造与社会联系在一起，使人际关系理论又向前迈进了一步。总的来看，卢梭的人际关系思想也是有缺陷的。主要表现在：把人的自爱、怜悯心、良心都看作出自天性；看不到理性对人际行为准则的改造和调节

① ［法］卢梭著，高煜译：《论人类不平等的起源和基础》，广西师范大学出版社 2002 年版，第 114 页。
② ［法］卢梭著，李平沤译：《爱弥尔》上卷，商务印书馆 1978 年版，第 327 页。

作用，等等。从本质上说，仍是以利己主义作为核心和基础的，没有跳出资产阶级人际关系理论的巢穴。

2. 爱尔维修

这一时期的法国，在人际关系理论方面，能与卢梭并驾齐驱的，是他的同龄人爱尔维修(Claude Adrien Helvetius，1715～1771)。爱尔维修从感觉主义出发，认为人的“肉体感觉性乃是人的需要、感情、社会性、观念、判断、意志、行动的原则”。他认为，人所感受的苦乐可以分为肉体的苦乐和记忆中的苦乐，而后者只是感觉的延续或弱化，所以最终只归结为一种苦乐，即肉体的苦乐。人本能地知道什么是肉体的苦乐，人的天性就是追求快乐避免痛苦。这种趋利避害的本性是人的“自我保存”的生存本能，也就是“自爱”(亦即自私、利己)。他指出，人是能够感觉肉体的快乐和痛苦的。因此，他逃避前者、寻求后者。就是这种经常的逃避和寻求，他称之为自爱。他说，自然从我们的幼年起就铭刻在我们心里的唯一情感，是对我们自己的爱。这种以肉体感受性为基础的爱，是人人共有的。不管人们的教育多么不同，这种情感在他们身上永远一样，在任何时代，任何国家，人们过去、现在和未来都是爱自己甚于爱别人的。

从这种“自爱论”出发，他提了“利益论”。他认为利益在世界上是一个强有力的巫师，是个人和社会的唯一推动力。他把社会上人们所追求的利益分为三类，即个人利益、小集团利益、公共利益(或称国家利益)。人们由于受自爱法则的驱使，必然首先追求个人利益。爱尔维修还认为正义和道德也是由于自爱，只要不违背公共利益，人们追求个人利益是合理的，无可非议的。他说，个人利益是人们行为价值的唯一而且普遍的鉴定者；因此，与一个人相联系的正直，按照我的定义来说，无非就是对这个人有利的行为习惯。如果爱美德没有利益可得，那就决没有美德。

爱尔维修还强调了环境对人际关系的影响。他提出“人是环境的产物”或“人的观念是环境的产物”的著名命题。他说的环境着重指社会环境，包括经济制度、政治制度、生活方式、人们之间的交往以及所接受的教育和阅读的书籍等。他特别强调法律制度和政治制度对于人际关系的决定作用。他说，人们在一种自由的统治之下，是坦率的，忠诚的，勤奋的，人道的；在一种专制的统治之下，则是卑鄙的，欺诈的，恶劣的，没有天才也没有勇气的，他们性格上的这种区别，乃是这两种统治之下所受教育不同的结果。他认为，人们的善良乃是法律的产物，造成各民族不幸的，并不是人们的卑劣、邪恶和不正，而是他们的法律不完善。一句话，“法律造成一切”。爱尔维修的这些思想有许多合理之处，但是也有很大的缺陷。他的“自爱论”、“利益论”，主要反映的是资产阶级的功利主义；他不懂得社会存在决定社会意识、经济基础决定上层建筑的客观法则。在“人是环境的产物”的观点中，存有片面性，并最终陷入历史唯心主义。

三、德国古典哲学家的人际关系思想

1. 康德

在这一时期的德国，对人际关系理论作出突出贡献的，当推康德、费希特和费尔巴哈。

康德像

康德(Immanuel Kant，1724～1804)提出了处理或调整人际关系的原则——“道德律”。他所说的道德律，不是具体的社会行为规范，而是一种抽象的东西。他称其为“绝对命令”，它是无条件的，即毫不计较功利得失的准则。“绝对”就是在为了道德本身的目的以外没有其他的目的；“命令”就是因为它只是“应当”做的，而不是“实际”就是这样做的，因为真正的社会的人除了“理性之外”，还有经验感性的条件对道德行为的影响。

康德提出的最重要的一条绝对命令是：“我一定要这样行为，使得我能够立定意志要为行为的格准成为普遍规律。”[①]这条绝对命令的意思是说，我这样做一件事，不仅是我这样做，还要求所有的人都应当这样做，这样的行为才是有道德的。这里的“格准”则是说一切理性者都认为它是有根据的。这个绝对命令并没有对任何具体行为规定一个标准，而是有这样一个原则，可以把它运用到具体的行为上去。这个原则，类似于人道主义者曾提出的“己所不欲，勿施于人”原则。法国大革命中的《人权和公民权利宣言》(1793 年)中指出：“(自由)在道德上的限制表现于下列格言：己所不欲，勿施于人。”

康德的第二条道德规律是：“你须要这样行为，做到无论是你自己或别的什么人，你始终把人当目的，总不把他只当做工具。”[②]因为每个人都把别人当成目的，而不把别人当作工具，那么，每个人都是主人。所以，这里又引申出第三条道德规律，即“各个有理性者的意志都是颁布普遍规律的意志”[③]。这两个“道德规律”是说，每一个人都按照他自己的道德规律行事，他的动机只可求之于道德规律本身，不应当考虑到其他的因素，如快乐、幸福等等。他把这种道德叫做“自律的道德”。而那种考虑到快乐与幸福以致对神的意志的服从等等的道德，都叫做

① [德]康德著，唐钺译：《道德形而上学探本》，商务印书馆 1957 年版，第 16 页。
② [德]康德著，唐钺译：《道德形而上学探本》，商务印书馆 1957 年版，第 43 页。
③ [法]康德著，唐钺译：《道德形而上学探本》，商务印书馆 1957 年版，第 48 页。

“他律的道德”。按照“自律的道德”,每个有理性者都是自己对自己颁布规律,所以每一个人都自己有自己的目的,不把别人看成工具。这样,每个人都有了自己的尊严,都有了自己的人格,人与人之间也有了平等,而每个人都按照自己的“实践理性”办事,不接受外来的控制,因而每个人都得到自由地全面地发展,这就是所谓的“意志自由”,也就是所谓的“个性自由”、“个性解放”。

康德的墓碑

伊曼努尔·康德是德国古典哲学的创始人。他一生过着单调的学者生活,终生未娶,也从未踏出他的出生地——哥尼斯堡。但他却在哲学界掀起了一场“哥白尼式的革命”,提出了著名的“三大批判”,即纯粹理性批判(1781)、实践理性批判(1788)和判断力批判(1790)。后人认为,康德成为学习哲学者不可逾越的桥梁。

康德去世后,人们为了纪念这位思想家,在他的墓碑上刻上如下文字:

“有两种东西,我对它们的思考越是深沉和持久,它们在我心灵中唤起的惊奇和敬畏就会日新月异,不断增长,这就是我头上的星空和心中的道德定律。”

这句话取自《实践理性批判》最后一章。在康德看来,人世间同自然界一样,存在着神圣的道德法则,任何人都应该遵守。正是道德法则的存在,使人脱离了动物,人成为人,扩展了人的无限价值。

2. 费希特

费希特(Johann Gottlieb Fichte,1762～1814)继康德之后,也提出了一套人际关系理论。他认为,人应该放弃他自己而变成宇宙的大机器中的一个齿轮。这样,“在个人的渺小狭隘的自我已被法制消灭的这个地方,每个人爱任何别人,真象爱他自己,他是一个伟大自我的组成部分,这个大我唯独对他的爱感兴趣,而他在这个大我中也不过是一个只能与整体共同分担得失的单纯组成部分”[①]。他认为,在这里恶反对善的斗争消除了,因为已经不能出现恶。“为善的人们彼此之间的争执也由于善而消失了。”[②]费希特认为,在社会中,人与人的关系应该是平等的、友好的和善意的关系。不允许任何人把他当成

费希特像

① [德]费希特著,梁志学译:《论学者的使命人的使命》,商务印书馆1984年版,第175～176页。

② [德]费希特著,梁志学译:《论学者的使命人的使命》,商务印书馆1984年版,第176页。

手段，而只能当成目的。他说，人可以把利用非理性的东西作为达到自己目的的手段，但是他却不可把利用理性生物作为达到自己目的的手段；他甚至不可把利用理性生物作为达到理性生物的目的的手段。为此，他批判了功利主义者。认为功利主义者是那种为了满足自己的欲望而不惜牺牲别人的利益，并且强行占有别人的利益，妄图做别人的主人的人。他说，任何把自己看作是别人的主人的人，他自己就是奴隶，即使他并非果真如此，他也毕竟确定具有奴隶的灵魂，并且在首次遇到奴役他的强者面前，他会卑躬屈膝。他认为，凡是剥夺他人自由或不尊重他人自由的人，本身就是不自由的，只有这样一种人才是自由的，这种人愿意使自己周围的一切都获得自由，而且通过某种影响，也真正使周围的一切都获得自由。

3. 费尔巴哈

费尔巴哈（Ludwig Andreas Feuerbach，1804～1872）的人际关系理论带有明显的人本主义（humanism）特征。这集中表现在他关于人的本质的说明上，从人本学的观点出发，他对人及其本质作了多方面的规定：他为人的本质打下一个基础，指出人的本质就是自然存在；他为人的本质确定了范围，强调人的本质是包含在团体当中的，包含在人和人的统一当中的，包含在自我和你的区别上面的。但需要指出的是，费尔巴哈有时把"自我"与你的关系了解为人与人之间的社会交往，有时也叫做"类"的关系，有时又叫做"爱"的关系。他有时在阐明"自我'与"你"的交往问题时，也还带有男性和女性的交往的关系。

费尔巴哈像

费尔巴哈揭示了人与动物的区别，确定人的类本质是自我意识的理性。他指出人的本性是利己主义和爱。这是人的最高本质，也是历史发展的动因。不难看出，费尔巴哈关于人的本质的说明仍然是很抽象的，因为他忽视了决定人的本质的首要因素——人的经济关系。他也没有从"社会关系的总和"的角度把握人的本质。从这种抽象的人的本质论出发，费尔巴哈十分注重利己主义的地位。他把利己主义奉为美德的第一立法者和原因，称其为"道德与法所立足上的这天然的脚"。这是一种资产阶级的个人主义和唯我主义。

费尔巴哈对利己主义作出了很多说明。他认为不仅有单数的或个别的利己主义，还有社会的利己主义，家族的利己主义，集团的利己主义，区域的利己主义，爱国的利己主义，一句话，"合理的利己主义"。很明显，这里存在自己和他人、利己和利他的矛盾。为了解决这个矛盾，他提出了两个道德基本原则：合理节制自己及对人以爱。这个自我节制的原则，在满足个人自然需求的日常生活范围内，是有一定的实际价值的。但在社会的政治经济等领域中，则很难行得通。而且这个原则在费尔巴哈那里，归根结底还是为了满足个人的幸福。他自己也承认："你的第一个责任便是使自己幸福。"①

综观欧洲近代人际关系理论的发展，可以看出，这一时期中的人际关系思想和理论，从两个主要方面打上资产阶级的思想印记，利己主义和平等、博爱。这种思想和理论，是对中世纪基督教统治时期人际关系思想和理论的彻底反叛，也是对文艺复兴时期人文主义者的有关思想和理论的继承、发展和光大。同时，它为此后人际关系思想和理论的进一步丰富和发展，创造了有利的条件。马克思主义的人际关系思想和理论，就是在这个基础上产生和发展起来的。

第四节　现代西方的人际关系思想

我们这里所说的现代，指的是从 19 世纪下半叶至现在。这一时期，科学技术快速发展，生产力水平极大提高。随着信息技术的发展，国际政治经济的全球化，人与人越来越相互依赖，世界越来越成为一个地球村。人们一方面享受着物质生活富足，另一方面，生存的竞争压力增加，人际交往日益受到经济生活的影响。时代的主旋律是反对传统的绝对主义，更加关注人的现实生活，抛弃抽象的形而上学，对于现代社会人际关系进行深刻的思考和批判。这一时期西方的思想界派别林立，出现了一大批思想大家。篇幅所限，这里仅介绍几个重要人物的人际关系思想。

一、19 世纪几位重要人物的人际关系思想

1. 尼采

尼采(Friedrich Wilhelm Nietzsche，1844～1900)是意志主义的代表人物，意志主义产生于 19 世纪的德国，其主要特征是把人的意志作为世界的本体，反对理性主义。尼采在西方伦理学史上是一个极具颠覆性的人物。他出生于德国一个牧师家庭，祖先为波兰贵族。鲁迅、郁达夫早年都受其思想影响。

尼采强烈批判了旧有的人际关系，认为这些都是鼓励了弱者而压制了强者。其思想的核心概念是权力意志，也有人译为"强力意志"。权力意志是生命的本质，也是世界的本质。他说："世界除了权力意志外，什么也不是；同样，你本人除了权力意志外，什么也不是。"在尼采看来，"生命本身就是对异己的东西和弱小的东西的占有、伤害和征服，就是特殊形式的镇压、严酷和强求，就是合并，或至

① 费尔巴哈著，荣震华等译：《费尔巴哈哲学著作选集》上卷，商务印书馆 1984 年版，第 249 页。

少是，说得好听点是利用……‘剥削’并不属于一个堕落的、残缺的和原始的社会；它是生物的本性，这种生物就是一种原初的有机功能；它是固有的强力意志的结果，这种强力意志就是生命意志”。[①] 由此可知，权力意志是一种创造一切、控制一切、自我扩张(self-extension)的生命力量。权力意志无处不在，如生物界的生存竞争、弱肉强食、原子辐射等，都是权力意志的结果。

尼采像

根据权力意志，尼采进一步阐述了何为善恶。他坚决反对传统的道德评价标准。只有“增强人类的权力感、权力意志、权力本身的东西”才是善；反之，“凡是来自柔弱的东西”都是恶。因此，人与人之间的仁爱、同情、怜悯，这些不是善，而是恶，因为这些是鼓励弱者，是弱者为了免受强者侵犯而编出的诡计。

尼采把人类道德分为两类：奴隶道德和主人道德。奴隶道德是属于弱者的道德，也就是普通人的道德，诸如仁爱、怜悯、宽恕等皆属于奴隶道德标准；而主人道德是强者的道德，主人道德要求刚强、勇敢、有为、战争。为什么要同情怜爱别人，隐含的前提是对方是软弱的无力的，所以需要别人同情；但是对于强者而言，是不需要别人的同情怜爱的，他需要的是别人的尊敬和敬仰。因此，同情怜爱是属于弱者的道德。人与人也不是平等的，平等其实是弱者对强者的诡计，是想把强者变成和他一样的弱者。

尼采的道德观念实质是批判以基督教为代表的传统道德观。他把基督教道德观视为奴隶道德，他颠覆了基督教的人际关系理念。基督教要求人们首先要爱上帝，然后推及爱人和事物。但尼采宣布“上帝死了！”上帝是教士们编造的谎言。基督教是堕落的，它充满着弱者对高贵者的仇恨，否定权力意志。凡是有害于生命的东西基督教都说是真实的；凡是提高生命价值的、肯定生命的却被说是虚假的。

事实上，尼采的道德观有着更加深层的含义，就是强调人的“超越”和“自由”。传统道德观把道德作为一种规范，是对人性的束缚；而尼采认为道德标准是人创造的，道德要顺应人的本性。他说，“奴隶道德要求一种外在与客观的世界作为它存在的条件；相反，主人道德则仅仅是追求它的反面”。这就是说，弱者是被动接受环境、道德规范；而强者是主动创造道德规则。用尼采的话说，就是“高贵类型的人把自己作为是价值观念的决定者，他不要获得赞许。……他是价值观念的创造者”。

① [德]尼采著，程志民译：《善恶之彼岸》，华夏出版社2000年版，第186～187页。

2. 边沁与密尔

边沁像

功利主义(utilitarianism)是伦理学中的一个重要的流派,它提供了处理人际关系的一种方法。功利主义产生于近代英国,最早萌芽于培根和霍布斯,最终由边沁和密尔将其建立成一种系统的体系。

边沁(Jeremy Bentham,1748～1832)是英国哲学家、经济学家,是功利主义的创始人。他认为人的幸福就是追求快乐,避免痛苦。凡是有助于产生快乐的行为和事物便是好的,反之则是坏的。行为的正当在于最终效果,而不是人的动机。为了便于可操作化,他甚至还编制了一个"快乐和痛苦的等级表"来测定人的苦乐。边沁还将功利主义应用于社会。因为社会是由个人组成,社会幸福是个人幸福的总和。判断一个人的行为,或者法律、政策是否正当,就是看这种行为对人们的幸福是增加还是减少,对于社会的利益就应该是社会幸福的最大化,这就是最大化幸福原则。

密尔(John Stuart Mill,1806～1873)在边沁理论的基础上,进一步提出了"最大多数人的最大幸福"原则。个人在追求自己幸福的同时,不应该违背"最大多数人的最大幸福"原则。同时,还指出快乐不仅有量的差别,还有质的不同,精神的快乐要高于肉体的快乐。

密尔像

达尔文像

3. 斯宾塞

达尔文(Charles Robert Darwin,1809～1882)的进化论在现代思想史上有着重要影响,其意义远远超出了生物学界,它对于人的研究提供了一个新的范式——生物学范式。达尔文揭示了人从动物演化而来,因此,人类的交往行为可以类比于生物模型。英国社会学家赫伯特·斯宾塞(Herbert Spencer,1820～1903)率先将进化论应用于人类社会。

斯宾塞认为人与人的关系可以类比于生物之间的关系。达尔文进化论包含三个基本原理:(1)存在多个物种,为了生存相互竞争;(2)自然选择,适者生存,最适应环境的才能够生存下去;(3)进化和遗传。人类社会也是如此,人与人之间也存在着相互竞争,弱肉强食,最终适应于环境者生存下来。斯宾塞描述了现代西方社会中的人际间的残酷的竞争关系。市场经济的运行法则就是竞争法则,虽然人际竞争提高效率,但也增加了人的生存压力。

斯宾塞像

对于善恶问题,斯宾塞认为,对于个体和社会而言,首要的就是个体和种族的生存,所以,“任何有助于后代或个体保存的行为,我们把它视作相对于物种而言的善的行为,反之否然”。斯宾塞赞同利己主义,利己主义是人适应环境的本能。但是,他并不像霍布斯那样认为人只是自私自利的,而且也有利他的一面。当然首先是利己主义,其次是利他主义,二者相互促进。比如母亲的行为,一方面,母亲首先要维持自己的生命延续,因此,她的行为无疑是利己的;另一方面,她的自保行为保证了种族的延续,因此,她的行动也是利他的。“正常的利己主义行为的不足,会导致生活的衰弱和丧失,因而也丧失了利他的能力。”斯宾塞指出,极端的利己主义和利他主义都是错误的,正确的态度是二者的统一和解。

二、20世纪几位重要人物的人际关系思想

1. 弗洛伊德

西格蒙德·弗洛伊德(Sigmund Freud,1856～1939)是现代重要的思想家,他开创了精神分析(psychoanalysis)心理学流派,他的思想已经广泛渗透到哲学、社会学、艺术、人类学等各领域,他改变了人类对自己的认识。弗洛伊德认为,人的一些交往行为出于潜意识而不是意识。通过对梦、口误等分析可以了解他人的潜意识。人际交往的障碍源于本能欲望的压抑。

弗洛伊德像

弗洛伊德通过对精神病人的分析,发现了“潜意识”(或下意识),这构成了后续理论的基石。我们一般

可以对自己的行为、心理有所察觉，这些称为显意识，即意识。然而，潜意识是人被压抑的平时意识不到的精神活动。在人正常生活中，意识控制着潜意识；而当人精神放松、做梦时，潜意识就会浮现。弗洛伊德认为，潜意识的核心内容是人的性欲(sexual desire)。俄狄浦斯情结(恋母情结，Oedipus complex)和爱列屈拉情结(恋父情结，Electra complex)就是儿童性欲的表现，即对父母一方的爱和对另一方的妒恨，这种情结会影响到成人，成为潜意识。

少女杜拉的故事就体现了爱列屈拉情结在人际交往的作用。杜拉是弗洛伊德的一个病人，是个美丽的姑娘。有一天，她突然变得神志不清了，被她父亲送到了弗洛伊德那儿。经过一个时期的治疗，弗洛伊德发现杜拉存有严重的爱列屈拉情结。杜拉爱着他父亲，因此，她非常妒忌父亲的情人克女士。为了报复，她成为了克女士丈夫的情人，14 岁与克先生发生了性关系。后来，她强迫她的父亲和克女士断绝关系，最终精神崩溃。在这个案例中，根据爱列屈拉情结理论，圆满解释了杜拉同克夫妇间的关系。在日常生活中，性常常遭人避讳的，但是有时人与他人交往的行为不自觉地受其控制。弗洛伊德的性欲理论(sexual theory)在解释两性交往以及性心理障碍时有着重要指导意义。

弗洛伊德认为人格是由本我、自我和超我三部分构成的：

(1)本我

欲望的伸展　[西]达利

本我(id)位于人格结构的最底层，是指先天的、原始的潜意识部分，是被压抑的本能、欲望等各种生理需要，它具有很强的原始冲动力量，弗洛伊德称其为“力必多”(libido)。本我是无意识、非理性、无道德、非语言性的，它遵循快乐原则。

(2)自我

自我(ego)位于人格结构的中间层，是意识部分，它处于本我和超我之间，其作用主要是调节本我与超我之间的矛盾，它一方面监督、驾驭着本我，另一方面又受制于超我。它遵循现实原则，以合理的方式来满足本我的要求。

(3)超我

超我(superego)位于人格结构的最高层，由社会规范、伦理道德、价值观念内化而来，是人格中的道德部分，其作用一是限制本我的冲动，二是指导自我，三是追求完善的境界。它遵循至善原则。

本我、自我和超我三者相互交织在一起，共同构成了人格的整体。当三者处于协调状态时，人格表现出一种健康发展状况；当三者失调时，就会出现神经症。

后来的精神分析学者如弗洛姆等并不满意将人的行为仅局限于性心理的解释，认为社会的、文化的因素对人的行为都有影响。

2. 海德格尔

海德格尔(Martin Heidegger，1889～1976)是当代的哲学大家，被称为“诗人哲学家”，开创了现代存在主义(existentialism)哲学流派，他主要关注的是人的问题，描述了现代人的生存情况，他的“常人理论”阐述了现代社会人际关系状况。

海德格尔将“人”称为“此在”，即人是一种特殊的“在者”，他可以领悟和筹划自己的存在。人一出生就同其他人共同存在，即“人在世”。“人在世”结构，说明人是不能脱离他人而存在。人在世，就要同其他人打交道，叫做“烦神”。个人与他人打交道有两种方式：一种是用自我代替他人，类似于汉语中的“越俎代庖”，把他人应作之事拿过来；另一种是使自我消失在他人之中，即把自己应做的事交给他人。这两种方式，海德格尔都是不赞同的，尤其是后一种。

自我消失于他人，即是常人(也有人译为“众人”)。常人理论准确描述了现代社会人和人际关系的状况。常人，就是毫无个性的众人，人云亦云，凡事随大流，人们的思考行事受他人支配，而没有自己独立的判断。海德格尔在《存在与时间》中是这样描述的：“常人展开了他的真正独裁。常人怎样享乐，我们就怎样享乐；常人对文学艺术怎样阅读判断，我们就怎样阅读判断；……一切人都是这个常人，说是这个常人指定着日常生活方式。……公众意见当下调整着对世界与对此在的一切解释并始终保持为正确的。”①

海德格尔的确道出了现代社会人际关系的一个事实，人们都是随波逐流的。他人的意见左右着我们的判断，使得每个人丧失了个性。他总结了常人的六个特征：平凡、服从、迁就、公众性、不负责性和适应感。

在海德格尔看来，越俎代庖和常人，都不是人与人交往的本真状态，理想的

---

① [德]海德格尔著，陈嘉映、王庆节译：《存在与时间》，三联书店1987年版，第156页。

人际交往应该是自己保持自己的一定个性，既不干涉他人，他人也不干涉我，人与人和谐相处。他的见解是值得我们深思的。

3. 萨特

萨特(Jean Paul Sartre，1905～1980)是继海德格尔后另一位存在主义哲学家，同时也是文学家，1964年获得了诺贝尔文学奖。萨特根据其哲学理论，探讨了人际交往时价值选择和道德责任问题。他提出了一个非常著名的论断，“存在先于本质”，该观点也是其理论的基础。这里的“存在”指的是“人的存在”。人是先存在，然后人才有本质。萨特说：“首先有人，人碰上自己，在世界上涌现出来—然后才给自己下定义。如果人在存在主义者眼中是不能下定义的，那是因为在一开头人是什么都说不上的。他所以说的上是往后的事，那时候他就会是他认为的那种人了。”①

萨特像

人与物的不同在于，人的生活是由自己选择和筹划的，而不是事先规定的，只有人死亡时，其本质才确定。萨特强调人的绝对自由，同样，在人际交往过程中，他反对像康德那样认为存在一种绝对的道德准则，人应该是自由选择的。曾经有个学生同母亲生活在一起，在德国入侵战争中他的兄弟战死。这时他面临着两个选择：是留下照顾他母亲，还是上战场杀敌，于是请教萨特。萨特回答说：“你自由挑选，自由创造吧！”不存在什么预先的道德标准。

与自由选择伴随而来的，就是责任。既然是你自己作出了选择，那么你就要承担相应的责任。“如果说存在确是先于本质，那么人对他的本性是要负责任的。”“我们不仅对自己的个体负责，而且要对一切人负责。”但承担责任就产生了烦恼。

对于自我与他人之间的关系，萨特很不乐观，他有句名言“他人就是地狱”。这是因为他人的存在，会对个体的主体性和自由价值产生极大的威胁。比如，你一个人走到了空旷的荒地，周围没有一个人，人会感到特别放松，可以高声大喊，可以在地上打滚。而这时，你突然听到远方有人在说话，你就会马上警觉，恢复常态。类似的生活体验我们都是有的。

4. 马斯洛

马斯洛(Abraham Maslow，1908～1970)是美国心理学家，被誉为“人本主

① [法]萨特著，周煦良、汤永宽译：《存在主义是一种人道主义》，上海译文出版社1988年版，第8页。

义心理学之父”。在当时心理学界，主流心理学流派是弗洛伊德主义（Freudianism）和行为主义（behaviorism）。但马斯洛认为，弗洛伊德主义和行为主义缺乏对人积极的评价，前者只看到了人性黑暗的一面，后者把人视为动物，他倡导“积极的心理学”。

马斯洛像

马斯洛的需要动机理论，成为人际激励的一个重要理论基础，他指出人的互相尊重对于人际交往的重要性。马斯洛在《调动人的积极性理论》(1945)中提出了需要层次理论（need hierarchy theory）。马斯洛的需要层次理论把人的需要分为生理需要、安全需要、友爱归属需要、尊重需要和自我实现需要五个层次。见图 5-1。

生理需要。生理需要是人维持生存的基本需要，包括食物、空气、睡眠、性等内容。生理需要对人来说是必要的，但他也批评了霍布斯等仅看到了这一层面。

安全需要。一般人希望过一种安全稳定的生活。安全需要既包括个人安全内容，如依靠、保护、免受恐吓、焦虑等，也包括社会安全内容，如社会治安稳定。

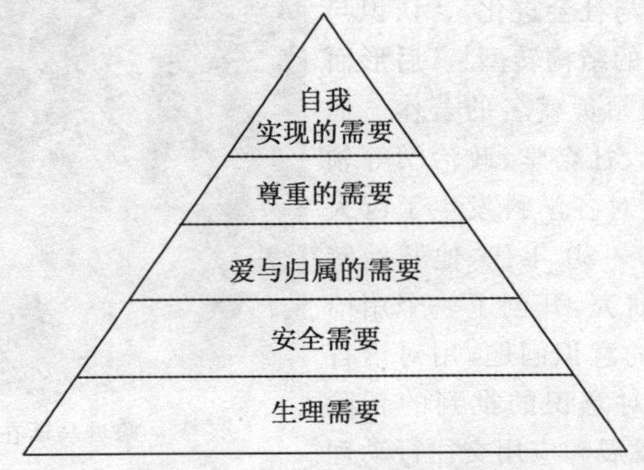

图 5-1 马斯洛需要层次示意图

爱与归属的需要。当前两种需要满足后，人就会产生更高层级的需要。人需要社交、友谊、爱情，希望成为团体的一员。马斯洛在这里揭示了人际交往的动机。

尊重的需要。他说，除少数病态人之外，人“有一种对自尊、尊重和来自他人尊重的需要或欲望。这种需要可以分为两类：第一，对于实力、成就、权能、优势、胜任以及面对世界时的自信、独立和自由等欲望,对地位、声望、荣誉、支配、公认、注意、重要性、高贵或赞赏等的欲望。第二,对于名誉或威信(来自他人对自己尊敬或敬重)的欲望”[①]。

自我实现的需要。自我实现是人性的充分体现,是指有实现个人理想和充分发挥自己潜能的欲望。他说:“一个人能够成为什么,他就必须成为什么,他必须忠实于他自己的本性。这一需要我们就可以称之为自我实现的需要。”[②]这一思想在管理中有着重要应用。人工作除了必要的工资待遇外,还需要充分发挥自己的潜能。而当人不能够自我实现时,容易产生情绪低落,甚至产生心理问题。

马斯洛认为,人的需要处于一种动态水平中,当低层次的需要得到满足后,就上升到较高层次的需要,只有高级需要的满足,才能产生令人满意的主观效果。当前最迫切的需要决定着人的行为,而某一时期内最重要的需要的强烈程度,取决于这种需要在需要层次序中的位置,以及低于这种需要的需要是否得到满足。

5. 哈贝马斯

哈贝马斯(Jurgen Habermas,1929～),德国现代著名哲学家、社会学家,法兰克福学派第二代主要代表人物。他著述丰富,《重建历史唯物主义》、《交往行动理论》、《交往与社会进化》、《认识与兴趣》、《公共领域的结构转型》、《后形而上学思想》等都是颇负盛名的著作。他研究广泛,在哲学、社会学、政治学等领域都有深厚造诣,对各学科发生了巨大影响。20世纪70～80年代,他开始转向了交往理论的研究,开创了一个用语言问题取代传统的意识问题、用对语言的先验批判代替对意识的批判的新阶段,致力于创建、发展和应用交往行动理论。他不仅对当代各种社会问题开展了积极探索,而且还为旨在构建社会和谐秩序与人际和谐关系方面作了大量对策性研究。

哈贝马斯在书房

在《交往行动理论》第1卷中,哈贝马斯先比较简单地对行动与合理性概念进行了规定,然后在对韦伯与卢卡奇等的思想分析中详细展开了他的学说。他

① [美]马斯洛著,许金声等译:《动机与人格》,中国人民大学出版社2007年版,第28页。

② [美]马斯洛著,许金声等译:《动机与人格》,中国人民大学出版社2007年版,第29页。

主张"现存世界"可以分为"客观世界"、"主观世界"和"社会世界",依据行动者同这三个世界所发生的不同关系状况,区分出四种行动类型:目的性行动,又称作工具性行动;规范调节的行动,即一个群体的受共同价值约束的行动;戏剧式行动,它指行动者在一个观众或社会面前有意识地表现自己意图、思想和感情的行动;交往行动,它是行动者个人之间的以语言为媒介的互动。这四种行为侧重于世界的不同方面,工具性行动主要考虑客观的或外在的世界,规范调节行动关涉客观世界与社会世界,戏剧行动与主观及外部世界相适应,这三者都不是人与人之间的主动的、互动的调节。在交往行动模式中,行动者"从他们自己所解释的生活世界的视野","同时涉及客观世界、社会世界和主观世界中的事物,以研究共同的状况规定"。① 人与人之间通过交往行动,进行平等交流和对话,相互理解、求同、合作,只有通过交往关系才能找到合理的共同生活方式。因此,交往行动是一种全方位的行动,比其他行动在本质上更具合理性。交往行动组成的世界也是由日常语言支撑的世界,即哈贝马斯所谓的"生活世界"。交往行动和生活世界问题是贯穿在哈贝马斯学术研究中的中心线索。

从哈贝马斯的有关论述可见,交往行动理论大致有三个基本特征:第一,"理解"是其交往行动的核心要素。他认为交往行动以理解为导向和目的,"理解"被看作为展开于主体之间的交互性意识活动,即参与的主体之间的默契与合作,这充分体现了交往行动的主观特征。第二,交往理性是其交往行动遵循的基本原则。哈贝马斯认为,晚期资本主义社会所发生的种种危机,根源于当今人类理性的彻底工具化、操作化,他自己提出的"新理性"将关注人们相互间产生意义的交往过程,以恢复人与人之间的互相理解和信任,有助于克服理性危机。在人与人互动交往中,人们按照一定的规范结构调整自己的行动,并期望交往对方也能遵从同样规范的指导,这种规范既可表现为法律规范,亦可表现为道德规范,它是不同利益主体通过交往、对话、商谈,达成合作与协调,寻求共存、互利发展的心理倾向、认知构架和行动取向。这种达成共识、形成一体化的意向与趋势,就是交往理性。第三,"言语行为"是其交往行动的最主要形式。哈贝马斯强调语言是最直接、最基本的交往媒介,言语行为以"达到理解"为根本目的,是最基本的交往行动。并且,作为交往中介的语言不是独白式的形式语言,而是对话式的日常语言。在理想的话语情境中,"所有参与者无保留地追求加强语义的语言目标,以便达成共识,为各人所追求的行动计划能一致协调奠定基础"②。

哈贝马斯如此重视交往行动理性化,旨在建立理想的交往行动理性模式。

---

① [德]哈贝马斯著,洪佩郁、蔺青译:《交往行动理论》第1卷,重庆出版社1994年版,第128页。

② [德]哈贝马斯著,洪佩郁、蔺青译:《交往行动理论》第1卷,重庆出版社1994年版,第95页。

因为现实生活中交往行动存在不合理化，一方面表现在受各种因素的影响，人们在交往行动中往往违背基本规范原则，导致交往障碍重叠，交往言路断裂，交往关系呈现为扭曲的病态；另一方面表现为交往行动的空间范围不断缩小，生产领域、科学领域和政治领域等，亦即有明确功利目标的专业化世界，以不断加快的速度吞噬着交往行动展开的领域——生活世界。原初的日常生活世界是人类生存的根基，当其被吞噬或被殖民化时，人类社会便产生了严重的异化。哈贝马斯经过研究给出的解决方案是：限制资产阶级国家政治权力和经济权力，为生活世界留下足够的运行空间；梳理人们的交往关系，特别是建构交往理性，促进人们按照交往理性进行普遍性规范和协调，开展能够有效沟通的交往行动，保证生活世界的合理化状态。同时，也保证公共领域和私人领域的和谐关系，使它们都能充分发挥自己的积极功能。①

哈贝马斯交往行动理论的独特之处，就在于它强调交往与人类社会生活的内在统一性，注重研究交往过程中人与人之间的互主体关系，以及语言符号、思想观念等方面的意义，从而独辟蹊径。当代西方社会是一个社会交往实践居于前台的后工业社会，虽然交往实践中包含着人与自然的主客体关系，但就其直接性而言，主要表现的是主体之间的关系，即人际关系。从某种意义上说，以主客体关系为基本结构的物质资料生产应当服务于以主体间关系为基本结构的人际交往。哈贝马斯的交往行动理论正是适应了西方后工业社会的这一新变化而提出的，尤其是该理论形成的特定背景和现实根据，触及到西方文化中一些根本性的问题，值得我们加以重视和研究。然而不可否认，这个理论是在重建历史唯物主义思想意图牵引下构建起来的。该理论所使用的方法背离了唯物史观的方法论原则，没有从生产与交往辩证统一出发来解释历史发展，更没有看到以主体间关系为基本结构的人际交往本身也是人类实践的产物，而是认为语言高于生产，交往高于实践，这就决定了其交往行动理论无法真正说明现实的人的交往，及其所形成的特定的社会联系在人类活动中的地位和作用。②

戴尔·卡耐基

戴尔·卡耐基（Dale Carnegie，1888～1955）是美国著名的成功学大师和人际关系学家。

戴尔·卡耐基从小家里很穷，高中毕业后就读于密苏里州华伦斯堡州

① 参见郑杭生等主编《马克思主义社会学史》，高等教育出版社 2006 年版，第 290 页。

② 参见朱士群等《阶级意识、交往行动与社会合理性：西方马克思主义社会政治理论的现代性话语》，中国科学技术大学出版社 2005 年版，第 238～239 页。

立师范学院。由于家里负担不起市镇上的生活费用，只能住在家里，每天骑马上学，他是全校六百名学生中五六个住不起市镇的学生之一。回到家里还要帮父亲干活。由于贫穷，卡耐基非常自卑。他决定学习公众演讲和辩论以出人头地，他参加了12次比赛，但屡战屡败。但他并没有放弃努力，后来以《童年的记忆》为题的演说，获得了勒伯第青年演说家奖。大学毕业后，卡耐基做销售，推销咸肉、肥皂和猪油，后来又卖卡车。

1912年，卡耐基在纽约的一家夜校开设了公共演讲课，课程非常成功，从此声名鹊起。他不仅仅是给人讲授演讲技巧，而是帮助人们提高自信，增强勇气。在当时，美国经济正陷入萧条，人民为战争和贫困所困扰，而卡耐基开创了一条如何为人处世、走向成功之路，激励了无数陷入迷茫和困境的人，甚至包括"石油大王"洛克菲勒。卡耐基一生致力于人性问题研究，开创出一套独特的融演讲、推销、为人处世、智能开发于一体的成人教育方式，被誉为美国现代成人教育之父、人际关系学鼻祖 。

卡耐基写了很多书，大都成为20世纪最畅销的成功励志经典，主要代表作有：《沟通的艺术》、《人性的弱点》、《人性的优点》、《美好的人生》、《快乐的人生》、《伟大的人物》、《友谊的秘密》、《人性的光辉》、《卡耐基人际关系学》等，后收编在《卡耐基成功学全集》里。这些书出版之后，先后被译成几十种文字，风靡全球。

这里仅摘录卡耐基的几条告诫：

一个人事业上的成功，只有15%是由于他的专业技术，另外的85%要依赖人际关系、处世技巧。软与硬是相对而言的。专业的技术是硬本领，善于处理人际关系的交际本领则是软本领。

关心他人与其他人际关系的原则是一样的，必须出于真诚。不仅付出关心的人应该这样，接受关心的人也应当如此。

想交朋友，就要先为别人做些事——那些需要花时间、体力、体贴、奉献才能做到的事。

如果你要使别人喜欢你，如果你想他人对你产生兴趣，你注意的一点是：谈论别人感兴趣的事情。

一种简单、明显、最重要的获得好感的方法，那就是记住他人的姓名，使他人感觉对于别人很重要。

如果希望成为一个善于谈话的人，那就先做一个愿意倾听的人。

太阳能比风更快地脱下你的大衣；仁厚、友善的方式比任何暴力更容易改变别人的心意。

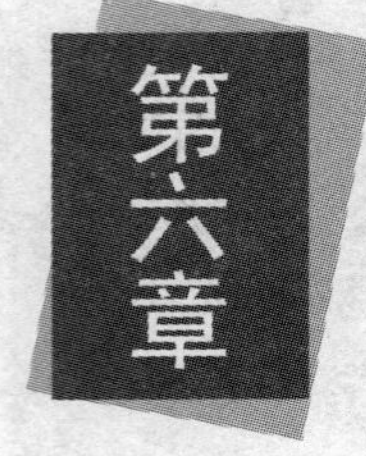

第六章 马克思主义关于人际关系的思想

在一个半多世纪历史发展中，马克思、恩格斯、列宁、毛泽东、邓小平等经典作家，都在不同时期的具体情况下以各自的视角论述了人、社会关系与人际关系问题，并以他们的亲身践行创设和扩展着周围的人际关系。

第一节　唯物史观的创立与人及人际关系

人与人之间的关系，涉及到人类生活的方方面面，从经济、政治、文化、社会关系到伦理关系、家庭关系、心理关系等。其中，经济关系是所有一切关系之所以发生、发展的基础，它制约和孕育着其他关系，当然其他关系也反过来对经济关系产生影响。

马克思(Karl Marx，1818～1883)首次提出了唯物史观，发现了剩余价值学说，马克思、恩格斯(Friedrich Engels，1820～1895)共同创立了“新世界观”，在人类认识史上实现了伟大的变革。毫无疑问，经济关系、生产关系是他们揭示其他人际关系的基石。

正如列宁所指出的：马克思“所用的方法，就是从社会生活的各个领域中划分出经济领域，从一切社会关系中划分出生产关系，即决定其余一切关系的基本的原始的关系”，“只有把社会关系归结于生产关系，把生产关系归结于生产力的水平，才能有可靠的根据把社会形态的发展看作自然历史过程”。①

人际关系的认识同人的本质、人的社会关系的揭示是分不开的。马克思对人的认识经历了一个不断深化和提升的过程。青年时期，他从黑格尔主义出发，将人看作精神的人，把自我意识当作人的本质。马克思在《德法年鉴》上发表文章，首次提出了“人类解放”的口号，初步寻找到实现人类解放的途径和力量，思想发生了根本转变。在费尔巴哈的影响下，马克思对黑格尔和青年黑格尔派进

① 《列宁选集》第1卷，人民出版社1995年版，第6、8页。

行了批判，把人的本质归结为人本身，即“人的自由自觉的活动”，“人的本质是人的真正的社会联系，所以人在积极实现自己本质的过程中创造、生产人的社会联系、社会本质”①。

马克思通过费尔巴哈的“唯物主义之桥”继续前进，从抽象的人转向现实的人，提出人的本质不是自然属性而是其社会属性，“人的本质不是人的胡子、血液、抽象的肉体的本性，而是人的社会特质”②。他摒弃了人类本质的提法，着眼于人的现实的社会历史本质，明确提出应该以现实的人为基础，从社会关系出发去把握人的本质。由此，马克思确立了人类历史的前提，“不是某种处在幻想的与世隔绝的、离群索居状态的人，而是处在一定历史条件下进行的、现实的、可以通过经验观察到的发展过程中的人”③。用一句话来概括：“这是一些现实的个人，是他们的活动和他们的物质生活条件。”④

恩格斯像

在《关于费尔巴哈的提纲》中，马克思第一次作出了科学揭示：“人的本质并不是单个人所固有的抽象物，在其现实性上，它是一切社会关系的总和。”这既是一个科学抽象，又是一个思维具体。这种规定，不仅从根本上把人与动物区分开来，而且把不同时代、不同阶级和阶层的人区别开来。从劳动实践出发，把人的本质进一步概括和提升为社会关系的总和，反映了马克思对人的本质的认识由抽象走向具体、由理想走向现实、由初级本质走向二级本质，逐步深化。与《提纲》相一致，马克思和恩格斯在第一部合著的《德意志意识形态》中，继续阐发并使其思想臻于完善。

《德意志意识形态》首次阐明了社会存在和社会意识的原理、生产力与生产关系辩证运动规律、经济基础和上层建筑学说等，唯物主义历史观得以全面创立。唯物史观的创立为科学地认识人、为正确确立和把握人际关系奠定了坚实的基础。

马克思说过，“人们自己创造自己的历史”，从历史创造的角度充分肯定了人的价值。关于人的认识、意识与物质生产关系，马克思和恩格斯明确指出：“可以根据意识、宗教或随便别的什么来区别人和动物。一当人开始生产自己的生活资料的时候……人本身就开始把自己和动物区别开来……个人怎样表现自己

① 《马克思恩格斯全集》第42卷，人民出版社1979年版，第24页。
② 《马克思恩格斯全集》第1卷，人民出版社1956年版，第270页。
③ 《马克思恩格斯全集》第3卷，人民出版社1960年版，第30页。
④ 《马克思恩格斯全集》第3卷，人民出版社1960年版，第23页。

的生活，他们自己就是怎样。因此，他们自己是什么样的，这同他们的生产是一致的——既和他们生产什么一致，又和他们怎样生产一致。因而，个人是什么样的，这取决于他们进行生产的物质条件。”①

生产关系是历史唯物主义的一个重要范畴，它对于规定人的本质、确立人际关系具有十分直接的意义。生产关系概念是马克思主义创始人首次制定并加以科学表述的。马克思通过对各种社会关系产生和发展的历史考察，清楚地认识到它们之间的内在联系，从而使他有可能从社会生活的总和中揭示出物质关系——政治关系——思想关系之间的从属关系。他指出：“人们按照自己的物质生产率（1885 年德文版为‘生产方式’——编者注）建立相应的社会关系，正是这些人又按照自己的社会关系创造了相应的原理、观念和范畴。”②马克思的基本逻辑为：先从市民社会中划分出物质关系，并把它视为决定政治关系和思想关系的关系；进而，他又从一般物质关系中揭示出具体的、发展到一定阶段的物质交往关系，他称之为“交往形式”，即交往的一定类型。“在过去一切历史阶段上受生产力制约、同时也制约生产力的交往形式，就是市民社会。”③可见，一定历史阶段上的交往形式与市民社会，实质就是马克思后来表述为生产关系的东西。在《德意志意识形态》发表一年之后，马克思在《哲学的贫困》中完全用生产关系的概念代替了交往形式的概念，例如，“每一个社会中的生产关系都形成一个统一的整体”④。

马克思和恩格斯从必然与自由的哲学范畴的分析中引申出政治自由的概念，提出共产党人要为人民的自由解放而斗争。恩格斯指出：自由是根据对外界必然性的认识来支配我们自己和外部世界。自由存在于主体的认识和实践之中，表现为人对自然的自由、人对社会的自由和人对自己本身的自由。政治自由不过是整个人类一般自由的一个方面，属于人的社会自由范畴。

从人的本质和人的价值出发，马克思恩格斯提出了人权问题和革命的人道主义原则。马克思很早就提出无产阶级的人权思想，要求把争取人权和公民权纳入无产阶级的政治纲领。恩格斯主张把“政治自由、集会结社的权利和新闻出版自由”⑤作为无产阶级向资产阶级斗争的武器，并认为无产阶级要向资产阶级提出“社会的、经济的平等的要求”⑥。马克思在批判资本主义使人发生异化时，

---

① 《马克思恩格斯选集》第 1 卷，人民出版社 1995 年版，第 67～68 页。
② 《马克思恩格斯选集》第 1 卷，人民出版社 1995 年版，第 142 页。
③ 《马克思恩格斯全集》第 3 卷，人民出版社 1960 年版，第 40 页。
④ 《马克思恩格斯选集》第 1 卷，人民出版社 1995 年版，第 142 页。
⑤ 《马克思恩格斯选集》第 3 卷，人民出版社 1995 年版，第 124 页。
⑥ 《马克思恩格斯选集》第 3 卷，人民出版社 1995 年版，第 448 页。

多次提到共产主义是人的自我异化的积极扬弃，而这种共产主义就包含着人道主义。

在关于人的认识上，马克思和恩格斯有一个重要观点，即人的自由全面发展。在关于社会主义的论述中，他们既强调生产力发展又强调人的全面发展。1877年在给《祖国纪事》编辑部的信中，马克思曾经说，未来新社会是“在保证社会劳动生产力极高度发展的同时又保证每个生产者个人最全面的发展的这样一种经济形态”①，这是一个精辟的概括。在1848年发表的不朽的共产主义经典文献《共产党宣言》中，马克思、恩格斯第一次向全世界庄严宣告了共产主义的伟大理想：“代替那存在着阶级和阶级对立的资产阶级旧社会的，将是这样一个联合体，在那里，每个人的自由发展是一切人的自由发展的条件。”②这里，显然已明确把人的自由全面发展作为理想社会的根本目标。

第二节　马克思和恩格斯的人际关系思想及其践行

为了满足自身生存和发展的需要，人与人之间主要通过“人际传播”进行思想交流、信息传递、心灵沟通，双方或多方在利益或心理互动中结成一定的关系，而且这种关系在很大程度上依赖当事人的品行和诚信来确立。如何处理人际关系？当事人应当遵循的基本原则是：对等与开诚布公，为达成协议而相互让步，既观其言又看其行。处理人际关系是一门艺术，需要把握分寸，也需要情感和互动。马克思和恩格斯对此有很多论说，在实际行动中也有许多细节的表露。打开《马克思恩格斯全集》，我们会发现许多饶有兴趣的描述，细心阅读会感到受益多多。

马克思和恩格斯是伟大的无产阶级革命导师，也是青年、学生、居民、学者、长辈、朋友、家长、丈夫；他们是思想深邃的哲人，也是生活、情感丰富的普通人；他们是事业的执着追求者、无私奉献者、巨大成功者，也是历经困苦的生活者、隐私的痛苦承受者；他们真诚而热情地对待朋友，具有高尚的品格，也横眉冷对敌人和无赖；他们在学术上智慧卓越、富于创新，在生活上具有孩子般的天真，常常生活在清高与世俗的夹缝中……

让我们一起阅读和赏析《马克思恩格斯全集》中的这些生动的文字吧——

你希望别人怎样对待你自己，你就怎样对待别人。——马克思（第1卷，人民出版社1956年版，第36页）

① 《马克思恩格斯选集》第3卷，人民出版社1995年版，第342页。

② 《马克思恩格斯选集》第1卷，人民出版社1995年版，第294页。

我不能成为别人的什么，我也就不是而且也不能成为自己的什么。如果我没有权利成为别人的精神力量，那末，我也就没有权利成为自己的精神力量。——马克思(第1卷，人民出版社1956年版，第90页)

如果你想得到艺术的享受，那你就必须是一个有艺术修养的人。如果你想感化别人，那你必须是一个实际上能鼓舞和推动别人前进的人。——马克思(第42卷，人民出版社1979年版，第155页)

这三段话表明马克思十分强调处理人际关系中的公平对等原则，非常看重人际交往中人品素养与魅力影响。中国古人所言“敬人者人恒敬之，爱人者人恒爱之”，“己所不欲，勿施于人”，虽然时代和国情相差甚远，但人际关系学原理是相通的。

我给您(指H·海德门，英国民主联盟领导人)写信是完全开诚布公的，我把这看作是友好往来的首要条件。——马克思(第35卷，人民出版社1971年版，第196页)

冷淡的营业关系自然比任何的虚伪感情要惬意得多。——恩格斯(第27卷，人民出版社1972年版，第294页)

马克思和恩格斯分别从正反两面谈论处理人际关系中的开诚布公的原则，认为是良好交往的“首要条件”，反之虚情假意则是令人厌恶的。这还可以从他们的《自白》中领略：马克思最喜爱的一般人的优点是“纯朴”，最厌恶的缺点是“逢迎”；恩格斯最喜爱的一般人的优点是“愉快”，最厌恶的缺点是“伪善”、“矫揉造作”。

我们根据历史事实可以更好地判断他们是些什么样的人，我们要看的是他们的所做所为，而不是他们曾经有过什么样的信仰，以及希望别人怎样来看待他们的作用。——马克思(第8卷，人民出版社1965年版，第384页)

对头脑正常的人说来，判断一个人当然不是看他的声明，而是看他的行动；不是看他自称如何如何，而是看他做些什么和实际是怎样一个人。——恩格斯(第8卷，人民出版社1965年版，第94～95页)

每个人都必须对自己的行动后果负责，难道这是很难理解的吗？——恩格斯(第39卷，人民出版社1975年版，第460～461页)

这三条给出了判断人的标准和方式，明确强调不仅观其言，而且尤其要看其行。马克思、恩格斯是彻底的唯物主义者，他们创立的新世界观的一个鲜明特色就是实践性，“环境的改变和人的活动的一致，只能被看作是并合理地理解为变革的实践”，“社会生活在本质上是实践的”，“ 哲学家们只是用不同的方式解释世界，而问题在于改变世界”。[1] 将实践性体现和落实在人与人的关系上，也是处理人际关系必须遵循的重要原则。

> 没有相互间的让步，我们就永远什么事情也做不成。——恩格斯(第27卷，人民出版社1972年版，第513页)

让步就是妥协、兼顾、忍让。恩格斯上述的这句话可谓通俗而深刻！它是至理名言！它是处理人际关系的基本原则，也是现代管理学、国际关系、贸易与谈判中的圭臬，蕴含着无穷的艺术与技巧。

现实社会人际关系中经常“充满阳光”，但有时也会出现无赖、欺骗、愚蠢、嫉妒、投机者等“阴暗面”。马克思和恩格斯的处世原则是不回避、敢于面对，并且也是坚定的。首先是不理会或者适当解释、劝告，如果不能奏效，那么必然公开揭露、尖刻斥责、走向决裂。请看下面几条：

> 不要忘记，和蠢货搞在一起，如果不采取许多预防措施，那会大大损害自己的声誉。——马克思(第30卷，人民出版社1975年版，第625页)

> 一些科学的解释家一旦充当统治阶级的献媚者时就不可救药地堕于愚昧的境地。——马克思(第47卷，人民出版社1979年版，第219页)

> 我只关心事业，而对于个人的愚蠢行为是不介意的！——马克思(第32卷，人民出版社1975年版，第549页)

> 他(W·罗雪尔，德国经济学家)总是重视对他有好处的那些人的成见和利益！跟这样的精灵鬼比较，甚至最坏的流氓也是可敬的人。——马克思(第30卷，人民出版社1975年版，第625页)

> 骗子越是心黑无耻，就越以为别人诚实可欺，因此到头来还是毁掉自己。——恩格斯(第36卷，人民出版社1975年版，第58页)

> 有正事要干的人永远斗不过那些整天搞阴谋的人。——马克思(第32卷，人民出版社1975年版，第425页)

社会关系是客观存在的，人不能脱离人际交往关系而生存，但人际交往本身也是一种时间和精力的支出。因而在人际交往的方式上，马克思和恩格斯对人对己也总是予以理解而不苛求，同时也注意区分和处理政治关系与私人关系。例如：

> 社会——不管其形式如何——究竟是什么呢？是人们交互作用的产物。——马克思(第27卷，人民出版社1972年版，第477页)

> 人们固然可以说“老人爱唠叨”，但是这种特权不应该随便滥用。——马克思(第28卷，人民出版社1973年版，第289页)

---

① 《马克思恩格斯选集》第1卷，人民出版社1995年版，第59～61页。

有客来访，一般说来应该是愉快的，但是当你的工作比他们多的时候，却碍事得要命。——恩格斯(第 36 卷，人民出版社 1975 年版，第 327 页)

我们每个人都力求使自己的观点成为占统治地位的观点，就这个意义来说，都贪权。……而对于任何一个有些价值的人，我任何时候听人说他贪权，我也只能由此做出结论说，实际上对他没有什么可指责的。——恩格斯(第 35 卷，人民出版社 1971 年版，第 222～223 页)

从你(指 F·弗莱里格拉特，德国诗人，共产主义者同盟成员)这位享有声誉和地位的人来说，对一个居住阁楼的不知名的党员过去那样亲密无间，现在却这样尖刻地攻击，我认为这样做是不够宽宏大量的。——马克思(第 30 卷，人民出版社 1975 年版，第 449 页)

政治上决裂了，私人友好往来还是可以保持的。——恩格斯(第 38 卷，人民出版社 1972 年版，第 456 页)

费舍(系德国社会民主党领导人之一)已为自己树敌，这一点我是很相信的，根据切身经验，我对此颇有体会；年轻时，我也同他一样，喜欢在不适当的场合和不适当的时候与人顶撞，我在年轻人身上看到的这样或那样的缺点，一般说来，很少不是我当年或多或少也曾有过的。假如时常碰碰钉子，而且自己也承认这是罪有应得，这种情况就会逐渐有所克服。——恩格斯(第 38 卷，人民出版社 1972 年版，第 183 页)

从这些议论可见，伟大的革命导师、卓越的思想大师也是由幼稚的青年逐步走向成熟的，凡夫俗子的特点和缺点在他们身上也有表现，难能可贵的是他们坦诚的品格、率真的个性，这些对当代社会实际处理人际关系都有借鉴意义。

马克思和恩格斯是怎样对待朋友的呢？

在这个尘世上，友谊是私人生活中唯一具有重要意义的东西。——马克思(第 32 卷，人民出版社 1975 年版，第 527 页)

一个急难时的朋友，如谚语所说，是抵得过走运时的一千个朋友的。——马克思(第 15 卷，人民出版社 1963 年版，第 344～345 页)

最深厚的感情是最难以用言语表达的。——马克思(第 30 卷，人民出版社 1975 年版，第 591 页)

只能用爱来交换爱，只能用信任来交换信任。——马克思(第 42 卷，人民出版社 1979 年版，第 155 页)

马克思、恩格斯真诚对待朋友，十分看重友谊和信任。他们两人之间在共同的理想、事业和斗争中结下了深厚的友谊。他们志趣高远，虚怀若谷。马克思把恩格斯称为自己的第二个“我”，恩格斯始终把自己视为共产主义运动的“第二提琴手”，其实，他为伟大事业所作出的贡献不亚于马克思。如果没有恩格斯，科学社会主义的创立和传播是不可想象的。马克思、恩格斯友谊旷世称颂，足以让同时代人和以后世世代代作为楷模。

友谊是人生的无价之宝

马克思和恩格斯的友谊堪称佳话，也是很多人处理朋友关系的楷模。恩格斯在没有见到马克思之前就已经对其有了了解，并充满敬佩之情。虽未谋面，但恩格斯根据想象赋赞美诗一首：

鹰隼般的眸子，大胆无畏地闪烁
紧攥拳头的双手，愤怒地向上伸
好像要把苍穹扯下埃尘
不知疲倦的大力士一味猛冲……

恩格斯对马克思的仰慕之情由此可知。

1842年10月，恩格斯借经商途经德国科隆的机会到《莱茵报》编辑部见主编马克思，但由于马克思正好外出而未能如愿。一个月后，恩格斯在返途中再次来到科隆拜访马克思，这次见是见到了，却不欢而散，他们“道不同不相为谋”，此时的马克思正极力地批判青年黑格尔派的观点，而恩格斯当时还是坚定的青年黑格尔派拥护者。

1844年8月的一天，经过两年的学习和经历，已摆脱青年黑格尔派影响的恩格斯在巴黎的一间咖啡馆与马克思再次会面。这次会面与第一次的形同陌路截然不同，他们在很多重大问题上有了相似的观点，由此开始了马克思和恩格斯的传奇友谊之路。1845年马克思被法国政府驱逐，并辗转来到了布鲁塞尔，不久恩格斯索性放弃生意到布鲁塞尔租住房子，以便每天与马克思畅谈。

1849年5月，马克思创办的《新莱茵报》被查封，马克思也因而倾家荡产并无奈流亡伦敦。恩格斯为了能帮助马克思完成大业，他不得不重操其厌恶的“鬼商业”。1869年，恩格斯在确定自己赚的钱能够保障自己和马克思一家的生活后毅然脱离商界来到伦敦，在马克思家附近安家。

马克思和恩格斯的友谊亘古永恒，但两人有很多不同点：马克思出身书香门第，恩格斯则出身商业家庭；马克思接受过完整学校教育，恩格斯则主要靠自学；马克思的哲学思维发达，而恩格斯的科学思维强悍。有诸多不同的马克思和恩格斯能成就如此坚实的友谊，值得我们学习借鉴。

马克思的小女儿爱琳娜写道：关于我父亲和恩格斯之间的友谊，我和其他许多人都已经谈过。这种友谊将来一定也会像希腊神话中达蒙和芬蒂亚斯的友谊一样，成为一种传奇。[1]

法国工人党理论宣传家、马克思的二女婿拉法格也写道：恩格斯也可以说是马克思家里的一员。马克思的女儿们把他当作第二个父亲。他是马克思的第二个我。在德国，他俩的名字长时期连在一起，他们的名字将永远一起记载在史册上。[2]

人伦关系是人际关系的组成部分，家庭是社会的细胞，也是最富有情感的生活空间。马克思、恩格斯与亲人相处充满暖融融的亲情、浓烈而持久的爱情、失去亲人的悲痛，《马克思恩格斯全集》中收录多处，如：

> "家庭生活"，"孩子们的喧闹"，整个这一"小小的微观世界"比"宏观"世界有意义得多。——马克思（第 35 卷，人民出版社 1971 年版，第 324 页）
>
> 十八年前，我也失去了 77 岁的母亲，我了解一家之母对一个人口众多的家庭的成员起着什么样的纽带作用，即使在孩子们亲密无间的情况下，她也是必不可少的。一家之母把晚辈联结成为一个大家庭…… ——恩格斯（第 38 卷，人民出版社 1972 年版，第 412～413 页）
>
> 诚然，世间有许多女人，而且有些非常美丽。但是哪里还能找到一副容颜，她的每一个线条，甚至每一处皱纹，能引起我的生命中的最强烈而美好的回忆？——马克思（马克思写给燕妮的信）（第 29 卷，人民出版社 1972 年版，第 516 页）
>
> 暂时的离别是有益的，因为经常的接触会显得单调，从而使事物间的差别消失。甚至宝塔在近处也显得不那么高，而日常生活琐事若接触密了就会过度地胀大。热情也是如此。——马克思（第 29 卷，人民出版社 1972 年版，第 515 页）
>
> 第三者任何时候都不应插手没离婚的或已离婚的夫妇之间的事，因为他们之间的事永远也弄不清。——恩格斯（第 38 卷，人民出版社 1971 年版，第 385 页）
>
> 没有人比我更讨厌随便动感情的了；但如果不承认我的思想大部分沉浸在对我的妻子——她同我生命中最美好的一切是分不开的——的怀念之中，那是骗人的。——马克思（第 35 卷，人民出版社 1971 年版，第 42～43 页）

---

① 参见中共中央马克思恩格斯列宁斯大林著作编译局译《摩尔和将军》，人民出版社 1982 年版，第 175 页。

② 参见中共中央马克思恩格斯列宁斯大林著作编译局译《摩尔和将军》，人民出版社 1982 年版，第 108 页。

同一个女人在一起生活了这样久，她（玛丽·白恩士，恩格斯的第一个妻子）的死不能不使我深为悲恸。我感到，我仅余的一点青春已经同她一起埋葬掉了。——恩格斯（第 30 卷，人民出版社 1975 年版，第 314 页）

从小天使（指马克思的外孙）不再使我们家活跃的时候起，这个家就变得死气沉沉了。没有他我处处感到寂寞。想起他来，我心如刀割，这样可爱、这样迷人的小家伙难道能使人忘记吗！——马克思（第 33 卷，人民出版社 1973 年版，第 642 页）

“无情未必真豪杰。”一个真正的革命者，应该是富有人情味的。既爱人民也爱家人，马克思和恩格斯就是这样。他们对亿万劳动者和群众怀有最真挚的同情和爱，即使屡遭迫害，贫病交加，但却以毕生的精力为无产阶级和全人类解放而探求真理。在家庭中，作为父母的儿子、妻子的丈夫和孩子的父亲或姥爷，马克思和恩格斯与普通人一样以自己的理智和情感妥善处理着人伦关系，有欢乐也有悲伤，给人们以启迪。

摩尔与妻子儿女

马克思与妻子燕妮青梅竹马。在马克思读大学前他们就决定相守一生，虽几经坎坷，但也终成眷属。马克思和燕妮的婚后生活非常艰苦，居无定所。燕妮既要为生计奔波于当铺和面包房之间，又要为马克思誊写大量潦草的手稿。即使处于这样艰苦的条件下，马克思与燕妮的感情也非常好，与孩子们的关系也非常融洽。马克思非常喜欢孩子，对于惜时如金、如命的他来说，也要经常和孩子一起玩上几个小时。马克思和孩子们的关系非常和谐，就像是同志和朋友的关系一般，他的孩子们亲切地称呼他为“摩尔”（即“黑面人”之意）。摩尔在周末经常会带孩子们郊游，一家人坐在草地上惬意地读书看报，聊天游戏。马克思的小女儿爱琳娜回忆说：“摩尔不光是一匹出色的马，他还有更大的本领，他是一位了不起的讲故事的能手。”可见，马克思的家庭生活是完整的，正如他的名言一样：“人所具有的我都具有！”

第三节 列宁关于社会、人与人际关系的思想及践行

一、列宁关于人及其关系的思想

19 世纪末 20 世纪初，资本主义由自由竞争发展为垄断，各种社会矛盾迅速

激化，西方社会由马克思和恩格斯所处的资本主义上升时期进入帝国主义时代，无产阶级革命开始酝酿。俄国具备帝国主义的一般特征又有其特殊性，原来的落后经济得到迅速发展，垄断资本主义与封建农奴制残余相结合，变为沙皇专制的“军事帝国主义”。国内外的复杂环境使当时的俄国成了帝国主义各种矛盾的集合点，成了新的社会革命的中心。国内各个阶级纷纷推出自己的治国方案，民粹派、经济派、逻辑实证论等极力鼓吹“主观社会学”和唯心主义，否定马克思主义和唯物史观。列宁(1870～1924)历史性地承担起在俄国传播马克思主义并把马克思主义的普遍原理与俄国革命实际相结合的重任。

为了批判民粹派的唯心史观和主观社会学，列宁写成《什么是“人民之友”以及他们是如何攻击社会民主主义者?》等，这些著作坚持和丰富了马克思主义历史观和社会学，内在地包含着社会关系与人际关系的基本思想。

列宁表述了马克思的社会经济形态概念的内容，认为一定的社会经济形态是社会发展历史上的一个阶段，是人们在物质生产中不得不彼此发生的一定的关系即生产关系的总和。它也是人们说明一定社会形态的结构和发展、判定社会性质的根据。

列宁像

在社会生活中，人与人结成种种社会关系，如经济关系、政治关系、法律关系、道德关系、思想关系等等。列宁表述社会经济形态这一概念，就是从这一切社会关系中划分出生产关系来，“把社会关系分成物质的社会关系和思想的社会关系”，强调物质关系是思想关系的基础和根源，“思想的社会关系不过是物质的社会关系的上层建筑，而物质的社会关系是不以人的意志和意识为转移而形成的，是人维持生存的活动的(结果)形式”①。列宁认为马克思并不否认其他的社会关系，相反，他“又随时随地探究与这种生产关系相适应的上层建筑，使骨骼有血有肉”②。

列宁特别指出，关于社会经济形态发展是一个自然历史过程，这个基本思想是马克思的巨大功绩；马克思主义社会学则以“社会是一个辩证过程”作为理论前提，而“辩证过程”实质上就是认为社会是一个因其内在矛盾而推动自身变化发展的自然历史过程，它具有自己运动变化的客观规律。列宁认为，自马克思《资本论》问世以来，唯物史观已不是假设而是被科学证明了的原理，它是适合于

① 《列宁选集》第1卷，人民出版社1995年版，第19页。
② 《列宁选集》第1卷，人民出版社1995年版，第9页。

各个社会形态的"唯一科学的历史观","从而第一次把社会学放在科学的基础之上"。[①] 毫无疑问,马克思主义历史观和社会学基本原理的确立,也为科学地阐明人际关系奠定了坚实的基础。

在历史必然性与人的作用问题上,列宁重视人民群众的历史作用,阐述了群众、阶级、政党、领袖之间的关系,丰富和发展了历史唯物主义(historical materialism)。他指出:"决定论思想确认人的行为的必然性,屏弃所谓意志自由的荒唐的神话,但丝毫不消灭人的理性、人的良心以及对人的行为的评价。……同样,历史必然性的思想也丝毫不损害个人在历史上的作用:全部历史正是由那些无疑是活动家的个人的行动构成的。"[②]个人的活动只有符合历史发展的规律才能成功;历史的活动是群众的活动,历史是由群众创造的,个人的活动只有同群众的活动结合在一起,才能产生"重大的成果"。群众的历史作用是怎样发挥的呢?"群众是划分为阶级的……阶级是由政党来领导的;政党通常是由最有威信、最有影响、最有经验、被选出来担任最重要职务而称为领袖的人们所组成的比较稳固的集团来主持的。"[③]无产阶级革命党,如果"不学会把领袖和阶级、领袖和群众结成一个整体,结成为一个不可分离的整体,它便不配拥有这种称号"[④]。阶级是什么?众所周知,列宁概括得出了一个科学而经典的定义,并分析了俄国过渡时期的社会阶级结构,提出了完整的国家与革命的学说,发展了马克思主义,也就确立了处理一切社会关系和人际关系的基本原则和出发点。

二、列宁的人际交往特色

如果从列宁的生平事迹、生活言行与其他人的评价角度,也许能更直接、更鲜明、更丰富地把握其人际关系的思想。

弗拉基米尔·伊里奇·乌里扬诺夫(列宁是他后来使用的笔名)出生在伏尔加河畔辛比尔斯克的一个有教养、有高尚道德情操的知识分子家庭,父亲是一位热心于国民教育的有天赋的教育家,母亲是一位学问渊博的医生的女儿,家庭充满着和睦和友爱,孩子们从小受到良好的教育和熏陶。伊里奇自幼健康、聪明、活泼、好学,少年时代就穿戴整洁,做事有条不紊,意志坚强,学习专心,喜欢博览群书,独立安静地思考问题。从他哥哥那里第一次知道了马克思主义,第一次看到《资本论》。父亲的早逝,特别是哥哥的被害使他重新思考了许多问题。凭着

① 《列宁选集》第1卷,人民出版社1995年版,第10页。
② 《列宁选集》第1卷,人民出版社1995年版,第26页。
③ 《列宁选集》第4卷,人民出版社1995年版,第151页。
④ 《列宁选集》第4卷,人民出版社1995年版,第160页。

优秀的中学成绩，他顺利地进入喀山大学。因参加反对大学里的警察制度的学生抗议会而被捕入狱，之后参加了马克思主义小组，开始了职业革命生涯。

根据现有对列宁的回忆文章及传记评论，可以对他的个性特征和处理人际关系的特色作出简明概括：

第一，朴实和谦逊。在外表上，列宁给人的印象是平淡无奇，衣着朴素，戴着普通的便帽，如同一个工人一样引不起别人的注意。但与他交往过的人，大都会发现他长着一双敏锐、充满内在力量和坚强毅力的深褐色眼睛，还有他饱满的、轮廓优美的前额，显示出他的独特智慧和魅力。他十分谦逊，从不摆架子、突出自己。他警告全体布尔什维克不能陷入一种非常危险的状态——骄傲自满，这种状态“是十分愚蠢、可耻和可笑的”。

第二，平易近人，相信和热爱群众。列宁经常回避各种大型宴会和晚会。他非常愿意听取普通群众的意见，善于通过交谈把握群众的脉搏；他关心同志，无论在狱中还是侨居国外，都愿意帮助别人；即使当了苏维埃人民委员会主席之后，对所有的老同志也同样无微不至地关怀。他对谁都不耍手腕，不使用外交辞令，没有糊弄过任何人。列宁虽然有高度的理论水平，但他非常愿为工人和农民写通俗文章和小册子，在西伯利亚流放地给阿克雪里罗得的信中说：“我最大的希望和幻想得最多的就是能够给工人写作。”高尔基评价列宁说：“他的思想，像罗盘的指针一样，总是指向劳动人民的阶级利益。”一生保持朴实和谦逊的品格，平易近人，使列宁与党内同志建立了良好的信任关系，与周围的人处于和谐的人际关系中，赢得了广大工人和群众的爱戴。

列宁在工人家中　[苏]古尔维奇

第三，保持革命的乐观主义精神。他坚信自己从事的工作具有意义，坚信革命事业必定成功。即使遇到挫折和失败，他也不像某些人那样灰心丧气，而是敢于面对勇往直前；他经常鼓励身边的人要有勇气和力量，同他接触的人都会为他的精神所感染。他的乐观主义精神建立在坚定的信念上，建立在他对革命斗争深思熟虑的基础上。例如，1918 年 8 月 30 日列宁演讲之后刚要迈上汽车时，背后突然遭到枪击而倒下。在疗养过程中，当医生和妻子克鲁普斯卡娅劝他别动时，他却微笑着说：“不要紧，不要紧，感觉还好，一切革命者都可能碰上这种事的。”留在左肩的那颗子弹因为陷得深不容易找到，他就同意不取了。之后需要动手术，只取另一颗，他说：“好吧！我们就取出一颗吧，免得老来纠缠我，免得大家再去想它。”[①]

第四，坚持原则，讲究方式方法。人际交往是一门艺术，有原则，有方法，有技巧。原则用得好，方法得当，技巧运用灵活，一个人就会有良好的人际关系；反之，就会人情淡漠，关系疏远。列宁是一个原则性很强的人，在涉及总的原则、路线和大是大非方面，他表现得非常坚定。他从来没有做过多数的俘虏，尤其是当这个多数失去原则立场的时候，“原则的政策是唯一正确的政策”，只要他认定了革命的行动路线，即使独自一人面对众多，他也会毫不犹豫地坚定不移地沿着这条路线前进。[②] 同时，列宁在日常的策略问题上又表现得十分灵活，对具体形势进行具体分析，运用活的辩证法，在不同时期对同样的问题采取不同的态度和策略。例如，对暴力的使用、国家杜马作用的发挥、社会主义革命道路的选择等方面，总是根据变化发展了的现实情况，制定出不同的战略和策略。在对待文化发展的美与俗的关系上，他肯定应该从美出发创造社会主义文化艺术，但同时提醒防止庸俗化，“要搞得漂亮些，但要记住，不要庸俗”[③]。

列宁在作报告

第五，具有非凡的说服力。列宁天生是一个演讲家，他的报告和演讲，总是使听众激动，欢欣鼓舞。他不是凭借抑扬顿挫的语气和措辞造句的技巧吸引人，

---

① 刘凤舞：《列宁传》，江苏人民出版社 1991 年版，第 577、663 页。

② 参见张翼星等《读懂列宁》，四川人民出版社 2001 年版，第 30 页。

③ 人民出版社马列著作编辑室编：《列宁的风格》，人民出版社 1985 年版，第 185 页。

而是靠不可战胜的逻辑力量，利用简明易懂的语言和简洁明了的论据，紧紧抓住听众。“列宁演说中的逻辑好像许多万能的触手，从各方面把你钳住，使你无法脱身，你不是投降，就是完全失败”，“他的讲话犹如天生的巨石、熔铸的金属，结构严整，浑然一体”①。天生的演讲艺术、非凡的说服力，体现出列宁突出的人际交往能力和人格魅力。

对于列宁的个性特征和处理人际关系的特色，美国著名的传记作家路易斯·费希尔在其著作《神奇的伟人——列宁》中曾经作了比较客观和传神的描述。英国著名哲学家罗素认为，20世纪将作为列宁和爱因斯坦的世纪载入史册，“具有列宁那种魄力的国务活动家是百年不遇的，恐怕我们当中许多人都不能活着再见到一位与他相比的人”。斯大林则把列宁称作人民心中的山鹰，“一个最高典型的领导者，是一只山鹰，他在斗争中不知恐惧为何物，大胆地引导我们党沿着前人未曾走过的俄国革命运动的道路前进”②。

第四节　毛泽东关于社会、人与人际关系的思想及践行

一、毛泽东关于人及其关系的思想

在领导中国革命和建设的过程中，毛泽东(1893～1976)把马克思主义与中国实际相结合，继承和发展了唯物史观与马克思主义人学思想，围绕中国人民的自由解放和社会主义建设，形成了以人的本质和人的价值为基础、突出人的社会关系和人际关系、促进人的全面发展和社会进步为核心的思想，在许多问题上提出了自己独到的见解，表现出对劳苦大众、社会底层命运的特别关注，对社会公平正义的执著追求，对主体观念的改造和重建的高度重视，对集体主义精神的大力推崇。

在人的本质特性、人民群众的历史作用、人道主义、人的全面发展等问题上，毛泽东继承了马克思主义的基本思想，并针对我国具体实际有所发挥和发展。在不同时期写下了《实践论》、《矛盾论》、《论十大关系》、《关于正确处理人民内部矛盾问题》等一系列著作，分析和论述了关于社会关系与人际关系的思想。他指出“自觉的能动性”是人区别于物的特点，自觉的能动性包括思想等主观的东西和主观见之于客观的东西——实践(做或行动)。人的基本特性表现为“人是制

① 人民出版社马列著作编辑室编：《列宁的风格》，人民出版社1985年版，第241～242页。

② 《斯大林全集》第6卷，人民出版社1956年版，第48页。

造工具的动物，人是从事社会生产的动物，人是阶级斗争的动物（一定历史时期），一句话，人是社会的动物”[①]。而且，还要从社会关系即“人的社会性”和“人的历史发展”上加以区分不同时代、不同社会、不同阶级的人。而社会关系在阶级社会中主要表现为阶级关系，所以毛泽东强调在阶级社会里要从人的阶级性上了解人的特性和人的本质。毛泽东从人民群众是历史的创造者的角度充分肯定了人的价值。他指出：“人民，只有人民，才是创造世界历史的动力。”[②]因而有了赞扬人的价值的那句名言：“世间一切事物中，人是第一个可宝贵的。在共产党领导下，只要有了人，什么人间奇迹也可以造出来。”[③]

根据马克思、恩格斯的思想，毛泽东总结中国革命和建设的经验，指出“由然认识和世界的改造”，“人类的历史，就是一个不断地从必然王国向自由王国发展的历史”[④]，认为政治自由同其他形式的自由一样，也必须以对必然的认识和世界的改造为前提，指出要想获得指导中国革命的自由，就必须认识“中国革命这个必然性”，即中国革命的规律，要想获得指导中国社会主义建设的自由，就必须认识中国社会主义这个“必然王国”。他还进一步指出，在阶级社会中，政治自由是有阶级性的，需要人们去争取、去斗争。因此共产党人要与争取自由、争取平等的人们站在一起，为中国人民的自由解放而斗争。毛泽东认为劳动使人成为历史的主人，具有无上的价值，因而应当享有作为人的权利即人权，而人权首先是人民大众的人权，其中最基本的是生存权。与尊重人权相联系，毛泽东还提出了处理人际关系最起码、最普遍的原则——革命的人道主义。这个原则不仅适用于革命队伍和人民内部，而且适用于放下武器的敌人和不再捣乱的反动分子，目的是团结一切可以团结的人，化消极因素为积极因素，化腐朽为神奇。毛泽东领导中国人民推翻了压在头上的三座大山，使“广大人民能够自由发展其在共同生活中的个性”[⑤]，为人的全面而自由发展创造了条件；在社会主义时期提

1941年毛泽东在延安

① 《毛泽东文集》第3卷，人民出版社1996版，第81页。

② 《毛泽东选集》第3卷，人民出版社1991年版，第1031页。

③ 《毛泽东选集》第4卷，人民出版社1991年版，第1512页。

④ 《毛泽东著作选读》下册，人民出版社1986年版，第485、845页。

⑤ 《毛泽东选集》第3卷，人民出版社1991年版，第1058页。

出了教育与生产劳动相结合的方针，强调培养德智体全面发展的新人，制定了繁荣社会主义文化的“百花齐放，百家争鸣”的方针，希望营造又有集中又有民主，又有纪律又有自由，又有统一意志、又有个人心情舒畅、生动活泼的政治局面，从各个方面促进人的全面发展和社会的全面进步。

但是也应当看到，毛泽东晚年对马克思主义的人学思想存在着片面的认识和误解，在一些问题上发生了迷惑。例如，由于强调“以阶级斗争为纲”，因而只讲人的阶级性，否定共同的人性；只讲变革生产关系、社会制度的意义，忽视发展生产力对人的发展的作用，还把人的全面发展误解为通过消灭分工和社会角色功能互换来实现社会身份的人人平等。因此，我们应该坚持历史主义态度，在新的历史条件下认真总结和研究，对其得失作出客观、全面的评价。

二、毛泽东的人际关系圈

在波澜壮阔、极不平凡的一生中，毛泽东为中国人民的解放与社会主义建设，为世界和平与人类进步，作出了无与伦比的历史功绩。他是人而不是神，他是伟人也是凡人，他是卓越的革命家、政治家、军事家，也是杰出的诗人、学者、书法家，他像马克思一样，也是个性十足的学生、青年、居民、学者、长辈、朋友、家长、丈夫……毛泽东以其别具特色的人际关系思想与人际交往活动，为世界人类精神家园留下了浓墨重彩的一笔财富，向人们展示了丰富多彩的另一面。大量的生平事迹资料，只要稍加浏览即有收获与感悟，在此信手拈来，略举数例。

在对待恩师上，毛泽东所作所为有口皆碑，可以说情深似海，地久天长。1913 年至 1918 年他在湖南第一师范读书，师从杨昌济、徐特立、黎锦熙等，他们的学识、人格、品德深深吸引着青年毛泽东。毛泽东不仅在校期间敬重老师，常常课后拜访老师探讨问题，而且在离开学校后、甚至几十年后，仍与恩师保持联系，念念不忘纯正的师生情谊，堪称佳话。毛泽东写信给徐特立祝贺 60 岁大寿时说：“你是我二十年前的先生，你现在仍然是我的先生，你将来必定还是我的先生。”[①]对徐老的革命精神和品德作了高度评价，号召一切革命党人和全体人民向他学习。毛泽东始终尊敬和热爱老师，但又善于超越老师。他和蔡和森等人成立新民学会，明显受杨昌济的影响，但并不满足于先生潜心学术和教育之路，也不以清流自许而回避政治，心中有更高远的理想追求。正所谓“吾爱吾师，吾更爱真理”。

① 《毛泽东书信选集》，人民出版社 1983 年，第 98 页。

毛泽东与杨昌济

杨昌济，字华生，号板仓先生，出身于书香门第，受过良好教育，并到过日本和英国留学，还到过德国考察。学识满腹的杨昌济归国后选择从事教育事业，“欲栽大木柱长天”。1914 年毛泽东入湖南省立第一师范学校，他初入学校就备受关注。毛泽东的学识与意志深受杨昌济的认可，是其“欲栽之大木”。杨昌济不仅在课堂上尽心竭力地教授毛泽东知识，而且，在课后经常邀请毛泽东到他家进行深入探讨。毛泽东去杨昌济家经常会碰到他清早在院子里洗冷水澡。杨昌济推崇自强不息，认为“人有强固之意志，始能实现高尚之理想，养成善良的习惯，造就纯正之品性”，他还喜欢静坐、风浴、雨浴及日光浴等，他认为这不仅是健身之法，也是磨炼意志之举。受其影响，毛泽东也喜欢风浴、雨浴，在一师期间的夏日某晚，他冒着倾盆大雨独自登上岳麓山顶，他还经常在深夜到岳麓山、爱晚亭，甚至橘子洲头等地与知己畅谈至天明。他也喜欢冷水浴，并四季不改，认为冷水浴能够“文明其体魄，野蛮其精神”。1918 年 6 月，杨昌济受蔡元培校长之邀赴北京大学担任伦理学教授，后来，他又介绍毛泽东到北京大学图书馆当助理员。毛泽东在北京期间经常去看望杨昌济，在杨昌济病重期间他多次探望。杨昌济逝世后，毛泽东护送杨昌济的灵柩回故里安葬。

杨昌济既是毛泽东的恩师，也是毛泽东的岳父，其人格魅力、理想信念、意志品行以及健身之法都深深地影响着毛泽东。正如毛泽东所言：“在我的青年时代杨昌济对我有很深的影响，后来在北京成了我的一位知心朋友。”

毛泽东与他的战友和同事们的关系是比较复杂的。大量资料表明，在很多时候他对许多人是肯定、欣赏、赞扬的。在长达半个世纪里，他与周恩来风雨同舟、生死与共，结下了最亲密的友谊。1974 年筹备四届人大期间，毛泽东排除了“四人帮”的干扰和破坏，果断地作出了“总理还是总理”的决策，从而打破了江青一伙篡夺党和国家最高领导权的迷梦。“朱、毛不分家”，几十载戎马岁月结下深厚友谊。“文革”期间朱德被“四人帮”诬陷为“黑司令”、“大军阀”，毛泽东对朱德感情依旧，亲切问候道：“红司令，红司令你可好吗？”毛泽东听到罗荣桓去世的消息后，沉痛地吟道：“君今不幸离人世，国有疑难可问谁？”1935 年，张国焘想带领红军南下逃跑，叶剑英密告毛泽东，使党中央及时采取措施挽救了红军，几十年后毛泽东还记忆犹新，并题写了“诸葛一生唯谨慎，吕端大事不糊涂”的诗句。但是，毛泽东也有对战友和同事误解、不信任之处，甚至错误地批判。如在错误理论和路线指导下对刘少奇的大批判，致使共和国主席含冤而死；虽肯定邓小平有能力,“柔中有刚,绵里藏针”,但又有疑虑和不信任,不放心让他领导治理整顿;虽对战功赫赫的彭德怀大加赞赏,“谁敢横刀立马?唯我彭大将军”,却又不能容忍他对自己提倡的“大跃进”提出批评……千秋功罪,让历史评说吧。

毛泽东与老舍、梅兰芳、田汉在一起

毛泽东是一个感情非常丰富的人,这从他对家人和亲人的关系上得以看出来。1959 年,他回到阔别 32 年的故乡,特意瞻仰了父母坟墓,深有感慨,曾充满深情地对随从的罗瑞卿等人说:“我们共产党人是彻底的唯物主义者,不信什么鬼神。但生我者父母,教我者党……我下次再回来,还要去看望他们两位。”[①]爱妻杨开慧被害后,他极度悲伤,写下了著名的《蝶恋花·答李淑一》,“我失骄杨君失柳”,以此抒发情怀。毛泽东对岸英、岸青这些孩子们也很欣赏和关爱,但一直要求严格,多次表达殷殷父子之情。例如为了岸英的婚事曾发脾气,见他思想通了高兴地说,“这才像我的儿嘛”;对在苏联学习的岸青很挂念,“这个孩子很久不见,很想见他”。但作为父亲也尽可能履行管教义务,明确表示“我和我的孩子都不能搞特殊”。长子岸英在他的严格要求下长大,赴前线抗美援朝,他的牺牲给毛泽东内心造成沉重的悲痛。当得知八舅父母去世的消息,毛泽东于 1937 年 11 月写信给其表兄文运昌,说:“我为全社会出一些力,是把我十分敬爱外家及我家乡一切穷苦人包括在内的,我十分眷念我外家诸兄弟子侄,及一切穷苦同乡。”[②]1962 年毛泽东获悉老岳母逝世,十分哀痛,在致妻兄杨开智的电文中称“我们两家同是一家,不分彼此”。毛泽东一生保持着浓浓的故乡情,少有的几次返乡探亲,他亲自登门看望老乡们,同他们亲切交谈。即使晚年在北京听说家乡遇上水灾,有人家庭生活困难,他总是毫不吝啬地从工资或稿费中出钱接济他们。这样的事例不胜枚举。

毛泽东与科学家、文学艺术家的交往则展现了其求真精神、崇高境界和儒雅的风度。众所周知,自少年时就养成了爱读书的习惯,书籍伴随毛泽东直至晚

---

① 宋一秀、杨梅叶:《毛泽东的人际世界》,中央文献出版社 2000 年版,第 25 页。

② 中共中央文献研究室毛泽东研究组、韶山毛泽东同志纪念馆编:《毛泽东致韶山亲友书信集》,中央文献出版社 1996 年版,第 11 页。

年,因此他是一个学者型领袖。他与专家学者、文化界名流交往甚多:大文豪郭沫若成了他的朋友,鲁迅则被他称为“新文化运动的旗手”;他早年就与北大校长蔡元培、人民教育家陶行知有过交往;上世纪30年代读了哲学家艾思奇的《哲学与生活》写信说“我读了得益很多”,并亲手抄录后与他讨论;40年代初对史学家范文澜予以高度评价,40年代末致信时任复旦大学教务长的周谷城称“得书甚慰,如见故人”;齐白石九十大寿时,获得“人民艺术家”称号,毛泽东送上四件贺礼:一坛湖南特产茶油寒菌、一对湖南王开文笔铺特制长锋纯羊毫书画笔、一苗东北野参和一架鹿茸;50年代听取李四光汇报我国铀矿勘察情况,在听取了钱三强汇报核物理研究情况后,微笑着从容地说:“从哲学的观点来说,物质是无限可分的。质子、中子、电子也是可分的。……你们信不信?反正我信”[①];60年代在致中国科学技术大学副校长华罗庚的信中,对寄给他的诗表示“壮志凌云,可喜可贺”;也曾给山东大学中文系教授高亨回过信……

毛泽东与华罗庚

华罗庚出生于江苏的一个清贫之家,他从小好学,读完中学后由于交不起学费就不得不放弃继续受教育的机会,到杂货店里当伙计。就是在这样的境况下,华罗庚的学习之心也未泯,他一边当伙计,一边学习数学,为此还闹出了不少笑话。皇天不负苦心人,华罗庚终因一篇数学论文被清华大学数学系录用,并以此为跳板到英国剑桥大学深造,归国后任西南联大数学教授,1946年又到美国任教。新中国成立后,华罗庚的赤子之心开始涌动出归国的热流,他放弃了优越的物质条件毅然回国,并担任清华大学数学系主任。1952年华罗庚参加了全国政协一届二次会议。一天,与会代表被邀请到怀仁堂观赏文艺演出,但华罗庚到达时,演出已经开始了,正当他在忙乱中找位置时,忽然听到:“华罗庚,到这里来!”他抬起头隐约看到有人向他招手,华罗庚过去后发现有一个空位,不过位置很居中,他正疑惑之际,突然发现向他招手的正是毛泽东,此时的华罗庚情感非常复杂,无法开口。毛泽东看出华罗庚很紧张,主动向其问好,华罗庚连忙回应。接着,毛泽东便和华罗庚亲切地攀谈起来,气氛渐入佳境。谈到最后,毛泽东向华罗庚提出了为新中国培养人才的期望,华罗庚欣然答应。之后,华罗庚以实际行动践行对毛泽东主席的承诺,培养了大批顶尖数学人才,建立了“中国数学学派”。1967年5月1日,华罗庚应邀登上天安门城楼参加庆“五一”盛典,其间,毛

① 王永胜、张伟主编:《毛泽东的艺术世界》,山东大学出版社1991年版,第123页。

泽东拉着他的手亲切地询问身体和工作情况，此时的华罗庚感动不已！毛泽东逝世后，华罗庚悲恸地写道："我心欲裂，泪如潮，无法表达内心的悲痛。"

与党外民主人士的关系，堪称毛泽东人际交往中富有鲜明特色的篇章。无论是战争年代还是和平时期，他都与党外民主人士、爱国侨胞有广泛交往，具有很强的亲和力。1919 年，毛泽东在长沙与章士钊（即鲁迅在《纪念刘和珍君》中说的那个教育总长）相识，彼此保持了长期的友好关系，后来又认识了他女儿章含之并请她做了自己的英语教师，两家关系密切。在谈到章士钊时，毛泽东对已是中共党员的章含之说，你只知道父亲做过错事，其实他也做过不少好事，"对一个人要看他全面的一生，更何况对自己的父亲。共产党员并不是要你盲目地六亲不认啊！"[①]黄炎培曾是中国民主建国会主要负责人，1945 年 7 月，他与章伯钧、傅斯年等六位国民参政员应邀赴延安，中共中央领导人隆重地接待了他们，黄炎培到毛泽东家中做客，感慨万分，他坦率地说："一部历史，'政怠宦成'的也有，'人亡政息'的也有，'求荣取辱'的也有。总之，没有能跳出这个周期率。"毛泽东听后说："我们已经找到了新路，我们能跳出这个周期率。这条新路，就是民主。只有让人民来监督政府，政府才不敢松懈；只有人人起来负责，才不会人亡政息。"[②]建国后，毛泽东与黄炎培之间仍然保持着联系。毛泽东与民盟中央主席张澜，未见面前相互仰慕敬重，在重庆一下飞机他就从欢迎的人群中认出银髯飘拂的张老，并大步迈过去握住对方的手亲切地问候"你是张表老？你好！"从神交已久的仰慕，成了肝胆相照的至交。毛泽东很赞赏华侨陈嘉庚爱国情怀和行动，1952 年题写"集美解放纪念碑"，并致信问候。

国民党曾与共产党是交战对手，毛泽东站在民族和国家长远利益高度，以宽广的心胸，一贯非常注重与国民党要员、高级将领的关系处理，如与宋子文、邵力子、李宗仁、李济深、张治中、程潜、傅作义、张学良、宋哲元、蒋光鼐、冯玉祥等等的交往。在波诡云谲的斗争形势中纵横捭阖，团结、争取了一大批国民党上层人物和高级将领。聚生和张冰所编、团结出版社出版的《江山寥廓谈笑间：毛泽东与国民党人交往录》，以翔实的史料真实记录了毛泽东与七十位国民党军政要人的交往，试图展现毛泽东作为伟人的一个重要侧面。历史资料中留下来许多耐人寻味的故事，在此略举一二。北平解放后，傅作义对共产党仍有负罪感和顾

① 王永胜、张伟主编：《毛泽东的艺术世界》，山东大学出版社 1991 年版，第 44 页。

② 王永胜、张伟主编：《毛泽东的艺术世界》，山东大学出版社 1991 年版，第 44、55 页。

虑，毛泽东则亲切地握着他的手，对他愉快而风趣地说："过去我们在战场上见面，清清楚楚；今天，我们是姑舅亲戚，难舍难分。"一句话道出了傅作义的心思，积聚在内心的疑虑顿时冰雪消融。长沙起义的原国民党将领陈明仁，表示继续领兵打仗为新中国建设出力，毛泽东高兴地说："从今以后，解放军有饭吃，你也有饭吃，一视同仁，绝不会有半点亏待你的。"在毛泽东、周恩来等人策划和积极努力下，李宗仁和程思远等回归祖国，毛泽东接见他们时既轻松又出人意料地说："哈哈！德邻先生，你上当了！蒋介石骂我们作'匪'，你这次回来岂不误上贼船了吗?!"毛泽东的幽默令李宗仁不禁为之一怔，程思远机智地应答："我们搭上了慈航渡登彼岸了，尊敬的毛主席。"

毛泽东与国际友人和外国领导人的交往关系，则充分展示了独特的人格魅力和大国领袖的风采。中国与前苏联曾结为联盟，也闹翻过脸，比较复杂。1949年12月毛泽东第一次访问苏联，因苏方疏忽耽误签订贸易协定，苏方却给斯大林汇报说是因中方没准备好，毛泽东曾嘲讽地说，总而言之，一切错误都在中国人身上！这是对斯大林傲慢态度的直接讽刺。1958年赫鲁晓夫率团来中国，提出要在我们土地上建立无线电台，以与他们在太平洋上的舰队保持联系，我方经过考虑拒绝了他们的要求。"我最后一次告诉你，不行"，毛泽东用打雷一样的声音说，"我不想再听到这个问题"[①]。中国与美国的外交关系也很复杂。抗日战争时，毛泽东曾一度寄希望得到美国的支持，可美国人和蒋介石却演双簧敌视我们。司徒雷登写了个《白皮书》，把美国的侵略说成是援助，毛泽东撰写了《"友谊"，还是侵略?》一文予以反驳。众所周知，毛泽东、周恩来等与尼克松、基辛格的交往，包括个人的交流与友谊，共同写下了两个大国外交史上的精彩篇章。毛泽东很愿意与埃德加·斯诺等国际友人交朋友，多次欣然接受他的采访，斯诺将他对中共和毛泽东的认识写成了《西行漫记》，为西方世界了解中国打开了一扇窗户。加拿大的医生白求恩，不远万里来到中国，为救治伤员献出了生命，毛泽东十分敬仰其崇高精神和人格，怀着悲痛写下了著名的《纪念白求恩》，教育了无数中国人……

这就是毛泽东独特、生动、丰富的人际关系和人际世界。

---

① ［苏］尼基塔·谢·赫鲁晓夫著，述弢等译：《赫鲁晓夫回忆录》，社会科学文献出版社2006年版，第522页。

第五节 邓小平、江泽民、胡锦涛关于社会、人与人际关系的思想

在改革开放和现代化建设的新时期，以邓小平（1904～1997）、江泽民、胡锦涛等为主要代表的中国共产党人将马克思主义基本原理与我国实际相结合，致力于探索、开拓和发展中国特色社会主义伟大事业，分别创立了邓小平理论、“三个代表”重要思想及科学发展观。党的十七大报告指出：“改革开放以来我们取得一切成绩和进步的根本原因，归结起来就是：开辟了中国特色社会主义道路，形成了中国特色社会主义理论体系。”[①]这一系列新成果，是毛泽东思想的继承和发展，将马克思主义推进和发展到新阶段、新水平，其中也内在地包含着丰富和发展了关于社会关系与人际关系的思想。

邓小平理论贯穿着我党解放思想、实事求是的思想路线，围绕着什么是社会主义、怎样建设社会主义的基本问题而展开。邓小平对社会主义本质的科学概括，在马克思主义发展史上是第一次。这种概括强调了社会主义社会关系是在解放和发展生产力前提下、以生产关系为基础的社会关系。“最终达到共同富裕”讲的是社会关系，这需要建立在“消灭剥削，消除两极分化”这一社会主义生产关系基础之上。把“最终达到共同富裕”作为社会主义的目标，体现了马克思主义同当代中国实际的结合，与关于未来理想社会是实现人的自由而全面发展的价值目标是一致的。

建立在这样的社会主义社会关系基础上的人际关系应该是怎样的呢？邓小平曾经从不同侧面作过说明。他坚持历史唯物主义的基本观点，认为人民是历史的创造者，社会主义社会的人际关系应该是平等的，要大力发扬民主，加强法制，没有民主就没有社会主义。无论在任何历史时期的任何历史条件下，正确处理与人民群众的关系对领导干部都具有至关重要的意义。党的领导干部在制定政策、想问题办事情的出发点上，要看人民拥护不拥护、赞成不赞成、答应不答应。人民群众不是一个抽象、笼统的概念，而是领导者所面对的一个个实实在在的老百姓。这些老百姓可能是领导者所辖区域、单位的居民，也可能只是与领导者偶然相遇、偶然相交的外地、外单位陌生人。我们处理人际关系的根本就是要解决群众攸关的利益问题，充分调动人民的积极性。“调动积极性，权力下放是最主要内容”，邓小平说，要把农村改革中的经验，“应用到各行各业，调动各方面

---

① 胡锦涛：《高举中国特色社会主义伟大旗帜，为夺取全面建设小康社会新胜利而奋斗》，人民出版社 2007 年版，第 11 页。

的积极性”。他在全党全社会大力提倡尊重知识，尊重人才。力主恢复高考制度，不拘一格选拔和使用人才。提出“知识分子是工人阶级的一部分”，自告奋勇抓教育，促进科学研究发展。主持平反一系列冤假错案，把人心凝聚到一心一意搞经济建设上来。

从革命战争岁月到建国后和平年代再到改革开放新时期，邓小平一路走来，经历了不平凡的“三起三落”，对如何处理党内外同志关系、战友、朋友、亲人等一系列人际关系，以自己丰富而生动的人生作出了独特诠释，也为后人留下了一笔宝贵的精神财富。

一个馍馍的故事

红军在长征途中粮食非常短缺，是经常要饿肚子的。有一天，李伯钊等人在河边幸运地捡到了一些漂浮的麦子，于是，她们就用捡来的麦子多做了几个馍馍，并且将这些馍馍藏起来留着自己吃。这事被主管粮食的同志知道后痛批了她们一顿：“不管你们是怎样弄到麦粒，既然做成了馍馍，你们应该一律交公，不得私存。”李伯钊等只好交出了馍馍，不情愿的心情都写在了脸上。邓小平见状，便从自己口袋里掏出一个馍馍递给李伯钊：“你饿了吧，给你！”李伯钊连忙回绝：“我不要，你自己留着吃吧！”邓小平急忙说：“这是我送给你的，不要你还。”李伯钊只好接了馍馍，但是她知道，这意味着邓小平要饿肚子，不禁潸然泪下，感慨道：“小平同志对人真好，在困难的时候这么关心人，多么难能可贵啊！”

（注：李伯钊是剧作家、戏剧教育家，杨尚昆的夫人，是把红军长征的伟大壮举推上戏剧舞台的第一人。）

“三个代表”重要思想，是以江泽民为主要代表的中国共产党人集体智慧的结晶，它反映了当代世界和中国的发展变化对党和国家的新要求，加深了对什么是社会主义、怎样建设社会主义与建设社么样的党、怎样建设党的认识。始终代表中国最广大人民的根本利益，强调以人民群众的利益、要求和实践为最高价值标准和评价标准，体现了我们党的宗旨和国家的性质。在新形势下，我们党明确把促进人的全面发展确定为建设社会主义新社会的本质要求和总体目标。这是对马克思主义经典作家关于人的自由全面发展理论的继承与发展，也是对邓小平关于社会主义本质概括的深化。江泽民论述了人的全面发展与经济文化发展的关系：“推进人的全面发展，同推进经济、文化的发展和改善人民的物质文化生活，是互为前提和基础的。……这两个历史过程应相互结合、相互促进地向前发展。”[①]关于我国社会主义中的社会关系和人际关系，江泽民曾经在不同时候和场合从不同侧面作过论述。例如，提倡领导干部要讲学习、讲政治、讲正气，主张治国必先治党，治党务必从严；在对待人民群众上，他强调要以人民群众为本，把群众的积极性引导好、保护好、发挥好；提出依法治国与以德治国相结合，充分保障人民依法享受人权；专门谈正确处理社会主义现代化建设中的若干重大关系；提出人才资源是第一资源，重视知识分子在社会主义建设中的使命和作用；关心青少年，强调少年儿童是祖国的未来，要正确引导青少年健康成长，等等。

十六大以来，以胡锦涛为总书记的党中央根据新的发展要求，集中全党智慧，提出了以人为本、全面协调可持续发展的科学发展观。它与马列主义、毛泽东思想、邓小平理论和“三个代表”重要思想既一脉相承又与时俱进，是发展中国特色社会主义必须坚持和贯彻的重大战略思想。科学发展观的核心是以人为本。以人为本是基本原则，即价值观，指明了社会发展为了谁、依靠谁、与谁共享。十六届六中全会通过了《中共中央关于构建社会主义和谐社会若干重大历史问题的决定》，提出社会和谐是国家富强、民族振兴、人民幸福的重要保证，认为目前我国社会总体上是和谐的，但也存在不少影响社会和谐的矛盾和问题。构建和谐社会应当按照民主法治、公平正义、诚信友爱、充满活力、安定有序、人与自然和谐相处的总要求，以解决人民群众最关心、最直接、最现实的利益问题为重点。首次提出建设包括指导思想、共同理想、民族精神、时代精神和荣辱观的社会主义核心价值体系，形成全民族奋发向上的精神力量与和睦相处的精神纽带。必须最大限度地激发社会活力，促进政党关系、民族关系、宗教关系、阶层关系、海内外同胞关系的和谐。要加强人文关怀和心理疏导，引导人们正确对待自己、他人和社会，正确对待困难、挫折和荣誉，塑造自尊自信、理性平和、积极向上的社会心态。构建社会主义和谐社会关键在党，要以党内和谐促进社会和谐，以优良的党风促政风带民风，营造和谐的党群干群关系。这些都是在新时期中国共产党人对正确处理与积极建设良好的社会关系和人际关系的可贵探索。

实践探索与理论探索是一致的，我们是理论和实践、主观和客观的统一论者。近年来，我国在经济实力大幅提升、改革开放取得重大突破的过程中，人民生活显著改善，民主法制建设、文化建设、社会建设等各方面都取得了明显进步。这是国人有目共睹的也是令世界瞩目的事实。但“我们的工作与人们的期待还有不小差距，前进中还面临不少困难和问题”，十七大归纳了突出的八大方面。《报告》全面深刻地阐明了科学发展观的内涵，指出：“必须坚持以人为本。全心

① 江泽民：《论“三个代表”》，中央文献出版社 2001 年版，第 180 页。

全意为人民服务是党的根本宗旨，党的一切奋斗和工作都是为了造福人民。要始终把实现好、维护好、发展好最广大人民的根本利益作为党和国家一切工作的出发点和落脚点，尊重人民主体地位，发挥人民首创精神，保障人民各项权益，走共同富裕道路，促进人的全面发展，做到发展为了人民、发展依靠人民、发展成果由人民共享。"《报告》指出，人民民主是社会主义的生命。扩大人民民主，保证人民当家作主；发展基层民主，保障人民享有更多更切实的民主权利。再次强调"促进政党关系、民族关系、宗教关系、阶层关系、海内外同胞关系的和谐，对于增进团结、凝聚力量具有不可替代的作用"。十七大与以往全国党代会不同，《报告》专写了"加快推进以改善民生为重点的社会建设"一大部分，特色鲜明，目标指向"努力使全体人民学有所教、劳有所得、病有所医、老有所养、住有所居，推动建设和谐社会"。

建设社会主义良好的社会关系与人际关系，对于在现实中国丰富和发展历史唯物主义，具有显而易见的意义。一个行动抵得上十个纲领，理论的表达和宣言是清晰的，但实践探索更得人心，也更有价值。

本篇思考题

1. 试析孔子与孟子人际关系思想的异同。
2. 孔子与墨子人际关系思想的区别是什么？
3. 试析老子与庄子人际关系思想的异同。
4. 孟子与荀子人际关系思想的区别是什么？
5. 从人际关系的角度分析"越名教而任自然"。
6. 简述韩非子的人际关系思想。
7. 简述董仲舒的人际关系思想。
8. 现代社会还需要"孝"吗？为什么？
9. 简评《颜氏家训》。
10. 试析二程与朱熹人际关系思想的异同。
11. 试析陆九渊与王守仁人际关系思想的异同。
12. 李贽和黄宗羲是如何批判封建主义人际关系思想的？
13. 简述《大同书》中的人际关系思想。
14. 简述《仁学》中的人际关系思想。
15. 比较苏格拉底与德谟克利特的人际关系思想。
16. 简述亚里士多德的人际关系思想。
17. 简评《圣经》中的人际关系思想。

18. 为什么说文艺复兴时期是人际关系的转型期?
19. 简述爱尔维修的人际关系思想。
20. 试评康德的“道德律”。
21. 简述尼采的人际关系思想。
22. 简述功利主义的人际关系思想。
23. 简析人的潜意识对人际交往的影响。
24. 海德格尔和萨特是怎样论述人的存在与人际交往的?
25. 马斯洛的需要层次论与人际交往有什么关系?
26. 评述哈贝马斯的交往行动理论。
27. 马克思和恩格斯是如何看待人际关系的?
28. 列宁处理人际关系有什么特色?
29. 概述毛泽东的人际交往圈及其特点。
30. 构建和谐社会需要什么样的人际关系?

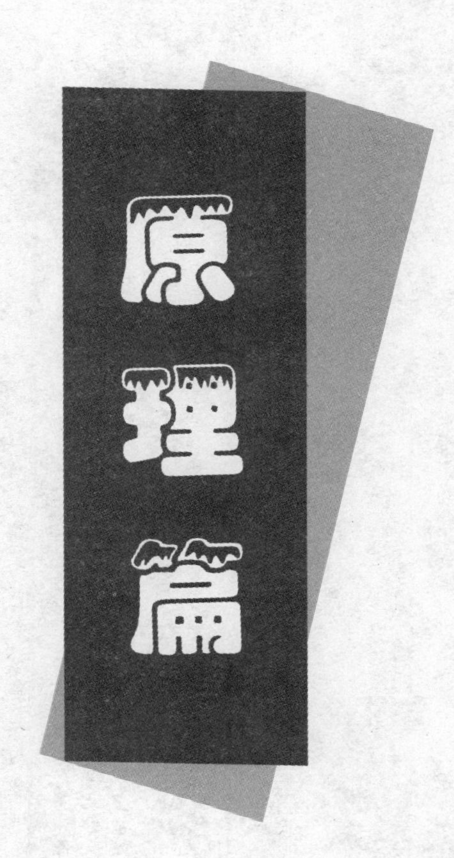
原理篇

第七章 人际交往

人处于社会之中，就必然与他人交往，产生各种各样的人际关系。荀子讲："人生不能无群。"马克思在《关于费尔巴哈的提纲》中讲道："人的本质不是单个人所固有的抽象物，在现实性上，它是一切社会关系的总和。"即人之所以为人，在于他与其他人的关系，在于人的社会性。

在现代生活中，人际交往更是越来越重要。随着中国改革开放的深入，中国社会市场化的程度越来越高，范围也越来越广。市场经济的核心就是商品的交换，通过交换，人与人的联系日益紧密，社会成为有机的整体。个体所需资源肯定要来自于他人，而这不得不涉及人际交往。

第一节　人际交往概述

一、人际交往的含义

所谓人际交往(interpersonal interaction)，是指人们运用语言符号和非语言符号相互交流信息和情感的活动。人际交往不仅有信息交流，而且还有情感交流，通过彼此间的相互作用建立情感联系，改变心理距离。

人们在交往过程中所建立起来的直接的心理关系，或心理上的距离，就是人际关系。人际关系是在人际交往的基础上形成的，一开始双方的交往还是表面的，随着交往的深入双方就有了情感的投入，并形成相互的心理联系。人际关系不仅在人们的交往中产生，从交往活动中表现出来，而且也只有在交往过程中才能维持和发展。没有人际交往，就不会有人际关系。不论是什么样的人，只要相互往来，就会建立性质不同的人际关系。反过来说，人际关系的性质和亲疏稳定程度又影响着人际交往的内容和交往的频率、广度和深度。

人际交往首先是一个认知过程。认知过程是人际交往的前提和基础。从心理学讲，认知过程包括感觉、知觉、记忆、想象、思维和语言。人际交往中的认知主要是对交往对象和交往情景的认识。对于交往对象的外貌、表情、行为、语言、性格、心理状态的了解和推测，都属于交往认知的范畴。

在交往认知基础上，人们对他人形成了交往态度和交往情感。大家一般都喜欢同那些善良的人、聪明的人、乐于助人的人交往，而对凶恶的人、愚蠢的人、自私自利的人则避而远之。良好的交往是令人愉快的、兴奋的；而有的交往却是乏味的、难受的甚至是痛苦的。

二、人际交往的类型

人际交往存在着多种类型。根据不同的划分标准，可以作出不同的分类。

1. 正式交往与非正式交往

按人际交往的归属，可将人际交往分为正式交往和非正式交往。正式的人际交往是在实现正式团体的共同活动目标的过程中所进行的交往，一般是通过组织机构明文规定的渠道进行，如上下级之间的交往。非正式的人际交往是在正式团体共同活动目标之外所进行的交往，如私人聚会、家庭聚会等。正式交往，具有一定法律效力，交往双方会受到一定的约束；而非正式交往，交往双方所受到的约束则相对较少，交往双方的信息和情感交流比较自由。有些在正式场合不便表达的观点、要求、愿望等，往往可以在非正式场合表达出来。

2. 直接交往与间接交往

按交往是否要通过一定的中间环节，可将人际交往分为直接交往和间接交往。直接交往就是不通过任何中间环节，交往者聚到一起，面对面地进行交流。间接交往就是要借助一定的媒介实现的交往，如通过电话、邮件、信件、网络等所进行的交往就是间接交往。在面对面的直接交往中，交往双方的信息和情感交流比较充分及时，交往效果好；在间接交往中，由于交往是通过中间媒介进行的，信息和情感交流会受到一定的限制，交往的效果往往较弱。我们由此可以体会到，交往和沟通是存在一定差别的。间接交往主要完成的是信息的交流，但是，仅是信息交流的交往效果并不好。人是有感情的生物，交往是知情意的互动。比如恋人之间的交往，随着交往的深入，必定发展为肢体的接触。对于领导而言，不能总是通过秘书或者网上发布公文向下级下达任务，这样不利于上下级间的交往。但是，直接交往的缺点也是很明显的，交往的成本比较高，交往花费的时间和精力相对较多，其覆盖范围和影响范围也比较有限。假如你要向五千人发布消息，显然逐个面对面的交谈是难以实现的，必须借助于大众媒介，这正是间接交往的优点，它可以通过媒介扩大覆盖面和影响范围。直接交往和间接交往是相辅相成的，在许多情况下，交往双方不宜当面表达的想法和情感，常常借助于一定的媒介（如情书）来表达。在现实生活中，二者相互促进，共同推动着人际关系的发展。

此外,根据信息传递的方向,交往可分为单向交往和双向交往。根据交往主体的不同,还可以将交往分为个体与个体间的交往、个体与群体间的交往、群体和群体间的交往等。

第二节 人际交往的需要、动机和行为

一、交往需要

人为什么要交往?简言之,人具有交往需要。需要是个体生理或心理的缺失或不足而引起的一种内部不平衡状态。它是人心理活动的动力系统,指向能满足人某种需要的对象。人除了像对食物的需要等生理需要外,还具有精神需求。

1. 需要层次理论

心理学家马斯洛(A. Maslow)的需要层次理论把人的需要分为生理需要、安全需要、友爱归属需要、尊重需要和自我实现需要五个层次。人的需要处于一种动态过程中,当低层次的需要得到满足后,就上升到较高层次的需要,只有高级需要的满足,才能产生令人满意的主观效果。在马斯洛的理论中,第三层之上的需要(包括第三层)实质就是交往的需要。由于人体有限性,人会有孤独无助感,因而产生了与他人交往、归属的需要。个体需要他人对自己的尊重,自我实现最终要来自于社会的支持。

2. 三维人际关系理论

社会心理学家舒茨(W. C. Schutz)在 1960 年出版的《人际行为的三维理论》中将人际交往需要分为三种倾向,即包容的需要、支配的需要和情感的需要,而每一种需要都可以转化为动机。

聚 会

包容的需要表现为希望和他人交往,隶属某一个组织,与他人保持良好人际关系。其行为特征是:主动与他人交往、参与社交活动或在不同群体里充当不同角色。反之,人际反应特质是:孤立、退缩、排斥等。

支配的需要就是个体控制、支配、领导他人的欲望,或者是被别人控制、支

配、领导的需要。如果个体的父母对其子女从小管教非常严厉的话,那么这个人便倾向于服从型行为。而如果个体出生于溺爱家庭环境下,家长都围着孩子转,易形成支配型行为。在一个民主家庭的子女可能形成既是支配型又是服从型的行为倾向。

感情的需要指个体爱别人或被别人爱的需要,是个体在人际交往中建立并维持与他人亲密的情感联系的需要。正情绪情感模式(positive emotion and feeling pattern)表现为理解、友善、热心、照顾、亲密等;负情绪情感模式(negative emotion and feeling pattern)则表现为回避、冷淡、反感、厌恶等。

舒茨在三种交往需要的基础上,区分了两种人际交往模型:主动型人格特质(active personality trait)的行为模式和被动型人格特质(passive personality trait)的行为模式。前者特征为,主动与他人交往、支配他人、对他人表示亲密;后者特征则为,期待他人接纳自己、期待他人领导、他人对自己表示亲密。这样就组合出了六种人际关系的行为模式,见表7-1。

表7-1　　人际关系的行为模式

需求种类 / 行为倾向	主动性	被动性
包容的需求	主动与他人交往	期待他人接纳自己
支配的需求	支配他人	期待他人支配自己
感情的需求	对他人表示亲密	期待他人对自己表示亲密

3. 社会关系律

心理学家魏斯(R. Weiss,1974)提出了人际关系的六种基本需要,即社会关系律。魏斯认为,正常的人际交往是人类的基本社会需求,人际交往能满足个体的六种需要,包括依附的需要、社会整合的需要、价值保证的需要、可靠同盟的需要、得到指导的需要、照顾他人的需要。

依附的需要:指亲密的人际关系提供给个体的安全感和舒适感,如儿童从父母那里能得到这种需要的满足,配偶一方从对方那里能得到这种需要的满足。

社会整合的需要:渴望与他人共享相同的观点、兴趣和态度,并产生群体归属感。这种需要能从朋友、同事、队友、战友那里得到满足。

价值保证的需要:得到别人支持时,对自己的能力和价值的确证。

可靠同盟的需要:希望与他人建立良好的关系,以便在遇到困难时会有人来帮助自己。

得到指导的需要:希望能从别人那里得到有价值的指导,以满足自己获得知识和经验的需要，通常从医生、老师、长辈、领导那里可以获得这种指导。

照顾他人的需要：在对他人健康负有责任时，希望对他人有所关心和照顾，以体验到被他人需要和重视的感觉。

二、交往动机

交往需要是交往动机的刺激因(stimulator)。有交往的需要和交往对象，在一定条件下，就会产生交往动机和交往行为。交往动机是引发并维持人的交往行为以达到一定目的的内在动因。

人的交往动机是比较复杂的，因人而异。有的人交往是为了信息交流，扩充自己的知识，比如师生之间的交往；有的人交往是出于功利性目的，借助他人的力量来实现自己的目的；而有的人忍受不了一个人孤独，要寻找朋友；有的人是为了获得他人的赞许；等等。

一些社会学家、心理学家和社会心理学家对人际交往动机做了大量的研究工作，也提出了不少关于人际交往动机的理论，主要包括自我呈现论、社会交换论、公平理论等。

1. 自我呈现论

社会学家戈夫曼(E. Goffman，1956)认为，人们在交往过程中试图借助于自己的言行向他人呈现与自己意愿相符的自我形象，借此对他人施加影响，控制他人对待自己的方式，这就是人际交往的动机。人生是个大舞台，人人都是这个舞台上的演员，都会按照社会剧本的要求，扮演不同的角色。为了给他人一种自己希望他人产生的印象，每个人都在运用各种技法对自己呈现给他人的印象进行控制、管理和整饰。如果你要去应聘、去会朋友，出发之前你要修饰一番，见面时你还会通过言行举止尽量给对方留下好的印象。戈夫曼的理论又可称为“戏剧论”(dramaturgy)、“印象整饰”或“印象管理”。戈夫曼主张研究交往应该把注意力转移到人们呈现自我形象的各种技法上，仔细分析这些技法产生效果的原因。

2. 利益驱动及其复杂性

人际交往能够给我们带来好处。社会学家霍曼斯(G. C. Homans，1958)受经济交易启发，提出了社会交换理论。社会交换理论指出人际交往是一种交换关系，通过交往获得心理与物质酬赏，个人利益是人际交往背后的普遍动机。因此人们会尽量寻求并维持所得大于付出的人际关系。当一个人发现同另一个人交往是付出的多而获得的少时，那么，他就会终止与其交往。人们从交往中获得的好处是人际关系形成与维持的一个重要原因。

福阿(Foa)等人将可供交换的社会资源分为六类：爱、服务、物品、金钱、地位和信息，并将这些资源归为两个方面：一是特殊性，爱是特殊性最大的资源，相反,金钱是特殊性最小的或通用的资源,不管金钱来自谁,它都是有用的;二是具体性,物品和服务是有形的具体的资源,而地位和信息是无形的抽象的资源。

此外,人们还会对不同的人际关系进行比较。对于一些要求比较高的人不满意的关系对那些要求比较低的人会很满意,因为他认为维持这种关系付出的代价低。一些人对建立新关系有较好的预期,即使现有关系是获益的,也会离去;而另一些人则宁愿保持一个成本很高的关系,也不会另寻他途,因为他们预期会更差。这也是一些对现有婚姻状况不满的人迟迟不愿离婚的原因。

由于社会交换理论不能解释许多交往现象,一些研究者又提出了公平理论。该理论认为,只有公平交换的关系,也就是当交往双方的所得和付出基本相同时,才是最稳定、最快乐的关系。过度受益和过度付出的交往双方都会对这种关系感到不安。研究者认为这可能是由于社会的公平原则和意识使获利不均的双方感到不舒服,进而产生重建公平的动机。

克拉克和米尔斯(Clark & Mills,1979)还区分了两种类型的关系:交换关系和共有关系。在交换关系中,一方付出的同时期望能在不久的将来获得对方回报;在共有关系中,一方付出的同时并不期望能在不久的将来获得对方的回报。身处交换关系中的人不会感到自己对对方的幸福负有特别的责任,身处共有关系中的人则感到自己对对方的幸福负有责任。

3. 亲和动机

亲和动机(affiliated motive)是指个体害怕孤独,希望与他人保持联系、协作、相处的倾向。美国心理学家沙赫特(S. Schachter)设计了一个有名的实验。他让被试者待在一个没有窗户但有空调的房间,里面只放一张桌子、一把椅子、一张床、一个马桶、一盏灯,此外再无其他东西,一日三餐通过门下面的小洞口送进去。条件是谁能在这样的房间里待上一天就能得到一笔可观的收入。有一人只呆了 20 分钟就受不了放弃了实验,有两个人呆了 2 天,最长的也只呆了 8 天。这个实验表明人对孤独的忍耐力是有差异的,但很难有谁能长时间生活在孤独的环境里。

沙赫特(1959)还做了一些实验来研究不同情况下的亲和行为。他选择两组被试,告诉第一组说他们要遭到强的电击但不会造成永久性伤害;告诉第二组说他们遭到的电击只有一点痛,或有点痒、麻的感觉。之后,沙赫特告诉两组被试由于电击设备还没有装配好,请他们等 10 分钟,他们可以自己单独等,也可以与其他被试一起等。结果发现,第一组有 63%的人选择与他人一起等,而第二组只有 33%的人选择与他人一起等。这时,沙赫特宣告实验结束,谁也没有受到电击。这个实验表明,恐惧感较强的被试比恐惧感较弱的被试表现出更强的亲和动机。沙赫特还用社会比较理论来解释这种现象,认为人们与他人亲近的目的是为了拿自己的感觉与其他在同样情境下的人的感觉比较。

上述理论只是说明人的交往动机的某一个方面，人的交往动机是多样的复杂的，不能简单地归为某一种动机。

鲁滨逊式的孤独

《鲁滨逊漂流记》一书的主人公鲁滨逊在一次买黑人奴隶的航行中由于船触礁而漂流到一个荒岛上，但他从触礁的船上找到了一只狗和两只猫，以及大量的生活必需品，还有几支滑膛枪、两支手枪、几支鸟枪，从此，开始了荒岛生活。环境的恶劣使他更加坚强，但没有其他人的陪伴，又令他陷入无尽的孤独。直到25年后他救了“星期五”之后，孤独感才得到缓解。

《鲁滨逊漂流记》插图

《孤独》一书的作者伯尔本想体验孤独生活的宁静与安逸，因而，他只身来到北极探险，住在冰雪中的小木屋中，没想到只3个月他就陷入了深度忧郁，最终只坚持了6个月就结束了探险。伯尔并没有享受到宁静与安逸，而是被孤独痛苦所折磨。

18世纪末欧洲探险家史金克不幸流落到了一个荒岛上，他的适应能力很强，能够在生存环境残酷的荒岛上得到生存所需要的一切物质资料，还养了几只动物为伴，但是无法消除人际交往缺失所产生的强烈孤独感，以至于经过4年的无人际交往的荒岛生活重回“人间”后，却难以完全恢复以前的人际交往能力。

三、交往行为

人际交往不仅表现为内在的需要和动机，而且体现为交往行为。交往行为是个体的内在需要和周围环境相互影响的结果。人际交往行为大体可分为两种：表现出接受、友好、支持等积极行为和表现出拒绝、嫉恨、损害等消极行为。一般来说，交往一方的积极行为会引起另一方相应的积极行为；交往一方的消极行为则会引起另一方相应的消极行为。

社会心理学家利瑞(M. Leland)研究了几千份人际关系报告,细致地归纳出了以下八种行为模式:

(1)一方出现管理、指导、劝告、教育等行为,会导致对方出现尊敬、服从等反应。

(2)一方出现帮助、支持、同情等行为,会导致对方出现信任、接受等反应。

(3)一方出现同意、合作、友好等行为,会导致对方出现协助、温和等反应。

(4)一方出现尊敬、赞扬、求助等行为,会导致对方出现劝导、帮助等反应。

(5)一方出现害羞、礼貌、服从等行为,会导致对方出现骄傲、控制等反应。

(6)一方出现反抗、怀疑等行为,会导致对方出现惩罚、拒绝等反应。

(7)一方出现攻击、惩罚、责骂等行为,会导致对方出现敌对、反抗等反应。

(8)一方出现拒绝、夸大、炫耀等行为,会导致对方出现不信任、自卑、嫉妒等反应。

当然,人际行为受许多因素制约,交往双方的个性心理、社会地位、交往情境都会对人际行为发生重要影响,使人际交往行为表现得错综复杂。

第三节　影响人际交往的因素

一、社会认知

社会认知(social cognition)是交往的前提。比如,你通过一件小事判断一个人品行恶劣、出尔反尔,那么,一般情况下你就会避而远之。

一般认为,社会认知是人们在交往过程中,通过对人的外部言行和外在形象来推测和判断人的心理状态、行为动机、性格特征以及人与人之间的关系的过程。社会认知是一个复杂的过程。它依据认知者过去经验以及有关线索,通过信息加工、推理、分类与归纳,进而推测人的内在的心理状态、行为动机等;加上交往主客体间的感情因素,使得社会认知更加复杂。在《狼来了》的故事中,小孩由于先撒了两次谎,骗人们说是狼来了,到了第三次,当真的狼来了时,就没有人相信他而去帮他。这里人们对于撒谎的小孩就是一种社会认知。社会认知的很大的一个特点是以人外在的表现推测人的内在品质和状态,这是一种推测。社会认知是交互的活动,交往的

狼来了

双方既是认知的主体，又是认知的客体。交往者不但认知别人，还要认知自己；不但认知个体，还要认知人际间关系。

社会认知包括三个方面：交往主体对自己、他人以及自己与他人的关系的认知。对自己的认知称为自我认知，对他人及其关系的认知称为他人认知。

1. 他人认知

在人际交往中要了解他人是非常重要的，但完全客观了解一个人又是比较困难的。我们认识他人的途径是通过其外现行为和外部途径，如人的言语、表情、身体语言、衣着等。中国古代智者们总结了很多识人的方法，《吕氏春秋·论人篇》，曾国藩的《冰鉴》、诸葛亮的“七观法”至今仍有意义。诸葛亮是三国时期著名的政治家、军事家，他总结了观人七法：

(1)问之以是非而观其志；

(2)穷之以辞辩而观其变；

(3)咨之以计谋而观其识；

(4)告之以祸难而观其勇；

(5)醉之以酒而观其性；

(6)临之以利而观其廉；

(7)期之以事而观其信。

这七法就是告诉人们：通过问答来观察其对事物的判断力，来观察其志向；通过出其不意的问答来观察其应对突然问题或事件的应变能力；通过询问计谋来了解其学识如何；人有趋利避害的本能，突然告诉一个人说大难将至，看其表现就可知是否勇敢；人喝酒后，神经有些麻痹，因此容易将自己本来的面貌展示出来，“酒后吐真言”说的就是这个道理；用金钱来考验人，看其是否清正廉洁；考察人的诚信和忠诚，与其听他说话，不如交代给他一件事情看他如何完成。

《吕氏春秋》专有一篇《论人》，文中提出了识人“八观六验”的方法：

> 凡论人，通则观其所礼，贵则观其所近，富则观其所养，听则观其所行，止则观其所好，习则观其所言，穷则观其所不受，贱则观其所不为。喜则以验其守，乐之以验其僻，怒之以验其节，惧之以验其特，哀之以验其人，苦之以验其志。

吕不韦像

就是说，凡是评估一个人，如果他比较显贵时，就观察他是否对人以礼相待；如果他身居要职，就观察他都举荐什么人；如果他比较富贵，就观察他供养的是哪些人；既要听他的言语，又要观察他的实际行动；

如果他闲暇无事，就观察他爱好的是什么；如果是帝王的近习（亲信），看其所进之言；如果他贫困，就观察他不接受的是什么；如果他贫贱，就观察他不去做的事情是什么。使他高兴，以检验他的操守；使他快乐，以检验他的邪僻；使他发怒，以检验他的节制；使他恐惧，以检验他的持守；使他悲哀，以检验他的人性；使他穷困，以检验他的意志。

曾国藩识人术

有一次，李鸿章带来三个人，想让曾国藩考察一下。曾国藩便让这三人在庭院里等候，自己在旁边暗暗观察。

曾国藩像

其中一个人不停地四处张望；另外一个年轻人则低着头规规矩矩地站在庭院里；还有一个人神情镇定，目视前方，气宇轩昂。过了一会儿，前两个人显得有些焦急，而第三人则依然很平静。

曾国藩把李鸿章叫过来说：面向厅门、站在左边的那位是个忠厚人，办事小心，可以做些后勤供应一类的工作；中间那位是个阳奉阴违、两面三刀的人，不能重用；而右边那位是个将才，可以委以重任。

李鸿章感到很惊奇，问是如何看出来的。曾国藩笑道：左边那个低头不敢仰视，行为拘谨，是一个小心谨慎的人；中间那位见我时很恭敬，可等我走过之后，就左顾右盼，可见此人是个阳奉阴违的人；而右边那人始终站立，前后一致，不卑不亢，当是一位将才，但其结局可能不好。

果不其然，第三个人就是后来鼎鼎有名的淮军名将刘铭传。

2. 自我认知

了解自己在人际交往中是比较重要的，正所谓人贵有自知之明。一位男士如果不能正确认识、认同自己的男性角色，而做出一些阴性行为，如兰花指、撒娇等，那么，他在社交场合中容易被人看不起。一个自高自大的人，很容易在他人面前傲慢无礼；而一个非常自卑的人则远离人群，避免与人交往。因此，在人际交往中，我们要正确地认识自我。

心理学中用“自我意识”较全面地描述了自我的概念。自我意识（self-consciousness）是一种多维度的复杂心理现象。从认知、情感和意志三个方面，自我意识可以分为自我认识（self-knowing）、自我体验（self-experience）和自我控制（self-control）三种心理成分，（详见表 7-2）。这三种心理成分，相互联系，相互制约，统一于个体的自我意识之中。

表 7-2　　**自我意识的内涵**①

	自我认识	自我情感	自我控制
物质的自我	对自己身体、外貌、衣着、风度、家属、所有物等的认识	自豪感或自卑感	追求身体的外表，物质欲望的满足，维持家庭的利益等
社会的自我	对自己在团体中的名望、地位、自己拥有的亲友及经济条件等的认识	自豪感或自卑感	追求名誉地位，与他人竞争，争取得到他人的好感等
精神的自我	对自己的智力、性格、气质、兴趣等特点的认识	自豪感或自卑感	追求信仰，注意行为符合社会规范，要求智慧与能力的发展

詹姆士像

自我认识，是指主我(I)对客我(me)的认知和评价，包括自我认知和自我评价。主我是对自己活动的察觉者，客我是被察觉到的自己的身心活动。美国心理学家詹姆士(William James)将自我认知区分为三个方面：

(1)物质的自我(object self)，即对自己身体、外貌、生理等认识；

(2)社会的自我(social self)，即对自己在社会生活中的名誉、地位、人际关系、经济条件等认知；

(3)精神的自我(mental self)，即对自己的智力、性格、气质、道德等认识。

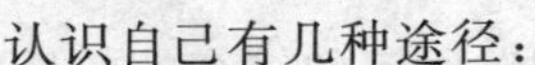

认识自己有几种途径：

(1)通过与他人的比较来认识自己。比如，判断自己长的高矮，就必须通过与他人进行比较，才能得到正确的答案。美国社会心理学家费斯汀格(L. Festinger)提出的社会比较理论说的就是这个问题。

(2)根据他人对自己的态度来认识自己。如果一个孩子的父母对子女要求十分严格，经常批评指责他，说他这个或者那个不好，那么，这个孩子很容易认为自己就是一无是处。一般说来，与自己关系重大的人(如父母、爱人、直接领导)对自己的评价和自己所在群体对自己的评价，对个体的自我认识影响较大。

(3)自我观察。俗话说，“鞋子好不好，只有脚知道”。对于自己的生理、心理

① 时蓉华主编：《现代社会心理学》，华东师范大学出版社 1989 年版，第 102 页。

状况，很多情况下只有自己知道。有的人在他人的眼里是幸福的，经济收入高，社会地位高，家庭美满；但是，作为他本人可能并不这样理解。

自我体验是个体对自己怀有的一种情绪体验，即主我对客我所持有的一种态度。客我满足了主我的要求，就会产生积极肯定的自我体验，表现为自信、成功感和自豪感等；反之，客我没有满足主我的要求，则会产生消极否定的自我体验，表现为自卑、失败感、羞耻感。成功感和失败感的产生，除了与是否完成某些任务有关，还与个人的自我期望有关。比如一个高中生考上一所普通大学，他有可能并不高兴，因为他的期望是进重点大学。当个体体验到成功感时，就会向更高的目标进取；反之，就会闷闷不乐，甚至放弃努力。对于一个人来说，体验成功感是很重要的。如果一个人在群体中很受大家欢迎，他能体验到交往时的成功感，那么，他就乐意同这个群体中的成员交往。

自我控制，是自我意识的意志维度，它是个体对自己行为、思想和言语等的控制。自我控制有两个方面的表现：其一是发动作用，即个体强制使自己的言语器官和运动器官进行种种活动，如坚持冬泳；其二是制止作用，即个体抑制自己的行动和言语，如不随地吐痰。在人际交往中，我们要适当地控制自己。三国时，曹操手下有个主簿叫杨修，此人才华横溢，思维敏捷，但却恃才傲物，结果被曹操以谣言惑众、扰乱军心的罪名斩首。美国的名将巴顿说话也是口无遮拦，被称为“和平时期的战争贩子”。一次，他观看了一个营级战术演习后，大发雷霆，指责指挥官及其手下无能，训练不足。结果，犯了众怒，大家一起联合起来反对他，最后巴顿被降了一级。

二、态度

1. 什么是态度

态度是指一个人对某一特定对象较为一贯的、相对固定的综合性的反应倾向。如果你家来了一个客人，这时你就可能存在三种态度：欢迎他、不欢迎他或持无所谓的态度。对这位客人持有不同的态度，显然同其交往的效果就很不一样。在社会生活中，生产厂家试图通过广告等方式改变消费者对其产品的态度；政治家在竞选中则希望改变公众态度来投他一票。

态度是一种综合性的心理反应倾向，并非指行为本身，而是行为的准备状态。如果一个人具有社交恐惧症的话，他就会尽量逃避与人交往，即不产生人际交往行为。态度具有稳定性。一旦一个人对某人、某事形成一定态度，一般就不会轻易改变。人是有先入为主的倾向的，如果一开始对某人有好感（或者反感），那么很长时间会保持这种印象。

2. 态度的形成

美国心理学家凯尔曼(H. C. Kelman,1958)认为任何态度的形成一般要历经顺从、认同、内化三个阶段:

(1)顺从:人为了获得物质与精神的报酬或避免惩罚而采取的表面顺从行为,也称为服从。顺从是态度形成的开始阶段,有自愿的,有被迫的。此时的态度只是暂时的,当报酬或惩罚撤销后,就会恢复原来态度。

(2)认同:认同是个体不是被迫而是自愿地接受他人的观点、信念,使自己的态度与他人的要求相一致。

(3)内化:内化是指人们从内心深处真正相信并接受他人的观点而彻底转变自己的态度,并自觉地指导自己的思想和行动。到了内化阶段,态度才最终形成,不易改变。

3. 态度的转变

比起态度的形成,有时人们更加关心态度是如何转变的。社会态度的转变,是指一个人已经形成的态度,在接收某些信息后,原有的态度发生了转变。例如,交往中,对某人的态度由好转坏,或者由坏转好。

转变人的态度有以下途径:

(1)说服宣传。通过交换意见、参观访问等方式劝说别人。说服宣传可以实事求是、可以晓以利害。李斯谏逐客令,就是经典的说服例子。秦王要把秦国以外的客卿逐出秦国。李斯来自楚国,自然也在逐客之列。于是李斯上书秦王,用事实说明百里奚、商鞅、张仪、范雎皆不是秦国人,却为秦国立下汗马功劳。而逐客实质上是秦国撵走人才而增加敌人实力的做法,于是秦王收回逐客令。

(2)登门坎效应(foot-in-the-door effect),即进去一只脚,就会进去整个身体。这个效应是美国社会心理学家弗里德曼(Friedman)等人于1966年做的“无压力的屈从——登门坎技术”的现场实验中提出的。实验过程为:实验者让助手到两个居民区劝人们在房前竖一块写有“小心驾驶”的大标语牌。在第一个居民区向人们直接提出这个要求,结果遭到很多居民的拒绝,接受的仅为被要求者的17%。在第二个居民区,先请求各居民在一份赞成安全行驶的请愿书上签字,这是很容易做到的小小要求,几乎所有的被要求者都照办了。几周后再向他们提出竖牌的要求,结果接受者竟占被要求者的55%。

该实验说明,只要答应并从事了第一个小要求,就会改变个体的态度,那么个体就容易接受第二个大要求。这类似于“得寸进尺”的意思。

(3)团体规定。团体所具有的约定、规章可以有效地改变人们的态度。美国心理学家温勒曾经做了一个实验。他用刚生完孩子的产妇作为实验对象,要求她们出院回家时,给婴儿吃鱼肝油和橘子汁。实验者把产妇分为两组:一组被试是通过医生的个别劝说,说为了婴儿的健康,每天应给孩子吃鱼肝油和橘子汁;

而另一组是说医院规定，回去后必须给孩子吃上述食品。结果一个月后发现，被医院规定的产妇几乎全部照办，而被医生个别劝说的产妇却只有部分人照办。上述实验说明，团体规定比个别劝说有助于转变人们的态度。

(4)积极参加活动。要转变一个人的态度，必须引导他积极参与有关活动，参与活动比单纯说服效果要好。

三、气质和性格

1. 气质的影响

气质是个体典型的稳定的心理活动动力方面的心理特征。主要表现在个体心理活动过程的速度、灵活性、强度等。不同气质的人在交往方面的风格是不一样的。

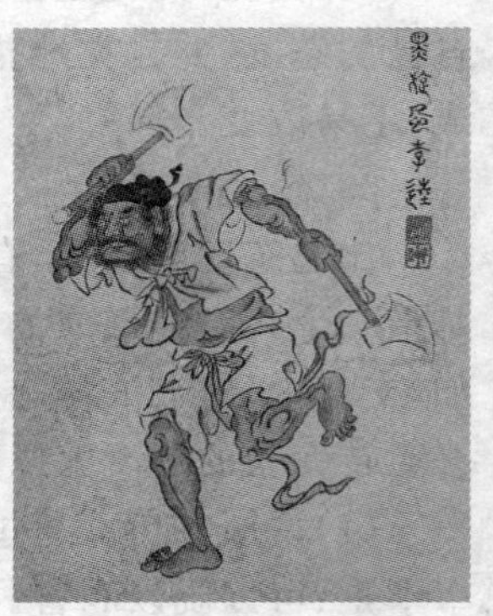

李逵

具有胆汁质(choleric temperament)特征的人精力旺盛，性情耿直，脾气急躁，容易冲动，反应迅速，心境变换剧烈。如张飞、李逵，在交往中非常爽朗、豪放，但有时会任性、粗暴，有过火过急的行为。

黛玉

具有多血质(sanguine temperament)特征的人，活泼好动，聪明伶俐，敏感，反应迅速。如浪子燕青，喜欢与人交往，对人热情，但不太稳定，作风轻佻。

具有黏液质(phlegmatic temperament)特征的人，安静稳重，沉默寡言，显得庄重、坚忍，情绪不易外露，反应缓慢，如林冲，对人诚恳踏实，与交往对象能保持持久稳定的关系，但却谨小慎微。

具有抑郁质(melancholic temperament)特征的人，孤僻胆小，情绪体验深刻，具有很高的感受性，善于觉察他人不易觉察的细节，行动迟缓且不强烈，如林黛玉，在交往中顾虑重重、多疑，一般很少与人交往，行为孤僻。

在现实生活中，大多数人都近似于某种气质类型，或是某几种气质类型某些特征的混合。

2. 性格的影响

性格是人对客观现实稳定的态度及与人相适应的习惯化的行为方式。在多种个性特征中，性格具有最为直接的社会意义，与社会生活内容的联系也最密切，对人际交往的影响也最强。

性格最基本的划分是内向型和外向型。外向型的人关注于外部事物，一般乐于而且容易与人交往，但持久性差，往往缺乏深交；内向型的人关注于自己的精神世界，经常反省自己，一般不喜欢与人交往，但一旦建立人际关系，则会稳定持久。

就个体独立性而言，性格可以分为独立型、顺从型和反抗型。独立型的人，有自己的主见，不易受环境的影响。顺从型的人，易与人合作，听从他人，对他人的依赖性较大，易受环境影响。反抗型的人，难以与人合作，处处反对，因而也容易受环境影响。

在人际交往中，有的性格是受大家喜欢的，但也存在着一些性格是人们不喜欢的，它们会阻碍人与人之间的交往，不利于人们的团结协作。主要有：不尊重人，自私自利，为人虚伪，心胸狭隘，报复心强，妒忌心强，猜疑心重，过分自卑，刚愎自用，孤僻冷漠，苛求于人，贪婪吝啬，等等。

除了上述心理方面的影响因素外，个人的社会地位、教育水平、职业等差异，以及地域和文化的不同，也会对交往构成影响。“物以类聚，人以群分”，社会地位、职业等因素，常常将人分为不同的群体，同一群体存在着共同的特征、知识背景、生活习惯，有着共同的兴趣和话语，因此易于交往。俗语中，“门当户对”，“隔行如隔山”，虽然有些偏颇，但也不无道理。关于社会因素的影响将放到后面有关章节中讨论。

第四节 人际交往的障碍及克服

人际交往中，对人对事应该实事求是、客观公正。但是，事实上总是存在着这样或那样的主客观的因素，使人产生偏见，阻碍人们的交往。客观方面的障碍有年龄、职业、阶层等方面的。比如年龄，年长的人做事比较谨慎，倾向过去，有的还倚老卖老；而年轻的人做事比较急躁，有充沛的精力和激情，面向将来。因此，年长的人与年轻人容易产生代沟。

交往中主观方面的障碍有认知障碍、情绪障碍和性格障碍。

一、认知障碍

1. 首因效应

首因效应(first impression effect)，就是通常所说的“第一印象”或“最初印象”。人们在初次接触中，对某人或某事形成的印象，将深刻影响到以后对该人或该事的评价，这种现象称为“首因效应”，也叫“最初效应”(primary effect)。第一印象对于人际交往非常重要，这决定着以后的交往活动是否继续进行下去。当第一印象形成后，以后所感知的内容容易被忽略。这就造成人们单纯以第一印象来判断人。第一印象固然重要，但是，第一印象主要是依据人的衣着打扮、举止言谈等外表特征，而“路遥知马力”，深入了解一个人需要很长的时间，不能仅凭第一印象。

2. 晕轮效应

晕轮效应(halo effect)，又称为“光环效应”，最早是由美国著名心理学家爱德华·桑代克(E. Thorndike)提出的。他发现，有时人们对人、事判断往往是从局部出发，然后扩散而得出整体现象。这是一种以点概面的思维方式，对一个人突出品质的知觉遮盖了这个人其他方面的品质。由于晕轮效应，人们有时不是依据自己的所见所闻判断一个人，而是根据一个人的已知品质来推断其他品质。俗语中“天下乌鸦一般黑”、“爱屋及乌”说的就是这种现象。知道某人是聪慧的，就认为这个人办事是可靠的；知道某人做过一次坏事，那么以后所发生的坏事被理所当然地认为都是他做的。

3. 定势效应

定势效应(stereotype effect)，即当人们在一定的环境中工作生活，容易形成一种固定的思维模式，使人们习惯于从固定的角度来观察事物或思考事物。有这样一个故事：有一个富人戴了一条漂亮的项链，周围的人见了都说好看；后来富人不戴了，大家便说富人平易近人、不显富。而有一个穷人也戴了一条项链，但周围的人却说他没钱还装富；后来，穷人不戴了，大家又说他寒酸。这就是思维定势(thinking set)。富人不管戴不戴项链，都是好的；而穷人则是不好的。定势效应会让人看问题戴上有色眼镜，歪曲事实。

4. 刻板印象

刻板印象(stereotypical impression)，是一种特殊的心理定势，是对某一类人形成的较为固定的看法。如：女性是温柔的、仔细的；男性是主动的、粗心的。美国人是开放的、冒险的；法国人是浪漫的；英国人是绅士的；日本人是勤奋、精明的；中国人则是聪明、中庸的。工人是健壮的，农民是衣着朴素的，而知识分子是戴着眼镜的。刻板印象虽然有些时候可以帮助我们快速适应外部世界，但却简化了对他人的认识。人是复杂的，除共性外，还有很多个性，在交往中不能忽视这些不同。

好学校和差学校的区别

我家附近有一所高中，学校的名声不好，学生晚上也不上晚自习。母亲看到了，于是说："差学校就是不行，学校不行吧，还不管严些。"过了一段时间，这个学校开始要求学生上晚自习了。母亲看见了，又说："差学校上晚习，上了也白搭，白废蜡。"

恰好我家邻居的孩子在本市一所名校读高中。母亲听说名校的学生要上晚自习，评价道："名校就是名校，管得就是严，不愧为名校。"后来，又听说这所学校又不上晚自习了，母亲又说："名校就是与众不同，强调学生素质教育，培养的学生肯定不一样啊。"

我听后似有所悟：在人们的眼中，好学校不管做什么，都是好的；而差学校不管做什么，都是不行的。其实，人们在评价一个事物时，很容易受到先入为主观念的影响，即刻板印象的影响。

5. 投射效应

投射效应(projection effect)，是指在人际交往中，认为别人具有同自己相同的想法或者倾向，即把自己的特性投射到其他人身上。所谓"以小人之心，度君子之腹"，说的就是这种现象。

上述心理效应的共同之处在于不能客观地评价人或者事，在认识思考事务中掺杂了很多主观的成分。

二、情绪障碍

情绪(emotion)与情感(feeling)是人对客观事物是否符合自身需要而产生的态度的体验。人非草木，孰能无情？在人际交往中，不仅仅有认知的过程，也有情感过程。积极的情感可以促进交往，而消极的情感会抑制交往，形成交往中的障碍。

在日常生活中，人们会因为受到不公平待遇而感到不满、愤怒，对人暴跳如雷，大发雷霆。这种做法，不但于事无补，有时反而将事情越搞越僵。

西汉时，杨恽为官正直廉洁，但却被小人陷害，被皇帝贬为庶民。杨恽丢了官后，心里愤愤不平，于是置办家当，整天请人喝酒吃肉，以发泄心中怨气。他的朋友孙会宗听说后，预感不妙，急忙写信告诉他，要处事低调，否则会引起大的麻烦。但是杨恽不听。果不其然，不久，有人告杨恽生活腐化，不思悔改。皇帝听后大为不悦，将杨恽腰斩。

人愤怒时容易会对阻碍自己的人有攻击言语或者行为，结果多半会令对方反过来攻击你。所以,人际交往中要能控制自己的情绪。

恐惧是对某一类特定的物体、活动或情境产生持续紧张的、难以克服的惧怕情绪。人们恐惧的时候,会极力回避引起恐惧的情景或事物,产生退缩行为,甚至严重地影响学习和生活。

社交恐惧的人除了亲近的人,一般难以同他人接触。他们觉得似乎周围每个人都在看着自己,观察自己每一个动作,害怕自己成了别人注意的中心,非常在意别人怎样看待自己或评价自己。当与人交往时,有的会感到浑身无力,心中忐忑不安,口笨舌拙,不知如何是好,从而影响了与人的正常交往。

如何克服社交恐惧症呢?最重要的要增强信心,消除自卑心理。试着练习人际交往,在实践中逐步认识到交往并没有自己想象得那样可怕。在交往中逐步训练自己的胆量,提高交往能力。

三、性格障碍

1. 自卑

自卑是一个人由于对自己的能力或者品质作出过低的评价,从而产生的一种情绪体验。事实上,自卑的人未必真的能力不行,而只是自己低估了自己。它与自负正好相反,自负是高估了自己。引起自卑的因素很多:

(1)对自己的身高、相貌、身材等身体因素不满意,或者身体的残疾和其他疾病。

(2)家庭贫穷。市场经济易滋生拜金主义,通过金钱可以获得资源和社会地位,因而贫穷的人容易产生自卑心理。

(3)经历挫折,尤其是大的挫折或者几次挫折,如果个人自信力不强,就会导致自卑。

心理学家阿德勒(A. Adler)认为,每个人都有些自卑感,只是程度不同而已。适当的自卑可以激发人的斗志,通过另一方面的卓越来补偿。但是,过度的自卑就会导致退缩行为,回避与人交往等。

阿德勒像

2. 害羞

害羞是交往中常见的一种状态。有的人见了人会感到无形的压力,很少说话,见了陌生人更是张不开嘴。他们并不是不想与人交往,而是面子太薄,总是担心自己在他人面前说不好失态,考虑的问题太多:直接找人说话,尤其是异性,会不会太唐突?别人不理我,是不是太尴尬?等等。

克服害羞,首先要学会找话题。万事开头难,害羞的人常常不知道开始该对别人说什么。在人多的时候，可以选择众人关心的事件为话题，如 2008 年金融危机。说话要能引起对方的兴趣，对母亲可以聊聊孩子，多夸夸她的孩子；对于女孩可以聊服饰、化妆、美食；和男士在一起，体育、政治、军事都是很好的话题。还要学会微笑。初到一个陌生的环境，人出于自我防范意识，习惯地板起面孔。冷冰冰的面孔往往会使人望而却步，而微笑可以融化人与人之间的隔阂。

3. 嫉妒

嫉妒是怨恨别人在某方面超过自己而产生的心理状态。嫉妒的内容很多，才华、荣誉、地位、机遇、相貌等等。凡是自己不如别人的地方，都有可能成为嫉妒的内容。英国哲学家培根说，嫉妒是一切情欲中最顽固、最持久、最堕落的情感。甚至一些英雄人物也会嫉妒别人，如三国中周瑜因嫉妒诸葛亮，最后被气得箭伤复发而死。嫉妒者知道自己不如别人，但表面上却不承认。嫉妒心强的人，可能会作出损害他人的行为，写匿名信诬告别人，打小报告，设计陷害，甚至会触犯法律。克服嫉妒心理，应当要豁达。人无完人，每个人都有自己的优点和缺点。

人际交往的困惑

一天，陈伟军来到了心理咨询室。他面容苍白，行为拘谨，一脸茫然，他正面临着人际交往的困惑。

陈伟军是某大学化学系本科二年级学生。他来自北方某省的农村，父母都是老实本分的农民，生活并不富裕。他头脑比较聪明，学习也踏实努力，在班里的成绩排名一直在前五名。全家人把希望都寄托在他身上，家里的事也不用他操心，让他专心学习。也许受家庭环境影响，他的性格比较内向，不大说话，很少与人交往。

然而上大学之后，他开始感到许多事情总不顺心，与同学关系比较紧张，跟同宿舍人还发生了几次冲突。从此，他早出晚归，同宿舍同学也很少见到他，集体活动也很少参加，也没有一个能说话的知心朋友。他感到特别的孤独和自卑，有时情绪烦躁。长期的苦恼和焦虑导致他经常失眠，胃口也不好。他曾想埋头学习来减轻痛苦，但是，由于睡眠不好，白天精力很难集中，成绩急剧下降，后来竟出现考试不及格的现象。他感到了震惊和恐慌，他无力摆脱这种困境。他对学校、同学、学习开始厌恶，不愿再在学校待下去。

下面是一个测试你人际关系处理能力的量表，如果测试结果不理想，可用后面“四、人际关系的改善”中介绍的方法进行调整。

人际关系处理能力测试①

［说明］

请根据你的实际情况，认真考虑以下问题，从所给备选答案中找出最适合你的答案。

［测试题］

(1)你感到上个月的工作做得不错，可是发奖金时，只发给你三等奖，你的一位知心朋友告诉你，这是因为李某在头儿那里说了你的坏话。你听了以后(　　)。

A. 很生气，要找经理讲清楚

B. 首先对自己上个月工作静心反思，必要时澄清一下

C. 生闷气，借酒浇愁

(2)你是一个有妻室(或丈夫)的正派人，由于工作需要经常和某女士(或男士)来往、接触，你耳闻有人对你们捕风捉影、妄加议论，这时你(　　)。

A. 发誓要找出造谣者并跟他算账

B. 不理那一套，该怎么干就怎么干

C. 感到委屈，为了不使人议论想辞掉那份工作

(3)你和同事外出办事，因缺少某方面知识而办了一件尴尬事。回来后，同事拿你这件事当众寻开心，出你的洋相，你会(　　)。

A. 面红耳赤下不了台

B. 和同事们一块儿大笑，事后说明原因

C. 揭对方老底寻开心

(4)你因工作有成绩而晋升一级工资，同事们要你请客，这时你会(　　)。

A. 认为没有必要而加以拒绝

B. 感谢同事们关照，必要时有个表示

C. 只找几个要好的朋友到餐厅吃一顿

(5)你因工作中一时失误，受到上司批评、处罚，原来和你不错的人不但不安慰你反而躲得远远的，你的反应是(　　)。

A. 你在别的朋友面前骂他是白眼狼、势利眼、没良心

B. 认为是人际关系中的弊病，毫不介意

C. 随他的便，地球照样转

(6)你的一位很要好的朋友因工作变动离开你到另一个单位去，这时你的反

① 参见李谦编著《现代沟通学》，经济科学出版社2002年版，第322～327页。

应是(　　)。

A. 为他饯行,祝他如意

B. 不冷不热,听其便

C. 陈说利害,设法不让他离开你

(7)你们公司从外地购来苹果出售,掌秤的人给别人都秤得不错,但轮到你时却大小不一,还有烂的,这时你(　　)。

A. 认为这是偶然发生的,并不是有意与你为难,高兴付钱

B. 心里不说,认为他不公平,还是付了钱

C. 认为他是故意的,倒掉不要

(8)市场上某种食品涨价了,而这种食品又是你平日喜欢吃的,你会(　　)。

A. 少买些,但把菜谱适当调整一下

B. 它涨它的,照买不误

C. 大发牢骚,但还是买了

(9)你有一个远亲患病,从外地来投奔你,请你帮助联系医院或请名医治疗,而你工作忙不说,住宿就是大问题,这时你会(　　)。

A. 尽管有困难,也热情接待,想法满足他的要求,劝他多住些日子治疗

B. 热情接待,但告诉他爱莫能助,请他谅解

C. 厌烦之情溢于言表,借故推脱了事

(10)你的朋友、同事、邻居中有人结婚、办丧事、过生日、迁居等要破费一点表示表示,这时你(　　)。

A. 尽管要花点钱,还是挑选点特色的小礼品来表示心意

B. 假装不知道或借故离开

C. 对一般人不屑一顾,但对体面的人送一份重礼

(11)朋友借了你一笔钱,可过了很久仍不还你,你不了解他是一时无力还,还是忘在脑后,而你近期又急用这笔钱,你会(　　)。

A. 只好等一等再看

B. 找到他讨要

C. 请一位你与他都要好的朋友提醒一下

(12)你孩子买了一件刚上市的服装,回家一试小得不能穿。你找到商店,但售货员拒绝退货。这时你(　　)。

A. 心里有气,回到家里把衣服丢在一边

B. 和售货员大吵大闹,引来众人围观

C. 找到经理室说明情况,表示歉意,商量一下双方都能接受的方案

［计分标准］

计分表

题目	(1)	(2)	(3)	(4)	(5)	(6)	(7)	(8)	(9)	(10)	(11)	(12)
A	5	5	5	5	5	1	1	1	1	1	3	3
B	1	1	1	1	1	3	3	3	3	3	5	5
C	3	3	3	3	3	5	5	5	5	5	1	1

分析：

12～22 分：具有深刻的分析力和敏感的反应能力，对人际交往出现的困难能以合乎逻辑的方法解决。

23～40 分：具有一定的人际问题处理能力，但偶然会出现优柔寡断或偏激的倾向。

41～60 分：对人际交往问题不善变通，较少考虑后果，往往对人际关系产生不良影响。

四、人际关系的改善

下面介绍几种改善人际关系的社会心理学技术。

1. 纽科姆“A-B-X 模式”

社会心理学家纽科姆(T. M. Newcomb)把海德(F. Heider)的平衡理论推广到了人际关系的领域，提出了改善人际关系的一些途径。他的理论被称为“A-B-X 模式”，A 代表一个体，B 代表另一个体，X 代表与 A、B 都有关系的客体。如果在对待 X 的态度上，A 与 B 的看法一致或相似，它们之间就会建立和谐关系。反之，如果在对待 X 的态度上，A 与 B 的看法不一致，它们之间就会出现紧张状况。见图 7-1。这种紧张程度取决于以下因素：

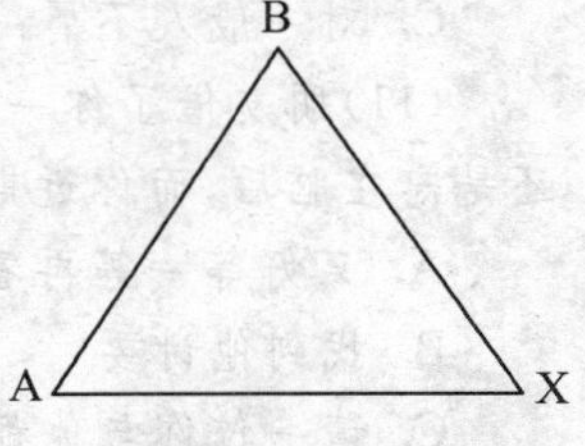

图 7-1　A-B-X 模式

(1)A 与 B 喜欢的程度，越喜欢就越紧张；

(2)X 对 A 或 B 的重要程度，越重要就越紧张；

(3)A 和 B 因 X 而交往的频率，交往频率越高就越紧张；

(4)A 和 B 对 X 的看法差异越大，就越紧张；

(5) A 或 B 的自信程度越高，紧张度就越大。

为了消除紧张，A 或 B 可能采取的方法如下：

(1)A 或 B 改变自己对 X 的态度，以便与对方达成一致；

(2)A 或 B 改变自己对对方的态度。

2. 角色扮演法

这种方法以社会角色理论为依据,角色是指个体在社会关系中所处的社会地位以及与之相联系的符合社会规范的行为模式。角色理论的核心原则是要求个体的行为应与其所承担的角色身份相一致。角色扮演法(role playing method)就是让需要改善人际关系的个体去扮演与其现有角色关系不一致的行为角色,这种角色行为正是所期望的新人际关系中的角色行为。个体在扮演这种角色的过程中,会站在一个新的立场上去体验和理解别人的想法、态度等内心世界的各种活动及行为意义,通过强化自我意识、移情能力达到提高人际交往能力和改善人际关系的目的。角色扮演法被广泛应用于态度改变、人际关系改善等方面,曾在欧美等国的组织管理领域出现过"角色扮演运动"。

3. T 小组

T 小组是敏感训练方式之一,这是一种开展得比较普遍的训练团体,或称"T 小组"(T-group)。1945 年,实验社会心理学之父勒温(Kurt Lewin)在麻省理工学院创建了团体动力学研究中心以后,便用敏感训练的方法开展解决社会实际问题的研究,其中团体成员间的人际关系、领导方式、团体的凝聚力等都是其研究范围。T 小组的目的是让接受训练者学会怎样有效地沟通,消除紧张,了解自己和别人的感情及行为,是一种常见的改善人际关系的方法。它的活动方式是把 5～15 名训练者集中在一起,由一名心理咨询师主持训练,时间一般为 1～4 周。

勒温像

下面是一个人际交往团体辅导案例(方案节选)。

辅导操作指南[①]

场地要求:可以选择环境平和的活动室,无桌椅,便于小组成员围圈席地而坐。

活动详解:

[轻柔体操]

目的:热身,轻松气氛。

时间:10 分钟左右。

全体成员围成圆圈。指导者先带头做一个动作,要求成员不评价、不思考,模仿做三遍。然后,每个人依次做一个自己想出来的动作,大家一起模仿。无论

① 参见孔燕主编《微笑成长》,安徽人民出版社 2003 年版,第 107～109 页。

什么动作都可以放松、减轻紧张气氛。有时，一些极富创造性的动作会引起大家愉快的笑声。

[两人一组自我介绍]

目的：在轻松的气氛中认识朋友。

时间：15 分钟。

请团体成员随意在团体中寻找交往对象，两人一组，每人用 2～3 分钟简短介绍自己，除告诉基本情况外（如姓名、系属等），要告诉对方自己的一个独特之处。听的一方仔细聆听，努力记住，当两人彼此介绍完之后，再寻找下一个交往对象。

[四人一组他者介绍]

目的：扩大交往圈子，拓展相识面。

时间：约 10 分钟。

分别进行过自我介绍的两组人聚合，形成四人组，每位成员将自己刚才认识的朋友向两位新朋友作介绍，每人时间 2～3 分钟。

[完成句子练习]

辅导老师为每位成员下发一张印有未完成句子的纸条，要求大家书面或口头完成：

对我来说，参加团体是____________________

我期望在团体中____________________

在团体中，我最担心____________________

当我进入一个新的团体，我感到____________________

当人们第一次见我，他们____________________

当我进入一个新团体时，我最希望____________________

当人们都沉默不语时，我感到____________________

我最大的优点是____________________

我信任的人是____________________

[迅速分组]

目的：在陌生的环境里迅速适应，积极寻找归属，善于应变。

时间：15 分钟左右。

指导者请全体成员手拉手围成圆圈，放轻柔的音乐，然后听指导者的命令，如：现在，8 个人一组，快！大家迅速散开，寻找属于自己的 8 人小组，拉手站成圆圈。指导者分别采访没能及时找到伙伴，而散落在群体之外的同学和及时找到属于自己的群体的同学，请他们谈谈自己的感受。着重体会积极、主动的态度和消极、保守的态度在分组中带来的不同结果。

第五节 人际冲突

人际交往中,主体间由于各方面的原因而产生分歧,当分歧外化并为彼此所感知时,便成为人际冲突。人际冲突并非都是激烈的对抗,也有温和的争论,程度有所区分。

人际冲突在人际交往中是不可避免的,而关键是如何在冲突未外化之前加以认知和引导,在冲突表现出之后如何恰当处理。冲突的结果不一定是消极的,处理得当同样会产生积极的效果。

一、人际冲突的成因

人际冲突产生的原因多种多样:

个性特点:由于交往主体成长背景、脾气秉性、教育、文化、思维方式等的差异会在交往中引起冲突,是常见的冲突原因。

价值观:价值观是交往主体为人处事的基本原则,是最根本性的,如果对方的行为与其价值观不符,或者违背,很可能导致冲突,甚至是激烈的深层次的冲突。

攸关利益:交往主体在同一群体中由于资源的稀缺性,可能会导致为了各自的利益而产生矛盾和冲突。

沟通不畅:在人际交往中,主体间信息交流渠道不畅通,彼此间缺乏良好的沟通,只能靠猜测得知对方意图,或者主体发出的信息在通过一定渠道到达对方时被误读,即常说的“误会”,易引发冲突。

其实,几乎所有的人际冲突都可以说是沟通的问题,如果能够彼此了解对方的脾气秉性、文化教育背景、价值观取向以及攸关利益等,在交往过程中就能够有的放矢,减少可能产生冲突的行为,从而使冲突的几率最小化。

人际冲突在整个人际交往过程中都可能出现。交往初期,人际冲突出现的可能性大,但对交往主体的影响程度较浅;在交往深入期,人际冲突,特别是激烈的冲突产生的可能性较小,不过一旦出现,造成的影响便会很大,如果不及时采取措施挽回的话,可能导致交往的破裂。

二、人际冲突的解决

人际冲突分为冲突潜伏期、爆发期和解决期三个阶段。潜在的冲突认知是非常重要的,可以在分歧外化之前化解分歧,或降低外化时冲突的激烈程度。如果前一环节缺失,或处理不当而导致了冲突,则须妥善解决。人际冲突的解决主要有下列几种方式：

1. 回避

人际冲突出现之后并且在没有造成严重后果时采取的一种消极对待方式，就是有意忽视冲突的现实存在，以回避的方式，希望冲突在时间面前自动消除。这样，一些看起来微不足道、无关紧要的冲突在忽视中被淡化，看似解决了，但这些冲突在忽视和掩盖中酝酿着将来的大爆发。

2. 利他

人际冲突出现后，作出利他的解释，把冲突归因于自己，以期以自我牺牲的方式迅速化解冲突。这种方式虽然可能使得冲突在短时间内化解，但冲突的根源并没有理清楚，冲突本身更没有解决，冲突在之后的某个时间点将会再次出现。

3. 利己

人际冲突出现之后，作出利己的解释，把冲突归因于对方，以期在冲突中握有主动权。这是一种美好的愿望，往往事与愿违，当对方也采取此方式时，冲突会进一步激化，也就无所谓"主动权"了。

4. 平滑

人际冲突出现后，弱化双方的差异，突出共性，求同存异，从而降低冲突的紧张程度，为进一步解决冲突创造一种心平气和的氛围。

5. 妥协

回避、利他、利己的冲突解决方式只是从冲突的单方面角度来考虑的，往往带有一厢情愿的色彩，缺乏或根本不存在沟通；平滑的方式已经开始有了彼此的沟通，强调共性，进入到双方解决冲突的层次；而妥协是冲突双方彼此退让，以折中方式解决冲突。这种方式虽然有冲突双方共同参与，也有彼此的沟通，但并未找到并消除冲突的本源，虽然表面风平浪静，但内部甚是波涛汹涌。

6. 合作

妥协方式虽然具备了沟通要素，也只是权宜之计，并没有寻求到冲突的根源，更没有解决，不具有建设性。建设性的做法是冲突双方诚意面对冲突、讨论冲突、认识冲突，寻找冲突的根源，进而寻求双方满意、共赢的解决方案，彻底解决冲突，杜绝后患。合作的关键是沟通，可以说一切产生冲突的原因都是沟通的问题，即使彼此差异很大，通过沟通了解后，也可在交往中注意彼此的差异，减少分歧产生的可能性，即便产生了冲突，也能够及时找到冲突的根源。合作方式是解决人际冲突最理想的方式，是具有建设性的解决方式，但在现实中，由于种种因素致使最理想的方式未必成为最常用的方式。

人际冲突在人际交往中是不可避免的，因而，须有正确的心态来对待人际冲突，不要害怕冲突，当然也不能“唯恐天下不乱”故意制造冲突。了解人际冲突的起因、发展阶段及合理的解决方法，将冲突引向建设性的方向。冲突在理想情况下能使彼此间了解差异，为之后的交往合作提供参考借鉴，有利于人际交往的深入和谐；也可在一定程度上“鼓励”冲突，群体内保持低水平的冲突有利于保持群体旺盛的生命力，利于产生创新。

周总理在万隆会议上

第二次世界大战结束后，亚非拉各洲民族解放运动蓬勃兴起，到20世纪50年代中期，在亚非两大洲已涌现出30多个独立国家。1955年，为了保卫世界和平，反对殖民主义，亚非新兴国家在印度尼西亚万隆召开了第一次亚非会议，史称“万隆会议”。

会议开始各国代表纷纷谴责殖民主义和种族主义，要求加强亚非国家的团结合作。伊拉克代表发言后，会议气氛骤然变得紧张起来。伊拉克贾马利宣称，当今世界上存在着三股扰乱和平与和谐的国际性势力，而第三股就是共产主义，“共产主义是片面的唯物主义的宗教，是一种颠覆性的宗教”，污蔑共产党已经创造了一种“新形式的殖民主义”，并且宣称殖民主义正在衰退，警惕的反而是共产主义！紧接着第二天，巴勒斯坦和菲律宾也加入了反对共产主义的行列。万隆会议即将面临着不欢而散的局面。

面对这种情况，周恩来总理沉着应对，“中国代表团是来求团结而不是来吵架的”。“我们共产党从不讳言我们相信共产主义和认为社会主义制度是好的。但是，在这个会议上用不着来宣传个人的思想意识和各国的政治制度，虽然这种不同在我们中间显然是存在的。”“中国代表团是来求同而不是来求异的。在我们中间有无求同的基础呢？有的。那就是亚非绝大多数国家和人民自近代以来都曾经受过，并且现在仍在受着殖民主义所造成的灾难和痛苦。这是我们大家都承认的。从解除殖民主义痛苦和灾难中找共同基础，我们就很容易互相了解和尊重，互相同情和支持。而不是互相疑虑和恐惧，互相排斥和对立。”

周总理的发言赢得了与会代表的热烈掌声。万隆会议取得了圆满的成功。

第六节 人际关系的建立和发展

任何事物都有一个发展变化的过程，人际交往也不例外。人际交往和人际关系发展的阶段性表现为多个方面：

一是不同的历史阶段有不同的人际关系类型；

二是不同年龄阶段的交往存在着阶段性变化；

三是具体的两个人的交往也有一个发展的过程。

一、人际交往的阶段性

1. 人际关系的产生和历史阶段性

从人类起源和发展过程来看，人际关系是在人们的劳动过程中产生和发展起来的，人类的起源和人际关系的产生具有同步性。人际关系的形成和发展取决于人的生产、物质生产和精神生产。由人的生产而产生了人际交往的主体和对象，形成了最基本的人际关系——家庭关系和亲属关系，为人际关系的发展奠定了基础。随着人类群体规模的扩大和人口密度的增加，人与人之间相互接触和结成关系的可能性就越大，形成的关系也越来越复杂。物质生产活动是人类社会存在和发展的基础，也决定着人际关系的发展状况。思想观念是维系和调节人际关系的因素，它影响着人际关系的形成以及发展方向、速度和深度。从历史角度来看，人际关系的演变经历了五个阶段，即原始社会的血缘关系、奴隶社会的依附关系、封建社会的宗法关系、资本主义社会的金钱关系、社会主义社会的平等关系。社会主义社会的人与人之间的关系是平等、团结、友爱、互助的新型关系。

2. 不同年龄段的交往特点

婴儿主要与父母交流。随着年龄的增长，儿童与成人交往的次数越来越少，而与同伴交往的次数越来越多。同伴主要是地理位置比较接近的，如邻居的小孩，但交往的亲密性和稳定性不高。少年喜欢与同龄人交往，并且大都喜欢与同性同伴交往，交往的亲密性和稳定性较儿童时期逐步提高。青年学生的高中时期是结交同性朋友的高峰期，但随着性意识的逐渐成熟，与异性同龄人交往的人数在增加。青年学生的大学时期是结交异性朋友的猛增期，谈恋爱的人数急剧增加。青年人交往的亲密性和稳定性都比较高，他们都希望交到知心朋友，而恋爱就是一种非常亲密的人际交往。

3. 人际关系状态描述

从毫不相识到交往并建立亲密的人际关系要经过一个逐步发展的过程。莱文格与斯诺克（G. Levinger & G. Snoek，1972）提出了相互依赖模型（model of interdependence），对这个过程的不同阶段进行了划分，并以图解方式对人际关系的各种状态及其交往深度的递进关系作了直观描述，如图 7-2 所示。[①] 图中圆

① J. L. Freedman et al.，*Social Psychology*，Prentice-Hall，Inc. 1985，p. 230.

圈表示交往的双方，描述人际关系深度的指标是共同心理领域和情感融合范围。

图　解	人际关系状态	相互作用水平
	零接触	低
	单向注意	
	双向注意	
	表面接触	
	轻度卷入	
	中度卷入	
	高度卷入	高

图 7-2　人际关系状态及其相互作用水平

零接触：两人彼此没有意识到对方存在，两个人没有什么关系。

知道：一方开始注意到另一方，或双方相互注意到对方存在，只有单方面的态度或印象而无交往。

表面接触：表明双方的态度，有一定程度上的交往，但接触是表面的，彼此之间还没有共同的心理领域。

轻度卷入：交往双方开始发现共同的心理领域，有了一定的情感交流。

中度卷入：交往双方已发现较大的共同心理领域，情感融合范围较大。

深度卷入：交往双方已发现的共同心理领域大于相异的心理领域，情感高度融合。只有少数人能够达到这种人际关系状态。

二、人际交往的动态发展

1. 社会渗透理论

奥尔特曼和泰勒(I. Altman & D. A. Taylor，1973)用社会渗透理论来说明人际交往由第一印象阶段发展到更深层次上的过程。他们认为，亲密关系的形成是一个逐步渗透的过程，是一方"渗透"过另一方的表面，对这个人的内在自我加深了解的过程。社会渗透在深度和广度两个维度上发生，深度是指对一个人生存核心的亲近程度，广度是指个人生活的不同范围以及在关系中起作用的人格。该理论指出，社会渗透的过程是从交往的表面水平发展到亲密水平，然后又进入邻近的领域再发展，渗透的速度因时而异，并在很大程度上取决于从这种亲密交往中所获得的报酬和所花的代价。

2. 人际关系的建立和发展

奥尔特曼和泰勒对人际关系的形成和发展过程进行了研究，在社会渗透理论的基础上提出了人际关系建立和发展的四阶段论。我们结合其他学者的研究成果，将人际关系的形成和发展过程总结如下：

一般来说，良好人际关系的建立和发展，从交往由浅入深的过程上看，要经过定向、情感探索、情感交流和稳定交往四个阶段：

(1)定向阶段

这一阶段包括对交往对象的注意、选择和初步沟通等多种心理和行为活动。定向阶段主要是确定交往的对象，这是交往产生的最初环节。如果两个人彼此都没有意识到对方的存在，彼此之间不会有交往倾向。如果一方注意到另一方，或双方相互注意，并且有了与对方交往的愿望，随之出现接触行为，双方试探性的交往就开始了。比如，有一天你在旅游途中认识了一个人，后来发现双方都有进一步交往的意思，相互留下了联系方式，打算进一步联系，这便是交往的定向。

恺撒初见克娄帕特拉

[法]格罗姆

初次见面时交往主体会根据对方传递的各种信息进行主观理解和判断推测，作出初步的评价，形成第一印象。第一印象非常重要，它是进一步交往的背景，并很可能成为交往的基本印象，贯穿整个交往过程，影响交往的进程。虽然第一印象绝非客观和全面，但往往是鲜明的、深刻的，常常制约新印象的形成，首因效应非常明显。

第一印象的形成受到多种因素的影响，包括交往主体的自然特征，如脸庞、身高、体重、性别、民族等；也包括交往主体的社会特征，如职业身份、籍贯等，这些特征会给对方一种定势信息，如一方的职业是教师，会给对方知识渊博、道德高尚的印象；还包括装饰特征，如穿着打扮。第一印象的形成还受交流语言、态度、体态的影响。交往主体可以根据交往方展现的因素初步推定其性格特征、品质及品味。

第一印象在人际关系建立过程中是非常重要的，因此要尽量给人留下美好的第一印象，为进一步交往奠定基础。初次交往时要不惜礼貌和热情，以真诚的态度、恰当的举止展示出自身最具吸引力的品质，发挥正晕轮效应，形成良好的整体印象。

(2)情感探索阶段

从不相识到相识,便进入了表层交往阶段。在此阶段,双方并没有情感投入,只是角色性的接触,自我暴露不深。像是一般的邻居之间、同学和同事之间的交往,见了面打个招呼、聊聊天等,都属于表层交往。在人的生活中,大多数情况下,都是表层交往。

第一印象的首因效应非常明显,但第一印象的主观性较强,信息不充分,无法对交往对象作出全面客观的评价。要真正判断对方适不适合交往,不能仅凭第一印象形成的感性认识,而必须掌握对方的品质、性格、事业等各方面详尽的信息,并运用抽象思维形成客观的理性认识,修正第一印象,形成全面客观的印象。这一阶段对人际关系的建立非常重要,并具有承前启后的作用,决定着人际关系发展的深广度。

(3)情感交流阶段

在此阶段,交往双方的关系开始出现质的变化。随着双方的交往越来越频繁,自我暴露的广度和深度的增加,双方产生了心灵的沟通,能够对对方说出自己心中的秘密,进入对方的内心世界,由此双方各自的社会需要得到满足,心情愉悦,心理上的距离不断拉近,情感上相互依赖和交融。由于双方有较深的情感卷入,如果关系破裂,会给双方带来很大的心理压力。

随着彼此沟通的不断深入,共同心理领域逐步扩展,人际交往关系越来越稳固。共同心理领域的形成和扩展是人际关系形成和发展的主要标准,共同心理领域越广,人际关系越密切,价值观和态度等也开始趋同,但也要把握"度",过犹不及。交往过程中不能一味地追求共同领域,也需彼此给对方留出一定的私密空间,这样才能发展良好的人际关系。

(4)稳定交往阶段

在经过了以上几个阶段的交往后,双方关系经受住了考验,在价值观、情感和行为各方向彼此相容,彼此理解,相互接纳,充分信任,即使在交往中偶尔发生摩擦,也能自我消除。

另外,不管到了交往的哪个阶段,交往主体都应该注意"近因效应"。近因效应是指交往主体新近得到的有关对方的信息对其影响程度往往超过先前所得到的信息。在交往过程中,先前的信息随着时间的推移会逐渐淡漠,而新近的信息往往给以深刻印象。因而,人际交往过程中,不管处于交往的哪个阶段,也不管"熟"还是"不熟",都应该认真对待每一次交往,绝不能肆无忌惮。即使是再"熟"不过的关系也可能因为新近的一次不愉快交往而出现裂痕甚至破裂,近因效应既告诫交往主体要认真对待每一次交往,同时也让交往主体认识到用辩证、历史和发展的观点分析交往中的不愉快经历的重要性。

人际关系的建立是一个由浅到深的渐进过程，每一个阶段都有规律可循，每一阶段既可能是下一阶段交往的起点也可能成为交往的终点。

三、人际关系发展规律

人际关系的形成发展是一个动态过程，并不是一经建立就一劳永逸的，需要不断地再认识，再交往。人际关系发展的方向和进度取决于交往主体对彼此的再认识。人际关系是一个认识、交往，再认识、再交往，不断发展的过程，而再交往的动力则是互需互酬规律。人际交往的根本动因在于希望从对方那里获得需要的满足，而交往中的满足是相互的，即交往主体既互需又能互酬。如果只有互需而没有互酬的话，人际关系是难以建立的，即使建立了也难以维持长久。当然，互需和互酬的介质既可以是物质方面的，也可以是精神方面的，只要能相互对应便能满足彼此的需要，人际关系就会持续下去，进而向前发展。

所以，人际关系的发展是交往主体彼此满足—持续—发展，再满足—再持续—再发展的过程，这是人际关系发展的基本规律。虽有规律可循，但人际关系的发展还受到诸多因素的影响，比如生活环境的变化，交往主体的空间距离扩大，沟通机会渺茫，知识经验的增长，人生观、价值观的变化，社会角色的转变等。诸多因素使得人际关系可能产生不同的趋向，包括同向、离向和反向。同向指交往主体的人际关系不断密切和巩固；离向是指人际关系逐步淡化，甚至消失；反向是指人际关系主体之间由亲密变成对立。人际交往是一个动态博弈过程，掌握人际变化发展规律，以调整心态认真对待。人际关系的同向发展是人际交往的目标方向，也是理想的方向，但不是唯一方向，要有应对变化的良好心态，正确对待人际关系的正常消亡。人际关系是一个动态过程，人际关系的建立和消亡是正常的新陈代谢过程。随着交往主体环境的变化，所需要的人际关系也会随之改变，同时原有的人际关系有部分不再满足互需互酬规律，这样的人际关系与其生拉硬扯地维持，不如以恰当的方式结束。人际交往过程中既要有“立”也要有“破”，不管怎样，都需要时刻用心经营。

人际关系的建立和发展是有一定的规律可循的。掌握规律的同时还需与交际中的实际经验相结合，在实践中把握和体会，这样才能促进人际关系的建立和发展，从而给自己创造一个和谐的生活和工作软环境。

第七节　中国传统人际交往的特点

一、面子第一

中国人是比较看重面子的。所谓“人要脸，树要皮”。给人以面子，就是要尊重对方，在表面上满足人的自尊心。给人以面子在现实生活中有很多的应用。

首先，对人要有最基本的礼貌。见了面，不管是领导还是下属，你熟悉的人还是不太熟悉的人，你都要打招呼。不打招呼，就是缺礼，是对对方的不尊重。

其次，如果要向别人指出错误，一定要注意场合和方式。一般情况下，不要在第三者面前批评一个人，在公众场合尤其如此，否则会让对方感到很没面子。指出上级的错误，尽量不要直谏，这样会让上级下不来台；即使对于下属也不轻易劈头盖脸地把他批一顿。这样会伤了下属的自尊心，那么今后工作中他未必会配合你。

二、重人情

中国人是比较讲人情的民族。中国的传统重人伦，由亲人间的感情推及到人与人的感情。在日常生活中，我们经常说“欠个人情”、“求个人情”等。《红楼梦》中说：“世事洞明皆学问，人情练达即文章。”人情与“关系”、“面子”有着密切的联系。

在管理当中，人情和制度可以相互促进，有时也相互冲突。西方的管理重制度，而中国的管理重人情。在中国，单纯地使用制度管理并不完全符合中国的国情。事实上，即使制定了严格的规定，制度的执行也是相对灵活。例如，单位甲部门规定 12 点下班，而到了 12 点 1 分时，乙部门的人来办事，那么，甲部门的人员是否接待呢？按规定的话，不应该接待。但是，如果不接待，乙部门会怎么想呢？会说甲不近人情。当然，有时人情是要讲的，有时则不能讲。比如，触犯法律，给国家造成重大损失的时候就不能讲人情。

三、中庸

朱熹将中庸之道解释为：“中者，不偏不倚，无过不及之名。庸，平常也。”中庸，容易被误解为“和稀泥”、“两面派”、“随风草”。其实，它的真正含义是“做事要恰如其分，不过不及”。

1. 做人要低调，但有时也要突出自己的重要性

中国传统要求谦虚谨慎，做人要低调，谦虚的人才能容人、容物。中华民族是非常有自尊心的民族，一方面希望他人对自己尊重，另一方面也看不惯别人张扬的样

子。所以有的人太张狂,会引起其他人的愤愤不平,其结果必定是“枪打出头鸟”。

但同时,也不能处处低调,否则只有一个结果:别人认为你是无用的人,因而会被别人看不起。

2. 做人要随和忍让,但不要一味迎合别人

与人为善、平易近人,是我们一个良好的传统。谁喜欢同一个张牙舞爪、处处别扭的人共处呢?俗话说:“吃亏即是福”,“退一步,海阔天空”。有时,人们为了图一时口舌之快,与别人争得面红脖子粗,结果只能是被人认为素质低,还树了个敌人。

但与人交往也不能太过忍让,太过忍让,并不一定会得到好人缘,往往不被人尊重,他们并不是认为你是在容忍人们,而是认为你理所应当牺牲自己的利益。有的人总是担心,如果对人发火,会影响自己与他人的关系,破坏自己在他人面前的形象。其实,只要不经常发火,无理由地发火,那么,就不会破坏人际关系。

3. 说话要留有余地

中国人经常说的一句话是“很难讲”。说话留有余地是一种自我保全的很好的方法。因为事情发展得很快,常常是“计划没有变化快”,如果说得太明确太肯定,就容易落得“说话不算数”的名声。

人说话要讲究点到为止,只要对方意会了,就不必明确的说出来。例如,一个人犯了错误,假设这是聪明人,上司只说“下次不要再犯了”就可以了,没有必要解释:你犯了什么错误,错在哪里,这种错误的后果是什么。大家心知肚明就可以了。

张居正的话中之义

明代张居正在全国推行“一条鞭法”,下令全国清查土地,对耕地进行重新丈量。周之屏此时正在南粤做官,南粤所管辖的瑶族和侗族,地处偏远,朝廷一向少有过问,丈量难度很大。

各地官员前来京城,不少来自北方少数民族地区的官员也在朝廷上提出类似的疑虑。张居正仅回复了一句:“你们只管丈量!”

周之屏听后,立刻行了礼便出去了。而其他人还是迟疑着不肯离开。

张居正对他们说:“刚才离开的人正确地理解了我的意图。”

大家于是出来纷纷问周之屏,大人的话究竟是何意?周之屏笑着说:“首辅心系大局,是想通过丈量土地,统一法度,来治理天下。怎么会说出‘某某田地不必丈量’的话呢?我们下属官员应当根据实际情况灵活处理啊。”

大家这才恍然大悟。

第八章 人际吸引

拉尔森(R. Larson)1982 年的一项研究显示，除了洗澡、学习等特别情况外，人们有四分之三的非睡眠时间是非独处的。也就是说，人们的大部分非睡眠时间是要与他人共同度过的，是要与人交往的。那么，在交往过程中，你喜不喜欢与你交往的人？与你交往的人喜不喜欢你？喜欢的程度有多高，即彼此有否吸引？吸引度有多高？归纳起来，人们在交往过程中会形成或浅或深的彼此接纳和喜爱，这种个体之间在情感方面相互亲近的现象被称为人际吸引，它是人际关系中的一种肯定形式。人际吸引力的高低对人际交往的形成、发展和稳固具有重要的影响作用。

第一节 自身特性与人际吸引

人际吸引的形成和人际吸引力的提升受到诸多因素的影响。人际吸引的形成和感受主体都是人自身，那么，人自身的特性无疑是影响人际吸引力的重要因素和基础因素。自身特性包括外显特征、内在特征和个性品质等。

一、外表与人际吸引

当两个陌生人见面时，影响彼此喜欢与否及其程度的必然是外表，外表是人际吸引最直接的影响因素。或许，我们一直强调“美丽是肤浅的东西”，并说服自己不要以貌取人，但是又有多少人能真正做到呢？“美丽是肤浅的东西”与“美丽比一封介绍信更具有推荐力”(亚里士多德)哪个更符合人类的本性，更符合实际？大量实验研究已使判断明晰。

1966 年，哈特菲尔德(E. W. Hatfield)及其同事在明尼苏达大学新生中做了一个实验，首先选出 752 名新生参加舞会，并事先测试了他们的人格特征，然后随机为他们搭配舞伴。在舞会进行过程中，舞伴在一起跳舞和交谈。舞会后，哈特菲尔德等记录了学生对舞伴的评价，并询问对下次约会的渴望程度。经过一系列操作后发现，在影响舞伴间下次约会的诸多因素（如外表、独立性、敏感性、诚恳性及智力等）中，外表具有压倒性优势。

其他一些研究也提供了证据，如在成绩相同的情况下，漂亮的孩子比不漂亮的孩子更能得到教师积极的评价（Clifford & Walster，1973）；学生对政治候选人的评价也受到其外表的影响（Budesheim & DePaola，1994）；甚至会出现不可思议的情况，有时候外表有吸引力的犯罪嫌疑人会得到法官的宽大处理（Mazzella & Feingold，1994）。

电影《巴黎圣母院》剧照

外表吸引是极普遍的现象，研究显示，男性和女性对外表吸引的重要性认识是一致的，并且不同民族和文化的人对外表吸引的关注也趋同，也可以说，都有“以貌取人”的倾向。既然对外表吸引有一致的认同，那么，对“美”有没有统一的标准呢？兰路易斯（Lanlois）和罗格曼（Roggman）1990 年的一项研究结果也许能提供参考：不同国家和民族的人对“什么样的脸是吸引人的”这个问题的回答达到 0.66～0.93 的一致度。

美丽的外表为什么具有吸引力？当然，美丽的外表能够满足人类对美的自然需求，愉悦人的情怀，正所谓“爱美之心人皆有之”。另外，还有两个“效应”的支撑。

其一是晕轮效应（halo effect）在起作用，也有学者称其为“美即是好”的刻板印象（stereotypical impression），即具有美丽外表的人往往让人愿意相信其在其他方面也优秀。刻板印象是一种普遍现象，人们在日常生活中也有所体会。并且，心理学家也通过实验提供了证明。兰迪（D. Landy）1974 年的一组测试就是很好的印证。在测试中兰迪让男性被试阅读附有漂亮女作者照片的文章、附有不漂亮女作者照片的文章和未附有照片的文章，结果附有漂亮女作者照片的文章好评率高于其他。晕轮效应或刻板印象有时也只是人们的一厢情愿，实际并非所愿，如外表英俊的人也可能是犯罪嫌疑人；但有时也有其合理性，对于拥有美丽外表的人来说，他人对其外表的反应是对他的诱发，诱发他的自信，诱发他勇于自我暴露，结果会进一步获得他人的喜欢，这是一个互动过程，是自我实现预言变成现实的过程。有研究显示，许多拥有美丽外表的人确实展现出更好的交往能力。

其二是“美丽辐射效应”（beauty radiating effect）在起作用，即与美丽外表的人在一起能够无形中提高自身的吸引力。科尼斯（M. Kernis）和惠勒

(L. Wheeler)1981 年的实验为此效应提供了支持。首先选择一个具有中等外表的人作为目标个体,让他与同性别但外表或美或丑的两个人分别在一起出现。出现的情景已预先设定,或作为朋友出现,或作为陌生人出现。然后,让被试评价目标个体的吸引力。结果是,在作为朋友出现的情景中,如果被试看到目标个体与美的人在一起,那么,对他的吸引力评价会提升,出现美丽辐射效应;反之,与丑的人在一起,对他的吸引力评价便会降低。但在作为陌生人出现的情景中,结果却恰恰相反。更换性别进行实验后发现,性别因素对结果无影响。

外表对于人际吸引力的形成有直接的重要性,但也不易对其过度关注,以防出现“外貌焦虑”现象,出现大学生毕业之际“突击整容”,甚至“组团整容”等怪现象。其实,外表并不拘泥于人的自然条件,如五官分布、身材高矮等,此类条件难以改变,但这并不代表自然条件不理想的人就不具有较强的外表吸引力。

外表吸引是一种整体吸引力、整体感觉,也就是所说的“气质”,是个人修养、品质、性格等的综合外显,正如哲学家席勒(J. C. F. Schiller)所讲:“美丽的容貌反映着内在的美、灵性与道德的美。”气质是品质能力的“内功外显”,是可以培养的。

二、能力与人际吸引

人的能力有强弱之分,但人都有成为强者的美好愿望,当还未成为强者时,常以强者为榜样。这也是为什么人们倾向于与能力强、有才华的人交往,正所谓“宁给智者背行囊,不给愚者当军师”。

利里(M. R. Leary)1986 年的实验证明了能力与吸引力间的正向关系,但能力与吸引力间的关系是非常复杂的,事实上,并非能力越高的人其人际吸引力就越强,研究发现,群体中最有能力的人并非是最受欢迎的人,当其能力被认为到了不可企及的地步时,其人际吸引力不升反降。

阿伦森(L. P. Aronson)1966 年的一项试验可以作为佐证。他先让被试依次观看能力出众且未犯过错误者、能力出众但犯过错误者、能力平平未犯过错误者以及能力平平却犯过错误者的演讲视频,然后让被试作出吸引力排序,结果拔得头筹的不是能力出众且未犯过错误者,而是能力出众但犯过错误者。结果见表 8-1。

表 8-1　　能力与吸引力

能力高低	吸引力高低
甲. 能力高超	20.8 分
乙. 能力高超,有小差错	30.2 分
丙. 能力平庸	17.8 分
丁. 能力平庸,有小差错	−2.5 分

能力与吸引力在一定程度内是成正比的，若超出范围，能力过强，会使与之交往者感到巨大的压力，其吸引力降低；若偶有小误，其吸引力反而有所增强。美国前总统肯尼迪在1961年入侵古巴的"猪湾计划"失败后其声誉不降反升。

另有调查显示，美国前总统乔治·W·布什在其上任之初的一些常识性错误反而增强了其在美国民众心目中的地位。这种现象在心理学上被称为"犯错误效应"(mistake-making effect)。有能力的人曾犯过错误说明他们不是神，而是普通的人，不再高不可攀，有朝一日自己也能实现梦想。人们需要的是榜样，而不是神，"犯错误效应"满足了人的自尊需要。也许"犯错误效应"可以作为增强人际吸引力的一个小技巧吧！

三、个性品质与人际吸引

能力诚然能够增强交往主体的吸引力，但须以个性品质为基础，能力强品质差也不会有吸引力。交往主体对品质的需求强烈程度要高于能力，并且品质对吸引力的影响更持久、更稳定。

安德森(N. H. Anderson)1968年进行了一次研究个人品质与人际吸引力关系的大型测试，他向被试列举了555个描绘个性品质的词语，然后让他们耐心地将这些词语按照对其的吸引程度排序，结果排在前五位的个性品质是真诚、诚实、忠诚、真实和可信；后五位的是不诚实、冷酷、邪恶、装假和说谎。

谢百三、张铭等人对北京大学200名大学生(含研究生)的调查表明，男大学生对女大学生具有吸引力的品质有开拓进取、热爱劳动、热爱生活、待人诚恳、有牺牲精神、风趣幽默、开朗乐观、深沉稳重、干练、得体等；而女大学生对男大学生具有吸引力的品质有温柔、心地善良、热爱生活、爱学习、热情、娴静、活泼而不轻浮、富有青春活力等。显而易见，积极的个性品质在交往中容易形成吸引力，而像不尊重人、自私自利、心胸狭隘、贪婪吝啬等消极的个性品质不具有人际吸引力。

一项深入大学生班集体的研究(黄希庭等，1984)为个性品质影响人际吸引提供了重要的证据。研究发现班中的同学分为人缘型(popular type，高吸引力)和嫌弃型(solitary type，无吸引力)两类，在对他们进一步了解分析后发现，个性品质是判断的关键。表8-2和8-3[①]分列了人缘型和嫌弃型的个性品质。

---

① 参见黄希庭、徐凤姝主编《大学生心理学》，上海人民出版社1988年版，第378～379页。

表 8-2　人缘型的个性品质

次序	个性品质	人数	百分比
1	尊重他人,关心他人,对人一视同仁,富于同情心	39	100
2	热心班集体的活动,对工作非常可靠和负责任	37	94.9
3	持重,耐心,忠厚老实	37	94.9
4	热情,开朗,喜爱交往,待人真诚	36	92.3
5	聪颖,爱独立思考,成绩优良且乐于助人	35	89.7
6	重视自己的独立性和自治,并且有谦逊的品质	35	89.7
7	有多方面的兴趣和爱好	20	51.3
8	有审美的眼光和幽默感	15	38.5
9	温文尔雅,端庄,仪表美	5	12.8

表 8-3　嫌弃型的个性品质

次序	个性品质	人数	百分比
1	自我中心,只关心自己,不为他人的处境和利益着想,有极强的嫉妒心	55	100
2	对班集体的工作,或敷衍了事缺乏责任感,或浮夸不诚实,或完全置身于集体之外	55	100
3	虚伪,固执,爱吹毛求疵	50	90.9
4	不尊重他人,操纵欲、支配欲强	45	81.8
5	对人淡漠,孤僻,不合群	45	81.8
6	有敌对、猜疑和报复的性格	43	78.2
7	行为古怪,喜怒无常,粗鲁,粗暴,神经质	39	70.9
8	狂妄自大,自命不凡	38	69.1
9	学习成绩好,但不肯帮助他人甚至小视他人	35	63.6
10	自我期望很高,小气,对人际关系过分敏感	30	54.5
11	势利眼,想方设法巴结领导而不听取群众的意见	30	54.5
12	学习不努力,无组织无纪律,不求上进	24	43.6
13	兴趣贫乏	18	32.7
14	生活放荡	8	14.5

人的个性品质对人际吸引的影响至关重要，并且个性品质不会轻易改变，具有持久性，因而，由其产生的吸引力也会比较持久。

四、情感与人际吸引

情感是人际吸引的感情基础。人的情感是丰富的，有时候情感处于积极状态，有时候处于消极状态，甚至是交错状态。那么，不同状态下的情感对人际吸引力有什么影响呢？总的来说，在其他条件相同的情况下，当主体情感处于积极状态时更倾向于对他人作出积极评价，提高吸引力的评级；而处于消极状态时，则容易作出消极评价，降低吸引力的评级。

汉密尔顿(C. V. Hamilton)和梅(May)1977 年通过实验研究了音乐对人际吸引的影响，首先他们测定了女大学生被试喜欢和不喜欢的音乐，然后给被试分发陌生男性的照片，并让她们在给定的音乐背景中对照片中的人作吸引力评价。结果显示，当被试听到自己喜欢的背景音乐时，其对照片中人的吸引力评价较高；当被试听到自己不喜欢的背景音乐时，其对照片中人的吸引力评价就较低；而在无背景音乐的情况下的评价则介于前两种情况之间。可见，音乐影响情感状态，而情感状态又影响人际吸引。

情感对吸引力的影响分直接影响和间接影响两种情况，直接影响是指别人说了或做了令你高兴或者不高兴的事情，从而决定喜欢与否，即积极或消极地评价其吸引力。角色进行转换，你如果做了令人高兴或不高兴的事情，则会相应地提升或降低你的吸引力。因此，在交往过程中应该做或说令人愉悦的事情，以提高吸引力。间接影响是指你当时所处的情感状态影响对他人吸引力的评价，虽然其并非引发这种情感的原因，但你极有可能基于你的情感状态对其作评价。你最近的身体状况、事业、爱情等状况不仅影响你个人的情感，也会影响你对他人的评价。当情感处于积极状态下(如和女朋友完成了一个完美的约会)或当情感处于消极状态下(如刚与女朋友分手)，对同样的一个人会表现出喜欢或厌恶两种截然不同的倾向。大量实验已证明积极情感会产生积极评价，消极情感会产生消极评价。

另外，研究发现情感对吸引力的影响有连锁效应。比如说，你喜欢张三，当你看到它与李四聊天后，很可能你就会喜欢李四了，尽管你与李四是第一次见面，这是积极情感状态下的状况；消极状态下也是一样。可见，随时保持好心情，有利于人际交往。

注重感情的包玉刚

船王包玉刚在经营航运业的过程中，非常重视感情的作用。1955年，包玉刚低价购买了一艘英国旧货船，租给日本一家船舶公司赚取租金。不久，随着航运业的迅猛发展，租金也在逐渐上涨。很多船主见有利可图，便纷纷抬高租金，变“长租”为“短租”，趁势“宰客”；只有包玉刚却依旧按相对低廉的价格收取租金，还与客户签订了长期合同，维护了客户利益。竞争对手都嘲笑他，但他却说：“客户既是合作伙伴，更是朋友，决不能贪利忘义，置朋友于困苦之中。”

然而一年之后，航运业陷入低迷，航运租金大跌，很多船主纷纷破产。而包玉刚因之前签订了长期平价订单而未受影响。不仅如此，一些财力雄厚的日商也为包玉刚的诚信所感动，还主动要求包租他的船。在短短的两年时间里，包玉刚就赚回了7条船。

后来为了进一步的发展，包玉刚向日本造船厂订购船只。不久航运业再度低迷，日本造船厂的不少订户开始退单，造船厂面临倒闭的危险。然而包玉刚不仅没有退单，反还增订了6艘船，这一举措令日商非常感动，挽救了他们的企业，称他为“最高贵的主顾”。而当航运业再次复苏时，原来退单的订户又纷纷重新订船。为了感谢包玉刚，日商退掉了其他订单，而首先照顾了包玉刚。

包玉刚正是凭借真实的感情获得了朋友们的帮助，事业蒸蒸日上。

第二节 邻近性和熟悉度与人际吸引

一、邻近性

人的自身特性是影响人际吸引的基础性因素，而在实际中，人际吸引还要受邻近性和熟悉度的影响。

俗语“远亲不如近邻”正体现了邻近性对人际吸引的影响，而现实的体验也比比皆是，想想与我们有亲密关系人是不是主要集中在我们居住、工作和学习等环境中。大量的研究在不断支持邻近性的影响作用。

费斯汀格(L. Festinger)等人于1950年对一个由17栋两层建筑构成的社区进行研究，社区的住户入住前是彼此陌生的。一段时间后，住户被要求说出整个社区中最要好的三个朋友，结果发现：65%的朋友是居住在同一栋楼内的；

41%的人与隔壁邻居成为朋友，22%的人与相隔两三家的邻居成为朋友，而只有10%的人与同层两端的住户成为朋友。可见，物理距离的接近容易形成吸引。对此的又一个重要支持来自于“值得纪念的人际交往”研究项目，在测试中研究人员询问被试“值得纪念的人际交往”中彼此间的距离情况，结果发现大多数人描述的物理距离或在1英里内或邻近，甚至居住在一起，只有10%的人描述为50英里以上。而且，这项研究在来自美国和中国的不同样本中得到了进一步印证。物理距离的接近为什么能够产生吸引呢？一方面，距离的接近能够降低交往的成本；另一方面甚至带有被“逼迫”的因素在其中，人们在很大程度上不能自主选择与其邻近的人，所以，人们愿意相信与其邻近的人具有吸引力，设法营造一个良好的交际环境；还有一个非常重要的方面是邻近性能够增强熟悉度，物理距离的邻近能够增加彼此见面和交往的次数，增强彼此的了解和熟悉，容易形成情感倾斜，拉近交往主体心灵间的距离。

二、熟悉度

熟悉度对人际吸引的影响力非常大，就算只是经常见到某人就能增强对其喜欢程度。扎琼克(R. Zajonc)1968年的一次实验是很好的验证，他挑选出所有被试都不认识的12个人的照片，并分为6组，每组2张，然后将各组照片呈现给被试，不过每组照片呈现的次数不等，最多的25次，最少的1次，还有一组未呈现。呈现完毕之后，再让被试按照吸引程度将12张照片排列，结果发现，照片之前呈现的次数越多，被排在前面的概率就越大。

类似的还有莫兰德(R. Moreland)和比奇(S. R. Beach)1992年的一项研究。他们挑选了4名经测试具有同等吸引力的女性参与者，让她们假扮成大学生跟随某固定班上课，她们出现的次数分别为15、10、5和0次，她们与学生不做任何互动，只是坐在能够让每个学生见到的第一排显著位置上。研究者在学期末向该班级学生展示了4位女性参与者的幻灯片，并要求学生作出吸引力评价，结果出现次数越多的女性，参与者获得的吸引力评价越高。也就是说，曝光的程度越高，越容易产生吸引力，俗话所讲的“混个脸熟”也是有心理学基础的。

再介绍一个有趣的实验来加深理解。米塔(Mita)等给女大学生拍照，其中的一些照片保持原样，另一些则进行镜像处理，即左右反转方向。然后，把这些照片给女大学生及其朋友欣赏，结果女大学生更喜欢处理过的照片，而她的朋友更喜欢原样照片。众所周知，人的脸左右并非完全对称的，如一般来讲左眼的位置略高于右眼等。我们通常是从镜子中看到自己的，因而是右眼略高于左眼，而其他人则是看到我们客观的脸。也就是说我们更熟悉镜像中的自己，所以，在上面的实验中，女大学生更喜欢处理过的照片。

当然，熟悉度对吸引力的影响更在于不断地实质性接触，能够深入了解对方的各个方面，如能力、个性品质以及情绪状况等，能够不断地对其进行再认识，加深了解，建立交往关系等。因而，交际中应该积极增加交往的次数。交往次数既受客观条件，如物理距离的远近的限制，也受主观交往意愿的影响。物理距离的邻近提供了交往的便利，但并不是说只有物理距离的邻近才能够增加交往次数，要发挥主观能动性，“有条件上，没有条件创造条件也要上”，创造“曝光”的机会。

交往次数多有利于人际吸引力的增强，但也并非次数越多越好，要把握尺度，否则“过犹不及”。人作为一个独立的主体，在生存中有一个安全距离和私密空间，如果被过于逼近的话，会感到不安全，产生恐惧和厌恶。虽然交际次数的增加有助于彼此的暴露和了解，但也要适度。并且，熟悉度对人际吸引力的影响也是两方面的，如果对方的能力、品质等良好，那么，越接触，越熟悉，喜欢程度就越高，吸引力越大；反之，对方能力、品质等较差，那么，越熟悉，吸引力就越低。

第三节 相似性和互补性与人际吸引

一、相似性

亚里士多德两千多年前便指出“我们喜欢那些与我们相似的人，以及那些与我们有共同追求的人”，这是对相似性与人际吸引关系的早期认识。相似性与人际吸引的关系一直备受关注，社交经验已使我们相信相似性对吸引的重要作用，一项调查显示，美国人在选择终身伴侣时，有93%选择同一种族的，有82%选择文化程度相当的，有78%选择年龄相差5岁以内的，有72%选择宗教信仰一致的。但研究者仍努力地以实验提供更充分的证据。

纽考姆(T. Newcomb)在1961年进行了一项实验。他用租来的房子为17名彼此陌生的大学生提供免费住宿，作为交换，大学生要全力配合实验。在安排宿舍之前他通过问卷对大学生的态度和价值观进行了详细了解。连续跟踪观测了4个月后他发现：随着时间的推移，态度和价值观相似的大学生成了好朋友，形成了稳固的相互吸引；而态度和价值观不同的大学生还基本保持原初的低吸引状态。

伯恩(D. Byrne)借助“虚构他人”的方法来排除其他因素对实验的干扰，以专注研究相似性与人际吸引间的关系。在他的研究中，被试认真填写了有关自己态度的问卷，然后阅读陌生人填写的问卷。其实，所谓的陌生人是虚构的，他们的问卷也是研究者根据被试的问卷杜撰出来的，不过杜撰的相似度不同，有的非常相似，有的中度相似，有的则相反。被试阅读完问卷后，研究者又要求被试评估在多大程度上喜欢其所阅读问卷的填写者。研究结果显示，被试阅读的问卷与他的态度越相似，他对问卷填写者的预期喜欢程度就越高。此次研究结果在之后不同的样本群体研究中得到了多次印证。有关相似吸引的研究非常多，但却是基于这样一个默契前提，即相似性对吸引能够产生影响。

罗森鲍姆(M. Rosenbaum)却对此提出了挑战。他认为是相异而不是相似影响吸引力，并设计了相关实验来证明其观点。罗森鲍姆的挑战激发了学界的强烈反弹，"逼迫"对之前认为理所当然的前提进行论证，不久，相关实验证明了相似性对人际吸引有非常大的影响。罗森鲍姆的挑战不仅完善了相似吸引理论，而且使人们开始关注相异对吸引的影响。

相似性无论是在实际中，还是在理论上，都是人际吸引的重要影响因素。一般来讲，两个人越相似，他们之间吸引力就越大。怎样衡量两个人的相似程度呢？用"相似比"(similar ratio)，即在所有已知的比较项目中相似的项目所占的比例。相似比越大，吸引力就越大；反之亦然。

人际交往中相似性的范围很广，如相似的身体特征，相似的籍贯、年龄，相似的教育经历和职业，相似的个性品质，相似的兴趣爱好，相似的价值观、人生观等等，都能产生人际吸引，只是程度上有区别。相似的身体特征、年龄、籍贯等在交往初期容易影响人际吸引力，而随着交往的深入，兴趣爱好、个性品质、价值观等深层次相似因素会产生主要影响。

那么，相似性为什么能够引发吸引呢？对此有几点解释：

第一，交际中主体一贯地寻求他人的赞同和认可，一旦发现与自己有共同点的人时，会感到欣慰，并获得心理上的安全和平衡。

第二，相似性会形成一种强烈的强化作用，强化了主体相关选择的正确性，形成自我酬赏。主体往往认为他人与自己相似的特征是对自身的一种强有力的支持，油然产生成就感、认同感。

第三，相似性能引发积极情感，为人际吸引形成创造良好的情绪因素。

相似与吸引间的关系是双向的，相似引发吸引，而吸引又能够创造出新的相似点。巴蒂尼(G. Baldini)曾对已婚夫妻进行了长达 21 年的跟踪调查，开始调查时，夫妻之间在年龄、学历等有限的几个方面有相似之处，而随着在一起生活时间的增长，夫妻间相似点越来越多，拥有相似的品质、态度和价值观等，甚至在容貌上也趋于相似，出现"夫妻相"。

二、互补性

人无完人，在能力、性格等方面总有不令自己满意的地方，但人又有追求完美的倾向，因而，在交往的深入阶段双方互补特征往往容易产生人际吸引。

温奇(R. F. Winch)在对已婚或未婚伴侣的研究中发现,支配型的男性和服从型的女性能够和谐相处,喋喋不休的女人和少言寡语的男人相互吸引等,发现了互补性与人际吸引的关系。交往主体特征上的差异引发了吸引,但并非所有差异都能够产生吸引力,前提是彼此都有满足对方需求的特征,能够形成需求的平衡。简言之,交往双方能够各取所需才行;基础是彼此有相似的态度和价值观。离开了前提,互补性就无产生吸引的可能;离开了基础,互补性即使产生了吸引也无法维持长久。

互补性与上面讨论的相似性看似矛盾,实质上相互联系。克切霍夫(A. Kerckhoff)曾做过一个测试,在了解了男女大学生情侣的心理需求和价值倾向后,再根据交往时间的长短分为少于18个月的短期组和超过18个月的长期组,7个月后再寻找推动他们关系发展的主要影响因素。结果表明,短期交往的情侣更注重彼此的相似,长期交往的情侣更注重彼此需求上的互补满足。但这并不矛盾,而是相辅相成的,互补是在相似的前提下的互补,是共同角色认同下的互补,否则,互补即使一时能够产生人际吸引,也经不起时间的考验。

上述影响因素为人际吸引提供了可能性,能否形成人际吸引,其能否持久,则需综合考虑。人际吸引力的形成有一个过程,在此过程中各个因素的影响程度和重要性是有区分的,交往主体初次见面时,身体自然特征产生最直接的吸引,而随着交往次数的增加,交往主体内在的特质,如个性品质、能力等逐渐展现,进而确知彼此是否相似或互补,决定了人际吸引力的程度。在人际吸引形成过程中还有一点需要指出的是,对方是否喜欢我们在很大程度上影响着我们是否喜欢对方,这就是所谓的"相互喜欢"效应。总之,我们喜欢被别人喜欢,讨厌被别人讨厌。戈登(Gordon)研究发现,绝大多数人喜欢得到积极的评价,而不喜欢消极的评价。交往过程中,即使是温和的、善意的批评都会对吸引产生消极影响;而有奉承之嫌的赞美却对吸引产生积极影响。所以,交往中要不吝赞美,设法让对方知道你喜欢他,这对于人际吸引的形成非常有帮助,当然也要把握好分寸。人际吸引受多方面因素的影响,所以在人际交往中要用心经营,不能忽略任何方面。

《巴黎圣母院》插图
美丽的爱丝美拉达给畸形丑怪的
敲钟人卡西莫多送上清水

第四节 人际吸引的基本理论

在具体分析了人际吸引的诸多影响因素的基础上，这一节介绍一下人际吸引的两种基本理论，以加深对人际吸引影响因素的理解。

一、社会交换理论

由霍曼斯(G. C. Homans)、布劳(P. Blau)、埃莫森(R. Amerson)、蒂博特(J. Thibaut)、凯利(H. Kelly)等人创立和发展的社会交换理论(social exchange theory)认为，交往主体间的人际吸引关系取决于主体在交往中所获得的收益与所付成本间的关系，它是从经济学中的收益—成本模型中衍生出来的，但收益和成本的外延扩大了，可以是物质的，也可以是精神的。根据社会交换理论，我们之所以被具有美丽外表的人吸引，是因为与这样的人在一起显得有地位有面子，获得名誉收益；被具有相似性的人吸引是因为这样能够为自己提供支持，获得认同收益；被具有互补性的人吸引是因为这样能够弥补自身的不足，获得弥补收益等。人际吸引的影响因素都可以从收益成本来分析，收益大于成本，获得净收益，产生人际吸引，并且净收益越大，吸引力越强；成本大于收益，取得负收益，减弱或消除人际吸引。也就是说，收益和成本之差决定是否产生吸引以及吸引程度，但它无法被严格准确地计算出来，它受到其他因素的影响。其中一个影响因素是比较水平，即人们对某人际关系预期的收益与成本间的关系。比较水平高的人期望在交往中付出低成本，获取高收益；而比较水平低的人容易在其预期范围内接受高成本低收益的情况。对于同一人际关系，比较水平高的人感觉到不愉快，而对于比较水平低的人则感觉很快乐。可见，成本和收益的衡量受到主观感受的重大影响。还有一个影响因素是替代性比较水平，即人们对在可替代既有关系的新关系中的收益和成本的预期。简单地说，通过寻找和建立新的人际关系来预期提高在现有人际关系中的收益。替代性比较水平高的人往往不满于在现有人际关系中所取得的收益，总认为在新的人际关系中会获得更高收益；对于替代性比较水平低的人来说，往往预期在新人际关系中可能要付出更高成本，而安于现有人际关系。

交往过程中，当双方都感觉到成本和收益平衡，或都感觉到有收益，那么彼此才具有吸引力，否则的话，一方或双方感觉到付出的成本大于收益，就会失去交往的动机，人际吸引就消失了。需要指出的是，交往中主体对收益和成本的衡量具有很强的主观性，因而，对于同一关系，可以是双赢(双方都认为收益大于成本)，也可以是双输(双方都认为成本大于收益)。另外，同一交往中的双方对收益和成本的感受往往也存在差距,不能以自己的感受来盲目地推及对方,在交往中要时刻观察对方的反应,及时调整交往策略。

邮票的故事

查尔斯·华特尔就职于纽约市一家大银行,奉命写一篇有关某公司的重要报告。他知道有一家大工业公司的董事长拥有他所需要的资料,于是决定去拜访。

华特尔进了董事长的办公室,说明其来意。但是董事长的说法含糊,模棱两可,显然他并不想告诉华特尔相关资料。其间,董事长的秘书进来告诉董事长说,她今天没有什么邮票可给他。董事长解释说:“我在为我那12岁的儿子搜集邮票。”就这样,谈话很快结束了,华特尔无功而返。

华特尔正不知道该怎么办,忽然想起了董事长秘书提到的邮票,还有12岁的儿子。他便有了主意。华特尔的公司同国外企业常有邮件来往,于是他赶忙搜集了一些邮票。

第二天早上,华特尔再去找董事长,说有一些邮票要送给他的孩子。结果,董事长笑着翻看邮票,不住地说“我的乔治将会喜欢这些”,“瞧这张!这是一张无价之宝”。

接下来他们花了一个小时谈论邮票和看他儿子的照片,然后董事长又花了一个多小时,把华特尔想要知道的东西都告诉了他。

二、强化理论

研究显示,人们喜欢积极评价自己的人,而不喜欢消极评价自己的人。阿伦森和林德(E. Aronson & D. Linder)在1965年的一项实验中让其助手潜伏到被试之间,并与其中一员进行简单的交往,之后精心设计一个偶然状况,让被试无意中听到助手对他的评价,以增强真实性。第一种情况助手对被试始终进行积极评价,表达喜欢之情;第二种情况助手对被试始终作消极评价,表达厌烦之情。实验结束后阿伦森要求被试对其助手进行喜欢程度评价,结果听到积极评价的被试对助手的喜欢程度远高于听到消极评价的被试。

可见,他人的积极或消极评价影响人际吸引,并且,这些评价还会经过不断地强化作用而加深对人际吸引的影响。如果主体得到对方的积极评价,那么就会对其产生喜欢之情,而对方在感受到他的喜欢后便会进一步作出积极评价,也就是说人际吸引力增强,而这样的过程在交往中会不断进行加强;同样,如果主体得到对方消极评价,势必会对其产生厌恶,当对方感知后对他的评价会更糟糕，人际吸引力必降。用强化理论来讲就是，人际吸引的程度与奖罚有直接关系，如果交往给主体带来积极评价奖励，就会引发喜欢，并在一定程度上得到正强化，并为进一步交往创造了积极情感状态，在交往中会更积极，彼此间的人际吸引力也会相互提高；相反，如果交往给主体带来消极评价惩罚，就会产生厌恶，在负强化的作用下，会使下次交往在消极的情感状态下进行，人际吸引力会严重受损。

强化理论让我们知道在交往中，双方的评价对人际吸引的影响不是一次性的，而是在不断强化中。因而，一次看起来无关紧要的积极评价可能引起之后强烈的人际吸引，也可能一次不经意的消极评价却导致人际关系的破裂。

三、人际吸引的增减原则

阿伦森和林德的实验除了以上两种情况之外，还设计了另两种情况，第三种是前几次评价是消极的，后几次则由消极逐渐转向积极；第四种是前几次评价是积极的，后几次则由积极逐渐转向消极。结果表明被试在第三种情境中对助手的喜欢程度远高于始终听到积极评价的第一种情况，而在第四种情境中对助手的喜欢程度远低于始终听到消极评价的第二种情况。可见，人们最喜欢的是对自己的喜欢水平不断增加的人，而最不喜欢的是对自己的喜欢水平不断减少的人。对一个人的喜欢程度不仅仅取决于他喜欢自己的量，而且还取决于他喜欢自己的水平的变化与性质。这一发现被幽默地称为"对婚姻不忠的定律"，也就是说，从一个陌生人那里获得的不断升高的赞许水平往往比配偶的始终喜欢或不断降低的喜欢水平更有吸引力，这种情况可能会造成关系的变化和对爱情的不忠。

此后，伯斯奇德等人(E. Berscheid et al. ,1976)对这一现象进行了研究，并把它称为人际吸引的增减原则或得失原则。

人际吸引的相关理论还有不少，如公平理论、相互作用理论等，其中不少也在不断改进，但实难期望根据某一或某些理论来准确分析和预期某特定人际吸引的形成和发展状况。人际吸引受诸多因素影响，甚至一些细微点都会影响到人际吸引。因而，只有用心经营才有可能产生或增强人际吸引力，但用心并非都能成功，要有面对挫折的心理准备。

第五节　人际吸引的特殊形式——爱情

爱情是心理成熟到一定程度的异性个体之间的强烈的人际吸引，这一节主要讨论大学生的恋爱与爱情。近些年来，早恋现象增多，许多调查表明，一些中学生也谈恋爱了，这个问题已引起家庭、学校和社会的广泛关注。长期以来，大学生的恋爱问题一直是大学思想教育工作和心理咨询与辅导工作的重要内容，因为这一问题如果处理不好，就会严重影响大学生的学习、生活和心理健康。

一、恋爱与爱情

1. 为什么要恋爱

恋爱，简单地说就是既要恋又要爱，是男女情侣之间相互依恋、爱慕的情感体验和行为表现。恋爱是一个在相互交流的基础上培育爱情、选择和确定生活伴侣的过程，是婚姻的序幕。恋爱是一种人际吸引，是一种特别复杂的人际交往。

恋爱是性生理和性意识发展的自然结果。性成熟与性意识的觉醒，在整个人生的生长发育和个性发展中具有特殊意义。所谓性意识，是指对性别、两性之间关系的意识以及对待两性的态度和行为规范。性意识的觉醒是从青春发育期出现第二性征即性发育的外部表现开始的。一般说来，性意识的发展大致经过了异性疏远、异性好感、异性倾慕、恋爱等几个阶段。

大学生大都处在倾慕异性阶段和恋爱阶段，这是一个向往、倾慕异性和谈情说爱的时期。低年级大学生大都有了与异性交往的强烈愿望，充满了对爱情的憧憬和向往，想象着未来的爱人模式，并且开始接近异性同学和老乡；丰富多彩的大学生活也为大学生发展友谊和培育爱情提供了客观环境和适宜土壤，同学们在一起学习，参加各种活动，此时大学生的异性交往大多数是通过群体性的活动进行的，交往的目的也仅仅是为了与异性相处，还没有特定的思恋对象。也有部分大学生会思恋特定的异性对象，有的主动为异性同学做事或求对方帮忙，以含蓄的方式表达自己的心意，甚至向对方求爱，出现了初恋，但通常不稳定，对象容易更换。随着与异性交往机会的增多和性意识的日趋成熟，个别异性大学生之间的友谊逐步加深，他们时常约会，脱离群体单独交往，朋友关系最终发展成恋人关系，友谊发展成爱情。

研究表明，对大学生来说，正常的异性交往和恋爱是释放性冲动的重要途径，使他们不再感觉到性的压抑紧张；而把自己的性别角色与他人区别开来，表现出与自己性别角色相符的气质和魅力，完成性别角色的自我认同，同样也离不开与异性的亲密交往。恋爱是保证性意识健康发展不可或缺的一个重要阶段，恋爱对于大学生的身心健康、社会化和正常人格的形成都起着积极促进作用。大学生已进入谈情说爱的年龄，正如我们所看到的那样，在大学校园里，恋爱现象已十分普遍。但是应该清醒地认识到，恋爱不只有积极的一面，有时也会带来消极影响。恋爱是人生的一件大事，它不仅仅关系着个人的幸福或痛苦，而且也关系着校园和社会风气。如果这个问题处理好了,幸福而甜蜜的爱情就可能转化为积极的推动力量,促进学习和思想进步,营造出一种健康乐观、积极向上的校园风气;如果处理不好,就会影响学习和进步,造成心理烦恼和精神痛苦,甚至出现心理障碍,以致失足犯罪,造成不良的校园影响和社会影响。

大学生中的恋爱关系大多是在共同的学习、生活和活动中建立的,由相识相知到相恋相爱,异性友谊自然而然地发展为爱情。除此之外,还有其他恋爱类型:一种是一见钟情式或叫邂逅相爱式,许多大学生在心目中已树立了自己的理想伴侣形象,一旦在某个偶然的场合相遇,就一见倾心,产生不能自已的强烈向往和爱慕之情。一见钟情式的爱恋受第一印象的影响较大,往往不可靠。这就需要通过后面一段时间的交往来理智判断双方到底有没有发展爱情的可能。另一种是青梅竹马式,男女双方从小在一起长大,"郎骑竹马来,绕床弄青梅",一起上幼儿园、小学、中学,又一起考上了大学,在交往中,旧时的友情自然地发展成爱情。还有一种是双方经人介绍相识后再恋爱的,介绍人有的是同学,有的是老乡,有的是朋友。通向爱神殿堂的道路不只一条,只要用心有意,每位大学生都会在恋爱场中留下自己的爱情轨迹。

2. 爱情的本质

恋爱中绽放出来的美丽芬芳的花朵叫爱情。千百年来,人们用最动人的词语赞美它,不同的人文学科也从不同的角度描述界定它,爱情成了人们关注的永恒主题。20 世纪 50 年代以后,随着人本主义心理学的兴起和迅速发展,爱情进入了科学的研究视野。可是时至今日,要给爱情下一个确切的定义还是很难的。

社会学家古德(1959)认为,爱情是两个成年异性之间强烈的情感倾诉,至少包括有性欲和温柔体贴的成分在内。

20 世纪 70 年代初,社会心理学家鲁宾(Z. Rubin)对爱情与喜欢的关系与区别进行了系统研究。他设计了两种量表,用爱情量表测量相爱的程度,用喜欢量表测量喜欢的程度,并用这两个量表对美国密西根大学的 158 对恋人进行了测定。他发现爱情与喜欢是两种既相互密切关联但又各不相同的情感。爱情分数越高,则双方结婚的可能性越大,喜欢的分数则没有这种相关性。如果是浪漫式的爱情,喜欢的程度随着交往的增加而加强,而爱情则会随着时间的旷日持久而逐渐淡薄。他认为爱情是一个人对另一个特定人物所持有的一种态度,要以特殊的方式表达自己对爱慕对象的思想、感情和行为。

一般认为,爱情与喜欢的不同表现在:爱情有较多的幻想,喜欢是由对他人的现实评价唤起;喜欢是一种单纯平静的情感体验,而爱情是种强烈的情感体验;爱情往往与性欲有关,而喜欢则不然;爱情具有独占性和排他性,而喜欢则并非如此。

高玉祥主编的《人际交往心理学》一书中写道：爱情可以理解为由一些相互关联、各具功能的要素组成的特殊情感系统。这个情感系统就是建立在性欲之上的对异性具有倾慕怜惜之情的性爱和由异性间的依恋感及理想、情操、个性追求（义务感、道德）等复杂因素混合而成的情爱。

邹海燕、柳礼泉、张君主编的《社会心理学》一书中讲道：爱情就是以人的自然属性和社会属性为基础而产生的一种男女间相互仰慕、渴望结合的崇高感情。

总之，爱情是一种交织着生理因素、心理因素、社会因素、文化因素的非常复杂的情感。

3. 爱情的特点

一般认为爱情具有以下主要特点：

(1)爱情是在异性之间产生的。

(2)爱情是在个体生理相对成熟时产生的。

(3)爱情是一种高级情感，不是低级情绪。

(4)爱情包括性爱因素，不是纯粹的精神之恋。

(5)爱情基本倾向是奉献，它是衡量有无爱情的重要指标。

(6)爱情具有排他独占性。

(7)其他特点，如依恋、关怀、亲密、坚贞、持久等。

4. 爱情的类型和爱情三角形理论

法国作家司汤达在《论爱情》一书中曾把爱情分为理智的爱、精神的爱、肉欲的爱、激情的爱等类型。

1974 年，社会学家李(J. Lee)将爱情划分为性欲之爱、游戏之爱、友谊之爱、疯狂之爱、现实之爱、利他主义之爱（或称浪漫式、游戏式、好朋友式、占有式、实用式、利他式），并认为只有友谊之爱和现实之爱能够稳定长久，其他的四种是不足取的。

社会心理学家沃尔斯特等人通过大量实例分析认为，爱情有两种基本形式，一种是情欲支配的浪漫爱，另一种是伴侣爱，它比短暂的浪漫爱要牢固持久。哈特菲尔德(1988)也认为爱情有两种形式：激情爱与浪漫爱。

美国心理学家斯坦伯格（Robert. J. Sternberg）在 20 世纪 80 年代中后期提出了爱情三角形理论（triangular theory of love）[①]，他认为爱情是由亲密（即重视彼此的喜欢、理解与期待，能促进亲近、连属、结合等体验的情感）、激情（即魅力与性吸引）以及决定/忠守（或承诺，指作出爱别人的决定，维持爱情关系的承诺、责任心）三种成分组成，把它们看成三角形的三个顶点，由此构成了爱情三角形。见图 8-1。

---

① R. J. Sternberg, A Triangular Theory of Love, *Psychol. Rev.*, 1986, 93, p. 119.

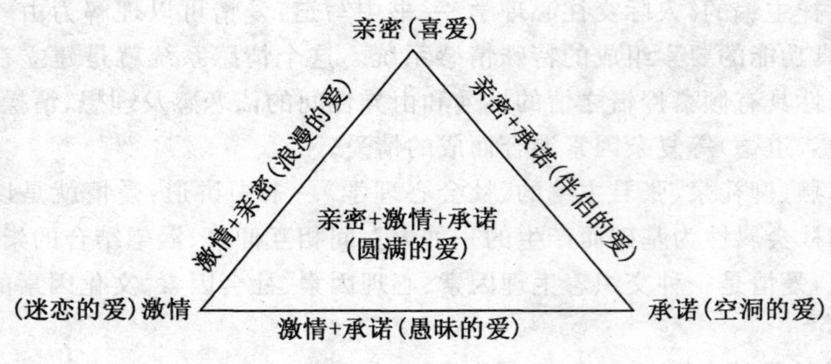

图 8-1　爱情三角形

根据这三个成分在爱情中的有无，可以把爱情分为八种类型：

(1)无爱：三种成分都没有。

(2)喜爱：只有亲密，缺乏激情和承诺。

(3)迷恋的爱：只有激情，缺乏亲密和承诺。

(4)空洞的爱：只有承诺，缺乏亲密和激情。

(5)浪漫的爱：只有亲密、激情，缺乏承诺。

(6)伴侣的爱：只有亲密、承诺，缺乏激情。

(7)愚昧的爱：只有激情、承诺，缺乏亲密。

(8)圆满的爱：三种成分都存在。

不同类型的爱情可以用不同形状、不同大小的爱情三角形来描述，三角形的面积表示爱情的多少，三角形的形状表示爱情的三种成分之间的相对关系。每个人都有自己的现实三角形、理想三角形、自己知觉到的三角形，这样恋爱双方往往牵涉到不止一个三角形，而是许多三角形，只有当相应的三角形能够匹配时，爱情才能产生和维持。由于三种成分随时间变化的趋势是不同的，即使两个人的爱情三角形一开始是匹配的，也有可能随着时间的推移而引起变化，一旦双方的三角形差异过大，就会出现矛盾和冲突，造成对爱情关系的某种影响。

二、影响大学生恋爱的因素

大学校园中的恋爱面虽宽，但成功率不高。这是因为恋爱是一个复杂的交往过程，要受到许多因素和条件的制约。

1. 性生理

恋爱心理和行为是随着大学生性生理和性意识的发展而产生的，性冲动是促使大学生恋爱的重要诱因，这是影响恋爱活动的生理因素。大学生对建立亲密关系的需要，对归属和爱的需要也是影响恋爱动机产生的重要因素。心理学家沙利文认为，正是亲密关系和性冲动最终结合成人类的情爱。

2. 价值观

大学生的人生观、价值观、恋爱观、婚姻观以及一些传统观念和西方现代意识对大学生的恋爱活动也会产生影响。有的研究者把大学生的爱情心理分成理想型、事业型、从众型和随缘型四类：

理想型的大学生认为爱情应该是神圣的、完美的，他们一般不太考虑物质条件，只要遇到和自己心目中的理想形象相符的异性，就会坠入爱河。

事业型的大学生认为对终身伴侣的选择要和自己的学习和事业联系起来。

从众型的大学生看到别的同学在谈恋爱，有孤单之感，于是就谈恋爱以寻求精神安慰。

随缘型的大学生对恋爱问题持无所谓态度，他们往往相信缘分，静静地等待爱神来敲门，等待属于自己的那个人的突然出现。

孙守成等人根据大学生的择偶目标取向把择偶标准分为三种类型：

一是精神满足型，这类大学生以理想、信念、价值、事业、能力等标准来衡量恋人的水平，或以气质、性格、兴趣相投作为共处的基本要求。他们不在意对方的外貌、经济条件和家庭背景，而是注重满足高层次的精神需要。

二是感觉满足型，这类大学生注意异性的外表和风度，以获得纯粹感官满足为目的。

三是以社会地位、经济条件等为标准，可进一步分成物质型、虚荣型和利用型。物质型注重物质需要；虚荣型注重地位；利用型往往是为了达到某一明确目的而谈恋爱，达到目的后就将对方抛弃。

三类择偶标准都客观存在，但纯粹持一类标准的人很少。徐长华等人对173名大学生关于理想配偶的标准进行了调查，见表8-4。结果表明，多数大学生择偶主要以事业上志同道合，情感上和谐融洽为标准。

表8-4　　大学生理想异性模式的调查

志同道合Ⅰ	情投意合Ⅱ	外貌符合本人审美标准Ⅲ	如果上述三者难以求全时			
			宁可不谈	舍弃Ⅰ	舍弃Ⅱ	舍弃Ⅲ
62.50%	73.37%	62.50%	29.89%	10.90%	9.49%	32.07%

3. 对待爱情的态度

诺克斯和斯波拉科斯基把人们对爱情的态度分成浪漫型和现实型两类。前者把爱情看成是一种神秘的永恒力量，对爱情充满了激动、幻想与渴望，较少注重现实问题；后者则注重现实。两位研究者还设计了一个量表（见表 8-5），用于测量一个人对恋爱的态度是浪漫型还是现实型。

表 8-5　　恋爱态度量表

题　目	坚决同意	适度同意	不好决定	有些不同意	坚决不同意
1. 当你真正恋爱时，你对任何别的人都不感兴趣	1	2	3	4	5
2. 爱没有什么意义，它就是那么回事	1	2	3	4	5
3. 当你完全陷入爱情时，就会确信它是现实的	1	2	3	4	5
4. 恋爱决不是你所能客观地加以研究的，它是高度情感的状态，不能进行科学观察	1	2	3	4	5
5. 和某人恋爱而不结婚是个悲剧	1	2	3	4	5
6. 有了爱，就知道这爱	1	2	3	4	5
7. 共同兴趣实际上是不重要的，只要你俩真正相爱，就会彼此协调	1	2	3	4	5
8. 只要你知道你们是相爱的，虽然彼此认识的时间还很短，马上结婚也不要紧	1	2	3	4	5
9. 只要两个人彼此相爱，即使有着信仰差异，实际上也不要紧	1	2	3	4	5
10. 你可以爱一个人，虽然你不喜欢这个人的任何一个朋友	1	2	3	4	5
11. 当你恋爱时，你经常是茫然的	1	2	3	4	5
12. 一见钟情往往是最深切、最永恒的爱	1	2	3	4	5
13. 你能真正爱上的，并能在一起幸福生活的人，世界上只有一两个	1	2	3	4	5
14. 不用管其他因素，如果你确实爱上了另一个人，就可以和这个人结婚了	1	2	3	4	5
15. 要得到幸福就必须对你要与之结婚的人有爱情	1	2	3	4	5
16. 当你和所爱的人分离时，世界上的一切仿佛都暗淡而令人不满意	1	2	3	4	5
17. 父母不应该劝说儿女同谁约会，他们已经忘记恋爱是怎么回事了	1	2	3	4	5
18. 爱情被看成是婚姻的主要动机，那是好的	1	2	3	4	5

续表

19.当你爱上一个人时，你就想到将来要和那个人结婚	1	2	3	4	5
20.大多数人都会在某些地方有一个理想的对象，问题是怎样去找到那个对象	1	2	3	4	5
21.妒忌通常是直接随着爱情而变化的，就是说，你越是爱就越会有妒忌心	1	2	3	4	5
22.被任何人都爱上的人大约只有少数几个	1	2	3	4	5
23.当你恋爱时，你的判断力通常不是太清楚的	1	2	3	4	5
24.我认为，一生中爱情只有一次	1	2	3	4	5
25.你不能强使自己爱上某一个人，爱情说来就来，说不来就不来	1	2	3	4	5
26.和爱情相比，在选择结婚对象时，社会地位和宗教信仰的差别是无关紧要的	1	2	3	4	5

请仔细阅读量表中的每条陈述，在代表你意见的号码上画圈。然后将所有题目得分相加，分数越低越接近浪漫型，分数越高越接近现实型。两位研究者曾用这个量表在100名男女未婚大学生中进行过调查，结果表明，女大学生大多偏向现实型，男大学生大多偏向浪漫型；年级越高，年龄越大，恋爱的态度越表现为现实型。

一些研究者对大学生对待爱情与事业的态度进行了问卷调查，结果见表8-6。可以看出，多数大学生赞同把事业放在第一位，认为爱情不是人生唯一目的，为了爱情而荒废学业是不可取的。

表 8-6　　大学生对待爱情和事业关系的态度①

内　容	赞同值(%)	
	男生	女生
1.生命诚可贵，爱情价更高，若为事业故，两者皆可抛	73.1	74.2
2.为了爱情而忘记了学习和工作，是不适当的	79.3	81.1
3.把恋爱的幸福看成人生唯一的目标，人生就会变得没有目标	64.1	61.1
4.没有体验过爱情的幸福，就不知道生活的价值	33.8	33.5
5.生命诚可贵，事业价更高，若为爱情故，两者皆可抛	13.2	13.8
6.热恋时多付出些时间是不可避免的	69.8	57.8

① 黄希庭、徐凤姝主编：《大学生心理学》，上海人民出版社1988年版，第427页。

4. 其他条件

个人的道德品质、身材容貌、才能、气质性格、兴趣爱好、家庭背景以及生活经历也是影响大学生恋爱的重要因素。余国城等人曾对男女青年择偶的吸引因素在大学生中(男 81 名,女 89 名)进行了调查,结果见表 8-7。

表 8-7　　18～20 岁青年择偶吸引因素

类　别	具体内容	选择人次(%)	合计(%)
个人外在因素	英俊美貌	69 (14.0%)	205 (41.6%)
	同等学历	50 (10.1%)	
	温文尔雅	86 (17.5%)	
个人内在因素	思想进步	77 (15.7%)	262 (53.3%)
	共同兴趣	133 (27.0%)	
	才华横溢	52 (10.6%)	
个人家庭因素	门当户对	6 (1.2%)	25 (5.1%)
	住房舒适	5 (1.0%)	
	经济富裕	14 (2.9%)	
合　计		492 (100%)	492 (100%)

表中数据表明,大学生在选择恋爱对象时,考虑较多的是对方的内在因素,其次是外在因素,对家庭因素较少重视。

罗密欧与朱丽叶

影响大学生恋爱过程的因素还有很多,如因素的相似性和互补性、社会心理、所学专业、未来毕业去向、压力、第一印象、求爱的情境和方式方法、约会时的表现、日常交往方式和方法、问题解决和危机化解能力和方法等等。其中每一个方面的影响又很复杂,就拿压力来说,从来源上看,可能是对方父母的反对,可能是出现新的求爱者,也可能是单相思、嫉妒、多角恋、失恋等造成的心理压力;从影响方式和效果上看,有可能是消极的,也有可能是积极的,要依具体条件而定。心理学家德瑞斯考尔等人对 91 对已婚夫妇和相恋已达 8 个月以上的 47 对恋人进行了考察和研究,其目的是想搞清楚恋人彼此相爱程度与他们父母干涉程度之间的关系。结果发现,父母干涉越大,恋爱双方反而爱得越深。就像中国的梁祝故事和莎剧《罗密欧与朱丽叶》所描述的那样。德瑞斯考尔因此把这种现象称为“罗密欧与朱丽叶效应”。

下面再介绍一种恋爱观自测量表,(见表 8-8)。从量表所列条目,就可以看出影响恋爱的因素是多种多样的。该量表共有 17 个问题,每个问题下面有四种不同的选择,测试者在符合自己想法的那个字母上画圈,每题只选一种答案,然后将所有得分相加。该量表的设计者认为总分在 46 分以上恋爱观正确,42 分以上基本正确,42 分以下需要调整恋爱观。

表 8-8　　恋爱观自测量表①

题目	a b c d	计分
1. 你想象中的爱情是 a. 具有令人神往的浪漫色彩 b. 能满足自己的情欲 c. 使人振奋向上 d. 没想过	a b c d 2 1 3 0	
2. 你希望同你恋人的结识是这样开始的 a. 在工作和学习中逐渐产生爱情 b. 青梅竹马 c. 一见钟情也未尝不可 d. 随便	a b c d 3 2 1 1	
3. 你对未来妻子的主要要求是 a. 别人都称赞她的美貌 b. 善于理家 c. 顺从你的意见 d. 能在多方面帮助自己	a b c d 1 2 1 3	
4. 你对未来丈夫的主要要求是 a. 有钱或有地位 b. 为人正直有事业心 c. 不嗜烟酒,体贴自己 d. 英俊有风度	a b c d 0 3 2 1	
5. 你认为完美的结合应是 a. 门当户对 b. 郎才女貌 c. 心心相印 d. 情趣相投	a b c d 1 1 3 2	

① 郑日昌主编:《大学生心理诊断》,山东教育出版社 1996 年版,第 383～386 页。

续表

题目	a b c d
6. 你认为巩固爱情的最好途径是 a. 满足对方物质要求 b. 柔情蜜意 c. 对爱人言听计从 d. 完美自己	a b c d 1 0 2 3
7. 在下列格言中，你最喜欢的是 a. 生命诚可贵，爱情价更高 b. 爱情的意义在于帮助对方，同时也提高自己 c. 有福同享，有难同当 d. 为了爱，我什么都愿干	a b c d 2 3 2 1
8. 你希望恋人同你在兴趣爱好上 a. 完全一致 b. 虽不一致，但能互相照应 c. 服从自己的兴趣 d. 互不干涉	a b c d 1 2 0 3
9. 当你发现爱人的缺点时，你的态度 a. 无所谓 b. 嫌弃对方 c. 内心十分痛苦 d. 帮他(她)改进	a b c d 1 0 2 3
10. 你对恋爱中的曲折怎么看 a. 最好不要出现 b. 自认倒霉 c. 想办法分手 d. 把它作为对爱情的考验	a b c d 1 2 0 3
11. 你对家庭的向往是 a. 能同爱人天天在一起 b. 人生归宿 c. 能享天伦之乐 d. 激励对生活的新追求	a b c d 2 1 1 3
12. 自己有一位异性朋友时，你将 a. 告诉恋人，在同意下继续交往 b. 让恋人知道，但不准干涉 c. 不告诉 d. 告诉与否看恋人的气量态度而定	a b c d 3 2 1 1

续表

13. 另一位异性比恋人条件更好，且对自己有好感 a. 讨好对方，想法接近 b. 保持友谊，说明情况 c. 持冷淡态度 d. 听之任之	a b c d 0 3 2 1	
14. 当你迟迟找不到理想的恋人时 a. 反省自己的择偶标准是否实际 b. 一如既往 c. 心灰意冷，甚至绝望 d. 随便找一个	a b c d 3 1 0 1	
15. 当你所爱的人不爱你时 a. 愉快地同他(她)分手 b. 毁坏对方名誉 c. 千方百计缠住对方 d. 不知所措	a b c d 3 0 1 1	
16. 你的恋人对你采取不道德的理由变心时，你会 a. 报复 b. 散布对方缺点 c. 只当自己没看准 d. 吸取教训	a b c d 0 1 2 3	
17. 当发现恋人另有所爱时 a. 更加热烈地求爱 b. 想法拆散他们 c. 若他(她)们尚未确定关系就竞争 d. 主动退出	a b c d 1 0 3 2	
总　分		

爱情是很微妙的，也是很敏感的。进入恋爱状态的大学生总希望爱情之海风平浪静，爱情之舟一帆风顺，驶入憧憬中的理想港湾。可是，现实恋场并不平静。有时候在炫目光环下，他们很难看清丘比特射出的是金箭还是铅箭！刚进入大学校园的大学生在性生理上已接近成熟，情窦初开，往往单凭情感的冲动，或寻找一时的快慰，或是出于对异性的好奇，或是受其他同学的影响，或是第一印象的影响，甚至看到异性同学对自己的一个微笑，就想加入谈情说爱的大军，结果很快败下阵来。一些处于恋爱中的大学生双方关系时好时坏，时冷时热，情感起伏波动，时而冲到波峰，时而跌进波谷，一会儿“情人眼里出西施”，一会儿又

发出“天涯何处无芳草”的叹息，既有快乐和激情，又有烦恼和痛苦，经受着爱神的考验。

《少年维特之烦恼》中维特和绿蒂第一次会见

青年男子谁个不善钟情？
妙龄女子谁个不善怀春？
这是人生的至洁至纯；
啊！怎么从此中有惨痛飞迸？

——歌德

是啊，为什么会有“惨痛”从此中飞迸？之所以出现这些情况和问题，就是因为影响大学生恋爱的因素非常多，造成大学生恋爱过程中心理和行为的复杂多变。这些因素往往共同起作用，但在恋爱进程的不同阶段和不同情境中，某一个或几个因素又处于支配地位。因此，对于涉世不深、人际交往经验不足的大学生来说，在情场上遇到各种各样的恋爱问题是不可避免的。实际上只有经受过爱神磨难的人，才能收获丰硕甜美的爱情之果！难道不是这样吗?!

三、爱情的获得

如上所述，恋爱过程能否顺利进行，恋人们能否手拉手走进爱神的殿堂，制约因素很多，每位成功者获得爱情的方式、方法以及恋爱历程也不尽相同。大文豪托尔斯泰说，“世上如果有一千个人，我想就会有一千种爱情”。但是，我们也应该看到恋爱作为一种复杂的人际交往活动还是有其运动发展规律的，在恋爱过程中有一些普适性的原则还是要掌握和遵循的。

1. 恋爱原则

择偶的标准要现实，要客观地看待自己和对方。双方在民族背景、宗教信仰、人生观、价值观、志向抱负、理想追求方面要尽量相似，兴趣爱好要合拍，气质、性格、需要应互补。

既关注貌更要关注德，既关注外在美更要关注内在美；就是关注外貌，也不要只看长相和身材，还要看日常穿戴和言谈举止，看总体上是否和谐；即使长相不美，身材不高，如果他或她具备内在美，外貌和谐，也能自然而然表现出一种美的风度来，获得异性的爱慕和亲近。既考虑家庭条件更要考虑个人条件，既考虑现在更要考虑未来；在考虑家庭条件时，不要只看经济条件和社会地位，更要看家风家貌；在考虑个人条件时，要全面、动态、发展地看，要看到对方现在的表现，又要洞察到对方的潜力和未来发展。

在恋爱过程中，双方要以平等的态度真诚相待，相互理解，相互包容，相互信任，做到长相知，不相疑。双方要相互尊重，既要尊重对方的情感，也要尊重对方的人格；表述情感要真实，举止行为要适当；双方要有责任心，对爱情要专一，做到爱的权利和爱的义务相统一；彼此间要相互帮助、关心和体贴，不断增进感情。双方既要注重情感交往，又要注重思想交流。要正确处理好学业与恋爱之间的关系，让爱情成为学习的动力，在相互学习和提高中培养爱情之花。

谈恋爱是人生的必修课，恋爱的过程是双方共同完成课业的过程，是双方发现自我，创造自我，共同成长和成熟的过程，双方要相互勉励，共同提高，一起进步。

2. 恋爱进程

尽管恋爱过程很复杂，但是经过许多学者的研究，还是撩开了她那神秘的面纱，在许多方面取得了成果。下面我们将结合各家相关研究成果，仅对恋爱的进程作一个基本的描述。恋爱的发展大致分为四个阶段，即选偶求爱阶段、初恋阶段、热恋阶段、家庭角色扮演阶段。

选择恋爱对象是进入恋人角色的第一步，选择恋人的标准因人而异，每个人心目中都有自己的目标和要求，很难一概而论，但人们总结出来的那些原则，还是具有参考价值的。这些原则对于想谈恋爱的大学生来说，很难面面俱到，这就需要多与异性交往，在交往过程中，多方面认识异性，发展友谊，寻找适合自己的恋爱对象。

宝黛初见

找到中意的对象后，就要向对方求爱。求爱要以正确判断和了解对方的心意为前提，要通过各种表现分析一下对方是否对你也有爱意，做到知己知彼，并且要在适当的时间和适当的地方，用适当的方式将爱恋的信息传递给对方。求爱的方法并非千篇一律，应该根据对方的个性和所处情境采取不同的表达方式，可以是约会当面表达，也可以用情书书面表达，或赠信物表达，或托人表达等等。求爱时说什么，怎么说，也要因人而异，讲究方法和艺术固然重要，但更重要的是要把自己的真实情感传递给对方，激发起对方的情感，来接受你的求爱。当对方接受求爱后，双方便跨进了初恋的大门。当一方收到求爱信息后，认为双方根本没有培育爱情的基础，就应该坦率地讲明情况，婉言谢绝，切忌伤害对方的情感和人格。另一方也不应该因求爱失败而沮丧，毕竟，在爱神面前人人平等，在恋爱场上，每一个没有恋人的成年人都有追求与被追求、接受追求与拒绝追求，以及爱与被爱、接受爱与拒绝爱的权利。追求往往表现为一个过程，求爱要有耐心，特别是在对方态度还不明朗时。有的研究者把求爱细分成醉我、疑我、非我、化我四个过程。醉我是指因被对方迷住而进入陶醉状态；疑我是怀疑对方是不是对我有意；非我是指为求爱而抛弃了自己的兴趣爱好等，一切都要适应对方；化我指确定了恋爱关系，恋人把对方利益置于自身之上。

初恋是恋爱的开始阶段，一对恋人开始了共同的情感交流活动。有的研究者认为初恋包括证实、发现和判断三个环节。恋人在交往过程中，要确定在选偶求爱阶段所形成的印象和获得的信息是否真实，如果情况属实，双方就会继续谈下去。随着交往的深入，双方都希望发现对方身上一些新的特点和可爱之处，意料之外新优点的发现往往会加深双方的情感。如果发现了缺点和不足，就应该通过合适的途径表明自己的态度。最后，恋爱双方就会根据一段时间以来的交往和接触很自然地作一个综合的判断。如果一方或双方不满意，就会中断恋爱关系；如果双方情投意合，都感到比较满意，就会从初恋阶段进入热恋阶段。

处于热恋中的情人彼此都敞开了自己的心扉，能够在亲密的接触中充分地交流思想感情，毫不掩饰自己的喜怒哀乐、爱恨情仇。这时的恋人们出双入对，形影不离，甜言蜜语，海誓山盟，完全沉浸在甜蜜爱情所带来的满足和快乐之中。如果说在初恋阶段，双方还比较理智、慎重和含蓄，为博得对方的认同，会千方百计地掩饰自己的缺点和不足，展现自己的优点和长处，那么到了热恋阶段，双方就会自由而全面的暴露自己，展示出一个更真实的自我。实际上，从婚后能否过上幸福、美满、和谐的家庭生活方面考虑，恋人们在卿卿我我中享受爱的甜蜜时，不应忘记热恋是一个以真诚相见，更加深入了解对方的过程，双方应该把自己的心交给对方，让对方全面了解自己，只有建立在相互理解、彼此信任、完全接纳、互负责任、共同提高基础上的爱情才是持久深厚的。否则，既会伤害别人，又会伤害自己。在热恋阶段，如果一方出现另一方无法容忍的缺点和错误，也会导致分手。

恋爱是婚姻的前奏，通过热恋阶段，双方建立起了坚实牢固的爱情基础，就会考虑未来的婚姻生活，自然地扮演起未婚夫妻的角色，准备共同走过漫长的人生道路。

恋爱不单单是一种情感活动，而且需要理智控制。大学生应该树立正确的恋爱观，懂得爱情的真谛，找到谈恋爱的正确方法，善于化解恋爱中遇到的各种问题和危机。只有这样，才能让爱情的芬芳沁透彼此的心脾，在爱的花丛中享受美好的时光！

第九章 人际沟通

现代社会已不像骑士时代那样崇尚武力。在现代社会中占据优势地位的人，不是依赖强壮的身体，而是依赖有效的沟通。卡耐基讲："一个人事业的成功，15%靠的他的专业技术，85%要靠他的人际关系和处世技巧。"而人际关系和处世技巧无不依赖于人际沟通。微软中国区前总裁唐骏谈及自己的成功之道时也谈到，良好沟通能力让他一步步走向辉煌。

第一节 什么是沟通

沟通在现实生活中是无处不在的，聊天、演讲、讲课、写信这些都属于沟通。所谓沟通，就是人与人互相交换信息的行为，即通过符号互动建立关系的过程。有的人认为，沟通似乎很简单，无非是把信息传递出去而已。但事实并非如此。你发出的信息，别人经常不理解，或者曲解，甚至产生了误解，这些都是无效的沟通。如何能让别人接收你的信息，是件并不容易的事情。

沟通在生活、工作中有着重要的作用。首先它具有传递信息的功能，其次它能满足个人的心理需要，在不同的领域和方面它还有劝说、控制、整合、激励、协调、保健、形成个性和社会心理等各种具体功能。有效的沟通可以帮助你建立良好的人际关系，最终能够在生活和事业上获得成功。想想你的生活即可明白：你若获得爱情，需要与爱人沟通；你若获得朋友，需要与朋友沟通；你若向下属传达指令，需要与下属沟通；你若想赢得上司的赏识，需要与上司沟通；你若拓宽公司的市场，需要与客户沟通；你若建立良好的公司形象，就需要与公众、媒体沟通……现代人只有提高自我的人际沟通能力，才可能获得成功。

一、沟通的要素

人际沟通实质上为信息传递的过程。如果在此过程中存在偏差或者阻滞，就会产生沟通问题。香农(Shannon，1949)就信息传递过程提供了一个经典的模式,该模式也有效应用于人际沟通。它包括以下要素:信息,信息发送者和接收者,信道,噪音,反馈。其通信模型见图 9-1。

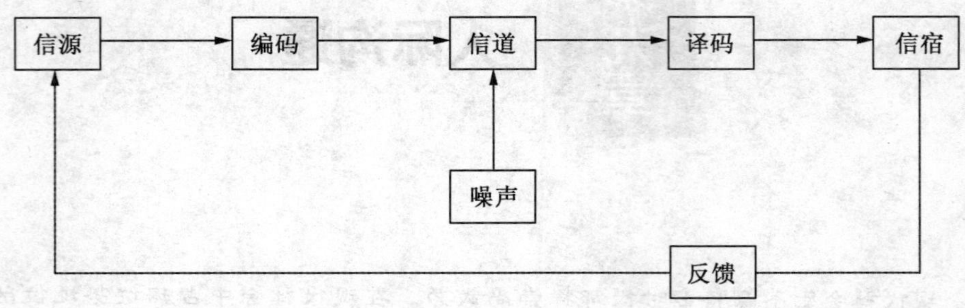

图 9-1　一般通信模型

1. 信息

在人际沟通中,信息就是指人的交往意图,像请求、批评、通知等等,均为交往意图。信息是以符号为载体的。瑞士语言学家索绪尔把符号定义为“概念和音响形象的结合”。而人际沟通中的符号要比索绪尔的定义广泛,凡是承载交往意图的事物都可称为符号。沟通中的符号可分为语言符号和非语言符号。索绪尔所说的为语言符号。非语言符号在沟通中也经常使用,如人的面部表情、手势、外表。打哈欠意味着人的疲倦,耸肩和摊手则表示没有办法。由于很多非语言行为都是无意识行为,因此,在一定情况下,非语言符号更能真实地表现人的意图。

2. 发送者和接收者

信息的发送者(信源)和接收者(信宿)是信息发送或者接收的一方,他们是沟通的主体,可以是个人,也可以是组织。在大多数情况下,比如两人对话,会话者既是信息发送者又是信息接收者。

3. 信道

信道又称媒介,是指信息传递所依赖的载体。人际沟通中,常见的渠道为面对面交谈、文字往来等,而公众场合下的沟通渠道则是广播、报纸、网络等。对渠道的主要要求应保证信息传递的线路通畅。

4. 噪音

噪音是沟通过程中,信息发送、接收、反馈等过程中的干扰因素。噪音可来自环境,比如室外的吵闹和室内的强光;手机信号衰减,可能会影响到沟通效果。有一些噪音是来自于沟通双方自身的。比如,老师讲课时,学生思想开了小差。讲话人的地方口音或者小动作,这些都会对听话人的理解和注意力产生影响。

5. 反馈

反馈是信息接收者获得信息后，经过理解、解释，将产生的反应传达给信息发送者。反馈在沟通中起到了重要的作用。通过反馈，信息发送者才能知道接收者是否正确理解了想要传达的意图，以利于下一步的交流。

二、沟通过程分析

1. 沟通的动机

沟通的动机多种多样，如交换意见、消除寂寞、改变在群体内的地位等等。沙赫特的实验表明，群体内的沟通主要集中于离异分子，目的是迫使他改变观点。当离异分子的立场转变后，沟通随之减少；当其立场不可能改变时，对他沟通的动机消失，而转换成把他从群体内排斥出去的动机。

用纽科姆的 A-B-X 模型可以解释为沟通是系统维持和恢复平衡的过程。如果在对待 X 的态度上，A 与 B 的看法不一致，他们之间就会出现紧张状况，为恢复平衡的动机所驱使，A、B 之间便会沟通。

费斯汀格对人际沟通原因的解释是当群体内的态度、意见不一致时，除容易导致群体活动的无效率外，社会实在性也受到了威胁。所谓社会实在性，是指当自己的态度、意见没有明显的判别标准时，以同周围人保持一致作为妥当性的依据。态度、意见一旦不一致，社会实在性就受到威胁，为了确保社会实在性，就会出现促成一致性的沟通。

2. 编码和译码

在信息传递过程中，最重要的两个环节是编码和译码，二者对于人际沟通有着重要影响。所谓编码，就是信息源发出信息的方式。比如，甲对乙打招呼，他可以向乙点头示意，也可以采用说声“您好”。由此可见，要表达同一个交往意图，可以存在着不同种方式，即编码。

编码要注意编码的技巧、解码人的知识背景和社会文化背景。选择良好的编码可以有效地促进人际沟通。怎样使用恰当的编码是技巧问题。比如，一个人去检查办公室卫生，他发现窗户不干净，这时他只需向被检查人指一下窗户，对方即可明白；不必郑重批评对方：“你的窗户擦得不干净！”选择前种编码既可以使对方明白说话人的意图，又可以不使对方尴尬。编码要准确，不要出现语义歧义。译码时要仔细分辨含义，不要根据自己的兴趣、经验或常识来加以理解。如在黑板上画一个“0”，儿童说它是一个饼，运动员说它是一个球，数学家说它是一个圆，作家说它是一轮明月，语言学家说它是个句号。

信息发送者选择编码时还要考虑到译码者的知识背景。如果你想向另一个人说明一件事情，而对方不具备相关知识背景，那么你只能要么不说，要么选择对方能听懂的语言。有一则关于爱因斯坦的秩事：一群大学生说说笑笑，跑来问爱因斯坦，什么叫相对论。他回答说："你坐在一个漂亮姑娘旁边，坐了两小时，觉得只过了一分钟；如果你紧挨着一个火炉，只坐了一分钟，却觉得过了两个小时。这就是相对论。"爱因斯坦的回答很巧妙。因为相对论刚刚发表后，全世界真正理解相对论的人不过几个人。如果爱因斯坦不是打个比喻解释，而是说"相对论(the theory of relativity)就是在'一切的惯性参考系都是等价的'和'光速恒定'两个原理下，不同的惯性系存在着不同的时空，时空构成一个四维空间"，听话人便不知爱因斯坦所云了。

编码时还要注意社会文化背景的差异。文化，包括物质文化和精神文化，主要指某一社会群体共同的、世代相传的生活方式、价值观念、风俗习惯、伦理道德等。有这样一个例子：一次，中国留学生在美国某城市举办盛大聚会，当地一知名大学校长和母亲也参加了聚会。中国学生在致辞中，说"×××老夫人的光临使我们全体同学感到荣幸"，这位校长母亲听了，脸色大变，从此再也不参加中国留学生举办的聚会了。

这里便存在着文化背景差异。中国传统注重孝文化，比如当一位女人由媳妇熬到婆婆时，在家庭中就有了崇高的地位，所以老年人在中国是受到尊重的。然而，美国人对于年龄的看法与中国人是截然不同的，年老是件可怕的事，意味着"人老珠黄"。所以，上述例子中，中国学生讲"老夫人"是好意、是尊称，但是对于美国人听来，却是极不礼貌的话。这便是文化背景的差异。

3. 约哈里窗

"约哈里窗"(Johari Window)有助于分析基于信息沟通所产生的诸如人际关系、组织管理等方面的问题。美国社会心理学家约瑟夫·勒夫特(Joseph Luft)和哈里顿·英格拉姆(Harrington Ingram) 在 20 世纪 50 年代创制了一个图，这个图叫做"约哈里窗"("约瑟夫"与"哈里顿"的合称)，用图 9-2 或图 9-3 表示。

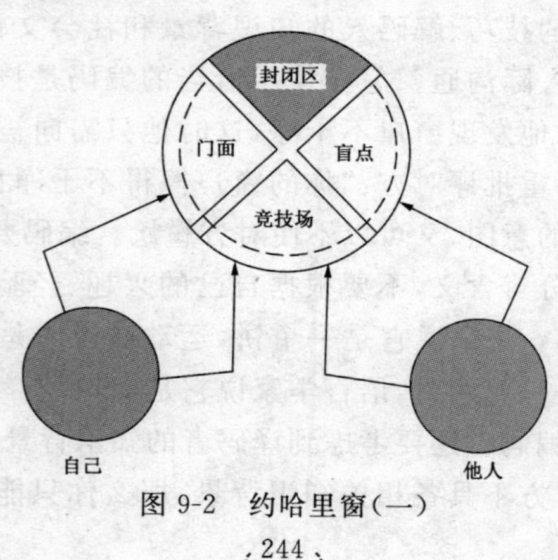

图 9-2 约哈里窗(一)

	自己了解	自己不了解
他人了解	1 公开区 公开自我	2 盲目区 盲目自我
他人不了解	3 隐秘区 隐秘自我	4 未知区 未知自我

图 9-3 约哈里窗(二)

由图可见,在人际交往和沟通中,自我和他人对自己信息的了解情况可分为四部分,这就像一个窗口的四个窗格:

窗口 1,即竞技场或公开区或公开自我:该区代表自己知道,他人也知道的信息,这是当局者清旁观者亦清的部分。其中交往主体彼此相互了解,开诚布公,有良好的信息沟通,在交往中就能够根据对方的准确信息而采取相应的交往方式,达到和谐相处。在此窗格中冲突产生的可能性很小。

窗口 2,即盲点或盲目区或盲目自我:该区代表他人知道而自己不知道的信息,这是旁观者清当局者迷的部分。其中交往主体对自己不甚了解,在沟通中容易对别人产生误解,容易"无意侵犯"他人,人际冲突在不觉间产生。因此,我们要学会倾听,重视他人的反馈,从别人给我们的回馈中,更好地认识自己。

窗口 3,即门面或隐秘区或隐秘自我:该区代表自己知道而他人不知道的信息,这是当局者清而旁观者迷的部分。其中交往主体隐藏自己的信息,隐藏得太多,容易导致误解和曲解,他人在不知情之下也可能造成"无意侵犯",造成冲突。为了达到有效沟通,在确保隐私的情况下要尽量开放自己的信息,让别人多了解自己。

窗口 4,即封闭区或未知区或未知自我:该区代表自己不知道,他人也不知道的信息,这是当局者迷而旁观者亦迷的部分。其中交往主体是在既不了解自己也不了解他人的信息封闭区中交往,就像关在黑屋子里的两个人一样,相撞、冲突的几率之大可想而知。

有效的沟通,主要在信息透明的公开区内进行。为了获得理想的沟通效果,就要通过"自我暴露"、征求反馈意见等手段,以缩小隐秘区和盲目区,揭示未知区,扩大开放区,这就是"约哈里窗"给我们的重要启示。

4. 自我暴露的深度和广度

自我暴露是指个体把有关自己个人的信息传递给他人,与他人共享自己内心的感受和信息的过程。自我暴露在深度和广度两个维度上发生,深度是指一个人对交往对象袒露自我信息和情感的私密程度，广度是指谈论话题的多少和范围。自我暴露的深度和广度随交往对象的不同而不同，关系越亲密，自我暴露的范围就越深越广。如图 9-4 所示。

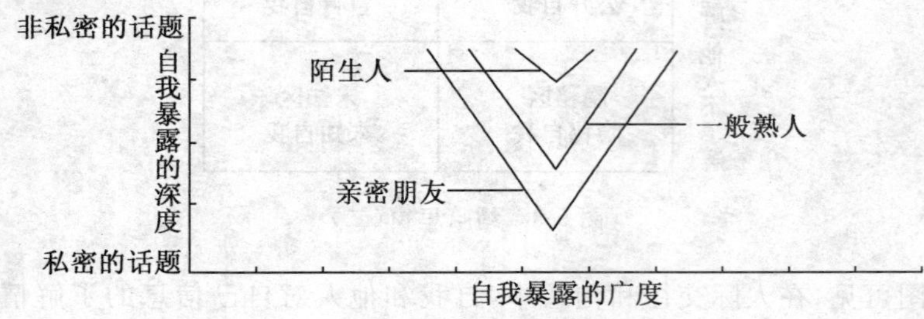

图 9-4　自我暴露的深度和广度

陌生人暴露的信息较少，随着关系的深入发展，交往双方会暴露更多的私密信息，自我暴露的方面也会更多，人们会谈论更广泛的话题，一起进行各种活动。关系发展到亲密阶段，到了无话不说的地步，这时自我暴露的深度和广度最大。奥尔特曼和泰勒用社会渗透理论来说明自我暴露对人际关系发展的影响，他们认为自我暴露是发展亲密关系的重要途径，并以自我暴露的程度作为衡量人际亲密程度的参考指标。

原子弹之父奥本海默与爱因斯坦在交谈

5. 自我层次理论

对于自我暴露内容的私密性程度，鲁宾和申克（Z. Rubin & S. Shenker，1978）以大学生为对象进行了研究，结果发现自我可分为四个层次：

第一层次是自我的表层，包括人们的兴趣、爱好等方面，如饮食、服饰、日常情趣、消遣活动的选择。

第二层次是对人物、事物的看法和态度，如对国内外事件的评价等。

第三层次是自我的人际关系与自我概念状况，如与父母的关系、与丈夫或妻子的关系、与孩子的关系、自卑情绪等。

第四层次是自我的最深层次，或一个人的隐私部分，如某些不能为社会所认同和接受的想法、冲动、行为等，这些内容不会轻易向别人暴露，除非双方的关系到了极为亲密的程度。有一些内容可能终生也不会向任何人暴露。

如果知道了别人在怎样的自我层次上对我们暴露自己，就可以推知别人对我们的信任和接纳程度，了解我们同别人的人际关系状况；反之亦然。

6. 沟通动作

贝尔斯(R. F. Bales)对人际沟通动作进行了实验研究。贝尔斯对一些团体进行观察，记录了团体内各个成员在谈话、讨论或辩论过程中的动作性质和次数，发现沟通动作可以分为两大类：一类是以满足对方的交往需要和情感需要为目的，另一类是以提供信息和指导为目的。团体内每一次交往过程大都包含下述12种动作：支持对方、镇静自若、表示同意、给予指导、提出意见和批评、解释情况、需要信息、询问意见和要求评价、请求告诉各种可能的行动方式、拒绝意见和表示不同意、紧张和不满 、贬低对方和肯定自己。贝尔斯还发现，在不同性质的团体中12种动作的分布有不同的特点。在企业组织内协调性的动作较多，而在家庭生活中情感沟通的动作较多。

三、PAC沟通分析

1. PAC理论

PAC理论又称相互作用分析理论、TA理论、沟通分析、人格结构分析理论、交互作用分析、人际关系心理分析、PAC人格结构理论，20世纪50年代末和60年代初产生于美国，其创始人是出生于加拿大的精神分析学家伯恩(Eric Berne)，他在 *Transaction Analysis Psychotherapy*(1961)、*Games People Play*(1964)中创立和完善了这一理论，这是一种针对个人的成长和改变的有系统的心理治疗方法，目前主要应用于心理治疗、人际关系改变、教育、咨询、企业管理等方面。

伯恩认为，每个人在个性上是由三种比重不同的自我状态(ego state)构成：父母(parent)、成人(adult)、儿童(child)状态，所以简称为PAC分析理论。

父母状态是个体从父母(或其他具有父母般权威的人)那里学来，内化到自己人格中的部分。他以权威和优越感为标志，通常表现为统治、训斥、责骂、教诲、关心、照顾等家长作风和命令口气，讲起话来总是“你应该……”、“你不能……”、“ 你必须……”。

成人状态是个体依据现实，利用自身既有的条件进行理性思考并表现的部分。它以理智和稳重为标志，表现为重视思考，慎思明断，尊重他人，能客观公正地待人接物，讲起话来总是用商量口气，如“我个人的想法是……”、“你认为怎样……”。

儿童状态是个体以自己儿童时期的心理来思考、感觉并表现的部分。它以好奇、热情、活泼、冲动和变化无常为标志，表现为遇事不加考虑、无主见，要么感情冲动，要么盲目服从，讲起话来总是“我猜想……”、“我不知道……”、“我想要……”。

这三种自我状态在个体人格中的比重不同，在心理与行为上会有不同表现。三种自我状态共有六种组合，每种组合的行为表现各有不同，如表 9-1 所示。

表 9-1　不同 PAC 结构的管理人员的行为特征①

PAC	行为特征
高低高	喜怒无常，难以共事，个人支配欲强，有决断力，喜欢被人称赞、捧场和照顾
高低低	墨守成规，按规办事，家长作风，养成下属的依赖性，是早期工业革命时代的经理人物，现在不合潮流
低低高	有稚气，对人有吸引力，喜欢寻求友谊，用幼稚的幻想进行决策，讨人喜欢但不是称职的经理
低高低	客观，重视现实，工作刻板，待人比较冷漠，难以共处，只谈公事，不谈私事，别人不愿与他谈心
高高低	容易把“父母”的心理状态过渡到“成人”状态，若经过一定的学习和经验积累，可成为成功的组织家
低高高	最理想的管理人员，“成人”和“儿童”的良好性格结合在一起，对人对事都能搞好

2. PAC 沟通类型

根据 PAC 理论，人与人在交往沟通时的自我状态有时是平行的，有时是交叉的。如果双方的自我状态在沟通中是互应的，刺激线和反应线平行，也就是说各以自己所期望对方出现的状态进行交流，那么沟通就是平行沟通或互补沟通。例如，在这种关系中，老师对学生问话就像家长对孩子一样，学生对老师的回答就像孩子对家长一样（父母→儿童/儿童→父母型式）。父母→父母/父母→父母，成人→成人/成人→成人，儿童→儿童/儿童→儿童，儿童→成人/成人→儿童等都是平行沟通。如果双方的自我状态在沟通中不是互应的，刺激线和反应线不平行，也就是说没有以自己所期望对方出现的状态进行交流，那么沟通就是交叉沟通或非互补沟通。例如，在这种关系中，老师对学生问话就像家长对孩子一样，而学生对老师的回答就像孩子对孩子一样。父母→成人/父母→父母，成人→成人/父母→儿童，成人→儿童/成人→儿童等都是交叉沟通。最理想的沟通是成人→成人/成人→成人。

根据 PAC 理论，人际沟通常见的几种类型可作如下分析：

① 陈国海编著：《组织行为学》，清华大学出版社 2006 年版，第 214 页。

P→P/P→P 型(见图 9-5)：

在这种沟通类型中，甲、乙双方都表现出一种家长作风，如甲方说："你必须把这活干完。"乙方却说："我有事必须马上走。"

A→A/A→A 型(见图 9-6)：

在这种沟通类型中，甲、乙双方都能以理智的态度对待对方，如甲方问"今天你能把活干完吗？"乙方说："如果没有其他事，我想是能够干完的。"

C→C/C→C 型(见图 9-7)：

在这种沟通类型中，甲、乙双方都感情用事，如甲方说："干不完你就别回家。"乙方答："不回就不回，我这就不干了！"

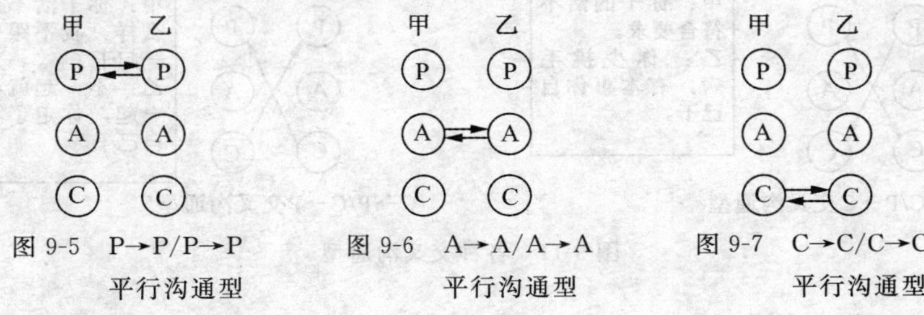

图 9-5　P→P/P→P 平行沟通型　　图 9-6　A→A/A→A 平行沟通型　　图 9-7　C→C/C→C 平行沟通型

P→C/C→P 型(见图 9-8)：

在这种沟通类型中，甲方以权威自居，乙方表示服从。如甲方作为上级对乙方说："这活干不完要受批评。"乙作为下级回答："真干不完，我愿接受批评。"

C→A/A→C 型(见图 9-9)：

在这种沟通类型中，甲方表现为小孩子脾气，而乙方则表现为有理智的行为，如甲方说："这活真是没法干！"乙方回答："我相信你会干好的。"

A→P/P→A 型，见图 9-10。

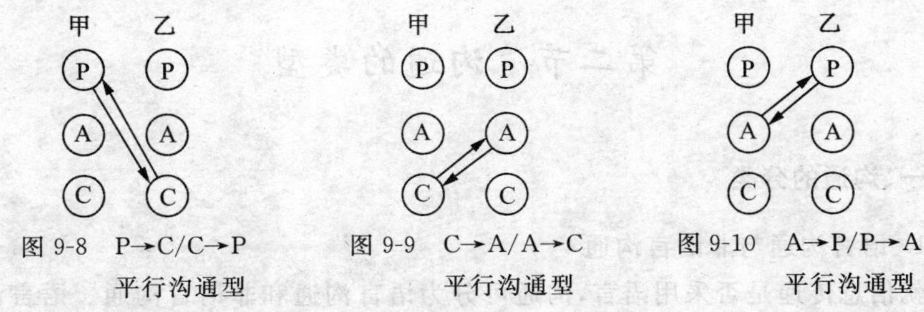

图 9-8　P→C/C→P 平行沟通型　　图 9-9　C→A/A→C 平行沟通型　　图 9-10　A→P/P→A 平行沟通型

在这种沟通类型中，甲方以理智的态度对待乙方，乙方以权威自居。如甲方对乙方说："干这活对我们大家都有好处。"乙方回答："这就是我让你必须干的原因。"

此外，还有 A→A/P→C，A→A/C→P，P→C/P→C，C→P/C→P 等等形式。

如图 9-11 所示。

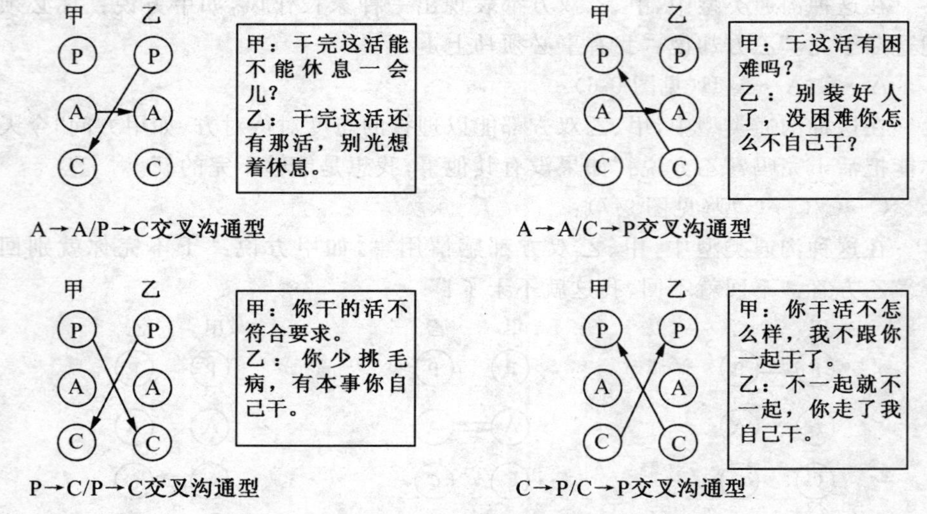

图 9-11　各种交叉沟通型

PAC 沟通分析，有助于人们在沟通中有意识地觉察自己和对方的自我状态，一方按照另一方的期望作出平行性反应，使信息交流畅通。如果一方的反应出乎另一方的期望，交往双方有时和谐，有时导致误会，出现关系紧张或关系中断现象。由于 A→A/A→A 的交流是平等、理性、自由和最有效的交流，如果能在沟通中把自己控制在成人状态，以成人的自我和“我好—你也好”的立场对待别人，给对方以成人刺激，引导对方也进入成人状态，作出成人反应，那就有利于建立和谐的人际关系，从而得到双赢的结果。

第二节　沟通的类型

一、沟通的分类

1. 语言沟通与非语言沟通

就信息传递是否采用语言，沟通可分为语言沟通和非语言沟通。语言沟通无疑是人际交往中最普遍的沟通方式，它可以详细而全面地表达人的思想和情感。语言沟通又分为书面语言沟通和口头语言沟通两种形式。戴尔对口头沟通、书面沟通、口头与书面混合沟通三种方式中获得的信息内容进行了比较研究，结果表明口头与书面混合沟通效果最好，口头沟通次之，书面沟通最差。

非语言沟通，是采用了非语言符号的信息交流，包括肢体语言、表情、声音的语音语调、身体距离等等。由于人有时会有意或无意地掩饰自己的真实想法，用语言所表达的意图有时不如非语言符号体现得准确、真实。当然，非语言符号较语言有更大的歧义性，因而存在很多技巧。

2. 正式沟通与非正式沟通

正式沟通是通过组织机构规定的途径进行信息传递。比如政府机关的公文、单位的会议、新闻发布等。正式沟通的渠道固定，都是事先规定安排的，其信息传递比较准确，但传递速度较慢。

非正式沟通采用了正式沟通之外的渠道，比如私下交流、私人聚会，还有各种传闻和小道消息。其特点是传播速度快，但信息容易失真。非正式沟通有时比正式沟通更加有效。就开会而言，一般情况下，与会人员往往不能有效的交流，很少有人在会上说出自己真实的看法，这就需要会前或者会后私下交流，才能取得良好的沟通效果。

小道消息的传播

1953年戴维斯(Davis)在一个商行里对小道消息的传播进行了研究，结果发现只有10%的人是小道消息的传播者。非正式沟通的传播模式有四种：单串型、饶舌型、集串型和随机型。

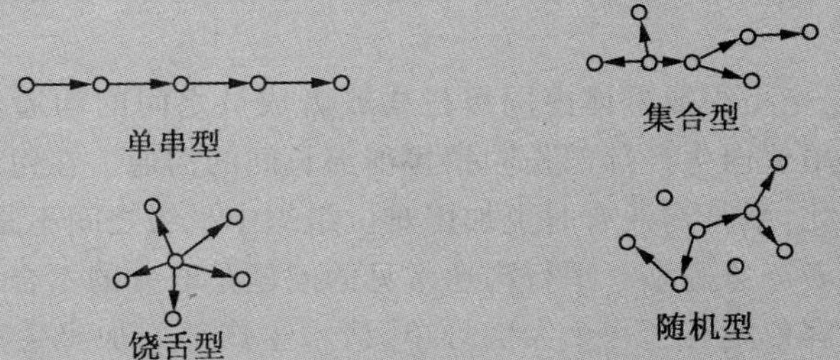

单串型：通过一连串的人把信息传播到最终的接收者。

饶舌型：由一个人主动把信息传播给其他很多人。

集合型：信息由一个人传递到几个特定的人，然后再由他们传递给另一些特定的人。

随机型：个人之间因偶然的机会相互转告。

3. 单向沟通与双向沟通

单向沟通是无反馈的沟通，信息传递的方向只由一方到另一方，例如发布命令、作报告、演讲等。其特点是接收面广，速度快，但没有及时反馈。

双向沟通是有反馈的沟通，信息在沟通的双方相互传递，比如谈话、讨论、写信与回信。其特点是由于存在反馈，因此信息传递准确可靠，但传递速度较慢。

4. 上行沟通、平行沟通与下行沟通

就沟通的方向而言，沟通可分为上行沟通、下行沟通和平行沟通。

上行沟通，就是下级向上级（如领导、父母、地位比说话人地位高的人）进行沟通。在上行沟通过程中，人们通常缺乏的是胆量。在单位上级往往具有无形的威严。下级面对上级，往往不敢表达自己的观点，说话时甚至还紧张。这样反而不利于上下级的交流，因为上级未必总是正确的，需要下级提供情况或者好的建议。良好的上行沟通，下级应采用不卑不亢的态度。

下行沟通，就是上级向下级的沟通，布置任务。上级在向下级沟通的过程中，最容易忽视的是态度。上级对待下级，常容易出现态度简单粗暴，说话仅是命令的口吻。固然上级要维护应有的威严，但是，态度简单粗暴，很容易失去下属的支持，而成为孤家寡人。上级对下级良好的态度是既要有威严，同时也要体现对下级的关心，只有这样，上下级才能形成良好的互动，推进组织事务的顺利展开。

凯利等人研究发现，地位较低的成员主动与地位较高的成员沟通多，这说明在群体中上行沟通多于下行沟通。卡兹研究了一个由黑人和白人组成的团体，发现黑人主动与白人沟通次数多于白人主动与黑人沟通次数，按照凯利等人的研究结果可把这个现象解释为是由于在美国社会中黑人的社会地位比白人低造成的。

平行沟通是指组织或群体内同级机构或者成员之间的沟通。比如，朋友间的谈话，或者一单位内生产部部长同销售部部长间的沟通。在组织交流中，与向上、向下沟通相比，平行沟通有时更加困难。组织中平级之间不是以权威关系维系，而是合作或者竞争关系。平行沟通常见的问题是双方的不合作，比如在工厂里，销售部门与客户签订了一个大宗订单，请求生产部门加班生产，却遭到生产部门的拒绝。从生产部门角度考虑，销售部门的请求不是行政命令，根据规定，他可以不执行；生产部门加班，就意味着他们额外做一份工作，并且可能没有任何回报，生产部门也就缺乏积极性加班生产。销售部门要想实现请求，需要平时与生产部门处好关系，互帮互助。这个例子说明，平行沟通不能仅依靠正式沟通，还要发展非正式沟通，如私人关系。

5. 假相倚、非对称性相倚、反应性相倚和彼此相倚

琼斯(F. Jones)、蒂博特(J. Thibaut)等人根据沟通者之间相互依靠、相互联系的情况，将人际沟通分为假相倚、非对称性相倚、反应性相倚和彼此相倚四种沟通类型。

假相倚沟通是指在人际沟通过程中，沟通者只按照自己预先制定的计划，即按照自己的意愿进行沟通，根本不顾及对方的反应。如，在课堂上照本宣科，发言时念稿子。

非对称相倚沟通是沟通的一方只按照自己预先制定的计划进行沟通，而另一方则根据别人的行为作为反馈来调节自己的言行。如面试时的沟通一般属于非对称性相倚沟通，考官按照事先准备好的问题发问，候选人只是根据这些问题答复。

反应性相倚沟通是指沟通双方都以对方的行为作为自己行动的依据，作出相应的反应，并不按照原来的计划进行沟通。例如，日常生活中的吵架属于反应性相倚沟通，吵架时双方都会以对方的行为作为自己行动的依据，作出相应的反应，并不按照原计划进行。

彼此相倚沟通，是指沟通双方一方面以自己的计划同对方沟通，另一方面又考虑对方的反应来调整自己的沟通行为。例如，朋友间的谈心、口试时教师对学生回答的追问都属于彼此相倚沟通。

二、沟通网络

所谓沟通网络，是指群体里成员之间通过沟通渠道形成的较为固定的沟通模式。巴维拉斯(A. Bavelas)和李维特(H. J. Leavitt)等人对群体中不同的沟通网络结构作过比较研究，五人群体的五种结构形式如下：

1. 链形沟通

在一个组织系统中，信息由自上而下或自下而上逐级传递，称为链形沟通。在这个网络中，信息经层层传递，每传递一次，信息就失真一次，所以各个信息传递者所接收的信息差异很大，平均满意程度有较大差距。如果某一组织系统过于庞大，需要实行分权授权管理，那么，链形沟通网络是一种行之有效的方法。

2. 环形沟通

此形态可以看成是链式形态的一个封闭式控制结构，每个人都可同时与两侧的人沟通信息。这种沟通网络的优点是，组织中成员容易具有比较一致的满意度，所以，如果在组织中需要创造出一种高昂的士气来实现组织目标，环式沟通是一种行之有效的措施。但缺点是，组织的集中化程度和领导人的预测都较低。

3. Y形沟通

这是一个纵向沟通网络，其中只有一个成员位于沟通网络的中心，成为沟通的媒介，他连接着上级和若干下级。在组织中，这一网络大体相当于上级主管，秘书(或者助理、办公室主任)再到下级成员之间的纵向关系。这种网络集中化程度高，解决问题速度快，组织中领导人员预测程度较高。适用于主管人员的工作任务繁重，需要有人选择信息，提供决策依据。但此网络易导致信息曲解或失真，中介人物容易权力过大，产生舞弊现象，比如中国古代宦官专权。

4. 轮形沟通

这种沟通属于控制型网络，其中只有一个成员是各种信息的汇集点与传递中心。在组织中，大体相当于一个主管领导直接管理几个部门的权威控制系统。此网络集中化程度高，解决问题的速度快，主管的预测程度很高。但由于沟通的渠道很少，组织成员的满意程度低。如果组织接受紧急攻关任务，要求进行严密控制，则可采取这种网络。

在李维特研究的四种形态（轮形沟通、Y 形沟通、链形沟通和环形沟通）中，他发现：从信息传递速度来看，轮形沟通最快，环形沟通其次，而链形沟通最慢。在轮形沟通中，居中心位置者可能是该小群体的核心人物或领导者。在 Y 形沟通中，居交叉位置者可能具有秘书身份。

5. 全通道形网络

这是一个开放式的网络系统，其中每个成员之间都有一定的联系，彼此了解。比如，互联网上的 BBS 就是一个全通道网络实例。此网络中组织的集中化程度及主管人的预测程度均很低。由于沟通渠道很多，组织成员的平均满意程度高且差异小，容易合作，适合解决复杂问题。但是，由于这种网络沟通渠道太多，缺乏统一的管理，容易造成混乱，影响工作效率。

以上沟通网络如图 9-12 所示。

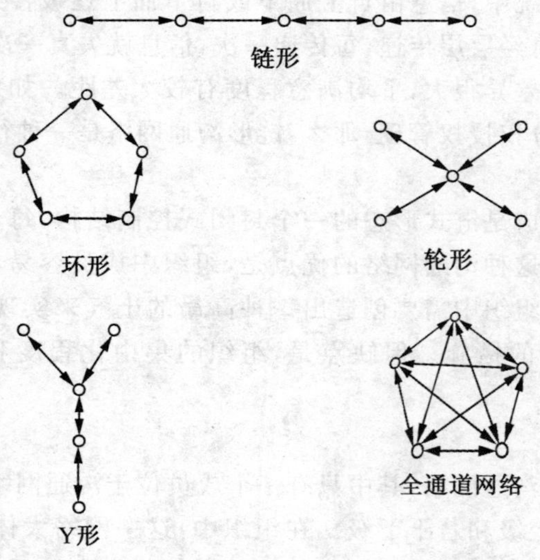

图 9-12　五人群体的沟通网络类型

全通道沟通渠道数量计算公式

$CC=N(N-1)/2$

CC 代表沟通渠道数，N 代表参与沟通的人数。

例如，当参与沟通的人数分别为 2、3、4 时，沟通渠道数分别为 1、3、6。

第三节 非语言沟通

非语言沟通是常见的沟通方式，是采用语言之外的方式进行沟通的行为。当你看到一个人在走过校园时，即使你们不说一句话，你可以从他衣着、神情、走路的姿势、快慢，大体可以猜测他的身份、性格、当时的心情等，这便是非语言沟通。

根据美国学者朱迪·C·皮尔逊的说明，非语言沟通（他称之为非语言交际）包括身体动作、面部表情、空间利用、触摸行为、声音暗示、穿着打扮和其他装饰品等等。有的人认为，非语言交际的内容普遍使用的有以下七种类型：抚摸、空间距离、并生语言（语音、语调等）、材料、衣着、物件、环境等。还有的研究者指出：广义上的语言包括语言技术和非语言性语言两种。非语言性语言则包括形象、风度、表情和动作。这些说法和理解尽管有些不同，但基本精神还是一致的，即都把非语言看作不同于一般语言的东西。

汤姆金斯（Tomkins，1970）研究了情绪与面部表情的对应关系。他认为存在八种原始的情绪：兴趣、欢乐、惊奇、痛苦、恐惧、羞愧、轻蔑、愤怒。每种情绪有相应的面部表情的模式：

兴趣：眉眼朝下，眼睛追踪着看，倾听。

愉快：笑，嘴唇朝外朝上扩展，眼笑（环形皱纹）。

惊奇：眼眉朝上，眨眼。

悲痛：哭，眼眉拱起，嘴朝下，有眼泪、有韵律的啜泣。

恐惧：眼发愣，脸色苍白，脸出汗发抖，毛发竖立。

羞愧—羞辱：眼朝下，头低垂。

轻蔑—厌恶：冷笑，嘴唇朝上。

愤怒：皱眉，眼睛变狭窄，咬紧牙关，面部发红。

一、非语言沟通的因素

1. 肢体语言

肢体语言中以手的动作最能反映人的心理变化。如美国“水门事件”之后，尼克松接收电视台采访时，手经常地摸鼻子及下巴。据此人们推测，尼克松当时情绪紧张，很可能与水门事件有关。不久，尼克松因“水门事件”被迫辞去总统职务。当一个人说谎或者心理紧张时，手常常会无意识地做些小动作以掩饰内心变化，如挠头、摆弄附近的物件、摸鼻子等等。手势表达的含义是很丰富的：

交叉手臂是一种防卫意识。

用手挠头，表示困惑、麻烦。

用手拍前额，可能忘记了某事。

用手拍颈背，意味着人的懊恼、后悔。

手臂交叉放在胸前，表示有准备，胸有成竹。

握拳反映愤怒或者情绪激动。

双手相搓，说明着急、为难。

双手叉腰，表示挑战、示威，感到自豪。

除了手势之外，人的脚和腿的动作也能反映一个人的心理状态。英国心理学家莫里斯发现：人体中越是远离大脑的部位，其可信度越大。所以人的语言和脸部相对而言是不可信的，而人的腿或脚的动作却更加真实地反映了人的心理。

一个人不论站还是坐，腿部会有三种姿势，即双腿分开、并拢和交叉：

双腿分开是开放性姿态，体现出自信、乐意接收外界的人或事物。

双腿并拢则是保守性姿态，常常暗示人的性格比较谨慎、小心、严肃，心理上比较拘谨或者紧张。

当双人坐着会谈时，交叠双腿的人，可能是显示自己优势和地位。如果他交叠双腿且晃动足尖或抖动小腿，则要么表明此人傲慢无礼，要么说明他正考虑问题作决策。

人的走路姿势也是很有意思的。走路匆忙、脚步乱的人，性格开朗直爽；走路小心翼翼的人，多半是做事谨慎的人。

除此之外，腿脚的其他动作都透露着丰富的信息。比如，两人在商谈、探讨某个问题时，对方站起身来来回踱步，说明他正在积极思索、考虑。这时候如催促他，会打乱他的思路，干扰他的决策。用脚尖漫不经心地擦地，也是正在思考的迹象。但如用脚底拍打地面，同时还用手指或手中的笔杆在桌上叩击单调的节奏，那是表示不耐烦的姿态。把脚搁在办公桌拉出的抽屉上或椅的扶手上的人，多是性格傲慢、随便。图 9-13 表达了各种身体姿势所传递的含义。

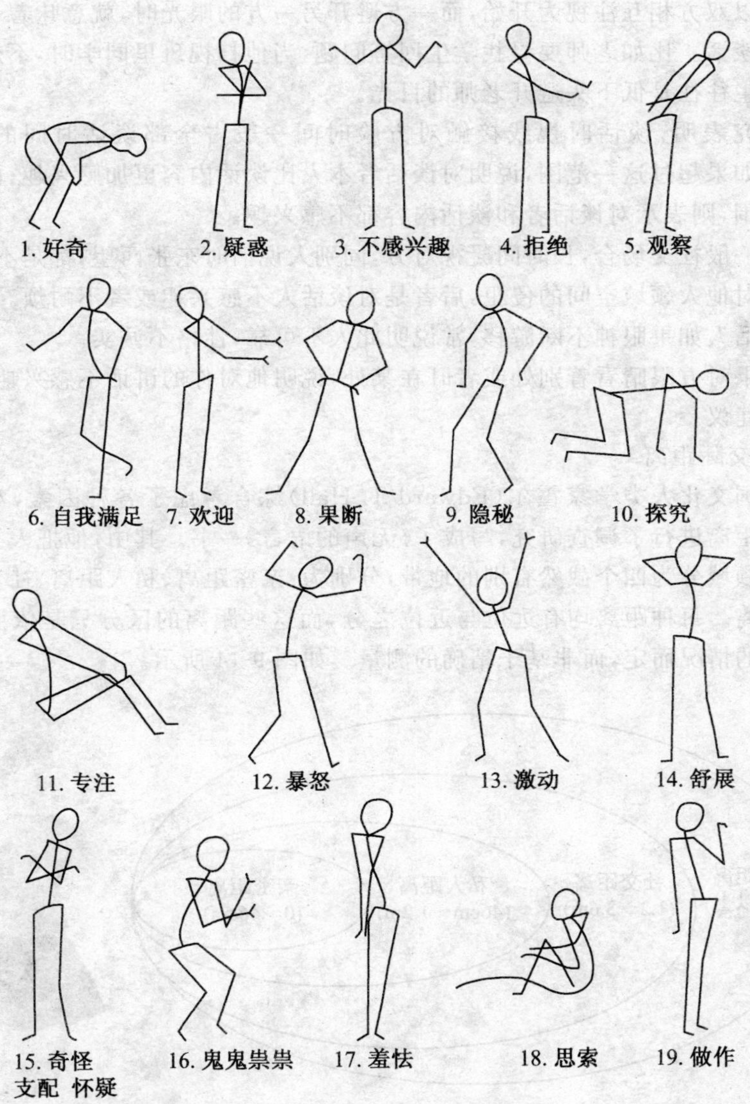

图 9-13　各种身体姿势及含义①

2. 目光接触

人们常用“会说话的眼睛”来描绘眼睛的表达作用。一个人的目光可以传递各种不同的信息。研究表明：目光接触可以发动和维持会话过程。人们谈话开

① 章志光主编：《社会心理学》，人民教育出版社 1996 年版，第 267 页。

始时多以双方相互注视为开始，而一方避开另一方的眼光时，就意味着一方并不想与之谈话。比如老师要寻找学生回答问题，当他扫视班里同学时，不想回答问题的学生往往是低下头避开老师的目光。

研究表明，谈话时视线接触对方脸时间一般占全部谈话时间的30%～60%。如果超过这一范围，说明对谈话者本人比谈话内容更加感兴趣；而如果低于此范围，则表示对谈话者和谈话内容都不感兴趣。

在一般社交场合，长时间凝视对方，同别人说话时东张西望，都是不礼貌的，前者是对他人领域空间的侵犯，后者是对谈话人不感兴趣或者不耐烦。

说话人如果眼神不断游移，常说明此人不可靠，性格不诚实。

如果对方眼睛看着别处或者盯在某处，说明他对你的讲话不感兴趣，或者拒绝你的建议。

3. 交际距离

美国文化人类学家霍尔(Edward T. Hall)综合考虑了各种因素，对美国人的人际距离进行了调查研究，写成了《无声的语言》一书。其中，他把人类各自所需要的领域分为四个截然有别的地带，分别为：亲密距离、私人距离、社交距离和公共距离。每种距离均有远位与近位之分，而这些距离的区分只是依照人类相互影响的情况而定，而非基于精确的测量。如图9-14所示。

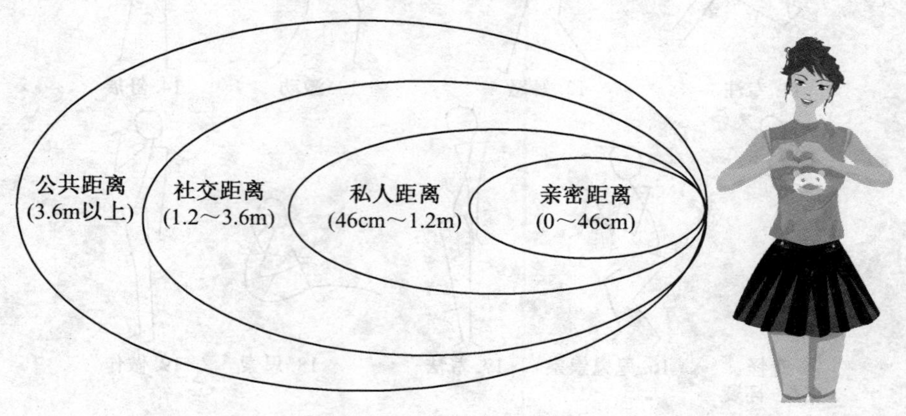

图9-14　四种距离圈

亲密距离，在0～46厘米之间。在此距离下，人一定会不可避免地意识到对方，容易接触对方，于是，就要视彼此的关系如何去决定反应了。例如，在拥挤的电梯中，人们尽量使自己保持僵直不动，以免碰到临近者，而且避免以眼睛看对方，避免以眼睛侵犯之嫌。亲密距离多发生于亲人、爱人或者好友之间，常伴有身体上的接触。当看到两人之间距离很近，如不是挤公交车等情况，大体可知两人的关系是亲密的。人都具有一种领域意识，一般不愿意让他人随便闯入该领域。如果你正站在一个宽敞的大厅，这时一个陌生人走向你，几乎贴近你，此时，你往往会很警觉而本能地离开。当然，贸然闯入他人的个人领域，也是不礼貌的。

私人距离，在46厘米～1.2米之间。在这距离下，不轻易接触对方，而且大家都有一些私有的空间，可以进行私人性质的讨论和谈话。这种距离可以传达个人意向方面的种种信息。同学、同事、朋友、邻居等一般在此距离内交往。

社交距离，在1.2～3.6米之间。这种距离，通常代表较正式的社交或生意上的距离关系。许多有关公务的谈话在此距离内进行。

公共距离，从3.6米到目光所及。这种距离，适合一般非正式集会，如老师在课堂授课，或在会议上致词等，是演讲者与听众的距离。

这种“四距离”说，尽管不一定完全科学，但是，对于我们合理地利用人际空间、恰当地保持交际距离，至少具有一定的借鉴意义。人际空间的一般距离会因地位、文化、性别、环境等的不同而有差别，研究在人际互动中如何使用空间和距离的学问，被称为“空间关系学”。

4. 辅助语言

辅助语言指说话声音的速率、音量等。说话速率比较快的人可能性格较急，较有能力。说话声音高的人，多自信；而说话声音低的人，多自卑。

二、非语言沟通的特点

在人际交往和沟通中，非语言因素具有不同于语言因素的特点：

其一是非语言因素系统的信息负荷量大于语言因素系统。美国传播学家艾伯特·梅拉比安(Albert Mehrabian)的一些实验统计结果表明：人在交流中，语言传达的信息只是一小部分，在口头交流中，语言沟通只占7%，而非语言沟通占93%，其中55%的信息来自面部表情和肢体语言，38%来自声音，即：

信息传递的100%＝7%的语言＋38%的语音＋55%的身态

也就是说，人际交往中，人们通过非语言因素传递的信息，比通过语言因素传递的信息要多得多。由于非语言信息多是无意识的，非语言信息一定比语言信息更加真实。因此，我们要注意非语言的沟通。

其二是非语言因素可以表达语言因素所不能表达的思想情感和意义。古人有“言不尽意”的说法，今人也常说：“我的心情无法用语言来表达。”然而，无法用语言表达的心理奥秘却可以借助非语言表达。

其三是非语言因素是语言沟通的辅助工具。在语言沟通中，非语言因素既有辅助作用，又可以补充表达某种意义。比如，声调是表达说话者态度的重要手段，在英文中，人们说“Come on”（过来），如果读升调，那是比较礼貌的呼唤，即请别人过来的意思；要是读降调则是很不客气的命令，像唤狗一样。再如“Please”（请），如果读升调，那就是主人满不在乎地、不太热心地招呼客人，意即“那就请吧”；如果读降调，则是主人比较客气地、热情地招呼客人。

其四是非语言因素比语言因素更为普遍、简单和生动。一方面，非语言因素是正常地参与社会活动的人自发地获得的，并不需要付出多大主观努力去学习。而语言则要花一定的时间和精力才能掌握，运用起来也比较困难。另一方面，非语言因素是人们直接感受到的，它能十分生动和形象地反映一个人的心理特征，交际双方容易理解，并且印象深刻。而语言则比较抽象，接受、理解起来也较为困难。所以，非语言因素较之语言因素具有普遍性、生动性和实用性的特点。

三、非语言沟通的功能

作为人际沟通的媒介，非语言因素具有多方面的社会功能：

第一，具有交流思想的功能。非语言因素有时有直接表意的作用，语言倒成为不那么重要的东西了，特别是在那种不便说话、不愿说话或语言不通的场合，情况更是如此。例如，在西方一些国家，要求搭便车的人要站在公路边，向开车的司机举起一只手，竖起拇指，拇指朝向自己要去的方向摆动，同时嘴里喃喃自语。其实，这时有声言语发出的完全是多余信息，甚至可以说一点作用也没有，因为车上的司机无论如何也听不见。再如，大凡对于任何一种表演艺术来说，体态语也都是必不可少的，它既是一种艺术表现手法，也是言语之外的表意媒介。此外，体育比赛时，裁判发出的手语（如篮球裁判以两手同时相倒表示“走步”，以一手指顶另一张开的手心表示“暂停”），自然也是起表明判断、交流思想的作用。

第二，具有传递感情的作用。非语言因素传递感情的功能是显而易见的。例如，人们失声叫好，会拍案叫绝；跃跃欲试，会摩拳擦掌；嘲笑他人，会嗤之以鼻；得意忘形，而趾高气扬；言归于好，常握手言欢；自身反省，扪心自问；愤怒急躁，会暴跳如雷；心藏无名火，会横眉紧锁、牙关紧咬；心里非常高兴，会喜笑颜开、手舞足蹈。握手时，交际双方联结的手，会成为他们之间感情联系的桥梁。面部的嘴、鼻子、脸颊肌肉、眼睛、眉毛都是传达感情的工具。社会学家和心理学家的很多实验证明，最能传送感情的非语言因素，莫过于眼睛的语言。眼睛，用达·芬奇的话来说，是“心灵的窗户”。眼神的变化倾诉着一个人微妙的心曲。眼睛所传达的感情有时很为深邃和玄妙，甚至为有声言语所不及。正如黑格尔在他的《美学》一书中说：“不但是身体的形状、面容、姿态和姿势，就是行动和事迹，语言和声音以及它们在不同生活情况中的千变万化，全都要由艺术化成眼睛，人们从这眼睛里就可以认识到内心的无限的自由的心灵。”[①]正因为眼睛具有非凡的传情作用，所以表演艺术家都非常讲究眼睛的作风，强调“上台全凭眼”，“一身在于脸，一脸在于眼”。

第三，具有昭示心理的功能。人们把言为心声作为老生常谈的话。其实，在言语交际的许多场合，单凭言辞，往往难以听出说话人是真心实意的，必须联系许多非语言因素，才能揣测到说话人的心理。人们通常讲鉴貌辨色，并且总是相信闻名不如见面，主要原因就在于，通过体态语往往能够洞察对方的内心世界，辨识对方的性格特征，正如达·芬奇所说：“容貌却真能显示出人的性情、表露他的罪恶。”例如，在心急如焚的情况下，有的人好用嘴咬手指、眼镜、铅笔或其他小物件，这种人往往性格不免过分内向，好我行我素；有的人则好用指尖轻捋头发，轻搔面部或把食指放在嘴唇上，这种人往往性格达观，处事泰然；还有的人好摸下巴（一般是男人），这种人一般属理智型，处理问题老练审慎。

第四，具有强调指代的功能。人们在说话时，常把提到的事物用动作来加以模拟夸张。这种情况随处可见。例如，当在某人背后说别人肥胖时，或在熟悉的朋友之间戏谑地夸对方富态时，说话的人会两手臂下垂，在身体两侧略略张开呈弧形，表示对方腰圆似桶。当感谢主人的盛宴款待说到“饱了”、“实在吃不下”时，说话者常右手掌心向下，举至颈部上端靠近下巴处，表示食物塞至喉咙；当说到令人恐惧的事情时，说话人会皱眉、咧嘴，做鬼脸。总之，运用这些非语言因素（主要是体态语）的原因，就是这些可见的经过装饰的动作和表情可以帮助对方理解，强化自己的语势，引起兴趣，形成共鸣，从而达到交往的目的。

第五，具有表示社会联结关系的功能。在现实生活中，交往双方的身份、地位、辈分和性别等不同，常可见到他们所使用的非言语因素也有某些差异。因此，从交往双方所使用的非言语因素的状况中，自然能看出其间的某些社会联结关系。例如，以手拍肩，是有些领导人对年轻下级表示关心的特有动作。小辈同长辈说话，头总是要低一点，在旧时代，甚至要卑躬屈膝（低头弯腰下跪）。欧美人讲究亲吻，辈分、身份不同，亲吻方式也各异。辈分低的人吻辈分高的人，要吻其下颔；反之，则吻额

犹大之吻 [意]乔托

① [德]黑格尔著，朱光潜译：《美学》第1卷，商务印书馆2009年版，第198页。

头。平辈朋友或兄弟姐妹之间只是脸颊相贴。只有情人才嘴对嘴地亲吻。对女王(如对英国女王)可施吻手礼以表对其尊贵身份的敬意。再如,同陌生人谈话,不能靠得太近,以免显得过分热情,彼此都不自在。同熟人、恋人谈话,又不能离得太远,否则对方会觉得“生分”,产生疏远感。据西方有的研究者说,观察交往双方的手、胳膊、腿和脚的动作细节,也可以了解双方的地位、身份差异。

以上我们较为详细地说明了非语言因素的类型、特点和社会功能。之所以这样做,目的在于提高我们自觉地掌握和运用非语言因素的自觉性。既然非语言因素在人际交往中具有不可小视的地位、作用和功能,因此,我们就要重视它,充分地发挥其作用和功能。

第四节　沟通的障碍

沟通并不总是有效的,而是存在着多种障碍。所谓沟通的障碍,是指信息在人与人之间传递时产生扭曲、过滤,甚至丢失。根据信息传递的要素,沟通的障碍可能来自于信息发送者、信息接收者、缺乏反馈或者组织问题等。

一、信息发送者的障碍

语言是一种符号。由于人类语言所传达的内容是丰富多样的,所以语言沟通是人际沟通最主要的内容。但是语言存在差异。比如中文“麻雀”指一种鸟,而在日文中同样这两个字却指的是麻将。再比如中国内地的“爱人”指的是妻子,而在台湾“爱人”却被理解为“情人”。内地朋友介绍自己妻子常说:“这是我的爱人某某。”台湾人听了会十分惊讶,心想内地人很开放啊,居然把情人公开介绍。如果说“我的爱人下海了”,台湾朋友就会震惊,因为“下海”在台湾不是指经商,而是指沦落到青楼。

即使不存在语言的地域差异,语言也是有歧义的。例如,如果老师对学生说“下午让班长来办公室开会”,这句话就是有歧义的。班长指的是谁,是正班长,还是正、副班长;是一个班的班长,还是老师所管几个班的班长?

沟通双方地位的差异,也会构成沟通的障碍。一般说来,在一个组织中,上级向下级沟通相对容易,而下级向上级沟通则难。由于上下级之间存在权威关系,下级对上级存有敬畏心理和隔阂心理,因此,一般下级较少主动找上级闲聊。有时,也常把上级无意说的话当作命令。

二、接收者的障碍

1. 信息的过滤

信息接收者在接收信息的时候，有时会对信息进行过滤。比如“报喜不报忧”就是一种信息过滤。信息过滤分为有意的和无意的。比如，下级向主管报告时，一般选择主管想听的内容，就是有意过滤。而无意的过滤，就是信息在传递中的损失。心理学家做过传话实验，一句话经过多人逐次传递后，最后一个人所重复的话与初始的话语相差较大。信息过滤原理要求，在一个组织中，上下层级设置不宜过多，否则在信息由上向下或由下向上传递时损失很大，政令传递不畅。

2. 选择性知觉

选择性知觉是指人的知觉对外界刺激信息有选择地进行加工的能力。同一时间作用于人的外界刺激是多样的，由于通道的限制，人不可能对所有刺激信息都作出反应，而是选择部分刺激加以反应。美学家朱光潜举过一个对一棵古松的三种态度的例子：商人所取的是实用的态度，商人关心的是这棵树值多少钱，是适合造房子还是适合做家具；植物学家所看到的是植物的特性，考虑它何以活得这样长久，植物学家所取的是科学的态度；而画家从审美的角度看，他所看到的是一棵苍翠劲拔的古树。由于选择性，人们不自觉地将信息进行过滤处理，发生了失真。

3. 对信息源的不信任

在现代市场生活中，诚信是个重要的原则。如果接收者对信息源存有不信任感，那么沟通就很难进行下去。如三鹿奶粉中发现三聚氰胺的事件后，庞大的三鹿集团很快就宣告破产。消费者不仅不再相信三鹿集团，而且对于整个中国奶制品行业都产生了不信任感，结果导致整个行业经营困难。

三、编码和译码的障碍

编码和译码的顺利进行要求沟通双方应该存在共同语言，方可交流。如果双方的知识经验范围没有一点重叠之处，那么，就不存在沟通。所以，人与人相处时，总是寻求共同的话语，大家都感兴趣的话题，这样交往容易展开。

要有共同的话语，除了要有广博的知识外，还要尽量避免使用专业术语。随着学科的发展，专业术语是越来越专，常常只有这方面的专家或者内行才理解，外行很难明白。但有的人却十分喜欢卖弄专业术语，显得自己水平很高，但最终效果并不好。

四、缺乏反馈

缺乏反馈会导致两个问题:(1)由于缺少反馈,信息发送者不知道对方是否理解或接收到信息,那么,他很可能要再发一遍信息以确认。在工作中,作为下属应该有主动向上级汇报的习惯。上级向下级布置任务时,下级应主动汇报任务进展的情况和结果,让上级安心。(2)没有反馈,信息接收者容易误解发送者的意图,并且发送者也误认为对方正确理解了自己要表达的意思。比如,甲对乙、丙说:"这件事由你来负责。"如果乙、丙都没有反馈,可能出现的情况是,乙和丙都不对该事负责,都理解为应由对方负责此事。

五、沟通的组织障碍

1.信息超载

随着计算机网络技术的普及和提高,一方面给信息的传递带来极大的方便,另一方面也带了信息超载问题。一位美国企业的经理人抱怨道:他每天要收到600页的计算机输出资料,这些资料记录着每条生产线的产量以及操作中记录的数据等。他根本没有时间去看完这些资料,只好找个储藏室来存放这些资料,最后由废品公司运走。信息的超载会让人们陷入信息的海洋中,有时反而让我们效率低下,甚至无所适从。

2.组织氛围

组织的氛围对于信息的传递有着重要影响。理想的组织氛围应该是民主的,鼓励有不同声音的存在,允许组织成员可以发表自己的见解,而不能搞"一言堂"。现代管理提倡组织存在适当的冲突,这可以使组织更加有活力,工作氛围轻松。良好的组织氛围还应该使成员间相互信任,如果大家彼此猜疑、勾心斗角,那么,就会导致成员难以沟通,组织的凝聚力低。

此外还有地位障碍、文化障碍、个性障碍、社会心理障碍等。

有效沟通的七种方法[①]

国外的学者认为:有效的沟通应该具备如下七项特征:

1. 完整:发送和接收的信息要完善,必要时要作适当的补充。
2. 简明:提供必要的信息,避免多余的词语和不必要的重复。
3. 体谅:从接收者的利益和"你"的观点出发,以肯定和乐观的态度沟通。
4. 具体:以具体的数据、形象的表述和鲜明的动向与对方沟通。

① 参见李家龙等编著《人际沟通与谈判》,立信会计出版社2005年版,第9页。

5. 清楚:选择对方熟悉、明确和清楚的词语,组合成有效的沟通句式和段落。

6. 有礼貌:选择恰当的体贴、感激和尊敬的词语,避免有歧视性的词语。

7. 正确:数据、事实和词语的表述要精确,以可接受的书面方式和恰当的用语进行沟通。

第五节 面向公众的沟通

沟通除了个体与个体的沟通外,还包括面向公众的沟通,如演讲、新闻发布、电视广播等。公众场合下的沟通又有其特点。

一、演讲

所谓演讲,就是一个人在公众场合向众人就某问题发表意见或阐明事理的传播活动。演讲是在公众场合下经常使用的沟通方式。成功的演讲会产生良好的宣传、教育和交流的作用。如马丁·路德·金的《我有一个梦想》(*I have a dream*)激励了一大批黑人为争取自由和平等而奋斗。

演讲应该有一个事前的准备。首先,必须明确演讲的目的和主题,演讲的目的主要包括:传授、说服和娱乐。目的不同的演讲,要求是不同的:

1. 传授性演讲是告知人们事情或知识,要求内容清晰,容易理解。

2. 说服性演讲,是让反对者和态度冷淡者支持某种观点,或者说服别人做某事,比如捐款。这就要求演讲具有逻辑说服性和感染力。

3. 娱乐性演讲的气氛比较轻松,如庆功宴的祝词,因此,这类演讲应该是幽默有趣的。

演讲前应分析听众,即对谁演讲。听众的构成不同,如职业、年龄、性别、文化水平的差异,演讲的方式应有所不同。成功的演讲应该引起听众的兴趣,而要实现这一点,就要了解听众的需要和态度、知识背景等,从而在演讲时调动听众的兴趣。

演讲不同于日常谈话,即俗话的拉家常。有的人想在听众面前塑造一个平和的形象,但却把演讲同拉家常混淆起来,结果影响了演讲的效果。演讲是一种艺术性的活动,具有其自身的规律,它通过有声语言、体态语言和主体形象来感染他人。

第一，也是最基本的，演讲内容要重点突出，观点明确，不要像日常谈话时漫无边际，观点含混。据研究，人的注意力最集中的时间为十分钟，当注意时间超过两个小时，人的思想就开始涣散。所以，必须在有限的时间表达出明确的观点。

第二，演讲者的声音要洪亮，吐字清晰，注意语音语调。就演讲目的，不论是传授、说服还是娱乐，都要求演讲者对公众有感染力。如果演讲者声音较小、语气不坚定，不仅听众听不清楚，而且人们会认为演讲者不自信，对所讲内容不确信，因而也不容易被感染。

第三，演讲者还要注意仪表形象、姿势表情。如 1961 年美国大选，尼克松之所以败于肯尼迪，重要的原因就是在电视辩论中，尼克松显得比较憔悴，而肯尼迪则神采奕奕。

演讲时，最常见的障碍就是紧张。在正式场合，面对众多观众时一人演讲是容易有些紧张的。有的人在私下场合说话比较自由大声，而在正式场合公开演讲时却可能变得胆怯。克服紧张情绪没有什么特别好的办法，关键在于平时多练习当众演讲。

二、公共关系

所谓公共关系，《大英百科全书》给出的定义是："旨在传递关于个人、公司、政府机构或者其他组织的信息，以改善公众对他们的态度的一种政策和活动。公共关系部或公共关系公司的主要任务是发布新闻，安排记者招待会，回答公众的投书，规划对社区活动的参与。准备电影、宣传资料、雇员刊物、给股东的报告以及标准信件，规划广告项目，筹划展览会和参观访问，调查公共舆论。"

简单地说，公共关系是面向公众的信息传播，旨在树立组织在公众中的良好形象。

根据媒介的不同，公共关系的信息传播可分为言语传播、文字传播、实像传播和网络传播。言语传播有新闻发布、公务谈判等。文字传播包括新闻稿撰写、广告文案、宣传资料制作、内部刊物编辑等。实像传播包括样品展览、橱窗陈列、作业场所布置等。网络传播包括电子邮件、网上论坛(BBS)和互联网(www)信息浏览等。

1. 求真务实原则

真实性原则是指组织在开展公共关系活动时，必须向公众如实传递有关组织的信息，同时向组织决策者如实传递有关公众的信息。公关关系中信息真实性的要求同个体沟通时真诚原则是一致的。

2. 互惠互利原则

互惠互利原则是指公关活动要兼顾组织与公众的双方利益，在平等的地位上使双方互利互惠。互惠互利原则具体体现在积极参与社会服务，平衡组织和公众的利益关系。对于企业来说要生产优质产品或提供优质服务。

互惠互利原则不能简单理解为组织和公众简单对等，而是要把公众利益放到首位。组织在公共关系中，不能单纯考虑组织自身利益，还要肩负起应承担的社会责任，提高社会经济效益和生态效益。虽然有时组织履行社会责任会牺牲其眼前利益，但从长远看，这是一种战略性的公关投资，定会有回报。

3. 全员公关原则

全员公关原则是指一个组织公关工作的开展，不仅要依靠专职公关机构和公关人员的不懈努力，而是组织全体员工，都要树立公共关系意识，为提高组织的公众形象作出贡献。

第十章 人际关系制约因素

唯物辩证法以及现代系统论的原理表明：世界上的任何事物，都不是孤立的，而是存在于普遍联系之中，受着多种多样因素的制约。人际关系这种社会现象自然也是这样。当我们深思熟虑地对它进行考察的时候，呈现在我们眼前的，也“是一幅由种种联系和相互作用无穷无尽地交织起来的画面”。考察人际关系的制约因素，对于我们深入理解人际关系的特点及其成因，在实践中优化人际关系，是大有裨益的。人际关系制约因素虽然杂多，但大体上说来，不外乎内在的和外在的两种。

第一节 内在制约因素

所谓人际关系的内在制约因素，指关系主体本身所具有的制约人际关系的因素。其基本内容有以下三个方面：

一、生理因素

作为人际关系主体的人首先是一个生物实体，它自身具有的某些生理因素在不同程度上，必然会制约人际关系。制约人际关系的生理因素大体上有三种。

1. 生理需要

如前所述，在关系主体的需要系统中，生理需要是最初或最原始、最基本的一种，主要指对食物、水分、氧气、住所、医疗、性和睡眠等等的需要。这种作为需要的生理因素，不仅是人际关系发生发展的动因之一，而且制约着人际关系的多样性、持久性等等。一般来说，不同的生理需要，会导致不同的人际关系。例如，人们对于食物的需要，往往促使人们不得不去建立能够满足这种需要的人际关系。人们由于有了性的要求，所以才建立和发展能够满足这种需要的恋爱关系、婚姻关系。生理需要的不同状况，也影响到人际关系的程度。一般来说，生理需要越迫切、越强烈，相应的人际关系建立得越迅速、表现得也越亲密；反之亦然。

总之，生理需要对于人际关系的制约作用是显而易见的。

2. 生理特征

生理特征包括多方面的内容。例如，人体肤色的黑白、毛发的稀疏浓密、性别的男女、年龄的老幼、身材的高矮、体型的胖瘦、相貌的漂亮与丑陋等，都是人的生理特征的表现。这些生理特征，在不同的程度、不同的性质上，影响和制约着人际关系。就年龄来说，发展心理学(developmental psychology)的研究表明，人在生命发展的不同阶段，具有不同的生理、心理特征，同一年龄组的人之间更容易产生共鸣，建立交往关系。例如，四五岁的玩童总喜欢与幼儿园的小朋友结伴，离退休之后的老人总更乐意与五六十岁的人聊天。就性别来说，只有异性人才能建立正常的恋爱关系、婚姻关系。再就相貌来说，尽管人们常说，“人不可貌相，海水不可斗量，以貌取人，贻误大事”，但是，相貌所起的微妙作用在人际交往中却难以排除。一般人总希望自己的亲人和朋友有一定的仪表风度，和相貌丑陋的人打交道，精神上总不是那么舒服。1.60米以下的青年男子，决不会与“非1.80米不嫁”的女性建立恋爱关系。也许正因为相貌对于人际关系具有制约作用，人们才说，“宁肯生个穷命，也别长个丑相”。相貌之所以会对人际关系产生制约作用，首先是因为人也按照美的规律来塑造物体，爱美是人的本质力量的一种表现。貌美能使人感到轻松愉快，构成一种精神酬赏。其次，外貌可以产生晕轮效应，即较佳的外貌容易使人联想到这人还可能具备其他一系列较佳品质，尽管实际上未必如此。例如，漂亮机灵的战士容易得到指挥员的青睐，风度不凡的领导最易受到下属的爱戴与尊重；翩翩少年，容易得到姑娘的爱慕，“窈窕淑女，君子好逑”；美貌的老师的讲演容易感染学生，学生的美貌又容易引起老师的好感……

3. 健康状况

所谓健康，指人体各器官系统发育良好、功能正常、体质健壮、精力充沛并具有良好劳动效能的状态。与这种状态相反的状态，就是不健康。健康状况一般指的是人体在这两个方面表现出来的对比情况。健康状况对人际关系也有一定的影响。一般地说，身体健壮有力的人，在社会生活中往往充满信心，乐于与他人交往。而且在交往中能够正确认知他人，发展正常的人际关系。而体弱多病的人，对社会环境常常表现出诚惶诚恐或多愁善感的心境，因此，不容易正确地认知他人。尤其需要指出的是，不同健康状况的人，会失去不同的人际关系，同时，也会得到不同的人际关系。

二、心理因素

作为人际关系主体的人，也是一个心理实体，具有多种多样的心理因素。这些因素，对人际关系也有重要的制约作用。制约人际关系的心理因素是多种多样、多层次、多水平的。这些因素相互联结，构成了一个有机的结构系统。这个结构系统，包括三个亚系统或子系统，这就是心理动力因素结构系统、自我意识因素结构系统和心理特征因素结构系统。三个子系统对于人际关系都有一定的制约作用。

1. 心理动力因素

心理动力因素结构系统是心理因素结构系统中的最高层次，它主要包括需要、动机、兴趣、理想、信念、价值观、世界观等心理因素。这些因素都程度不同地对人际关系发生制约作用。

需要和动机对于人际关系的制约，突出地表现在它是人际关系发生发展的动因上。一般来说，需要是人际关系发生发展的决定性因素，而动机则是人际关系发生发展的直接推动力。

兴趣是一个人力求认识和趋向某种客体的积极态度的个性倾向。或者说，兴趣是人的个性倾向的一种具体表现形式。兴趣是人际关系的重要动力之一，是人际关系得以建立和发展的重要条件。一般来说，许多人际关系的建立都是以兴趣的共同性或相似性为基础的，也就是说，具有共同或相似兴趣的人更容易建立、发展和保持人际关系。兴趣有广阔和狭窄之分。广阔的兴趣，使生活呈现五彩缤纷的画面，有利于建立广泛的人际关系；狭窄的兴趣，把人限制在极其狭小而孤立的范围之内，而对其他事物都漠不关心，这样，自然使人不易与人接近，也不易与人产生共鸣，不利于广泛地建立和发展人际关系。

理想是对未来有可能实现的奋斗目标的向往和追求。它由职业理想、政治理想与道德理想所组成。职业理想是自己在将来的生活道路中从事哪方面的工作，政治理想是为实现什么样的政治目标而奋斗，道德理想说明做一个具有什么样道德品质的人。这三种理想是联系在一起的。

信念是个性心理结构中比较高级的倾向形式，它表现在一个人对他所获得的知识的真实性坚信不移并力求加以实现的个性倾向。信念可以分为政治信念、道德信念、科学信念和生活信念等。这些不同形式的信念也是彼此相联系着的。

信念和理想密切相联，理想总是以一定的信念为基础，同时理想又促进信念的形成。理想和信念对人际关系具有大体相同的制约作用。一般地说，不同理想和信念的人，往往会建立不同的人际关系。换言之，共同的理想和共同的信念，是建立和发展人际关系的重要基础。理想的改变和信念的动摇，都会引起人际关系的某些变化。

价值观又称为人生价值观，指的是人们对自己的人生意义和作用、衡量人生价值的标准以及怎样实现人生价值等问题的看法。

世界观与价值观不同，它是个性倾向的最高表现形式，是心理动力因素结构系统中的最高层次。它是由一系列信念组成的逻辑系统。世界观有两种存在形式:一是作为哲学研究对象的以社会意识形态而存在的阶级的世界观;二是作为心理学研究对象的个人的世界观。这两种形式的世界观既有联系又有区别。我们这里讲的世界观,主要指个人世界观,即心理学意义上的世界观。它是属于个人意识的范畴。个人意识包括两方面的含义:一方面是指在社会意识(包括哲学意义上的世界观——因为世界观是社会意识复杂结构中的最高层次)的影响下,个人头脑中所形成的相应的意识内容;另一方面则是指社会意识转化为个人意识的过程。人生价值观和个人世界观有紧密的联系。价值观是世界观的外在显现;世界观对价值观具有一定的调控作用。价值观和世界观都对人际关系有制约作用。具有不同的价值观和世界观的人,往往会建立不同的人际关系。价值观和世界观一旦形成,便对人际行为起着指导和调节作用。正确的价值观和世界观有利于人际交往,而不正确的价值观和世界观则形成人际关系的心理障碍。

许多实验证明,态度和价值观等心理因素越是相似,则越容易建立亲密关系。其原因在于,当人们之间有类似的兴趣、态度、理想、信念和价值观时,他们就有了共同的语言,容易得到对方的支持。同时,在他们交往的过程中,也容易理解对方的行为反应,容易相互适应,容易形成密切关系。也正因为如此,在日常生活中,才有所谓“物以类聚,人以群分”、“志同道合”等说法。

2. 自我意识因素

自我意识因素结构系统,是心理因素系统的基本组成部分。自我意识是一个人对自己与周围现实的关系的认识并由此对自身的一切思想、行为与潜力所采取的自觉的态度。自我意识因素结构系统包含着知、情、意三种成分。

所谓知,就是个人对自我的认识,可简称为“自我认识”(self-knowing),包括自我感觉(self-sensation)、自我判断(self-judgement)、自我观察(self-observation)、自我评价(self-evaluation)、自我想象(self-imaginary)等形式。所谓情,就是个人对自我的情绪和情感体验,可简称为“自我体验”(self-experience),包括自爱、自尊、自信或自卑、自贱、愧疚等形式。所谓意,就是个人对自我的调节,可简称为“自我调节”(self-regulation),包括自我控制(self-control)、自我激励(self-motivation)、自我约束(self-discipline)、自我命令(self-order)等形式。知(自我认识)、情(自我体验)和意(自我调节)三者,是相辅相成、有机统一的。自我认识是自我意识的基础,对自我的不同认识和评价既是产生不同自我体验的前提,又是自我调节不同方向和强度的先导。自我体验是自我意识的核心,对自我不同程度的肯定或否定体验,既影响个人对自我的认识和评价,也制约着自我调节的方向和强度。同样,自我调节是自我意识的关键。作为更直接地表现自我动机和行为特征的自我调节,不仅对自我认识起着检验和深化的作用,而且对自我体验也起着强化或制约的作用。

自我意识因素结构系统对人际关系的制约性，突出地表现在：自我意识的性质决定着人际关系的性质。从这个意义上说，有什么样的自我意识，也就有什么样的人际关系。我国西南师范大学黄希庭等人采用社会测量、访问与观察等方法，以大学生为对象（共 21 个班集体）研究了人际吸引问题。在他们得出的结论中，有一个是关于自我意识与人际关系的关联性的问题。这个结论是：大学生自我意识的性质和人际关系好坏有一定的关联。例如，把自我和集体统一起来，严于剖析自我的人，多数是人际关系融洽的；抱负水平中等或偏低的人，多数是人际关系融洽的；过分压抑自我的人，他们的人际关系也是融洽的。相反，过分自满、自负的人，具有孤独感的人、高抱负水平的人，多数是人际关系不融洽的。

20 世纪初，心理学家柯里也对这个问题提出了看法。他指出："在人们的心理生活中，自尊和自卑的自我评价意识有很大作用。人们经常会把自己看作是有价值的、令人喜欢的、优越的、能干的人。如果一个人看不到自己的价值，只看到自己的不足，什么都不如别人，处处低人一等，就会丧失信心，产生厌恶自己并否定自己的自卑感，这样的人就会缺乏朝气，缺乏积极性。"[①]但是，"如果一个人只看到自己比别人好，别人都比不上自己，这样就会产生盲目乐观情绪，自我欣赏（self-appreciation），自以为是，因此就不能处理好人际关系，调动主客观双方的积极性，而且还会遇到社会挫折，产生苦闷"[②]。

情　商

我们知道，智商（intelligence quotient，简写成 IQ）是测量个体智力发展水平的一种指标，是智力年龄除以生理年龄的商数。一般说来，智商的大小反映了智力水平的高低。情商（emotional quotient，简写成 EQ）又称"情绪智力"（emotional intelligence），是近年来心理学家们提出的与智商相对应的概念，指情绪智力的高低。"情绪智力"这一概念是由美国耶鲁大学的萨罗威和新罕布什尔大学的迈耶（P. Salovey & D. Mayer，1990）提出的，是指准确地识别、评价和表达自己和他人的情绪，并适应性地利用这些信息来解决问题和调节行为的能力，也就是说，是一个人感受、理解、控制、运用情绪的能力。情商反映了一个人的情绪、情感、意志、信心、毅力、抗挫力、合作精神等方面的品质。

---

① 时蓉华编著：《社会心理学》，上海人民出版社 1986 年版，第 253 页。

② 时蓉华编著：《社会心理学》，上海人民出版社 1986 年版，第 253 页。

1995年,《纽约时报》专栏作家丹尼尔·戈尔曼(D. Goleman)在其著作《情绪智力》一书中明确提出"真正决定一个人成功与否的关键是情商而非智商"。他把人的情商能力概括为五大能力:

第一,认识自身情绪的能力;

第二,控制自己情绪的能力;

第三,自我激励的能力;

第四,认知他人情绪的能力;

第五,人际关系处理能力。

到目前为止,人们对"情商"的提法和测量还存在着分歧和争议,但是,有关情绪智力是决定人们成功的重要因素的观念却正在被人们所接受。以往认为,一个人能否在事业上取得成功,智力水平是第一位的,即智商越高,取得成就的可能性就越大。一些研究人员对影响成功的因素作了多方面的调查分析,结果发现,智力因素占20%,其余因素(情商、社会背景、运气、健康等)占80%。甚至有人写下了这样一个公式:

20%IQ+80%EQ=100%成功

在美国企业界,人们普遍认为"IQ决定录用,EQ决定提升",智商高达160的人总在为智商只有100的人打工。

智商和情商都反映了人的重要的心理品质,都是事业成功的重要基础。它们在"成功"中到底扮演怎样的角色,是智商和情商研究中的一个重要的理论问题。高情商的人能对自己和他人的情绪作出准确的认知和积极的调控,从而维持良好的身心状态,与家人、朋友或同事能友好相处,有较强的社会适应能力,在学习、工作和生活中较易取得更大的成功;而低情商的人处理人际关系能力则较差,会影响其能力的发挥。

3. 心理特征因素

心理特征因素结构系统,是心理因素结构系统的重要组成部分。心理特征因素结构系统包含的内容很多。从其基本方面来说,可以分为气质、性格和能力三个方面。

所谓气质,指的是人的心理活动稳定的动力特点,同一般所说的"脾气"、"秉性"相近。这种心理活动稳定的动力特点,是指心理过程的强度(情绪体验的强度、意志努力的程度)、心理过程的速度和稳定性(知觉的速度、思维的灵活程度、注意力集中时间的长短)以及心理活动指向性特点(有的人倾向于外部事物、从外界获得新印象;有的人则倾向于内心世界,经常体验自己的情绪,分析自己的思想和印象)等等。人的气质有不同的类型。气质类型无好坏之分。每一种气质类型的人都有优点和缺点。但是,不管何种类型的气质对于人际关系都有不同性质、不同程度的制约作用。例如,人们在传统上把人的气质分为四种类型,即胆汁质(又称“兴奋型”)、多血质(又称“活泼型”)、黏液质(又称“安静型”)、抑郁质(又称“抑制型”)。胆汁质的人外倾,易于冲动。多血质的人外倾,爱交际,灵活性高,但不稳定,兴趣容易转移,缺乏人际交往的持久性。黏液质的人内倾,不善于交际,但能保持稳定的关系。抑郁质的人内倾,在人际交往中,注重小节。

所谓性格,指的是人对现实稳定的态度及其行为方式的个性心理特征。作为个性心理特征的性格,主要有两个特点:

其一,性格是表现人对现实稳定的态度的个性特征,即每个人在生活实践活动中,对客观现实所给予的影响,都会通过认识、情感和意志过程将自己的反映结构保存下来、固定下来,构成独特的态度系统。例如,勤奋或懒惰,创新或守旧,勇敢或怯懦,舍己为人或损人利己,诚实或虚伪,谦虚或骄傲等,就是人对社会、集体、他人和自己的态度,并表现出人们不同的性格特征。

其二,性格是表现人的行为方式方面的个性特征,即每个人对现实的态度上均有个人相应习惯化了的行为方式。例如,具有高度事业心和改革精神的人,无论做什么工作或遇到什么阻力,都会坚持不懈,开拓创新;而缺乏理想和懦弱的人,则会心灰意冷,无所事事。不难看出,人对现实的稳定态度决定着他的行为方式,而人习惯化了的行为方式又体现着他对现实的态度。

从性格的上述两个特点可见,性格对人际关系必然具有制约作用。性格对人际关系的制约作用突出表现在:不同类型的性格影响着人际关系的状况。性格是分为不同类型的。性格类型是指一类人身上所共有的性格特征的独特结合。性格特征包括理智特征、情绪特征、意志特征、对现实主义的态度等四个方面。性格的理智特征是指人们在感知、记忆、想象和思维的认识过程中所表现出来的个别差异。性格的情绪特征是指人们在情绪的强度、稳定性、持续性以及稳定心境等方面所表现出来的个别差异。性格的意志特征指人为了达到既定目标,自觉地调节自己的行动,千方百计地克服前进道路上的困难时所表现出的性格特征。对现实态度的性格特征主要是指人在处理各种社会关系方面所表现出来的性格特征,如对社会、集体、他人、自己的态度,对学习、工作、劳动的态度等。在人际关系方面表现为:是善于交际,还是行为孤僻;是主持正义、不畏强暴,还是欺软怕硬、阿谀奉承;是正直、诚实,还是狡诈、虚伪;是富于同情心,还是冷酷无情。人的性格的类型,就是这四种性格特征的独特结合。根据这种结合的状况不同,人们对性格类型作出不同的划分。

例如，英国心理学家培因和法国心理学家李播等人提出“功能优势说”(theory of functional advantage)。这一学说主张，按理智、意志、情绪三者在性格结构中占优势的情况，人的性格可以分为理智型、情绪型和意志型。理智型的人，总用理智衡量一切，并以理智支配自己的一切行为；意志型的人，行动目标明确，积极主动、果断；情绪型的人，情绪体验深刻，举止行为易受情绪左右。除这三种类型之外，还可划分出中间的类型，如意志—理智型等。显然，这几种性格类型对人际关系的制约或影响是不同的。

瑞士心理学家荣格最早根据作为普遍生命力的“力必多”(libido)活动的倾向提出内外倾向说，把人的性格分为内倾型和外倾型，这种分类被普遍采用。根据这种学说：

属于内倾型的人，一般表现为沉静、谨慎、多思、孤僻，反应缓慢，适应环境困难。这种人一般不乐于也不容易建立人际关系，因为他们善于独立思考，喜欢一个人单独完成某项任务，所以依赖性低，与他人交往的动机和愿望淡薄。因而大有“躲进小楼成一统，不管冬夏与春秋”的态度。但一旦建立人际关系，则较为持久。特别是遇上知心人，他们有可能对交往产生更大热情，从而与他人建立起更深厚的感情和更长久的友谊，有得之不易、去之亦难的特点。

属于外倾型的人，一般表现为开朗、活泼，善于交际，情绪外露，不拘小节，易于适应环境。这种人一般容易建立人际关系，因为这种人机敏、好动、愿意表现自己，有能力应付难堪的局面，所以愿意与别人打交道。但持久性难以维持，并往往缺乏深交。在人际交往中，既有面上的广窄之分，又有感情上的深浅之别。一般来说，外向性格的人，交往面上比内向性格的人广一些，但在交往的深度上，则要比内向性格的人浅一些。

奥地利心理学家阿德勒把人的性格划分为优越型和自卑型。优越型的人好强，不甘落后，总想胜过别人；而自卑型的人，遇事甘愿退让，不与别人竞争，自卑感强。后来，一些心理学家不赞成这种分类法，提出按照个体独立性来划分性格类型。这种分类，把人的性格分为独立型和顺从型。属于独立型的人，有坚定的个人信念，善于独立思考，在困难或紧急情况下，能沉着镇静，独立发挥自己的力量，甚至喜欢将自己的意志强加于人。属于顺从型的人，独立性差，易受暗示，往往屈从于权势，按照别人的意见办事，在困难或紧急情况下表现得惊慌失措。这些不同类型的性格，都在不同程度上制约着人际关系，从而使人际关系表现出不同的状况。

如前所述，性格的差异性是产生人际吸引的重要方面。人际吸引是指个体主观上体验到的在空间及时间上直接或间接的相互依存关系。影响人际吸引的因素很多，例如，有外貌吸引、邻近吸引、能力吸引、相似吸引和互补吸引等等。

性格对人际关系吸引的制约作用,集中表现在不同性格的互补上。研究证明:异性相吸。一个性情急躁的人甘愿找一个性格温柔的人,一个服从性格的人情愿找一个支配性格的人做朋友或伴侣。反过来说,同性相斥,两个同属支配性格的人,很难做到和睦相处。

所谓能力,指的是直接影响人们顺利有效地完成活动的个性心理特征。对于这个能力定义的把握,要特别注意三个方面:

其一,能力是顺利完成某种活动的主观条件。因为人们要顺利完成任何一项活动都需要各种条件。既需要物质设备、工具那样的客观条件,也需要绘画、运动、设计那样的主观条件,而能力则是指人们顺利完成某种活动的主观条件。

其二,能力是指主观条件中的一种心理特征。因为主观条件中既包括能力,又包括一个人的知识、经验、技能和思想水平等等,它们对顺利完成某种活动都有影响,而能力是影响某种活动完成的最直接、最基本的个性心理特征。缺乏这个特征,任何活动都无法顺利完成。

其三,能力总是和某种活动相联系并直接影响人的活动效率,能力总是存在于具体活动中并在活动中表现出来的。

人的能力是多种多样的。通常,人们把能力分为一般能力和特殊能力。一般能力是顺利地完成各种活动所必备的基本能力。如注意力、观察力、记忆力、想象力、思维力等。这些在认识活动中表现出来的一般能力通常叫智力,也叫智能、智慧。特殊能力是顺利地完成某种特殊活动所必备的能力,例如音乐听觉能力、色调辨别能力、设计想象能力等。

能力对人际关系具有重要的制约性。其具体表现在:

首先,能力影响和制约着人际关系形成和发展的水平。实验证明,能力发展水平高的人,往往会表现为感知敏锐,观察全面,注意集中,识记迅速,保持牢固,思维深刻,善于概括,想象丰富,勇于创新,言语表达能力强,等等。这样一些优秀品质,都会直接或间接地促进人际关系的建立和发展,使之提高到一个新的水平。相反,能力发展水平低下的人,往往表现为视野窄,反应慢,注意力不集中,保持差,难以回忆,缺乏抽象概括力,言语表达不清楚,等等。这样一些不良品质,都会自觉不自觉地阻碍人际关系的建立和发展,使之水平降低。

其次,能力是制约人际吸引的重要因素。为了满足物质和精神生活的需要,一般说来,人们总是喜欢与聪明能干的人交往,建立人际关系,而不喜欢愚蠢无能的人。这是因为聪明能干的人在许多问题上可以给人以帮助,并较少地带来不必要的麻烦。而且能人的言谈举止容易使人感到赏心悦目,从而构成一种酬赏。“与君一席话,胜读十年书”,其中就含有能人更易吸引人的道理。总之,能力高低,是人际吸引的一个重要因素。但是,这并不意味着,能力强就一定有吸引力。不是的，在现实生活中，能力强的人，往往会成为人们嫉妒的目标。这是能力制约人际关系的反证。例如，我们常看到这样的事实：一个能力极强的人，往往成为“有争议的人”；一个聪明能干的人，往往怀才不遇。

再次，关系主体的人际能力更是直接制约着人际关系。所谓人际关系能力或简称为人际能力，指的是关系主体对人际关系的感受、适应、协调和处理能力的总和。人际关系感受能力又称人际关系的敏感性或人际感受性，是人际关系能力的基础结构部分。它主要指人们对别人思想、情感、需要、动机的认识与体验能力，对自己行为后果的认识能力，以及对周围人际关系变化的敏锐的洞察力。人际关系的适应能力主要指人适应自己与他人、他人与他人人际关系变化，不断根据变化了的人际环境调整自己思想、情感和行为方式的能力。协调和处理人际关系的能力是指人通过自己的行为有意识、有目的地影响人际关系变化与发展方向的能力，它是在人际感受力和人际适应力的基础上，通过人际关系实践形成和发展起来的，集中体现了人际关系能力的能动性特征。良好的人际关系能力是人际感受力、人际适应力和协调处理人际关系能力的有机结合，三者缺一不可。

人际关系能力对于人际关系具有直接的制约作用是显而易见的。就人际感受力来说，人际感受力的水平直接关系着人际关系质量的好坏。大量的事实证明，那些具有较高人际感受力的人，善于洞察他人的真正需要与真实情感，能够采取适宜的行为去满足别人的需要，所以，他们的人际关系质量往往是好的或比较好的。相反，那些人际感受力较低的人，不太会理解人，对他人的需要与情感麻木不仁，往往会有意无意地伤害别人，引起人际关系的紧张或恶化。就人际适应力来说，情况也是这样。较强的人际适应力，不仅可以使人在熟悉和顺利的人际环境中充分发挥自己的才能，实现自己的目标，还可以使人在陌生和不利的人际环境下开拓出通向幸福和成功之路。至于协调和处理人际关系的能力，则更是与人际关系是否优化及其优化的程度直接相关。一般来说，协调和处理人际关系能力越高，越能容易地把握人际关系处理中的适度原则，使各种人际行为得体，保证人际关系始终处于最佳状态。

三、社会因素

作为人际关系主体的人，不仅是一个生理实体、心理实体，更是一个社会实体。在他的身上，积淀着多种多样的社会性因素。这些因素也从不同的方面或角度制约着人际关系。在制约人际关系多样性的社会因素中，以下几个方面恐怕是最基本的。

1. 社会地位

所谓社会地位，指关系主体所处的地位。社会地位，从政治学和法律学角度讲，是指由法律规定和公众认可的具有一定特权和专利的社会等级。从社会学角度看，是指人们在生活、工作和学习中所处的位置和所担任角色的总称。社会地位不仅包括经济地位、政治地位，而且包括家庭地位、群体地位、学术地位，等等。它并不绝对要求法律上的规定，只是表示某个人在与团体或群体中的其他人相比较而获得的某种身份。

社会地位对人际关系的制约主要表现在三个方面：

其一是社会地位制约或影响人们的交往对象和人际关系状况。如前所述，在现实生活中，人际交往按沟通形式一般分为“向上”、“向下”和“平级”三种情况。向上，指从社会地位低的人向社会地位高的人沟通或交往；向下，指从社会地位高的人向社会地位低的人沟通或交往；平级，指社会地位相等的人之间的沟通或交往。一般说来，在人际交往中，向上沟通较为困难，向下沟通较为容易，平级沟通则难易相当。当然，向上、向下、平级的交往状况并不是不可改变的，它们各自的难易程度也不是绝对的，具体情况往往很复杂，需要作些具体分析。但这种分析，在总体上还是较客观地反映出社会地位对人际关系影响的实际情况的。

其二是社会地位制约或影响着关系主体的交往热情和交往需要。社会地位不仅有高低之分，而且有主动和被动的区别。在人际交往中，一般来说，处于主动社会地位的人要比处于被动社会地位的人更富有交往热情和交往需要。社会地位较高的人和社会地位较低的人之间的交往有难易之分，但并没有固定的主动与被动之分。一般来说，无伦社会地位高低，具有较高交往热情和明显交往目的的人，在交往中往往处于主动地位。相反者常常处于被动地位。

其三是社会地位制约和影响着人的交往动机和诸多的交往心理。社会地位除了高和低、主动和被动之分，还存在援助和求助的区别。在生活、工作和学习中，处于求助社会地位的人要比处于援助社会地位的人具有更迫切的交往动机，同时会具有更突出的徘徊和胆怯心理。

社会地位对于人际关系产生以上几方面的制约或影响，是有其客观原因的。这是因为人际关系是人类社会生活的一部分，它必然要受人的思想、感情动机等因素的支配。社会地位是人们在社会生活中所处的位置和所担任的角色的总称，而人们所处的不同位置和所担任的不同角色无疑影响着人们的需要、动机、思想和感情等等，其中也必然包括人们的交往动机、感情和需要。德国唯物主义哲学家费尔巴哈说过：住在皇宫里的人同住在茅草屋里的人，他们所想的事情不尽相同。正因为人们的社会地位影响着人们的思想意识和感情，其中包括交往意识和感情，所以必然是进一步制约和影响着人际交往对象和人际关系状况的。

王安石升迁之路

王安石像

王安石未任宰相之前，一直得不到重用，心情压抑。

有一天，王安石和其朋友喝酒，感慨道："我对人都坦诚以待，但他们却对我……唉！"

朋友打断了他："你啊，你所交往的那些人都是小人。你把他们当成朋友，真心对待，可是他们却唯恐你将来会超过他们，又怎么会帮你呢？你敌友不分，这才是问题的核心。"

王安石始有醒悟，连连称是。他的朋友告诉他："当今朝廷，韩、吕两家为朝中大姓，势力强大，这两个人为人都很谦恭，平易近人，你若以他们为友，将来你会有出人头地的机会的。"

王安石听取了朋友的建议，此后与人交往有所区别，并积极同韩、吕两家交往，逐渐地名声响起来。

韩家的韩持国是宋神宗的老师，此时宋神宗为颍王。每当韩持国给宋神宗讲到精妙之处时，便会对他说："王爷不知真情，微臣不敢隐瞒。其实，这都是我朋友王安石的见解，他才是真正的治国安邦的雄才啊。"时间长了，宋神宗对王安石的名字非常熟悉。

后来，当宋神宗为帝时，便任命王安石为宰相，开始了著名的王安石变法。

2. 职业类别

所谓职业类别，指的是关系主体所从事工作的类型，也就是做什么工作。例如，工人、农民、教师和售货员等，就是不同的职业类别。职业类别对于人际关系的制约表现在多方面：

其一是职业类别制约或影响着人际交往的对象。人们从事不同的职业，就会有不同重点的人际交往对象。例如，售货员的主要人际交往对象是顾客，教师的主要人际交往对象是学生，工人的主要人际交往对象是同事，等等。职业类别与人际交往对象的这种联系，可以说是职业类别对人际关系的第一制约和影响因素。

其二是职业类别制约和影响着人际关系的类型。不同的职业类别，容易形成不同的人际关系类型。例如，社会心理学家荷尼在研究个体与他人关系时，发现下列三种不同类型的人际关系都与职业类别有关：

(1)逊顺型(modest type)。其特征是朝向他人。无论遇到何人，首先想到的是:“他喜欢我吗?”属于这种类型的人,多是社会工作者、医务工作者、教育工作者。

(2)进取型(enterprising type)。其特征是对抗他人。这种人所想要知道的是别人力量的大小或别人对他有无用处。属于这种类型的人,多是从事商业、金融、法律方面的工作。

(3)分离型(separating type)。其特征是疏离别人。这种人常想到的是别人是不是会干扰或影响自己。属于这种类型的人,多是艺术创造者、科研工作者。

其三是职业类别制约或影响着人际关系的广度深度或亲密度。不同的职业类别会满足人们的不同需要。例如,商业者能满足人们购物的需求,修理技师能满足人们修理家电的需要,等等。从事满足需要人越多的职业的人,越容易建立广泛的人际关系。现实生活中,确实存在在满足需要程度上有别的职业类别。从事满足需要程度越高的职业的人也越易于建立较深或亲密的人际关系。人们也越愿与之交往,他们的事情也就越容易办。也许正因为如此,人们才特别注意职业的选择。

3. 知识层次

所谓知识层次,指的是关系主体自身所具备的知识结构和水平在社会人知识系统中所处的层级。在现实生活中,人们的科学文化水平是不平衡的,这就造成了社会上不同的知识层次和人员结构。不管人们承认与否,每个人总是处于社会的一定的知识层中,也可以这样说,每个人都有自己的知识层次。知识层次对于人际关系也有一定的制约性;一般来说,科学文化水平相近,知识层次相同的人,更乐于和容易建立人际关系。

事实证明,知识层次相同的人,相互交往多;知识层次不同的人相互交往少,当然,这里不能否认有不同知识水平的互补性吸引的问题。不仅如此,知识层次高的人与知识层次低的人,在人际交往中的内容也是不一样的。高层次的人相互交往,琴棋书画多些,主要是学术、文化的交流,精神的交流。文化层次低的人交往,如一些文盲、半文盲在一起,言谈举止较粗浅,物质交换往往是相互之间主要的交往方式。

知识层次相同的人之所以容易建立和维持人际关系,主要原因在于,他们可以在平等的基础上进行科学、文化、情感交流,双方都可以从对方学到不少东西,相得益彰;而知识层次相差悬殊的人打交道,双方往往谈不来,难以在大致相当的基础上进行交往,即使交往也难以持久地维持下去。

前面,对于制约人际关系的内在因素分别作了考察。这些因素综合起来,可以构成图 10-1。

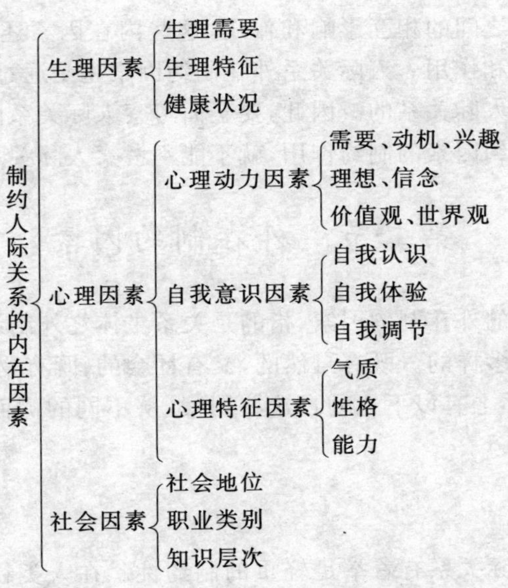

图 10-1　制约人际关系的内在因素

应当指出，制约人际关系的内在因素客观上构成了一个因素结构系统。以上所列，不过是这个结构系统中的一些基本方面。实际上，无论因素的数量，还是这些因素的结构，远比我们所指出的要复杂得多。另外，这些因素中的任何一种，对于人际关系的制约作用，都不是孤立地发生的，而是与其他因素相互作用、相互联系、共同发生的。这种相互作用，大体上可以用图 10-2 表示。

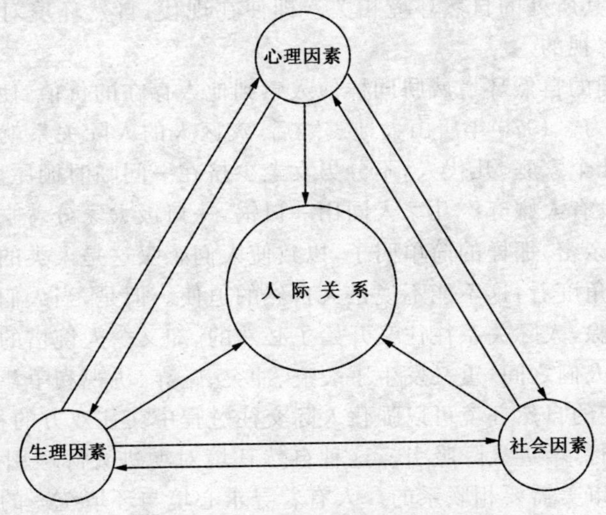

图 10-2　人际关系内在制约因素之间的关系

除了内在因素之间的相互影响和作用，这些内在因素还要受到人际关系外在制约因素的影响和作用。人际关系外在制约因素正是通过其与内在因素相互联系和影响而制约人际关系的。因此，要全面考察人际关系的制约因素，准确把握人际关系内在制约因素的制约作用，就不能不考察人际关系的外在制约因素。

第二节　外在制约因素

所谓人际关系的外在制约因素，指的是关系主体之外制约人际关系的因素。这些因素也是多种多样的。既有自然的，又有社会的；既有物质的，又有精神的。择其要者而论，大体上有以下八种。这些因素，从不同的侧面、以不同的方式制约着人际关系。

一、自然环境

自然环境对人际关系有着举足轻重的制约性。在人类社会的早期，人际关系的建立，几乎完全是自然环境促成的。那时，人们为了对付自然灾害，求得自身生存需要的满足，强烈地意识到他人对自己的意义，产生了与他人建立关系的需要。可以说，在人类的原始时代，自然环境是促进人际吸引的最主要情境性因素。尽管随着社会的发展和人类文明程度的提高，自然环境作为"必然王国"正在越来越成为人类的"自由王国"。但是，无论从作为人类本能的生存需要的角度看，还是从代表人类文明特点的审美需要的角度看，人际关系的建立、发展都或多或少地与其所处的自然环境相关。即使在现代，自然环境对人际关系的制约，仍是不可忽视的。

首先，共同的自然环境威胁同样使人感到他人存在的价值，使人与人之间产生强烈的吸引力。1976 年唐山大地震之后，灾区人的人际关系就曾有过这样的变化。那时，几个家庭，几代人，不分男女老少挤在一间临时棚屋里，谁也不感到他人多余，更没有人嫌弃。几家人同用一口锅，一口饭大家分着吃。那时的人际关系是那样的亲密，那样的简单明了，以致使人们感叹这是人类的返璞归真。从人际关系学的角度看，这不能不说是大自然的迫使。但是，当人们一旦感到自然环境的威胁解除，人际关系往往又开始了必然的、却又令人惋惜的分化。曾是那样亲密无间的人们之间，重又发生了裂痕、冲突、嫌弃、仇视和争斗。

其次，优美的自然环境可以强化人际交往过程中交往双方的积极情感，促进交往的顺利进行，增进人际吸引。这种自然环境对增进人际吸引的积极作用是与关系主体的审美需要相联系的。人有着寻求心境与环境统一的心理倾向。美好的心境要求美好的环境，美好的环境可以改变人不好的心境。人际吸引是交往双方的一种积极、亲密的情感，它所要求的是美好的环境。置身于赏心悦目的自然环境中，交往双方愉悦的审美感受会部分地移情于交往对象，从而更增添了彼此的魅力。热恋中的男女往往选择花前月下、小桥河边谈情说爱，就是这样一种心理倾向的反映。的确，花前月下的卿卿我我与嘈杂闹市中的情感交流，效果是大不一样的。善于与人交际的人往往选择最有利的时机（对方心境好时）和最恰当的环境与人进行实质性交往。

最后，自然环境影响人际行为模式。根据马克思的观点，环境改变人和人改变环境是一致的，当然，他强调的主要是后者，撇开人对于环境的改造而言，环境确实能改变人。这里的环境，当然包括自然环境，自然环境也能改变人。事实证明，自然环境对人的生理、心理特征有一定的影响作用。与此相联系，自然环境也制约着人际关系，尤其是制约着人际行为的模式。地理学派的创始人、法国的孟德斯鸠在其名著《论法的精神》中曾经指出，生活在寒冷气候的人性格刚强、勇敢，有很强的自信心、优越感，不太多疑，不善于耍政治手腕，并且也不狡猾，而且总是像年轻人一样勇往直前。而生活在炎热气候的人，对一切事物冷淡，对一切不感兴趣，没有光明磊落的行为，不会做出宽宏大量的事情，而且较懦弱，对别人顺从，这些人宁肯忍受别人惩罚，也不愿去做工作。孟德斯鸠的这些观点，从根本来说，是走向了“地理环境决定论”(geographical conditions determinism)的极端，但是，他关于自然环境影响人的心理并进而制约人际关系行为模式的某些说明，还是有一定道理、反映了一定的客观事实。

孟德斯鸠像

二、空间距离

与自然环境相联系，空间距离也是制约人际关系的重要因素。空间距离对于人际关系的制约性，突出地表现在它对于人际吸引力的影响上。一般说来，人际关系的建立总是以彼此距离的邻近性为前提的。一位住在中国东北的深山老林的人与一位生活在非洲大陆的人之间，由于他们之间相隔千山万水，彼此难以接触，互不了解，所以根本谈不上什么友谊和敌视。如前所述，空间距离的邻近性为人际关系的建立提供了现实的可能。空间距离越接近的人，越容易建立人际关系，人际关系也越亲密。俗话说，远亲不如近邻。其中，就含有这样的道理。即使是近亲，如果一方远在天涯海角，长期缺乏生活和事业上的互助，关系也会淡薄。大部分人与自己的同学、同事、同乡、近邻较易产生友谊，青年择友、找对象，也特别注意家庭距离的远近。所有这些都说明，空间距离是影响人际吸引力大小的重要因素。

空间距离之所以会影响人际吸引力，原因主要有三点：

第一，因为人们普遍存在一种建立和谐人际关系的期望，要努力和邻近者友好相处，“兔子不吃窝边草”，所以会尽量避免让近邻感到不快；与此同时，人们看待对方，也倾向于多看积极的方面，忽视消极方面。这样，各自便为增强相互间的吸引创造了良好的前提。

第二，根据社会交换理论，人们在互动过程中，不由自主地力图以最小的代价换取最大的报酬。和邻近者交往，比和距离远的人交往所付出的代价小。首先是了解对方容易，只需花相对小的工夫，就能获得关于对方的某些信息，容易预测对方的行为，从而在与其交往时，容易产生一种安全感。其次，与空间距离邻近者打交道，往往付出较小的努力就能够达到目的。例如，向近邻借锅碗瓢勺，向同组的同事借钳子、锯子，向同桌同学借铅笔、圆规，最起码也可以少走几步路，少转一个身。

第三，空间距离可影响交往频率。人际吸引直接与交往频率相关。而交往频率与空间距离有不可分割的联系。一般来说，空间距离越接近，越容易增加交往次数；空间距离越遥远，人际交往次数就越减少。由于空间距离的邻近，为人际交往的实现提供了机会，增加了交往频率，使关系主体之间有更多的了解和体验，更易于发现彼此的共同点，从而导致亲密关系的建立。

需要指出的是，空间距离的接受并不是无条件地、绝对地导致人际吸引。也就是说，空间距离的接近是人际吸引的必要条件，但不是充分条件。只有当邻近的人具备了相互满足需要这一条件，或者说，人们对邻近者怀有好感时，空间距离的邻近才会产生吸引力。对此，社会心理学家弗里德曼曾经形象地指出，邻近性也许对漂亮和洒满香水的女性来说是增加喜欢，而对没有工作、捡破烂的人来说则增加不喜欢。

随着科学技术的发展，交通工具和通信工具的日益完善，空间距离的邻近性在不断扩大其范围，就是说人际空间距离在被拉近。这预示着吸引形式会发生某些变化，但是，作为制约人际关系的一个因素，空间距离仍将长期发挥其制约作用，这是肯定无疑的。

三、习俗礼仪

习俗礼仪是人类最古老的社会现象，它是人们在集体生活中逐渐形成并共同遵守的一种行为规范。习俗礼仪对人们的行为（包括人际行为）具有某些法律和道德所不能实现的制约力。例如，广东人喜穿拖鞋，蒙古人爱穿长统靴，维吾尔族姑娘喜欢扎许多辫子,白族姑娘则喜欢把头发盘在头上。显然,这些都是法律和道德所不能管辖的,但风俗习惯却是它形成和存在的一个重要条件。着装打扮是这样,人际关系也是这样,诸如人们在交往时表达感情的动作、距离,男女交往的分寸,父子交往的规矩等等,无不受着习俗礼仪的影响。

就人际交往时表达感情的动作来说,由于各民族的习俗礼仪不同,人们在交往时的动作,其含义也千差万别,有时同一动作,在不同的地方却表示不同的含义。例如,世界上大多数民族通常以点头表示肯定,但孟加拉国人通常是将头四次往左右肩倾斜以示肯定。表示否定的动作也各有不同:俄罗斯人通常摆头,保加利亚人点头,东南亚地区的矮黑人用闭眼等动作来表示否定。中国人见面时握手表示亲切;西班牙男人见面时先把头放在朋友右肩上,再拍三下对方的肩膀,接着再把头放在左肩上,再拍三下肩膀,以示亲切。库尔德人见面时,通常相互抓住对方的右手一起举起来,再轮流吻对方的手,表示欢迎。

就风俗与男女交往的分寸来说,在人际关系中,男女之间的交往受风俗的影响较为突出,其中尤以男女交往的分寸为甚。人们在谈到男女交往时,总爱议论一下分寸,例如小王和小李的交往出了"格",小张和小赵的往来有些太过"分"等等。这里的"格"和"分",往往都是习俗礼仪所允许的男女之间交往的分寸。例如,在欧洲一些国家,非夫妻或非恋爱关系的男女之间可以公开接吻,这是习俗礼仪所允许的;在中国的风俗中,这种行为则意味超过了"分寸"。足见男女交往是受当时当地习俗和礼仪制约的。

再就异辈交往来说,在社会风俗中,对异辈交往也有一定的要求。例如,在西方社会里,父子之间、母女之间可以直呼其名,但是,在中国如果子女直呼父母其名,这不仅是不礼貌的,而且是中国习俗所不允许的。

总之,习俗礼仪作为人际关系的制约因素,必然要对人际交往产生这样或那样的影响,其重要作用是不可忽视的。对此,英国哲学家约翰·洛克指出,礼仪是在他的一切别种美德之上加上的一层藻饰,使他们对它具有效用,去为他获得一切与他接近的人的尊重和好感。没有良好的礼仪,其余的一切成就都会被人看成骄傲、自负、无用和愚蠢。美德是精神上的一种宝藏,但是,使它们生出光彩的则是良好的礼仪,凡是一个能够受到人家欢迎的人,他的动作不单要有力量,而且要优美……无论什么事情,必须具有优雅的方法和态度,才能显得漂亮,为别人带来喜悦。

信陵君与侯嬴

战国时期，魏国的信陵君魏无忌以礼贤下士著称。

有一次，信陵君听人说魏国都城大梁的夷门看守侯嬴是个隐士，足智多谋，但为人低调。于是信陵君就驾车拜访侯嬴。

信陵君到了侯嬴居住的小破屋，敲了下门，从里面走出来一个老头。老头问信陵君："您是谁？找我有什么事吗？"信陵君给侯嬴施了一个礼说："我是魏国的公子无忌，听说您是一位博学的能人，特来请教。"信陵君又从随从手里拿过一个盒子，很恭敬地递给侯嬴，说："老先生洁身自好，无忌仰慕已久，这是黄金二十镒，请您笑纳。"但侯嬴却拒绝了。周围的人看了有些气愤，"一个看门老头值得公子对他这样客气吗？"信陵君说："他不贪钱财，这才是贤士啊。"

过了些天，信陵君在府中设宴，见大家都坐好了，他让众人稍候，说自己要去接一位尊贵的客人。

信陵君和随从再次来到夷门，他亲自下车去接侯嬴，又搀扶侯嬴上自己的车，侯嬴也就毫不客气的上了车。然后，信陵君坐在赶车人的位子上，亲自为侯嬴驾车。一路上，很多行人都驻足观看，纷纷指点说："侯嬴这老头儿，不知天高地厚，居然让公子给他赶车。"而侯嬴坐着没动，好像没有听见。

半路上，侯嬴又提出来要去市场看望一个卖肉的朋友朱亥。信陵君在外面等他，等侯嬴与朱亥聊完了，又上了信陵君的车。

到了信陵君的家，信陵君向众人介绍侯嬴。大家听说此人不过是个看门的，都不屑一顾。信陵君让侯嬴坐在了左边的首席，还亲自起身给侯嬴敬酒。这时，侯嬴接过酒杯说："我不过是个看门的，而对我如此尊重，公子真是贤德啊。"

从此以后，侯嬴成了信陵君的左右手。他又向信陵君推荐了朱亥。后来这两个人在信陵君窃符救赵时起到了关键作用。

四、道德规范

道德是一种社会意识形态，是调整人们之间以及个人和社会之间关系的行为规范。例如，中国历史上长期维护封建统治秩序的"仁、义、礼、智、信"，即我们通常所讲的"三纲五常"里的五常，就是封建道德的行为规范。又如，我们大力提倡的爱祖国、爱人民、爱劳动、爱科学、爱公共财物等等，就是社会主义道德的行为规范。道德作为人们共同生活的行为规范和准则，也是规范人际关系的行为准则，制约着人们的人际行为。因为人际交往关系是人的行为活动之一。

道德规范对于人际关系的制约作用，是通过社会舆论和内心信念两方面力量相互作用而发生的。具体地说，它是以道德评价的形式，依靠社会舆论、人们的信念、习惯、传统和教育示范等力量来维持的。在现实生活中，人们总是根据一定的道德标准，用善和恶、正义和非正义、公正和偏私、诚实和虚伪等道德观念，来评价人们的人际行为，使人际关系得到处理或调整。当人们认为某种人际交往行为是善的、正义的、公正的、诚实的，就加以支持、赞扬；当人们认为某种行为是恶的、非正义的、偏私的、虚伪的，就加以反对和批评。这样，在不同的历史时期，对不同的人际行为，就会形成不同的社会舆论，出现不同的社会风气。我们通常所说的"舆论谴责"、"舆论压力"，指的就是这种情况。与此同时，人们对自己的行为，也在自觉和不自觉地、每日每时地进行善恶的判断，及时调整人际行为，这就是出自内心的力量；我们通常讲的"良心责备"，往往指的是这种情况。当然，在制约人际关系时，社会舆论与内心信念两种力量是相互影响的。一方面社会舆论的形成，能够增强人们的内心信念，提高人们对人际行为善恶的自我判断能力；另一方面内心信念的形成，道德责任感的增强，又会促进社会舆论的发展，使社会舆论对人际关系发挥更大的制约作用。

道德规范对于人际关系制约作用的表现是多种多样的。从根本上来说，主要表现在：社会道德面貌影响和制约着人际关系的面貌，不同道德规范导致不同的人际行为模式，道德规范的变化引起人际关系的变化。

五、价值观念

马克思指出："价值这个普遍的概念是从人们对待满足他们需要的外界物的关系中产生的。"[①]根据马克思的看法，所谓价值，就是客体对主体需要的满足。它的构成主要有客体属性和主体需要两个方面。其中，客体属性是价值构成的基础，然而它不等于价值本身；构成价值的决定性因素，还是主体的需要。任何价值，都是主体需要和客体属性的有机统一。价值观念就是人们对于价值的基本看法。由价值观念所决定的主体行为的方向，就是价值取向。在现实生活中，存在不同的价值取向。无论是价值观念还是价值取向，都可以分为个人的和社会的两种。个人的价值观念和价值取向，是制约人际关系的内在因素，社会的价值观念和与之相联系的价值取向，是制约人际关系的外在因素。

在任何一个社会里，都存在种种不同的价值观念和价值取向，而且都有一种价值观念和价值取向占据主导或统治地位。尽管现实社会中的各种价值观念和

---

① 《马克思恩格斯全集》第 19 卷，人民出版社 1963 年版，第 406 页。

价值取向对人际关系都起制约作用，但是，对人际关系起突出制约作用的，往往是社会中占统治地位的价值观念和价值取向。

在现实生活中，不同类型和性质的价值观念以及与其相适应的价值取向，制约和影响着人际关系的性质、类型和行为模式。例如，发端于奴隶社会、在封建社会发展到完备形态的等级价值观念和价值取向，制约和影响着社会生活中人际关系不能不带有明显的等级性质和特征。又如金钱价值观念。这种价值观以个人所拥有的金钱和财富的多寡来衡量人生价值。这种价值观念与商品经济有着直接的密切的联系。它伴随着商品经济的发生而发生，并随着商品经济的发展而发展。商品经济在资本主义社会得到长足的发展。与此相适应，金钱价值观在资本主义社会里也获得了它的独立性并占据了统治地位。对于资本主义的金钱价值观念，莎士比亚曾用诗的语言进行过描述，在《雅典的泰门》一剧中，他借泰门之口说："金子！黄黄的，发光的，宝贵的金子！只这一点点儿，就可以使黑的变成白的，丑的变成美的，错的变成对的，卑贱变成尊贵，老人变成少年，懦夫变成勇士……这黄色的奴隶可以使异教联盟，同宗分裂；它可以使受诅咒的人得福，使害着灰白色癞病的人为众人所爱；它可以使盗贼得到高爵显位，和元老们分庭抗礼；它可使鸡皮黄脸的寡妇重做新娘，即使她的尊容会使身染恶疮的人见了呕吐，有了这东西也会恢复三春的娇艳。"这种金钱至上的价值观念和价值取向，使金钱成为一切行为（包括并特别是人际行为）的第一推动力，并以金钱为目标构成重利主义的人际行为模式。这种人际行为模式，与那种视"金钱为粪土，仁义值千金"的价值观导致的重义轻利的人际行为模式，是截然相反的。

再以"权力价值观念"为例。所谓权力价值观念，是指那种把权力价值当作人生价值，或者说，是认为人生的价值就在于权力的价值观。这种价值观念，把权力的大小作为判定人生价值的标准，认为权力越大的人越有价值，并把追求个人的权力作为人生的价值目标，认为人生的目的，就是获取最大的权力。在这种价值观念下，人们除了升迁高官，不知道还有别的快乐；除了降职削权，也不知道还有别的痛苦。与此相联系，这种价值观念和价值取向，促使人们在建立、发展和处理人际关系时，也往往以是否有利于自己得权、保权，以交往对方是否有权及其权力之大小为转移。现实生活中，特别是在政治舞台上，那种吹吹拍拍、拉拉扯扯、溜须拍马等庸俗的人际关系，不能不说与权力价值观念和价值取向有着密切的联系。总而言之，不管什么样的价值观以及与此相联系的价值取向，都会以不同的方式在不同的程度上制约和影响着人际关系。

六、法律状况

法律是由国家立法机关制定或认可的、并由国家的强制力量保证其施行的一种行为规范。国家制定的法律任何人都必须遵守，对违法行为，则要给予惩罚和制裁。如果说习俗、道德等对人的行为是靠一种内在的力量来约束的话，那么法律则是通过外在的强力来规范人的行为。法律是多种多样的，大体上说来，可分为两种类型：

一种是通用性法律，如通常所说的宪法、刑法、民法、婚姻法、兵役法、民事诉讼法、刑事诉讼法等，这是每一个公民都要遵守的。

另一种是专一性法律，它专门规范某一方面的行为规则。例如，森林法，主要是保护森林的行为规则；专利法，主要是保护专利权的行为规则；环境保护法，是保护自然环境的行为规则，等等。

不管什么样的法律，都主要规定人们应该怎样做，不应该怎样做，具有保护性和强制性等性质和特点。这些特点，在其制约人际关系方面，也突出地表现出来。

首先，法律对人际关系具有保护性。这是指在法律范围内保障公民享有应有的权利。按宪法规定，公民享有广泛的民主和自由，有选举和被选举的权利，有言论、出版、集会、结社、游行、示威的自由，有人身自由和宗教信仰自由，等等。人们在这个范围内进行交往活动、建立和发展人际关系，受到法律的保护。

其次，法律对人际行为具有强制性。这是指公民违犯法律，不履行义务，就要采取一定的必要的强制措施进行制裁，对犯罪人实行刑罚。因此，人们在人际交往活动中必须要依法办事。例如，现代法律规定不能侵犯人权，如果侵犯人权，则法律就要干预。有人认为，打自己的儿女是父母的天然权利。其实，法律并没有赋予父母这种权利，打骂过甚，造成儿女心理或生理伤害，同样可以诉诸法律。

法律对人际关系的制约性，与其自身状况有很紧密的联系。法律状况包括很多方面，最突出的有两点：一是法律本身是否健全，即是否有法可依，这是法律的制定状况；二是法律能否落实，这是法律的实施状况。凡是法律健全并能认真实施的地方和时期，就往往能促使人际关系健康而正常地发展；凡是法律不健全、无法可依，实施不力、有法不依的地方和时期，人际关系也往往会出现许多不正常现象。在现实生活中，不仅存在无法不依的情况，也有有法不依的现象。这种法律状况，对于人际关系发展带来的恶劣影响实在不浅。

七、群体状况

群体状况，主要指群体的性质、范围、水平等方面的综合情况。要了解群体状况，当然应当首先了解什么是群体。所谓群体，是指人们通过一定的社会互动或关系而结合起来进行共同活动的集体。群体是由一群人构成的，但是，并不是任何一群人都可以称为群体,只有具备如下五个特征的人群,才是群体。

一是有明确的成员关系,即群体中的人与群体有明确的成员关系。这表现在群体内成员与群体外的人可以通过某种标志明显区别开来。例如,不同的群体成员持有不同的证件。

二是有一致的群体意识,即有群体归属感,就是成员在多大程度上认为自己属于某个群体。一旦群体意识建立起来,群体成员就与群体之外的人有了明显的区别感。《诗经》说"兄弟阋于墙,外御其侮",指的就是群体意识。

三是有持续性的互动关系,即群体成员之间关系不是临时性的,他们保持比较经常性的互动关系。

四是有一定的目标和一致行动的能力。目标是人们想要达到的境地和标准,任何群体都有一定的目标,这种目标是群体进行活动的方向和目的。没有目标,群体就没有动力,更谈不上存在和发展。正是由于目标的一致,使人们产生了共同的兴趣和愿望,从而联合成一个群体。也正因为有了一定的目标,群体才具有了一致行动的能力。群体与乌合之众的根本区别在于是否有一致的行动能力。

五是有共同的群体价值和规范。所谓群体价值,就是对社会现象的一致看法和评价。群体在其共同价值的基础上建立了活动、认识的准则,使成员在接受或拒绝某种有社会意义的现象时一致起来。群体价值和规范,是群体成员必须要遵守的,它使群体成员的共同活动得以协调进行。群体成员如果违反了它,就会受到惩罚,被其他成员所孤立,甚至有可能被驱逐出群体。

在现实生活中,群体是多种多样的。从不同的角度,可以区分出不同类型的群体。如果从群体成员之间的互动特点来划分,群体可分为两类:

一类是初级群体,如家庭、邻里等等。这种群体的特点是:规模小;有直接的、经常的、长期的面对面互动;其成员之间具有多重角色,表现了全部人格;成员之间有感情的交流;成员的难以替代性;等等。

另一类是次级群体,这类群体主要是社会组织,如机关、学校、企业等等。这类群体与初级群体相比较的特点是:

从参加群体的成员个人来说,成员之间互动带有片面性和间接性;成员之间存在依附于职位的、先于互动的正式角色关系;成员之间个性差异较大、异质性强;群体成员在组织活动中感受到较强的约束和限制,有一种紧张感。

从群体形态来说,目标明确,有特定的目标和宗旨;具有发达的严密的内部分工;存在着正式的、稳定的关系结构;规模比较大;等等。

群体尽管多样,但是,不管什么样的群体,其状况都对人际关系具有一定的制约作用。具体表现在:

第一，群体活动是人际关系的重要环境之一。人际交往离不开一定的群体，总是在这样或那样的群体活动中进行。特别是初级群体，更是占有很重要的位置。人们在生活中，大部分交往是在比较熟悉和友好的朋友、同事、同学中进行。这种交往对于协调人际关系具有很明显的作用。

第二，群体意识(包括群体的价值观等)影响着人们的交际观。如前所述，群体的形成需要有一定的思想基础，有一个共同的理想、价值观念，有相近的兴趣和处世标准。概括起来，都必然有一个群体意识。这个群体意识，对每个成员的思想观念，包括对人际交往观念，都要产生深刻的影响。例如，在一个朋友群体中，成员之间必然要经常议论什么样的人是好的，应该交往；什么样的人是较差的，不应该交往。这样，必然存在或逐渐形成一个群体交往意识。其中，每一个成员既是这个群体意识的参与者，又是这个群体意识的受影响者。在这种群体意识影响下，形成个人的交往意识，从而制约着自己的人际交往行为。

第三，群体规范制约着人际交往行为。一般来说，每个群体都有自己的群体规范，亦即规矩(成文的或不成文的)。这种规范或规矩，必然影响群体中成员的人际行为。例如，在每一个家庭里，都有一定的家规，也就是家庭群体规范，其中包括怎样待人接物，如何对待老人，如何与朋友交往，甚至如何选择恋人或配偶等。作为这个家庭群体的成员，必然都要受到这些规范的制约；一旦违背了这些规范，轻者批评、训斥，重者还可能被赶出家门、断绝关系。

第四，群体规模制约着人们的交往范围。一般来说，凡是生活在规模较大群体中的人，其交往范围较为广泛，至少存在广泛交往的可能性；凡是生活在规模较小群体中的人，其交往范围较为狭窄，至少存在广泛交往的限制性。

第五，群体的性质还影响着交往的内容等。总之，群体作为一种社会因素，也像其他因素一样，对人际关系必然具有一定的制约和影响。

八、社会制度

在现实生活中，社会制度一词被广泛地运用。对于它的含义，人们也有不同的理解。把各种对社会制度的说明归纳起来，社会制度主要有以下三个层次的含义：

一是指社会形态，如社会主义制度、资本主义制度。这是广义上的层次，是以整个社会作为自己的实体的，常在区别人类社会中的不同发展阶段和不同性质的社会时使用。

二是指具体的社会制度，如经济制度、政治制度、教育制度、家庭制度等。这是第二个层次的含义，常在探讨不同社会生活领域里的问题和研究不同的社会关系时使用。

三是指各种社会组织的规章制度，如考勤制度、奖惩制度、学习制度、门诊制度等。这是第三个层次上的含义，也是狭义上的社会制度。这类制度由各种具体工作部门研究制定。

虽然对社会制度的理解和使用有层次上的差别，但它们都是指社会关系和社会活动的全面的或部分的规定，从这个意义出发，可以说，社会制度是在一定的历史条件下形成的社会关系和与此相联系的社会活动的规范体系。

一般说来，社会制度具有以下一些基本特征：

一是普遍性。是指人类社会主要的一些社会制度，如家庭、经济、政治、教育、宗教等制度，普遍地存在于世界的一切国家、民族和社会中，同时，它们又是世代悠久的体系。

二是变异性。是指社会制度虽是处处可见，但又是处处不同，不仅在不同的时代有着不同的性质，而且在不同的社会也有着不同的表现形态。

三是相对稳定性。是指社会制度是相对稳定的规范化的社会结构。

四是阶级性。是指在阶级社会里，社会制度不可避免地要打上阶级的烙印。

社会制度的种类是多种多样的。根据社会制度所要达到的目的，即它为维持社会存在所提供的基本条件，全部社会制度大体上可以分为两大类：一类是本原的社会制度，主要包括经济制度和生育制度（家庭婚姻制度、亲属制度）；另一类是派生的社会制度，主要包括政治制度、法律制度和文化制度。

社会制度具有多样性，但是，不管什么样的社会制度对于人际关系都有一定的制约作用。在现实生活中，不同种类的社会制度，对于人际关系的制约作用并不是完全相同的，并带有自己的特点。例如，经济制度在制约人际关系的性质、范围和方式等方面，就既不同于政治制度、法律制度，也有别于文化制度。一般来说，经济制度对人际关系的制约和影响，较之政治制度、法律制度和文化制度更为直接，更为剧烈，也更为深刻。

不同的社会制度对人际关系具有不同的制约作用。但是，这并不是说，社会制度对人际关系的制约性缺乏共同性。从社会制度的总体上看，无论什么样的社会制度，对于人际关系都有以下制约作用：

第一，制约人际关系的性质和类型。我们知道，从宏观上考察，人际关系大体上分为三种本质上相互区别的历史形态，这就是：原始社会中朴素的平等的人际关系，私有制条件下的对立、不平等的人际关系和社会主义条件下的平等互助、同志式的人际关系。很明显，这几种不同性质和类型的人际关系，从根本上说是由社会制度决定的。

第二，制约人际关系的变化和发展。社会制度是发展变化着的，由此也制约着人际关系的变化和发展。从宏观上看，人际关系每一种历史形态的演变，无不同社会制度联系在一起。从微观上看，情况也是这样。

第三，制约人际交往的范围。仔细考察一下，不难发现，人际交往的范围在不同的时期、不同的地区，是有扩大和缩小之区别的。这种这里扩大、那里缩小、时而扩大、时而缩小情况的出现，是与社会制度联系在一起的。例如，在较为开放的社会制度里，人际关系范围往往容易扩大。反过来，在较为封闭的社会制度里，人际交往范围往往狭窄、缩小。又如，同一国度，由于经济制度、生育制度等差异，也会直接地或间接地影响到人际交往的范围。

第四，制约人际交往的行为模式。例如，在东西方国家中，人际行为模式存在很大的差异。一般说来，在人际行为中，西方国家往往重视或强调个体的要求和价值要求，把个人自由放在首位，以自我为中心。而东方国家则重视集体价值，强调个体对集体的服从，忽视个人的自由，抹杀自我，把服从他我、众我放在首位。另一方面，在西方国家尤其那些发达的资本主义国家，注意把人际关系的处理与法治联系起来。在人际行为中，强调并实施法律面前人人平等的原则，要求任何人都不能在法律的约束之外各行其是。而东方国家特别是在中国这样的儒学在历史上长期居于首要地位的国家，则往往把人际关系与人治结合在一起，通行的是“人情大于王法”的人际关系。造成人际行为模式上的这些差异的原因固然是很复杂的，但是，社会制度上的不同，却不能不说是一个根本原因。

综合起来，制约人际关系的外在因素可以用图 10-3 表示。

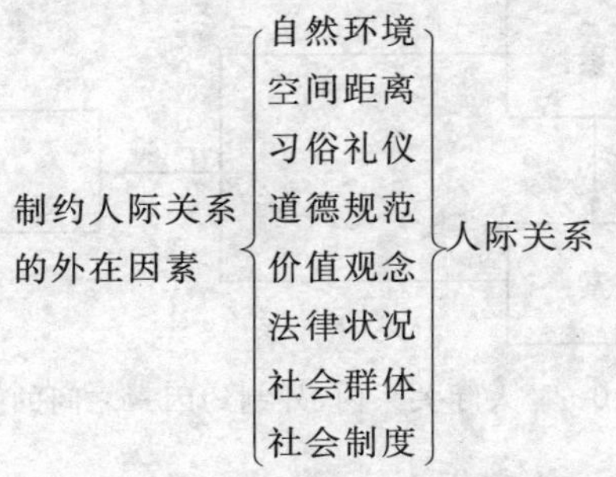

图 10-3　制约人际关系的外在因素

需要进一步指出以下几点：

其一是制约人际关系的外在因素是复杂的，既是多种多样的，又是分层次的。以上所列八个方面，只不过是其中的基本方面。

其二是制约人际关系的所有外在因素，对于人际关系的制约和影响作用，都不是孤立地发生的，而是在与其他因素的相互联系中发生的。这种相互作用，可用图 10-4 表示。

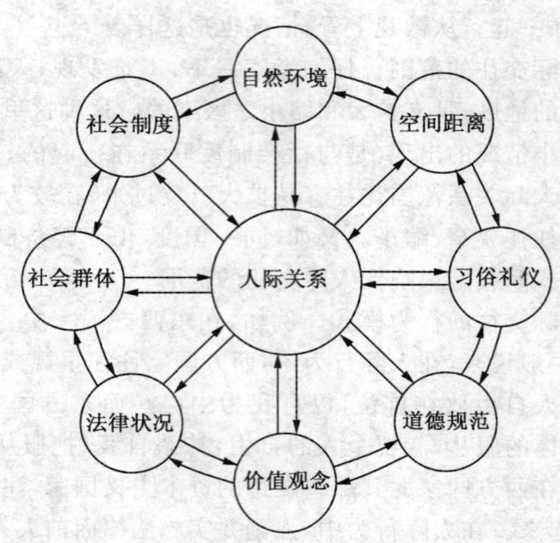

图 10-4　人际关系外在制约因素之间的关系

其三是除了制约人际关系外在因素之间的相互作用，这些外在因素还要与制约人际关系的内在因素发生联系，产生内、外因素的相互作用，共同制约人际关系。这种相互作用，可以用图 10-5 表示。

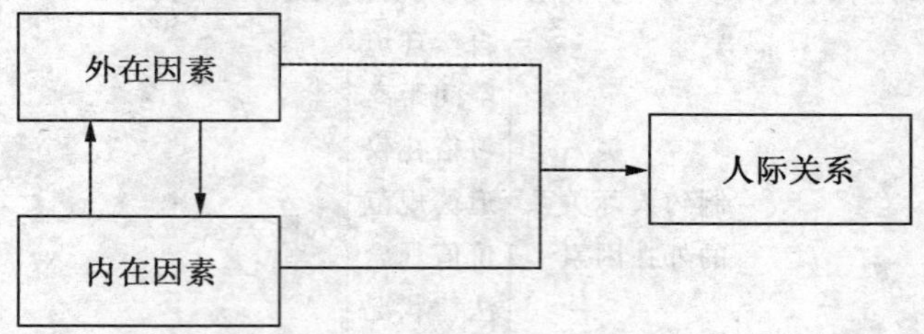

图 10-5　人际关系内、外制约因素之间的关系

其四是所有制约人际关系的内外因素，在制约因素系统中的地位不是平列的。有起决定性作用的因素，也有起非决定性作用的因素；有主要因素，也有次要因素。例如，一般来说，内、外因素相比，内在因素是第一位的；生理因素与心理因素相比，心理因素是主要的；自然因素与社会因素相比，社会因素是决定性的；等等。但这不是绝对的，在一定的条件下，非主要的、非决定性的因素也可以转化为主要的、决定性的因素。就是说，各种因素在因素系统中的地位不是固定不变的，而是处在变化和发展中。而且有的人际关系主要受这种因素制约，另外的人际关系则受别的因素制约。所以，不应当机械地认识和看待它们。

第十一章 人际关系处理原则

作为一种客观存在的社会现象，人际关系的存在和发展，遵循其固有的规律。这些规律虽是客观的，但却是可以认识的。人们根据人际关系发展的规律制定出相应的人际关系原则，指导着人际关系的实践。正确而全面地了解并在实践中恰当地运用人际关系原则，对于建立和发展良好的人际关系是十分必要的。

第一节　处理人际关系的主要原则

原则，是人们根据事物发展规律制定的行为准则，也就是人们在其行为中所依据的法则或标准。人际关系的原则，指人们根据人际关系发展规律制定的人际行为准则(interpersonal behavior norm)，也就是人们在其行为中所依据的法则或标准。

人际关系是一种错综复杂的社会现象，其存在和发展受多种规律所支配。与此相联系，人际关系的处理原则也是多种多样的。下面，着重介绍处理人际关系的几项主要原则。

一、择善原则

这是建立人际关系时首先要注意的一个原则。所谓择善原则(goodness-choosing principle)，是指在建立和发展人际关系时，不能盲目从事，而要有所选择地进行。不仅要“择其善者而从之，择其不善者而弃之”，而且要“两害相权取其轻，两利相权取其重”。

所谓善者，指的是对社会、对他人、对自己无害或有益的人及其关系。所谓恶者，指的是对社会、对他人、对自己无益或有害的人及其关系。在建立和发展人际关系时，坚持择善原则，首先要考虑自己与交往对象相互的需要是否有益于社会、有益于他人。如果是有益的，那么，就要采取积极的态度；如果是有害的，就要坚决放弃。这种选择，在人际交往中常常表现为与什么人交往、为什么样的目的交往。“昔孟母，择邻处”，正是这种择善原则的体现。

孟母三迁

孟子年少时，父亲去世了，母亲仉氏抚养其长大。为了让孩子受到好的教育，花费了很多心血。起初，他们住在墓地旁边，孟子就和邻居的小孩一起学着大人跪拜、哭嚎的样子，玩起办理丧事的游戏。孟母看到了，就皱起眉头：“我不能让我的孩子住在这里了！”孟母就带着孟子搬到集市旁边去住。他家旁边住着个屠夫，孟子又和邻居的小孩，学起卖肉来。孟母知道了，又皱皱眉头：“这个地方也不适合我的孩子居住！”于是，他们又搬家了。这一次，他们搬到了学校附近。每月的初一，官员们进文庙，行礼跪拜，进退谦让。孟子也跟着模仿，孟母很满意地点着头说：“这才是我儿子应该住的地方呀！”

孟母三迁

按照择善原则，在工作领域中，一切有利于开展工作，建立正常的工作秩序，能够增强工作效率的人际关系，都应该尽可能地建立和发展。

按照择善原则，在生活领域中，一切有助于培养、提高人们健康生活情趣的，有助于家庭和睦，有助于人们克服困难，有助于消除人们心理疾病（mental disease）的人际关系都应该努力地建立和发展。

按照择善原则，一切有益于交流思想、相互启发、获得知识的人际关系都应该尽力地去建立和发展。相反，那些以谋求不正当个人利益，满足低级趣味为目的的人际关系则是应当反对的。

在建立和发展人际关系时，坚持择善原则，不仅要在善与恶、美与丑、真与假、是与非、有价值与无价值之间进行质的选择，而且要在善与善、美与美、真与真、是与是以及两个有价值之间进行量上的选择。就是说，在皆善的前提下，要注意最佳的选择。一般来说，前种选择，就认识辨别的程度而言，是较为容易的，而后种选择，则往往陷入困境。但是，我们并不能因为有难度而放弃这种选择，而且尽管有难度，并不是做不到的。在进行这种选择的时候，应当注意，有的善是“一元”的，有的善是“多元”的，不能以“一元”否定“多元”，也不能以“多元”诋毁“一元”。善与善之间的选择，要据具体情况而论，或者取一舍其他，或者都舍，或者都取，或者取一部分舍一部分，如此等等。尤其要注意在某些方面，多元并存的择善是不允许的，如择偶，就不可能鱼与熊掌兼得。

坚持择善原则是一个过程。这是因为，按照择善原则建立起来的人际关系到底是否真善及其善的程度，需要一个检验的过程。有时，最初自认为建立的是善的人际关系，但到头来，却被证明是恶的；最初觉得是最佳的选择，但后来却证明并不是那么回事。而且即使是善的、最佳的人际关系，由于各种原因的影响、各种条件的变化，也会变成恶的、不佳的。在这种情况下，不得不“二次”择善。特别在发现建立的是非善的人际关系，或者由原来善的变成恶的人际关系时，更应当当机立断地抛弃。否则，当断不断反受其乱，对社会、对他人、对自己都是不利的。

二、调衡原则

调衡原则（the principle of coordination and balance）是协调平衡原则的简称。这一原则，体现在人际关系的多个层面上。

首先，关系主体要对自己与对方的需要加以协调和平衡（coordination and balance）。一个人的精力是有限的，建立人际关系的目的是为了满足需要，而人们的需要必须与人的有限时间和精力成正比。需要大于人们实际的精力就会产生需要过剩，使人们终日忙于交往，穷于应付各种各样的人际关系而很少有时间和精力来承担自己应负的责任。反之，如果个人精力和时间大于自己的需要，出现需要不足，就会使自己陷于孤独、苦闷的状态，导致信息闭塞、孤立无援，减少了自己发挥能力的机会与范围。因此，在建立和发展人际关系的过程中，要经常地协调平衡人们需要与人们时间、精力之间的关系。

其次，要对人际关系主体的多种人际关系进行协调和平衡。在现实生活中，每个人都担当着多重人际角色，具有多种人际向度（interpersonal dimension），从而建立起不同类型的人际关系。例如，一个人在家中对父母是儿子，对妻子是丈夫，对子女是父亲。在工作岗位上，对领导是下级，对下属是领导。这种多角色、多向度的人际情况，造成了这个人由父子关系、夫妻关系、上下级关系、同事关系等构成的错综复杂的人际关系网（interpersonal relations net）。这个关系网，对于其主体来讲，客观上总是具有某种次序性，即是有主有从，有先有后，有缓有急。人际关系网这种复杂有序的特点，要求人们必须注意协调平衡各种关系，使其不致相互冲突和干扰。这样，才能提高人际关系网的有机度，更好地发挥其作用。

最后，人际关系的主体双方还要各自对自己的交往行为进行协调和平衡。任何一种人际关系的建立和发展，都需要关系主体双方的相互了解，共同努力。任何单方面的热情，都不能促成关系的真正建立。因此，要建立和发展人际关系，只能是双方在交往中相互了解，逐渐增加信任和深化情感。这个过程中每一方面采取的行动都需要得到对方的积极反应，建立关系的基础才能得到加强。为此，就需要关系双方在交往过程中对各自的行为进行协调平衡，使各自的行为积极、准确，不致产生误解，造成矛盾，影响人际关系的建立与发展。

三、积极原则

积极原则(active principle)是建立、巩固和发展人际关系的又一个重要原则。积极原则有多方面的要求。其中，最重要的有两点：

一是要求在人际交往行为中要主动。一般地说，就是在交往中应以主动行为寻求对方的反应，以鲜明及时的反应回答对方的行为。具体地讲，就是在人际交往行为中必须待之以礼，晓之以理。

以礼待人首先在情感上打通了交往的道路，是愿意与对方交往、尊重对方在交往中所起作用和所处地位的表示。以礼待人首先可以满足交往对象对尊重的需要，对自我价值评价的需要，在交往中起着重要的强化作用。例如，在机关工作中，对来办事者，一请坐，二倒茶，三办事，四送出，主动认真，宾至如归，必然有利于消除隔阂，密切关系。主动的作用突出地表现在：文明礼貌的语言中，见面时问一声“您好”，如春风拂面，使人倍感亲切；受人之惠后深情地道一声“谢谢”，使人心如炭火，暖意融融；送往时说一声“再见”，令人回味无穷，人走情留。

晓之以理，是指在人际行为中要以理服人。这是巩固人际关系的重要渠道。人际关系的建立和巩固当然离不开感情基础。但是，仅有感情还是不够的。在人际交往行为中，感情用事，往往坏事。在出现了不愉快的情况下，感情用事更容易使关系恶化。只有以理相通，才能把关系双方的需要、行为统一起来，使关系双方能够相互理解，消除误会，使关系在理性认识的深化中得到巩固和提高。

二是在人际交往态度上要热情。主动的人际行为，离不开热情的交往态度。只有抱着满腔热情的人，才能采取积极主动的交往行为。事实证明，热情比任何暴力更容易改变别人的心意。没有热情，人际关系就会变得冷漠，暗淡无光。热情的意义如此重大，但是它的生发却离不开健康的心灵。大量经验证明，思想颓废、无所作为，热情之花就会枯萎；欺上瞒下、阿谀逢迎，热情之果就会糜烂。唯有热爱生活，充满自信的人，才会对朋友和同志充满热情。而且一个人的热情与他对生活的热爱和对事业的追求成正比，并构成一种良性循环。因此，在人际交往态度上，要做到热情，必须注意思想情操的优化。此外，热情应是一种持久的过程，它是深沉的，而不是肤浅的；是凝重的，而不是轻浮的；是长久的，而不是短暂的。此地热而彼地冷，台上热而台下冷，今天热而明天冷，开始热而后来冷，这样的热情，不是积极的，而是消极的，只会结出人际关系的畸形之果。尤其值得注意的是，不分对象与场合的过分“热情”表示，往往会破坏良好的人际关系。

四、真诚原则

真诚，是做人的基本要求，也是人际交往的基本原则。有人做过一次这样的问卷调查：“在人与人的交往中，你最喜欢的是什么？最讨厌的是什么？”不同年龄、性别职业的人，其回答竟大体相同：最喜欢诚实坦率，最厌恶虚伪狡诈。

真诚原则（sincerity principle），就是指人们在人际交往时，要以诚相待。一个高尚的人，首要的标准是真诚，既不欺人也不自欺。社会需要真诚，生活需要真诚，人际交往更需要真诚。爱情必须建立在诚实的基石之上，异性择偶标准中，真诚可信被放在首位。同志交往，以诚相见，以心换心，才能得到更多的朋友；反之，弄虚作假换来的只是绵长怨艾。我们只有用自己的真诚，才能得到别人的信任和支持。拉罗什弗科说得好，对别人常常不诚恳的人，最后对自己也不会诚恳。说谎话的人所得到的，是说了真话也没有人相信。那流传于民间，家喻户晓的“狼来了”的故事，就是一种确证或鞭笞。俗话说，人心换人心。信息反馈原理告诉我们：有良好的信息输出，才能有良好的信息反馈，实现人与人之间的心理交融；而使心理相融和使双方疏通渠道的心理是真诚，也只能是真诚。

心诚意善，历来是一种美德。儒家的经典著作《大学》有“诚其意者，毋自欺也”，提倡“慎独”，在个人独处的时候，也好像是有“十目所视，十手所指”一样，不自己欺骗自己。《中庸》里说“至诚无息”，“君子诚之为贵”，也是讲“诚的内心修养”功夫。马克思把人们之间真诚的、十分理智的友谊赞誉为“人生的无价之宝”。古语说：“心诚则灵”、“良药苦口，惟病者能甘之；忠言逆耳，惟迷者能受之”，“精诚所至，金石为开”。这些说法，都是对真诚及其作用的高度评价。

真诚是一种传统美德。在现代人际行为中，我们仍要笃守它。

首先，坚持真诚的原则，关系主体双方要同甘共苦。在自己得意的时候，不要忘记失意的对方；在对方遇难的时候，要尽力帮助，不抛弃对方。在现实生活中，有的人在自己春风得意时，把昔日的贫贱之交抛在脑后，甚至反过来欺压过去的朋友。更为严重的是，有的人在朋友十分得势、十分顺畅时，来享受朋友的荣誉与欢乐，一旦朋友落难就逃之夭夭，置其生死于不顾。这些人的做法，是对真诚的亵渎。朋友必须患难与共，荣辱相依。真正的友爱表现于朋友困难的时候去帮助他，而不是在他得意的时候去迎奉他。这样的关系，才是真诚的关系。

其次，坚持真诚的原则，关系主体的双方应当彼此坦直。要真实地暴露自己，不向对方隐瞒自己的短处和缺陷，更不能居心叵测，用心险恶，欺骗对方。关系双方要相互说真话，对对方的长处、优点，要学习和称颂；但对对方的缺点，也要善批评、不包庇，也不能无原则地妥协。发现对方有重大问题时，要尽力挽救。

鲁迅在待人处世方面，曾给自己订出如下原则："对于交友和处事，凡是看不上眼的事皆要批评，凡是认为不对的事不轻易放过。"鲁迅在处理与林语堂的关系时，就是这样做的。本来他们俩人关系十分密切，可是后来林语堂变了，鲁迅思想也进步了，鲁迅便毫不迁就，对林语堂多次批评。可是，林语堂毫不悔改，最后，鲁迅不得不与之断交。这里在践行真诚原则方面，鲁迅为我们树立了一个榜样。

需要特别指出的是，在人际关系中，不分时间、不分地点，"纯粹的真实"、"绝对的诚实"也是不足取的。在这个意义上说，必要的说谎、作假还是要有的。鲁迅笔下那个说"这孩子将来要死的"人，并不值得赞美和仿效。试想：喜庆吉祥之日，说如此真话，虽然是实，但会令人伤心。其实，特定场合下的"假话"与真理同样神圣，因为合理的东西并不一定合情。当然，我们并不是要人们去学着说谎，而是说，不要把真诚的原则绝对化。说真话，也要注意讲话的场合和方式。

五、理解原则

理解原则(understanding principle)，主要指关系双方在人际行为中互相设身处地、互相同情和谅解。理解原则也是人际关系的一条不能忽视的原则。一般来说，任何正常的人际关系都是建立在相互理解的基础之上，因为只有相互理解，才能心心相通，才有同情、关心和友爱。人们决不能随便地去爱一个陌生人，也不可能盲目地去和使自己感到莫名其妙的人交朋友。孟子说："人之相识，贵在相知；人之相知，贵在知心。"这是至理名言。而且只有相互理解，也才能使正常的人际关系继续发展下去。因为只有通过相互理解，才能消除人际关系发展中的某些隐秘因素，如猜疑、嫉妒等，使人际关系不致朝着恶化的方向发展。正因为理解对于人际关系的建立和发展有着不可小视的作用，所以，在人际行为中，人们才不时地发出"理解万岁"的呼声。也正因为如此，我们在人际关系中才倡导理解原则。

首先，坚持理解的原则，关系主体双方要互相了解对方的情况，特别是了解对方的理想、抱负、人格等状况，并以此为基础进行自我认识；了解彼此之间的权利、需要、义务和行为方式。这是相互理解的基础和前提，没有这个基础和前提，相互理解是根本谈不上的。

其次，坚持理解的原则，关系主体的双方，在人际行为中要相互体谅。理解中包含着体谅。朋友之间应当互相体谅，互相包涵，而不能斤斤计较，不能吹毛求疵。孔子说："益者三友，损者三友。友直、友谅、友多闻，益矣；友便辟、友善柔，友便佞，损矣。"足见相互体谅在人际交往中的重要性。

最后，坚持理解原则，关系主体双方在人际行为中要互相同情。理解与同情也不可分。在人际交往中，应当急友之所急，想友之所想。要关心朋友的痛苦和需要，尤其是在危急时刻能够理解朋友的心情，分担朋友的痛苦，给朋友以慰藉和力量。

在实践中，坚持理解原则，要特别善于“心理换位”。所谓“心理换位”(psychologically exchange positions)，就是人际双方在矛盾、冲突面前，相互交换一下观察、思考问题的角度，各自站在对方的立场上去解释和推测(explanation and inference)其行为的动机。通常所说的“设身处地为他人想一想”，就是心理换位。

例如，售货员正忙于迎接别的顾客，让你久等了，你便怀疑他小视你，于是怒气冲冲地喊叫起来；或者你刚刚下班，路过商店想买些米赶回家去下锅，你已耐着性子等了若干时间，售货员对你还是爱理不睬。这时，你的脾气暴发了，售货员反嫌你态度粗暴，越发怠慢起来。类似的矛盾冲突，在夫妻、亲朋、师生、上下级和同事之间都会发生，并且一旦争吵起来，言来语去，互不相让，甚至是难解难分，无休无止。其实，双方若冷静下来，都为对方想一想，矛盾也就不难解决。如果售货员站在那个顾客的立场上，想一想他工作了一天，已经很疲劳，家里又急着用东西，因此他的粗暴、恼火是事出有因、不难理解的。如果顾客也站在售货员的地位上，想一想他亦站了一天，肯定同自己一样疲劳，那么多顾客都需要他一个个接待。因此，他不是小视自己，而是自己不该大动肝火，对他无礼。这样，不仅会消除相互的猜疑、怨恨，而且会促使双方的相互谅解，促使个人的自责(self-blame)和自我控制。

事实上，心理换位不仅在人际双方发生矛盾、产生冲突时可以运用，而且在平常处理人际关系时，也要自觉地、经常地运用。这样做有可能把人际冲突消灭在萌芽状态之中。

六、守信原则

守信原则(principle of keeping one's word)，简单地说，就是在人际关系中讲求信用、遵守诺言。详细点说，守信原则有两方面的含义：

一是“言必信”，就是说，在人际交往中，说真话，不说假话，说话算数。

二是“行必果”，就是说，在人际行为中遵守诺言，实践诺言。

在日常生活中，我们相信某个人，说某个人靠得住，信得过，往往说的就是守信的上述两方面意思。“诚信者，天下之结也”，守信乃处事立世之本。歌德曾说：你若失去财产——你只失去了一点儿；你若失去了荣誉——你就丢掉了许多；你若失去了勇敢——你就把一切都失掉了。在人际交往中，我们则可以说：你若失去了信誉——你就会失去所有。

中华民族历来是强调信用的，在人际交往中，从古到今都把守信看得非常重要。孔子曾说:“人而无信,不知其可也。”没有信义,就很难做人。《论语·学而》说:“与朋友交而不信乎?”墨子说:“志不强者智不达,言不信者行不果。”曾子曾每日三省吾身,把“与朋友交而不信乎”作为重要的一条并非自寻烦恼。还有“不宝金玉而忠信以为宝”,“一诺千金,一言百系”,“一言既出,驷马难追”等高论,都是讲的一个“信”字。

自古以来,讲信用的人受到人们的欢迎和赞颂,不讲信用的人则受到人们的斥责和唾骂。例如,李白曾在他的《长歌行》中写道:“常存抱柱信,岂上望夫台。”所谓“抱柱信”,是说一个叫尾生的男子和一个女子在桥下约会,女子还没有来,大水暴涨淹了桥。尾生为了守信用,还是不走,宁可抱着桥柱,被水淹死。这种做法当然迂腐不可取,但这种守信赴约的精神,却是可嘉的。所谓望夫台,是说丈夫在外,约定某年某月归来,但是没有实现诺言,妻子总是站在台上望夫归。这些典故都是用来倡导人们守信的。再如,汉代张元伯与范巨卿二人友善,同游太学,告别时,范巨卿约定过两年后某月某日去拜会张的母亲。到了期限,张元伯告诉母亲,杀鸡备饭等待。张母说:“二年之别,千里之约,怎能那样准时呢?”元伯说:“范巨卿是信士啊,必然不会失约的。”范巨卿果然千里而来,风尘仆仆,上堂拜会张母,一时传为美谈,称作“鸡黍之约”。这样的信守约言,实为难得,难怪这个故事历时2000多年,流传至今。

诚信是交往的基础,沟通中最大的障碍就是双方缺乏信任。著名哲学家哈贝马斯的交往理论就持这种观点。他认为,在交往行为中,处于完全的对话关系中的说话者和听话者必须满足三种有效性要求:

一是命题内容是真实的,即真实性。

二是说话者的意向是真诚的,即真诚性。“言说者必须真诚地表达他的意向,以便听者能相信说者的话语。”

三是言辞行为符合社会的规范,即正确性。

哈贝马斯实质上在强调,交往的基础就是人的真诚,不说假话,态度真诚。

一旦认为对方是一个不讲诚信的人,那么,一般不愿意同其交往,因为同这类人交谈,说了也是白说,他们说过的话要么不算数要么都是假话,让人不得不防。荀子说:“言无常信,行无常贞,惟利所在,无所不倾,若是则可谓小人矣。”

在现今社会里,人际关系发生了很大的变化。但是,守信仍是人际行为的一条原则。而且它的重要性在商品经济大发展的条件下,变得越来越突出了。如果说,“时间就是金钱”这句百多年前的箴言,已被越来越多的人所熟悉和接受,那么,与此同时出现的“信誉就是金钱”的箴言也正在为越来越多的人所承认和接受。

可信度(credibility)深刻影响着沟通效果。比如,一个医学专家对一个病人说“戒酒”,比起一个小孩说同样的话,效果显然是不同的。所以,说话者要正确估计自己对听话者的可信度。影响说话人可信度的因素有五个：

(1)身份和地位。身份地位比较高的人，如领导、长辈们说话分量相对重一些。

(2)利他主义。如果听话者认为说话者是一个自私自利的人，其说话的目的只是为了他自己的利益，那么听话者很难赞同说话者。

(3)专业知识。说话者"专业知识形象"有助于沟通。

(4)外在形象。尤其初次接触，说话者外在形象对于沟通效果有着重要影响。比如，一个病人面对一个蓬头垢面、举止轻浮的医生，是很难相信这位医生的。

(5)共同价值或者群体。所谓"物以类聚，人以群分"，持有相同价值观念的人常会有相见恨晚的感觉。同有相似经历、出身、教育、地域等的人容易相互交流。

在人际交往中，要真正做到守信原则，从目前的情况来看：

首先，关系主体双方都要自己做到言必行、行必果，给对方以信任感，其中，尤其值得注意的是，要不轻诺。不轻诺是守信的重要保证。俗话说"轻诺失信"。所谓轻诺，就是毫无把握地许诺，既不了解客观情况，也没有自知之明。轻诺的结果往往是诺言不能实现，最终失信于人。要做到不轻诺，在思想上除了对自己的能力有比较清醒的认识外，要充分认识诺言的重要性。通常讲"一诺千金"，指的就是诺言的极端重要性。

城门立木

秦国商鞅变法就是获得诚信的典型例子。商鞅为了推行改革，取信于民，命人在都城南门外立一根三丈长的木头，并当众许下诺言：谁能把这根木头搬到北门，赏金十两。围观的人不相信如此轻而易举的事能得到如此高的赏赐，结果没人出来。于是，商鞅将赏金提高到五十金。重赏之下必有勇夫，终于有人站起将木头扛到了北门，商鞅立即赏了他五十金。商鞅这一举动，在百姓心中树立起了威信，商鞅变法很快就在秦国推广开了。新法使秦国渐渐强盛，最终统一了中国。商鞅的做法就是先取信于民，之后百姓才相信变法。

"一诺千金"(a solemn promise)本出自《史记·季布列传》：秦末楚人季布，行侠仗义，肯帮助人。凡是他答应做的事情，一定做到。因此，楚人谚曰："得黄金百斤，不如得季布一诺。"后来李白《叙旧赠江阳宰陆调》诗云："一诺许他人，千金双错刀。"(错刀，古钱名)顾云诗云："果践玉音，不移金诺。"钱起诗曰："且感千金诺，宁辞万里游。"这些都说明诺言的重要性。正因为诺言非同小可，在许诺言时，不能不三思而行。在实践上，必须对客观情况有比较深入细致的调查研究(investigation and study)，为许诺打下坚实的基础。同时，还要防止吹牛皮、说大话等恶习。

其次，关系主体双方要严守对方的秘密。太阳有黑点，月亮有阴影，人的心里也有隐秘。秘密没有统一的标签，也没有相同的价值，它只属于它的主人。关系双方的秘密，都应当受到保护。如果你想通过守信扩大交际以赢得更多的朋友，秘诀之一，要学会为对方保密。如同日本著名的保险大王原一平所说，严守对方的秘密，这是守信中最细腻最动人的一页。秘密固为鲜为人知，所以颇具吸引力，谈话中，以炫耀和披露大家所不知道的秘密，哗众取宠，是很容易的，但这样做，会失去自我，失去朋友，破坏人际关系。泄密，实属守信之大敌。

最后，关系主体双方不要互相猜疑，更不要依据自己的臆想来推测对方如何如何。猜疑与信任是根本对立的。有猜疑心理(suspicious mind)的人认为，人生来就是虚伪的，因而是不可信的。由于这种心理，他总是以一种怀疑的眼光看人，对人怀着戒备之心，不肯讲真话，戴着一副假面具与人交往。这种人不以诚待人，别人当然也不会真心待他。他戒备别人，别人也不信任他。因此，他与别人之间的关系变得越来越虚假、无聊，其最终结果，往往是众叛亲离，无亲无友，弄个茕茕孑立、形影相吊的下场。总之，坚持守信原则，一定要信赖朋友，不要小心眼，更不要抱怀疑主义(skepticism)态度。

七、人道原则

人道原则(humane principle)是人道主义精神(humanitarian spirit)在人际行为中的实施或贯彻。所谓人道，这里主要指爱护人的生命、爱护人的人格和权利的道德。人道原则与人道主义是一致的。

人道原则由来已久。中国在春秋战国时代已有这种思想的萌芽。孔丘主张“仁”，就是“爱人”。墨翟提出“兼爱”，主张广泛的无差等的爱。以后历代思想家又有许多发展，直到清末资产阶级改良派的杰出代表人物谭嗣同，专门写了《仁学》一书，在一定的程度上，把古代中国的人道原则发展到极致。在西欧，文艺复兴时期提出了人文主义，肯定人是世界的中心。法国启蒙主义者提出了人道主义，提倡尊重人、关心人，提倡自由、平等、博爱。德国古典唯物主义哲学家费尔巴哈提出人本主义，主张把人放在首位，以人作为一切社会活动的出发点。所有这些人道主义的思想，在当时都起了一定的积极作用。对于我们今天在人际交往中坚持人道原则也提供了许多有益的资料和借鉴。

马克思主义主张共产主义，但并未排斥人道主义。可以说，科学的人道主义与科学共产主义是相通的、一致的。也许正因为如此，毛泽东在注重发扬共产主义精神的同时，也大力倡导革命的人道主义。在人际行为中，坚持人道主义，实际上就是实行人道原则。

首先，坚持人道原则，就要尊重人。一般来说，尊重表现为互相联系着的两个方面：一是自尊，二是他尊，即尊重别人。凡是一个人都有自尊心，都希望别人尊重自己。既然如此，在人际交往中，每一个人都应当自觉地尊重别人。尊重别人，最起码的，是要把别人当作真正的人看待，千万不能把一些非人的东西强加于人。尊重别人，还要尊重别人的人格和权利，千万不要侮辱别人的人格、剥夺别人应有的权利。尊重应当是相互的，在日常生活中，固然青年人要尊重老年人，晚辈要尊重长辈，资历浅的人要尊重资历深的人，男士要尊重女士，但是，反过来，老年人、长辈、资历深的人、女士同样也要尊重青年人、晚辈、资历浅的人、男士。总之，人们之间都要互相尊重，只有这样做，才能做到真正的自尊和自重。

史普兰格谈尊重人

西方学者当代德国著名哲学家、教育家史普兰格在其《现代人的焦虑和希望》的著作中，曾经谈到了尊重别人的重要意义。他指出，我们应该可以感受得到，这个世界不是只有我一个人，而是还有别人，有许多其他的人存在。也许你我相遇是那么偶然那么无关紧要，但是我们都要彼此把对方当作人来看待，互相尊重、互相帮助。这种顾虑别人的心，也反过来帮助我们做到真正的自重。如此我们彼此之间都能体会到这种经过深思熟虑所产生的秩序。史普兰格举例进一步说明了这一点。他说，有一位年轻人在挤电车的时候，重重地踩到一位小姐的脚，他没有道歉，却指着那位小姐威胁说："你要给我小心点！"在这种情况下，我们当然不会说，这位年轻人的言行得当，因为他缺乏做人最基本的原则：尊重别人，为别人着想。我们应当了解这个例子当中更深一层的意义：不论怎么说，我们都应该注意，我们把脚踏在那里，怎么把脚踏下去以及还有谁站在我们的四周。这样的做法所具有的意义比一般传统的看法所认为的还要多。这是成为高尚人的第一步。

需要指出的是，互相尊重，要注意不要越俎代庖。因为每一个人都有自己的明确分工和职责范围。如果一个人擅自超越自己的分工领域和职权范围，插手别人分工领域和职权范围内的事情，就会使他人产生一种被人瞧不起、不被尊重的感觉，甚至会产生一种被人"夺权"的想法，这样就会伤害人的自尊心。

其次，坚持人道原则，就要爱护别人，关心别人。爱人，是人道主义的基本精神；关心人则是人道主义的根本要求。按照这种精神和要求，在人际交往中，人应该设身处地为别人着想。不要忘记歌德的话，只有集合所有的人，才能构成人类，只有集合所有力量才能造成这个世界。如果我们能够想象别人的感受，则我们会变得比较仁慈。如果我们与人交往不再停留在划分精密的扮演角色的交往层面上，而是与一个完整的人交往，体会他的苦难，并且根据这种体会与他友好相处，这就是真正人道精神的开始。一位哲人说过，凡是属于人的东西都有加以了解的价值，凡是人的一切也值得我们全心参与。因为不论我们是谁，我们有何身份，我们都一样共同承担着人类命运。不论我们在何处，我们周遭所看到的，莫不是我们的兄弟。因此，我们应当牢牢地记住："一切革命队伍的人，都要互相关心，互相爱护，互相帮助。"①在人际交往中，本着关心人、爱护人的原则，人人都互相关心、互相爱护，做到全社会人人爱我，人人关心我，我爱人人，我关心人人，人际关系肯定会搞得更好，社会精神文明也必将提高到一个新的水平。

最后，坚持人道原则，就要遵循"己所不欲，勿施于人"的要求。这一要求是尊重人、爱护人、关心人的具体实行和贯彻。只有贯彻好这个要求，才能做到尊重人、爱护人和关心人。

八、平等原则

从广义上说，平等原则是包括在人道原则之中的。人际交往中，坚持人道原则，必然坚持平等原则。但是，由于平等原则具有不同于人道原则的特殊内容，而且在人际交往中具有特别重要的意义，所以，在这里，我们单独加以论述。

在人际交往中，坚持平等的原则，是建立和发展良好人际关系的前提。事实证明，交往必须平等，平等才能深交；没有平等待人的态度，就不能建立密切的人际关系。

坚持平等原则，必须了解何谓平等。对此，人们有各种不同的界说。从哲学上说，平等指人与人之间在政治上、经济上处于同等的社会地位，享有相同的权力。从宗教上说，平等是一个佛教名词，意谓无差别。对于众生，也应等同视之，不应有高低亲疏的区别，在值得怜悯和具有佛性上，平等无二。从伦理学上说，平等是道德形式上的一种原则，根据这个原则，道德要求应当以平等的程度普及于一切人，而不管其社会地位和生活条件。在个人方面，这个原则要求一个人在评价其他人的行为时，应当以与他向自己本身提出的要求相同的那些要求为出发点。我们这里所说的平等，主要指的是人际平等。

首先，正确理解这种人际平等，就要看到，平等是相对的，不是绝对的(absolute)。关于平等的相对性，有两个方面：

一是指平等是有条件的。这里的条件包括自然条件和社会条件，在人际关系中，自然条件主要指人的生理条件。一个健全的人在同身体有缺陷的人交往中，就不能强求这些人做同样的事。这里的平等，意指根据不同的生理条件，区

① 《毛泽东选集》第3卷，人民出版社1991年版，第1004页。

别对待。社会条件包括政治、经济、文化和社会等方面。在现有条件下,不可能达到每个人都有同样的经济收入,享有同样的文化教育,处于同样的社会地位上。从经济上说,谁能得到更高的收入,这要看他的个人能力。按劳分配是社会主义制度下的分配原则。多劳多得,少劳少得,对任何人都是一样的。

二是起点均等,机会均等。例如,就学问题,国家提供给每个人可能上大学的机会,至于谁上大学,那就看各个人是否符合统一的德、智、体标准,在这一点上,每个人都是平等的。

所谓绝对平等,也有两方面:

一是不讲条件,盲目地要求一切平等。别人怎么样,他就要怎么样。例如,要求同龄人、一起参加工作的人,工资一样,住房一样,其他享受都一样。在行政机关,除生活待遇要一样以外,还要求受重用的程度、被提拔的级别都一样;在学校,别人当了讲师、教授,他不管自己是否符合条件,认为理所当然地也应是个讲师或教授,不然就闹情绪,等等。

二是"枪打出头鸟"。谁冒尖了,枪口就对准谁。这种平等观的实质是搞平均主义(equalitarianism),要穷就一样穷,要落后就一样落后。

其次,要注意平等是现实的。平等的现实性主要表现在三个方面:

一是指平等是当时当代的。例如,在现阶段里,我们所讲的平等,是符合现实实际的平等,既不是原始社会的平等,也不是未来共产主义社会的平等。因此,在人际关系和人际交往中,不能超越现实去讲一切平等。

二是指平等是当地的,而不是超越一切地域界限的。在中国,我们只能讲符合中国现实的平等,而不能乱套国外的平等。例如,在美国,儿子可以直呼父亲的名字,这种称呼表示二者平等、友好。相反,在目前的中国,儿子直呼父名则表示不尊敬,这种现象只有在儿子不尊敬父亲、不平等对待父亲的情况下才会发生。这说明,不同的地域,平等的要求是不一样的。

三是指平等是变化发展的,不是固定不变的。比如上大学,在现阶段,由于我们国家经济水平还不高,还不可能让每个人都进入大学,而要通过考试竞争,凭德、智、体三方面的成绩高低决定取舍,这在现阶段对于每个人是平等的。然而,到经济水平发展到能让每个人进人大学时,如果再凭考试成绩把一部分人挡在校外,则是不平等的。平等的观念如何变,这要根据社会发展的状况而定。现实的平等观就是承认平等的时代性。

坚持平等原则,除了了解平等的含义,还要把握人际平等的具体内容。在人际交往中,平等的内容是多方面的,择其要者而言,有以下几个方面:

其一是政治平等(political equality)。这是指人们在政治活动中享有同等的权利和地位。这些政治活动,主要包括争取民主权利,参与社会管理,选择政治信仰等。在我们国家,虽然为人与人之间的政治平等提供了重要基础,但是,由于残存的等级和特权意识的影响,人与人之间在政治活动中仍然存在一些不平等的现象。例如,有些干部,官架子十足,盛气凌人,不能与群众平等相处。因此,在人际交往中,要做到政治平等,还有许多工作要做,特别要进一步消除等级观念和特权观念,加强政治民主(political democracy)。

其二是法律平等(legal equality)。这一方面是指法律规范应反映人际间现实平等;另一方面是指在法律面前人人平等,即法律一旦制定,各种法律规范对任何人都具有同样的约束力。比如,我国《婚姻法》规定:"禁止家庭成员间的虐待和遗弃。"这一点对所有家庭成员都是适用的。另外,谁触犯了法律,谁就应当受到法律的制裁。

其三是经济平等(economic equality)。这一方面表现为分配平等。就我国目前情况而言,就是实行按劳分配的原则。另一方面表现为市场上的等价交换(exchange of equal values)。只有遵循这一原则,人与人之间的交换才是平等的,才能正常进行。弄虚作假、短斤少两,属于经济上的不平等交换,常常引起市场上紧张的人际关系,如争吵、斗殴等。再一方面表现为个人财产不受侵犯。刑事法庭对偷、砸、抢等行为进行惩罚,就是为了维护这种平等。

其四是人格平等(personality equality)。这是人际平等的重要内容。人们在谈论和要求平等时,多是指这类平等。人格平等一般是指尊重他人的自尊心和感情,不干涉他人的私生活,不践踏他人的人身权利。人格平等意味着人与人之间没有人身依附关系(person attached relation),相互是独立的。因此,建立密切的人际关系,对领导干部来讲,要礼贤下士,将心比心;对一般公民来讲,要以诚相见,宽厚待人。

坚持平等原则,也要注意采用科学的方法。常见的平等交往的方法,主要有以下几种:

其一是对等法(method of reciprocity)。对等法就是一一对应的方法。其中包括情感对等(reciprocity in feeling)、价值对等(reciprocity in value)、地位对等(reciprocity in position)、交往频率对等(reciprocity in interactive frequence),等等。例如,在信件交往中,正常的通信交往,往往基本上是对等的。在节日交往中,如果做一下礼物价值的统计,相互间的送礼也基本上是对等的。在单位交往中,科长接待科长,处长接待处长,实际上也是对等交往。在多种多样的对等法中,反击对待法尤其值得我们注意。这种方法,是人们经常用到的。据说,德国大诗人海涅是犹太人,常常遭到无端攻击。有一次晚会上,一个旅行家对他说:"我发现了一个小岛,这个岛上竟然没有犹太人和驴子!"海涅不动声色地反击说:"看来,只有你我去那个岛上才能弥补这个缺陷。"海涅这里使用的就是反击对等法。

其二是谈心法(method of having heart-to-heart talk)。谈心法就是关系双方平等地对话、交心。这种对话,一般来说是推心置腹互诉衷肠的,是谈话式的,而不是训话式的。谈心法,重在“心”字,就是实实在在地说心里话,是用一种兄弟、朋友般的商量口气交换意见,沟通思想,传递信息和讨论问题,而不是盛气凌人,装腔作势,一句一顿,拖腔拉调。干群之间的关系,采用谈心法,具有特别重要的意义。但是,谈心法决不仅仅是处理干群关系(cadre-mass relation)的方法,也是处理其他一般人际关系的重要方法。

其三是求同法(method of seeking common ground)。求同法,指的是通过各类活动,特别是兴趣活动,寻求相互认识、相互理解的方法。例如,一个人要与他人建立密切和谐的人际关系,就与他人共同参加业余文化娱乐及体育活动,在这些活动中,关系主体作为普通爱好者加入其中,或在球场上驰骋,或在湖畔垂钓,或随音乐起舞,或一同争论问题,大家平等论交,两无猜忌,在轻松活泼的气氛中,和谐的人际关系就油然而生了。求同法对于社会地位有差距的人之间达到平等交往是特别有效的,可以增加他们之间的了解,树立相互尊重的观念。对于一般的人际交往,求同法也是适用的。

其四是交友法(method of making friends)。这是平等交往中一种常用的方法。交友法是指像对待朋友那样平等地对待交往对象,要关心他人,帮助他人,体谅他人,理解他人,尊敬他人,真诚地对待他人,并能与他人讲心里话。

九、互利原则

与平等原则相联系的,是互利原则(principle of mutual benefit)。互利原则也可称为互利主义,是指在人际交往中,关系主体双方都能够从对方得到一定的利益和好处,相互满足各自的需要。

互利原则不同于利他原则(principle of benefiting others)。利他原则,也可称为利他主义,它是一种不期望报偿的自觉自愿的助人原则(principle of helping others)。也就是说,利他原则是这样一种原则:为了他人,为了集体,为了社会,可以牺牲自己的一切。在与他人的交往中,不考虑个人得失,在个人利益与他人利益发生矛盾时,无条件地以他人利益为重。通常所说的“舍己为人”、“自我牺牲”、“英勇献身”、“忘我工作”、“大公无私’、“公而忘私”、“毫不利己,专门利人”等等,都是利他原则的具体体现和表述。不难看出,互利原则与利他原则的根本区别在于,在利他的同时,也要适当考虑到利己,主张他己的互利。

互利原则与利己原则(principle of benefiting oneself)也不同。利己原则,也可称为利己主义(egoism),是个人至上,一切从个人利益(individual benefit)

出发，事事为自己着想，处处为自己打算。在人际交往中，奉行利己原则的人，极端自私自利，违背社会道德规范，超出他人和社会相容心理，一心只想从他人、集体和社会之中进行非分的、不正当的索取。不难看出，互利原则与利己原则的根本区别在于，在利己的同时也要适当考虑到利他，主张他人和自己的互惠互利。

互利原则中的互利包括三个方面的内容：

一是物质互利。比如物品交换，张三给李四一筐苹果，李四送张三一箱啤酒。

二是精神互利。比如相互尊重、相互体贴、相互安慰等。这包括心理、情感、思想、文化等方面的交流。

三是物质精神互利。即在交流中，一方从物质上得利，另一方从精神上得利。比如，甲送给乙一本书，乙向甲道谢，甲得到了谢意，乙得到实物。

在人际交往中，坚持互利原则是有充分根据的。首先，从社会角度说，社会分工的多样性和多种所有制形式的存在，必然造成不同个人的利益存在。人们在交往中，不能不考虑到相互之间的利益。其次，从心理角度看，人与人之间的关系是一种相互的心理关系，而交往既是人们心理上的一种需要，又是满足某种需要的一种手段。社会心理学研究表明，希望为人所关心、所注意，乃是一个人不可缺少的需要。既然人人都有被人关心、注意的需要，那么，一个人在同他人交往的时候，要想得到他人的关心、注意和爱护，就必须考虑到他人也有这种需要。因此，人际交往行为是带有互利性的，彼此之间既有所施，又有所爱。最后，从时间的角度讲，交往也应该是互利的。在现代社会里，时间是非常宝贵的，“时间就是金钱”。时间对于每一个人来讲，都是一笔潜在的财富，每个人都有权安排自己的时间，特别是闲暇时间。因此，当一个人去占用另一个人的时间，达到自己的目的、满足自己的需要时，就必须考虑他的行为能给对方带来什么好处。对于惜时如金的人来讲，利用时间就像投资一样，有个如何取得最大效益(maximum efficiency)的问题。如果一个人不注意这一点，交往就容易失败或中断。

在现实社会中，我们应当大力倡导互利原则。这是因为，利己原则不符合现阶段道德的要求，在现实的人际交往中也是行不通的。而利他原则属于共产主义道德境界，只能在极少数先进分子身上实行。对于绝大多数人来说，是难以贯彻下去的。也就是说，尽管它是代表人际交往发展趋势，是值得提倡和歌颂的，但在目前的思想境界、道德水准下，是不宜也不可能广泛推广的。所以，在现实的人际交往中，贯彻和运用利他原则和互利关系，一定要从实际出发，鼓励先进，照顾多数，把先进性的要求和广泛性的要求结合起来。

在人际交往中，贯彻互利的原则，首先要处理好利他与利己的关系，把握好互利的分寸。一方面要尽可能地实行利他原则，有点奉献精神，与人交往，多奉献，少索取，不怕吃亏。确立宁愿人负于我，而不我负于人的态度。当然，也不要拒绝必要的索取、利益或好处。就是说，不必向自己提出完全地、绝对地利他的过高要求。另一方面不要把个人利益看得过重，斤斤计较，自私自利。要知道，只想从他人那里索取，而不想给予他人更多的酬赏，是很难同他人交往下去的。

其次，要把互利原则与“商品交换”的原则区别开来。人际交往中的互利原则绝不能等同于“商品交换”的原则。一方面，人际交往中的互利原则的内容不只是物质的东西，还包括精神和情感的东西，而且在许多情况下，主要的不是物质的东西，而是精神和情感的东西。另一方面，人们之间的相互报偿既不能采取“等价交换”的原则和方式来对待，更不能采用虚伪的和自私的态度去行事。因为人际交往的过程是心理沟通和相互作用的过程。在这个过程中，只有彼此以诚相待、和睦相处，不过于计较得失，才能使交往互动顺利地进行下去。

在现实生活中，尽管贯彻互利原则的主流是好的，但也存在一些消极的、不健康的现象。这些不健康现象的具体表现有：

一是见物不见人，把商品交换原则搬到人际交往中，只知以物易物，不注重彼此间的情感沟通。

二是斤斤计较的所谓“小人之交”，我给你五两，你必须还我半斤；我昨天帮助过你，你今天必须报答我的恩情；我没沾你的光，你也别想从我这里得到便宜。这种人的处世哲学带有典型的旧社会小市民、小商人的习气。

三是实用主义的处事之道。谁对我有用，我就同谁交往；他今天还有用，赶紧去烧香拜佛，明天下台无用了，自然也就茶凉了。在这种人中，最让人生厌的是所谓“势利眼”。遇上有权有势的人马上笑脸相迎，毕恭毕敬；见到平民百姓则顿时横眉竖眼、冷若冰霜。这些消极的、不健康的现象，是对互利原则的歪曲和亵渎，对建立和发展正常的人际关系影响极坏，因此，必须与之作斗争，消除其影响。

最后，要采取一些行之有效的方法贯彻互利原则：

一是互助法，又叫合作法。它是交往双方为了满足自己的利益，在一定物质或精神基础上进行的相互协作。互助或合作的类型很多，例如，有以物质为基础的合作或互助；有以精神文化为主要基础的合作；有以物质与精神文化相结合的合作。合作法或互助法是互利的一种重要形式，它能使合作的双方都得到利益。当然，合作或互助也有搞得好与不好的问题。如果搞得不好，合作或互助也会产生内耗。这是实行合作法和互助法应当注意的。

二是交换法。它是交往双方通过相互的交换，获得利益或好处的方法。交换包括物质交换、非物质交换和物质与非物质交换三种类型。物质交换，在市场上是最为明显的。例如白面换大米，双方交换的结果，都得到了自己所需要的东西。非物质交换可以是情感传递，思想交流，信息沟通等。甲对乙笑，乙还之以笑，就是一种情感传递，使双方得到一种精神满足。物质与非物质交换也时常发生。例如，甲送乙一份生日礼物，乙致以谢意等。

三是竞争法。竞争也是互利的一种方式。表面看来，竞争的结果是一方欢乐一方愁，不是互利，而是有利于一方，其实并非如此，在大多数情况下，竞争是有利于竞争双方及所有参加者的。只是在结果上一方获利更大一些而已。例如，几个学生为了争取考分第一，互相竞争，虽然最后只有一个人得到第一名，但平时的努力却能给其他竞争者带来长进。因此，竞争法对于贯彻互利原则也是有积极意义的。

十、相容原则

相容，即宽容，指宽宏大量，心胸宽广，不计小过，容人之短，忍耐性强。相容不是随波逐流，不讲原则。随波逐流的人，表面上看来能容人，但实际上是心中无主见，目标不明确，原则性不强。而能做到相容别人的人则是心中有主见，目标明确，原则性强，他们容人正是为了把原则性与灵活性有机结合起来，以便更好地达到自己的远大目标。

相容也不是怕人。表面上看来，能相容的人与懦弱的人都是骂不还口，打不还手。实际上二者是有严格区别的。懦弱的人是指那些胆小怕事的人，唯唯诺诺的人，是由于本身无力量而怕受人欺负的人。能相容别人的人则是指具有一种宽阔的胸怀、能宽容别人的人。相容是一个有自信心，有坚定意志，有远大目标和理想，开朗、豁达的人对人的谦让，他不是怕人，不是没有力量反击，而是为了团结人，为了减少不必要的麻烦和心理障碍，而主动地容忍人。心理学的研究证明，自信心越高的人，相容度就越强。

表面上看来，相容与竞争是相矛盾的，因为竞争强调努力进取，战胜对手；相容强调容忍他人，主动退却。实际上并非如此，两者是能够统一的，相互促进的。在现代社会里，与商品经济不发达的社会不同，随着生产力和商品经济的空前发展，人际之间交往的范围日益扩大，而且交往的内容也越来越涉及到技术、经济、政治、思想沟通等多个方面。与交往增多相伴随的是变迁的加快。价值观的变迁，技术的发明，经济的活跃，政治的改革，思想的冲突，都需要人们有更大的相容度。如果思想保守，容不得不同意见，新的、冒尖的东西就不容易产生。一个社会的变迁越快，社会竞争性越强，人们容忍不同观点、不同现象的相容度就要求越高。所以，相容与竞争虽不是一回事，有严格的区别，但却是不矛盾的。

在人际交往中，必须坚持相容原则(principle of compatibility)。只有坚持相容的原则，才能团结更多的人，搞好人们之间的各种关系，从而做好各方面的工作。历史上能够成大事业者，多半都有很大的气量，能容纳各方面的人才。一句话，都能较好地坚持相容的原则。

齐桓公不计管仲一箭之仇，用管仲为宰相，最后成就霸业。汉高祖刘邦豁达大度，善于用人，合作共事。他用张良作谋臣，用萧何作宰相，用曾受"胯下之辱"、被人称为懦夫的韩信作大将，用有偷嫂嫌疑的陈平作参谋，最后战胜楚霸王项羽。唐太宗把犯颜直谏的魏征对他的批评写在屏风上，当作"镜子"，随时对照。他说："以铜为镜，可以整衣冠；以古为镜，可以知兴替；以人为镜，可以明得失。"可见，历史上这些著名的帝王的肚量是很大的。

在许多无产阶级革命家身上，相容原则更得到了体现。例如，毛泽东反复强调，要团结那些反对过自己、而又被实践证明反对错了的人一道工作。就是相容原则的具体体现。王明犯"左"倾错误，对同志实行"残酷斗争，无情打击"的政策，毛泽东本人也在"左"倾路线排挤下被撤销红军总政委的职务。毛泽东成为中央领导后，却本着团结的原则和"治病救人"的原则，给党的七大代表做工作，请他们选王明当中央委员。选举时，他一直听唱票，待王明的选票超过半数，才离开会场。这种气量是很大的。再如恩格斯与马克思之间，当两人关系出现某些裂痕时，他们能够坚持相容的原则，互相体谅、理解，互相宽容，使裂痕及时消除，使两颗心连得更紧。

在英国，颇有作为的撒切尔夫人当上保守党领袖之后，为了争取前领袖希思一派的支持，热情邀请他参加自己领导的"影子内阁"，而把竞选期间希思一派将其身世翻出来作为攻击目标这件事丢在脑后，表现出一种捐弃前嫌，不计旧恶的气量。

相容是一条重要的交际原则。它需要宽宏大度，严于律己；它需要理解，容人之短。刘少奇曾经说过，革命者"对待同志最能宽大、容忍和委曲求全，甚至在必要的时候，能够忍受各种误解和委屈而毫无怨恨之心"。这说明，宽容的实质是宽宏，是克制自己而尊重同志。孔夫子也说："人不知而不愠，不亦君子乎？"现代的人们更应多些君子之心，少点甚至无小人之腹，有乐于吃亏的精神。那种"一切以我为中心"的极端个人主义者，那种心比针孔还小的人，无法理解宽容，更不可能宽容别人。据说慈禧太后有句"名言"："谁让我一时不痛快，我就让他一辈子不痛快。"有一次下棋，只因对方说了句"我杀老祖宗的马"，便惹得她勃然大怒："我杀你全家。"一句话果真无端地葬送了几条性命。事实证明，对别人不宽容的人，很难得到别人的宽容。到头来，多是落得孤家寡人的下场。

坚持相容原则，首先要有谦让精神，做到有理也让人。要求有理也让人，首先是由社会主义道德伦理规范所决定的。我们提倡的职业道德是全心全意为人民服务。为了做到这一点，医生要忍受病人的呻吟，要处理各种肮脏的脓疮，要体贴照顾病人的各种要求;商店服务员要满足顾客的各种需要;旅店服务员在顾客住店时,不管顾客的脸色如何,都说“欢迎您光临!”……其次有理也让人,也是商品经济发展的必然要求。过去,由于“大锅饭”的影响和“铁饭碗”的担保,做好做坏不涉及个人利益和声誉,服务质量再差也不会被解雇。因此,许多服务部门门难进,口难开,脸难看,事难办。商品经济的发展要求废除“大锅饭”,打破“铁饭碗”,服务态度和质量直接与个人利益、声誉相关。这就必然要求人们做到有理也让人。

坚持相容原则,必须注意培养相容的方法。培养相容的方法很多。例如,将心比心就是很好的一种。将心比心,主要就是指理解他人,体谅他人。孔子说:“己所不欲,勿施于人。”其实质,就是要人们将心比心。

再如,大事清楚,小事糊涂,也是一种行之有效的方法。清代杰出画家、文学家郑板桥说过这样一句话:“难得糊涂。”其实,他是大事清楚,小事糊涂。据历史记载,北宋时有个宰相叫吕端,有人在皇帝面前说他马虎、糊涂。但宋太宗肯定地说:“吕端大事不糊涂。”我们所说的大事,就是大的目标,大的事业,或一些原则性的问题。所谓小事,就是日常一些琐事、小的摩擦、次要的问题。一个人心中有了大目标,有了自己的原则,就不会因小失大,不计较小的得失,不因日常的小摩擦而发怒。像近代著名民族英雄林则徐所说的那样:“海纳百川,有容乃大。”

另外,严于律己,也是一个值得提倡的方法。唐代文学家韩愈说:“古之君子,其责己也重以周,其待人也轻以约。”即是说,古代有修养的人,待人很宽厚,而要求自己则十分严格和全面。严于律己,表现在日常交往中是,以礼待人,遵守信约,若与他人发生摩擦,首先从自己检查起;表现在家庭生活中是,体谅家人,自己多干少说,发生摩擦时,主动退让。一般说来,在人际交往中,严于律己的人容易做到宽以待人。宽以待人的人往往更多地看到别人的优点,具有“三人行,必有吾师”的谦虚态度,而不是“看己一朵花,看人豆腐渣”。即使发现明显是对方错了时,也能用“金无足赤,人无完人”的辩证观点来对待。

韩愈像

十一、文明原则

文明原则,主要指在人际交往中要讲文明,有礼貌。文明交往,这是人们喜欢的一种美德,也是社会发展的客观要求。人类社会是在不断发展和进步的,而且在其发展的不同阶段将向人们提出不同的要求。人类社会从原始的蒙昧时代发展至今，其文明程度不断提高，在当今文明高度发展的时代，它必然也要求人们的行为文明，其中也包括人际交往的文明。应该说，人际交往文明，这是社会进步的要求和特征。

在人际交往中，坚持文明原则，具有十分重要的意义。它会使人与人之间关系密切，少出现不愉快的事情；它会使人与人之间增进友谊，相互帮助，从而使生活充实、丰富；它还会使人们愿意相互往来，从而使人们能更多地相互学习，相互交流信息，增长知识，开阔眼界。总之，坚持文明原则，开展文明交往，是社会精神文明的一项重要内容，它有利于人们的团结，有利于人们生产积极性的提高，有利于推动社会物质文明的发展。

坚持文明原则，必须充分了解人际交往中文明的具体内容。大体上说来，文明交往的内容应该包括以下五个方面：

其一是交往内容要健康。人际交往是比较随便的，但随便并不等同于低级趣味。低级趣味和有害于社会文明的东西，都是不健康的交往内容。事实证明，健康的交往可以使人们精神振奋，而不健康的交往必定导致精神颓废。因此，前者是文明交往所提倡的，后者则是文明交往所反对的。

其二是交往动机要纯正。人们在交往中有各种各样的动机，但是，无论什么动机都应该保持纯正，即不要搞歪门邪道，不要损人利己。人是有思想和分析能力的，损人者必然要被他人所知。损人必害己，这也可能是一个不证自明的社会公理。动机不纯造成的恶果，无论是损人还是害己，都不利于人际关系的正常发展。文明交往必须同这种交往动机不纯的现象作斗争。

其三是交往气氛要友好。大凡人际交往，人们都希望从中得到快乐，得到安慰，得到帮助。因此，交往气氛(interactive atmosphere)的友好是一种既文明又令人愉快的事情。

其四是交往态度要热情。热情的交往态度(interactive attitude)，来自于自身的修养，同时也会给自己和他人带来情绪上的轻松和心情上的舒畅。不难想象，柜台前售货员或顾客冷冰冰的态度，会给自己和他人带来些什么，显然都不是快乐。

其五是交往方式要讲究。人际交往固然不必矫揉造作，但也不能毫不讲究。这里的讲究在于，不同的对象、不同的时间、不同地点的交往要有所区别，不能同等看待。例如，不能用对待男同志的方式来对待女同志；不能以对待陌生人的方式来对待知心朋友；不能像对待同事那样对待亲人；也不能像对待同学那样对待老师。

坚持文明原则，就要加强文明的修养。其中，一个重要方面，就是要发扬传统中的文明。我们的民族,素称文明礼仪之邦。在人际交往中,是十分讲究文明礼貌的。就儒家学派而言,孔子本人处处都以礼来约束自己的行为。在交往中,对上、对下、对平辈都有一套讲究。在不同的场合,有不同的讲究。这种繁文缛节,当然也不必要。但是,讲究文明礼貌行为却是待人接物中应该做到的礼仪。另外,坚持文明原则,也要向现代许多杰出人物学习。其中,周恩来就是我们文明交往的好榜样。周恩来的一生,可以说是讲究文明礼貌的一生。他对别人为他做的哪怕是极其微小的劳动,都非常尊重。当服务员给他端茶、送东西时,他不是放下手里的工作,站起来双手去接,就是微笑着向服务员点头表示感谢。他身为政府总理,身边的工作人员在门口相遇,让总理先走,他总是站在那里,含笑摆摆手,坚持让工作人员先走。外出视察工作,每当离开时,总和服务员、厨师、警卫员、医护人员一一握手,亲切地对大家说:"辛苦了,谢谢,再见!"并和大家一起合影留念。在人际交往中,坚持文明原则,我们应以周恩来为榜样,讲究文明行为,有教养,有风度,待人处世懂礼貌。

第二节　处理人际关系的适度原则

处理人际关系的原则是多种多样的。但是,在人际行为中,这些原则的作用并不是等同的。我们认为,在所有人际关系的处理原则中,比较起来,作用最大的是适度原则(moderation principle)。也就是说,适度原则是人际关系的根本处理原则。

所谓适度原则,主要指人际交往中的一切行为都要得体,合乎分寸,恰到好处。这一原则之所以是人际关系的根本处理原则,首先是因为这一原则是唯物辩证法关于质、量、度观点在人际行为中的具体体现,也就是说,它是以唯物辩证法关于质、量、度观点作为自己的理论基础的,因而在人际关系中具有普遍性。

唯物辩证法关于质、量、度的观点表明,任何事物都同时具有质和量两个方面,是质和量的统一体。所谓质,就是一事物区别于他事物的内部所固有的规定性。特定的质就是特定的事物存在本身,质和事物的存在是直接统一的。所谓量也是事物所固有的一种规定性,它是事物的规模、程度、速度,以及它的构成成分在空间上的排列组合等可以用数量来表示的规定性。量和质是事物两种不同的规定性。其突出表现在于,量和事物本身不是直接同一的,在一定范围内,数量的增减并不影响某物之为某物。如果说,不同的质必然是不同的事物,那么,不同的量则不一定是不同的事物。在现实事物中,质和量总是统一在一起的。质和量的统一,称为度。作为质和量的统一的度,就是事物保持自己质的量的限度、幅度、范围,是和事物的质相统一的数量界限。在度中,质和量处于不可分离的统一中，一方面度是质和量的相互结合，具体表现在：量中有质，度中的量不是单纯的量，而是具有一定质的量；质中有量，度中的质也不是单纯的质，而是具有一定量的质。另一方面度又是质和量的相互规定。具体表现在：质规定着它的对立面量；量也规定着它的对立面质。质和量的互相结合和互相规定，使质量双方在特定的度的范围内处于统一状态，形成某物之所以为某物的质和量的统一体；一旦某物的质和量的统一体发生分裂，也就是度的超出或破坏，某物就会转化为他物。

唯物辩证法关于质、量、度的观点的重要实践意义，在于它提出了一个适度的原则。这个原则，要求人们在实际活动中，一定要准确地把握度。这是做好一切工作的重要保证。适度原则具有极大的普遍性。人际行为中的适度原则，是这个普遍性原则在人际行为领域中的具体体现，在该领域中，也具有普遍的意义，是其他人际关系的处理原则所不能比拟的。

其次，适度原则之所以是人际关系根本的处理原则，是因为这个原则规定和制约着人际关系其他处理原则。适度原则就像一根红线一样贯穿于其他原则之中。其他原则都在不同的程度和不同的侧面上存在着适度的问题。这些原则要正确地贯彻下去，正常地发挥其作用，都要遵循适度的原则。由此来看，把握好适度原则，是正确处理好人际关系的一个关键。

最后，正因为适度原则以质、量、度的哲学观点作为理论基础，因而具有普遍性，在人际关系处理原则体系中处在举足轻重的地位，所以，能否正确地坚持这个原则，是关系到一切人际行为能否成功或顺利而正常发展的重要问题。无数事实证明：在人际行为中，许多人常常处理不好人际关系，其中一个根本原因，是他们在不同程度上忽视或违背了适度原则。相反，有些人之所以能处理好各方面的关系，建立起优化的人际关系网络，其重要原因，是他们很好地坚持或实施了适度原则。

总之，适度是人际关系最根本的处理原则，我们要妥善地处理人际关系，不能不坚持这个根本原则。

坚持适度原则，不能不了解这一原则的内容。适度原则的内容是极为丰富的。可以说，一切人际行为过程的始终，一切人际行为的各个环节和方面，都存在着适度的问题。因此，在人际行为中，我们应始终并事事处处贯彻这个原则。但是，全面性要求并不是不注意重点。在全面坚持适度原则的时候，我们尤其应当注意以下十二个方面。这些方面，就是适度原则的基本内容。

一、自尊适度

所谓自尊(self-esteem)，是指维护自己的名誉，坚持自己的尊严，不容他人侮辱的心理现象。在人际交往中,自尊是可贵的。有人曾指出,自尊是获得他人尊敬的前提条件,“人必其自敬也,然后人敬诸”。但是,自尊有个适度的问题。只有适度的自尊,才有利于人际关系的建立和发展。要保证自尊适度:

一要防止自尊过弱。自尊过弱,是指缺乏必要的自尊心,其结果会导致自卑、自暴自弃甚至自杀。在一定的意义上可以说,这是“自我”失落的一种表现。

二要防止自尊过强。自尊过强,也叫自尊过分,是指过于看重自己的尊严和价值的心理现象。其结果会导致虚荣心的滋长,滑到自傲或自负的极端。在一定的意义上说,这是自我膨胀的一种表现。由自尊心过强导致的虚荣、自傲或自负是一种虚假的自尊。

无论是自尊过弱还是自尊过强,都属于自尊不适度的表现,因而都对正常人际关系起破坏性的作用。前者由于自己瞧不起自己,而大大减弱了人际吸引力。因为凡是自己瞧不起自己的人,往往难以被人瞧得起。事实证明,很少有人愿意与自己瞧不起的人交往。后者由于过于看重自己,也把本来应该也可能建立关系的人拒之于千里之外。因为凡是过于看重自己的人,往往缺乏必要的他尊。事实也证明,很少有人愿意与不尊重自己的人结交。

二、表现适度

这里的表现,指自我表现(self-expression),也可以称为自我暴露或自我表露(self-disclosure)。按照美国学者朱迪·C·皮尔逊的看法,自我表现或表露是一种人们自愿地有意识地把自己的真实情况告诉他人的行为。自我表露或表现,在人际交往中具有十分重要的作用,它有利于对自己进一步地了解和认可,有利于别人对自己的进一步地了解和认识,也有利于加深自己对别人的了解(因为自我暴露总是要引起别人的“自我暴露”)。与这些方面相联系,有利于加深和丰富人们的人际关系。但是,自我表现或表露只有在适度的时候,才能正确而充分地发挥它的作用。适度的自我表现或表露主要有三点:

一是表现的信息量多少适宜;

二是表现的程度深浅适宜;

三是表现的速度快慢适宜。

一般来说,自我表现得过多、过深、过快,一句话,自我表现有余,会使对方觉得自己本性轻浮、自我炫耀(self-flaunt)、好拉关系,甚至被怀疑别有用心;反过来,自我表现得过少、过浅、过慢,一句话,自我表现不足,则使对方怀疑自己本性孤僻和冷淡,不善交际,因而避而远之。所以,自我表现要适度,必须避免有余和不足两个极端。当然,自我表现的适度是相对而言的,其信息量多少、程度深浅、速度快慢,都是因交往对象、交往事件、交往情境等具体情况而言的,并没有一个统一的、固定不变的标准或评价尺度。

表现相同 效果不同

有时,同一种表现对于不同性格的人会产生截然不同的效果。宋朝的宰相秦桧新建了一座楼阁,四川宣抚使郑仲为了讨好秦桧,暗中派人调查了楼阁的尺寸,定制了一块地毯。楼阁造好后,郑仲把这块地毯作为礼物送给秦桧,结果大小尺寸和楼阁的分毫不差,非常合适。然而从此之后,秦桧却对郑仲的态度变得冷淡。因为秦桧生性多疑,在秦桧看来,郑仲的做法说明其工于心计,因此不得不防他。事情非常巧合,几乎同样的事情也发生在明朝严嵩身上。也有一个官员送了一个非常合适的地毯给严嵩,但严嵩和秦桧性格不同,非常高兴,后来对这个官员提拔有加。

三、忍让适度

所谓忍让,就是胸襟开阔,能够容人,豁达大度的行为。忍让,一般说来,是一种美德。在西方,人们往往把节制和忍让视为道德上成熟的标志。在中国,人们更是历来崇尚谦让和忍耐。忍让在人际行为中的可赞之处,在于它能减少摩擦、消除矛盾、缓解冲突。忍让显然与计较、苛求、争夺等做法是不同的。后者不但不能减少、缓解和消除矛盾,而且往往易于使矛盾激化以至达到无法收拾的地步。

但是,忍让也必须是适度的,一方面,不讲必要的忍让和忍让不足是不对的,因为这样容易滑入计较、苛求和争夺的极端;另一方面,无限忍让也是不足取的,因为这样会趋于怯懦的极端。像"唾面自干"成语故事所描述的那种毫无原则的一味忍让,同我们所讲的豁达大度的忍让毫无共同之处。在这种情况下的忍让,就是怯懦。

例如,如果对方是有意识地侮辱、戏弄你,你却一味地忍气吞声,不予以必要的自卫和反击,就是怯懦;如果对方是以不道德的行为刁难你,你却无原则地听之任之,不据理斗争,也是怯懦。事实证明,忍让不是唯一能解决矛盾和摩擦的方法,还有诸如据理力争、有理有节的争辩的方法等。在需要使用后者的时候和地方,如果不使用,而施以一味忍让或怯懦的方法,则只能使问题变得更糟。总而言之,忍让而不怯懦,是忍让适度的第一要义。

四、热情适度

所谓热情,是指待人诚恳热忱,尽心尽力。热情是人的一种良好修养,是一种受人欢迎的美好行为；热情是一种鼓舞人心的力量，是人生和事业的强大推动力；热情是一种强力黏合剂，能够促进人际关系的建立和发展。

在人际行为中，毫无疑问，应当抱热情的态度，而尽力避免冷淡的做法。冷淡与热情具有本质上的差异。因此，两者在人际行为中的作用是不相同的。如果说，热情是人际关系的促进因素，那么，一般说来，冷淡则是人际关系的破坏性因素。所以，提倡热情的态度，避免冷淡的做法，是建立和发展良好人际关系的基本要求。不过，热情应当是适度的。就是说，热情本身是有分寸的。

要使热情适度，就要把握好热情的分寸，首先要消除缺乏热情或热情不足的现象。因为热情的缺乏或不足容易使人产生冷淡的感觉，而冷淡是不利于人际关系的正常发展的。其次也要避免热情过分。物极必反，热情过分，必然走向它的反面。过分的热情，有可能变成轻浮。轻浮就是言语举动过于亲热，不严肃、不庄重，失去分寸。待人轻浮，会让人认为有失修养，自然降低在他人心目中的威信，严重者还会让他人感到不礼貌、不理智，甚至让他人讨厌，出现克雷洛夫寓言故事《杰米扬的汤》中所讽刺的那种现象。另外，过分的热情，常常给人以讨好、敬畏之感，朋友之间相处起来，关系就显得机械生硬，不那么随便、自然，这势必有碍于情感和思想的交流。总之，释放热情，必须适度。热情而不轻浮，是热情适度的基本要求。

五、信任适度

所谓信任(trust)，是指对他人的相信或信赖。信任他人，是有客观基础的。在现实生活中，绝大多数人都是善良的、正直的，因而是可以依赖的。因为正直的人，具有健全的心理素质和性格的强度，具有较强的支撑力、凝聚力和感召力。他们是弱者的靠山，苦难者的避难港。

事实证明，信任他人，是建立和发展人际关系的前提条件。信任和猜疑是水火不相容的。猜疑是人际交往中的一大心理障碍。因此，要清除猜疑，加强信任。不过，信任也是有限度的。过度的信任就是轻信。而轻信是容易上当受骗的。所以，适度的信任，应当是信任而不轻信。

在人际交往中之所以不能轻信，是因为现实生活中的人是很复杂的，尽管多数人是正直的，可以信赖的，但是，也确实存在一些邪恶之徒、江湖骗子；而且人也处在变化之中。不少人由于各种原因，会由正直的人变成不正直的人。因此，“害人之心不可有，防人之心不可无”的古训，还是有道理的。否则，在没有真正了解一个人之前，过于相信以至轻信，往往免不了上当受骗，甚至酿成终生悔恨。

六、谨慎适度

所谓谨慎，是指待人处事慎重、周密小心的行为品质。谨慎与谦虚齐名，它是人们崇尚的一种美德。人际行为中的谨慎，首先表现在行为之前深思熟虑，不轻举妄动，在深入分析各种条件、权衡利弊得失的基础上再采取行动。其次表现在行动中继续慎始慎终，而不冒冒失失，粗枝大叶。谨慎从事是人际交往中获得成功的一个重要条件。谨慎与鲁莽是对立的。鲁莽对于良好人际关系的建立和发展，是一种破坏性的因素。莽者招损，慎者受益，这是人们在实践中总结出来的经验教训。因此，我们要提倡谨慎，克服鲁莽。

但是，谨慎也是有分寸的。就是说，谨慎必须是适度的。要使谨慎适度，一方面要注意克服谨慎不足，因为谨慎不足容易变成鲁莽。而鲁莽对于人际关系正常发展是有害的。另一方面，也要克服谨慎有余或过分谨慎，因为过分谨慎会导致拘束。而拘束与鲁莽一样，是不利于人际交往的。因为拘束会使人"近视"，在琐事上左顾右盼，在大事上反倒耳不聪，目不明；拘束会使人压抑，见人不敢说话，遇事不敢抬头；拘束使人减少了与他人交往的机会，使人思想贫乏，信息闭塞。因此，在强调谨慎的同时，要防止出现拘束。适度的谨慎，是既不鲁莽也不拘束。

七、谦虚适度

所谓谦虚，是指谦让和虚心的态度和品质。谦虚，是做人的美德。自古以来，谦虚一直受到人们的高度评价，"满招损，谦受益"，"虚心使人进步，骄傲使人落后"就是至理名言。明朝一位著名的学者薛瑄在其写的《读书》中说："虚心接人，则于人无忤，自满者反是。"这里他把谦虚看作交友待客的根本态度，可谓切中要害。美国人罗威尔形容谦虚"是庄严，是尊贵"。英国人但尼生认为："真正的谦虚是量高的美德，也即一切美德之母。"古希膜哲学家苏格拉底则称颂谦虚"是藏于土中甜美的根，所有崇高的美德由此发芽滋长"。总之，谦虚作为一种美德，时时处处受到称颂。因而在现实生活中，谦虚发挥着特别重要的作用。

在人际行为中，谦虚是建立和发展人际关系的重要条件。谦虚待人，就会尊重他人，也会严格要求自己。可以说，谦虚是强化人际关系的凝固剂。谦虚的对立面是骄傲。骄傲是人际关系的腐蚀剂，破坏人际关系的建立和发展。一个人如果骄傲起来，自以为是，盛气凌人，就会伤害同志，损害朋友间的感情。因此，在人际行为中，理应发扬谦虚精神，克服骄傲思想。

但是，谦虚也有一定的限度。谦虚不够，容易导致骄傲，是不足取的。然而，过分的谦虚，也是要避免的。因为谦虚过分，就会变成虚伪，虚伪同骄傲一样，也是破坏正常人际关系的因素；谦虚过分，还会导致失去自信，而缺乏自信的人，往往被人瞧不起。总之，适度的谦虚，应是既不骄傲又不虚伪和不失去自信。

八、幽默适度

什么是幽默？尽管自古以来，许多伟大的思想家都在努力寻求它的答案，如亚里士多德、弗洛伊德等，但没有一个人彻底明白。就连许多幽默大师和致力于幽默研究的人都无法作出明确的定义，或者说没有一个公认的定义。尽管幽默尚无公认的定义，但是，在人际行为中，幽默起着特别重要的作用，却是许多人的共识。幽默是一种力量，它是奋发向上者和希望与人建立良好关系者不可缺少的东西；它可以减轻压力，润滑人际关系，消除紧张，祛除人生压力，提高生活的品质；它能帮助人们消除争吵，回答棘手的问题，摆脱尴尬的局面。总之，在交往中，幽默的作用是显而易见的。因此，在人际行为中，我们应重视幽默，发挥幽默的作用，增强幽默感。

萧伯纳像

幽默虽有诸多优点，但一定要选择合适的场合，了解对方的特点，切不可滥用幽默。著名作家萧伯纳才华横溢，年轻时说话十分幽默。有一天，他的朋友对他说："虽然你说话确实是十分有意思，但是，你不在场的时候，大家却更开心。因为你一说话，我们感觉不如你，便不敢说话了。"萧伯纳恍然大悟，以后改掉了滥用幽默的毛病。

幽默必须是适度的。缺乏幽默或幽默感不足，是我们应力求避免的，因为这样会使人感到呆板、冷漠，从而不愿交往。另一方面幽默过分，也是我们应力求克服的。因为过分的幽默，会走向它的另一极端，易使人产生被讥讽、被戏谑之感，认为幽默者太轻浮，不庄重。总而言之，适度的幽默，应当是庄重而不冷漠、幽默而不谐谑。运用幽默要因时、因地、因人而异。不但在葬礼上不能说笑话，就是在其他场合也要注意对象和分寸。

九、豪爽适度

所谓豪爽，就是爽直、豪放。豪爽的表现是多种多样的。例如，不隐瞒个人的意见和观点，开诚布公；不拘泥小节，从大局着眼；不斤斤计较个人恩怨得失，以友情和事业为重；当他人处于危难之时，全力相助；对于他人的小过失，能够宽容相待。正因为如此，人们把豪爽视为一种值得赞美的品质。具有这种品质的人,能赢得更多人的喜欢和爱戴,能赢得更多人的信任。因而,在人际交往中,豪爽者具有很强的感召力和吸引力,人们大多乐意与豪爽者建立交往关系。

不过,豪爽也存在适度的问题。适度的豪爽,一方面要克服豪爽不足。豪爽不足容易导致吝啬、刁猾,给人造成不可捉摸的印象。另一方面也要避免豪爽过分。豪爽过分则可能滑向粗俗的极端。粗俗,是言行不讲究,过于粗野和庸俗。粗俗者常常使人反感和厌恶。总而言之,豪爽而不粗俗,是做到豪爽适度的重要要求。

十、期望适度

所谓期望(或期待),这里首先指角色期望或期待。社会上的每个人都处于一定的位置和关系之中,由于位置和关系各不相同,因而人们扮演的角度也就有所区别。对于任何一个角色,社会上的人们都会寄予一定的期望,这就是"角色期待或期望"。此外,期望(或期待)也包括自我期望。所谓自我期望(self-expectation),就是自己对自己的期望。例如,想成为什么样的人?怎样安排自己的一生?等等。期望,在人际行为中具有重要的作用。皮格马利翁效应(Pygmalion effect)的产生,就是热心期望(或期待)的结果。

但是,期望也必须是适度的。适度的期望,应当是恰如其分的,既不过高,也不过低。期望过低,表现在自我期望方面,就会影响自我潜能的发挥;表现在角色期望方面,则会使期望者的某些要求得不到满足。期望过高,表现在自我期望方面,由于其难以实现,往往会由失望变为自卑;表现在角色期望方面,则会使对方产生被苛求感,达到无法承受和不能接受的程度,使自己也会由于期望不能实现而感到失望,甚至对对方产生某些不正确的看法。这两种情况,都会使正常的人际关系恶化。因此,要做到期望适度,对自己要正确审视,尽量使期望与个人实际相符;对他人不要苛求,力求使期望值既适当又合理。

十一、交频适度

所谓交频适度,即交往频率适度,它指的是单位时间内交往的次数。交往频率是制约人际关系的重要因素。任何人际关系,都是通过一定的交往次数而建立起来的。一般说,交往频率越高,关系双方越容易相互了解,也越容易满足各自的需要,因而就越容易建立亲密的关系。事实证明,在一定条件下,人际关系的亲密程度与交往频率是成正比的。

但是,交往频率也有个适度的问题。适度的交往频率,应是适中的,既不高也不低。交往频率过低,缺乏单位时间内必要的交往次数,往往难以建立起亲密的人际关系,而且还会使本来的亲密关系产生裂痕,变得淡漠、疏远起来。人们常说“远亲不如近邻”，之所以如此，其中一个重要原因，是由于交往频率低造成的。交往频度过高，超过单位时间内必要的交往次数，也会给人际关系造成不利的影响。因为交往是需要时间和精力的。在必要的交往次数中，花费时间和精力，往往被认为是应该的、值得的。但是，时间和精力用在不必要的交往应酬上，则往往觉得是浪费，因而容易产生反感甚至讨厌。有人说，交友是时间的最大浪费。这种说法并非完全没有道理。

十二、言谈适度

言谈，也就是说话。人际行为中最重要、最普遍、最常见的就是言谈行为。语言是交际的工具，没有这个工具，人际关系就不可能发生和发展。言谈实际上就是语言的运用。言谈对人际关系的制约和影响作用是显而易见的。人际交往的最基本形式就是言谈。善于言谈，有助于人们之间加深了解、交流思想、沟通感情、发展友谊，也有助于增加信息、丰富知识、陶冶情操、愉悦心灵。而要实现这一点，就必须注意言谈适度。

言谈适度，主要表现在两个方面：

一是在形式上，要注意声音暗示适度。根据朱迪·C·皮尔逊的看法，声音暗示主要有：速度——说话的快慢；音量——说话时声音的大小；音高——声音的高低，等等。

二是在内容上，该先说的就先说，不该先说的就后说；该说的时候就说，不该说的时候就不说等等。在言谈中，要真正实现形式和内容方面的适度要求，最重要的是说话要适时、适情、适势、适机、适人。总之，要具体情况具体分析。正如吕叔湘先生所说，说话得体并没有一套固定的办法，此时此地对此人说此事，这样的说法最好；对另外的人，在另外的场合，说的还是这件事，这样的说法就不一定最好，就该用另一种说法。

与人讲话要注意人与人交情的深浅。交情浅，就不宜向对方谈太知心的话。假设你要批评对方、指出对方缺点，你就要斟酌一下。正所谓“忠言逆耳”，通常人们都不愿意听别人的批评。所以，你对一个不太熟悉的人，直接指出其缺点，对方多会认为你在挑毛病。而你对你的好朋友说同样的话，他一般不仅不会产生不悦，反而会认为你是真诚的，只有知心朋友才会说真话。这便是交情远近的不同。

说话时机

说话时机是十分重要的。孔子讲:“言未及之而言谓之躁,言及之而不言谓之隐,未见颜色而言谓之瞽。”即,不该说话的时候说了,叫做急躁;应该说话的时候却不说,叫做隐瞒;不看对方的脸色变化,贸然信口开河,叫做闭着眼睛瞎说。所以,说话的时机也要恰当。

战国时安陵君深得楚王重用。有一天,他的朋友江乙对他说:“现在你虽然掌握着国家大权,但是你同楚王没有深交,将来你的处境很危险。”安陵君颇有感触,忙问:“请先生指点迷津。”江乙答道:“你应该找个机会,对大王说‘若大王驾崩,愿以身殉葬’,这样,你就可以保住权位。”但是,过了很多时间,安陵君都没有向楚王说起这些话。江乙不太高兴,找到安陵君,说:“既然你不采用我的计谋,那么我就不管了。”安陵君解释道:“时机未到。”又过了一段时间,楚王去打猎,一箭射死一只野牛,全场欢腾。楚王非常高兴,感慨道:“今天打猎,寡人十分高兴,但我百年之后,谁和我共有今天的快乐呢?”安陵君知道时机终于到了!他赶忙上前,高声说:“臣愿意随大王奔赴黄泉,愿意变为草木为大王阻挡蝼蚁,那便是臣的最大荣耀!”楚王听了深为感动,从此对他更加器重。

应当指出,对人际行为中的适度原则,必须作辩证的理解:

首先,适度是相对的,不是绝对的。适度总是与一定的具体条件联系。在一定条件下是适度的,在另一种条件下就有可能是不适度的。

其次,适度是变化的,而不是固定不变的。原来是适度的,后来有可能变成不适度的;本来是不适度的,后来也可能变为适度的。

最后,适度内容是多种多样的,不同适度内容之间是相互联系、相互影响的。在认识上,人们可以孤立地考察它们,但在实践中却是不可分割的统一体。

从理论上辩证地认识人际行为中的适度原则是做到适度的重要方面,但是,仅仅如此是远远不够的。因为人际行为中的适度原则,不仅仅是个理论问题,更重要的是个实践问题。要真正贯彻好适度原则,必须积极地投身于人际实践中去,把理论与实践有机地结合起来,不断提高实施这一原则的实践智慧。

第十二章 人际关系测量与评估

人际关系是不断变化的，是动态的，并且其变化有时是很微妙的，难以察觉，但是，这并不意味着人际关系无法测量。20世纪以来，学者们也努力地制定和修订相关量表(scale)，对人际关系状况进行测量和评估。

就人际关系测量方式而言，大体可分为第三方测量和自我测量。人际关系是一个动态、复杂的过程，受多方面变因的影响。所以，人际关系的测量和评估要综合社会测量法、参照测量法等第三方测量，也要与自我测试相结合，还要以他人对自己的各种评价为中介进行分析和评估。

第一节 人际关系的第三方测量

人际关系测量的对象可以是一个群体，也可以是个人。对于一个群体，比如一个班级或者宿舍、小组，通过测试我们可以知道这个群体的凝集力有多高，是否存在着小团体，实际的领导人是谁，群体成员中的关系网是怎样的。对于个体的人际关系，通过测量可以知道，这个人在群体中处于何种位置，以及他在人际交往中与人交流的情况、对他人的态度等。

第三方测量就是主试(experimenter)对被试(subject)所在群体的调查了解，以确定被试的人际关系状况。受试的人际关系情况是通过他人的评价而完成的。目前较为广泛应用的是社会测量法和参照测量法，都属于第三方测量。

一、社会测量法

社会测量法(method of social measurement)是由美国社会心理学家莫雷诺(Moreno，1934)最先制定的，因而又称为莫雷诺法。此法以问卷为载体来收集被测试群体(subject group)的人际关系状况数据(data)，典型的问题有“在你的班级里你最喜欢的三个人是谁?”“如果出去玩，你愿意同班级里谁去?”，然后对收集的数据进行量化或图形化，以展示群体人际关系状况。人际关系状况在群体中的现实表现为彼此选择的方向和程度，据此判断交往主体在群体内受接纳或被排斥的程度。

莫雷诺法的整个过程分为测量准备、实施和分析三个阶段。

1. 准备阶段

具体测试准备开展之前，先要明确测量目的。测量目的必须明确具体，这是保证测试结果的第一环，否则会使测试偏离预期，失去意义。就莫雷诺社会测试法来说，主要测量一个团体的人际关系现状、凝集力，以及确定团体中受欢迎、不受欢迎和孤僻的成员。

整个准备阶段分为两个部分：一是调查问卷的准备；二是被测试者心理准备。

(1)调查问卷的准备

首先，根据测量目的选择具体的测量选项，如要测量某人在群体内的人际关系状况，那么就应选择与之对应的选项，如“你希望和哪几个人一起工作?”选项既可以采用积极的方式也可以采用消极的方式，如“你希望和哪几个人一起工作?”是积极的方式，而“你不希望和哪几个人一起工作?”则是消极的方式。这两种方式都能够达到目的，但是，消极方式的运用要谨慎，以免给被测试者增加不必要的心理压力。选项要具体、易懂且无歧义，以免造成被测试者理解上的偏差，进而造成测试误差。

其次，根据被测试群体的规模来规定选择的数量，一般以选 3～5 人为宜，当然如果群体小的话也可以不作限制。

再次，确定选择方法，这是关键的一步。根据测试问题有无参数限制和是否包含顺序，测量项目通常有五种类型：

a. 参数顺序选择法。被试按照前后顺序选出固定数目的人，比如，“你最喜欢和谁一起做游戏？其次是谁？第三是谁?”这里参数为 3，即只能选择 3 个人；根据喜欢程度，分为第一、第二、第三。喜欢的人按顺序记为＋3、＋2、＋1，不喜欢的人则记为－3、－2、－1。这种方法适合 30～40 人的群体。

b. 非参数顺序选择法。同参数顺序选择法类似，也是根据重要性进行排序，但是选择数目没有限制。该方法大、小群体均可适用。

c. 参数简单选择法，不要求选择顺序，但在选择数目时有限定。比如，“如果出去旅游，你喜欢同班里哪三个人同行?”

d. 非参数简单选择法，没有选择人数和顺序的限制。如“如果出去旅游，你喜欢同班里谁同行?”

e. 接纳水平等级分类法。将人们的接纳水平从高到低分成五个等级，被试将群体成员归入任意一级中，数目不限。

之后，测试者根据上述内容以最合理的方式编制问卷。除测试项目外，被试还要填写姓名、性别、出生年月等。

(2)被测试者心理准备

测试者在做好测试问卷的准备后，还不能急于测试，还要协同被测试者做好测试前的准备，而这种准备更倾向于心理方面，也就是说在测试进行前先得向被测试者说明此次测试的目的和意义，想方设法调动被测试者的积极性，让他们真心实意地参与，而不是应付差事。这一过程是非常伤脑筋的，也是非常关键的，如果被测试者只是应付，没有认真回答问卷，那么，就会造成测试结果与原初目的差之千里，整个测试中的努力也将付之东流。

2.实施阶段

正式测试开始前仍有必要向被测试者重申测试的目的和意义，并说明问卷的具体回答方式：是必须考虑选择的顺序，如“你最希望和________一起工作？其次希望和________一起工作？再次希望和________一起工作？”还是只需考虑选择的倾向，如“你希望和哪几个人一起工作?”这关系到数据分析工具的选择和分析效果，必须事先说明。

测试进行过程中，测试人员也要随时提供指导，保证测试过程的顺利进行。测试完之后，要将问卷回收整理，为下一程序做准备。另外，还要做好问卷的保密工作，因为测试的话题对群体成员来讲是非常敏感的，以免因问卷泄露而造成被测试者心理恐慌。

3.分析阶段

问卷回收后，要进行数据的统计分析。资料的整理有两种方式：矩阵法和图示法。

(1)矩阵法

社会测量矩阵，又叫做人际关系矩阵(interpersonal relation matrix)。先将群体中的成员进行编号，如果有 n 个人，则构成 n 阶矩阵，然后将被测试者的选择填入矩阵当中。根据问卷回答方式的不同，分析矩阵也是有差别的。如果是顺序选择的话，则可以将最希望一起工作的标为3，其次者标为2，再次者标为1。如表12-1所示。

表12-1　　人际关系矩阵

被测试者	1	2	3	4	5
1		2	3		1
2	3		2	1	

续表

3	3	1		2	
4	3		2		1
5	2	1		3	
合计	11	4	7	6	2

从表中可以清晰地看出，在这个群体中，成员 1 受欢迎的程度是最高的，下面依次是成员 3、4、2、5。

如果选择不含顺序，仅是倾向选择的话，肯定的选择标为“+”，否定的选择标为“−”。如表 12-2 所示。

表 12-2　　人际关系矩阵

被测试者	1	2	3	4	5
1		+	−	−	+
2	+		−	−	+
3	−	−		+	+
4	−	+	−		+
5	+	+	−	−	
肯定合计	2	3	0	1	4

表中，成员 5 受欢迎程度最高，接着是成员 2、1、4，成员 3 则最低。

以矩阵法分析测试数据，能够知道群体内谁最受欢迎，谁最不受欢迎，也能够简单地分析成员在群体中的人际关系状况。

根据矩阵数据，还可以进一步计算出人际关系状况的相关指标：某成员的人际关系状况指数 S、群体内聚力指数 C、群体的离散性指数 D。

第一，群体中某一个成员 i 的人际关系状况指数 S_i，是某成员得到的选择数的总和除以总人数减 1，其公式为：

$$S_i = \sum (M_{i+} + M_{i-}) / (N-1)$$

其中，M_{i+} 表示其他成员对成员 i 的正选择；M_{i-} 表示其他成员对成员 i 的负选择，其值为负；N 表示群体总人数。

比较各成员的 S 值，S 值越大，说明人际关系良好；反之则差。

第二，可以算出群体内聚力指数 C，它等于成员之间实际相互选择的总数目除以可能存在的相互选择的数目，其公式为：

$$C=\sum(M_{ij})/C_N^2$$

其中,M_{ij} 表示群体中成员 i 和成员 j 相互正选择的数目,C_N^2 是一个组合公式,表示群体中可能存在的相互选择的总数目。

比较不同群体的 C 值,C 值大,说明内聚力高;反之则小。

第三,计算群体的离散性指数 D,它等于未获得任何选择的成员人数除以总人数,其公式为:

$$D=N_0/N$$

其中,N_0 表示未获得任何选择的人数。

比较不同群体的 D 值,D 值大,说明群体的离散程度高;反之则低。

(2)图示法

问卷的数据整理分析,还可以选用人际关系图(graph of interpersonal relation),用图示法更为直观地表现某一群体的人际关系状况。根据倾向选择的测试结果,将被测试者用箭头相互连接,单箭头表示单向选择,双箭头代表相互选择。如图 12-1 所示。

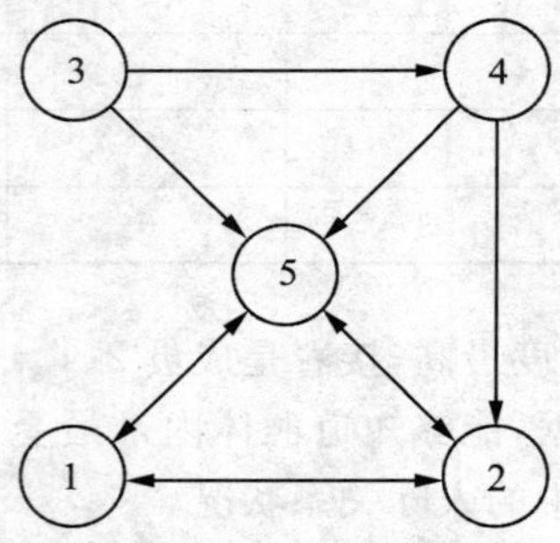

图 12-1　人际关系图示

图示法更加直观,群体内的人际关系一目了然。成员 5 处于人际关系的中心,成员 2 的人际关系也不错,但是成员 3 的人际关系则堪忧;另外,成员 1、2、5 相互选择,他们可能是群体内的一个非正式小团体。从图示中既能明了各成员的人际关系状况,也能清楚群体的人际关系结构。图示法虽然更直观,但被测试者的数量要有限制,否则会造成绘图困难。

社会测量法的优点是高效地确定出一个群体的人际关系状况,使用范围非常广,工厂、学校、其他团体组织都可适用,可以作为选拔干部、调整人事的依据。由于它主要测量的是群体成员的情绪倾向,因此特别适用于松散的群体,因为松散的群体一般没有复杂的组织结构。其不足之处在于无法测得人们选择的动机，一成员肯定或否定另一成员背后的原因到底是什么。

二、参照测量法

前苏联社会心理学家彼得罗夫斯基(Petarovski，1976)认为，被测试者在得知测试目的后所作的选择在很大程度上受某些已有动机的影响，因而，测试结果中最受欢迎的人，并不一定是群体中最权威、最受信赖的人，甚至可能出现极端情况：群体中实际的中心人物，在社会测量中却显示为最不受欢迎的人物。社会测量法能够测试出成员在群体中的受欢迎程度，但无法得知其在群体中的重要程度。所以，彼得罗夫斯基创造了一种新的方法来测试成员在群体中的重要程度，即参照测量法(reference measurement method)。

参照测量法的具体测量过程为：首先测试者指导被测试群体中的成员进行相互的书面评价，这一过程须保证被测试者的独立性和私密性；然后将书面评价进行分类整理，把对某一成员的所有评价集中在一起。接着分别与被测试者接触，设法激起他们得知其他成员对其评价的欲望，但不能将所有的评价都给他，而只是答应让他看其中几个人对他的评价，一般为3～4人，并将他们所选择的人记录下来，然后将记录进行分析处理，从而发现群体中最受信赖和尊重的人。

此法与社会测量法在测试前就明确测试目的不同，它首先隐藏了测试的真正目的，使被测试者在无意中展露了内心真实的想法。它的心理学依据是人们在限制选择下，最想看到群体中最有权威或最具影响力的人对自己的评价。在隐藏真实目的下的测试，其结果更客观。

三、社会距离测量法

社会距离测量法(measurement of social distance)是1925年美国社会心理学家布加达斯(Bogardus)在《测量社会距离》一书中提出的，用于测量人们对于某个事物的态度。他曾经用此方法测量人们对黑人的态度。测试问卷是一组陈述句，句子所描述的人际距离逐渐疏远。

例如，测试某群体对成员甲和乙的态度，社会距离调查表如表12-3所示。

表12-3　　社会距离量表

你愿意同________处于什么关系？	
陈述句	量表值
(1)和他做邻居	1
(2)和他做同事	2

续表

(3)和他保持一般交往	3
(4)和他少来往	4
(5)和他绝交	5

得分越高,则人际间的社会距离越远。

社会测量法和参照测量法在人际关系状况的测量和评估(estimation)方面具有广泛的应用度和较高的可信度(credibility)。但是,这两种方法需要花费相当的人力和时间,不宜经常使用,而人际关系的状况又处于不断变化之中,难以随时把握自己在群体中的人际关系状况,并且,这两种方法都是第三方进行的,群体中的成员在测试中处于被动地位,无法发挥其能动性,难以较全面地测量和评估成员的人际关系状况。因而,在人际关系的测量和评估中也应该发挥主观能动性,结合运用自我测量和评估。

第二节 人际关系的自我测试

人际关系测量除来自第三方的评价外,还可以进行自我测试(self-testing)。自我测试是自己对自己心理行为的测试,测试结果的解释可由自己或专家完成。人际关系的自我测试和评估是以人际交往心理测试题为主要形式,通过这种方式发觉自己在群体交往中能否保持良好的心态,能否建立和谐的人际关系,进而评估自己的人际关系状况。如果评估状况良好,则继续保持;如果不理想的话,则需进一步分析原因,以求改进。进行人际关系自我测量时,必须根据自己的情况如实回答测试问题,不能因害怕出现不理想的测试结果而遮遮掩掩,否则就是自欺欺人。另外,任何测量方法都有一定的误差,并且,国内主流的测试题绝大多数是引进的,没有完全中国化,因而要以正确的心态来对待测试结果。

自我测试有时可以反映自己心理和行为的原因。比如,通过社会距离量表,可以找到一群体中孤立的人,但是他为什么孤立,社会距离量表就无法说明。而通过人际关系的自我测试量表有可能找到原因,如人际信任或交谈能力的原因。

目前人际关系的测试量表多来自国外,如人性哲学量表、人际信任量表、马基雅弗利主义量表。这些量表可以作为参考。国内的量表有针对大学生的《大学生人际关系和谐性测试问卷》(郑日昌等编制)等。

一、大学生人际关系和谐性测试问卷①

［指导语］

这是一份人际关系行为困扰的诊断量表，共 28 个问题，在每个问题上，选"是"的打"√"，选"非"的打"×"。请你认真完成，然后看后面的评分计分办法和对测验结果作出的解释。

［问卷］

(1) 关于自己的烦恼有口难言。(　　)

(2) 和陌生人见面感觉不自然。(　　)

(3) 过分地羡慕和妒忌别人。(　　)

(4) 与异性交往太少。(　　)

(5) 对连续不断的会谈感到困难。(　　)

(6) 在社交场合感到紧张。(　　)

(7) 时常伤害别人。(　　)

(8) 与异性来往感觉不自然。(　　)

(9) 与一大群朋友在一起，常感到孤寂或失落。(　　)

(10) 极易受窘。(　　)

(11) 与别人不能和睦相处。(　　)

(12) 不知道与异性相处如何适可而止。(　　)

(13)当不熟悉的人对自己倾诉他的生平遭遇以求同情时，自己常感到不自在。(　　)

(14)担心别人对自己有什么坏印象。(　　)

(15)总是尽力使别人赏识自己。(　　)

(16)暗自思慕异性。(　　)

(17)时常避免表达自己的感受。(　　)

(18)对自己的仪表(容貌)缺乏信心。(　　)

(19)讨厌某人或被某人所讨厌。(　　)

(20)瞧不起异性。(　　)

(21)不能专注地倾听。(　　)

(22)自己的烦恼无人可倾诉。(　　)

(23)受到人排斥与冷漠。(　　)

---

① 转引自宋专茂、丁霞编著《大学生心理健康测量与导向》，暨南大学出版社 2005 年版，第 128～133 页。

(24)被异性瞧不起。(　　)

(25)不能广泛地听取各种意见、看法。(　　)

(26)自己常因受伤害而暗自伤心。(　　)

(27)常被别人谈论、愚弄。(　　)

(28)与异性交往不知如何更好地相处。(　　)

[评分标准]

打“√”’的给1分,打“×”给0分。

[测查结果解释]

如果你得到的总分是在0～8分之间,那么说明你在与朋友相处上的困扰较少。你善于交谈,性格比较开朗,主动关心别人。你对周围的朋友都比较好,愿意和他们在一起,他们也都喜欢你,你们相处得不错;而且,你能够从与朋友相处中得到许多乐趣。你的生活是比较充实而且丰富多彩的,你与异性朋友也相处得很好。一句话,你不存在或较少存在交友方面的困扰,你善于与朋友相处,人缘很好,获得许多人的好感与赞同。

如果你得到的总分是在9～14分之间,那么,你与朋友相处存在一定程度的困扰。你的人缘很一般,换句话说,你和朋友的关系并不牢固,时好时坏,经常处在起伏波动的状态之中。

如果你得到的总分是在15～28分之间,那就表明你在与朋友相处上的行为困扰较严重。分数超过20分,则表明你的人际关系的行为困扰程度很严重,而且在心理上出现较为明显的障碍。你可能不善于交谈,也可能是一个性格孤僻的人,不开朗或有明显的自高自大、讨人嫌的行为。

上述测试结果的解释是对人际关系的整体评价。还可以从人际关系的四个方面具体分析,即交谈、社交、待人接物和与异性交往。详见表12-4。

表12-4　　人际关系计分表

A	题目	(1)	(5)	(9)	(13)	(17)	(21)	(25)	小计
	分数								
B	题目	(2)	(6)	(10)	(14)	(18)	(22)	(26)	小计
	分数								
C	题目	(3)	(7)	(11)	(15)	(19)	(23)	(27)	小计
	分数								
D	题目	(4)	(8)	(12)	(16)	(20)	(24)	(28)	小计
	分数								
评分标准	打“√”的给1分,打“×”的给0分。　　总分:								

a. 记分表中 A 横栏的小计分数，表明你在交谈方面的行为困扰程度。

如果得分在 6 分以上，说明你不善于交谈，也不能很好倾听他人。

如果得分在 3～5 分之间，说明你的交谈能力有待提高。如果你与对方不太熟悉时，不愿意交谈；而经过一段时间熟悉后，交流却较为自由。

如果你的得分在 0～2 分之间，说明你有较高的交谈能力和技巧。

b. 记分表中 B 横栏的小计分数，表示你在交际与交友方面的困扰程度。

如果得分在 6 分以上，表明你在社交交友方面存在着较大的困难，你可能过多地考虑自己的形象。

如果得分在 3～5 分之间，则说明你内心想与人交往，但却不能积极主动。

如果得分在 0～2 分之间，则说明你乐于与人交往。

c. 记分表中 C 横栏的小计分数，表示你在待人接物方面的困扰程度。

如果得分在 6 分以上，则往往表明你缺乏待人接物的机智与技巧。

如果得分在 3～5 分之间，则说明对待不同的人，你有不同的态度；而不同的人对你也有不同的评价。

如果得分在 0～2 分之间，表明你待人接物方面良好，对环境的适应性强。

d. 记分表中 D 横栏的小计分数，表示你跟异性朋友交往的困扰程度。

如果得分在 5 分以上，说明你在与异性交往的过程中存在较为严重的困扰。你可能过分地思慕异性或者对异性持有某种偏见。

如果得分在 3～4 分之间，说明你有时会觉得与异性交往是一件愉快的事，而有时则是一种负担。

如果你的得分在 0～2 分之间，说明你能正确处理与异性朋友之间的关系。

二、人性哲学量表(PHNS)

人性哲学量表(Philosophies of Human Nature Scale)是 1964 年 Wrightsman 编制的，用于测试被试对他人一般行为模式的估计。一个人对他人行为的估计，直接会影响到人际交往和关系。比如，如果这一个人认为，他人的心理是非常复杂的以致无法了解和把握，那么这个人很可能畏惧与他人交往；反过来若认为他人心理很简单，那么多半要在人际交往中碰壁。

该量表将人性分解为六个不同的成分，从而分析被试在这六个方面的态度。

a. 值得信任度 (trustworthiness)：人们被视为有道德、诚实和可靠的程度。

b. 利他主义 (altruism)：无私、真挚的同情心以及对他人的关心。

c. 独立性 (independence)：面临社会求同趋势而坚持自己信念的坚定性。

d. 意志力与理性 (strenth of will and rationality)：人们对自己行为了解的程度以及克服自己缺点的信心。

e. 人性的复杂性(complexity of human nature):人是复杂的还是简单的,是难以理解的还是容易理解的。

f. 人性的变异性(variability of human nature):个体间本性相差的程度以及基本人性的可变程度。

与此相应,量表由以上 6 个分量表组成,每个分量表有 14 个项目,其中 7 个正向计分,7 个负向计分,共 84 个题目。每题用六级评定计分,从+3(非常同意)到-3(非常不同意)。因此每一个分量表得分范围是从-21 分到+21 分。

1974 年,Wrightsman 在《人性哲学量表》基础上进行修订简化,即《人性哲学修订量表》。该量表包含 20 个条目,共有 2 个分量表,各含 10 条目。

a. 值得信任,这是一个正向因子,即相信人基本上都是善良的。

b. 愤世嫉俗,这是一个负向因子,即认为大多数人本质上都是利己主义者(egoist)。

人性哲学修订量表(RPHNS)

编号________ 姓名________ 性别____ 年龄____ 测验日期________

[指导语]

本问卷由一系列关于态度的陈述组成。每一陈述只是代表人们的一种普遍观点,并没有对错之分。你可能会同意某种观点却不同意另一种观点。请使用以下标准表明你对下列每一陈述同意或不同意的程度。

1=完全同意

2=部分同意

3=略微同意

4=略微不同意

5=部分不同意

6=完全不同意

[问卷]

(1)如果能不花钱进入电影院而且肯定不会被发现,那么多数人都会那样做的。

(2)多数人有认错的勇气。

(3)一般人都是自以为了不起的。

(4)即使在如今这种复杂的社会里,多数人仍想遵循《圣经》中的待人原则。

(5)多数人会停下来帮助汽车出了毛病的人。

(6)普通的学生即使有一套道德标准,当其他人均在考试中作弊时,他也同样会作弊。

(7)多数人会毫不犹豫地特意去帮助遇到困难者。

(8)如果撒谎能带来好处,多数人将撒谎。

(9)在当今社会里无私的人太可怜了,因为有那么多人算计他。

(10)“希望别人怎样对待自己,首先应像那样对待别人”,这是多数人恪守的格言。

(11)人人都声称自己有一套关于道德的伦理标准,但一旦遇事时却很少有人遵循这些标准。

(12)多数人会表明自己的信仰。

(13)人们表面上互相关心,实际上却并非如此。

(14)即使知道撒谎有好处,人们也往往讲实话。

(15)多数人从心里不愿意去帮助别人。

(16)如果有机会,多数人会在所得税上作弊。

(17)只要认为自己正确,一般人都能不顾别人的反对而坚持自己的观点。

(18)如果有机会,多数人会乐善好施。

(19)多数人所表现的诚实并非出于正当理由,他们只不过怕被抓住而已。

(20)普通人均会诚恳地关心别人的困难。

[计分方法]

因子	记分键									
值得信任	(2)	(4)	(5)	(7)	(10)	(12)	(14)	(17)	(18)	(20)
愤世嫉俗	(1)	(3)	(6)	(8)	(9)	(11)	(13)	(15)	(16)	(19)

根据记分键,两项因子所有项目得分分别累加。值得信任因子得分越低说明越信任他人;愤世嫉俗因子得分越高说明越愤世嫉俗。

三、人际信任量表(ITS)

人际交往的基础是人们相互信任。如果一个人对周围人或群体缺乏信任,那么很难存在什么人际交往。1976 年 Rotter 编制了一个人际信任量表(Interpersonal Trust Scale),用于测试被试对他人的言行的可靠性(reliability)的估计。量表共有 25 个问题,内容涉及一个人对多种社会角色(social role)(如父母、推销员、新闻媒介)的信任程度。

人际信任量表

[指导语]

使用以下标准表明你对下列每一陈述同意或不同意的程度：

1＝完全同意

2＝部分同意

3＝同意与不同意相等

4＝部分不同意

5＝完全不同意

[问卷]

(1)在我们这个社会里虚伪的现象越来越多了。

(2)与陌生人打交道时，你最好小心，除非他们拿出可以证明其值得信任的依据。

(3)除非我们吸引更多的人进入政界，这个国家的前途将十分黯淡。

(4)阻止多数人触犯法律的是恐惧、社会廉耻或惩罚而不是良心。

(5)考试时老师不到场监考可能会导致更多的人作弊。

(6)通常父母在遵守诺言方面是可以信赖的。

(7)联合国永远也不会成为维持世界和平的有效力量。

(8)法院是我们都能受到公正对待的场所。

(9)如果得知公众听到和看到的新闻有多少已被歪曲，多数人会感到震惊的。

(10)不管人们怎样表白，最好还是认为多数人主要关心其自身幸福。

(11)尽管在报纸、收音机和电视中均可看到新闻，但我们很难得到关于公共事件的客观报道。

(12)未来似乎很有希望。

(13)如果真正了解到国际正在发生的政治事件，那么公众有理由比现在更加担心。

(14)多数获选官员在竞选中的许诺是诚恳的。

(15)许多重大的全国性体育比赛均受到某种形式的操纵和利用。

(16)多数专家有关其知识局限性的表白是可信的。

(17)多数父母关于实施惩罚的威胁是可信的。

(18)多数人如果说出自己的打算就一定会实现。

(19)在这个竞争的年代里，如果不保持警惕，别人就可能占你的便宜。

(20)多数理想主义者是诚恳的并按照他们自己所宣扬的信条行事。

(21)多数推销人员在描述他们的产品时是诚实的。

(22)多数学生即使在有把握不会被发现时也不会作弊。

(23)多数维修人员即使认为你不懂其专业知识也不会多收费。

(24)对保险公司的控告有相当一部分是假的。

(25)多数人诚实地回答民意测验中的问题。

[评分指南]

a.项目(6)(8)(12)(14)(16)(17)(18)(20)(21)(22)(23)和(25)正序记分。

b.其余项目:(1)(2)(3)(4)(5)(7)(9)(10)(11)(13)(15)(19)和(24)反序记分。如得1分则记5分,如得5分则记1分。

c.所有项目得分累加即为总分。

d.得高分者人际信任度也高。

本篇思考题

1.什么是人际交往?

2.人们为什么要进行交往?

3.简述舒茨的三维人际关系理论。

4.简述魏斯的社会关系律。

5.简述戈夫曼的自我呈现论。

6.试析利益驱动的复杂性。

7.沙赫特是如何证明亲和动机存在的?

8.如何运用首因效应进行人际交往?

9.如何克服人际交往中的障碍?

10.举例说明纽科姆改变人际关系的方法。

11.造成人际冲突的原因有哪些?

12.如何描述人际关系状态?

13.简述人际交往建立和发展阶段。

14.科学分析中国传统人际交往的特点。

15.论述自身特性与人际吸引的关系。

16.分析相似性与互补性在人际吸引中的关系。

17.简述社会交换理论的基本内容。

18.简述强化理论的基本内容。

19.爱情的主要特点是什么?

20.简述爱情与喜欢的区别和联系。

21. 试用爱情三角形理论分析日常生活和文学作品中常见的爱情类型。
22. 如何看待大学生的恋爱现象?
23. 用沟通模式描述一个现实的沟通过程。
24. 举例说明约哈里窗如何用于人际沟通分析。
25. 简述自我暴露与人际亲疏程度的辩证关系。
26. 试用 PAC 理论分析师生沟通情况。
27. 人际沟通分哪些类型?
28. 非语言沟通的主要功能有哪些?
29. 单向沟通与双向沟通在效率方面有什么不同?
30. 简述口头沟通和书面沟通各自的特点。
31. 分析各类沟通网络的优缺点。
32. 人际沟通双方的相倚关系分为哪几种?
33. 列举本民族的几种肢体语言,并说明其含义。
34. 如何克服沟通中的障碍?
35. 论述制约人际关系的内在因素。
36. 论述制约人际关系的外在因素。
37. 什么是理解原则?
38. 在人际交往中如何运用相容原则?
39. 论述真诚原则和守信原则与建设诚信社会的关系。
40. 文明原则包括哪些内容?
41. 如何树立正确的平等观?
42. 适度原则的具体内容和表现有哪些?
43. 论述适度原则在人际交往中的意义。
44. 试用社会测量法测量你所在班组的人际关系状况。
45. 试用大学生人际关系和谐性测试问卷测量你自己的人际关系状况。

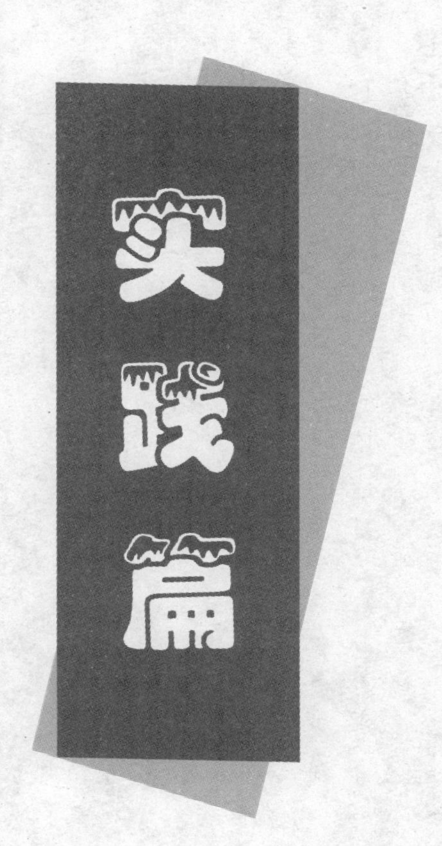
实践篇

第十三章 怎样从自我做起

人际关系的操作技法是多种多样的。人们根据不同的需要和从不同的角度，可以将其分为不同的类别。从操作技法作用的不同对象来看，它可以分为对我操作技法、对他操作技法和他我沟通技法。

自我，是一切人际关系中不可缺少的方面。人际关系主体的首要方面，就是自我。正确认识和对待自我，是正确处理人际关系的基本内容。因此，首先介绍对我操作技法。对我操作技法是多种多样的，这里着重介绍以下几种。

第一节　认识你自己

认识你自己，也就是关于自我认知的问题。这方面的方法很多，这里介绍以下三种。

一、"自觉轮"方法

所谓"自觉"，是关于自我所含内容的模型。一般来说，"自我"含义至少包含了以下五个方面的内容：

一是我的观察。透过身体五官的功用，我们可以看见、听见、嗅到、尝到或触觉到外界传给我们的信息(或刺激)，这是客观地存在于我们身外的事物。

二是我的思想。透过理性的分析及归纳，我们对事情会下一些结论或判断。这些思想会受我们的经验、成见，价值观、性格、兴趣等影响，是因人而异的。

三是我的感受。透过主观感情的反应，我们对事情会有不同的感受。特别敏感的人对很小事情都会有强烈感受，这是个人内心的反应，经常左右我们的思想而不被察觉。

四是我的意图。透过我们的观察、思想和感受，产生一些意念或期望，促使我们作出某些决定，这是我们每个行动背后的动机。

五是我的行动。由于我们有某些意图，我们便会采取合适的行动去达到我们的愿望。

这五个方面可用一个被称为"自觉轮"(conscious wheel)的模型表示,见图13-1。

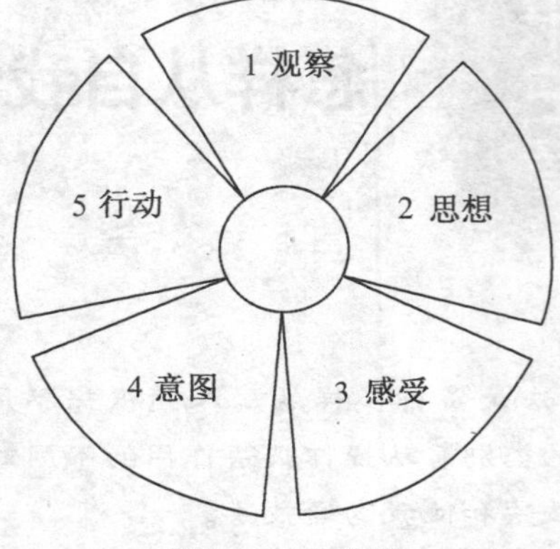

图 13-1　自觉轮

通过所谓"自觉轮"的方法,我们可以清晰地了解当时当地的自我,以致可以明智而恰当地处理当前的人际关系问题。当我们遇到一个问题的时候,我们首先应冷静下来,沿着"自觉轮"的五个环(从哪一环开始都可以)分析一下自己对这件事情的反应,即当时的自我状况,然后作出适当的认知。

人际关系的操作技法

人际关系的操作技法,是指在建立和处理人际关系过程中具体运用的技术、技巧和方法。它同人际关系处理原则一样,在其实质上,是属于人际行为的主观指导规律的内容,是人际行为客观规律的反映。但是,它又与人际关系处理原则有着根本的区别,可以说,它是后者的具体体现和具体化,因而具有特别突出的可操作性。

人际关系的操作技法,对于人际关系的意义是十分重要的。首先,操作技法对于人际关系的建立和发展起一定的保证作用。操作技法是人际行为的必要条件。在任何一种人际关系的建立和处理过程中,操作技法都是不可或缺的。离开一定的操作技法,人际关系的建立和处理就是一句空话。其次,操作技法对于人际行为的成功还是失败起关键性的作用。人际关系的处理结果或人际行为的结局总有正确与错误之分、成功与失败之别。造成这种相反情况的原因,往往与方法有很大的关系。一般来说,使用正确的、科学的方法,会使人们避免人际行为中的失误,在建立和处理人际关系时取得成功。在人际交往中犯错误、使人际关系出现障碍,往往与操作技法的不对头、不适当联系在一起。最后，操作技法对于人际关系的优化程度起直接的制约作用。在现实生活中，导致人际行为取得成功的方法，往往不是单一的或单系列的，而是有多种或多系列的。正如外国谚语所说："条条大路通罗马。"但是，在成功问题上，存在优化度的问题。人际关系效果的优化程度，在很大的程度上，受制于操作技法本身的优化状况。事实证明，优化的操作技法，能保护人际关系取得优化的状况和效果。

正因为操作技法在人际行为中具有不可小视的意义和作用，因此，我们有理由重视它，高扬它，科学地把握它。

二、自我比较

自我比较(self-comparison)主要有两种方式：

其一是将自己的现实与自己的过去相比。通过这一比较，看自己是否有进步及其进步之大小。人们在进行自我认知时，往往把自己的今天与昨天放在同一尺度面前进行比较，从中发现自己是进步了，还是退步了，亦或是原地不动。如果是进步了，进步到什么程度；如果是退步了，退步大还是小。这种纵向比较(vertical comparison)的方法，是认识和评价自我的一种简单易行的方法。它可以使人们看到自己成长以及在成长道路上还存在的弱点、缺点和错误，从而在人际行为中正视这些不足，以便争取更大进步，更好地处理各种关系。但是，运用这种方法，要尽力避免犯简单化的错误。具体地说，要注意两个方面的问题：一方面是不要忽视对变化了的客观条件的分析。个人是否进步，要受主客观两类条件的制约。随着时间的推移，影响个人进步的客观条件是不断变化着的。有时，个人的进步在很大的程度上得益于变化了的客观条件。如果简单地把自我的进步完全归结为自我主观因素的变化，那将影响自我认知的客观性，出现自我扩大的倾向。另一方面是在分析自己的成败、得失和优缺点时，不要把失败和错误的原因一味地推向客观，高估自己的成绩，低估自己存在的问题，这样，才能避免绝对地自我肯定(self-affirmation)的倾向。

其二是将自己的现实与自己的未来目标相比。通过这一比较，看自己存在多大差距。人们在进行自我认知时，往往把自己的今天与明天相比较，从中发现离既定目标是远了还是近了，亦或是原来的距离。运用这种纵向比较的方法，可以使人们从未来的角度考察自己的观察，认识自己的优势和短处、问题和差距，从而更加严格地控制自我，努力实现自我的既定目标；可以使人们从现实的角度去考察自己的既定目标，进一步认识目标的可行性，衡量既定目标的意义和价值，从而坚定目标，或者修订完善目标，或者放弃原定目标，选择新的目标。但是，运用这种方法，也要尽力避免简单化的倾向。许多研究表明，一般人特别是青年人，在运用这种方法时，容易出现自我否定(self-negation)的倾向，特别是那些抱负水平高、胸怀远大理想的人们，每每将自己的现实与未来目标相对照时，就发现自己总是进步缓慢，或没有进步，因而对自己产生不满情绪，甚至怀疑自己的力量，动摇了自己的未来目标。久而久之，就会陷于自卑而不能自拔，以至于自暴自弃。

三、社会比较

自我认知，一般不限于自己同自己的纵向比较，而更多采用的是自己与他人的横向比较(horizontal comparison)。美国社会心理学家费斯汀格(Festinger,1954)把这种比较称之为"社会比较过程"。费斯汀格指出，一个人对自己的价值，是通过与他人的能力和条件的比较而实现的。社会比较，主要是通过两种方式进行的：

其一是根据社会上其他人对自己的态度来认识自己。个人的自我评价(self-evaluation)，往往是以别人对自己的评价作为参照系的。例如，有人待人处世比较好，一切人际行为都较为适度、得体，常常受到社会上其他人的赞扬、夸奖，这样，他就感到自己有较强的社交能力，各种人际关系处理得好，并因而不断增强建立和发展人际关系的自信心(self-assured)。如果有人不善于处理人际关系，在现实生活中，常把各种关系搞僵，因此，常常使人感到厌恶，并受到各种批评，这样下去，就会使他缺乏自信心，看不到自己的社交能力。柯里指出，别人对自己的态度，是自我认知的"一面镜子"。一个人处在一定的社会关系中，通过与他人相处，从他们对自己的评价中看到了自己的形象，为自我认知提供基础。值得注意的是，他人评价这面镜子，并不是指某个人的某一次评价，而主要是指对自己有影响的、关系较为密切的人，从一系列的评价中概括出来的某些经常的稳固的评价，这才是自我认知的基础。

其二是通过与社会上和自己地位、条件相类似的人的比较来认识自己。马克思指出："人起初是以别人来反映自己的。名叫彼得的人把自己当作人，只是由于他把名叫保罗的人看作是和自己相同的。"[①]国外有句老生常谈："告诉我你跟什么人来往，我就告诉你，你是什么人。"这也反映了同样的道理。一个人自我评价高或低，不是孤立地进行的，他总是把自己与他相类似的人加以比较而作出评价的。例如，一个人用15秒钟时间跑了100米，自己判断为快还是慢，是通过

---

① 马克思：《资本论》第1卷，人民出版社1975年版，第67页。

比较后得出的，他不可能与奥运会短跑运动员的纪录来比较，也不会和幼儿园小孩子的速度来比较，他总是找一些与他相当的人来比较，个人评价自己的其他方面如道德品质、能力等都是如此。许多研究发现，人们与相比对象的相似性越高，就越容易在比较中获得对自我的正确认识和评价；相反，人们与相比对象在地位、条件等方面的相似性越低，就越不易在比较中正确地把握对自己的认识和评价。因此，在进行社会比较时，要尽可能寻找一些与自己相似性程度高的人作为比较对象。

第二节　善待自我

一、实事求是地肯定自我

一般来说，任何一个人，总做过一些好事，有过这样或那样一些美好的想法，具备某些积极因素，潜在着大量待挖掘的潜能，具有其存在的价值。因此，人们自己应该实事求是地承认自己的价值，维护自己的自尊心，调动自己的积极因素，发挥自己的潜能。这里的所谓实事求是，就是一就是一，二就是二，既不抹杀、掩盖自己的优点和成绩，也不夸张、扩大、炫耀自己的长处和进步。抹杀、掩盖自己的优点和成绩，具有自我否定的性质，容易损伤自信心和自尊心，压抑自己的潜能和积极性，久而久之会导致自我萎缩(self-shrink)，降低自己的适应性；夸张、扩大、炫耀自己的长处和进步，容易造成过分的自信和自尊。过分的自信会导致自负、自傲。过分的自尊会导致虚伪、做作、装腔作势。这不仅会降低自己的适应性，造成大量的心理冲突和压力，而且会掩盖住自己的缺点和问题，使其不能化解自己的消极因素，不能扬长避短，并压抑了自己的潜能，久而久之会形成“自欺欺人”的消极适应方式。

二、实事求是地否定自我

一般地说，任何一个人，总做过一些错事和蠢事，存在这样或那样的一些弱点和缺点，具备某些消极因素，有着某些亟待克服和纠正的问题。“人无完人，金无足赤。”十全十美的人是不存在的。正因为人们有弱点、缺点和错误，追求自我完善(self-perfection)才成为人们最宝贵的要求。因此，实事求是地认识自己的弱点和缺点，不仅不会降低自己的自信心，伤害自己的自尊心，而且会使自己的自信心和自尊心建立于坚实的基础上，有利于克服自身的消极因素，减少对潜能的自我消耗(self-consumption)，使自我力量充分展示出来，进一步增强自信心，提高自我的价值和地位。这里的所谓实事求是，就是既不夸张，也不缩小，正确

地估计缺点和错误的数量、性质及其对自我价值(self-value)的影响程度。所谓否定,包含两层意思:

一是正视、承认缺点和错误,不文过饰非,不推诿他人和客观因素。

二是分不同情况去克服缺点和错误。

人们存在的多数缺点和错误,经过自我调节,是能够克服和制止的。有些错误虽不可避免,但也可以通过自我调节而达到尽量减少其消极影响的程度。纵然有些弱点和短处,如身段体态、皮肤质地、长相等缺欠,无法通过自我调节而得到矫正和改善,但勇敢地面对现实,承认这种现实,也比有意回避,采取"不承认主义"有利得多。因为对于一个明显的事实采取"不承认主义",不仅会增加心理压力,而且会影响个人的积极适应。

例如,一个口吃的青年,由于怕别人耻笑,就尽量不与人说话,甚至回避参与团体活动,结果使自己孤立于社会,失掉了原有的伴友。当不得不在公开场合说话时,便特别注意别人的反应,因而使自己心情更加紧张,更难顺利地说成一句话。后来在心理学家的指导下,他勇敢地面对自己的欠缺,进行认真的自我训练(self-training),积极参加团体活动,踊跃发表意见。经过一段时间,他的信心增强了,对说话的恐惧心理(panic mind)解除了,口吃的毛病也得到了一定的矫正。

三、尽量减少和避免自我挫伤

一般来说,来自客观因素造成的挫折,对每个人都是不可避免的。但是,来自主观因素的挫折却是能够尽量减少和避免的。由个人的主观心理活动所造成的对于自信心和自尊心的损害,也叫自我挫伤。常见的自我挫伤是由个人的抱负水平太高引起的。

所谓抱负水平(aspirant level),是指个人对自身成就目标预期的水平。每个人都在追求一定水平的成就目标,不然个人就失去了前进的动力。关键在于目标的水平高低。假若一个人水平过低,他固然容易达到目标,但是那种成就并不能给他带来真正的满足,对于增强他的自信心,提高他的自尊心几乎没有什么影响,而且他的身心潜能实际上处于被埋没的状态,没有机会充分发挥出来;相反,如果一个人的抱负水平过高,超过了自己的能力,他虽然全力以赴,但是仍然力不从心,达不到自己希望的目标,这就会使自己产生失败感,挫败自己的自信心和自尊心。许多人争胜好强,不愿居人之下,其抱负水平一般偏高,这对于他们的事业发展,以及克服困难,纠正自己的弱点和缺点,具有巨大的激励作用。但是,抱负水平过高,确实是人们自我挫伤的一个重要因素。因此,避免自我挫伤的重要途径,是确定适度的抱负水平。

确定适度的抱负水平，首先要求对自己的主观条件和客观条件作出正确的分析和判断。事实证明，只有做到知己知彼，才能百战不殆。对主客观条件都知之不多，要建立可行的适度的成就目标是不可能的。国外有些学者在帮助青年学生确定主攻方向，建立成就目标时，一般提供给学生四个参考尺度：

一是智力强度(intensity of intelligence)。先对自己的各项能力(如观察力、想象力、记忆力、思维能力和操作能力)进行普遍观察。根据各项能力的高低，再参考各学科的特点以及对各项能力不同程度的要求，恰当地选择主攻方向，确定成就目标。

二是知识厚度(thickness of knowledge)。根据每个人的智力强度，对各学科所需要具备的知识量，面临问题的难易程度加以考察，衡量一下每个人的知识厚度是否够钻透所选择的主攻目标、达到预期的成就水平。

三是人才密度(density of talent)。根据本人的智力强度和知识厚度，考察本人所要主攻的那个领域内的人才分布情况和疏密程度，然后决定自己的目标。

四是兴趣浓度(concentration of interest)。根据以上三个尺度，参考本人对各学科兴趣的深淡，最后决定本人的主攻方向和成就抱负水平。

其次，对建立的远大目标，要分解成中期、近期和当前的各种子目标。子目标的排列要由易到难，由简到繁，形成一个层层升高、步步逼近的目标系统(goal system)。爱金逊曾经做过一个有趣的投环实验：投掷距离由被试自己确定。实验结果表明，凡是抱负水平高的人，多选择在中度距离投掷；而抱负水平较低的人，则多选择很近或很远的距离投掷。可见，真正具有高抱负水平的人，他自己定的目标总是很适度的，即既要有足够的把握，又要经过一定努力才能达到的目标。

第三节　恰当的自我介绍

一、克服羞怯

生活经验证明，羞怯心理是作自我介绍的一大障碍。克服羞怯心理，增强自信意识，是做好自我介绍的第一要义。

马克思曾经说过，人们之间的交往是一切社会心理现象的基础和根源。从交际心理看，人们初次相见，彼此都有一种了解对方的愿望，都有一种渴望得到尊重的心理。我们坐在办公室里，听到敲门声，就知道有人来了。开了门，见到进来的是一位陌生人，立刻想到：他是谁呢？来干什么？一种渴望了解对方的强烈愿望油然而生。如果你能在这个时候，及时、准确、简要地作自我介绍，自我表露出来，使其渴望了解的愿望得到满足，就是对对方的一种尊重。接着，对方也会及时地向你作自我介绍，也把自己表露出来，双方就可以坦诚相见，一拍即合，后面的事情就好办多了。相反，见面之后，羞羞答答，遮遮掩掩地不愿亮相，老半天不作自我介绍，就会使对方感到失望，特别是当对方已经猜测出你是谁、来干什么之后，你还不能及时作自我介绍，场面就难堪了。

正确地认识自我介绍在社交中所担负的光荣使命，用理智代替感情，就可以有效地克制羞怯、增强自信意识，从容不迫地作出得体的自我介绍。

二、保持镇定

一般人对于自信的人，都会另眼相看。如果你沉着自信，对方会对你产生好感。相反，如果你畏怯和紧张，则可能会使对方产生同样的反映，对你有所保留，使彼此之间的沟通产生阻隔。因此，在作自我介绍时，一定要镇定、沉着、自信。

三、预先了解对方的信息

在公共交际场合中，如果你想认识某一个人，最好预先获得一些有关他的资料，诸如性格、特长及兴趣等等。有了这些资料，在自我介绍之后，便容易交谈，使关系融洽。

四、注意繁简

自我介绍是人们进行社会交际的一种手段。由于交际的目的、要求不同，自我介绍的繁简程度亦应有所区别。在有些情况下，自我介绍的内容很简单，只要讲清姓名、身份、目的、要求即可。在另外一些情况下，自我介绍的内容就需要较详尽了，不仅要讲清姓名、身份、目的、要求，还要介绍自己的经历、资历、性格、专长、经验、能力、兴趣等等。什么情况下作简单的自我介绍，什么情况下作详细的自我介绍，只能视具体情况而定。一般来说，以联系工作为目的的自我介绍宜简，以求职交友为目的的自我介绍宜详。

五、把握分寸

作自我介绍不仅仅是对自己基本情况的客观陈述，也包含着对自己所作所为的自我评价。即使是简单的自我介绍，也缺不了自我评价的内容。作自我评价，既不能过高，也不能过低，关键在于掌握分寸。

掌握分寸，一要自识。俗话说：知人者智，知己者明；知人易，知己难。要对自己作出准确的评价，就非有自知之明不可。正确地对待别人的赞誉，严格地剖析自己的短处，才能得出实事求是的结论，作出令人信服的自我评价。

二要自谦。在作自我评价时，应适当地留有余地，一般不宜用“很”、“最”、“极”、“第一”等表示极端的词语。

王景愚的自我介绍

在掌握分寸方面，著名的哑剧大师、喜剧表演艺术家王景愚的自我介绍，很值得我们学习。他是这样介绍自己的：“我就是王景愚。人称我是多愁善感的喜剧家，实在是愧不敢当，只不过是个‘走火入魔’的哑剧迷罢了。你看我这40多公斤的瘦小身躯，却经常负荷许多忧虑与烦恼，而这些忧虑和烦恼，又多半是自我的；我不善于向自己所敬爱的人表达敬与爱，却善于向憎恶的人表达憎与恶，然而胆子并不大。我虽然很执拗，却又常常否定自己。否定自己既痛苦又快乐，我就生活在痛苦与快乐的交织网里，总也冲不出去；在事业上人家说我是敢于拼搏的强者，而在复杂的人际关系面前，我又是一个心无灵犀、半点不通的弱者，因此在生活中，我是交替扮演强者与弱者的角色。”王景愚没有借别人的赞誉之辞大吹大擂，而是在自我介绍中严格剖析自己“多愁善感的喜剧家”、“敢于拼搏的强者”等盛名之下其实难副的所在，如实地历数自己的弱点。列宁说过，认识了自己的缺点就等于改了一大半。像这样的自我介绍，不仅不会失去别人对你的信任，相反，对方会从你的自我介绍中看到自知之明的睿智和严于律己的品格，更尊重你、更信任你。

第四节　适度的自我暴露

一、约哈里窗用于自我暴露分析

成功的自我暴露的条件之一，是全面了解自我的不同区域和准确把握自我暴露的一般过程。自我暴露的四种情况，也可以用图13-2的约哈里窗表示。

从图13-2可见，约哈里窗将有关自我并影响到传播的信息分为四种，即四种区域或窗格。

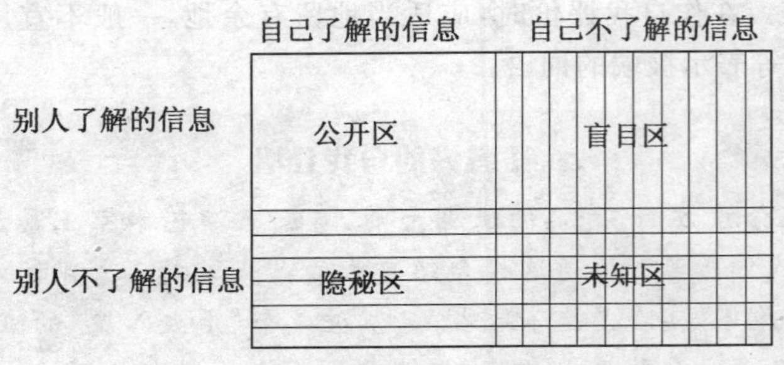

图 13-2　约哈里窗格

其一是公开区(open area)或公开自我(open self)。这个窗格或区域代表所有自己和他人已知的信息,可涉及"我"的行为、兴趣、嗜好、思想、观点、情趣、脾性、外貌以及其他各种各样的背景材料(如家庭出身、籍贯、职业、年龄、婚姻状况等)。一般说来,公开区域或窗格的大小即开放的程度取决于开放对象与"我"的亲密程度。对莫逆之交、家庭成员,自我开放区域就比较大;对心怀叵测、满肚子坏水的人,自我开放区域就自然而然地缩小。但是,每个人无论何时何地,无论对谁,总是有所开放的。

其二是盲目区(blind area)或盲目自我。这个窗格或区域代表的是关于自我的人知、自不知的信息。人常常会做有眼瞎子,常常看不到自己的缺点或优点,常常做自己不能意识到的事。常言道,"旁观者清,当局者迷",说的就是"人知、自不知"的道理。

其三是隐秘区(hidden area)或隐秘自我。这个窗格或区域代表的是有关自我的自知、人不知的信息。有些人做了好事,但不愿张扬出去;有些人做了坏事,只愿天知、地知、我知;更有许多人,出于自卫的本能,把自己想的、做的都埋在心底,希望日后同上西天。

其四是未知区(unknown area)或未知自我。这个窗格或区域指的是关于自我的自不知、人亦不知的信息。这个窗格或区域的大小很难确定,但它的存在却是无疑的。人的潜意识,在很大程度上就是一个"自不知、人不知"的未知区域。

约哈里窗的四个窗格(或区域)是互相关联的。就是说,一个窗格(或区域)的面积发生变化会影响到其他窗格(或区域)。例如,如果你通过与朋友交谈,发现了一些过去不了解的情况(存在于盲目窗格中的情况),就会扩大公开窗格的面积,同时缩小盲目窗格的面积。

从以上分析可以看出,自我暴露的过程实际上就是从秘密区域向公开区域转化的过程,自我暴露是一种旨在沟通信息的活动,是把关于自我的自知、人不知的信息传递给别人。自我暴露有自觉和不自觉两种。自觉的自我暴露包括向人坦白自己内心深处的秘密，诉说自己不平凡的经历或复杂的心理活动，书面报告自己的成绩和缺点、经验和教训等等。不自觉的自我暴露包括酒后失言，无意中的手势、表情以及衣着、摆设等等。

二、控制最佳量

自我暴露可以用暴露量的总数来加以考察。每个人暴露的信息量各不相同。即使同一个人，在不同的时间、场合，对不同的对象，暴露量也是不相同的。对于暴露量，有人分为低、中、高三个量级。低量级是暴露的信息量最少的，高量级则是暴露的信息量最多的，中量级暴露的信息量不多亦不少，是居中的。自我暴露的最佳量并没有现成的答案和固定的标准。这要因人因时因地而宜。但是，研究结果表明，人们之间的自我暴露必须是桃李相报，互有往来。如果对方谈起自己来无拘无束，那么，你对自己的情况也要畅所欲言；相反的，如果对方对自己的情况遮遮掩掩，犹抱琵琶半遮面，那么，你在谈论自己时也要小心翼翼，未可全抛一片心。总之，在一般情况下，人们之间互相表露的量是成正比例的。自我表露时，注意这种比例，是控制暴露最佳量首先要做到的。

三、把握暴露的深浅度

自我暴露在量上，除了有个多少的问题，也存在深浅的问题。自我暴露或深或浅。同别人谈起你的独特而容易成为别人话柄的事，包括你的具体的奋斗目标和私生活等，这便是深度的白我表露。浅度的自我表露只是谈些表面而不甚隐秘的东西。谈论自己喜爱的食品是一种相当浅的表露，而谈及自己的私房事无疑地是相当深的暴露了。自我暴露的深浅度也有个层级的问题。大体上说来，它可以分为浅层、中层和深层三个层级。把握暴露的深浅度，就是要注意在不同情况下的自我暴露的不同层次。自我暴露到底达到什么层级才是最佳的，显然也没有定规，需要具体情况具体分析。但是，一般说来，自我表露的深浅度，与我和对方的关系是成正比例的。事实证明：面对的越是与我关系亲密的人，自我暴露的程度就越深；面对的越是与我关系疏远的人，自我暴露的程度就越浅。所以，把握自我暴露的深浅度，一定要从关系的亲密度出发。

四、注意暴露的性质

自我暴露有积极和消极的不同性质。积极的暴露是对自己的赞扬，消极的暴露是对自己带有批评的评价。“新的节食办法真有效，我这星期体重减了三磅！”这是积极的暴露。“但愿还能再坚持下去，节食太苦了，我快顶不住了。”这是消极的暴露。

自我暴露是积极还是消极,与彼此之间的亲密程度有关。例如,对方是生人时,人们的自我暴露经常先是正面的,接着是中性的,最后是消极的。亲密者之间的自我表露往往先是消极的,然后是积极的,最后才是中性的。所以,把握自我暴露的性质,也应当从关系的亲密度入手。

五、掌握暴露的时机

自我暴露可以从交往时间的长短上来考察。大量的研究表明,萍水相逢或初次邂逅时,人们较容易暴露自己。在中间阶段,人们的自我表露比较少。可是,过了这一阶段,随着交往时间的增加,人们的自我暴露也增加了。这一点,可以用图 13-3 表示。

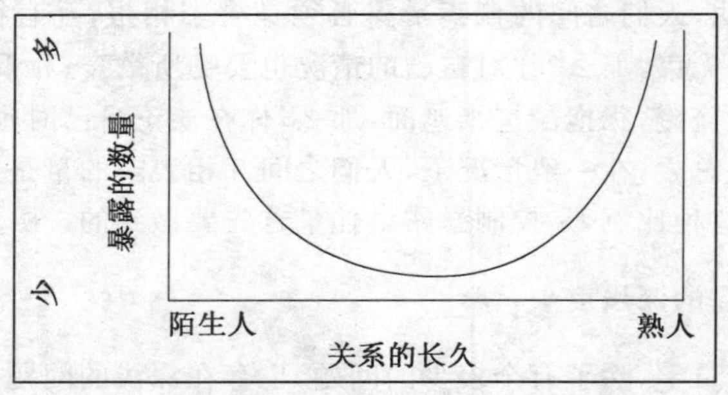

图 13-3　自我暴露与人际亲疏之间的关系

人们愿意向陌生人暴露自己,这也许是因为对方不知道你的姓名和身份,也没法向你的熟人泄露你的话。在飞机上旅游的自我暴露机会显然更多。有位叫爱琳·古德曼的人曾幽默地描绘了这种"三万五千英尺高度上的坦白",大多数人都有暴露灵魂和自卫的冲动,这两种冲动在三万五千英尺的高度上碰在一起了。奇妙的情景便发生了,人们因为互不知名而亲切,因而不怕泄密而吐露。这种交谈直到大家在行李房各自取走行李分手为止。在飞机上,人们常常会组织起这种临时的会议。但是,要注意,初次见面,往往暴露的多是浅层的东西。最好不要生人一见面,就对人家作深层的自我暴露。在互相熟识之前,过早地作自我暴露,特别是深度的自我暴露,可能会被怀疑靠不住,显得不顾羞耻。但是,在有些场合,尽早自我暴露,能有助于引起坦率和可信的感觉。总之,自我暴露,一定要把握好时机,该暴露时就大胆地暴露;不该暴露时,就要自觉地克制和收敛。

六、认清暴露的对象

暴露的对象指的是你自我暴露的接受者。选择自我暴露的对象很重要,千万不要忽视这个问题。自我暴露的对象大致可以分为四种：

一是对你体贴入微或与你休戚相关的人；

二是与你关系虽然不深，但仍在发展的人；

三是刚刚开始互相熟悉的人；

四是与你素不相识的人。

一般来说，越是后面的那种人，越不适宜为暴露的对象。有些研究资料建议，尽量少向陌生人谈论自己的偏爱，向陌生人过分地暴露自己，会被视为情绪控制不住或不善于与人相处。

毫无疑问，对不同的暴露对象，自我暴露应有不同的特点和状况。例如，对敌人与对自己的同志，自我暴露势必会截然不同，对敌人当然表现为针锋相对、寸土不让；对同志，则当然表现出友好、热情、关怀、谦逊等态度。对待国际友人和单位里的同事，自我暴露也反映出"内外有别"，前者表现为不卑不亢，后者表现为坦率、赤诚。

七、以事实为主，态度恳挚

有人认为，自我暴露的最重要的秘诀是以事实为主，而态度诚挚则是暴露自我时最重要的座右铭。以事实为主和态度恳挚不能说完全没有区别，但在这里，实际上指的是一回事。它们都要求在自我暴露时，要实事求是。无论是积极的自我暴露，还是消极的自我暴露，都不要弄虚作假，言过其实。特别是积极性的自我暴露，更要注意这一点。当然，有时你为了某种需要，非说一两句谎话不可，但你的谎话，切不可把事实扩大至十倍以上，你不必希望你能够把你的好处、成绩宣传到几乎令人不敢相信的地步，这是一种最愚笨的行为。有位名叫马尔腾的博士说，如果你那自我宣传(self-propaganda)的成分超过了全部说话的6%，你将收到与你预期完全相反的结果。对于准备自我暴露的人，这确实是一句金玉良言。

第五节　得体的自我防卫

人在社会中生活，或多或少会遇到挫折，产生烦恼和不安。一般说来，遇到困难或不顺心的事，自我或是积极地针对问题，设法解决；或是采取消极的方法，逃避问题。总之，自我在困难、不顺心的事情面前，总是以自己的某种方式，把自我与现实世界相矛盾的关系变换成相适应的关系，从而不至于引起心理上太大的痛苦和不安。自我所具备的这种解决烦恼、减少冲突和不安，保证心境安宁的方式，被称为自我防卫(自我防御或 self-defense)，又称之为心理防御机制(mental defense mechanism)。自我防卫的技法是多种多样的,这里介绍的,是学界研究的主要成果,也是人们经常使用的几种。

一、以合理化缓解

一般说来,每种现象或事件的发生,都可以用许多理由来解释,予以特别强调,而有意忽略其他理由,以避免精神上的痛苦,这就是合理化缓解(reasonableness lysis)的方法。合理化缓解的方法还用在自我遭受挫折或无法实现所追求的目标时,为了缓解由失败带来的内心不安,从而给自己找一些有利的而在别人看来是不客观的理由,如"酸葡萄"(sour grape)反应形式和"甜柠檬"(sweet lemon)反应形式。前者源于伊索寓言,是说狐狸吃不到葡萄就说葡萄是酸的,因而认为自己得不到的或没有的东西就是不好的,以冲淡内心欲望和不安。后者是说个体百般强调自己所有的东西都是好的。如得不到葡萄只有柠檬,便认为柠檬是甜的,以此来减轻内心的失望与痛苦。这种合理化缓解的方法,在现实生活中,常见人们使用。例如,当得不到奖金或不在补发工资之列时,不少人便以破财免灾来安慰自己。

应当指出的是,运用合理化缓解的方法,必须注意其恰当性。恰当使用合理化缓解,有助于消除心理痛苦,使自我接受现实,适应社会。但是,过分的合理化缓解,或不恰当地使用合理化缓解的方法,如有的人考试失败后,不找自身的原因,往往强调老师教得不好,就会妨碍自我去追求真正需要的东西,难以现实地达到目标。

二、以补偿消除

以补偿消除方法,是指自我由于生理上或心理上的缺陷而感到不适时,力图以种种方法来弥补这些缺陷,消除不适感。缺陷也许事实上不存在,但只要自我主观上认为自己有着某种缺陷,补偿作用就可能在他身上表现。例如,有的学生学习成绩不佳,但在社交方面却非常活跃。再如,外表一般的人比较重视发展内在美。补偿消除方法,也有个恰当与否的问题。这个方法,应用得当有益于自我的社会适应与健康成长;应用不当,过分的补偿,则可能导致心理与行为的变态。如有个男青年,突然间以各种方式表现他是个男子汉:他抽烟,拼命运动,说脏话等。原来,他生活在一个充满女性的家庭,有六个姐妹,就他一个男孩,最近因被女同学嘲笑,说他扭扭捏捏像个小姑娘。这个男青年的所作所为在有意无意地证明自己是个很富于男性的男人,这是过分补偿现象。

三、以升华转移

这是自我防卫的一种积极方法。自我原有的行动欲望如果直接表现出来，可能会受到处罚或产生不良后果，但如果他把这些行动和欲望导向比较崇高的方向，并有利于社会和本人时，便是升华转移法(method of sublimation and diversion)。例如，一位嫉妒心强的人，看到与他同样情况的人有突出成就，内心是不快的，但理智又不允许他表露这种心情，于是，他可能发奋努力，试图超过对手。这就是升华转移法。有关运用升华转移法的例子，在现实生活中可说是俯拾皆是。

四、针锋相对

在社交场合，若判明来者不善，是怀有敌意，故意挑衅，就可以“以眼还眼，以牙还牙”，即以其人之道还治其人之身，有理、有利、有节，即有礼貌而巧妙地回敬对手，针锋相对，寸步不让。具体地说，有如下几种方法：

其一是“直截了当”，即直接回答对方，不拐弯抹角，不躲躲闪闪。例如，在20世纪50年代的一次记者招待会上，风度翩翩的周恩来总理自信谦和地回答着国内外记者的提问。一位西方记者站了起来：“请问总理先生，中国有没有妓女?”几秒钟内，所有的眼睛都盯住了周恩来，场上鸦雀无声。周恩来很镇定，略停了一下，坦然地答道：“有!”所有的人都瞪大了眼睛，惊奇，不解。总理紧接着答道：“在中国的台湾省!”话音一落，全场响起热烈的掌声。这里，提问题的记者用意无非有二：侮辱我国国格，在舆论上制造两个中国。对这种敏感尖锐的问题，任何含糊其辞都会引起众多猜测，周总理直截了当的回答，使记者的两个企图都落了空。

其二是“以李代桃”，即用与对方提问相似的问题去回答，避开锋芒。例如，还是在那次记者招待会上，还是那位记者问周恩来：“请问，中国人民银行有多少资金?”众所周知，年轻的共和国并不富有。周恩来轻松诙谐地答道：“中国人民银行的货币资金嘛……有十八元八角八分。”记者们愕然了！不解其意。“中国人民银行发行面额值分别为十元、五元、两元、一元、五角、两角、一角、五分、两分、一分等十种主辅人民币，合计为十八元八角八分。”周恩来接着说：“中国人民银行是由中国人民当家作主的金融机构，信用卓著，币值稳定，在国际上享有盛誉。”场上爆发出响亮的掌声。这里那位记者的所问，既是对中国贫穷状况的嘲讽，又涉及国家机密。周恩来巧妙地以中国人民银行发行的货币面额去答资金总额，移花接木，以李代桃，既没作任何具体回答，又丝毫不破坏招待会气氛。

其三是“踢球拦网”，即把问题推还给对方。例如，当你被问到对某件事的看法时，如果一时难以作答或不便回答，不妨反问对方对这件事的看法，这也不失为一个好的对答。

值得指出的是，运用针锋相对的手法，旨在给对手一个“闷宫将”，使之哑然。在人数众多的场合，还有个争取群众的理解、支持的问题。若你顶得过于刻薄，引起一顿争斗，那就会失去意义。比如，在一次演讲中，台下有人喊道：“你讲的笑话我不懂。”演讲者知其来意不善，就马上尖酸地当众顶了回去：“你莫非是长颈鹿！只有长颈鹿才可能星期一浸湿的脚，到星期六才能感觉到呢?”这样的反唇相讥，讲者虽然痛快，但有可能失去群众。俗话说：“防人之心不可无，伤人之心不可有。”练就针锋相对的技法，如同学会少林拳一样，只可以用它筑防卫之堤，切不可主动进攻、出口伤人。而且防卫要有礼貌，不管是用软办法，含蓄反驳，还是以硬办法，原话顶回，都要有礼有节。例如，一位长者在买菜时，对卖菜者说：“你的菜太老了!”卖菜者立即反唇相讥：“还有你老啊!”这种嘴不饶人的做法是不足效法的。一个人应该要有自我控制能力，要善于约束自己。因烦躁而失礼，愤慨而变态，兴奋而忘形，这就有失修养了。

五、委婉曲折

如果有人用过于唐突的言词使你受到伤害，或叫你难堪，你应该含蓄以对，或采取装聋作哑、拐弯抹角、闪烁其词，或采取顺水推舟、转移视线、答非所问，谈一些完全与其问话“风马牛不相及”的事，这就是委婉曲折的方法。用这种方法反驳对手，也会取得奇特的功效。例如，你刚被提到领导岗位，有人对你揶揄道：“这下子你可平步青云，扶摇直上了吧!”你听了不必拘泥，可一笑了之：“是这样吗？你算得这样准?”用这种不卑不亢的应酬方法，立即使对方语塞。相反，你过多计较，说出一大堆道理，倒显得太认真，反而适得其反。如果有人以半真半假的口吻问：“你得了一大笔奖金，该‘发财’了吧?”如你避实就虚地回答：“你也想吗？咱们一块来干。”语中带点刚阳锐气，别人再问，也不大好意思了。

六、幽默诙谐

这也是一种积极的自我防卫技法。这是自我在处境困难或尴尬时，为摆脱困境而采取的一种有效的方法。有的时候，自我可能会遇到棘手犯难的问题，处于尴尬的境地。这时，若以幽默诙谐的方式回答，往往会化险为夷，改变窘态。在“山重水复疑无路”时，转为“柳暗花明又一村”，使尴尬局面消失在谈笑之中。例如，有一次，美国前国务卿基辛格来华访问，他问周恩来：“你们中国人和我们美国人不一样，我们美国人挺起腰来走路，你们中国人为什么老是弯着腰呢?”周总理哈哈笑着说：“我们中国人在上山，走上坡路嘛，你们美国人，在下山，走下坡路。"基辛格无言以对。再如，某单位举办一次歌咏比赛，一个对艺术一窍不通的个体户找到大会主持人说："我赞助你 2000 元，你安排我当个评委怎么样？"大会主持人一拍那人肩膀："老兄，你钱多得没处花了吗？2000 块钱扔到这个会上，还不如扔到河里，那儿还能看到个水漂漂儿。"话很幽默，一句玩笑浑语，拒对方于千里之外，同时又告诫他，钱不可能买到一切。

七、置若罔闻

在人际交往中，一般地说，交往双方都应给对方相应的信息反馈，即对对方的话要有反应。但是，在某些比较特殊的场合，自我受到攻击、受到威胁、遇到烦恼时，却可以采取置若罔闻的技法，即把问题放在一边不管，好像没听见一样，例如，众所周知，交际中禁忌拿别人的生理特点开玩笑，禁忌打听对方的隐私。假如有人对你说："呀，你的鼻子长得可真好玩！""你耳朵怎么这么大！""你们看，他的胖样子多么愚笨好笑！"这时候，你可以不理不睬，装聋作哑，不作反应。其实，你的沉默正是一种回答：你们如此低级趣味，我不屑搭理你们。一个不尊重别人的人，也不会得到对方的尊重。希望你能收敛无礼的言行！这样，让对方感到没趣，他以后就会严肃多了，至少会有所收敛。

在遇到一些不便表态、不能表态的问题时，也只好佯装不知。例如，某人在你面前对某人某事大发议论，评头品足，你明白他带着浓烈的个人色彩。解释是徒劳的，反驳又只会触怒他，这时，只好装作没听见，继续做你自己的事，或者及时转移话题，把对方的谈话兴趣转开来。

置若罔闻也能帮助你拒绝对方不合理的要求。生活中有人会向你提出很多要求，有些可能是非分要求，如果你不想满足对方，就可以装聋作哑。例如，一个男青年和他的女友逛商店，女的指着一件衣服说："这件衣服太漂亮了，我穿了一定非常好看。"她转头一看，男友像没听见一样，正在专心致志地看一件商品。他真的没听见吗？非也。因为不久前他才给她买了件衣服，这次他不想满足女友的"买衣欲"。在这种情况下表态可能引起不悦。装聋作哑，效果最好。有时，在家庭里也不妨用用此招。当一方唠叨不休、埋怨不已时，你若不想在家里打内战，不想破坏自己宁静的心境和良好的情绪，就可置若罔闻，装聋作哑，让对方宣泄彻底，把矛盾、问题放在双方都和气时去解决。

需要指出的是，置若罔闻虽然有用，但不是万金油，不能到处抹。在许多情况下，最好打破缄默。例如，当你明白对方在考察你的口头表达能力和应变能力时，对他的提问，你要全力以赴，认真对待，力争巧妙圆满作答。否则，会给人一种没有能力的感觉。再如，事关重大，需要明确表态的时候，不要置之不理。尼克松竞选总统时，曾有人指责他行贿受贿，为了使自己立于不败之地，他公开了自己所有财产,包括自己孩子的玩具。这时候,再遮遮掩掩、装聋作哑,等于是给自己挖陷阱。又如,当别人给你提建议时,切忌置若罔闻。对方的建议不论合理与否,都是出自对你的关注,而装聋作哑,置之不理,无疑会大大刺伤对方的自尊心,同时也有损你本人形象。所以,对提建议者,要热忱相待,虚心倾听。

第六节　学会自我克制

自我克制(self-restraint)的具体内容很丰富。相应地,自我克制的技法也是多种多样的。这里不能一一细举,仅就以下两方面作集中的介绍。

一、驱惧

驱惧,即驱除或克服自我在人际交往时的心理恐惧。驱惧技法主要有下列几种:

其一是追根溯源,对症下药,即弄清产生社交恐惧心理的原因。总的来说,产生恐惧心理是出于对自己能力的不信任,害怕自己说话不得体,被人笑话。在与异性交往时,怕自己的言行不当,引起对方的误会,损害自己的形象,等等。根据心理学专家的调查,每个人初次的社交活动,都会有一定的恐惧心理,就像演员初次登台表演感到紧张一样。但大部分人能够克服这种恐惧和紧张,逐步适应。事实证明,越是害怕越是不愿参加社交活动,久而久之,就形成了社交恐惧症。弄清了产生社交恐惧心理的原因,再采取相应的办法,这种心理障碍是能够克服的。

其二是克服自卑感,增强自信心。从恐惧心理产生的原因可以看出,恐惧与自卑有着紧密的联系。可以说一切社交上的恐惧心理,都导源于自卑。因此,驱逐恐惧心理,首先就要克服自卑感,增强自信心。

自信心要逐步培养。要获得自信心,重要的是正确认识自己,善于发现自己的长处和优点。增强自信心,要有“走自己的路,让别人去说”的勇气。例如,不要因为自己是清洁工就自认低人一等,也不要因为考不上大学就矮人三分。要昂起头来做人,不要去注意别人说什么、做什么或想什么。要记住马克·吐温的话:远离那些设法贬抑你的志气的人们。

其三是战略上藐视,战术上重视。战略上藐视,首先要藐视恐惧这一事实本身。在思想和心理上,既要承认它的客观存在,又要看到,它作为一种心理现象,并没有什么了不起的,是可以而且能够认识的,也是可以而且能够克服的。其次,在社交中,要藐视对方。要认识到,不管对方地位怎样显赫、不管知识如何渊博,都是人。只要是人,就有人性,就可以交往;只要是人,就不是十全十美的,就必然会有这样那样的弱点和不足，并没有什么了不起的。在交际对象是群体的情况下，也是如此。有人说，要记住：台下是一片土豆。这是有道理的。在都是人这一点上，双方是平等的，有什么可怕的呢？

战术上重视，是说在心理和思想上要认识到克服恐惧的艰难性和复杂性。在行动上认真研究消除恐惧的具体方法。

其四是扩大知识面，激发兴奋点。一个人之所以自卑，重要原因之一，是因为自己的知识不如别人，知道得比别人少；缺乏兴奋点，不如别人兴趣广泛。别人陶醉在舒伯特的《小夜曲》里，别人为萨特、尼采、弗洛伊德争得面红耳赤，别人在台球上追逐争战，别人在桥牌桌上大显身手……而自己对这一切，都知之甚少，兴趣索然。因此，要从书本杂志上，从日常生活中学习，尽可能获取多方面知识，使自己充实起来。同时，要尽力培养自己多方面的兴趣，注意激发自己的兴奋点。其实，每一种事物在人的神经里，往往都有一个兴奋点，问题在于没有很好地激发它们。另外，最好有意识地阅读一点有关社交知识的书籍，了解和掌握一些社交礼节，这样可以使自己增强勇气，从容不迫地与别人交往。

其五是分析客观情况，做好充分准备。在每次交往之前，要认真分析交往的时间、地点等情境方面的具体情况，也要分析交往对方的性格、特点，及可能提出的问题等具体情况。根据对多方面情况的冷静而客观的分析，在主观上，有针对性地做好准备。例如，参加一个会议时，可事先根据会议的性质，准备好一个发言提纲，对要谈的重点内容反复熟悉几遍，增强记忆，这样可以帮助你减弱心理上的紧张感，一旦面临问题时，因为有了充分的准备，你就会觉得心里踏实、临阵不慌。

其六是积极参与，加强锻炼。社交中的心理恐惧还与缺乏社交经验有关。因此，在社交活动中，不要消极躲避，不要让一次次锻炼自己的机会从身边溜走，要积极参与。有人曾经说过，我们拥抱恐惧这个妖怪越紧越久，它在我们手臂中就消失得越来越快。你要准备它的多次袭击，多次拥抱，那时它便成为你熟悉的老友，而不是可怕的妖怪。另外要注意，初次交往不理想或不成功，不要灰心丧气，要逐渐适应。总之，克服社交恐惧心理，是一个多种因素综合治理的过程，只要你能有意识地去克服，加强社交能力的锻炼，对社交活动积极参加而不是消极回避，那么，社交恐惧心理是能够逐步消除的。

二、制怒

在现实生活中，当一个人与他人发生矛盾，或遇到不顺心的事；当一个人受到侮辱和侵犯，愤怒之火似乎便油然而起。然而，轻易上火发脾气效果并不佳，怒气常常搅乱正确的判断。盛怒之下常常没有法则，容易使人失去理智，导致人际关系中的强烈“地震”。因此，应当制怒，所谓制怒，即克制怒气，通俗地说，也就是指避免或消除自我在人际交往中上火发脾气的现象。制怒是自我克制的重要内容之一。怎样制怒呢？

第一，善于忍耐。先哲们说得好：伟大的人物在限制中才能表现自己。忍耐痛苦，但其果实却香甜。西汉时，韩信在街上受恶少胯下之辱，愤怒的热血一下子涌遍周身，可他咽下了这口气，从恶少胯下钻了过去。不仅如此，当韩信功成名就时，还到处找当年的“恶少”，对他表示感谢。这一千古流传的故事形象地说明了不发脾气或制怒的首要条件——忍耐，化一时的怒气为奋发的动力。

在现实生活中，有的人动不动就怒气冲冲，脸红脖子粗，吹胡子瞪眼，不仅破坏了人与人之间亲密友好的关系，而且给自己戴上了一副铁面具，令人望而生畏，有的甚至因时常动怒，铸成终身遗憾。这些人易怒的重要原因，是缺乏忍耐之心。这些爱发怒的人，应该向西汉的另一位名人张良学习。这位当年辅弼刘邦开创西汉伟业的谋臣，年轻时桀骜不驯，好行侠仗义。传说，有一次他在桥上闲逛时，迎面走来一位老翁，故意将鞋掉到桥下，并叫他给拾起来。张良好生恼火，但按捺未发，闷闷地把鞋捡了上来。谁知，陌生的老翁又叫他给穿上。张良想将老翁一掌推到桥下，但他忍住了，给老人穿上鞋子。老人最后笑着说：“孺子可教矣。”后又授以张良《太公兵法》。张良朝夕诵读，终成一代大业。如果张良当时忍不住扬长而去，甚至举起了手将老人愤而推之，很可能就此改变了生活。所以，古人云，小不忍则乱大谋。我们也可以说，小不忍也难息怒。

当然，忍耐是有限度的，不能绝对化。当正义受蹂躏的时候，当人格受无端侮辱的时候，一味忍耐，则是软弱的表现。在这种情况下，盛怒一下不是没有必要的。有时，怒气可变为一种特殊的促进力量。这里的关键是，忍耐要适当，适时。

第二，平等待人。有时，一些人发脾气，生怒气，是与不平等待人分不开的。例如，下属办错了事，有些领导居高临下，大声训斥，似乎天经地义；儿女不听话时，有的父母常火冒三丈，轻则破口大骂，重则棍棒相加，似乎理所当然；学生犯了错误，有的老师把桌子一拍，审讯似地训一通甚至将其赶出教室，似乎合情合理……领导、家长、老师之所以在下级、子女、学生面前一触即发，是因为他们觉得居人之上。殊不知，这样极力维护的尊严，反而更容易丧失。所以，与对方平等相处，动之以情，晓之以理，耐心劝诫，及时阻止，问题决不会发展到动怒发火的地步。

第三，转移怒气。懂得发泄怒气的有效途径是转移，也能息怒。要记住，在你生气或者完全失去理智的时候，千万不要作出任何决定。对物不对人，对事不对人，也是息怒之道。有些人在自己要发脾气时，懂得赶紧离开这个典型环境，想一想生活中美好的东西；或者把自己关起来，闭目养神，在寂静中灭掉怒气之火，“唯有知道什么是孤独的人才真正懂得息怒”；或者拼命地工作、活动、转移注意力；或者说几句笑话，让笑声化怒气，减轻情绪上的压力，等等。总之，转移怒气的渠道很多，每个人可根据自己的情况，寻找一条或几条。

第四，建立固定的条件反射。这样做，可以用理智战胜怒火。民族英雄林则徐，脾气暴躁，有几次差点因发脾气误了大事。他奉命到虎门禁烟前后，为了不因怒而误事，特意在自己的居室和办公地点贴上“制怒”的条幅。每当要发脾气时，一看到这两个赫然大字，便如同听到了无声的命令，也就慢慢地心平气和，三思而后行。这样用某种方式提醒自己，不失为息怒的妙方。另外，也可以有意识地与自己的爱人、朋友、同事、部下等常在一起的人签订“息怒合同”，或“约法三章”，一俟自己情不自禁地发怒时，就让他们在旁边及时提醒，从而不怒或及时息怒。这一点，对于那些常发脾气的人，也是息怒的良方。

第七节　优化自我形象

在现实生活中，不管人们意识到与否，每个人在与人打交道时，总是以一定的形象出现在人们面前。自我形象(self-image)如何，直接影响着人际关系的性质和状况。研究表明，人际吸引对于建立和发展良好人际关系具有举足轻重的作用。而影响人际吸引的因素，主要是自我形象问题。在日常生活中常有这样的情形，与某人初次认识便印象不佳，那么，这种印象在很长时间内都是难以改变的。生活中也不乏这样的事例，有些相貌英俊、穿戴漂亮的青年，凭着自己优越的外在条件很容易就引起别人的注意，但是当人们与他们相处在一起，或仅仅与他们初次接触，便很容易就发现他人英俊漂亮后面的苍白与贫乏，再也提不起与他们交往的兴致来。而有些貌不惊人的人，却有着惊人的凝聚力，和他们在一起，不仅感到知识上获益匪浅，在身心上愉快舒畅，同时还得到精神上的陶冶。所以，要建立和发展良好的人际关系，优化自我形象是十分必要的。

自我形象的优化是个很复杂的问题。自我形象的内容复杂多样，它的优化也必须从多方面进行，其优化技法也不是单一的，而是多元的。

一、优化生理自我形象

这主要是指提高和优化自我的身体素质。所谓身体素质，是指人的身体的基本情况，它是人体质量的反映。一般来说，它应具有以下内容：

a. 人体各生理组织的生长发育及其功能情况；

b. 人体对各种刺激的感觉、适应和耐受能力；

c. 人体的生理组织对疾病的抵抗能力；

d. 在大脑皮质支配下，人体活动的基本能力；

e. 体型和体态。

身体素质是人的诸种素质中最基本的素质，它作为生理自我形象也是最基本的自我形象。因此，自我形象的优化，首先应当是身体素质的优化，也就是生理自我形象的优化。

生理自我形象的优化，也就是提高和优化自我的身体素质。也就是说，要提高和优化自己身体的健康状况。一般来说，人体健康的标志是，人体各器官系统发育良好，体质健壮，功能正常，精力充沛并具有良好功能的状态。生理自我形象的优化应当朝着这个目标努力。

应当指出，身体素质作为生理自我（physical self），有许多方面带有明显的遗传性，后天的培养和锻炼，对这些方面的改进，几乎是无济于事的。但是，这决不意味着身体素质都是先天的，人们在它面前是无能为力的。相反的，它的许多方面或主要方面，是后天锻炼和培养的结果。因此，这里仍然存在着如何优化的问题。

生理自我形象的优化技法很多，而且许多技法是因人因时而宜的。但是，以下几种技法是普遍的、基本的：

一是自觉坚持和加强体育锻炼。根据自己的年龄特点、体质状况等具体情况，积极参加有关的球类、拳类、田径类等体育活动。

二是处理好工作和休息的关系，注意劳逸结合。

三是讲究卫生，预防疾病，注意饮食，加强营养。

四是保持乐观的情绪。

二、优化心理自我形象

这主要是指提高和优化自我的心理素质（mental quality）。自我的心理素质是一个复杂的问题。从对人际交往影响和制约作用更突出和更直接的角度来看，它的优化，首先应当从以下两方面入手。

1. 优化自我意识

一个人在与他人交往时的形象如何，首先而且主要是受他本人的自我意识制约的，有的人在与他人相处时故作老练，有的人拘谨扭捏，凡此种种，都与缺乏正确的自我意识有关。因而，只有优化自我意识，才能在他人面前树立起好的形象，从而获得别人的喜爱。

自我意识不是先天生成的，而是后天实践的结果，是个性社会化的产物。因此，自我意识的优化也应当在实践中进行。具体地说，优化自我意识是通过这样几条途径进行的：

一是在认识和改造自然和社会的过程中优化自我意识。只有投身于认识和改造客观世界的实践，才能获得对自我的客观认识，形成稳定的自我态度，有效地调节、控制自我。

二是通过读书学习优化自我意识。在读书学习中，人们不仅可以吸取历史人物优化自我意识的经验，而且学到许多富有成效的自我认识，自我体验和自我调节的原则和方法。此外，还可以选定自己的理想人格，作为自己效仿、认同的榜样。这类榜样所具有的自我觉醒、认识自己、控制自己的经验，将会逐渐内化为人们自我意识的品质。

三是通过人际交往优化自我意识。自我意识的优化与人际关系的发展是相互促进的。一方面良好的人际关系离不开优化的自我意识；另一方面人际交往或人际关系又是优化自我意识的重要途径。研究证明，自我认识、自我体验和自我控制总是要通过他人并受他人影响的。

四是通过自觉能动性的发挥优化自我意识。事实证明：个人的自觉能动性对优化自我意识的作用极大。个人的自觉能动性不同，其自我意识的优化水平也就必然不同。如果一个人能经常有目的地去观察自己、分析自己、评价自己，又能有目的地去增强自己的自信心，维护自己的自尊心，注意积累和运用控制自己的意向、情绪和行为的知识与方法，那么，他的自我意识的发展就会达到优化的水平。相反，如果一个人不发挥自己的自觉能动性，处于盲动的、不自觉的状态，完全以他人对自己的认识作为自我认识，以他人对自己的评价作为自我评价，以他人对自己的态度作为自我态度，以他人对自己的期待作为自我目标，以他人对自己的指示作为自我调节，那么，他就不可能优化自我意识，或者可以说，他根本就没有自我意识，仍然固着于他律的发展阶段。因此，要优化自我意识，必须充分发挥个人的自觉能动性。

2.优化自我性格

所谓性格，是一个人对现实的稳定的态度以及与之相适应的行为方式的独特结合。性格是一种十分复杂的心理构成物，它有着完整的结构整体。性格的内在结构，由性格的态度特征、意志特征、气质特征、情绪特征和理智特征组合而成。这些不同的组成部分之间处于经常的相互联系之中。优化自我的性格，应当注意性格的整体优化。

自我性格的优劣，与人际关系的性质、状况和程度很有关系。在人们的日常交往中，有的人难以与人相处，有的人则与人相处甚好。这里原因很多，而性格的优化程度是一个重要原因。所以，要处理好人际关系，不能不优化自我的性格。

什么样的性格才是优化的？这并不是一个简单的问题，对此人们有许多不同的看法，可以说仁者见仁，智者见智。但是，相对于人际交往的要求来说，一般说来，优化的性格应当是：心胸豁达，宽容待人；雍容雅量，克己礼让；温和亲切，谦虚热情；耿直正派，坦荡真诚；委婉含蓄，与人为善；等等。优化自我的性格，应当按照这些要求去做。

实现优化性格的要求，可以采用多种多样的技法：

其一是多读好书。一本优秀书籍就是一个好的老师。多读好书，吸取丰富的精神营养，提高自己的知识和文化素养，对于自我性格是一种很好的陶冶。多读书，多学习，就是一种自我教育。培根有段名言："读书足以怡情，足以博采，足以长才……读史使人明智，读诗使人灵秀，数学使人周密，哲学使人深刻，伦理学使人庄重，逻辑、修辞学使人善辩，凡有所学，皆成性格。"许多生活实例表明，多读好书，可使野蛮者变得文明，使少教者变得有教养，使骄傲者变得谦虚，使自卑者变得自信，使伪善者变得真诚，使心胸狭窄者变得豁达，等等。

其二是注重交往。交往是优化性格的重要方法。首先，交往能使我们更清楚地认识自我性格的长短优劣。人，只有在与他人的交往中才会发现自己的弱点，也只有在与他人的交往中才能完善自己。一个人如果闭门谢客，独往独来，孤僻冷漠，缺乏交际，他对自己的性格的认识就缺乏参照系。交往，能使我们从别人性格中找到自己的相似之处，发现别人身上好的或不好的东西。与别人交往越深，对别人性格的长短优劣了解也越深，从而也就越能"以人为镜"，调整和改正自己。如果我们经常和具有各种优良性格的人们交往，就有可能在这种交往中把他们的优良性格逐步转移到自己身上来。其次交往可以使我们在性格优化方面更多地得到别人的帮助。我们自己的性格缺点，自己往往觉察不出来，但旁人却能看得一清二楚。如果我们和他人交往很深，彼此间无话不谈，别人就会诚恳、直爽地指出我们性格上的缺点，从而使我们更及时、更坚决地克服这些缺点，加速我们性格优化的进程。

其三是内省自身，也叫内省法(introspective method)。这是古人倡导的一种修养方法。曾子的"吾日三省吾身"，孟子的"尽心知性"学说，都是主张内省的。内省法对于优化性格也是行之有效的。所谓内省(introspection)，就是通过内心的自我检查(self-examination)、自我分析(self-analysis)、自我解剖(self-dissection)，用旁观者的眼光批判地看待和审视自己，找出自己的缺点，并且决心改正缺点。鲁迅先生说过，我的确时时解剖别人，然而更多的是更无情地解剖我自己。这种自我解剖的方法就是一种内省的方法。

人的性格包括两个方面：一是内心世界所具有的处事立身的观念和意识，即人们的内在性格。二是人们表现在一定行动之中的性格，即人们的外在性格。

性格优化应当把优化内在性格放在首位，因为内在性格支配着人们的外在性格。通过内省法，优化内在性格，要同自己心灵深处种种庸俗卑下的念头进行顽强的斗争。具体做法是：自己在内心设立一个“法庭’，自己充当严格无情的“审判官”，与道德观念上的敌人作斗争。也就是说，通过心灵的内省不断地净化心灵。英国哲学家斯宾塞告诉人们：一个人产生了一个念头，随之会有“第二我”出现，第一个想法对不对？按这想法做起来好还是不好？将会引起社会或他人怎样的评价？内省法就是培养心中的“第二我”。这个“第二我”，不具有“我”的形体，但它却严格地管着“我”，随时观察和评价“我”心头掠过的每一个想法，管制“我”的各个具体行为，促使“我”的内心世界不断升华，促使内在性格不断优化。

需要指出，要保证“内省”取得实际效果，必须克服“自我原谅”(self-forgiveness)。在我们向内心深处的缺点进攻时，“自我原谅”往往成最大的“心理障碍”。自我原谅的结果，甚至会导致一个人灵魂的毁灭。因此，一位罗马诗人的立身信条很值得我们借鉴：“尽量原谅别人，但绝不原谅自己。”对自己的毛病，实在以不原谅为好。

其四是做到慎独。慎独，也是古人倡导的一种修养方法。《礼记·中庸》中说：“莫见乎隐，莫显乎微，故君子慎其独也。”《礼记·大学》中也说：“小人闲居为不善，无所不至。”闲居，即独居。两句话联系起来，就是说，能不能做到慎独，是区别“君子”和“小人”的标准。刘少奇在《论共产党员的修养》中，也曾提倡过慎独，要求在“个人独立工作，无人监督”的时候，也要严于律己，加强对自我的约束。慎独，对于优化自我的性格也是很有作用的。

慎独的基本含义，就是《札记·中庸》说的八个字：“莫见乎隐，莫显乎微。”所谓“莫见乎隐”，就是说，不要以为没有人看见，就放纵自己。有的人在公众场合注意克制暴躁，一到家里就又任性起来，随便对家里人发脾气。这样，永远也不可能真正克服暴躁的性格。一个人如果真要下决心优化自我的性格，那就必须从慎独开始。

慎独，除了要“莫见乎隐”而外，还要能“莫显乎微”，即在微小的事情上也不要放松自己。三国时的政治家刘备，一生颇为重视修身养性，在其弥留之际，尚不忘叮嘱后代“勿以恶小而为之，勿以善小而不为”。小恶和小善，常常就是大恶和大善的先兆和起头。许多不良性格，往往就是从小的坏事开头；许多优良性格，也往往从不起眼的好事发端。所以，优化性格一定要慎独，从小事入手，从小毛病改起，小中见大，防微杜渐。

其五是选择座右铭。针对自己的性格弱点，选择相关的名言警句，作为自己的座右铭，也是优化自我性格的一种有效的技法。

用座右铭警戒和鞭策自己，早已有之。有名的卧薪尝胆故事中的“薪”或

“胆”实际上就起了一种座右铭的作用。民族英雄岳飞的座右铭，是他母亲刺在他背上的“精忠报国”四个大字。电影《林则徐》中，林则徐用以进行性格修养的座右铭，则是一块写着“制怒”二字的横匾。这些都说明了，用座右铭的方法陶冶性格和情操，非自今日始，乃是古人发明的一种比较有效的方法。

选择座右铭来优化自我的性格，必须注意三点：

一是要正确。要选择那些引人向上、激人奋进的正确格言作为座右铭。也就是说，座右铭必须是优化的。

二是要准确。也就是要选择那些对自己有针对性的正确格言作为座右铭。例如，前面所说的林则徐“制怒”的座右铭，就是针对他易怒的性格弱点而设的。如果选择的“座右铭”只是觉得哲理深刻，而对自己却投有什么针对性，这样的座右铭，对于优化自己的性格多半不会发生什么作用。

三是要有实行的决心。座右铭能对优化性格起多大作用，最重要的是取决于自己有多大的实行决心。一旦选择了正确的、有针对性的座右铭，就应认真地用以指导自己的行为。如果有了好的座右铭，只是把它束之高阁，并不实行，那么，这种座右铭再好也是没有用的。

岳母刺字

三、优化外在自我形象

这主要是指提高和优化自我的外在素质。自我的外在素质，是呈现在人们外表上的各种品质，它既是人们内在素质(internal quality)的某种表现，又具有其相对的独立性。一般说来，自我的外在素质或外在自我形象的内容，主要包括以下三个方面：

a. 人的形体、容貌，如体形、四肢、五官、肤色、发型等。

b. 人的言谈、举止、仪态、风度。如语音、语调、语气，说话的内容和分寸；举手投足，动作的分寸感；站相、坐相、姿态、风采、风格等。

c. 人的服饰及其他，如穿着、家庭及工作单位环境的布置、书法等。

自我的外在素质，以及由此构成的外在的自我形象，虽然是表面上的，但对人际关系的建立和发展却能产生重大的影响。也许正因为呈现在外表上，所以在现实生活中，它最宜为人们所感受。尽管都说“人不可貌相”，但是，实际生活中却不乏“以貌取人”者。“窈窕淑女，君子好逑。”其原因，不能不说外貌起了主要作用。并且人们常常将人的外在素质同人的其他素质以及身份、权力、地位、名声等联系起来。例如,伟人在人们心目中一定是伟岸、英俊、老成、严肃、持重的;有身份的人的穿戴一向考究等。研究表明,在人际认知过程中,容易产生晕轮效应。所谓晕轮效应是指人们对某人的某种印象影响对这个人的整体评价,是从一个人的某一点出发进而扩展到其他方面的认识。晕轮效应首先或主要由外在自我形象引起。例如,看到一个人仪表堂堂,风度潇洒大方,就推知这个人办事认真,有条理、有修养等等。这种晕轮效应,突出地表明了外在自我形象对于人际关系的重要制约作用。在人际交往中,人们重视"第一印象"的作用,而第一印象,主要是对外在自我形象的认知。所以,要顺利地进行人际交往,发展良好的人际关系,一定要注意外在自我形象的优化,尽力提高外在自我素质。

人的外在素质是以美为标志的,优化外在自我形象也必须以美为目标。当然,对于外在自我素质和外在自我形象的美,不同的人有不同的看法。但是,它包括形体之美、风度之美和服饰之美等方面,这是没有问题的。而且以下几条标准和要求,也是相当一致的:

a. 要符合一般标准。即四肢五官要端正匀称,形体、容貌、仪态、举止服饰等要大方、整洁、卫生、得体,并适合年龄、职业、身份、场合的要求。

b. 要适合性别角色。无论在形体、风度还是在服饰方面,无论是男性女性化,还是女性男性化,都不是美的表现。

c. 要讲究整体和谐。要知道,"美加美并不必然等于更美"的道理。

d. 要注意场合。即使是搭配得当的服装,在不同的场合,也会产生不同的效果,这就是所谓的场地效应问题。

e. 要富有个性与活力。僵硬的五官,无论如何端正,也是不美的。人的容貌要用神情来灌注,才能显出个性的美,活生生的美。

如何使自己的外在素质达到以上的标准和使外在自我形象美而不娇、雅而不俗、得体大方,这永远是一个需要不断探索的神秘的殿堂。然而,从以下三点入手,却是步人这座殿堂的必经之路。

第一,在实践中磨炼、塑造。外在自我素质和外在自我形象,既有先天的一面,也有后天可塑的一面。但是从根本上说来,它是后天在社会生活中自我磨炼、自我塑造(self-shaping)的结果。事实证明,一个人要提高外在的自我素质,优化外在的自我形象,必须紧紧地拥抱社会生活,在长期的社会生活中去磨炼、去实践、去追求。只有在追求、实践、磨炼中,才能达到提高和优化之目的。在古今中外的历史上,有许许多多具有政治家风度、演讲家风度、艺术家风度和学者诗人风度的名人、伟人,如丘吉尔、罗斯福、戴高乐、田中角荣、梅兰芳、李普曼等等,无不都是后天培养造就的结果。这正如古罗马学者普洛丁所说的,只有把自己当作一块顽石，用雕刻家的美学眼光和手，凿去不必要部分，把曲的雕直，把粗的磨光，直到这块顽石成为美的综合体，否则你决不罢休！优化外在自我形象就应当具有这种矢志不移的雕琢精神。

周总理的风度

周恩来作为一位国家总理，他的那种政治家外交家的风度和魅力是人人皆知，全世界都敬佩的。然而，周恩来的优化的外在自我形象，并不是从天而降的，主要是他长期的革命实践和艰辛磨炼的结果。还是在学生时代，由于他苏北口音重和初次面对大众讲话有怯场心理，因此，他的第一次演讲未获成功。后来他一边学标准语音，一边对镜练习演说，端详仪容，注重步态、风姿，苦练记忆力，培养即席、脱稿讲演的习惯。当他成为国家总理时，他仍不忘个人形象之于外交的意义，大凡社交场合，尤其是国际间的活动，他十分注意仪容装饰，有时忙得连胡须都没时间刮，但一旦有外宾要接见，他便会在乘车途中把脸刮得干干净净。正是由于长期磨炼，才使周恩来培养成自己所特有的那种君子风度：神情自若、言谈和蔼、举止斯文、服饰端庄、精神饱满和正气浩然等，成为中华民族的象征和人类的楷模。

第二，自觉地学习有关的理论知识。提高外在自我素质和优化外在自我形象，首要的是在实践中锻炼、塑造，但是，我们所说的实践，不是盲目的，不是经验主义的。而是以理论为指导的、自觉的实践。因此，在优化外在自我形象的实践过程中，要根据实际的需要，自觉地学习有关的理论知识，以科学的理论指导自己的实践，并把理论知识很好地与实践有机地统一或结合起来。例如，要做到服饰美，我们就应当学习一定的着装知识，并自觉地运用到着装实践中去，达到服饰美的要求，是不应该成问题的。在服饰方面是这样，在形体、风度等方面，又何尝不是如此呢？学习有关提高外在素质的理论知识，当然主要的和大量的是从书本上学习，要注意搜集和阅读有关这方面的书。此外，也可向有这方面知识的人学习。

如何着装

在着装方面，男性着装应该把握这几种要素：一是民族性，即服装的花色品种、款式体裁，不应距离本民族的特点、个性太远。二是时代性，即着装应与时代相吻合。三是实用性，即讲究服装的实用价值。不能离开衣衫鞋帽的实用价值去讲究美观和时髦。四是和谐性，即应在和谐美的美学原则指导下去注意自身的着装打扮。总之,端庄、整洁、合体、大方、具有男子汉的气魄和风采,这才是男性具有魅力的服饰美。女性着装具有不同于男性的特点。其重要区别在于,她们着装打扮的"和谐美"表现得尤为突出。就是说,女性服饰打扮更要注意衣着的色彩、款式必须跟自己的气质修养、体形肤色、步态姿势、身份年龄相协调。从色彩上说,深色显得安稳、沉着,浅色显得斯文、大方;冷色有收缩感,显得恬静、庄重;暖色有张力感,显得热烈奔放。从体型上说,修长的人着色浅淡显得协调而高雅;矮胖的人着色深冷能显出拔高的效果。

第三,为使"金玉其外",而求"金玉其中"。就是说,要通过提高内在自我素质而提高外在自我素质,通过优化内在自我形象而达到优化外在自我形象之目的。外在自我形象与内在自我形象虽然不是一回事,但却有着紧密的联系。外在自我形象实际上是内在自我形象的表现。如果说外在自我形象是形式,那么,内在自我形象就是内容。形式决定于内容。从这个意义上说,优化外在自我形象,决不能仅仅停留于外在自我形象,而必须注意优化内在自我形象。内在自我形象,主要是指人的精神素质。没有高尚和丰富的精神素质,却要故作聪明、故作多情、故作姿态、故作文雅,这种虚华无实的外在形象,有时也颇有一些文雅、漂亮的样子,但由于空洞无物、不会持久,终会显出浅薄与虚假来。丑恶的内心偏偏用文雅的风度来掩饰,恰似金玉其外,败絮其中。实际上,如果真是"败絮其中",往往难以"金玉其外"。真正的"金玉其外"的人,往往也是金玉其中。

仍以周恩来为例,作为建国后的第一任总理,周恩来浓眉慧目,雍容大度,仪表堂堂,风度优雅,风采照人,基辛格在回忆录中曾写下周恩来给他留下的深刻印象:"他很瘦削,但神采奕奕,两眼炯炯发光,让人感到他既精神贯注又十分安详;既小心翼翼又泰然自若。他举止文雅庄重。他使举座侧目的不是魁伟的身躯(像毛泽东或戴高乐那样),而是他那外弛内张的风度和钢铁般的自制力。"总之,我们说周总理"金玉其外"并不为过。但是,他更是"金玉其中"。他的令许多中外人士倾倒的仪表和风度,是与他高尚的人格、非凡的才华、渊博的知识分不开的。两者交相辉映,相得益彰。在一定的意义上可以说,周总理的"金玉其外",是其"金玉其中"的必然结果。

当然,在人类历史中,败絮其外,金玉其中的人,也是有的。例如,曾创建了罕见业绩的美国总统林肯,容貌就很难看。他自己也知道这一点。一次,他与其政敌辩论,对方说他两面派,林肯幽默地回答说:"现在,请听众评评看,要是我有另一副面孔的话,你以为我会戴这副面孔吗?"一位曾经和林肯一起旅行过的记者也曾回忆说："林肯的高嗓门和他最不讨人喜欢的相貌……笨拙的体形以及……十分尴尬的仪态"，是多么使人感到灰心丧气。但是，这种外丑内美的人，其外的"败絮"多是先天性，而且这些"败絮"会由于其中的"金玉"而弱化或抵消。林肯就是这样。所以，不管怎么说，我们应当通过优化内在自我形象而达到优化外在自我形象之目的，并力求将两者有机地融合起来。"把美的形象与美的德行结合起来吧。只有这样，美才会放射出真正的光辉。"在这里，让我们记住培根的这句话吧！

林肯像

四、优化文化自我形象

这主要是指提高和优化自我的文化素质。这里的文化素质是广义的，它包括狭义的文化素质和专业素质两个方面。狭义的文化素质是指人们所受的正规教育和对文化知识的掌握程度，以及由此造成的心态。它反映了人的文化层次。而专业素质，指的一个人对专业知识的掌握程度，以及从事某项工作和开展某项活动的能力，它所反映的是人的文化类别。

自我的文化素质以及由此构成的文化自我形象，在人际交往中起着极为重要的作用。一般来说，文化素质较高的人，不但内心世界丰富充实，而且谈吐文雅，举止有度，思维敏锐，文笔生动流畅，见解深刻不俗。所以，其人际吸引力较强。古今中外对有知识、有文化的人，是比较推崇的。在其他素质差不多的情况下，文化素质高的人，更受爱戴和拥护。因此，要建立、发展良好的人际关系，妥善处理人际交往中的各种问题，就不能不注意提高自我的文化素质，优化文化自我形象。

提高自我的文化素质，优化文化自我形象，从根本上说，就是要建立最佳的知识结构。也可以这样说，最佳的知识和智能结构，是优化的文化自我形象和高质量文化素质的根本标志或要求。要实现这一标准，达到这一要求，应当做多方面的努力。从方法论的意义上说，采用如下技法，是十分必要的。

1.将主体特质、兴趣和社会需要三者统一起来，设计出自我的最佳知识和智能结构

个人的素质千差万别，各有其长短，最佳的知识和智能结构是因人而异的。

即使是同一专业、同一层次、同一水平的人，各自的智能结构也不尽相同。但是，相对于同一个人来说，都应该是最佳的，是最能充分发挥自己创造力和主动性的一种结构。

首先，要优化文化自我形象。要在各种实践活动中设法准确地了解和分析自己的特点，对自己的特长与不足作出较为客观的评价；然后，根据自己的特点，发挥优势，扬长避短，建立独具一格的智能结构。

其次，要充分考虑到自己的兴趣。事实证明，兴趣能使人调动起全部的能量，全神贯注地思考、分析、研究和解决所遇到的问题，从而迸发出最大的智慧和才干，发掘出以前蕴藏在体内的全部潜能。人在从事自己所迷恋的事业时，往往会全力以赴，其需要、情感、动机、注意和意志等项品质专注于一个目标，比较容易产生聚焦作用，常常再苦再累也心甘情愿，对最佳知识和智能结构的建立起着极大的推动作用。

最后，要服从于社会的客观需要。客观需要，是建立最佳知识和智能结构的出发点和归宿点。因此，一定要根据社会的实际需要去设计自己的知识和智能结构。符合社会需要的知识和智能结构不一定是最佳的，但是，不符合社会需要的知识和智能结构肯定不会是最佳的。

总之，主体特质、个人兴趣和社会需要，是设计最佳知识和智能结构都必须考虑的三个要素。我们在设计时，理应充分地都注意到，并将三者有机地统一起来。

2. 把基础知识的广博性与专业知识的精深性结合起来

知识和智能结构是否最佳，是因主体实际情况而定的，难以有一个统一定规。但是，无论什么人，其最佳的知识和智能结构，都有某些共同性，其中，最根本的是要做到博与专的有机统一，这一点，著名学者胡适说得较为透彻。他在一篇札记中写道：“学问之道两面（面者算之 dimension）而已：一曰广大（博），一曰高深（精），两者须相辅而行。务精者每失之隘，务博者每失之浅，其失之一也。余失之浅也，不可不以高深矫正之。”后来，他用两句诗概括他自己的这个见解：“为学要如金字塔，既能广大又能高。”这实在是至理名言。

胡适像

首先，要立足于基础知识的广博性。虽然在知识高度发展的今天，一个人不可能面面俱到，但是，建立最佳的知识和智能结构，却必须尽可能地具备广博的知识，因为在过分狭窄的地基上，是建不起高楼的。一个人愈要专深于一门学问，愈要有所突破，就愈要有广博的知识。多样化会使人思路开阔，容易产生新观念。许多人在专业上的成功，往往得力于对其他知识的学习和把握。由此看来，对任何人来说，知识都应是多多益善的。当然，知识的广博性是相对的，不应作机械的理解。

其次，力求专业知识的精深。事实证明：一个人要想对所有知识领域都有所涉猎并作出成绩，那是不可能的，也是不必要的。必须在广博的基础上，力求使专业知识精深。柯南道尔小说中的主人公福尔摩斯曾对这个问题打过一个形象的比喻："人的脑中本来像一间空空的小阁楼，应该有选择地把一些家具选进去，只有傻瓜才会把他碰到的各种各样的破烂货一股脑儿装进去。这样一来，那些对他有用的知识反而被挤了出来；或者，最多不过是和其他东西掺杂在一起。因此，在取用时也就感到困难了。"凡优秀的专业人才，都是在宽厚的基础知识和广博的知识面的基础上，对专业知识和技能深钻细研、精益求精的。这是他们成功的经验，也是我们建立最佳的知识和智能结构应当效法的。

最后，要注意防止两种片面性。既要防止专而不博，把自己束缚在狭窄领域里的倾向，又要防止博而不专，对知识的掌握仅仅停留在表面上，浮光掠影。知识和智能结构广博而又精深，是当代社会一个全面发展的人应具备的素质之一。在优化文化自我形象时，我们应当力求做到这一点。

3.把知识和智能结构的整体效应(holistic effect)和动态调节(dynamic regulation)结合起来

人的最佳的知识和智能结构，并不是散珠碎玉的堆积，而应是凝聚的结晶体。只有这样，才能最大限度地发挥知识的功能，从而产生知识的整体效应。知识结构的整体效应主要有三个特点：一是有一个起主导作用的核心；二是围绕着核心形成一个系统化的知识网络；三是在这一系统之外，还有许多游离不定的知识相互策应，达到最好的配合。

建立最佳的知识和智能结构，必须注意实现知识和智能结构的整体效应。知识和智能结构形成以后，不是一成不变的。这是由客观世界及人的认识的变动不定和人的认识是一个由浅入深的无限发展过程所决定的。我们在建立最佳知识和智能结构过程中，要根据实际需要和变化了的情况，经常进行定向调整，即紧紧围绕着选定的目标充实和积累知识，调整知识和智能结构。这样，我们建立起来的最佳的知识和智能结构才能保证持续优化。

第十四章 如何善待他人

人际关系中还包括他人。他人，是一切人际关系中不可缺少的方面。正确认识和对待他人，也是处理人际关系的基本内容。因此，在对自我操作技法有了基本了解之后，就应当进一步了解和把握如何善待他人的技法。

第一节　了解他人

了解他人，对于建立和发展良好的人际关系，是至关重要的。了解他人，既是建立人际关系的前提，又是巩固和深化人际关系的机制。

俗话说，“画虎画皮难画骨，知人知面难知心”。这是说，了解他人是不容易的。了解他人，虽然是难点，但并不是做不到的。有许多技法可以帮助我们了解他人。

一、了解基本的人际行为模式

在现实生活中，由于人们的心理素质、道德品质、价值取向等具体情况的不同，存在着各种各样的人际行为模式。这些行为模式，尽管杂多，但却可以分为不同的类型。例如，有人把交际对象分为9种：

(1)僵硬死板的人。这种人，就算你很客气地和他打招呼、寒暄，他也不会作出你所预期的反应来。

(2)傲慢无礼的人。这种人，自视清高、目中无人，时常表现出一副唯我独尊的样子。

(3)沉默寡言的人。这种人，不论你和他说什么，他总是沉默以对。

(4)深藏不露的人。这种人，不肯轻易让人了解其心思，或知道他在想些什么，有时甚至说话不着边际，一谈到正题就顾左右而言他。

(5)草率决断的人。这种人，乍看好像反应很快，性子较急，常在交涉至高潮时，突然绝断，给人以不知所措的感觉。

(6)顽固不化的人。这种人,是最难对付的。因为无论你说什么,他都听不进去,只知坚持一己之见,死硬到底。

(7)行动迟缓的人。这种人,做起事来,感觉上总是比别人慢半拍,办事效率总比别人差一点,待人处事总是慢腾腾的。

(8)自私自利的人。这种人,心目中只有自己,凡事都将自己的利益摆在前头,要他做些于己无利的事,他是断然不会考虑的。

(9)毫无表情的人。这种人,毫无表情可言,他的喜怒是不形于色的。这种人若非深沉,就是呆板。

这几种人的待人处事的方式,实际上就是几种不同的、常见的人际行为模式。根据这几种人际行为模式,加上我们的理解,加以扩充,我们可以再划分为如下 10 种:

(1)宽宏大度,处处忍让型;

(2)针锋相对,寸步不让型;

(3)自吹自擂,招摇撞骗型;

(4)阿谀逢迎,善拍马屁型;

(5)大大咧咧,不拘小节型;

(6)吹毛求疵,斤斤计较型;

(7)自我中心,自私自利型;

(8)他人第一,心中无我型;

(9)满腔热情,待人亲热型;

(10)冷若冰霜,待人冷漠型。

当然,还可以再划出几种。不难看出,不同类型的行为模式具有不同的特点。了解和把握不同的人际行为模式的特点,有利于我们了解他人。因为尽管人们的人际行为模式的个体差异性很大,但总可以大体上归于某一类型。这样,在了解时,我们可以对采取不同人际行为模式的人施以不同的了解方法。当然,在这样做的时候,一定要把人际行为模式的共性和个性统一起来。

二、洞察他人心理

知人,贵在知心。这里的心,从狭义上理解,可作心理讲。心理研究,对于知人之道,极为重要。从一定的意义上说,了解他人,就是要了解他人的心理。那么,怎样才能了解他人的心理呢?

第一,要明了心理状况的制约因素。

一般来说,人的心理状况,至少受四个方面的影响。

其一是客观环境的影响。事实证明,个人心理状况如何,虽不见得件件都与社会环境有关，但在大环境上却不能不与社会环境发生关系。例如，祥林嫂的悲剧，主要的是她所处那个社会的悲剧，而不是她个人性格方面的悲剧。

其二是主观环境的影响。这里的主观环境，主要指自己的生活实践和工作实践。在同样的条件下，由于主观的实践水平不同，如实践能力、努力程度等不同，会产生不同的心理状态。例如，在同样的社会条件下，有的人直面现实，勇于搏击；有的人则悲观厌世，逃避现实。其中的重要原因，是由于主观条件上的差异造成的。

其三是年龄因素的影响。人的年龄有实足年龄与实际年龄的区别，有的人年龄不到 40 岁，便未老先衰；有的人尽管年近花甲，但依然青春常驻。但是，不管怎样，正常人总要经过婴儿期、幼年期、少年期、青年期、壮年期和老年期等不同阶段。人生阶段不同，心理差异很大。这一点，是无须详细证明的。

其四是生理状况的影响。一般来说，生理不健康、不健全的人，往往与正常人具有不同的心理。事实证明，健美的灵魂最渴望选择同样健美的躯体。有些疾病和身体缺陷直接就与心理相关。现代医学已经证明，健康人的标准应是双重的，即既有健康的生理，又有健康的心理。两者是密切相关的。

正因为人的心理受多种因素的制约，因此，在了解他人的心理时，就应当全面分析可能发生影响作用的一切因素，并且把这些因素有机地统一起来，加以综合考察。因为影响人心理的每一种因素的作用，都不是孤立地发生的，而是与其他因素相互联系、相互作用的。

第二，注意人的心理种类。

心理学家把人们的心理归为 15 种：

(1)有自卑及有罪恶感的人。这两种人是相似的，他们所表现的同样冲突，就是真实自我(real self)与理想自我(ideal self)之间的冲突。

(2)逃避现实，富于梦想的人。这种人是逃避现实的专家，眼光往往放得很高，会很巧妙地从现实中解脱出来。在不能完成自己愿望时，就制造一个幻想世界以作补偿。

(3)享乐主义者。“今朝有酒今朝醉”是这些人的座右铭。遇到有放纵自己的机会，他绝不放过，如此可以使他补偿在遭受困难时所受的痛苦。

(4)有偏见及固执的人。有偏见的人往往固执，固执的人则会用各种理由来解释他的偏见。

(5)不得罪人的人。这种人常被认为是好好先生，往往放弃自己的个性，事事附和别人，害怕别人不接受他。

(6)疑神疑鬼的人。这种人时常感到别人都在欺负他，处处和他作对，使他不安。这种人的特点就是猜忌别人，经常不满意，不快活，总是怨天尤人。

(7)重视外表的人。他的虚荣心是建立在自己的外表上,他和镜子成了好朋友。

(8)自我主义者(egoist)。他把注意力完全集中在自己的身上,也非常渴望受到别人的注意,所以常会因不被注意而感到痛苦。

(9)优柔寡断的人。他永远不愿做任何冒险,以免失望的痛苦。对他而言,最重要的事就是安全感及自我防御的问题。

(10)丑角型的人。这种人总是强迫自己装出小丑模样,以博取别人的认可和注意,他认为只有在别人面前装疯卖傻才能引起他人的注意。

(11)不肯认错的人。这种人在辩论的场合绝不会失败,他不会和颜悦色地和别人讲话,也不愿意听取别人的意见,就像逃避黑死病一样,即使他犯了很明显的错误也仍然坚持己见。

(12)搬弄是非的人。他认为利用坏话把别人打垮,可以提高自己的地位。他对此下的赌注很高,因为他无法发挥自己的能力,所以就用口头的攻击来确立自己的自尊。

(13)有孤独倾向的人。这种人常带有自卑与忧郁,他玩的也是逃避的把戏,把自己和别人隔离起来,隐藏在自己的世界里。他并不真的就是喜欢这样,而是为了避免人际关系的失败。

(14)沉默寡言的人。他往往给别人一种有深度的感觉。他的特征就是尽量少说话,这样可以减少与别人交往的机会。和这类人相反的就是喋喋不休的人,他滔滔不绝地说话,使别人无法归纳出他到底在说什么。

(15)很容易发火的人。他们经常心情不好,在他生气时,别人根本无法在他的表情中看出到底发生了什么事。

心理专家强调,注意和了解了人们心理的种种类型和表现,就不难了解与你交往的人心理及其所属类型。在此基础上,才能成熟地与别人交往。

第三,学点心理学,特别是学点洞察心理学和人际交往心理学。在这些学科中,有许多如何了解人的心理的原则、途径和方法。例如,在一本专门论述洞察心理学的书中,作者分三篇从三个方面分析了如何洞察他人心理的技法。第一篇,讲的是由目测洞察对方的深层心理。有七个要点:由打招呼或问候洞察对方心理,由坐姿洞察对方心理,由表情洞察对方心理,由手足动作洞察对方心理,由癖性洞察对方心理,由视线洞察对方心理,由服装洞察对方心理。第二篇,讲的是由谈话洞察对方的深层心理。有八个要点:由话题洞察对方心理,由措辞洞察对方心理,由说话方式洞察对方心理,由趣味洞察对方心理,由嗜好洞察对方心理,由爱玩物或宠物洞察对方心理,由异性关系洞察对方心理,由生活方式洞察对方心理。第三篇,讲的是由行动洞察对方的深层心理。有五个要点:由工作方式洞察对方心理，由错误洞察对方心理，由用钱方式洞察对方心理，由胜负方式洞察对方心理，由信函与电话洞察对方心理。类似这样一些知识，如果我们有一定的了解，并能恰当地运用到具体实践中，我们就能有效地了解和把握他人的心理。

三、听言观行

通过听言观行来了解人，这是古人就注意运用的方法。事实反复证明，这是一种行之有效的方法。这一方法，在现代社会的人际交往中，仍有其现实的价值。这一方法，有两方面的基本内容：

一是通过言语，即看他说些什么、为什么说以及怎样说等等，来了解他人。

二是通过行为，即看他做些什么、为什么做、和谁做以及如何做等等，来了解他人。

听言观行，对于了解别人来说，都是不可缺少的两个方面；在了解别人的过程中，又是不可分割、相互联系着的两个方面。因此，在使用这一方法时，两方面都不要忽视，最好把两者结合起来使用。但是，这并不是说，在认识人的过程中，两方面的地位和作用不分主次，平分秋色的。听言观行两者比较起来，观行始终处于重要的地位，发挥着更大的作用。因为只有实践是检验认识是否是真理性的唯一标准。因此，在使用这一方法时，要有重点地把握两个方面，注意充分发挥观行的作用。

实施听其言、观其行的方法，有许许多多具体的技术要求。择其要者，我们提出以下八点：

1.分析对方谈话的意图

在听其言时，当然首先要了解对方说了些什么，并能理解所说话的直接意思。这是毫无疑问的。但是，仅仅满足于此，还是远远不够的。言为心声，语言作为思维的外壳，总是一定思想和意图的体现。真正的听其言，不仅要听出对方说了什么，更重要的是要听出，他为什么这样说，其用意何在。这样，才能真正地了解对方，并保证采取恰当的应答。

例如，在洛杉矶举行的一次中美作家会议上，美国一位诗人给中国作家蒋子龙出了道难题。他说："把一只五斤重的鸡，装进一个只能装一斤水的瓶子里，您用什么方法把它拿出来？"蒋子龙回答道："您怎么放进去，我就怎么拿出来。您显然是凭嘴一说就把鸡放进了瓶子，那么我就用语言这个工具再把鸡拿出来。"这里，蒋子龙一眼看穿了美国诗人提这个棘手问题的意图——考考他的应急能力。因此，他根本无须正面回答那个本来就是虚设的问题。他采取了以子之矛攻子之盾的方法，一击成功，正中要害。假如蒋子龙不去分析对方意图，单就问题本身作答,答案恐怕就要逊色得多。事实证明,听话听不见对方说话的意图,盲目作答的人,是不太有头脑。在人际交往中,这种人往往处于被动的地位,甚至被人耻笑。

2.听出话外音

在人际交往中,有些真情是可以直接说出的,而有些则不便直接言明,为了了解对方,我们不能不听出对方的话外音。听话外音的方法,大多是用内容分析的方法,即以字面为线索,通过系统的分析、综合,从微不足道的细节中发现对方的立场、目的、行为方法、心情等重要信息。社会心理学家提供了下面几种线索,可以帮助我们从对方的谈话中推测出未道出的真情,即话外音。

一是语词推测法(to infer from words and phrases)。即通过对对方有意或无意地运用的一些词和语法推测其话外音。具体地说,可以根据三个方面的词推测:

(1)重复的词。一般说来,除了一些虚词之外,人们重复最多的词,尤其是主语和谓语,表明他们对其特别重视或有好感。例如,很多父母都知道,如果自己的女儿同时有好几个追求者,那么就很容易发现她在某一段时间里内心里中意的是谁,这只需要数一数这段时间里她提到男友的次数。

(2)形容词。我们判断一个人对另一个人的态度,只要注意他评价的形容词,便可推测大概。例如,姑娘常常用“有力的”、“强健的”、“有骨气的”等褒义词来形容她们喜欢的青年,而对不喜欢的人,她们常用“软弱的”、“懒惰的”、“小心眼儿的”等贬义词来形容。

(3)“我”字。人们本能地很注意别人说“我”、“我的”等字。一般来说,在平常的谈话中过多地使用“我”、“我的”等字眼,说明这个人很自信,并且善于表现自己。

二是语法推测法(to infer from grammar)。从语言学角度讲,语法有时态、语态区分,如过去时态、现在时态、主动语态、被动语态等。通过他人谈话的语态,也可以推测出话外音。具体说来,可以根据四种时态推测:

(1)过去时态。通过他人在谈话时动词时态的使用,可以推测出谈话者对现状的满意程度。如果一个人在谈话时太多地使用过去时态,老是说,过去如何如何,那也许表明他现在并不十分满意。

(2)现在时态。如果一个人在谈话中过多地使用现在时态,说明他对眼下的事情有一番打算或已取得了一些成绩。如“我现在正做……”、“我现在在考虑……”等等。

(3)被动语态。如果一个人在谈话时过多地使用被动时态,如“我被……”、“我不得不……”等等,这可以反映出该人不太争强好胜,性格软弱,易于服从。

(4)主动语态。一个人在谈话时过多地使用主动语态,如“我到那里去”、“我去研究一下”等等,表明该人敢想敢为,不怕困难,甚至不怕冒险。

三是语义推测法(to infer from semantic)。人们在谈话时,语言不仅要表达一个内容,而且都有一定的含义。通过这种含义,我们可以推测话外音。具体来说,可以根据两方面进行推测:

(1)“嗯……啊……有人说”,有时候从他人的踌躇中所知道的几乎跟他直接回答的一样多。例如,在回答关于职业的问话时,对自己工作满意的人常常是马上就回答。而一阵沉默或“嗯……啊……”的回答可以表明他们在这方面并不顺心。“我,嗯……啊……同意。”比起“我同意”这样直截了当的话来,意味就大不相同。

(2)对外界事物的感觉。美国耶鲁大学心理学家约翰·达纳德和毛尔博士设计了一种测量人的感情的“晴雨计”,即把某个人表示不悦(健康不佳、烦躁、厌恶等)的字的次数与他表示欢乐、舒心、满意的字数加以比较,由此可以推测某个人情绪的好坏。例如,在几分钟随便的谈话中一个人根本没有表示愉悦的词,而老是抱怨“恶劣的天气”,“令人不愉快的新闻”,“乱糟糟的交通秩序”等,那就说明他的心情不怎么好。

3.细观体态语

体态语,简称“体语”。中国语言学家陈望道先生称作“态势语”,西方有人称为“人体示意语言”或身体言语表现,而通俗、形象的称呼则是无声语言。不管具体称法如何,一般说来,它是指用以传播信息、进行交往的身体动作,是非言语交际的一种。它包括手势、体态、面部表情等等。体态语也是情感沟通和信息交流的重要渠道和方式。在现实生活中,人们除了运用语言符号系统进行交流外,还经常运用体态语进行信息上的沟通和情感上的沟通。体态语是人的心理活动的外化形式。它是人的言语活动的形象表达,是对言语内容表达的重要补充。苏格拉底曾经说过:高贵与尊严,自卑和自强,精明和机敏,傲慢与粗俗,都能从静止或者运动的面部表情和身体姿势上反映出来。有人认为,在交往中,许多不愿说出来的事情,他的体态语会告诉人们一切。美国一位心理学家曾对言语行为传递信息的效果进行过因素分析学的研究,据称体态竟占55%,足见体态语言在表达方面所能起到的举足轻重的作用。所以,在人际交往中,要了解他人,不能忽视体态语。要通过细观体态语,达到知人之目的。

体态语言学表明,目光接触是人际间最能传神的心理沟通方式。在人际交往中,正眼看人,显得坦率诚恳;斜眼看人则是一种轻蔑鄙视的表示;凝视对方,显得胸有成竹或盛气凌人;上下打量对方或表示好奇,或是对人的挑衅。总之,人的眼睛所表达的情意是非常丰富而复杂的,其奥秘是无穷的。因此,要了解他人,就要仔细观察对方目光和眼神的各种细微变化。

体态语言学表明,面部表情是人的内在情绪和态度的外部显示器。面部肌肉放松,露出微笑的神色,这样的人,往往是亲切的;双眉紧锁,面部肌肉绷紧,这样的人,或者是冷漠的,或者是孤傲的。总之,面部表情的变化是比较复杂的。要了解他人,也要注意细观面部表情。

体态语言学还表明,人的身态也是言语表达情感意向的重要辅助手段。身态既能起到加强或减弱言语表达情感程度的作用,又能体现肯定或否定的心理意向和态度。如点头、摇头、摆手、握拳、合掌、弯腰等动作都表达了不同的心理意向和态度。人们常说的"扬脸女人低头汉",也在一定的程度上说明了体态与人的心理特点的关系。因此,要了解他人,也必须注意他的身态。

总之,在了解他人的过程中,体态语的作用不能忽视。我们应当学点体态语言学的知识,并把它运用到了解他人的实践中去。

4.看他与谁交朋友

中国有句古语:"不观其人,但观其友。"国外有句老生常谈的话,"告诉我你跟什么人来往,我就告诉你,你是什么人"。这都是经验之谈,道出了一种了解他人的技法,即对一个人作判断时,应适当地以他的交际密切的对象为参照物,这是有道理的。因为人们的追求、喜好等决定了他的交际对象。所谓"物以类聚,人以群分",就是这个意思。因此,我们有必要也有可能通过看一个人与谁交朋友而反观其身。

下面,让我们看看几种人的交际特点,以及隐含于其中的交际主体的个性风格,从而帮助我们有效地使用通过人的朋友了解其人的方法。

一是只有一个朋友。这种人,一旦付出友情,便是真挚、强烈、由衷的。他对朋友信任、豁达、坦诚。不愿意随便流露内心的情感和观点,趋于保守。

二是只有同性朋友。这种人有一定程度的异性恐惧症,对异性表现出冷淡和排斥,但这丝毫不影响他对异性的兴趣。对同性,他只是依赖,并不一定推心置腹。他希望得到一个相知的异性朋友,但在机会面前,又非常胆怯,有自卑感和孤独感。

三是只有异性朋友。这种人有一种难以消除的孤独感,又夹杂着郁闷。这种人极易出现心理不平衡现象,其中有些人有曲折的感情经历。他们讨厌竞争,又想出人头地,渴求朋友间的宽厚和关心。而他们本人也善解人意、会关心人。

四是喜欢结交成功者。这种人的主色调是有上进心、事业心。他们成功欲强,讲求实效,注重每件事带给自己的意义和自我的进一步完善。比较清高,有时不免好高骛远,甚至希望从对成功者的模仿中得到胜利的喜悦,功利心强。

五是喜欢结交有名者。这种人趋望心理强,有虚荣心,希望高高在上,实现自己的人生价值，但常常陷于茫然，生活空虚，想保持自我，又无法抗拒名人的诱惑，这对矛盾常折磨着他。情绪有时反复无常。

六是长辈朋友。有一些年长的朋友，说明此人随和柔顺，彬彬有礼，虚心，懂事。这种人并非个性不强，而是锋芒不外露，默默地开拓自己的航程。他们从长辈那里学到书本上学不到的东西，因而显得成熟、老练。他们很容易悦纳你，很容易和你相识、相交，但要突破深交的界限非常难。对朋友的水平要求高。

七是同学中的朋友。朋友都是以前的同学，这种人恋旧、性格内向，较重感情，名利不强。喜欢单纯而美好的东西，对社会复杂性估计不足，偏向于我行我素，像一棵大树无拘无束地生长，缺乏必要的修整。

八是朋友多而泛。这种人独立性强，喜欢自由自在，独来独往，不太善于迁就和照顾别人，感情不稳定，个性中有不安定因子，不容易满足，朋友多、知己少。做他的朋友不难，做他的知音不易。

值得指出的是，纷繁的世界造就了立体的、多重人格的人，这就必然导致交际的复杂化，内容和形式不统一，等等。因而判断一个人，一定要与他正面接触，观其友只是一个参照物，难免有局限性、片面性。

5.看他的历史与历史地看他

一个人就是一部历史，他的性格、思想都与他的经历有很大的关系。因此，了解他人，不能忽视其历史，了解他的历史有助于我们更好地了解他的现在。人们常说，看他的过去，就知道他的现在；看他的现在，就知道他的将来。这是有一定道理的。现实生活中许多事实说明了这一点。

例如，哲学家叔本华在一本书中开篇就论女人，整篇文章中没说女人几句好话，他对于女性有一种不正常的排斥感。为什么？这与叔本华的童年经历有关。叔本华父亲早逝，母亲生活奢侈腐化，很少顾及他，对于一个需要母爱的孩子来说，这一切无疑使他蒙受了痛苦和耻辱，他对女性的看法也渐渐偏执起来。最后，他终身不娶，只身住公寓，度完了自己的一生。假如我们对叔本华的童年一无所知，那么，我们就无法很好地理解他那种非常态的生活。因此，看一个人，不仅要看他的横坐标——他与谁交朋友，他对不同问题的看法等，而且要看他的纵坐标——他的经历，以及经历给予他的经验、

叔本华像

教训。这样,我们才能透过他的表面,看到更深更多的东西。

我们主张看历史的他,同时也提倡历史地看他。人,呈现出一种动态,即人在不断变化。有的由好变坏,并且越来越坏;有的由坏变好,并且越来越好;有的先好后坏最后又好;有的先坏后好最后又坏,有的时好时坏,如此等等。总之,一成不变的人是没有的。因此,我们看人要有历史的眼光,也就是要用变化发展的观点看人。

看他的历史和历史地看他,有许多的途径。例如,可以倾心交谈,在交谈中了解对方的身世或经历;可以调查旧日朋友,从对方旧日的朋友及其言行之中,可以解剖对方昔日的风采;也可看其嗜好和拥有物,从中可以看出对方性格、兴趣等等的变化。

6.看他的全面与全面地看他

人,是一个多面的整体,既有优点,又有缺点,既有长处,又有短处,是优缺点、长短处的综合。因此,看人,要看人的各个方面,既要看其生理状况,又要看其心理素质。即使看心理素质,也要看到各个方面的心理因素,如情感、意志、能力等等。既要看其知识结构,又要看其运用知识的技能;既要看其业务水平,又要观其思想觉悟、道德修养;既要看其处事的能力与水平,又要观其待人的水平和能力……总之,凡是人的一切因素,都要尽可能地注意到,并力求作出公正的评价。

看他的全面与全面地看他是联系在一起的。前者是指看什么,后者是说怎么看,后者是由前者决定的。正因为人是由多方面因素组成的综合体,所以,看人,必须从各个方面看,而不能只从单方面看。否则,就会犯坐井观天、盲人摸象那样的片面性错误。当然,要完全地真正了解他人的一切方面,实际上是不可能做到的,但是,提出全面性的要求,却是十分必要的。

7.看他在关键时刻的表现

了解他人,要全面地看,历史地看。我们这样要求,并不否认,要有重点地看。重点地看人,除了指看其本质方面、主要方面,也指看他在关键时刻的表现。大量事实证明,在通常情况下,许多人的本来面目难以表现出来,往往在关键时刻方显“庐山真面目”。因此,要了解他人,一定要看他在关键时刻的表现。明末思想家吕新吾曾提出过鉴人之秘。他说:“大事难事看担当,逆境顺境看襟度,临喜临怒看涵养,群行群止看识见。”这对于我们怎样在关键时刻看人的表现,是有重要参考价值的。在了解他人时,应当注意借鉴。

8.有意识地考验他

在现实生活中,考验人的关键时刻,并不是随时都可以出现的,就是出现了我们也并不能立即了解或观察到。因此,要了解他人,有时可以有意识地出出难题，或人为地制造关键时刻，从中考验对方。例如，古代的“冯煖测验法”，就是这样的例子。冯煖了解他人的测验法，说得抽象一点，就是用超出常规的言语和行为，看对方是否有超人的才能和对人的真诚，用一些假相来了解对方的态度。三国时期的诸葛亮，长期隐居在隆中的茅庐里，迟迟不肯出山。刘备为了请他出来帮助自己打天下，一次、两次请他，诸葛亮连面都不见。到了第三次，方出来接待刘备。这并非诸葛亮不愿出山，也并不是前两次不在隆中，诸葛亮迟迟不愿出来见刘备，其实是在了解刘备是否诚心诚意地请他出山。诸葛亮这里运用的也是“冯煖测验法”。

在现代交际中，有意识地设计问题和情境去考验对方，达到了解之目的的方法，也是大有用场的。在人际交往中，不少人在用这种方法，并取得理想的效果。因此，我们应倡导这种技法。但是，在运用这一方法时，一定要注意适度，要恰当地使用。否则，就会产生事与愿违的结果。

四、识别特殊的人

在现实的人际交往中，我们会发现并不是所有的人都是与人为善，积极合作的；存在着少数人是不易与人相处的，甚至是要防范的。

1.阴险的人

阴险的人，典型特征是表里不一。表面上对人很和善，但内心里别有他图。有时，他们会装作征求你的意见，但是，实际上在探听你的虚实，当你吐出真心话时，就成为他们日后攻击你的把柄。

2.嫉妒的人

嫉妒他人的表现是，一般在工作中不愿意努力，但是当别人取得成绩，尤其是获得荣誉时，又愤愤不平，会挑出各种各样的毛病。他们常说的话是：“这件事有什么难的，如果是我会做得很好。”

面对嫉妒，当坦然面对，不被人嫉妒的人是庸才。在分配利益、评优评奖时，要适当给嫉妒你的人以利益，不要过分抢功绩。

3.谄媚者

人都喜欢被他人称赞。但是，一定要警惕那些谄媚者。他们表面上对你很欣赏，但内心并不这样认为，甚至可能还有阴谋。

如果有的人经常当众夸奖你，比如“公司只有你最聪明能干，只有你能胜任某项工作”，听到这种话，千万不要飘飘然。因为在大家面前把你抬高到这种程度，无形中会引起别人对你的反感，把你当作公敌。

4.不愿与人合作的人

有的人不愿与人合作，找他们一起做事总是说“不”。这类人常常是不了解对方的建议，也不主动去了解。要说服他们，应该采用迂回的办法，不要明确说出想与他合作，而是让他们自己提出要求。

有一次，美国工程师大卫制作了一台新式产量计数器，想让他所在工厂用上该产品。但是，大卫知道那个工头很可能不愿意。有一天他正好去工厂，在同工人们讨论生产问题时，大卫便摆弄着新式计量器。那个工头便好奇地问，这是什么？大卫说，这个东西是给别的部门的，你们用不着。这反而激起了工头的好奇，要看看。大卫便给了他，趁机说明了这个产品的用途。这个工头听后，兴奋地说：这正是我需要的东西！随后，他顺利地接收了这项新产品。

第二节　说服他人

在人际交往中，人们时常碰到说服人的问题。所谓“说服”，通俗地说，指的是人们用以引起他人态度转变的手段。说得稍详细一点，说服是这样一种手段，它意味着我们通过人际间的劝告、激励和诱导，使得他人改变原有态度，按照说服者的愿望和要求去行动。能否说服他人，是衡量一个人处理人际关系能力的重要尺度，而说服力的高低，在很大程度上，取决于说服者掌握说服技法的多少及其运用的水平。在现实生活中，说服别人的技法是丰富多彩的。在人际交往中，人们普遍使用、并被长期实践证明为行之有效的说服他人的技法，主要有以下七种：

一、选择最佳的说服地点

说服他人，总是要在一定的地点中才能进行。事实证明，在不同的说服地点，说服效果是大不一样的。高明的说服者，往往十分注意说服地点的选择，总是把说服者带到自己认为非常适宜的地方作说服工作。所以，要成功地说服他人，必须注意选择最佳的说服地点。

一般来说，选择最佳说服地点，至少应当从两方面考虑：

首先，要看是否有居家优势，即选择被说服对象熟悉的环境和地点。心理学家拉尔夫·泰勒等人曾经按支配能力（即影响别人的能力），把一大群大学生分成上、中、下三等，然后各取一等组成一个小组，让他们讨论大学十个预算削减计划中哪一个最好。一个小组在支配能力高的学生寝室里，另一个小组在支配能力低的学生寝室里。泰勒发现，讨论的结果总是按照寝室主人的意见行事，即使主人是低支配力的学生。由此可见，一个人在自己或自己熟悉的环境中比在别人的环境中更有说服力。究其原因，是因为在自己熟悉的地点环境中对人行施说服，往往会形成一定的居家优势，比在别的环境中会使你更有信心。如果在对方熟悉、而自己却感到十分陌生的环境中行施说服，不仅会被崭新的环境分散你的注意力，而且还很容易削弱你的自信力；相反，对方却相对地占有一定的心理优势。因此，在说服他人时，要充分注意和利用居家优势，尽量选择在自己家中或办公室等比较熟悉的环境中进行。如果受客观条件的限制，无法在这样的场合进行说服，也应当尽量选择在中性环境中进行，这样，对方也没有居家优势，在心理上双方处于一种均衡状态（balanced state）。

其次，要看是否具备气氛优势。说服他人时所处的气氛不同，说服的效果也不同。事实证明，人们处于弥漫着某种情绪的环境中，会受到环境气氛的感染，使自己的情绪体验不知不觉地发生着同化（assimilation）。例如，肃穆的环境气氛，能使人产生一种悲壮感，即使一个嘻嘻哈哈的人，当他处于肃穆庄重或者哀伤悲恸的环境中，也会体验到一种沉重悲凉之感，变得严肃起来；明快欢乐的环境气氛，能使人产生一种轻松感，即使一个郁郁寡欢的人，处于欢声笑语的气氛中，在别人愉快情绪的熏陶和感染下，也会渐渐忘掉不幸和痛苦，变得心胸开阔，乐观起来；咄咄逼人的环境气氛，容易使人产生一种压抑感，从而唤起说服对方自我防卫的本能需要，并形成抑制心理和对抗情绪。这时候的说服，难以取得预想的效果。所以，要成功地说服他人，切不可忽视环境气氛的优化选择。这种选择，主要的应从说服对象的心理状况出发。

例如，当一个人心绪不佳、抑郁苦闷时，我们可以选择美丽壮观的大自然作为说服地点，使之在广袤的自然氛围中首先感受到积极振奋的情绪体验，接受我们的语言开导和非语言符号的暗示，从而消解内心的苦闷。再如，当一个人遇到困难和挫折而意志消沉、悲观丧气时，我们可以选择那些壮观激昂的环境气氛，来安排对他的说服劝导。

二、抓住说服的最佳时机

说服他人能否成功，是受多种因素的制约。其中，能否抓准说服的最佳时机，是至关重要的。俗话说，干什么事情都要趁热打铁。趁热打铁，也就是要求办事要掌握火候，掌握时机。孔子在总结教学经验时说过"不愤不启，不悱不发"的话，意思是说，教导学生，要讲究时机，不到他求明白而不得的时候，不去开导他；不到他想说而说不出来的时候不去启发他。这个道理，推而广之，用在说服他人上，也是一样的。理想的说服效果的取得，离不开审时度势，离不开成熟时机的把握。大量的事实证明，当其时，一语值千金，事半功倍；背其时，则一钱不值，事倍功半。

在说服他人时，之所以要抓准最佳的说服时机，从根本上说，是由说服的时机效益规律决定的。同世界上其他事物一样，人的思想也有其产生和发展的过程。对于劝说者来说，有一个最佳状态时期。在这个时期，解决思想认识问题的各种条件都已俱全。劝说者抓住这个时机开展说服工作，会收到事半功倍的效果；反之，时机不到或坐失了良机，都可能收效甚微，甚至徒劳无益。

抓准说服他人的最佳时机，并不是一件轻而易举的事。这是因为说服的时机有时很难把握。它具有随机性，随着人的思想和环境的不断变化而出现或隐没。它又具有易失性，往往稍纵即逝，使敏感性差的人很难抓住它。它还具有微妙性，看不见、摸不着，要求说服者必须精心研究、捕捉到才行。

尽管抓准说服的最佳时机有一定的难度，但并不是做不到的。只要我们勤于实践，注意调查和研究说服对象的心理活动规律，把握或抓准说服他人的最佳时机，是完全可能的。从人们在长期的说服实践中积累起来的一些经验来看，要把握或抓准说服的最佳时机，至少应当注意以下五种情况：

其一是问题初露苗头之时。这是说服他人、及早解决思想问题的好时机。要把问题解决在萌芽状态，就要抓住这个时机。否则，等到事情由小变大，往往投入几倍的精力也不一定能办好。

其二是渴望友谊和温暖之时。当他人因为偶然的过失而抬不起头来，或因为某一挫折而心灰意冷，需要开导、温情和帮助时，对于他来说，我们给予必要的说服，将无异于“久旱逢甘霖”。

其三是初次犯错误感到愧疚之时。人在犯错误的时候，愧疚心理和侥幸心理是并存的。这时去说服他，可以强化他的愧疚感；失掉这个时机，侥幸心理就会在他思想上占据上风，使他一错再错，陷于泥潭而不能自拔。

其四是瓜熟自落之时。问题发生的时候，对方的情绪指数极低，火气未消，或者是暴跳如雷，或者号啕大哭。这时，就不要当即说服，最好先调节一下他的情绪，使他做到由闹变静，由急变安，由暴变柔，等他情绪稍微稳定之后再进行说服。这种冷处理艺术，既可以为说服对象提供自我醒悟的时间，又能给我们留有观察摸底的余地。

其五是当对方的过度疲劳已经解除之时。由于劳动强度过大，对方很疲乏，急需休息，这时，要缓冲一下，等他消除疲劳、精神放松以后再进行说服。否则，对方往往会由于过于疲劳而对说服产生反感情绪。

抓住说服的最佳时机。除了注意以上几种情况，还必须正确地把握“三个度”：

首先是对方对你的信任度。对方对你较为信任，能听进你的意见，这个时候，你可以立即对其进行说服；如果对方对你抱有不信任情绪，并且对你反感，这个时候，不宜立即对其进行劝说。而可以通过各种方式与他加强感情上的沟通，获得对方对你的信任之后，再进行必要的说服。当然，有时也可以委托比较熟悉对方而又受对方信任的人去做些说服工作。

其次是问题需要解决的紧迫度。问题紧迫的要及时说服,不太紧迫的可以间隔一段时间。总之,在说服他人的问题上,也要注意轻重缓急。

最后是说服的准备度。在打仗上,人们主张不打无准备之仗,不打无把握之仗。在说服他人的时候,对于说服者而言,要取得预想的效果,也有个准备的问题。准备的程度越高,即准备的越充分,说服的效果往往就越好。对于抓住说服的最佳时机,不应作褊狭的理解,它不只受制于说服者对象,也受制于说服者自身的状况。如果说服者自身条件不成熟,比如调查研究不够、情况不熟,一句话,准备程度不够,这时,硬要去说服,别人也不见得能听进去,弄不好还会自讨没趣。

三、了解说服对象的特点

毛泽东在《反对党八股》一文中,运用生活中的哲理,来说明写文章、作演说的道理时指出:“俗话说:‘到什么山上唱什么歌。’又说:‘看菜吃饭,量体裁衣。’我们无论做什么事都要看情形办理,文章和演说也是这样。”[①]“射箭要看靶子,弹琴要看听众,写文章做演说倒可以不看读者不看听众么?”[②]这里毛泽东以事喻理,寓理于事,反复强调办事情要有针对性,要有的放矢。这个道理,同样适合于说服他人的活动。

在现实生活中,由于人们在社会经济活动和政治活动中所处的地位不同,家庭环境、社会经历、文化程度、心理需要、个人品质、性格脾气、兴趣爱好也各不相同,于是就形成了人与人之间的不同层次。同一类型的事情发生在不同层次的人身上,就会产生不同的思想反应。因此,说服他人,必须把握说服对象的层次特点,有的放矢地进行。

具体地说,要有针对性地说服他人,特别应当注意以下三点:

其一,要根据说服对象的年龄层次而采取不同的方式。一般说来,老年人特别希望得到人们的尊重,在兴趣上,喜欢别人重提他的往事。因此,说服对象如果是老年人,在说服时,称谓上就要注意使用礼貌语言,用尊称,用回忆“想当年”的美好往事来加以引导。中年人一般比较成熟坦率,在兴趣上易接受成熟的东西。如果说服对象是中年人,在说服时,便可坦率地就事论理地交谈。青年人有朝气,有热情,上进心和求知欲比较强,在兴趣上则喜欢新奇的言行,对陈词老调有逆反心理。如果说服对象是青年人,在说服时,就要多用古今中外名人名言及

---

① 《毛泽东选集》第3卷,人民出版社1991年版,第834页。

② 《毛泽东选集》第3卷,人民出版社1991年版,第836页。

引经据典,寓说服的道理于知识、趣味之中。

其二,要从说服对象的文化程度出发。一般来说,知识分子因受过系统的知识教育,知书达理,有一定的形象思维和逻辑思维(logical thinking)能力。因此,如果说服对象是知识分子,在说服时,就要采取以说理为主的抽象方式,既要注意语言的委婉性,又要注意语言的逻辑和准确性,有些话无需说尽,要留有思考的余地。与此不同,如果说服对象是文化程度较低的人,那么,在说服时,就应偏重于以动情为主,采用通俗易懂、形象比喻的方式,寓理于情,否则,难以奏效。《吕氏春秋》记载过这样一个故事:孔子赶路,在休息的时候,马跑了,吃了人家的庄稼,农夫便扣住了孔子的马。孔子有个很善辞令的弟子,自告奋勇去劝农夫。他见了农夫以后,之乎者也地把话说尽了,农夫根本不听他那一套。这时候,有个跟随孔子不久的粗人站出来说,"让我去劝说一下吧"。他走到农夫跟前,对农夫说:"你在西海边种地,我们在东海边种地,到了西方,我们的马不吃你的庄稼又吃谁的呢?如果你到了东方,你的马不是照常也会吃我们的庄稼吗?"话虽不多,但农夫听了却很高兴,对他说:"说话就应该这样痛快明白,岂能像刚才那个人那样文绉绉地咬文嚼字呢!"于是将马归还了他。

其三,要注意说服对象的性格气质特点。我国古代著名思想家荀子曾说过:"治气、养心之术:血气刚强,刚柔之以调和;知虑渐深,则一之以易良;勇毅猛戾,则辅之以道顺;齐给便利,则节之以动止;狭隘褊小,则廓之以广大;卑湿重迟贪利,则抗之以高志;庸众驽散,则劫之以师友;怠慢僄弃,则炤之以祸灾;愚款端悫,则合之以礼乐,通之以思索。"[①]这段话,通俗地说就是:对脾气刚强的人,要采取温和的方法;对有智谋、善思虑,而又藏而不露的人,要从平易善良方面作专门引导;对勇敢坚毅但又凶猛暴戾的人,就要引导他不越正轨;对灵敏轻快的人,要使他在行动举止方面加以节制;对心胸狭窄的人,就得开阔其胸襟,使之宽宏大度;对志向卑下、迟钝而又贪图小利的人,就要激起他的高尚志向;对平庸而散漫的人,要通过师友来管束他;对怠情散漫,轻佻、自暴自弃的人,要使他明白将要面临的灾祸;对愚钝而又忠厚老实的人,就要使他的行为符合礼乐的准则,以多思考去疏通他的心智。荀子的这段话,对于我们的说服他人的工作,是十分有益的。

对于人的气质,现代心理学一般把它分为四种类型:

其一是急躁型。这种气质的人,神经素质反应强但不平衡,易兴奋却难以抑制,即平常所说的"火爆"脾气。它表现为外倾性明显,对周围事物敏感,情感反应迅速而强烈,行动比较敏捷,但爱激动,有狂暴脾气爆发的倾向。对这种气质

---

① 《荀子·修身》。

的人进行说服，一般来说，要心平气和，尽量避免当面刺激和发火，不要给“火爆性子”火上加油。特殊地说，在有些情况下，故意使用激将法，也是必要的、可行的。

其二是活泼型。这种人的神经素质反应强而平衡，性格活泼但易变。它表现为外倾性，对周围事物较敏感，情感反应迅速但不强烈。他们的感情有较大的适应性，易为环境影响而变化。对于这种气质的人，说服时要态度严肃认真，不能随便跟他打哈哈，否则，他会把你的说服当作耳旁风。

其三是稳重型。这种人的神经素质反应软弱但比较平衡，兴奋速度慢但较为持久。它表现为明显的内倾性，有较强的抑制力，对周围环境情感体验深，而较少流露，在行动上比较稳重，而且毅力强。对这种气质类型的人，说服时要多加关怀和尊重，消除其疑虑，破除其误解，逐步解开其思想疙瘩。

其四是胶滞型。这种人的神经素质反应迟钝而不平衡，难于兴奋但较持久，即我们平常说的慢性子、蔫脾气。他表现为严重的内倾性，抑制力过大，情感不易触动，行动缓慢，感情基本不外露，不轻易发脾气。对于这种气质类型的人，说服前尤其要做深入的了解，劝说时要耐心细致，稍有急躁情绪就会阻碍他倾吐内心之隐。

四、善于运用事实

事实胜于雄辩。在说服他人时，以事实为根据，其说服力无疑是更强的。有时，你费上九牛二虎之力，用尽了所有的妙论，有些人仍是将信将疑，甚至无动于衷。而当你摆出事实，特别是用事实让他见证后，即使是一个顽固不化的人，在事实面前还是可以说服他的。

说服他人，用摆事实，讲道理的方法，即用让事实说话的方法，其有效性，是被人们普遍地承认的。但是，怎样摆事实，怎样让事实说话才更有力，即怎样善于运用事实，并不是每个人都懂得并做得好的。总结历史和现实中人们运用事实说服他人的经验，要做到善于运用事实，应当注意以下几个方面：

其一，让对方眼见事实。眼见的事实往往最有说服力。对于那些“不见事实不肯信”的人，说服的最好办法，是让其亲见“事实”。

其二，摆出有力的事实。在现实生活中，往往存在这样的情况，在说服他人时，存在许许多多可以利用的事实。这时，为了更有效地说服他人，应当对事实进行选择、比较，向对方摆出较为有力的事实。例如，国外研究证明，说服对象受到事实材料的影响，也相同程度地受到事实材料来源的影响。在一项实验中，让两组被试听到关于没有处方是否可以卖抗阴胺片的争论，然后，告诉一组被试说可以卖的证据来自《新英格兰生理和医学月刊》(这是虚构的)，另一组则被告知证据来自一家流行画报。结果发现,第一组比第二组有更多的人赞成没有处方也可以卖抗阴胺片。产生这个结果的主要原因,在于来自权威性刊物的事实材料往往更确凿,也更有力。

甘罗说张唐

战国末年,燕国和秦国修好,共同对抗赵国。为表诚意,燕王喜派太子丹到秦国做人质,并且希望秦国能派一个大臣到燕国做丞相,辅佐燕王。秦王和吕不韦于是打算派张唐前往燕国,做燕国国相。

张唐不愿意去燕国,就对秦丞相吕不韦说:"秦昭王曾经让我率军讨伐过赵国,赵国非常痛恨我,多次扬言说:'谁能捉到张唐就赏给他方圆百里的土地。'现在去燕国途中一定要经过赵国,所以我不能去燕国。"吕不韦听了很不高兴,但并没有勉强他。

吕不韦有一个门客叫甘罗,年仅十二岁。他见吕不韦脸色阴沉,就问:"丞相因为何事而烦恼?"吕不韦讲了事情经过。甘罗说:"待我前去劝说。"

"你去?我亲自去请他都不肯去,你又怎么能说服他?"吕不韦不高兴地说。

"项橐七岁的时候就做了孔子的老师,我现在已经十二岁了,您应该允许我去试试?"

最后,吕不韦还是答应了甘罗。

甘罗见到张唐后,张唐没把甘罗放在眼里。甘罗说:"前来为大人吊丧。"张唐勃然大怒。甘罗便问:"您认为您的功劳和武安君王翦相比,谁更大呢?"张唐说:"武安君在北面建威于燕国和赵国,向南挫了强大的楚国,他破城堕邑,不计其数,我不能和武安君相比。"

"您认为应侯和文信侯相比,两个人在秦国掌权期间,谁更专断呢?"甘罗又问。"应侯当年没有文信侯现在这样专断。"张唐果断地说。

"您果真知道应侯不如文信侯专断吗?"甘罗问。

"知道。"张唐答道。

甘罗说:"当年应侯提出攻打赵国,武安君王翦当面提出反对意见,但武安君才离开咸阳七里地就被赐死了。如今文信侯亲自出面请您去做燕相,你不肯去,我真不知道您死的地方是哪里了。"

张唐听到这里,大惊失色,说:"多谢先生指教,我同意到燕国去。"

其三,尽量运用具体的事实。在通过摆事实说服他人时,一定要注意摆事实的具体情节和事例。这个道理,从做广告、推销产品中,很能看得出来。精明的说服者都清楚地知道这一点，个别具体化的事实比概括的事实和一般的事实更有说服力。比如说，你要多卖掉药品，你就要介绍某个患者使用后如何迅速痊愈的事例。所以，在日常生活中，你要说服别人，就应旁征博引，使用具体的事实，而不是一味空洞地说教。

其四，多用亲身经历的事实。这种做法，也可称为现身说法，即说服者把自己摆进去，用自己亲身经历的事实及其经验教训，对他人进行启发和诫喻，以达到说服他人的目的。用亲身经历的事实说服他人，真挚而发人深省，殷切而意味深长，能够缩短说服者与被说服者之间的心理距离，具有易感性、可信性，运用得恰当，会对说服对象的心灵产生高频率的振动。会使对方认识到："人家说得都是经过亲身实践了的经验之谈，我应该认真借鉴才是。"这样就容易改变对方的态度了。

运用亲身经历的事实，首先应要求说服者所说的事实必须是亲身经历过的，并且包蕴着自己丰富的切身体验，能够从中抽象出动人心弦、开人心窍的生活哲理，然后再用这抽象的生活哲理去指导对方摆脱眼下的处境。

运用亲身经历的事实说服他人，还要注意，所述说的个人经历，必须要与说服对象目前所面临的问题有相同、相似或相近的东西，或者在本质上有内在的联系，这样才能使二者具有类比性，从中抽象出来的道理，对他才有实用价值；否则，对方会认为你所说的事实以及所概括出来的道理与他毫不相干，那就会大大削弱你说服的效力。

运用亲身经历的事实说服他人，一定要亲切自然，诚恳坦率，让对方在自觉的对比中产生心灵的共振(resonance)，愉快地接受你的规劝；决不可故意当着对方的面，借机大谈特谈自己的"光荣历史"，给人一种自我标榜与吹嘘的印象。如果有意地炫耀自己的功绩和优点，来贬低和挖苦人家的缺点和不足，不仅不能有效地说服对方，相反只会引起对方的厌恶或反感。

其五，活用历史上的事实。高明的说服者大多会注意历史的经验，用历史的事实说服他人。这方面的事例是很多的。例如，萨克斯说服罗斯福总统重视原子弹的研究，要抢在纳粹德国前面制造原子弹，就是一个运用历史事实说服人的著名的例子。在中国历史上，这种例子也是很多的。

萨克斯是如何说服罗斯福总统的

发现铀核裂变时，正值第二次世界大战爆发的前夕，一些科学家特别是那些从法西斯统治区逃亡出来的科学家，已经预感到制造原子武器的危险性。当听说纳粹德国正在加紧链式反应的研究，并禁止所侵占的捷克的铀矿石出口时，许多科学家更是坐立不安。1939 年 3 月，西拉德(Leo Szilard)

等人想通过费米(Enrico Fermi)使美国军方了解原子武器的重要性,但没有达到目的。同年7月,西拉德等人只好去找爱因斯坦,想借助他的名望催促美国赶在纳粹德国之前造出原子弹。爱因斯坦表示赞同,并在由西拉德等人起草的一封给美国总统罗斯福的信上签上了他的名字。

1939年10月11日,这封信由罗斯福总统的朋友和顾问萨克斯面呈罗斯福。罗斯福对这件事很感兴趣,但认为现在就制造还为时过早。罗斯福为表示歉意约萨克斯次日早晨共进早餐。萨克斯彻夜难眠,他苦苦思索着如何利用共进早餐的机会说服罗斯福。最后他终于想到了拿破仑拒绝采纳富尔顿的建议而懊悔的故事。

1807年富尔顿向拿破仑提出了制造蒸汽轮船的建议,他说这样一支由蒸汽轮船组成的舰队,不论在什么天气下都能在英国登陆。可是拿破仑却认为蒸汽轮船的设想过于荒唐而把富尔顿赶走了。8年后,拿破仑在滑铁卢战役中战败被俘,被装到一艘英国帆船上押往圣赫勒那岛,途中正好与富尔顿制成的蒸汽轮船相遇。拿破仑非常后悔,他痛心地说:"这就是我没有眼力的代价,我赶跑了富尔顿也就葬送了我的王冠!"如果当时拿破仑能采纳富尔顿的建议,那么19世纪的历史也许就会重写。

萨克斯在与罗斯福共进早餐时以动人的语言向总统讲述了这个故事,罗斯福听完后沉思了一会儿便叫仆人拿来一瓶拿破仑时代的法国白兰地与萨克斯碰杯。不久,罗斯福就下令成立了一个铀顾问委员会。

五、运用"苏格拉底技法"

苏格拉底是古希腊著名的哲学家。他创立的问答法(question-and-answer method),被公认为最聪明的劝诱法(method of inducement)。其原则是,与人谈话时,开始不要讨论分歧的观点,而着重强调彼此共同的观点,取得完全一致后,自然地转向自己的主张,从而实现说服他人的意思。具体做法是,开头先通过机智巧妙的发问,让对方连连说"是",与此同时,一定要避免让对方说"不"。当你获得了无数个"是"字的反应后,对方就不知不觉地被包围在数分钟之前还在否认的结论中。为什么会有这样的效果呢?这是因为,一个人在说话时,一开始说"是"字,会使整个心理趋向于肯定的一面,形成肯定的心理定势。这时,全身组织——分泌腺、神经和肌肉,都呈放松状态。情绪轻松了,就会形成劝说中的和谐气氛。相反,如果一开始所说的话,得到的都是对方的"不"字的反应,对方全身组织紧张,聚集在一起便成为拒绝状态,生理的变化影响到心理之后,就形成了否定的心理定势,就等于在你通往说服成功的道路上设置起难逾越的心理障碍。

苏格拉底用问答法进行教学

美国心理学教授亚佛斯德在其《影响人类的行为》一书中，对“苏格拉底技法”作了进一步的说明和强调。他说：“一个‘不’字的反应，是最难克服的障碍。一旦一个人说‘不’以后，所有他的自尊的心理，都促使他固守己见。他以后也许会觉得‘不’是不甚恰当的；然而，他需考虑他的宝贵的自尊！一句话一旦出口，他就不得不坚持到底。所以，使人一开始就采取肯定的态度，极为重要。”这位教授还认为，获得这种“是”字的反应，是一种极简单的方法，并不是多么复杂的事，只要稍微重视一下，就会见效。然而有不少人却忽略了它，或者用先声夺人来显示自己的威严，或者通过全盘否定对方来证明他自己的正确，或者开口就质问，先给对方来个“下马威”。这样一来，只能引起对方的不快，造成与对方之间的心理隔阂。假若这种态度仅仅是为了出一口气，求得一时的快乐和舒服，倘说得过去；但要希望顺利地说服对方，简直是一种愚蠢。

总之，“苏格拉底技法”是说服他人的有效方法。许多人运用这一方法取得说服的成功。美国学者戴尔·卡耐基总结了人们运用这一方法的经验教训，得出了一个明确的结论：如果你想争取让人们赞同你的思想方法，规律如下：让他人立即说“是，是”。在说服他人的实践中，我们也应当根据具体情况，自觉地运用“苏格拉底技法”。

正确地运用“苏格拉底技法”，让人作出“是”的反应，应当注意以下三点：

其一，从对方的需求出发，从对方的角度看问题。纽约一家银行的收支员埃伯森曾经碰到过一位顾客。他在填写存款申请表时，对其中的几项有意不填。埃伯森装出若无其事的样子和这位顾客聊天：“假如你在我们银行里存款到老，以至将来死去，你愿意让银行把存款转给您最亲近的人吗？”顾客说：“当然愿意。"埃伯森继续说："那么，请按我们的规定，把你最亲近的人的姓名填上。假若有什么意外，我们立即把这笔款子移交给他，是吗？"顾客回答："是的。"他愉快地按要求办了。假设埃伯森不是从顾客的需要角度提出问题，而只是从银行角度来说："这是我们银行制度规定的，要求每一项都得填。"如此说法，难以使顾客作出"是"的反应，甚至会拒绝填表而去。

其二，提出常识范围之内的问题。常识是大家公认的，所以能取得对方的认同。例如，父母要把女儿嫁给她并不爱的有钱的男人，而女儿已另有所爱，这时，女儿作为说服者，不妨先提出这样的问题："你们当父母的，当然希望女儿将来幸福，是吗？""是的。"父母自然这样回答，这是常识问题。"你们一定会真心实意地这样做，是吗？""是的。"然后，女儿就可以根据这个观点阐述自己的主张了。如提出"强扭的瓜不甜"的道理，进而把讨论引向深入，直至使父母改变态度。如果不是从常识范围内来提问题，说服者提出的问题对方又不懂，那就不会有"是"的反应。

其三，诱导对方承认你的立场。有时双方的确没有很接近的立场，难以一下子提出意见相吻合的问题。这时，不如选择一些对方不那么直接反对的问题，或者拐一个弯提出一些对方容易承认的问题来启发诱导。例如，对方观点不明朗，可以诱问说："您是故作不知吧，您一定知道这个道理的，是不是？"或者说："我知道您嘴里没这么说，但进一步分析，您的意思应该是这样的，是不是？""这其实就是您的意见呀，难道我领会错了？""根据您平时的主张，它就是这样的。不会错的，是吗？"当然，这类话要说得恳切，千万不要用责问或反驳的语气。在这样平和轻松的谈话气氛中，对方往往会承认下来，作出"是"的反应。

六、避免冲突

在说服他人时，一定要防止与说服对象发生直接冲突。事实证明，双方一旦发生冲突，一方要说服另一方，不知要额外地付出多少代价。所以，高明的说服者，在说服的过程中，总是把防止冲突放在重要地位。

本杰明·富兰克林在其自传中，讲述了他是如何克服了那种好辩的坏习惯，如何将自己变成美国历史上一位最有才能、最温和、最老练的人物的。其中，在谈到避免冲突的问题时，他说："避免一切激怒他人的直接冲突，避免对自己做出一切自信的断言，这是我为自己定的规矩。我甚至禁止自己使用每一个意味着确定意见的词句，诸如'当然'、'无疑'等等。我使用的是'我想'、'我认为'或'我设想'一件事如何如何，或是'目前在我看来'之类。当别人对某事做出我认为是错误的断言时，我改变了那种与其骤然冲突的方式，以及对他的建议旋即流露荒唐可笑的兴趣的习惯。在回答时我开始说，在一定的事情和环境中他的意见将是正确的，可是在目前情况下显得或在我看来是有些不同看法等等，我很快发现自己改变方式后确有收效；我进行的谈话愉快多了。我提出自己建议的那种最谦虚的方式使他们得到了乐于接受的思想和较少的冲突；这样，当别人发现我错了时，我则不会感到那么难为情，而当我偶尔正确时，我也更容易争取他人捐弃错误而站到我一方面来了。”

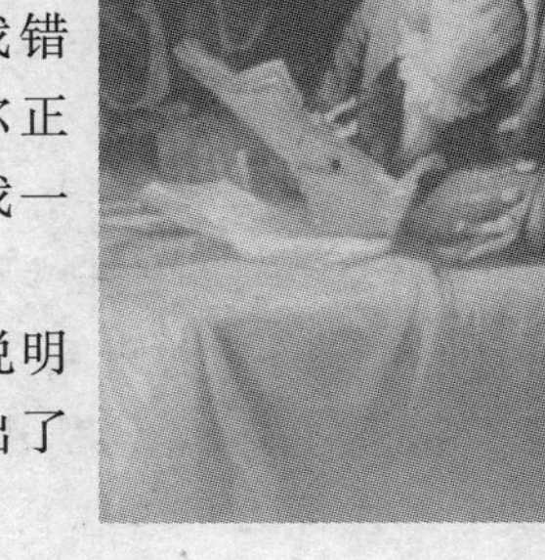

富兰克林像

富兰克林这里所说的，不仅以切身经验说明了避免冲突对于说服人的重要意义，而且指出了如何避免冲突的一些成功经验。

根据富兰克林以及其他成功说服者的经验，避免冲突的根本方法，首先是缩短说服者与说服对象的心理距离。而要做到这一点，以下两个方面是必须注意的：

其一是使自己等同于对方。许多研究者发现，如果你试图改变某个人的爱好或态度，你越是等同于他，你就越具有说服力，两者的关系就越融洽，冲突就越不容易发生。这是因为人类有一个共同的天性，喜欢听“自己人”的话，纽约市立大学布鲁克林学院的心理学家哈斯说：“一个酿酒专家也许能告诉你许多理由，为什么某一种牌子的啤酒比另一种牌子的要好。但如果你的朋友，不管他对酒是否在行，教你选购某种啤酒，你很可能听取他的。”

其二是反映对方的感受，考虑说服者的处境。事实证明，平庸的说服者是开门见山提出要求，结果发生争执，出现冲突，陷于僵局；而优秀的说服者则首先建立信任和同情的气氛。如果对方为某事烦恼，你就说：“我理解你的心情，要是我，我也会这样。”这样就显示了对别人感情的尊重。当然，优秀的说服者也不总是一帆风顺的，他也会遭到别人的反对。这时老练的说服者往往会重新陈述对方的意见，承认他的优点，然后才指出自己的意见更好、更全面。研究证明，在下结论前，照顾双方的意见，比只提供单方的说服力强得多。

其次是消除冲突，在说服时，要自觉地运用换位思考规律，去接近对方，认识对方，理解对方，逐步打开对方的心理缺口。比如，在与说服对象见面之后，会抽烟的先给他支烟，不吸烟的就给他倒上一杯水，让对方先坐下来，跟他谈一些对方较为感兴趣的问题，给他一种亲近感和轻松感，用毛毛细雨滋润他的心田。一旦他肯坐下来，并且有了共同语言，你的道理就可以讲给他听。

触詟说赵太后

古时候，赵国有个当政的赵太后。当秦兵入侵时，为换取齐国出兵相助，须把其小儿子送到齐国做人质。危机之际，赵太后却固执己见，谁的话也听不进去，并发誓说："谁再来劝我，我就往他脸上吐唾沫。"当时，有个叫触詟的人，不顾个人安危，前往劝谏。为了缩短与赵太后的心理距离，防止冲突，他见到赵太后之后，竭力寻找共同语言，先谈了自己的身体情况，又问起赵太后的饮食起居，并进一步讨论起对儿女的关心爱护问题，这样循序渐进，一步一个台阶，终于接触到了劝说的主题，赵太后不知不觉地进入了触詟的"圈套"，接受了他的劝说，决定送儿子去齐国做人质。触詟说服成功的奥秘，就在于他懂得运用心理换位思考来沟通对方心理上的接触点。假如触詟不是这样考虑的话，一见面就直言不讳地大谈人质对国家存亡的重要性等等，那么他非遭"唾面"的下场不可。

七、切忌露出"马脚"

《知己知彼术》的作者曾经提出了"社交八锦囊"。第六个锦囊讲的是劝勉人的方法。其中，总结了一条劝勉人的定律："使用烟幕，不要露出你在对他劝勉的马脚来。"这也是一条重要的说服他人的技法。

劝人不露马脚，是说在说服他人时，千万不要使对方发觉你正在板起面孔教训他，因为一般人们心理没有一个愿意听受人家的指责和责骂而不表示反抗，即使你的面孔上堆满了笑容，你预先向他赔一千个不是，当他发现你的话触犯了他的自尊心，侮辱了他的任何一点行为时，他也会对你大感不快；他会立刻把他的精神武装起来，准备抓住你劝说中的任何一点间隙而向你猛烈的反攻了。所以，你千万不要损及对方的面子。正如现代战争中常常使用烟幕弹来掩护大规模的进攻一样，在说服他人的问题上，"烟幕弹"的使用，也是不可缺少的。你不要借口你生性爽直，一开口便常常开罪人家，任何人都不愿意宽恕那些常常用言语向他进攻的"敌人"。但是多数人都喜欢和最知心的朋友促膝谈心，互诉衷曲，互以客观的立场来讨论任何问题。那么，为什么我们就不能抓住他们的这层心理，而把自己的忠告，在无形中输入对方的脑子里去呢？

聪明的厂长

有这样一位厂长，很会使用这种技法。在夏天，他下令他的工人们每晚放工后，在厂前的空场中席地休息一刻钟，再各自回家。他说，这是很有益于身心健康的。同时，他自己也在这宝贵的一刻钟间和工人们坐在一块儿，谈谈天，唱唱歌。而在谈话中间，他常常以十分轻松的口吻，报告工厂的生产情形，并和他们共同讨论发展营业和增进工作效率的方法。有一次，他接到很大的一笔订单，但出货的限期却十分急迫，甚至于他自己都觉得这笔订单多少也免不了使他失一次信用而无法按期交货了。就在那天晚上，他坐在工人中间，和他们说起这张订单，他紧皱着眉头，说他第一次遭遇了很大的难关，然而他不愿因为这笔订单而使他亲爱的工友日夜紧张地工作一星期而损及他们的健康。但是，立刻有人说，“为什么不呢？”一个工人很诚挚地说：“我们平日蒙厂长看作朋友一般，我们有什么困难的时候，厂长总是很关心地帮助我们解决，这次不正是我们报答厚谊的机会来了吗？”“是啊！”第二个立刻接上来说，“请厂长就把这笔交易的责任交给我们好了。无论如何我们都不会使厂方因此失却一次信用而影响下次的生意！”结果，这笔订单不但没有误期，反而提前一天就把货完全交清了。这位厂长获得了成功。但是，他的成功当然不是偶然的，他每天都在努力施放鼓励劝勉的“烟幕弹”，因此，当他真正要进攻时，能够不费一卒一弹，便把胜利的锦标夺获了。

当你劝一位常常酗酒闹事的朋友把他那种不良嗜好戒绝时，你千万不要单刀直入地说：“喝醉了酒就出岔子，再不戒绝是不行的！”你必须耐着性子，告诉他酒对身体有多大的害处，对于精神上怎样不好，同时在名誉上会受些损失。最后你再举出几个例子：某某喝了酒，出了事，被监禁起来；某某因饮酒无度致患胃病而死……当他被你说动了心后，你再大胆以直接的规劝进攻，这样你一定会如愿以偿了。

总之，切忌漏出“马脚”，这是说服他人的一条基本技法。

第三节　批评他人

在人际交往中，人们常常遇到批评他人的问题。这个问题是否处理得好，直接关系到人际关系能否正常地建立和发展，关系到人际关系能否优化及其优化的程度。而要真正地处理好这个问题，即正确而恰当地批评他人，掌握和运用批评他人的技法，是至关重要的。

批评他人的技法是多种多样的，而且是因人因时因地而宜的。但是，一般地说来，要避免消极或破坏性批评。批评按其性质的不同，可分为积极的、建设性的批评和消极的、破坏性的批评。积极、建设性的批评，应当包括品评、判断(judgement)、说明好坏等多种含义，其目的是提醒被批评者注意自己的错误，促进被批评者改进自己的行为。批评者的动机不应当只是表示不赞同、不满意，批评的语言应当是鼓励他人成长、促进人际关系的工具。与积极的、建设性的批评相反的，就是消极的、破坏性的批评。要有效地批评他人，必须开展积极的、建设性的批评，避免消极的、破坏性的批评。

一、消极的、破坏性的批评

在现实生活中，消极的、破坏性的批评，主要有以下几种表现：

其一是挑剔式批评。这种批评，存心找对方的错处，鸡蛋里面挑骨头，这也不顺眼，那也不顺眼。这种批评，使人感到一种不友善或是敌意。对这种批评，几乎所有的被批评者都感到反感，甚至产生敌对情绪。

其二是羞辱式批评。这种批评，有意把事与人混为一谈，而且以偏概全。本可以说"你这件衬衣过时了"，却说成"你土里土气"；本来可以说是"衣服小了"，却说成是"你太肥了"。这种批评，使用讥讽的语言，侮辱他人人格，缺乏起码的他尊。这是一种既鲁莽又不恰当的批评方式，极易引起他人的反感。

其三是埋怨式的批评。这种批评，是以埋怨的态度出现的。发生在他人身上的问题，也许有其不同的经验背景，也许是不小心出的错，也许是时间仓促造成的，但埋怨者并不考虑这些因素，而将错误一并推到他人身上，以至于常用教训、指责、带有言外之意的语言来表达意见，而且喜欢用一些"从来"、"总是"、"根本"之类的偏见字眼。这种批评，会引起被批评者的自卫反应，因而难以发挥积极的作用。

其四是笼统式批评。这种批评，语言说得不够明确，含糊其辞，不得要领，使受批评的人感到茫然而不知所措，使其即便想改正错误也不知道批评者到底要求什么。这种批评，有时会使对方产生无论怎样改也不能令人满意的想法，因而干脆就置之不理。这种批评，不但不会说明道理，解决问题，反而可能造成非故意重犯的错误。

其五是压服式批评。这种批评，不是以平等的身份、心平气和，以理服人，而是简单粗暴、实行高压政策。这种批评，往往是压而不服，不但不易使矛盾得到根本解决，而且常常使之激化。

其六是威胁式批评。这种批评，与压服式有联系，不去认真分析他人发生问题的具体原因。而只一味地要求立即改正，并且总是使用威胁的语言。常以"我只好……"、"要不然……"、"否则"一类的词发出最后通牒，期望自己的话能收到立竿见影的效果。事实上，受威胁的一方常会以消极的行动甚至背道而驰而对待它。威胁式批评用久了，只会产生负效应。因为威胁的话一般人只是说说，很少去做，本身就失去了恐吓的作用。又因为被威胁者知道了一般这类的威胁只不过是口头上的，所以常用挑衅的态度对付："要不然你怎么样？悉听尊便，请吧！我不怕吓唬！"这样长此以往，会造成双方感情上的裂痕。

其七是质问式批评。这种批评，使用一连串问号，有一种咄咄逼人的味道。例如，"你要这样做吗？你为什么这样做，你想后果如何？""你不能好一点做吗？""你凭什么认为这是对的？"这样的一类话，常是出自质问式批评者之口。这种批评，也会引起对方采取自卫的立场，有时甚至发生"顶牛"。

其八是盛气凌人式批评。这种批评，一开头不外乎是"你应该……"、"你不应该……"的语词。说这种话的人，似乎在表示只有他才知道什么是"应该"，什么是"不应该"，唯有照他的话去做才对。单是这种盛气凌人自以为是的态度，且不说其批评的内容如何，都足以引起被批评者的反感，而且这种断然的论调中还含有一种威胁的口吻，"必须……否则"，很可能使听者产生逆反心理："我干吗要听你的教训？"结果是双方都不让步，思想也就无法达到统一。

其九是片面式的批评。这种批评，只管责备错误，却不指明应当如何正确地做；只说对方的不是，不讲其也有的长处。这种批评的结果，或是使被批评者感到委屈和茫然，或是使被批评者失去纠错的兴趣和信心。

其十是"马后炮"式批评。这种批评，在问题发生后才说："我早就料到了……"、"谁叫你不肯听我的？"、"我说这样办不行嘛！"等等类似的话。这种事后诸葛亮的做法，与其说是为了纠正别人的错误，不如说是在显示自己的高明。这种批评，也是人们所反感的。

二、做好批评前的准备

俗话说："不打无准备之仗。"有准备，是顺利地取得成功的基础。批评他人，要取得理想的效果，在批评前，也要有一定的准备。

批评前的准备工作是多方面的。一般地说，在准备时，要自问如下一些问题，看看自己是否准备好。

其一，我要批评的是哪一件事？明确我的批评是针对哪一个问题而发的。切忌"千年谷子万年糠一齐抖"。

其二，他有可能改正吗？批评之前，必须衡量一下对方实际改正的能力，以及能否愿意去改。

其三，我的批评有益吗？能增进双方感情和团结吗？成功的批评应该使对方感到是为了自己的利益而接受，并使之消除为自己申辩的心理。

其四，我期望对方改善到什么程度？有些人常把批评的重点放在对方"错"

的地方，而忽视指明“对的”应该是如何，因而常收不到积极的效果。批评失败的人常说的一句话是：“我事后才发现我没有把要说的话全说出来。”

其五，我选择什么样的动机、方式和场合发表自己的意见？

其六，我能否对自己的批评意见负责任？现在能，以后是否也能？

其七，我的意思对方能否听懂？有没有可能造成误解和曲解？

八种科学的批评方式

科学的批评方式，有利于批评者掌握“火候”，在批评他人时，做到有理、有力、有节、有度，使批评产生“润物细无声”的效果。常用的科学的批评方式如下：

其一，点化式。用暗示或提醒之类语言进行点拨，使对方默认自己思想上存在的问题。

其二，交换式。批评者和被批评者交换位置，使对方心理上产生内疚感，从而愉快接受批评。

其三，温婉式。口气温和，委婉，以情动人，使对方心理上产生内疚感，从而愉快接受批评。

其四，自责式。首先主动承担责任，引起对方感情上的共鸣，使之心甘情愿地解剖自己

其五，提问式。向对方提问题，问原因，分析后果，使对方在回答问题的过程中认识到自己的错误。

其六，勉励式。以表扬勉励的口吻与被批评者交谈，打动对方，使之正视自己的弱点。

其七，比拟式。不直接批评对方的错误。举例子提醒对方，促使其提高认识，改正缺点。

其八，商谈式。用商谈的口气，消除对方的对抗心理，叩开对方的思想大门。

三、视不同对象采用不同的批评方式

在现实生活中，由于气质、性格、能力各异，不同的人有不同的行为方式和情绪反应特征。因此，在批评他人时，应该根据不同人的个性特征，选择其易于接受的、收效最佳的批评方式和方法。也就是说，批评方法应该因人而异，愿吃甜的，就别来酸的；能吃咸的，就别给淡的。那种以不变应万变、千篇一律的批评指责方式不仅不会收到好的纠错效果，而且容易因批评方式对方接受不了，伤害批评与被批评者的人际关系。

所以，恰当批评的上策是首先了解批评对象是怎样的人，然后再根据其个性特征施以适当的批评方式，对于聪明机灵、一点就透的批评对象，就没有必要婆婆妈妈地唠叨个没完，否则，就会引起反感；对于个性软弱、敏感压抑的批评对象，应该温和而含蓄地指责，尽管有很充足的理由去呵斥他，但仍不可采用疾风暴雨式的训斥，这样的训斥，他们一般是难以接受的；而对于那种火爆性子，点火就着的批评对象，则应回避正面交锋，以柔克刚为上策，因为他们往往吃软不吃硬，如果不这样做，极易把关系弄僵；如此种种，不胜枚举。

刘邦进咸阳

秦朝末年，刘邦首先率兵攻破了函谷关，进入咸阳，灭了秦朝。当他进入秦朝皇宫时，眼睛都看花了，秦宫富丽堂皇，珍宝不计其数，美女如云，不觉想留在宫中，享受一下人间快乐。

大将樊哙听说后，气冲冲地冲到宫里，质问刘邦："沛公，你是想得天下，还是想当富家翁？这里的东西，都是秦朝亡国之物，大王赶快回灞上，千万别留在宫中。"

刘邦听了，有些反感，说："让我歇歇吧！"

恰巧张良也来了，听了樊哙的话，对刘邦说："良药苦口利于病，忠言逆耳利于行。只因秦王贪暴，不得人心，大王您才取得了今天的胜利，我们既然为天下除去暴君，理应以俭朴为本，现在刚进咸阳，若又像秦王一样享乐，岂不等于助纣为虐？希望您能听从樊哙的劝说。"

刘邦马上醒悟过来，吩咐将士封了仓库，带着将士回到灞上。

四、不伤他人自尊心

俗话说："伤树莫伤根，伤人莫伤心。"每个人都有自尊心，那些犯了错误的人尤其有很敏感的自尊，对伤害其自尊心的刺激体验特别强烈。所以，批评者在批评时应切忌说些伤人自尊心和伤人情感的话，批评应针对所犯的错误，而不应借题发挥，为了出气而毫不留情地揭对方的短处，或说些对被批评者表示失望的话，这样，就会伤了对方自尊心。其结果，一方面使被批评者丧失信心，破罐子破摔下去；另一方面会对批评者产生敌意，造成双方的关系紧张。

要在批评中不伤他人自尊心，要注意许多问题，归结起来，大致有以下四个方面：

其一，不要揭人短处。每个人都有自己的短处，如以往不光彩的经历，生理上和心理上的缺陷，生活中的隐私，等等。这些都是人的敏感区，对于无意中触及到自己短处的人，我们会对他不满意；对于有意揭自己短处的人，我们会感到愤怒和嫉恨。俗话说“当着矮子莫说短话”，批评者在批评时应避讳触及对方的短处，以免引起对方的反感，造成人际关系障碍。

其二，不要轻易地否定犯错误者的人格。平心而论，谁也不愿意承认自己是坏人。批评者如果因为被批评者犯了一次或几次错误就轻率地指责其品质恶劣、道德败坏，说其是“骗子”、“流氓”、“不守信用”、“朽木不可雕也”、“害群之马”等，对被批评者的刺伤是非常大的。这样做，实际上等于广泛树敌，无异于自己画地为牢。

其三，不要轻易地否定犯错误者的未来。批评应该是纠正现在的错误。批评应当着眼于被批评者眼下所犯的错误，而不应该说些盖棺定论的话。例如，轻易地说什么“你这人干什么都不行”、“你真没用”、“你怎么总是出错?”、“你这辈子也不会有什么出息”等等使人失望的话，是很伤其自尊心的。

其四，不要将犯错误者的家庭亲友扯进批评来。有些批评者在批评他人时喜欢株连九族，在批评某人时，连同其亲友也一道批评，什么“你这样都是你父母娇惯的”、“你父亲原来就是这样不务正业”等等，这样的话也很容易使被批评者反感。

总之，恰当、积极的批评应当不伤害对方的自尊心，在批评中尽量不说刺激性太强的话。当然，对于那种脸皮太厚、屡教不改，对批评麻木不仁者又当别论，给他们以适当的强烈刺激，有时会起到促其猛醒、改邪归正的作用。

五、慎用公开批评

公开批评固然可以给被批评者以强烈的刺激，使其更深刻地反省自己的错误，但是，对被批评者的自尊心的伤害也是比较大的，会对被批评者与被批评者的人际关系产生极为不利的影响。所以，在许多情况下，对他人的批评要尽量不公开，而在私下里进行。

一般来说，在以下四种情况下应尽量避免在大庭广众之下公开批评他人。

其一，在错误轻微、后果不严重时，如果对他人的小错误抓住不放，大做文章，施以严厉的公开批评，会使被批评者觉得批评者不能容人之过，从而对批评者产生反感和对立情绪。同时，过多地廉价使用公开批评方法也会降低其应有的效果，使被批评者产生“抗药性”。

从社会心理学的角度看，人们在社会化过程中形成了一种取得成就要求奖励，犯了错误准备接受惩罚的社会心理定势，并根据自己成就的大小或错误的性质去估计自己应该得到什么样的奖励或惩罚。奖励不足或批评过度都会使当事人产生挫折感，并对挫折的根源——奖励者或批评者产生不满情绪。对犯了轻微错误的人施以严厉的公开批评，实际上是惩罚过度，这无疑会导致批评者与被批评者之间人际关系的紧张。

其二，当领导者犯了错误，其下属在场时；当爱人犯了错误，孩于在场时；当孩子犯了错误，其伙伴在场时。在这样一些情况下，公开批评犯错误者，会使其下不来台，丢面子，觉得批评者不为自己着想，让自己在下属（或孩子，或伙伴）面前丢丑，由此与批评者结怨。

其三，对于那些自尊心特强、情绪反应强烈而持久的人，更要尽量少用公开批评。否则，搞不好会很容易引起批评者与被批评者的公开冲突，或者在彼此间形成长期的排斥情感。

其四；在错误的原因没有搞清楚或存在疑点时，也不急于公开批评。

我们强调慎用公开批评，并不是要求放弃批评的权利和责任，去做不讲原则的老好人。为了有效地进行批评，有时，公开批评是十分必要的，这是个别谈话或私下批评所不能替代的。总的要求应该是，无论是公开批评还是私下批评，都应当用到该用的地方。

六、辅之以赞扬和鼓励

心理研究表明，犯了错误的人在意识到自己的错误之后，大多都会伴随着一种自卑和自责的情绪体验，特别是那些有着做好事情的愿望，但由于客观因素的限制和主观能力的不足而在工作中犯了错误的人，尤其是这样。这种自卑与自责主要是由于尊重的需要而没有得到满足所致。办事过程中的失误会使人觉得自己没能力、不胜任，从而导致自尊心的一定程度的失落，所以特别希望通过获得别人的尊重（即他人的承认与赞赏）来弥补自己自尊所缺失的那一部分。正如苏联著名教育家马卡连柯所说："得不到尊重的人往往有最强烈的自尊心。"

根据以上心理规律，在批评他人时，批评者应当辅之以恰如其分的赞扬和鼓励。例如，对被批评者的待人处事的成就给以回顾性的肯定，对其某些能力给予承认，对其态度加以表扬，等等。

历史和现实都表明，高明的批评者大都注意在批评他人时辅之以必要的赞扬和鼓励，就像理发师在替人修面总是先涂肥皂一样。例如，美国著名总统林肯就是高明批评者中的一位代表。这在他的"第二著名"的信中得到了有力的证明。在这封信中，在指出他所要批评的一位将军的严重错误以前，他先称赞了这位将军。例如，在信中他说："我已任命你为波多麦克军队的统率。当然，我这样做是有我以为很充足的理由。但我想，你最好知道有些事，我对你不十分满意。""我相信你是位勇敢多智的将领，那当然是我所喜欢的。我也相信你不会把政治与你的军职混淆起来；在这事上，你是对的。你对你自己很有信心，那是一种极有价值的，同时也是一种不可或缺的性格。”“你有志气，这在相当范围之内，是有益无害的。但我想，在柏恩赛将军统领军队时，你姑息你自己的个人意志而竭力地阻挠他，在这事上，你对国家，以及对一位功勋卓著、享有盛誉的军官，都是有过的。”

应当指出，我们主张在批评时辅之以赞扬和鼓励，并不是以赞扬和鼓励代替批评。赞扬和鼓励应当掌握在一定的限度内。倘若赞扬和鼓励过了度，使批评反而变成了赞扬和鼓励，对彼此的关系虽无什么伤害，但却违背了批评的初衷，达不到纠错的目的。

第四节　拒绝他人

在人际交往中，拒绝他人往往是不可避免的。有的时候，我们会面临他人对你提出的要求，你无法实现，那么如何拒绝别人呢？如果表达不当，就会影响人际关系。事实证明，能否正确地拒绝他人，直接关系着人际关系能否正常地发展，关系着人际关系的和谐及其程度。正确地拒绝他人的基本要求，是巧妙地拒绝他人的求助而又不伤害友情，并且能获得他人的理解和体谅。这一要求的实现，必须借助于一系列科学的拒绝他人的技法。这样的技法，至少有以下八种：

一、先肯定，后拒绝

对于勉为其难的事，有时可以先肯定对方的意见和人格，再予以拒绝。例如，有人求你合伙干某一件事，你可先肯定干这件事的好处，然后再说：“能与你一起合作我会高兴的，只是我这一摊子就够一个人忙的了，真遗憾，失去了一次合作机会。你看找别人行吗?”再如，如果你已有女朋友，别的姑娘又向你求爱，你不妨先对姑娘的人品、长相加以赞许，然后，再说明你已经有朋友了。这样既不影响与对方的正常关系，又能达到拒绝之目的。

二、让求助者知道你确实是心有余而力不足

当别人有求于你时，你知道自己帮不了忙，但也应热情接待，对待求助者的困难和求援要表示理解和同情，然后再坦诚说明帮不了忙的原因。如有可能，也可以帮助对方出一些主意或提一些建议，还可以提供一些新的求助线索。一般不要草率说话，生硬拒绝。例如，一位准备结婚的朋友请你帮忙粉刷新房，而你又有急事出差，确实去不了，你应该说：“新房可得好好刷刷。这几天我正好要出差，帮不上老弟的忙，真对不起，我能为你干点别的吗？比如，你买不买什么东西？我过几天就回来，到时有什么事尽管打招呼，老弟会效犬马之劳的。”这样

做，就能免除求助者的误解，使他明白你是心有余而力不足，即使你帮不了忙，求助者也会感激你，因为你尽了最大努力。

三、诚恳陈述你的难处，争取求助者的理解和体谅

例如，有些亲属、朋友、同事等求助于你，而且这些事情你可以办到但又不能办。又如，一些人求你利用手中的权力安排子女、亲属就业或是招生提干等。这明明是违背原则的不正之风。遇到这种情况，你不妨坦诚地陈述你的难处，在人事安排方面，上级人事部门有明文规定，本单位党委和行政部门也制定了具体的规定，现在如果要我个人来违反上级部门和本单位集体制定的规定、决议，这个忙实在不能帮，群众的眼睛盯着当领导的，帮了你的忙，别人怎么办，怎么看？今后我怎么开展工作？帮了你的忙，我自己要受党纪、政纪的处罚，你于心何忍？这样，求助者也难责怪你了。如果你坦诚陈述困难，一般求助者还是会通情达理的，是会理解和体谅你的难处的。

四、来个“缓兵之计”

有人求你帮忙，你又难以办到或者内心也不愿意帮忙，但也不必一口回绝，以免当头一盆凉水浇得别人难堪；遇到这种情况，你不妨来个“缓兵之计”，给以留有余地的回答：“这个忙我没有把握帮到，不过我愿为你尽力去奔走效力，你先回去，有了消息我马上通知你。”过一段时间，你可以打电话或托人捎信告诉他：“这件事我奔跑了好几天，联系不少单位，实在没办法，请不要再依靠我了，以免误了你的事情。”这样，就不会形成双方当面难堪的局面。

五、回避

你主办的事情或主管的部门，有时出现一些有规律性的求助者。每年的招生、招工、福利补助、审批项目等。每到这个时候，一些亲属、朋友、同事、部属等可能接二连三地纠缠着你，使你吃不宁，睡不安。如果真遇到这种情况，你不妨采用回避的方法来拒绝别人的求助。如计划布置下去后，有意外出几天；或突然转移办公地点；也可来个假病真做，上医院住上几天，“不理朝纲政务”。等风头一过，你再露面，要办的事木已成舟，别人就不会再纠缠求助了。

六、明确果断拒助

明确果断拒助，是指将不能帮忙的决定、原因明确而不含糊、果断而不犹豫地告诉求助者，以免求助者产生误解，或对你抱有指望和期待。否则，求助者就可能无休止的来纠缠，这样既误了求助者的事，又影响自己的工作和生活。当然明确果断拒助，不是指态度生硬、言辞简单地拒绝求助者。

七、委婉地拒绝

在现实生活中，常见一些人在拒绝他人时说“没门儿”、“不知道”等简单生硬的拒绝语。这种拒绝法，会使对方下不了台，往往容易伤害感情。因此，如果你不想伤害感情，拒绝之词最好婉转些、谦逊些。比如，可以说这件事比较困难等，这样对方就意会了你的态度。当然，对于那些你十分讨厌的人，或是心怀叵测的人，有时候，直截了当地予以坚决的拒绝，往往会减少不必要的麻烦。

八、不要轻易许诺

轻诺的人或许出于好心，或碍于面子，一口答应对方托付的事，事后才发现非常难办，进退维谷，有时即使硬着头皮干，却仍得不到对方的满足，最终给人办事不牢靠的印象。因此，有时候需要把丑话说到前面，而不要打肿脸充胖子。

第五节　求助他人

在现实生活中，求助于他人的事也是经常发生的。这是因为每个人的需要既是多方面又是变化发展的，在许多情况下，个人的需要自我满足不了，只有通过他人的帮助才能实现。求助于他人要通过一定的求助技法。只有正确地使用科学的求助技法，才能达到求助的目的，并不因此而影响和破坏正常的人际关系。科学的求助技法也是多种多样的。择其要者，介绍以下七种：

一、让对方知道你乐于回报

求助时应该巧妙地让对方知道你是一个重感情、讲仁义、知恩图报、可以信赖的诚实君子，而不是一个忘恩负义、过河拆桥的虚假小人。求助时应尽可能言明或暗示愿意作某些方面或某种程度的回报。当然，这要依据具体情况而定。

二、让对方知道你也是乐于帮助别人的

用巧妙的方法说明这一点，使对方明白，今后如有什么困难需要帮助解决，你会尽力而为。不要让对方误解你是个想占便宜的人，是一个“只想娶媳妇，不愿嫁闺女”的人。

三、了解对方的个性特点

了解对方的性格特点以及生活规律，弄清对方在什么情况下、对于什么事情

不愿意帮忙。

四、了解对方帮助的可能性及其大小

要设身处地为对方着想，要根据自己与对方的关系状况（关系的性质、亲密程度等）、根据对方帮助能力的大小、根据对方目前的处境等情况，分析是否向对方提出要求；如果提出要求，应当说到什么程度。切不可不加以分析，向对方提不该提的要求（包括过高的要求），否则，容易使对方难堪，影响关系的正常发展，同时，也难以达到求助的目的。

五、求助的言辞要诚恳礼貌

求别人帮助时一定要注意礼貌，切不可理直气壮像讨账似的用命令口气来要求别人帮助；另外，言辞要诚恳，不要透露既想在这里求助，又想到别处联系的做法。这样可以避免别人认为你脚踏两只船，求助心意不诚。

六、求助的要求要明确

求助别人要把意思表达清楚，最好是开门见山，如果圈子绕得太大，或言辞吞吞吐吐，不把来意说明，就可能使对方造成错觉和误解。再则，求助别人的事有缓有急。对方帮忙也有能否及时帮到和缓慢帮到的问题。因此，求助时也要让对方明白自己的缓急需要。如果交代不清楚，本来急需帮忙的，对方却认为你不急用，给你来个“慢慢来”；或者本来别人通过一段努力可以帮到的忙，却认为你要解燃眉之急，他又暂时无法办到，故而拒绝为你帮忙。

七、遭拒绝时的应对

当我们向他人提出要求帮助时，结果无非有两种：一是求助愿望实现，目的达到；二是遭到拒绝，需要得不到满足。前一种结果，是我们所希望的，但并不是必定出现的；后一种结果，不是我们所希望的，但却是经常出现的。就是说，在我们求助于别人时，常常遭拒绝。在这种情况下，应当如何办呢？遭拒绝时的应对方法有：

一是要认真总结遭拒绝的教训，或是自己提的要求过高，或是自己说得不清楚，或是不了解对方具体情况，等等，都要分析清楚。这样，有利于再求助时获得成功。

二是要保持良好的态度。遭拒绝后，仍要保持良好的风度，尽管心情是不愉快的，但还是要顾全大局，尽量做出高兴的样子，留给对方一个美好的印象。如果双方在分别时，仍能保持良好的关系，彼此期待将来尚有相会握手的时候，那

么，这一次的遭拒绝，也许为将来的求助成功，播下了一颗新的种子。

三是为了减少不愉快的程度，在求助之前，在思想上就要想到有遭拒绝的可能性，并从心理上做好遭拒绝的准备。须知，期望过高往往会使人失望的。

第六节　赞美他人

人们是希望得到他人尊重和赞美的，称赞是良好人际沟通的润滑剂。心理学家杰丝·雷尔说："称赞对人类的灵魂而言，就像温暖的阳光一样，没有它，我们就无法成长开花。但是我们大多数的人只是敏于躲避别人的冷言冷语，而我们自己却吝于把赞许的温暖阳光给予别人。"

赞美别人应该具体而真诚，有所针对性。如果有一天，你突然对一个人说"你真是太好了"，"你太聪明了"等话，别人不仅不理解为是赞美，而且觉得很疑惑，甚至警惕起来。而当别人穿了件新衣服，或者做了件漂亮的事，对此表达赞美之词，说到别人得意之处，容易促进人际沟通效果。

赞美要恰如其分，内容不要过多，也不要过分。过分的赞美反而可能引起人们的反感，或者怀疑你的真诚，认为你有其他所图。

有一种赞美情形是比较特殊的，叫做"反向赞美"。被赞美的人由于做事不当，理应受到指责，但有时适当地赞美其做事之中的可取之处，而不提错误之处，会产生意想不到的效果。

贝特福特是石油大王洛克菲勒的下属，有一次因贝特福特经营失误而损失巨大。贝特福特找到洛克菲勒说："真是对不起，那次损失太大了……"没想到洛克菲勒回答道："你做到那样已经难能可贵了，全靠你处理妥当，才保存了剩余的60%，你干得这么出色，完全出乎我们的意料。"此后，贝特福特为公司屡创佳绩，成为公司的骨干。

第十五章 架好他我沟通的桥梁

要正确地处理人际关系，不仅要掌握对我、对他的操作技法，而且要学会自我与他人沟通的操作技法。有人说："如果你能和任何人连续谈上十分钟而使对方感兴趣，那你就是第一等的沟通高手。"

虽然在通常情况下，人人在说话，天天在说话，但是，不能说人人都会说话。要会说话就要掌握说话的技法。此外，还要掌握非语言沟通技法。

第一节　端正说话态度

所谓会说话，这里主要是指，在与他人沟通时，说话的内容正确，条理清楚，逻辑严密，准确得体，巧妙有趣，真正使说话成为一种扣人心弦的力量。是否会说话，对于人际关系的建立和发展至关重要。在现实生活中，有些人因为不会说话而失掉了知心朋友，而另一些人由于会说话而增加了新的朋友；有些人因为说话不高明而使人产生误解、得罪了人，而另一些人由于说话巧妙而解开人际疙瘩，使本来有成见的人回心转意。总之，会说话就像一种润滑剂，不仅能保证人际关系之轮正常运转，而且能使其朝着优化的方向快速地运转。因此，在人际交往中，一定要学会说话。

学说话不容易，要学会说话更不容易。它需要多方面的修养，需要做多方面的努力。首先必须具备广泛的知识。与人有效交流的条件之一，是交流双方存在共同语言。而对方可能来自三教九流，从事不同职业，这就要求平时就要做好功课，经常看看报纸杂志，了解各方面最新信息，这样与人沟通时就有共同语言。其次把握说法的技法，是一个很重要的方面。说话既是一门科学，又是一种艺术。它是有规律可循的，有技法可学的。说话的技法(skills of saying)，是自我与他人沟通的最基本、最常用的技法，因而是最重要的技法。

一、做到情真意切

在与他人沟通的过程中，说话情真意切，是最起码的要求。有人说："一两重的真诚价值胜过一斤重的聪明。"在与他人的交谈中，唯有真诚的心力与情感，才能生出磁石般的影响，唤起他人的热诚。正如谚语所说："有了巧舌和诚意，你能够用一根头发牵来一头大象。"

唐代著名诗人白居易在《与元九书》一文中写道："感人心者，莫先乎情。"《文心雕龙》的作者刘勰也十分重视这个"情"字，他说："繁采寡情，味之必厌。"他们所讲的情，都是对作诗著文而言的。实际上，在人际交往中，此情亦是不可缺的。这里的情，主要是指人的感情，而这种感情，与说话者的情真意切是分不开的。说话要有感情色彩，而感情色彩的浓淡，往往决定于真诚的程度。事实证明：唯有炽热的情感，唯有情真意切，说话才会使"快者掀髯，愤者扼腕，悲者掩泣，羡者色飞"。一个说话者如果感情不真切，是逃不过听众的眼睛的。

美国著名政治家林肯非常注意培养自己的真诚品格。1858 年，他在一次竞选辩论中说："你能在所有的时候欺瞒某些人，也能在某些时候欺瞒所有的人，但不能在所有的时候欺瞒所有的人。"一个说话者，特别是一个演讲者，如果说话华而不实，哗众取宠，缺乏真挚而热烈的情感，虽然能欺骗听众的耳朵，却难以赢得听众的心。著名演说家李燕杰说得好："在演讲和一切艺术活动中，唯真情，才能够使人怒；唯真情，才能使人怜；唯真情，才能使人笑；唯真情，才能使听众信服。"总之，唯真情，才能拨动听者的心弦，发出会心的共鸣。这里的真情，是包括诚心诚意在内的。鲁迅说得也很深刻："只有真的声音，才能感动中国人和世界人；必须有真的声音，才能同世界人同在世界上生活。"这个真，就是真实和笃诚。

说话真诚，不仅能使事业成功，而且能获得众多的朋友。因为人们大都喜欢诚实的说话者，而"心诚能使石头开花"，感化他人。曾经打败过拿破仑的库图佐夫，在给卡捷琳娜公主的信中说："您问我靠什么魅力凝聚着社交界如云的朋友？我的回答是：真实、真情和真诚。"

说话真诚，还能化干戈为玉帛，使本来的矛盾得以消解。战国时，秦国有个蔡泽，用一席话使本来敌对的丞相范雎，心悦诚服地把相印交出来，原因就在于诚之所至，情真意切，因而一语中的。当时蔡泽想劝说范雎退位，交出相印。范雎闻知，十分恼怒地说："百家的言论，我都听过；即使许多人的嘴也辩不过我。而小小的蔡泽，竟敢胆大包天，口出狂言，哼，就是秦王出面也休想夺走我的相印。"博学善辩的蔡泽，明知范雎对自己怀着恶感，却身到心到，辞恳情切。他纵古论今，用古代的一些名相因不能审时度势，适时隐退，结果大祸临头的史实，向范雎说明在得势之时急流勇退的好处。他还比喻说，翠鹄和犀象是两种生命力很强的动物，但往往死得极早，是因为他们贪图食饵。所以，一个人过于追逐名利，仅顾眼前，是要不得的。蔡泽的恳谈，竟使事态发生了奇迹般的变化：范雎拱手将相印交给了他曾仇视的对手。

总而言之，做成功的说话者，必须首先注意说话的情真意切。应该用真挚的情感、竭诚的态度击响听话者的心房。对真善美，热情讴歌；对假恶丑，无情鞭挞。让喜怒哀乐，溢于言表；使黑白贬褒，泾渭分明。用自己的心去弹拨他人之心，用自己的灵魂去感染他人之灵魂。使对方闻其言，见其心，达到感情上的融合，就使你的话犹如春风化雨，润物无声，熏陶感染，潜移默化，发生强烈的共振效应（resonant effect）。

真诚的演讲

现实生活中，许多人以真诚的说话使事业得以成功。曾任美国总统的尼克松曾在1952年竞选时严重受挫，后来，他作了一次震撼美国的演说，以真诚和朴实赢得了人心。当时，尼克松是年轻的参议员，竞选总统的艾森豪威尔将他作为竞选的伙伴。正当他为竞选四处奔走时，突然在《纽约时报》上登出抨击他竞选中秘密受贿的文章。此新闻不胫而走，舆论大哗，压力越来越大。尼克松被迫在电台发表了半小时讲话。全国64家电视台、754家电台将各种镜头、话筒都对准了尼克松。更为严峻的是，演说之前，他得知竞选班子的高级顾问已决定要他在广播讲话结束后即提出辞呈。在这种非常的时刻，尼克松采取了一个政治史上罕见的行动，把自己的财务史全部公开，从自己的家产，一直谈到他的欠债。这样，尼克松首先得到了听众的同情。紧接着，他话锋一转，详细说明自己的经济收入情况，连如何花掉一分钱都告诉听众——从操心为孩子矫正牙齿，到改装锅炉等款项。他还告诉大家，“这次竞选提名之后，确实收到一件礼物，这就是得克萨斯州有人送给我孩子的一只小狗”。当他讲完走下广播间时，到处都响彻欢呼声。有100万人打电话、电报或寄出信件，几乎每个著名的共和党人都给尼克松发了赞扬的函电，从邮局寄来的小额捐款达6万美元。全国听、看这次讲演的竟达6000万人。真诚的演讲，使事实得以澄清，还得到了大批的同情者。

二、使用礼貌语言

说话是运用语言的过程。在说话中，运用什么样的语言，对于说话的效果，是大不一样的。语言有多种多样，从不同的角度可以作出不同的划分。就其“合礼性”来说，可以分为礼貌性语言和非礼貌性语言两类。在人际交往中，毫无疑问，应当使用礼貌性语言，也就是要做到言之有礼。

由于礼貌语言在人际交往中具有不可小视的作用，所以，不少国家都十分注意运用礼貌语言的训练。许多国家的服务员、营业员、售票员……都要接受专门的礼仪训练，其中最突出的是运用礼貌语言的训练，不会说礼貌语言的人不能应聘工作。日本富士山下有一所培养经理的学校，因要求严格被称为“地狱训练”。学校里有一名教员专门指导学员与人交往中的出言吐语，并教会每个学员待人接物中做到既恰如其分又充满活力地说“是”。在课堂上，老师绘声绘色地带领学生，高声练习文明礼貌对话，比如，“请”、“请原谅”、“对不起”、“请关照”、“可以吗”。学员每天早晨四点半起床，第一件事就是练习口语，包括英语和文明对话。校长说，他们要培养出日本最有文明教养的人才。我们从电视中也可以看到，日本人说得最多的是“请多关照”、“对不起”，不管动机怎样，听起来都很亲切。对于多数人来说，没有必要也不可能进专门学校学说礼貌语言，但是，对每个人提出使用礼貌语言的要求，掌握一些基本的使用礼貌语言的知识和方法，却不是苛求，而是十分必要的。

使用礼貌语言，首先要注意文雅。这里的文雅，是指要学会日常生活中的见面语、感谢语、称呼语等等，诸如“您好”、“谢谢”、“再见”、“请原谅”、“请多包涵”、“真对不起”之类的语言。

使用礼貌语言，在注意文雅的同时，要克服和避免粗野。粗野与文雅是相对立的。鲁迅先生写过一篇杂文叫《论“他妈的”》，批评中国的不少人，即便父之于子，幼之于长，都习惯于用“他妈的”。对此，鲁迅感慨万千地称之为“国骂”。他说：“其实，好的中国人之中，并不随口骂人的多得很，不应该将上海流氓的行为加在他们身上。”在人际交往中，我们一定要把讲粗话、脏话这种流氓的恶习彻底铲除。正如古人在《弟子规》中说的：“刻薄话，污秽语，市井气，切戒之。”

使用礼貌语言与有礼貌地使用语言是分不开的。有礼貌地使用语言，最重要的是要注意和气和谦逊。所谓和气（amiability），就是要心平气和地同别人说话。要以理服人，不强词夺理，不恶语伤人。例如，商店里的一些优秀的售货员讲话都十分和气。他们工作再忙，也说：“请您稍等一下，给这位同志拿完，马上就给您拿。”所谓谦逊，就是要多用讨论、商量的口吻说话，不盛气凌人。例如，客人来了，应该热情招呼：“您请坐！”送客时说一声：“希望您一定再来！”在公共汽车上有人挡道，就道：“同志，请让一让！”这样一种谦逊的口气，让人乐于接受。在说话中，无论是和气还是谦让，都是与生硬的命令式的口气相对立的。坚持和气和谦让，就必须反对这种生硬的命令式的口气。正如苏联教育家、革命家加里宁说：“只知道‘应当这样’，‘我们应当’，‘我们必须’，那么这种讲演人的话听起来都不舒服。”不仅不舒服，有时，生硬的、命令式的说话，还会引起矛盾，发生冲突或“顶牛”。

“言之有礼”

言之有礼,是人际关系成功的一个重要条件。斯诺在《西行漫记》中讲过这样一件事:斯诺初到陕北解放区时,由领导上安排两个小战士照料他的生活,开始,他们之间的关系总是不融洽。一次,斯诺对一个小战士说:“喂,给我拿点冷水来。”小战士绷着脸不理睬他。他又去招呼另一名小战土,结果也是一样。这时在场的李克农对斯诺说:“你可以叫他‘小鬼’,或者叫‘同志’,可是你不能叫他‘喂’,因为这里大家都是同志。”斯诺听了恍然大悟,感到自己一时不检点(实际上他还不太懂中国的语言习惯),立即向两个小战士道歉,从此以礼相待,他们之间就相处得很好。现实生活中,类似这样的例子实在太多了。无数事实表明,与他人沟通时,运用礼貌语言,就会让人感到“良言一句三冬暖”,使感情顿时亲切融洽起来。

第二节 驾驭说话内容

一、讲究集中性和连贯性

集中性和连贯性,是学会说话的基本要求。所谓集中性,是指说话前要明确说话的目的以及由此所决定的说话中心,然后,始终围绕这个目的和中心展开说话;会说话的人,总是特别注意说话的集中性。不会说话的人,则总是忽视或无视这一点。在谈话中,后者往往胸无全局,想一点说一点,想到哪里就说到哪里。这样说,要么断断续续,说得后语不搭前言;要么漫无边际,兴之所至,任意粘连。其结果,尽管滔滔不绝,却是废话连篇,不仅浪费听者的时间,也难以达到说话的目的。

实现说话集中性的要求,从宏观的角度说,首先应注意使说话切合交际目的的需要。一切交际活动,都必须从这一点出发。在说话时,为了达到目的,有时可以直抒胸臆,有时要靠旁敲侧击,有时需要迂回,有时要用激将,有时欲擒故纵,有时步步诱导。总之,手段可以千变万化;但目的却要时时牢记。从微观的角度说,应注意说话的一字一句都要紧紧扣住想要表达的主要思想的需要。为此,在说话时,要始终围绕中心,不应离题太远、更不应喋喋不休、唠唠叨叨,也不宜提出太多的话题,随便把话题中心转移。

所谓连贯性,是指围绕着中心,考虑话怎样开头,怎样结尾,中间又该怎样说;哪些地方需要交代,哪些地方需要呼应;哪些地方详说,哪些地方略说;哪些地方用哪些材料,前后如何衔接,等等。美国学者朱迪·C·皮尔逊在谈到说话的条理性时说："说话时要注意前后联系和善于归类。在表达不同的思想时，要注意使用过渡、转折。在表达思想的相互关系时，可以用一、二、三、四的手法把它们连成一体，也可以使用并列从句、引导从句，或其他合适的短语（如'另外……'，'还有一个问题是……'，'更重要的是……'）等等。如果要说明同一个问题，或者相类似的问题，应该用平行的语法结构。表达太长或复杂的内容时，最好有个提纲。"[①]这里提出的条理性要求，也就是我们所说的连贯性。毛泽东在《反对党八股》一文中也说过："一篇文章或一篇演说，如果是重要的带指导性质的，总得要提出一个什么问题，接着加以分析，然后综合起来，指明问题的性质，给以解决的办法。"[②]从这段话里可以看出，提出问题、分析问题、解决问题，这是说话内容发展的几个环节，也是表现说话主题的几个环节。这对于我们注意说话的连贯性是有指导意义的。

不难看出，无论集中性还是连贯性，都与说话的逻辑性分不开。连贯性和集中性一样，主要是说话的思路问题。思路就是逻辑线索。所以，要做到集中性和连贯性，必须与提高逻辑性同时进行。

石头过江

有一天，佛陀带领弟子们来到大江边，江水汹涌澎湃。佛陀俯身拾起一块石头，问弟子们："我把这块石头扔在江中，你们说，它是浮着，还是沉没？"

弟子们感到莫名其妙，都不作声。心想：这么简单的问题还用问吗？

只见佛陀一扬手，将石头掷了出去，石头落入江中。弟子们只好如实回答："石头沉没了。"

佛陀叹息了一声，说："是啊，这块石头没有缘分啊！"经佛陀这一说，弟子们更加莫名其妙了。

接着佛陀又说："有一块石头三尺见方，放在水上不但没有沉落，反而过江而去，石头也没有湿。你们谁能告诉我，这到底是怎么回事？"弟子们冥思苦想也不得其解。

佛陀说："其实很简单，因为那石头有善缘。那么，什么是石头的善缘呢？原来是船。石头放在船里过江，自然不会沉没。人生也是如此，只有遇上善缘，多交好友，获得人与人之间的相助就能过江，获得成功。"

---

① ［美］朱迪·C·皮尔逊著，陈金武、朱家麟、黄星民译：《如何交际》，湖南人民出版社 1987 年版，第 82 页。

② 《毛泽东选集》第 3 卷，人民出版社 1991 年版，第 839 页。

说话的集中性和连贯性也与说话的简洁性联系在一起。所谓简洁性，主要指说话简单明晰，以最经济的语言手段（语词）输出最大的信息量，使听者在较短的时间里获取较多的有用的信息。“善辩者寡言”在历史上，许多善于说话的大师们惜语如金，要言不烦，驾轻就熟，言简意赅，留下了许多珍贵的篇章。恩格斯在马克思墓前演说只有1260字。列宁在马克思、恩格斯纪念碑揭墓典礼上的讲话只有552字。罗斯福的就职演说仅有985个字。最短的总统就职演说是1793年华盛顿的演说，仅135字。林肯著名的葛底斯堡演说只有十个句子，600余字。他的演讲，重点突出，一气呵成。从上台到下台还不到3分钟，却赢得了1.5万名听众经久不息的掌声，并轰动了全国。

在当今的信息时代，人们的生活节奏大大加快，更需要简洁、准确、明确的言谈。而那些穿靴戴帽、庞杂冗长、繁文缛节的空话、套话，是人们深恶痛绝的。

事实证明，说话的集中性、连贯性，离不开说话的简洁性。一般说来，这几点是水涨船高的关系，互相制约，互相影响，共同提高的。所以，要做到说话的连贯性、集中性和简洁性。

二、力求恰当贴切

说话的集中性和连贯性，是把话说清楚，让人听明白的基本保证。在这个基础上，还得讲究说话的恰当贴切，即说话的得体性。说话的得体性，就是说话要适时、适情、适势、适机，或者说，要因人而异，因地而异，因时而异。总之，一切以适度、恰当为原则。

说话是否恰当贴切，即是否得体，在人际关系中，非同小可。判断一个人是否“会说话”，一个最重要的标准，就是看他是否说话得体。从前有个故事，说的是主人有一天请客，已经准备了一桌饭菜。一会儿来了两个客人，还有一个，左等右等也没到来。主人说：“该来的还不来。”这两个客人想，“我们不该来的倒来了。”于是，有个客人告辞说：“对不起，我还有点事儿，失陪了。”他刚走，主人又说，“不该走的走了。”剩下那个客人听了多心，以为主人是说自己该走却赖着不走，于是说声“我有事，也该走了”，就拂袖而去。主人这两句不得体的话，没想到竟把客人全部撵走了。现实生活中，这种事情虽然未必真的发生，但是，由于说话不得体，使得大家都不愉快，从而消极地影响正常的人际关系的情况，却并不少见。因此，要正常地进行人际交往，不能不注意说话的得体性，力求使之恰当贴切。

在人际交往中，要使说话恰当贴切，即达到得体性的要求，至少应当注意以下三点：

1. 要看对象说话

俗话说，“上什么山唱什么歌，见什么人说什么话”。其意思就是要求说话要看对象，要因人而异。具体地说，看对象说话要注意五点：

其一要对不同性别的人说不同的话。男性和女性由于性别的心理差异的影响，在言语反应上是不同的。因此，对不同性别的人说话要注意有所区别，有些可以对男性说的话，未必就可以对女性说。反之亦然。例如，一个体型矮胖的女子，你说她又矮又胖，像个水桶，对方听了一定很不舒服；如果说她长得丰满、富态，她就爱听了。对于长得瘦长的女子，你说她长得像瘦猴，她听了一定感到不愉快；如果说她长得苗条，她心里可是乐滋滋的。对于男子，只要是较为熟悉的人，说他水桶也好，瘦猴也好，似乎都没有多大关系。再如，女性怕听到“老”字，说一个大龄女子老了，常常会刺痛她的心。男性不怕人说他老，却怕人说他小，说他不成熟。有些年轻小伙子说话，张嘴就是“老子我怎么样怎么样”，而对对方常说“你小子如何如何”。因此，说话一定要注意到男性和女性的特点。

其二要对不同年龄的人说不同的话。对小孩子说话不同于对成年人说话，这是显而易见的。即使对成年人，也应有所区别。成年人当中分青年人、中年人和老年人。这三个年龄层的人经历不同，志趣各异，需要也有区别。所以，跟他们说话，要从他们的心理状态出发。例如，对健康的中青年，今天在他面前说张三死了，明天向他报告李四也死了，他跟张三李四只有一面之交，听了也就听了，不会产生什么反感，因为他离死还早着呢。如果对老年人也这样说，则往往引起他们的反感。据说不少老年人怕死，自然怕听到他所认识的人死去的消息。

其三要对不同文化程度的人说不同的话。一般地说，文化低的人听不懂字话，跟他们说话应用家常口语，说大白话。否则，有时难以听懂。例如，有个人口普查员填写人口登记表时，问一位没有文化的老太太：“您有配偶吗?”老太太愣了半天也回答不上来。可是，对有文化的人说配偶就没有障碍。文化高的人比较敏感，爱抠字眼儿；文化低的人却不是这样。因此，对文化低的人说话可以随便些，即使有几个词用得不得体或不是地方，他们也不会去深究的。对知识分子讲话，就得注意避免常识性错误，如大词小用、小词大用等等。文化高的人更爱听委婉的话，不爱听类似质问的不客气的话；文化低的人似乎更喜欢直来直去。因此，对有文化的人说，更应力求含蓄、委婉。

其四要对不同民族的人说不同的话。语言和文化相互依存，每个民族的文化必然在其语言中有所体现，因而可以从语言窥探不同民族在文化上的差异。人们对某种语言的理解，往往是以弄清操这种语言的民族的文化背景为依据，而两种民族文化的冲突，常常导致对同一句话的反应迥然不同。例如，在中国，汉族人见面爱问一声“你吃了吗?”外国人对这样的问候语就很不理解，甚至引起一些不可思议的反应。

其五要对心境不同的人说不同的话。清代朱柏庐在《治家格言》里说：“莫对失意人，而谈得意事。”俗话说，“不要哪壶不开偏提哪壶”。这都是说，不要在人面前说些他忌讳的话。例如，有些大龄女青年不愿意听到“大男大女”这个词，因为对他们有刺激。因此，对她们说话，就要尽量避免这方面的用词。

需要指出的是，我们主张看对象说话，要求见什么人说什么话，并不是教人不诚实、耍滑头、见风使舵；也不是教人势利眼，阿谀奉承，或者软的欺负硬的怕；更不是教人见人说人话，见鬼说鬼话，说话无原则，墙头草两面倒，甚至是黑白颠倒。这里有原则上的区别。首先，说话的目的不同。对不同的人说不同的话，并不是人前一套人后一套，而是考虑对象、身份、场合。目的在于如何取得更好的效果。耍滑头、势利眼的做法，目的在于达到其不可告人的目的，是属于搞阴谋之列。其次，说话的感情不同。耍滑头、势利眼的人，需要你的时候甜言蜜语，说一些虚假而动听的话；一旦不需要你，就一脚将你踢开。对不同的人说不同的话，听起来有难言之隐，感情深沉，这种人打心眼里是为对方也为自己着想的，是出于尊重对方的心理。所以，我们要划清这两种做法的界限。长期以来，见什么人说什么话被视为贬义的行为。现在，当我们科学地解释时，需要从观念上来一番更新，理直气壮地讲究说话的技巧。

鬼谷子话说话

中国有句俗语，“见人说人话，见鬼说鬼话”，虽然这句语具有贬义，但却有一定道理。对人说话，是要因人而异的。

说话应该符合对方的个性。战国时期纵横家鬼谷子总结了对于不同人说话的方法：与聪明的人说话，须凭见闻广博；与见闻广博的人说话，须凭辨析能力；与地位高的人说话，态度要轩昂；与有钱的人说话，言辞要豪爽；与穷人说话，要动之以利；与地位低的人说话，要谦逊有礼；与好斗的人说话，要态度谦逊；与勇敢的人说话，不要胆怯；与愚笨的人说话，可以语言犀利；与上司说话，要用奇特的事打动他；与下属说话，须用切身利益说服他。

2.要看身份说话

这是针对说话者自身而言的。言语交际总是由双方构成的，它是交际行为的发出者与接受者之间的交流活动。适应这一规律，在自我与他人沟通中，说话就不仅要从说话对象的特点出发，也要顾及到自身的身份。所谓身份，包括年龄、辈分、社会地位、经济地位以及在交际双方相互关系中的位置等等。看自己的身份说话，就应当注意到这一切的方面。但是，就主要之点来说，以下两方面尤其要注意：

首先，要注意自己的社会地位。社会地位是一个人身份的首要方面。一般地说，处在什么社会地位上，就应当说什么样的话。例如，处于领导地位的人，说话往往比较模糊、含蓄，难以直露，并且尽量少说话。高明的领导者，说话总是特别注意自己的身份，总是根据自己的身份把握说话的分寸（如多、少，长、短，深、浅等）。而群众则往往直露胸臆，对什么问题都毫无顾虑地进行评说、议论。另外，同样一句话，有身份跟没身份的人讲出来，效果确是不一样。只有时时处处恪守什么身份讲什么话的原则，讲出来的话才能符合得体性的要求。

其次，要注意自己的辈分。辈分也是一个人身份中的重要方面。它表现出长幼之间、上下之间的关系。中国是礼仪之邦，历来是很重视辈分的。辈分可以体现仁爱和礼让的社会行为准则，直到现在还在起作用。对长辈说话要多点尊敬的语气，对平辈或晚辈说话要真诚亲切。比方说，长辈和晚辈见面后分手，长辈把晚辈送出大门后还要送，这时晚辈就应该说"请留步"，不能说"别送了，快回家吧！"那是对晚辈说话的口气。晚辈说话要特别注意得体性。具体地说，一是注意语气得体，二是注意用词得体，三是注意句子得体，四是注意称谓得体。

需要指出的是，身份在言语交际中是相对的。例如，一个中年教师，他在子女面前是父母，在父母面前是子女；在他的业师面前是学生，在学生面前又是老师，如此等等。从这个意义上讲，身份，实际上是交际双方的具体关系的体现。这种关系因人而异，甚至因场合而异，受到交际的双方以及交际的其他因素的制约。所以，看身份说话，还要注意身份的转换，不能在身份变化了的情况下，还以旧有的身份讲话。例如，一个有领导身份的人，当其下班回家后，原来的身份变了，这时，对家人仍以领导身份讲话，就显得太不得体了。这种情况，在现实生活中并不少见，实在应当引起注意。

3.要看场合说话

说话总是要在一定的场合下进行。而场合不同，谈话的效果是很不一样的。因此，要使说话得体，一定要注意场合，要看场合说话。具体地说，应当注意以下五个方面：

其一是要区分庄重的场合和随便的场合。场合有庄重和随便之分。在庄重的场合，说话要认真、严肃；在随便的场合，说话则可以随便、活泼些。在庄重的场合，说话随随便便，信口开河，显得不够认真，严肃；在随便的场合，说话过于严肃、庄重，易使人感到紧张、冷淡。

其二是要区分内场合和外场合。内场合，指在自己人的范围内。外场合，指有外边人在场。在内场合，对自己可以无话不谈，"关起门来说话"，甚至说些放肆、出格的话；对自己人什么事都好办。而在外场合，对外边的人，总要存点戒心，"逢人只说三分话，未可全抛一片心"；办起事来，一般是公事公办。

其三是要区分喜庆场合和悲痛场合。场合按气氛性质的不同，可分为喜庆场合和悲痛场合。在喜庆欢快的场合，说话则应有助于欢快气氛的加浓，切忌说丧气活；在悲痛场合，说话则应沉重。不说惹人发笑的话。在现实生活中，有些人往往不注意这两种不同的场合，随便说些与场合中的气氛不协调的话。结果弄得大家都不愉快。例如，王蒙在其小说中刻画的一个不会说话的小姐，其实就是这样的人。类似这样的人，在现实生活中是存在的。我们说话，切忌充当类似这种人的角色。

谎话与真话

说话要区别场合，要符合当时环境的气氛，否则就会成为气氛的破坏者。鲁迅在散文《野草·立论》中讲了一个故事：

我梦见自己正在小学校的讲堂上预备作文，向老师请教立论的方法。

“难！”老师从眼镜圈外斜射出眼光来，看着我，说：“我告诉你一件事——

一家人家生了一个男孩，合家高兴透顶了。满月的时候，抱出来给客人看——大概自然是想得一点好兆头。

一个说：“这孩子将来要发财的。”他于是得到一番感谢。

一个说：“这孩子将来是要死的。”他于是得到一顿大家合力的痛打。说要死的必然，说富贵的说谎。但说谎的得好报，说必然的遭打。你……

我愿意既不说谎，也不遭打。那么，老师，我得怎么说呢？

那么，你得说：“啊呀！这孩子呵！您瞧！那么……阿唷！哈哈！Hehe！he，he he he he！”

在上述场合下，“孩子将来是要死”的确是个事实，但是这种场合下却是不能说的。说真话，要分清对象、场合，还有时机。

其四是要区分平常场合（ordinary occasion）与非常场合（extraordinary occasion）。在平常的场合，大家不很忙，时间也不是太紧，说话多点少点、快点慢点，都关系不大。但是在非常场合，正常秩序被打破，大家处于一片忙乱之中，这时，说话就应注意轻重缓急。例如，在一个失火的场合，你看见后应该立即呼唤救火，等火灭之后再去找领导汇报工作。否则，就有失得体。

其五是要区分当事人在的场合和当事人不在的场合。在这两种场合，说话也应有所不同。譬如，发表批评意见，如果当事人在，实行面对面的批评，说话要委婉些，考虑对方的面子；如果当事人不在，实行背靠背的批评，说话则可以直言不讳。

三、注意灵活性和变通性

俗话说:"水无常形,话无定格。"由于具体情况的不同,说话并没有一套固定不变的技法。在现实生活中,同样的话,此时此地对张三说,效果最好,而彼时彼地对张三说就不一定最好;同样的话,对一部分人模糊地说,效果最佳,对另一部分人模糊地说,则可能收效甚微,甚至出现事与愿违的结果。要从实际情况出发,注意灵活性和变通性。

所谓灵活性(flexibility),这里是指说话不呆板,善于随机应变(act according to circumstances),不拘泥于固定的原则和方法。所谓变通性(accommodation),这里是指说话要适应客观情况;在某些程度上改变原来的方式,但不改变原则。无论是灵活性还是变通性,都有一个共同的要求:反对"死说话"和"说死话",主张"活说话"和"说活话"。并且在"死"与"活"之间保持必要的张力。这是唯物辩证法矛盾观点和变化发展观点在人际行为中的具体要求和体现。

在说话中,注意灵活性和变通性,应当着眼于以下四个方面:

1. 该模糊时不明确,该明确时不模糊

在人际交往中,模糊和明确,都是需要的。它们各有各的用处,从抽象的意义上,我们很难判定孰优孰劣。但是,在具体运用中,有时需要模糊,有时需要明确。说话灵活性、变通性的要求,就是要把它们用到该用的地方去。为此,就应当了解模糊和明确的含义、特点及其适用范围。

所谓模糊性,主要是指客观事物的差异在中介过渡时所呈现的"亦此亦彼"性。没有明确外延的概念,叫做模糊概念(fuzzy concept),而反映或含有模糊概念的语言就叫做模糊语言(fuzzy language)。"模糊"作为一个科学术语,是由美国科学家扎德于1965年发表《模糊集》一文开始的。就普通集合论而言,一个对象对于一个集合,要么属于,要么不属于,二者必居其一,而且二者仅居其一。例如,某一个人或者是共产党员或者不是,二者必居其一,二者仅居其一。"共产党员"这个集合就是非模糊的。而模糊集合与对象的关系就不是这样了:"青年"是一个模糊集。对于28岁的人来说,他可以属于青年,也可以不属于青年。他与"青年"这个集合,不存在要么属于,要么不属于,二者必居其一,且二者仅居其一的关系。人们用"隶属度"这个术语,来描写模糊概念与其所属对象的关系。

说话中的模糊,是指语义所体现的概念外延没有明确的界限,或者出于语言表达的策略,故意说些语义模糊的话。因此,模糊语词包含两方面:一方面是自然语言本身存在的。如青年、中年、老年等究竟从多少岁到多少岁,界限是不清楚的;深与浅、肥与瘦、长与短等等,语义界限也是模糊的。日常生活中运用这种模糊词语,可以很好地为人际交往服务。另一方面出于语言表达的某种策略考虑，即为了使对方容易接受，不把话说得太死，利用语义的模糊性和人们理解的灵活性，去适应某些特殊的表达需要。例如，为了创造宽松、融洽与和谐的气氛，对双方过去不愉快的事情不去点破它，而是使用“由于大家都知道的原因”这个模糊词语，使交际双方都能理解和接受。不难看出，我们这里所说的模糊并不等于含混不清。要求一定的模糊性，决不是要求含混不清。

明确是相对于模糊而言的。明确了什么是模糊，也就不难理解什么是明确了。这里所说的明确，是指说话清晰明白而确定不移。明确也包括两方面：一方面是客观上的明确，指我们使用的语言准确地反映客观事物的本来面目，反映了客观事物之间的固有的或我们要求建立的关系。在条约、契约、协议、合同等双方需要共同遵守的约束文件中，在通知、公告、布告、说明书、科技论文等文件中，对这种客观上的明确，都有较高的要求。一旦对此重视不够，就有可能出问题。另一方面是主观上的明确，指明确地表达了人们的主观感受。这个主观感受是一种感觉，它对客观事物的反映带有人的主观色彩，是经过人们的主观改造的。例如，平行线是永不相交的，但在人类的眼中，平行线却可以在远方交于一点。于是，我们完全可能说：“在两条铁轨相交的地方冒起了一股浓烟。”同样可以说：“山脚下的汽车在缓缓地爬”、“天上的飞机慢慢移动着”等等。在人际交往中，善于体会、善于说出这种主观上的感受，常常可以收到意想不到的效果。当然，这种明确必须建立在如实地描写真情实感的基础上。否则，就是梦呓。例如“人有多大胆，地有多大产”之类的豪言壮语，就属于说梦话的性质。

了解了模糊和明确的含义和特点，对于我们在说话中正确地运用它们提供了前提，但这还不够，在此基础上，还应进一步了解如何具体地运用的问题。一般来说，什么时候运用明确的词语，什么时候运用模糊的词语，要视交际的目的、交际的情境、交际的对象等具体情况而定。说话时，该模糊的地方就模糊，该明确的地方就明确。模糊还是明确，要根据具体情况而定。

模糊与明确示例

例一：找人。到会场上找人，一般情况下，向对方说明要找人时，可以用模糊词语。如说，我找的是个中年人，中等个，胖乎乎的，近视，戴黑框眼镜，鼻梁稍高，这样，一下子便能找到。如使用明确的词语，说他 30 岁零 8 个月、身高 1.71 米，体重 158 斤，近视 500 度，鼻梁高 3 厘米，对方就很难办，他不可能对要找的对象一项一项地测量。可见，有时“越是精细越模糊”。这也许是“互克原理”作怪。然而，报纸上登寻人启事或征婚广告，对被寻找的人和征婚者的身材特征、穿着打扮等写得越具体越好，使用模糊词语就不太合适。到一个单位找人，说话也得明确，不能只说“我找人”、“我找个工人”，等等。

例二：约见。约人见面时，为了对人表示尊重，应当用比较模糊的词语。比方说：“在你方便的时候（在你有空的时候），我去拜访你。”至于约你的上级或长辈到你家里来，如果使用明确词语，说“请你在明天上午8点35分准时到我家来”，那就有点不客气了。在这里，最好还是使用模糊词语：“请您明天上午来，我在家等候您。”当然，对同龄人，对至交，则应是另一种情况。

例三：回答问题。路上回答行人问路不能使用模糊词语。如回答“到王府井怎么走”的问话，你不能简单地说“往东往北再往东再往北”之类的话，而应当说：“你从这里往东走，看到第一个十字路口，就折向北，往北走到历史博物馆拐角再折向东，往东走到第一个十字路口，北京饭店往北走，王府井就到了。”（假设是这样）

例四：表扬与批评。一般地说来，表扬时要用明确的语言，批评别人或向人提意见时尽可能使用模糊词语（如好像、看来、估计、可能、大概等）。美国学者理查德·L·威瓦尔在谈到言语的灵活性时，曾指出：“多从有时、可能、一般来说和时而的角度考虑问题是个好办法。诸如总是、绝不、所有和没有一个这样的字眼则会引起麻烦。全称判断的语言使我们倾向于带着固定不变的框框去思考问题，这样做不仅使我们无法区分每种情形的不同特点，而且否认了存在变通的可能。”这话是有道理的。

例五：跟外国人说话。一般情况下，跟外国人打交道，说话的模糊度一般应该大些，有时要用点外交辞令。

例六：碰到不能交底的事。不能向他人交底的事，通常用模糊语言表达出来。许多领导者，由于自己的身份和对说话的时机的考虑，明明有意图，但不便明说，因而采取模糊的说法。

例七：当事人在场。在一段话里，如果所涉及的当事人在场，一般来说，对当事人有利时应使用明确语言，对当事人不利时应使用模糊语言。

2. 该直言时不委婉，该委婉时不直言

同模糊和明确一样，直言和委婉也是人际交往中都需要的两种说话方式。注意说话的灵活性和变通性，必须根据具体情况，扬长避短，该直言不讳时，就开门见山，决不含含糊糊、吞吞吐吐；该委婉含蓄时，就话到嘴边留半句，决不直来直去、不拐弯子。

所谓直言（saying straight），是指说话直截了当，不兜圈子。直言，是人际交往中值得珍视的说话方式。一般情况下，它反映人格的正直，不曲意阿谀；也反映人品的直率，不矫揉造作。也许正因为如此，不少人喜欢直言，不少人愿意与直言者结交。许多有识之士，在许多情况下，都崇尚直言，并身体力行之。别林斯基说："如果天下平静无事，到处都是溢美和奉迎，那么，无耻、欺诈和愚昧将更有滋长的余地了；没有人再揭发，没有再说苛刻的真话！"鲁迅说得更明确："假使一个人还有是非之心，倒不如直说的好；否则，虽然吞吞吐吐，明眼人一眼就会看出他暗中'偏袒'哪一方，所表白的不过是自己的阴险和卑劣。"是的，直言是忠诚老实的表现。我们在与人交往中，在许多情况下，说话应该真诚坦白，决不应该含含糊糊，吞吞吐吐，遮遮掩掩；应该为人全抛一片心，把自己的见解、建议和批评意见如实地说出来。例如，开会评先进，就应当来个直来直去："成绩明摆着，该谁先进就先进，我同意张三！"又如，在彼此非常了解的同事、朋友之间，就没有必要话到舌边留半句，而应当有一说一，有二说二。

但是，直言确实有不利的地方。直言不讳刺激性较大，容易伤害对方的自尊心，得罪人，造成许多人为的矛盾。因此，并不是任何情况下的说话都以直言为佳，事实上，生活中的说话也需要委婉，而且多数情况下更需要委婉。

所谓委婉，这里是指说话婉转、含蓄，不直来直去。一般人爱听委婉含蓄的话。含蓄隐含尊重别人、尊重自己的意思，委婉则往往使用商量祈使的口气，有启发性。一般来说，委婉的话有礼貌，容易使人接受，听了轻松自在，愉快舒畅。俗话说："良言一句三冬暖，恶语伤人六月寒。"同是讲真话，委婉语大概属于良言，直言不讳的话虽不一定算是恶语，但在某些人听来很逆耳，跟恶语差不多。我们提倡忠言不可逆耳，理直不可气壮。就是说，忠言和理直都要注意用恰当的方式表达，不可只图说话痛快。总之，在言语交际中，直言是必要的、委婉更是不可少的。

直言和委婉，比较起来，委婉更难做到，因为委婉需要动些脑筋，需要加强语言以及其他方面的修养。然而，最难的，莫过于该直言时不委婉，该委婉时不直言。因为它不仅需要提高说话委婉和含蓄的能力，而且还要具有一定的审时度势、随机应变的能力。

直言与委婉五注意

总结现实生活中的经验，要做到该直言时不委婉，该委婉时不直言，注意以下五种情况是必要的：

其一是在基本事实和全面情况还没弄清时，不要心直口快、急于表态；应当委婉含蓄地表态，说话留有余地。否则，可能陷于僵局，使自己处于尴尬的境地。

其二是在喜庆的气氛中，在信奉语言迷信的众人面前，宜说些委婉谦和的话；不应直截了当，信口开河，有一说一，想到什么说什么，也不必过于认真。

其三是在和病人说话时，从体贴关怀患者出发，说话不必直来直去，而应言辞文雅，委婉含蓄，甚至说些谎话。

其四是在和有知识的人说话时，一般应注意委婉和含蓄，因为知识分子对直言不讳的话一般是难以接受的，特别是对直言不讳的批评话，更容易引起他们的反感。

其五是在批评他人时，一般情况下，说话要委婉、含蓄；在表扬他人时，则可以直言不讳，有一说一，有二说二。

3. 该简略的地方不啰唆，该详尽的地方不简略

重复啰唆就是一般所说的冗余度大，它不增加任何语义内容，却能表达语气，增强听者的印象，提高听的效果。冗余度（redundant degree）大多是相对于简略说的。在说话中，有时需要简略，有时则需要详细，甚至重复强调。说话是简略还是详细，甚至是重复强调，主要取决于听话者的理解程度。对那些接受能力差，缺乏理解力的人，则要不厌其烦地反复说明；对那些心中有数，一点即破的人，则要以简略为佳。例如，在医院里，老病号对化验结果只要医生说出某项化验的指标，用不着多说话，病人就明白自己的病情。但对新病人，对某些化验结果则要详细地反复地跟他说明。

重复强调适应感情交流时，可以起到安慰对方，或使自己平静下来的作用。但是，有时却因碎嘴唠叨，使人感到腻烦。

简略还是繁冗

简略还是繁冗要有个适度，冗余度太大是不妥的。灵活地把握它们要注意如下四点：

其一是多数情况下，对多数人而言，说话要简略，不要过于详细，特别不要啰唆重复。这样，既可以使人抓住谈话要点，又可以节约谈话的时间。因此，简略是我们说话时首先应当注意的。

其二是一般地说，礼貌用语和服务性语言冗余度较大，简略性则要求低些。俗话说："礼多人不怪"，多说几句礼貌话，没有多少人会反感的。相反，有时重复繁缛的礼貌，反而更能满足听者的心理需要。

其三是对特殊心理状态下的人说话，可不计较简略与否，冗余度大些没有多大关系。例如，有生理困境的老人（如瘫痪者）总希望听到别人在他的面前唠叨个没完。又如，双方情感互相依恋时常常重重复复地说一些情话。恋爱中的男女青年总希望听到对方反复倾吐爱慕的话。再如，失恋者总希望人们多说些劝慰的话。

其四是冗余度大小应视情况而定。一要区别不同的对象，对于那些好健忘的人，冗余度要大些；二要从对方需要出发，对对方十分关心又不清楚的问题，可详细些介绍，增加点冗余度。

4. 该先说的不后说，该后说的不先说

在说话内容很多的情况下，总有个先说后说的问题。先说后说也有个灵活性的问题。从说话内容的性质上看，通常情况下，重要内容往往先说，次要内容往往后说，但是，有的时候和场合，先说次要内容，后说重要内容，效果更佳（“触聋说赵太后”便是一例）。从听话者的需要来看，通常情况下，听者最需要、最关心的信息应先传递；听者不太需要的信息可放后边谈。但是，有的时候和场合，先讲完听者不太需要、不太关心的信息，然后再说对方最关心、最需要了解的问题，效果更佳。总之，注意说话的灵活性、变通性，也要从实际情况出发，把握好先说后说的问题，真正做到，该先说的先说，该后说的后说，决不反其道而行之。

第三节　调适说话风格

一、要求通俗、朴实

在人际交往中，说话的另一个基本要求是，通俗、朴实。所谓通俗，是指说话适合听者的水平和需要，容易使对方理解和接受。所谓朴实，是指说话质朴无华。与人说话，语言要力求通俗、朴实，如果不顾及听者的接受能力，用那种文绉绉、酸溜溜的语言，既不亲切，又艰涩难懂，往往事与愿违，弄得不好，会陷入困境。

大体上说来，说话要做到通俗、朴实，应当注意以下六个方面：

第一，力求口语化（colloquialism），禁忌咬文嚼字。有一则笑话，是讽刺那些专会咬文嚼字、不注意口语化的人的。故事说，一天晚上，某书生被蝎子咬了。他摇头晃脑地喊道：“贤妻，迅燃银灯，尔夫为毒虫所袭！”连说几遍，他妻子怎么也听不明白。疼痛难忍的书生气急之下只得叫道：“老婆子，快点灯，蝎子咬着我啦!”真是故弄玄虚,自讨苦吃。现实生活中未必真有其事,但是,像这样由于咬文嚼字、不注意口语化而带来令人不解、交往不便的情况,是常可以见到的。

第二,语言习惯现代化,不用淘汰词汇。随着时代的变迁,语言习惯也有了很大的改变。古时的某些词汇已逐步淘汰,弃之不用。如形容人的面貌“面如冠玉”、“樱唇一点”等,如今不大常用了。皇帝自称“朕”、“寡人”,称他人为“爱卿”,还有“令尊”、“令堂”、“令爱”、“公子”、“相公”、“官人”、“娘子”之类的称谓,现在再用,除非说笑话,否则就有不合时宜之嫌,用文言文对白的时代早已过去。现在口出文言,就会被人看作是卖弄学问,故显高雅,而以艰涩之词惑众的人,更是没有听众了。因此,力求语言习惯现代化,不用已被时代淘汰的词汇,是说话通俗和朴实的一个基本要求。

第三,注意口头语与书面语的区别,避免过多地使用书面语。口头语和书面语有较大的差异。有人在说话中过多地使用书面语,而不是口语化,使人听了很不是滋味。例如,有一个青年在演讲时,描述他听到父亲被迫害致死时的心情说:“我的心海荡起悲哀的浪潮,两眼犹如双泉,盈满晶莹的泪水,最后我的两行泪水像断线的珍珠纷纷落下。”说者表现出痛苦神情,台下听者却发出一阵笑声。这样的讲话自然是不成功的。其失败的原因在于,说话者不讲究语言的实际效果,而一味追求形式上的华美。因为说话不口语化,通俗化,而是书面语化,遣词造句过于华丽和艰涩,必然令人费解。

第四,说话所用语言要与说话内容相协调。不同的说话内容,应与使用的语言有所不同。若是进行文学讲座,语言就应该文雅、活泼、富有情感些。但是,若是谈论哲学、史学、政治经济学、逻辑学等,所用语言就应该准确、严谨、简明、平实,用不着像文学语言那样色彩纷呈。

第五,说话的语言要适应不同对象的特点。射箭要看靶子,弹琴要看听众。说话必须注意听话者的特点。不同对象的职业、年龄、文化教养、心理要求的种种差别,决定了他们理解能力、接受程度上的差异。例如,对文人学者和工人农民讲述的语言大有差别,对前者,可多用专业术语,语言要有准确性、严密性、理论性、逻辑性;对后者,则要求语言朴实风趣,乡土气息浓,多用些民谚俗语。总之,用的语言,要针对对象的特点,“量体裁衣,看菜吃饭”,才会受到欢迎,达到说话的目的。

第六,推广普通话,活用家乡音。我国幅员广大,方言众多,欲使说话通俗易懂、明白晓畅,交流顺当,还有个改变家乡音、推广普通话的问题,否则就会出现语言障碍。在日常交往中,由于土语方言的差异,造成费解,带来误会,甚至发生冲突的事,是屡见不鲜的。因此,推广普通话,改变家乡音,对于正常的交往是十分必要的。

当然,改变家乡音,并不是要求人们在任何情况下,都非说普通话不可。当与家乡人说话时，有时使用家乡音，效果反而更好。一来由于是同乡人，自然不存在语言不通的问题；二来运用家乡话，更容易沟通双方的感情。

综上所述，语言贵在自然、朴实、通俗、生动、亲切、洗练，像鲁迅所说的，有真意，去粉饰、少做作，勿卖弄。否则，话说得再漂亮，也不会有什么力量。让我们牢记列宁说过的话，应该善于运用简单、明了，群众易懂的语言讲话，应该坚决抛弃晦涩难懂的术语和外来的字眼，抛弃记得熟烂的、现成的但是群众还不懂的、还不熟悉的口号、决定和结论。

二、尽量生动、形象

所谓生动，主要指说话具有活力能感动人。所谓形象，主要指说话能引起人的思想或感情活动的具体形状或姿态。说话生动形象总的要求是，活龙活现、有声有色、有滋有味，而不是平平淡淡、枯燥干巴、味同嚼蜡。在现实生活中，生动形象的说话是普遍地受欢迎的。因为这样说话，具有较强的吸引力和感染力，使人听起来趣味盎然并受到启迪和感化，从而产生思想上和感情上的强烈共鸣。因此，在人际交往中，说话要尽量生动形象。

说话要做到生动形象，需要从多方面下功夫。具体地说，至少要从四个方面入手：

1. 苦学语言，注重词汇积累

一些人说话之所以平淡、乏味，一个重要原因，是语言功底不扎实，词汇量有限。因此，要提高说话的生动形象性，就必须用很大的气力学习语言，通过各种渠道增加词汇量。

语言的学习

在《反对党八股》一文中，毛泽东强调要从三方面下苦功学习语言。“第一，要向人民群众学习语言。人民的词汇是很丰富的，生动活泼的，表现实际生活的。”“第二，要从外国语言中吸收我们所需要的成分。我们不是硬搬或滥用外国语言，是要吸收外国语言中的好东西，于我们适用的东西。因为中国原有词汇不够用，现在我们的语汇中有很多是从外国吸收来的。”“第三，我们还要学习古人语言中有生命的东西。由于我们没有努力学习语言，古人语言中的许多还有生气的东西就没有充分地合理地利用。当然我们坚决反对去用已经死了的语汇和典故，这是确定了的，但是好的仍然有用的东西还是应该继承。”毛泽东的这些要求，对于我们学习语言、增加词汇，从而提高说话的生动性、形象性，具有重要的方法论意义。

顺便说及的是，在提高词汇量的同时，还应当注意逻辑的运用。逻辑不通，词汇再多，也不能生动，听都听不通，自以为有声有色，不过徒增混乱。另外，也应当提高遣词造句的能力，否则，缺乏精心安排，丰富的词汇不是利用不起来，就是利用不当。这样，也难奏生动形象之效。

2.讲究声音艺术，加强节奏感

平时在说话，自然并非像说评书那样，需要慷慨激昂、喜怒哀乐，不时言表，但是，注意抑扬顿挫，高低有致，对提高语言的生动形象性，对情感的表达和信息的传递，显然是大有益处的。

有分明的节奏感，抑扬顿挫，张弛有度，是一种很重要的说话技巧。苏联教育家马卡连柯说："只有学会用十五种至二十种声调来说'到这里来'的时候，只有学会在脸色、姿态和声音的运用上能做出二十种风格韵调的时候，我就变成一个真正有技巧的人了。"也就是说，口语表达要有波澜起伏，灵活多变的节奏，要有急有缓，有断有连，有起有伏，有张有弛。

其一是快慢结合。快，一般用于表达急切、震怒、兴奋、激昂等情感。慢，一般用在表示沉郁、沮丧、悲哀、思索等情感。连珠炮般的快速讲话，能使听者产生亢奋心理和紧迫感。慢条斯理的言谈，可以使听众细细品味，产生深邃感。快与慢应交替使用。做到慢中有快，快中有慢。有时需要快，但不能无止境地快，过快，会使人接受不了。有时需要慢，但不能一个劲地慢，过慢，同样使人受不了。而要力求做到快而不乱、慢而不拖。

其二是断连得当。说话如同作文一样，宜用短语，忌用长句。说话的停顿，就是文章的标点符号，停顿、承接和连续，很有讲究。停顿，不仅是表达者的需要，同时也给予听讲者回味和思考的余地。承接和连续既要抓住时机，又要采用多种方法。例如，在一阵笑声过后如何衔接，高明的说话者，就像挥动一根魔棍似的，立即能把人心收回来。一般来说，何处该断，何处该连，都应服从表情达意的需要。若当连不连，就有支离破碎之感。当断不断，听来使人有混沌模糊之惑。

其三是起伏自如。说话中，一定要有波峰和波谷，要起伏转换，峰谷错落，有剑拔弩张的"起"，也有平缓舒展的"伏"。

其四是张弛有度。据心理学家研究，人听讲话时的有意注意力，每隔5～7分钟就会有所松弛。所以，说话者只有适时地消除听者可能产生的兴奋性抑制，即根据听者的心理特点使说话有张有弛，才能始终维护听者的注意力。张而不弛，必使听者一直处于紧张兴奋状态，易疲劳困乏。弦绷过紧，久之必断，听者就会出现反感情绪。反之，弛而不张，拖拖沓沓，听众则一直处于松弛、抑制的状态，必然听力分散、精神萎靡。所以，张弛要有机的融为一体，使听众既有紧张的提神，又有松弛的休息；既有慷慨激越，又有从容舒缓；既有"战马嘶鸣"，也有"泉水叮咚"。

3.寓理于事,寓情于形

这样做,可以提高说话的生动形象性,比多讲抽象的道理更易被人接受,效果往往更佳。因此,许多高明的说话者,在说话和演讲时,十分重视寓理于事、寓情于形。例如,毛泽东在党的第七次代表大会上的开幕词中,用“愚公移山”的故事,说明了使全党全国人民建立起革命一定胜利的信心的道理。

寓理于事,寓情于形

孙中山在一次讲演中引用了一个真实的故事,使听众为之激奋。他说,某日在南洋爪哇的一个财产超过千万元的华人富翁,到好友处做客,晚间因未带夜间通行证和夜灯,无法返回。因为当时法令规定,华人夜出,如无通行证和夜灯,为荷兰巡捕查获,轻则罚款,重则坐牢。出于无奈,他只得花一元钱请一个日本妓女陪伴自己回家。因为荷兰巡捕不会过问日本妓女的客人。孙中山讲完这一个故事后,接着说:“日本妓女虽然很穷,但是她的祖国却很强盛,所以她的地位高,行动也就自由。这个中国人虽然很富,但他的祖国却不强盛,所以他连走路也没有自由,地位不如日本的一个娼妓。如果国家灭亡了,我们到处都要受气,不但自己受气,子子孙孙都要受气啊!”这个事例,有很大的穿透力,激起了听众的爱国热情。这是寓理于事的典型。

这种寓理于事的做法,在古代就有不少人尝试了,并取得理想的效果。古时候,吴王要去攻打楚国,并警告大臣们说:“有敢谏阻的,我就处死他。”吴王的门客中有一个年轻人,想了个说服的妙法。他怀里揣着弹弓,在吴王的花园里徘徊,露水沾湿了他的衣服,像这样,一连过了三个早晨,终于被吴王看见了,吴王对他说:“你过来,为何让露水把衣服湿成这个样子呢?”年轻人回答说:“这个园子里有一棵树,树上有一只蝉,蝉高高在上,悠闲地叫着,自由自在地喝着露水,却不知道有只螳螂在它身后;螳螂把身子完全贴在隐秘的地方,只想去捉蝉,却不知道有一只黄雀在它的旁边;黄雀伸长脖子想去捉螳螂,却不知道它下面有人正拿着弹弓早已对准了它呢。这三个动物都力求得到它们眼前的利益,却不顾他们身后隐伏着的祸患。”吴王称赞道:“你说得太好了!”他领悟了其中的道理,于是就收回了他的兵,不再去攻打楚国了。

从这位年轻人的说话中,我们看不到“不可攻打楚国”的字眼,却暗含了“人不可只顾眼前利益而不顾身后祸患”的深刻道理。寓理于事的一番生动形象的话语,竟收到既能让吴王罢兵,又使自己不被处死的客观效果。因此,我们应力求学会寓理于事、寓情于形的说法。

4.巧用比喻,学会打比方

所谓用比喻、打比方,是用人们已经知道的东西来说明人们所不知道的东西的一种常用的修辞方法,它能给人一种具体可感的形象,从而加深对问题的理解。用比喻或打比方,对于提高说话的生动形象性,从而提高说话的准确性和明晰度,有着十分重要的意义。大量的事实表明:巧妙地运用比喻,恰当地打比方,可以使模糊的道理清晰起来,使深奥的道理明白起来,从而避免抽象说教给人带来的枯燥感;可以使听话者受到深刻的启发、极大的鼓舞和有力的鞭策。因此,自古以来,许多思想家、教育家、政治家、科学家、文学家等,都极为重视用比喻和打比方,并运用到他们的言谈、写作实践中去。英国有个物理学家说:“请记住用比喻来帮助是十分必要的,用比喻来说明事理,不但使听众容易明白,而且也可以引起听众的兴趣。”中国农民诗人王老九,也非常重视打比喻,他说:“比喻一比,话就有力量,有时十句话都说不清的,一个比喻就说清了,还有劲。”

在运用比喻方面,中国古代大教育家孔子,就曾用“未有学养子而后嫁者也”的话,来说明治国必先齐家的道理。鲁迅在演讲中,将新思潮和旧思想喻为“新马褂”和“旧马褂”,用“绿豆芽”比作不植根于民众土壤里的“天才”,皆将事物描摹得会形,传神,致理。被誉为“中国第一大演说家”的马相伯,在其演讲中,形象化的比喻俯拾皆是。在日寇侵占中国时,他在第三次国难演说中说:“诸位,醒一醒!枕头旁边放了火药,我们能睡么?房子里有了小贼,我们能睡么?”将日本鬼子喻作枕边的火药、室内的蟊贼,生动展示了当时形势之急,蕴含着抗日救国的紧迫感。1961年,周恩来在一篇报告中,把束缚人民思想的错误做法比喻为“套框子”、“抓辫子”、“戴帽子”、“打棍子”、“挖根子”的“五子登科”,将“左”倾错误描述得十分形象。林肯在废奴演说中讲到,那些容忍奴隶制存在的国家,好比“一幢裂开了的房子是站立不住的”。这一比方立即风靡全国。以演讲风格犀利、锋芒毕露见长的英国生物学家赫胥黎,在一次讲演中勇敢抨击了当时的社会对科学的极不公正的态度。他说,科学这位“灰姑娘”,天天“升起火来,打扫房间,准备餐食;而到头来,人们给她的报酬,则是把她叫做贱货,说她只配关心低级的物质的利益”。这种拟人化的巧喻,将教会和习惯势力扼杀、摧残科学之狰狞相刻画得淋漓尽致。

赫胥黎在辩论

毛泽东的比喻

在巧妙地运用比喻分析、批评和说明问题上，毛泽东堪称典范。他在批评"全盘西化"的错误观点时说，一切外国的东西，如同我们对于食物一样，必须经过自己的口腔咀嚼和胃肠运动，送进唾液胃液肠液，把它分解为精华和糟粕两部分，决不能生吞活剥地毫无批判地吸收。这比喻既生动形象，又通俗明白。在《反对党八股》一文中，他用"懒婆娘的裹脚，又臭又长"，来批评一些同志爱写"空话连篇，言之无物"的文章；用"只有死板板的几条筋，像个瘪三，瘦得难看，不像一个健康的人"，来说明一些人的文章语言无味；用"开中药铺"的比喻，来批评一些人写文章只会罗列一二三四、甲乙丙丁的形式主义方法，等等。这一切，使他的批评语言显得充实丰满，生动活泼，耐人寻味，说服力强。翻开毛泽东的著作，可以说，到处都充满了生动形象的比喻。这是其深受欢迎的重要原因。这一事实说明，要使说话生动形象，富有成效，必须注重比喻的运用。

当然，运用比喻，或者打比方，只有恰到好处，才能耐人寻味，发人深省，所讲的道理，也才能陡生异彩。如果用之过多或用之不当，就容易给人以花花哨哨、虚而不实之感，甚至令人啼笑皆非，产生反感情绪，达不到说话的理想效果。

三、学会幽默、风趣

与生动形象相联系，说话还要注意幽默谐趣。就是说，在说话中，要努力提高幽默感。何谓幽默？幽默是英文"humor"一词的译音。之所以译音不译义，幽默家方成认为不好译。因为我们很难找到一个非常合适、非常准确的词，能够完全表现出"幽默"这两字的原意。"幽默"一词起源于英国。据考证，幽默最早是作为医学术语使用的。说的是人体中四种基本液体：血液、黏液、黄胆汁、黑胆汁的不同比例与组合，决定了人的不同性格和气质。1898年英国作家本·琼森首先用幽默这个词写了两出戏：《每个人在他的幽默里》、《每个人出自他的幽默》，幽默这才进入美学领域。

对于幽默，许多人都曾尝试着给它下定义，但至今也没有谁作出通俗、明白而又确切的定义。英文字典对幽默的解释是"滑稽、可笑、有趣"。《英国大百科全书》把一切逗笑的事物、语言、手法等等，都叫做幽默，但有高级、低级之分。我国的各种字典对幽默的解释也不尽相同。《新华字典》解释为："言语举动表面轻松而实际含有讽刺的。"《现代汉语词典》解释为："有趣或可笑而意味深长的。"列宁说，幽默是一种优美健康的品质。爱尔兰作家肖伯纳说，幽默是使人发笑的一种因素。方成认为，幽默要有所含蓄，使人在笑中同时引起联想和推动，领悟其中的含义。中国著名作家老舍则认为，幽默首要的是一种心态，和颜悦色，心宽气朗，才是幽默。总之，众说纷纭，莫衷一是。但是，不管怎样，我们应当认识到：幽默必须是有趣可笑的。这种笑，又不同于一般的笑话，它常常是会意的笑、无声的笑，有时甚至是带点苦涩的笑。这种笑，是情趣高雅的、没有怪诞、油滑和恶作剧。这种笑，是能净化人们灵魂的健康的笑。幽默又必须是意味深长的，它可以揭示重要的政治内容，蕴藏着深刻的意义。幽默还必须是富有哲理的。正如幽默大师侯宝林所说："幽默不是耍贫嘴、不是出洋相、现活宝；它是一种高尚的情趣，一种对事物矛盾性的机敏反映，一种把普遍现象喜剧化的处理方式。"

在人际交往中，说话富于幽默，具有浓厚的幽默感是很重要的。大量的事实证明：幽默会使我们的威望提高，增加吸引力，拓宽人际关系；幽默可以缓和紧张而严肃的气氛，造成轻松而愉快的感觉；幽默能表达出某些不便明确说明的意思，增强语言的委婉和含蓄；幽默有助于摆脱尴尬境地，由山穷水尽疑无路，进入柳暗花明又一村；幽默有助于交际双方感情的加深，提高关系双方的亲密度；……总之，幽默在人际交往中的意义不能低估。有人说："没有幽默感的语言是一篇公文，没有幽默感的人是尊雕像，没有幽默感的家庭是一间旅店，而没有幽默感的社会是不可想象的。"这种形象的说法，是有道理的。

幽她一默

大家都喜欢和幽默的人在一起，谁不喜欢轻松愉快的气氛呢？幽默可以让你的话语引起大家的兴趣，可以巧妙地化解尴尬和冲突。有一次，一个女顾客气冲冲地找到售货员，"我的儿子从你这儿买的果酱，为什么分量不足？"售货员认真听完，想了想，对顾客很有礼貌地回答，"你可以回去，称称你的儿子是否体重增加了。"这位母亲立刻明白了，说了句对不起，就离开了。这个售货员回答得非常巧妙，如果她直接说"你儿子偷吃了果酱"，结果是很可能会吵起来，而她的幽默化解了不必要的冲突。

正因为幽默在人际交往中具有非同小可的作用，所以，我们强调说话要富于幽默，尽量提高幽默感。那么，怎样才能做到这一点呢？根据目前人们的认识和研究成果，做好以下四个方面是最基本的：

1. 把握幽默类型

幽默的类型是多种多样的，从不同的角度可以分出不同类型。有人根据《美学词典》对幽默的解释，将幽默划分为八种类型：

其一是讽刺式(satirical type)。这种幽默的特点，是带有讽刺性，是与讽刺结合在一起的。带有出人意料的奇巧。在语言上常运用夸张比喻和曲折含蓄的手法。当然，幽默不等于讽刺。主要区别在于：讽刺的主旨是批评和谴责，带有明显的贬义，抒发轻蔑和怨怒的心情。所以，幽默中有讽刺的类型，但讽刺则不全是幽默的。

其二是嘲笑式(ridicule type)。这种幽默与嘲笑联系在一起。嘲笑，是由于对某种事物鄙视而表现出来的一种嘲弄、讥笑行为。嘲笑有时是鞭挞，有时是规劝，只要嘲笑得当，是很有幽默感的。

其三是鞭挞式(castigation type)。这种幽默，就是通过柔中有刚、有锋而不露的手段，对某种不正常现象进行严厉的抨击，使听者产生一种愤怒的情感，心中产生不平，起来与之斗争。如果说有些幽默没有笑的成分的话，那么，就是这一种。

其四是警钟式(tocsin type)。这种幽默，是指通过一个幽默故事、寓言等，向人们指出是非曲直，使人们提高警惕、引起防范，从而采取正确的行为方式。由于这种幽默带有劝导性，所以，又可称为劝慰性或劝告性幽默。

其五是痴呆式(silly type)。这种幽默，一般是含有褒义性质的，往往通过一些痴傻行为，呆笨的动作，言不达意的对话，反映某个人对事业的专一和迷恋(be infatuated with)。

其六是取笑式(fun-making type)。这种幽默，是指人们在交往、交谈的时候，相互之间开开心，逗逗笑，它可以调剂生活，起到愉悦情感，增强乐趣的效果。

其七是荒诞式(fantastic type)。这种幽默，也可叫吹牛型的，是指通过直喻，把人的荒诞感觉加以外在化的手法，带有缺乏完整统一和支离破碎的特点，常常表现为没有根据地说大话。这种幽默，尽管没有什么根据，但它具有丰富的想象力。

其八是童稚式(childlike type)。这种幽默，是利用天真无邪，活泼可爱而又不谙世故，不明事理的童稚，表现出对社会问题以及其他问题无知而可笑、淳朴而烂漫的言行。

2.掌握幽默的方法

运用幽默的方法很多，大致上说来，有以下十种：

其一是故意夸张。夸张是文学艺术创作中一种运用丰富的想象，扩大或缩小某种事物的特征、形象、作用和程度，以增强表达效果的表现手法。在幽默中运用夸张，是一种常见的手法，它用于揭露，可以使其面目暴露无遗；用于丑化，可以使其丑态百出；用于鞭笞，可以使其无处藏身。在幽默中，常用的夸张手法有：对照性夸张、想象性夸张、比喻性夸张和类比性夸张。

其二是正反颠倒。所谓正反颠倒，指的是故意说反话。正话反说，或者反话正说，即用意义相反的词语去表达意思。可以是贬用褒义词，也可以是褒用贬义词。

其三是巧抖包袱。所谓巧抖包袱，是指将本来事情具备的“曲折”和语言的“波浪”巧妙地表达出来。巧抖包袱的技巧，常用的有四种：设置疑团、最终揭底、句句打仗、环环相扣，预料是甲，结果为乙，巧妙穿插，收放得时。

其四是如实陈述。这种幽默方法，既不需要夸大，也不需要缩小，既不需要比喻，也不需要暗示，只要把原形原状合盘端出来就可以了。具体说来，有这样几种做法：讲读原始材料、讲解名人轶事、播放实况录音、陈述事实经过。

其五是巧用对话。这种对话，是情节的一个片断，通常以极其简练的言语，集中刻画某人某事中最突出的特征。它在情节上，讲究环环紧扣，包袱抖得干净利索，常常出人意外，最后一句道破天机，造成妙趣横生的喜剧效果。巧用对话，一般有三种形式可资借鉴：实施直接对话、自我扮演对话、引用他人对话。

其六是借助文艺形式。借助文艺形式可以是多方面的。例如，截取相声、穿插诗歌、精选对联、运用寓言、猜打谜语、引用杂文、巧借故事、巧用顺口溜等。

其七是模声拟态。在说话时，为了说明一件事物或一个事理，把那个事物、事理的原声、原形、原态重复性地再现出来，就会产生幽默感。这是幽默的一个重要方法。模拟的方法可以归纳为三种：仿效模拟（imitation）、夸张模拟（exaggerative imitation）、对比模拟（contrast imitation）。

其八是善择机会。对幽默时机的选择，大致要注意：一会选，即选择好幽默的时机。二会慢，即在需要幽默的地方，语言的节奏一定要慢。三会停，即讲到幽默处，要恰到好处地停下来，让听众的感情得到充分的发挥。四会引，即善于引发和引申。引发，是指当讲到关键处，运用“话到嘴边留半句”的办法，把听众隐藏在内心的那种感情引逗出来。引申，是指以某些幽默的故事、事例为引子，引申出一些带有哲理性的东西来。

其九是精选词语。精选词语可以采取如下的一些方法：移用同义词、运用歇后语、改用成语、巧用双关、使用借代、活用俗话、颠倒语序。

其十是构置悬念。说话中构置悬念，是指在说明某个情节并向前推进时，中途打个结，让他暂时挂起来，使听众产生期待心理，悬想后事如何演变。许多悬念可以产生幽默。构置悬念的具体方式有：直话曲说、适时设疑、引人吃惊、欲擒故纵、突然转折。

3. 切记幽默的忌讳

在说话中，要提高幽默感，不仅要了解应当怎样做，而且也要知道不应当怎样做。不应当作的事情，是从反面看应当注意的问题，也就是一些忌讳的问题。运用幽默，切记以下忌讳：

其一是谨防以笑为主。老舍在谈到幽默时讲："我们要避免为招笑而招笑，而以幽默的哲人与艺术家自期，在谈笑之中，道出深刻的道理，叫幽默的语言发出智慧与真理的火花来。"这话是有道理的。

笑，是幽默的标志，在一定的意义上可以说，不使人发笑的幽默，不是真正的幽默。真正的幽默包含才智、纯真、耐人寻味和引人入胜，能使听众在笑声中体味出别的意思来。幽默引出的笑，是一种开心的笑、领悟的笑。因此，说话时，健康的、有意义的笑声越多，思想性、理解性也就越强。

但是，不能简单地把好笑、有趣等同于幽默。因为笑是多种多样的，有许多种笑，并不是幽默；引起笑的原因也不是单一的，而是复杂多样的，有许多种笑，并不是由幽默引起的。幽默与一般笑话的重要区别，在于它有深刻的思想和政治意义，也就是社会意义。说话时，只为博得人们一笑来哗众取宠，甚至油腔滑调、做怪动作、出洋相，以争得廉价的笑声，这非但不能称作幽默，而且降低了自己的人格，劣化了自我形象。同时，这样做，不仅达不到预期的目的，反而冲淡说话内容的严肃性，削弱说话目的的思想性。总而言之，我们在运用幽默时，应当作到，有趣而不失于严谨，动人而不流于庸俗。

"三戒"与"三要"

著名演讲家李燕杰在谈到说话运用幽默时，要求人们注意"三戒"、"三要"。"三戒"是：一戒俗，指"包袱"切不可庸俗、低级。二戒离，切不可只顾逗人乐而忘记了说话的主题。三戒多，一次讲话切不可有较多的滑稽。"三要"是：一要及时，"包袱"甩在火候上。二要适度，不顾对方情绪，环境气氛、说话内容等而随意玩笑，信口戏谑，只会使人厌烦。三要庄重，引发对方较好的情绪，自己不能站在台上笑。这对于我们恰当地运用幽默，谨防以笑为主，是很有帮助的。

其二是切忌格调低下。幽默应该蕴藏着丰富的社会内容，严肃的人生哲理和精深的逻辑力量，而决不是一种单纯的愉悦耳目的什么东西。因此，在运用时，要避免庸俗滑稽、格调低下的毛病。具体地说，不应选用庸俗、低级的事例逗笑；不能选用让人丧气的事例让人逗笑。

其三是力戒俏话连篇。为了增强幽默感，选用一些健康的、恰当的俏皮话，是很有说服力的，常常能起到画龙点睛的作用。但是，不能用得太多。如果用得过多，不仅显得累赘，且易产生哗众取宠之嫌。

其四是不可拿人取笑。在运用幽默的过程中，选用听众周围一些奇闻轶事，不仅能引起对方的兴趣，而且有说服力。但是，在这样做的时候，一定要把握好分寸，不可有取笑歧视之意。如果企图拿一些老实巴交的人、有生理缺陷的人、犯了错误的人、调皮捣蛋的人穷开心，那就容易造成彼此间的对立，伤害对方的感情，对本来可能是正常的人际关系带来消极的影响。

其五是防止不明不白。在运用幽默感语言时，对一些古僻的定义、术语等，要力求说得浅显易懂，不能使听众连所讲述的内容都听不明白。否则，就不成其为幽默了。说话的目的也难以达到。

其六是不必故弄玄虚。所谓故弄玄虚，就是把本来明明白白的事情，说得太玄乎了，使人迷惑，故意要弄使人难以捉摸的花招。这是幽默之大忌。

其七是禁绝粗话脏话和色情话。粗俗的笑话、低级趣味的比喻、吆三喝四的骂街声以及丑陋的奇闻轶事，有时也能引起笑声，但它们与幽默是格格不入的。幽默应用文明的、干净的、高尚的语言，能给人以美的享受，净化人的心灵。粗鲁的语言，骂人的话语，一定要禁绝。

4.提高幽默主体的素质

幽默艺术在世界上所有艺术中恐怕是最难的。因此，要掌握好这门艺术，我们必须下工夫进行研究。事实证明，掌握这门艺术，不仅要研究幽默本身，而且要研究如何提高幽默者的素质。这是因为一个人的幽默感，不是孤立的，而是同其他素质联系着的，受主体多方面因素制约的。恩格斯曾经深刻地指出，幽默是具有智慧、教养和道德上优越感的表现。莎士比亚也认为，幽默和风趣是智慧的闪现。因此，要真正卓有成效地提高幽默感，不能只为幽默而幽默，而必须从各个方面提高自己的素质。

其一是培养高尚的情趣。幽默的说话，是建立在说话人思想健康、情趣高尚的基础之上的。它对人的颂扬、批评、指责、规劝，都是善意的，具有较高修养性的。一个人心地狭窄、思想颓废，他对人只能是挖苦、嫉妒、谩骂，决不会有幽默。真正的幽默永远属于那些热爱自己的事业、对自己带来充满坚定信念的人，永远属于那些肯于帮助别人、热心肠的人，永远属于生活的强者。事实证明，高尚的情趣是幽默的先决条件，没有高尚的情趣，就不能算作幽默。因此，要提高自己的幽默感，必须首先从培养自己的高尚情趣入手。

其二是保持乐观的态度。从大量的事例中我们可以发现，幽默的人，就是乐观的人，就是对未来充满了信心的人。生活中的幽默者，即使穷困潦倒，屡受挫折，也往往心不发愁脸无苦相，而总是充满了乐观精神。他们在生活和工作中很能逗人喜欢，得到人们的热爱，他们走到哪里，哪里就是一片欢声笑语。我们很难设想，一个整天心事重重、个人主义严重、悲观厌世的人，或者对人漠不关心、遇事缺乏头脑、缺乏冷静，整日暴跳如雷的人，能产生幽默感。所以，为了提高幽默感，我们应始终保持乐观的态度。

其三是锻炼敏锐的观察力。幽默，具有反应迅速、应变能力很强的特点，会幽默的人必须思维敏捷、能言善辩，适时地准确地通过比喻、夸张、模拟、双关、黏连等手法，讲出幽默的话来，要做到这一切，必须具有敏锐的观察力。

幽默之所以要求敏锐的观察力，是因为它的突出特点就在于用简洁明快的语言，勾勒出深沉含蓄的生活哲理，这就要求我们必须从人对自然、对社会的总体观念出发，从各种事物的本质联系中，从社会心理的定势中，发现矛盾、观察矛盾，挖掘主题和题材，避免就事论事地进行表层解说。所以，学会观察社会、观察自然，幽默才能有广阔的思维空间和丰富的艺术想象力。事实证明，观察力是幽默的基础，不会观察或不注意观察，会使许多幽默有趣的事物从眼皮底下溜过去。所以，为了提高幽默感，我们必须自觉地锻炼自己的观察力。

其四是造就丰富的想象力。想象力，是一切科学活动都需要的，而说话中的幽默，尤其需要想象。因为对说的问题要造成悬念、设置疑团，需要想象；把某件事物描绘得惟妙惟肖，需要想象；把纷繁的事物，集中概括起来，需要想象；满足听众的各种好奇心，需要想象；各种夸张、比喻、模拟、借代等等，也需要想象。可以说，没有想象力，就没有说话的幽默。所以，要提高幽默感，就必须努力造就我们丰富的想象力。

其五是培养突出的表达力。幽默技法的运用，需要具有较强的表达语言的能力。一个语言修养高、语言表达方式灵活多样的人，说起幽默话来，才能得心应手。所以，要提高幽默感，必须在语言表达力上下一番工夫。

其六是提高文化素养。幽默者必须具有较高的文化素养。所谓较高的文化素养，是指说话者要有丰富的文化知识。一个人没有一定的文化素养，幽默的路子就会变得很窄，甚至只能逗逗趣，说说笑话，不会变得高雅清新。有时本来很幽默的材料，也会变得干枯、乏味，甚至节外生枝，从而让人取笑。可以说，文化素养和运用幽默技巧的水平是成正比的。正如我国著名作家秦牧在《艺海拾贝》一书中说的："没有哪一个伟大的革命家、艺术家是没有幽默感的。你从所有无产阶级革命先驱者的经典著作中，随时都可以接触到这种幽默。谢德林、果戈理固然擅长幽默，契诃夫、高尔基又何尝不是这样。鲁迅固然是幽默的，齐白石又何尝不幽默！他们之间不过是性质、程度之别罢了，尽管他们所处的时代和世界观各不相同。这种情形，使人不禁想到幽默感似乎是达到一定水平的人所共有的。"所以，要提高幽默感，必须努力提高我们的文化素养。

第四节　把控说话进程

一、把握好谈话“三部曲”

在人际交往中，说话往往是个过程。一般谈话，尽管有长有短，总有开头、中间、结尾三部曲。要学会说话，必须注意把握好谈话的“三部曲”。

1. 抓好开头

马克思在《资本论》第一卷的序言中就说过：“万事开头难。”不仅写书是这样，说话也是这样。怎样开头，从何说起，这是很重要的，也是颇费踌躇的。总结历史和现实的经验，在谈话中，要抓好开头，必须注意运用以下几种技法：

其一是直来直去式。这种方法的特点，是“直”，即单刀直入，不拐弯子。例如，开首来句“无事不登三宝殿”，接着就开门见山，说明要办什么事情，存在什么问题，有些什么要求，等等。这种方法，必须是在对对方十分了解，无须多加寒暄；或者事情太急，不能多说的情况下，才能使用。因为直来直去，刺激性太强，所以，如果对不很熟悉的人，不了解对方的心情，使用此法，往往效果不佳，使人不免产生唐突之感。

其二是比喻引入式。比喻有明喻、暗喻、借喻之分。谈话开头可以用暗喻，但不宜多月。因为暗喻一般人难于理解。例如，孔子拜问老子得出“柔弱胜刚强”结论的故事。所以，在谈话中，采用“比喻引入”方法开头，主要和大量的是运用明喻。因为明喻易使对方明白、理解。

其三是借题发挥式。这种方法，先不直接明言，而是借别的问题加以发挥，逐步引入本题。《战国策》中的“触詟说赵太后”，就是一个典型例子。这种方法，多用于朋友间的进言、劝说，特别是在对方心绪不佳、思想不通的时候，能收到理想效果。

其四是寒暄入话式。这种方法，先叙饮食起居，拉家常，由个人的身体、工作，到夫人、孩子的情况，使气氛融洽、亲热，然后引入本题。在朋友交谈中常用这种方式，它使人容易接受，能顺理成章，自然地解决问题。

其五是曲折点题式。这种方法，见面后若无其事地天南海北扯一通，先谈别的事，如讲点新闻，说个笑话，有点投机了，然后切人本题。这种方法，有时用来求熟人办事，效果较好。

在说话中，开头开得好，可以创造良好的气氛，引起对方的兴趣，从而使谈话顺利进行。以上方法，只是抓好开头方法中的几种，除了这几种技法，当然还有别的。不管使用什么样的技法开头，一定要从实际情况出发。要对各种开头方法，全面把握，灵活运用。

2.重视中间

谈话开头之后，引入本题，到了中间阶段，这是核心部分，实质性的阶段，必须十分重视。在这一阶段，基调应该是轻松、畅快、和谐，而不应该是压抑、沉闷、紧张。力求使严肃问题轻松化，复杂问题简明化，困难处境有利化，从而争取好的谈话效果。具体地说，要注意以下五点：

其一是要围绕说话的目的和主题，把话说够说透。切忌离开谈话的目的和主题，夸夸其谈，漫无边际。

其二是不要自己滔滔不绝地说个没完没了，要给对方以说话的机会。切戒谈话以自我为中心，也就是说，不要做自我中心主义者。

其三是如果是许多人在一起交谈，不要把注意力只集中在其中一两个熟悉的人身上，要照顾到在场的每个人，并且对于比较沉默的人亦设法使其开口，比如问他“你对这件事怎么看？”等等。

其四是要注意对方反应。要密切注意听者的心理反应，观察对方表情行为的变化，根据对方反应及其变化，恰当地改变、调整谈话的内容和形式，控制时间的长短。

其五是合理地转换话题。如果对方的谈话离题太远，要及时引回正题或转换话题。具体方法，可以用暗示，如通过一些简短的插话或展示一下与谈话正题有关的物品等等；也可以采用提问的办法，即向对方提出与谈话正题有关的问题。

3.注意结尾

谈话的结尾，要根据所谈的问题，扼要地加以概括和重复，以加强双方的印象。结尾要努力避免两种毛病：一是草草收场，不了了之；二是拖泥带水，含糊其辞。谈话的结尾，大体有三种情况：

最好的是得出良好的结果，双方都满意；

其次是有部分结果，剩下问题下次再谈；

再次是虽无结果，但留有余地，可重订后约。

在一般情况下，结尾要力争取得好的结果；即使结果不理想，也不要把话说绝，不要关门，以便“卷土重来”。

附带指出，谈话中，无论是开头、中间，还是结尾，即自始至终，都要切忌口头禅。所谓口头禅，原意是指禅宗和尚只空谈禅理而不去实行，也指借用禅宗常用语作为谈话的点缀。现在人们把说话中经常不自觉地吐出来的词句称为口头禅，或称口头语。说话时习惯说口头语，常会把好端端的一句话弄得支离破碎，使人听起来别别扭扭，常会引起哄笑，影响说话的效果。这种无意识重复的口头禅没有任何语义，它们给人的信息大量是无用的。它是一种干扰素，干扰了有用信息的接受，使人生烦厌腻。特别有些人带恶性口头语，什么“他妈的”、“他奶奶的”等，随口说出来，不仅伤人，惹麻烦，碰钉子，且有自己被打的可能。现实生活中的许多争吵斗殴是由这种口头禅引起的。除了恶性口语病，还有许多其他的口头语，如，“是不是”、“这个……这个”、“嘿”、“啊”、“哼”、“嗯”、“是啊”、“这个嘛”等等。例如，有个学生曾在听一场报告时，用心数了报告人的“这个……这个”，没想到一小时的讲话，竟有600多个“这个……这个”。这些口头语，对于说话效果的破坏性是显而易见的。有人说，口头禅是语言的垃圾，是口语中的毒瘤，这决不是危言耸听。

如何纠正口头禅

口头禅危害极大，我们应当千方百计地纠正它。口头禅是一种顽症，它需要综合治理，才能消除。具体说来，应当从以下三个方面下功夫。

首先，要使自己的语汇丰富起来。口头语多是一些俗气、肤浅、毫无价值的词，如果平时注意锤炼语言，不断拓宽知识面，使自己成为词汇的“富有者”，说起话来就妙语生辉，口头语自然被扫地出门。

其次，说话要尽量做到深思熟虑，沉着冷静。口头语常常是不介意溜出来的。急躁的人，往往话过急过快，口头语就容易溜出来。所以，有口头语者，要注意把话说得慢些、稳健些，尽量做到讲前仔细考虑，讲时有条不紊。天长日久，这个语言的“毒瘤”就会得到根治。

最后，要用强力矫正。有了口头语，遭人指责，要红一次脸，出一身汗，痛下决心围歼、扫荡之，努力将其降到最低限度。要强制自己多读文章，高声朗诵，请人矫正，努力锻炼敏捷的思维和严谨的语言习惯，不让口头语轻易插足在自己的朗读和言谈中，久而久之，口头语就无立足之地了。

二、善于发问和应答

与人说话，必然有问有答。要学会说话，不能不讲究发问和应答的技法。要努力提高善问善答的能力。

第一，善于发问。在人际交往中，说话时发问要事先有所准备，不要问对方难以应付的问题，如超乎对方知识水平的学问、技术问题等；也不要询问别人的隐私，如夫妻感情、对方爱人的相貌以及许多大家都忌讳的问题。其次，要讲究发问的技法。一般地说，笨拙的发问往往导致笨拙的应答。善于发问，其发问技法必须是巧妙的。

发问的技法很多。从发问句型上来看，主要有封闭式发问和开放式发问两大类。

关于封闭式发问。这种发问，是指特定的领域带出特定的应答，一般用“是”或“否”作为发问的要求。这种发问，可以使发问者得到特定的资料或信息，而应答这种发问也不必花多少思考功夫。但是这种发问，含有相当程度的强迫性，往往引起人们不舒服的感觉。因此，要慎用。封闭式发问有四种具体形式：

其一是选择式发问即给对方出几种情况，让对方从中选择。例如，“你愿学文科，还是学理科?”“毕业以后，你是去政府机关，还是到厂矿企业，还是留本校工作?”等。这种发问，对方只能在指定范围内选择，没有超出范围的余地。

其二是澄清式发问，即针对对方答复让其重新证实或补充。例如，“你想考北京大学，决定了没有?”“你想出国攻博士学位，到哪个国家去?”这种发问的目的在于让对方对自己说的话进一步明朗化。

其三是暗示式发问，即发问本身已强烈地暗示出预期答案。例如，“一个共产党员，应该服从党的需要，你说是吗?”“小张是你的好朋友，对不对?”这种发问中已包含了答案，无非是让对方表态而已。

其四是参照式发问，即把第三者意见作为参考提出问题。例如，“主任说，这一学期要特别注意抓好课堂纪律，你认为如何?”“辅导员推荐李明当班长，你意下如何?”这种发问，如果第三者是对方熟悉、敬仰的人，对对方会产生重大影响，就可能同意提出的问题；如果第三者非为对方所熟悉、敬仰的人，甚至是对方讨厌的人，则所提问题会引起对方的反感。

关于开放式发问。这种发问，是指在广泛的领域内带出广泛的答复，通常无法以“是”或“否”等简单的措辞作答。例如，“回国后，你有什么打算?”“这一学期，你打算搞点什么研究?”这类问句因为不限定答复的范围，所以能使对方畅所欲言，获得更多的信息。开放式发问主要有三种表现形式：

其一是商量式发问，即以和对方商量的口吻提出问题。例如：“这门新兴学科缺乏教师，要公开招聘，你愿意报考吗?”这种发问，一般和对方切身利益有关，属于征询对方意见的形式。

其二是探索式发问，即针对对方答复进行引申。例如：“你刚才说不准备从政，能不能告诉我你的主要理由?”这种发问，不但可以发掘较充分的信息，而且可以显出发问者对对方所谈问题的兴趣和重视。

其三是启发式发问，即启发对方谈看法和意见。例如：“小王，你今年发表了那么多文章，你对写文章有什么体会?”这种发问，主要启发对方说出自己的看法，以便吸收新的意见和建议。

发问的技法是多种多样的。善于发问，须根据需要和客观情况灵活地选用它们。一般情况下，发问者要多听少说，因此，应多用开放式发问，谨慎使用封闭式发问。

第二，善于应答。在说话中，善于应答也是很重要的。善于应答，最重要的是正确地把握各种应答技法，并能灵活而恰当地运用这些技法。应答技法也是多种多样的。下面介绍的，是人们在说话中经常使用的几种：

其一是以子之矛，攻子之盾。这种技法，也可以称作针锋相对。例如，抗战期间，国民党对“拥护革命的三民主义”这句口号不满，向共产党提出：“三民主义就是三民主义，为什么共产党要加上‘革命的’形容词。”周恩来当场答道：“你们自称是孙中山先生的信徒，你们没有读过《建国方略》这部书？孙中山在这部书的开头就说：‘余所著之三民主义乃革命之三民主义。’可见我们只是把‘之’字改成了‘的’字，有什么不对。”这种应答，针锋相对，一针见血，使对方无言以对。

其二是怪问怪答。在社会交往中，面对突如其来的怪问题，在没有准备的情况下，可以采取怪问怪答的技法。1935 年，在巴黎大学的博士论文答辩会上，法国主考人向陆侃如先生提出一个奇怪的问题：“《孔雀东南飞》这首诗里，为什么不说‘孔雀西北飞’？”只听陆先生应声而答：“西北有高楼。”这五个字回答得很巧妙！古诗十九首里有这样的诗句：“西北有高楼，上与浮云齐”。就是说，西北方向有高耸入云的高楼阻挡，孔雀飞不过去，只好往东南方向飞去了。陆先生的回答是怪问怪答的典型。

其三是歪问歪答。有人为了考考对方对答能力和应变能力，故意提出一些离奇古怪的、不合情理的问题去刁难对方。对这种发问切不可认真应答，应采取歪问歪答的方式。蒋子龙巧解美国诗人的“装鸡”谜语，就是采取你歪问我歪答的技法，即“以其人之道还治其人之身”。这种应答技法在《阿凡提的故事》里也有不少记载。例如：智者问阿凡提：“地球的中心在哪儿？”阿凡提用手杖点点地说：“就在这儿，不信你量量。”智者又问：“我的胡子有多少根？”阿凡提说：“跟我的驴尾巴毛一般多。”智者说：“你胡说！”阿凡提说：“不信你拔下来一根一根数，少一根找我。”智者又问：“天上的星星有多少？”阿凡提就说：“跟我驴身上的毛一样多，不信你去数数。”智者存心刁难，阿凡提却用对方解决不了的难题难倒他，以示惩罚，这叫做你歪问我歪答。

其四是不合逻辑的应答。我国一位中年作家到美国访问，一位美国记者问她：“听说你还不是中共党员，你对中共感情如何？”这位作家立即应答：“是的，我不是共产党员，可是我和我丈夫的感情很好。我丈夫 1948 年入党，我们 1950 年结婚，30 多年来，从未红过脸，打过架。”她丈夫是中共党员，这位女作家用对自己丈夫的感情让对方感到她对中共的感情也是好的。表面上看来所答非所问，不合逻辑，实际上这种回答十分巧妙。这种回答妙就妙在觉察到来者不善，故意采取以偏概全、不合逻辑的对答方式，寓庄重于诙谐之中。

其五是不落入俗套。香港作家陈浩泉的长篇小说《选美前后》，描写香港小姐准决赛时，为了测试参赛小姐谈吐应对的技巧，司仪问参赛的杨小姐："杨小姐，请听着，假如要你在下面的两个人中选择一个作为你的终生伴侣，你会选谁呢？这两个人一个是肖邦，一个是希特勒！"回答肖邦，会落入俗套；回答希特勒，会被认为神经不正常。可是，这两个人又必须选择一个，这就把杨小姐逼入困境。只听杨小姐说："我会选择希特勒的。"台下观众顿时骚动起来，盘问她，"你为什么选择希特勒？"她回答得很巧妙："我希望自己能感化希特勒。如果我嫁给希特勒，肯定第二次世界大战就不会发生，也不会死那么多人了。"这种应答，是很巧妙的。不仅有艺术性，而且有原则性。马克思曾经说过："在政治上为了一定的目的，甚至可以同魔鬼结成联盟，只是必须肯定，是你领着魔鬼走而不是魔鬼领着你走。"[①]杨小姐提出跟魔鬼结合的动机是出于感化魔鬼，决不是屈从于魔鬼。

其六是避实就虚。不能照直说出来或不应该照直说出来的数字，就不应该明说，而应该换个角度，说些含糊其辞的话或别人无法理解的数字，这种应答，就是避实就虚。例如，西方人不喜欢我们问他工资，但在熟人面前又不能拒绝回答，拒绝回答等于失礼。于是就含糊其辞地说："仅仅够生活。"这种应答既不失礼，又能搪塞应付。再如周恩来回答外国记者关于中国发行多少人民币的问题，都是避实就虚的范例。

其七是微微一笑。在现实生活中，总有一些不近人情的人，会当着你的面提出一些不近人情的问话。比方说，你已经快50岁了，还没结婚，他会突然问："你怎么还不结婚呢？"回答这种不近人情的发问，最好的办法，是微微一笑，这样可以表示领受对方的好意，可以表示赞赏，表示不同意，表示不屑一说，表示听不清对方说了些什么，就好像未曾听到一样。因此，有时候不好表态，就请你微微一笑吧。

其八是"两点论"。回答带个人感情的问话时，在一定条件下，应该用"两点论"的方法，不可厚此薄彼，以免使一方高兴，一方难堪。例如，中国留学生在国外会听到西方女性带个人感情的问话："你是比较喜欢美国姑娘还是比较喜欢中国姑娘？"问话人显然对中国留学生吐露出爱慕之情。如果回答喜欢中国姑娘，会使对方难堪；如果回答喜欢美国姑娘，则有讨好对方之嫌。会说话的留学生十分巧妙地说："凡是喜欢我的姑娘，我都喜欢。"话虽笼统，对方一听就完全明白了。再如，聪明的孩子在回答"你爸爸好，还是妈妈好"的发问时，总是说，"爸爸

---

① 《马克思恩格斯全集》第8卷，人民出版社1961年版，第443页。

妈妈都好”。这样的应答往往令做父母的十分喜悦。

三、做个高明的倾听者

说话和听话相辅相成。说话能抓住中心，说到点子上的人，听话往往能迅速抓住要点，掌握对方说话的逻辑线索；而说话巧妙的人还能听出对方话中有话，听出弦外之音。总之，善于说话和善于听话是互相影响、互相促进的。在一定的意义上，如果说一个善于说话的人肯定是个聪明人，那么，一个同样善于倾听的人，肯定会更聪明。在人际交往中，要成为聪明人，不仅要会说，而且要会听。

沟通首先要学会倾听。上帝给人类两只耳朵一张嘴巴，就是要人们先学会倾听。倾听不仅是听见，听见只是听到对方说话的声音，而倾听要理解对方发出信息。在日常生活中，人们更多的关注于说，而忽视了倾听。

注重倾听表现了对对方的尊重，可以给人留下一个良好印象。在我们生活中，人们多是只关心自己接下来要说的话，所以根本不肯耐心地去听人家把话说完。说得太多，容易让人形成夸夸其谈的印象，而倾听则显得听话人踏实可靠、谦虚稳重。卡耐基举过自己一个实例。有一次在宴会上，他坐在一位植物学家旁边。他几乎没有说什么话，只是认真倾听植物学家谈论植物的事情。宴会结束后，这位植物学家评论道，卡耐基将是最有前途的谈话者。

倾听才能知彼。知己知彼才有可能有效沟通。人际关系失败的原因，很多时候是你没有去认真地倾听。你不清楚对方到底说了什么，想些什么，便迫不急待地发表自己的观点和意见。不能做到知彼，最会导致说话不得要领，甚至说到一些对方十分反感的事情时，你还说得眉飞色舞，其结果如何自然可知。

学会听话不仅对学会说话有重要意义，而且就听话本身而言，其意义也不可小视。根据许多人的观点，在人际交往中，倾听重要性的具体表现在于：首先，增加信息和智慧。有位哲人说过，“善于听的人，别人欢迎，自己长智”。也有人认为，我们知道的事情有 85% 是来自积极的听。听和说不一样。只说不听，是只出不入，结果只把自己的“财富”输给了别人，善于倾听的人，却无异于吸收营养，把别人的想法吸收到自己的想法中来，从而丰富和提高自己。其次，减少误会和冲突。人与人之间的许多误会和冲突往往是由于彼此没有积极地听所造成的，积极听有利于互相理解、互相沟通，从而减少语言冲突，有利于避免无意义的争论。再次，得到别人的尊重和回报。事实证明，一个尊重别人的人往往能够得到别人的尊重，倾听体现了对说话人的尊重，而当自己说话时，也容易得到别人的尊重。因为积极地听对方说话很可能会使对方也积极地听你说话。也就是说，积极地听，能使对方觉得我们更加信赖，从而越发尊重我们和我们的意见。其次，有利于说服对方。有人认为，说服别人的最佳方式之一是用你的耳朵——听具有一定的说服作用。这是有一定道理的。最后，加深和巩固人际关系。这是以上几方面作用的必然结果。

听话有会听不会听、善于听和不善于听之分。会听、善于听的人，能听出说话人的真实意图，能听出对方的难言之隐，还能听出恭维话的背后都是些什么。表 15-1 可帮助你测出你的倾听能力。根据你的真实态度和行为，从每项的右边选出一个数字，将相加后的总分与评分标准相比较，就可知道你的倾听能力。

表 15-1　　倾听能力测验表①

序号	态度和行为	几乎都是	常常	偶尔	很少	几乎从不
1	你喜欢听别人说话吗	5	4	3	2	1
2	你会鼓励别人说话吗	5	4	3	2	1
3	你不喜欢的人在说话时，你也注意听吗	5	4	3	2	1
4	无论当事人是男还是女，年老还是年轻，美丽还是丑陋，你同样都注意听吗	5	4	3	2	1
5	朋友、熟人、陌生人在说话时，你同样都注意听吗	5	4	3	2	1
6	你是否会目中无人或心不在焉	5	4	3	2	1
7	你是否注视当事人	5	4	3	2	1
8	你是否忽略了足以使你分心的事物	5	4	3	2	1
9	你是否微笑、点头以及使用不同的方法鼓励他人说话	5	4	3	2	1
10	你是否深入考虑当事人所说的话	5	4	3	2	1
11	你是否试着指出当事人所说的意思	5	4	3	2	1
12	你是否试着指出当事人为何说出那些话	5	4	3	2	1
13	你是否让当事人说完他所要说的话	5	4	3	2	1
14	当事人在犹豫时，你是否鼓励他继续说下去	5	4	3	2	1
15	你是否重述当事人所说的话，弄清楚后再发问	5	4	3	2	1
16	在当事人讲完之前，你是否避免批评他的意见	5	4	3	2	1
17	无论当事人的态度与用词如何，你都注意听吗	5	4	3	2	1
18	若你预先知道当事人要说什么，你也注意听吗	5	4	3	2	1

① 顾琴轩：《你有良好的倾听技巧吗？》，载《行为科学》1997 年第 6 期。

续表

19	你是否询问当事人有关他所用字词的意思	5	4	3	2	1
20	为了要请当事人更完整地解释他的意见，你是否询问他	5	4	3	2	1

[评分标准]

90～100 分，你是一个优秀的倾听者；

80～89 分，你是一个很好的倾听者；

65～79 分，你是一个勇于改进、良好的倾听者；

50～64 分，你确实需要再训练；

50 分以下，你需加强集中注意力训练。

要做一个高明的倾听者，尤其应当注意以下几个方面：

第一，坚持积极听，反对消极听。听的种类很多，有人将听分为两大类：积极听和消极听。有人曾把积极听和消极听作如下的区别：积极听的人把自己的全部精力（包括具体的知觉、态度、信仰、感情以及直觉）都或多或少地投入到听的活动中去。消极听的人仅仅把自己当作一个接受声音的机器，既不施加任何个人的感觉或印象，也不产生什么好奇心。积极听，也就是主动听，这种听，不但在听，而且注意分析别人讲话的内容，以对方能够理解的姿态，表示对于对方的讲话给以理解或回答。消极听，也就是被动听。这种听，不问其他，只管去听，和"听见"差不多，是在漫不经心中接受信息。应该说积极听（或主动听）较之消极听（或被动听）有更高的言语交流效应，更能充分发挥倾听的积极作用。因此，高明的倾听者，是重视并坚持积极听的。

第二，自觉克服积极倾听的障碍。积极倾听并不是一件轻而易举的事，它是在克服一系列障碍的过程中进行的。积极倾听的障碍，就其突出方面来说，主要有以下四个方面：

其一是注意力集中在自己身上。在交谈中，注意力不集中在对方，而集中在自己的身上，容易造成混乱和矛盾。然而，许多人常常只注意自己而不注意对方。造成这种现象的因素，首先是抵触情绪。如果我们听到有人在攻击我们最敏感的事——如节食、每天锻炼、戒烟或戒酒等，我们就会产生抵触情绪（resentment emotion）。其次是经验优越感。具备某种别人所没有的经历，常常会使人产生优越感。最后是自我主义（egoism）。这里的所谓自我主义指的是把自己看成是一切活动或谈话的中心。

其二是对对方有成见。对对方有成见，也会影响一个人的积极倾听。具体表现在：(1)先入之见，包括对对方的地位、身份、形象、个性或作用都可能影响积极倾听。人们常常乐于全盘接受地位高的人的话,而轻视地位低的人的话。(2)一些旧框框也会影响一个人听的能力。对受人尊敬的人的话,我们即使不会细加考虑,也会给予一定的注意,而无足轻重的人的意见,却常常遭到人们的冷遇。

其三是信息本身的障碍。信息本身的障碍主要有三方面:

(1)事例性注意力分散。有时,一个人在听人讲话时只注意各种事例,而忽视了说话人表白的观点。这种因注重事例而造成的注意力分散,是信息本身的障碍之一。

(2)语义性注意力分散。有时,当你和对方对同一个词语有不同的理解时,也会造成注意力分散。例如,"护士"这个词通常是和女性联系在一起,当它用来指男性时,你可能会停顿在这个词上,而使对方其他的话溜掉。

(3)思维性注意力分散。这是由于一个人听的速度与说的速度之间的差别造成的。一个人每分钟大约可听 800 个英语单词,而能说的只有 125 个单词。思维性注意力分散指的是开小差,这是由于我们听得快,而对方讲得慢,所以容易想到别的地方去。

其四是环境的干扰。外界环境也会影响我们听。任何能感觉到的刺激都可能造成注意力分散。环境的干扰包括耀眼的灯光,窗帘的色彩和图案,有魅力的人,或者很少见到的景色。对于以上障碍,我们应当想方设法排除。只有排除这些障碍,积极倾听的愿望才能真正地实现。高明的倾听者,往往是善于排除积极倾听障碍的能手。

第三,培养良好倾听习惯。你不要过于着急表达自己的看法,不要太多打断对方说话,要耐心地先听对方说完。在听时,要对任何话题都感到兴趣,专心注意说话的内容。要努力创造一种舒适、轻松的谈话环境,重视自己倾听的姿态。别人在讲话的时候,不要做一些小动作,比如东张西望、一边听话一边看着文件、不断地摆弄着手机或者笔,这些动作往往会让说话者认为对方对自己讲话心不在焉,对自己不尊重。听话姿态优美安详,会使对方感到愉快、舒适;如果姿势不当,尽管自己主观上没有轻视别人的意思,但在客观上往往已表现出失礼,而影响了双方的情感交流。倾听的态度,贵在认真;听的表情,贵在适宜。态度不认真,对方会丧失说话兴趣;表情不适宜,就会分散说话人的注意力。良好地倾听,是要与对方有目光交流,通过点头或者"嗯、唔"等声音表示理解。

第四,切忌感情用事。不要因为说话人的品格、观点、所代表的团体或者穿戴与自己格格不入,就对其讲话反感、不满。感情用事往往会产生先入为主和固执己见的毛病,高明的倾听者应具有公正无私、心平气和的倾听态度,这样做有利于建立相互理解、彼此善待的环境。

第五，注意观察和体会讲话人的非语言信息。讲话中的非语言信息，常常透露出讲话人的内在情感。比如，音调、音量、音质的急促变化，或者表达过快，会暴露讲话人的内心紧张和不安；支支吾吾的说话声使人觉得说话者心有余悸和忧心忡忡；缺乏自信或者把听众的理解不放在眼里的腔调，既不顺耳，听起来又费劲。高明的倾听者善于通过观察体会这些非语言信息来把握讲话人的思想、感情，加深对其说话内容的理解。

第六，注意说话人词汇的运用和选择。高明的倾听者会把讲话人的语言表达视为流露下意识态度的信号。比如，频繁地使用“我”，往往表现出本人自我意识很强，内心不安，甚至可能对听众怀有敌对情绪；而不常用人称代词又会表现本人不愿意吐露内心的真实感情。一个因循守旧的人往往讲话时重复使用同一个句子和词汇；与此相反，灵活运用句子和词汇能显露出讲话人的坦率和自信。

如何激发对方说话的兴趣

高明的倾听者总是想方设法激发对方说话的兴趣，常用的激发说话兴趣的技法有：

其一是要求补充说明。建议对方讲得更详细或补充说明一些情况。“请再说下去”，“还有其他的吗?”“这件事你觉得怎么样?”像这类语言，会使对方的谈兴更浓，把更多的想法和消息告诉你。

其二是直接发问。这是鼓励对方把话继续说下去的方法之一，它要求对方作更详尽的、更明确的、更清楚的阐述。

其三是适时的提问。倾听中恰当地提问，一方面可以向对方表明，你正在用心地听对方讲话，另一方面，可以促进和鼓励讲话人提出更多的信息，尤其讲话人说话较少时。提问分为开放性问题和封闭性问题。开放性问题，是答案不限定的问题，比如“你为什么走了?”“你怎么去的北京?”等等。这是最常见的提问方式，可以引导讲话人说出更多的内容、心理所想。但缺点是容易偏离主题。封闭性问题的回答是固定的，比如“你现在感到很疲惫，是吗?”“你喜欢打篮球吗?”。这种提问有助于澄清事实，反馈对自己对对方说话的理解，但是获取信息较少，限制了讲话人的思维，应用次数不宜太多。

其四是变换答语。使用不同的回答，如“是的”，“明白了”，“继续谈吧”，“对”，别老“是”、“是”、“是”地毫无变化。

其五是给予肯定回答。用“是的”，“我理解”，“我知道”等回答来表示对对方的赞成。称赞对方或者明确地肯定对方的意见，能表明双方有共同的语言。

其六是避免沉默不语。听人说话一声不吭会被看作是没有积极地听。打瞌睡或漠不关心而造成的“沉默应付”,会使说话人反感或者生气。必要的语言反馈能够表明你一直在积极地听。

其七是复述对方的内容。复述对方关键的词、词组、观点以表示自己的理解,但复述应尽量简明扼要。

其八是不轻易打断对方的说话。在交谈中,有人认为,随便打断别人的说话,是心理不成熟的表现,是文化层次不高的表现,是缺少涵养的表现。善于倾听,就不应轻易打断别人的说话。与人交谈,高明的倾听者,总是让对方把话说完,说得更深更细。特别是在对方谈兴正浓的时候,耐心静听,不去打断,尤为重要。

其九是指出共同的意见和经历。共同的观点、态度、价值观和信仰是交流的基础,简述你过去的类似经验或简要解释你的类似观点,能表示你对对方的理解。

第五节 非语言沟通技法

在人际交往中,说话的过程,实际上是主体与客体之间情感交流的过程。在这个过程中,运用语言是一种主要的方式。但是,这决不是唯一的方式。除了运用语言,还要运用各种非语言因素。而且语言的运用,不是孤立的,总是要与运用一定的非语言因素联系在一起。因此,善于说话,在运用语言的同时,也要辅之以非语言因素。所谓非语言沟通(nonverbal communication),就是以非语言因素系统为信息载体的人际沟通。在人际沟通中,人们经常运用非语言因素表达自己的情绪情感(emotion and feeling)、态度兴趣(attitude and interest)和思想观念(ideology)。自我与他人沟通始终离不开非语言因素。非语言沟通是人际沟通的一个不可缺少的方面。因此,我们应当重视非语言问题,学会非语言沟通的技法。

在说话中,辅之以非语言因素有很大的益处。首先,能帮助奠定良好的心境,创造好的气氛;其次,有助于思想的表达和感情的沟通;最后,增加语言的感染力,使说话更为生动和形象,给对方留下更深的印象。辅之以非语言因素,也要讲究运用的技法。

一、非语言沟通的原则

1. 民族性原则

从整体上说，由于有基本相同的生理结构和社会实践活动，人类有共同的思想感情及其表达方式，也就有本质上一致的非语言因素系统，以至于语言不通的各个民族的人，在某种限度内能运用非语言交际。例如，作家黄钢、谭洁的散文《在北京的会见》，写一批外国客人在离北京市区 20 多公里的一个小村子里参加一次别致的酒会。“客人里面有披着粉红色纱丽、额头上点着红痣的印度女人，有戴着黑色船形帽子的印度尼西亚青年，日本农民穿着裤脚管很宽大的深褐色的裤子，那一位戴着绣花小帽，全身裹在一整幅黄色绸缎里面的是非洲黄金海岸人，英国人随时都穿着藏青色晴雨两用的春大衣，阿尔及利亚的码头工会代表。”作品写道：“在这次酒宴上……人们用各种不同的语言举杯祝贺。有时候用的是相互能够理解的眼神。”这种描写是真实的，不同民族、不同民族文化之间确实存在着沟通心灵的某些非语言因素。但是，非语言因素也的确具有民族性。由于在人类大家庭中，存在着不同的民族，不同民族的人生活于不同的环境之中，各自的活动方式、交际方式不尽相同。所以，不同的民族对非语言因素的运用和理解，总是存在着一定的差异。

非语言因素的民族差异，主要表现在两点：一是不同的民族有不同的非语言符号。例如，唤人过来，中国人一般是右手前伸，掌心向外，由上而下地向着被呼唤的人招手。英美等国招手唤人，是掌心向里，或者向里勾动食指（但这用在更随便的场合）。在某些国家，如斯里兰卡，食指勾动是有感情色彩的——慢慢勾动是不太客气的表示，甚至有可能要揍对方，勾动很快则可能表示友好。在日本，一般不能用这种手势来招呼人，因为在习惯上，这是用来召唤狗的。二是在不同的民族中，同样一种非语言符号具有不同的意义。例如，拥抱接吻，在中国一般只用以表达爱情；在西方，除此而外，还可以用于友谊，甚至一般关系的人际交往。再如，中国人生气、急躁时，常跺脚以示发作，汉字躁字以“足”为义符，就透露了这一体态和“急躁”的意义联系。跺脚，德国人却用来表示叫好。

总之，非语言因素的民族差异性是客观存在的。因此，不同民族之间的人际交往，必须了解相互非语言因素的差异性，并且尊重对方民族习惯。否则，就容易产生误解、闹出笑话，从而破坏正常的人际交往。

2. 时代性原则

非语言因素的时代性，是说非语言因素是随着时代的变化发展而变化发展的，并不是一成不变的。诚然，许多非语言因素植根于本国本民族的历史文化传统，因而具有某种稳定性，但是，某一时代的生活风貌、文化习俗、语言习惯和政治背景(这些都是有时代烙印的)也会对一些非语言因素的形成或改变产生影响。这样,就可能使这些非语言因素带有鲜明的时代特征。例如,古希腊历史学家希罗多德在其《历史》(即《希腊波斯战争史》)一书中,曾描述了古代波斯人接吻的习惯:“如果是身份相等的人,则他们并不讲话,而是互相吻对方的嘴唇。如果其中的一人比另一人身份稍低,则是吻面颊;如果二人的身份相差很大,则一方就要俯拜在另一方的面前。”现在,这些体态语(gesture language)基本上都已成为历史。

中国作为礼仪之邦,礼仪甚多。在古代,随着封建宗法等级制度的日益森严,礼仪体态语也日益繁杂化、规范化和经典化,仅跪拜礼一节,就有“稽首”、“顿首”、“空首”、“振动”、“吉拜”、“凶拜”、“奇拜”、“褒拜”、“膜拜”等样式。以“顿首”而言,这是古代地位相等者或平辈相交的最普通的跪拜礼——拜跪在地,引头至地,只做短暂接触,即行抬起。辛亥革命以后,便正式废除了跪拜礼。现在,“顿首”礼已像残留在臀部的青记一样,逐渐被人遗忘了。

总之,非语言因素的时代性特征是显而易见的。人际交往中,应当根据时代特点,适时地运用非语言。否则,有可能成为新时代的“老夫子”,给正常的人际交往带来消极的影响。

3.社会性原则

非语言因素的社会性,是指它和人们的年龄、性别、宗教信仰、文化程度、工作性质、地域、环境等社会因素存在着密切的联系,并在很大程度上受这些因素的制约和影响。

就年龄变项造成的差异来说,似乎可以作出这样的判断:年龄越老,手、脚的动作则越趋于慢而少,也更加注意传统的方式;年龄小,手、脚的动作则快得多,年轻人最容易接受外来的方式。

就性别变项造成的差异来说,中国成人女性常是掩口而笑、抿嘴而笑,因为她们以笑不露齿为美。而男性则常是仰天大笑、开怀大笑,无所顾忌。表示难为情时,年轻女子通常会低下头来,微笑不语,用脚在地上蹭来蹭去,或许手中还会摆弄揉搓什么东西。在同样的场合,年轻男子是用手挠后脑勺。这种种差异,不但有不言而喻的自然生理方面和社会习惯方面的因素,也有社会心理方面的原因。研究证明,人们的审美感受是有性别差异的。女性一般倾向于通过体态尽量表现出自己性别上的气质、性格、情绪和感情上的柔媚特征,而男性则希望自己的体态能够体现具有男子气概的附加色彩或者和男子气概有联想关系。

就宗教信仰变项造成的差异来说,各宗教专有的非语言因素形成过程是复杂的,但大致可看出,东方宗教体态语常要配以头部动作,如叩首等;而西方宗教体态语则较少有头部动作。至于宗教与非宗教的非语言因素，差异则更大了。例如，两手当胸，十指相合，即“合十”的礼仪动作，这是佛教徒的常礼，但在一般人之间，则不用这种礼仪体态语。

就文化程度、工作性质等变项造成的差异来说，一般情况下，文化程度低的人，动作比较粗犷，幅度大，有棱角，而且由于他们的语言表达能力较差，所以使用非语言因素较多，他们必须借助更多的体态语来弥补言不尽意之处。而文化程度较高的人，体态常较柔顺，并且所用非语言因素也较少。例如，表示自指，一些工人会挺挺胸，翘起拇指指身后，或指指自己的鼻子，知识分子则常轻拍或指指胸口。

再就地域变项造成的差异来说，不同地域往往有不同性质、不同程度的非语言因素。例如，这几年，在中国的城市，情侣们常常互相牵着手，搂着腰或肩膀来表示感情的热度，但在广大的农村，这还是稀罕事。这种差异的形成，往往经历过一些复杂的历史过程，不同地域的不同文化背景、人口分布、地理因素和异族接触，都可能对其产生影响。

最后就环境变项造成的差异来说，所谓社会环境，就广义来说，包括交际对方、话题、交际媒介和情境。同一个人在不同的环境，为了不同的目的，常会使用不同的非语言变体。例如，在当代中国，年轻的情人、夫妻虽然也拥抱接吻，但决不在任何公开的场合。拥抱和接吻在众目睽睽的社会生活中，还只是一种纯粹的外交礼节。

总之，非语言因素有着明显的社会性。因此，在运用它们的时候，我们一定要充分注意这一点。在人际交往中，运用和理解非语言因素，既要考虑到对方的性别、年龄、职业、文化程度等因素，又要联系交际情境的特点。真正做到因人制宜、因地制宜。

4.综合性原则

所谓综合性，这里主要指在人际沟通中，各种非语言因素要相互协调，不能只是单一地使用某种非语言因素，而要综合运用多种因素。正如《交际技巧与方法》的作者理查·L·威瓦尔在说到如何提高非语言传播的技巧时所说，不应孤立地看待每一种非语言暗示。必须看到这些暗示之间的相互联系……必须将暗示综合起来观察。例如，在谈话时，同时运用眼神、手势、面部表情、发声系统等等。同时，不能使各种语言因素、非语言因素相互矛盾和冲突，而要使之相互协调。只有这样，才能达到理想的沟通效果。

二、活用眼神

不同的语言因素有不同的技法。只有进一步掌握不同非语言的特有技法，才能真正地运用它们。让我们首先从活用眼神说起。

常见的运用眼神技法有三种：

其一是环顾，即视线向前做有意识的自然流转，以照顾全视野内的交际对象的方法。这种方法，适用于有较多的接受者的场合。人类空间统计学的研究表明，交际对象面面相觑，可以促使发生接触，象征着对对方的注意。因此，视线环顾可使每个接受者都感到你在同他说话，从而满足他们要求交际的心理，提高他们谈话的兴致。此外，这种方法还可使你通过多角度的视线接触，比较全面地了解接受者的心理反应，以便随时调整自己的话题等行为内容。

当然，环顾必须得当，不能把环顾理解成不断地变换眼睛的瞄准点，比如不能滴溜溜地左顾右盼个不停，或者是坐在人家屋里的沙发上里里外外打量屋内陈设。视线频频乱转，给人的印象会是心不在焉，敷衍塞责；或者是目空一切，盛气凌人；或者是毛毛躁躁，心中无数；最糟糕的甚至会是贼眉鼠眼，心怀叵测。我们所谓的环顾，指的是视线有节制的流转。一般认为，应当放慢流转速度。

其二是专注，即目光注视着对方；如果是在有较多交谈者的场合，则指把目光较长时间地停留在某一人身上，然后再变换注视对象的方法。在两个人的语言交际过程中，眼对眼可以完成感情和情绪的微妙交流等非凡作用。此外，目光专注还表示对对方的尊重。可以说，目光专注是交谈风度和涵养的一个重要组成部分。在语言交际过程中，如果心不在焉地东瞅西瞧，一会儿吹吹、掸掸袖口，一会儿刮刮、啃啃指甲；或者一会儿目送“一行白鹭上青天”，一会儿心随“摩托女郎”云烟去，那么，对方肯定会认为你是在敷衍了事，或者是心猿意马，因为你的眼神和流转去向已经流露出了极不耐烦的情绪。所以，两个人的言语交际最忌“眼观六路”。

在有较多的交谈者的场合，视线专注表现为有目标的“选择式”和无目标的“列举式”。说话人谈到某一话题，恰好与在场的某人的情况相契合，说话人就可以把视线专注于他，以便说得更直接、更透彻，气氛也容易更为融洽。这就是有目标的“选择式”。假如说话人只是“泛泛而论”，他可以采取无目标的“列举式”，有节奏地变换专注对象。这两种形式都能起到强化沟通的作用。当然，专注，不能理解为任何情况下的“死盯”。专注，指的是对交际对象眼睛的注视，而且这种注视应当是自然柔和的，而不应是直勾勾的、失度的。世界大多数民族都有这样约定俗成的“规矩”，忌讳死死地盯着人家一个劲地看，对生人、年轻女性尤其不可如此，认为这是带有挑衅或侮辱的性质。要学会理智地控制自己眼睛的光芒的“温度”和“射向”。

此外，专注和流转是对立统一体，专注的“绝对值”其实也只是“暂时的停留”。对接受者来说，在洗耳恭听专注一段时间后，最好流转一下，这样，会显得活泼，避免呆滞，尤其是对方因思考而语迟或以体态指示他物、他处时，更应流转自己的目光，以示理解和配合。一旦接受者变为沟通者，一般在开始时，他的眼睛也并不看着第一个说话者，这是由接受者转为沟通者的体态标志。对沟通者来说，为使自己的话语让对方透彻地明白并引发对方的兴趣，以及出于礼貌使对方得到短暂的休息，专注的时间也不宜过长，并应适当地调动其他伴随非语言手段，如运用手势、延长停顿、放慢语速等，主动引导对方目光转移；但当说话快结束时，一般要专注对方，这是请听者说话的信号。

其三是虚视，即目光似视非视的方法。这种方法只适用于与众多的人进行言语交际的场合，如记者招待会、演讲会等。虚视也有中心区，中心区一般应在听众席的中部或后部。这时眼睑的调节肌能得以松弛，容易达到虚视的效果。虚视可以穿插在环顾或专注之间，它可以调整、消除环顾可能带来的飘忽感或专注带来的呆板感。虚视还可以用来表示思想，可以给听者以认真、努力和机敏的印象。对于怯场的人，虚视也用来平复说话人的紧张，因为视而不见是减轻说话人心理压力的一种最好的应急方法。

以上三种运用眼睛的方法，都要求使用者不但要具备有意识的控制能力，而且要自己赋予眼光以一定的内容——感情色彩。交际者总是最先注意到对方的眼睛，并且对眼神的褒贬色彩最为敏感，因而在语言交际的全过程中，都必须自觉地明确使用某种眼神的目的性，以期达到最佳交际效果。例如，要给对方一种亲切感，你就应当让眼睛闪现热情而诚恳的光芒；要给对方一种稳重感，你就应当送出平静而诚挚的目光；要给对方一种幽默感，你就应当闪耀俏皮而亲近的跟光；而要给对方一种活泼感，你就应当使眼睛闪烁炯炯光彩，使那眸子和羚羊的眼睛一样天真。冷淡、虚伪的光芒只能使人大为不悦，咄咄逼人的光芒更会令人不寒而栗，因为长时间的冷眼凝视肯定与侵犯相联系。

三、打好手势

手势作为非语言因素之一，对每个交际者来说，本来“库存”就不多，变来变去也不会有很多的花样。因此，言谈中手势的运用，一定要讲究明确、精炼、自然、活泼和个性化。所谓明确，就是要使手势成为有目的性的动作，手点一下、举一下、挥一下、扬一下，都有内在的根据和清楚的用意，具有补充和强势的作用。所谓精炼，就是要用比较少的手势动作衬托、强调关键性的话语，实现高精度、高效率的信息交流。所谓自然，是指不能故意造作，无中生有。所谓活泼，是指不要死板呆滞，味同嚼蜡。所谓个性化，则是指在运用手势配合表述的时候，应当尽量保持自己的个性特征，显示个人风格，最忌一味地模仿。这是因为手势的表现同说话人的性格、气质紧密相关。一个开朗、直爽、麻利的人，他的手势动作一般表现为快捷、频繁、果断、有力；一个内向、审慎、稳重的人，他的手势动作一般表现为缓慢、少动、活动幅度小、样式变换少。这不存在孰好孰不好的问题。只要切合自己的性格、气质，那就是得体的。

一般来说，交谈时应当留心控制自己的双手，不能乱动一气。有的人说起话来，喜欢指手画脚，也许他认为自己指指点点、比比划划能够加强言辞的说服力或引起对方的兴趣，殊不知往往适得其反。乱动会把对方搞得眼花缭乱，分散对语言的注意力，并且很快会产生一种厌烦情绪。

交谈时，手不但不要乱动，也不宜多动。简单重复是一种常见病，也是不易根治的手势癖。比如，有的人在说话时，总是喜欢用右手指在胸前画"一"，说一句画一道，画了一道又一道。这种无意识的习惯性动作单调而呆板，令人讨厌。有的人习惯从谈话开始就用手指搓弄脸颊，好像他在犯牙痛。有的人在讲话时，总是不断重复提衣服脖领、擤鼻涕的动作，这都是不好的手势动作，易使人反感。也有的人说一句话头要扬一次，手指也点一下，可能自觉侃侃而谈，神气得很，然而对方多少会觉得他是装腔作势，因为多次扬手点头动作总不免有训导的意味。所以尽管言者谆谆，其结果必然是听者藐藐。

打好手势，还要注意：当谈及自己时，不要用手自指鼻尖，更不要用拇指自指胸口或指向身后，这样会给人粗鲁、缺乏教养的印象；应当将手掌轻轻按在自己胸口，这样才显得端庄、大方和斯文。谈及对方时，不要用手指直指人家，那样未免鲁莽和刺眼。在人背后，尤其忌讳指指点点，评头品足，这会显得小气浅薄，因而也是不雅观、不礼貌的手势。介绍身边的某人，或为对方指示方向，应该掌心向上，由内向外自然地伸开手臂。

四、讲究身姿

这里的身姿，主要指坐和站的姿势。讲究身姿，一般要求是："站有站相，坐有坐相。"就坐相而言，入座时，应当轻而稳，不要猛地一屁股坐在座位上，响动过大，更要小心别碰撞茶几、碰掉茶具，人未落座，话未启口就给人一个不稳重的第一印象。坐的姿势要端正、大方、自然。无论是坐椅子还是坐沙发，都不宜坐满，以坐一半为好。交谈时，可以根据对方所谈内容调整自己上身的前倾度；上身后仰时，则需要特别小心，因为这可能暗示不赞成、困扰、无聊或想休息。坐久了，也可靠在沙发上，但最忌两腿一伸，半躺半坐、追求充分松弛的舒适感。坐下后，手可平放于腿上或沙发扶手上，注意要自然，不要像"五爪金龙"。也可用手背托着下巴，胳膊肘支撑在扶手上或另一只手上，不过一定不能用手掌托着脑袋，那样会显得无精打采。

就站相来说，站立着与人谈话时，身体要正对接受者；腰板挺直，不可晃动；

两脚叉开，身体重心可移于一脚或平分于两脚，两脚切忌抖动。一般来说，进行言语交际时，身姿应力求自然，以避免给已趋紧张的心理再增加手足无措的压力。最好是手有所依托，或相握，或倒背，或插衣兜，或叉腰际，点上一支烟也是许多人缓解紧张心境的一剂“经验药方”。

还应指出，在中国，各人相对的行为时常是依着长幼之序来安排的。因而如有比自己年长的人在旁，年长者若不坐，自己也就应当站立。

五、把握表情

所谓表情，是指表现在面貌或姿态上的思想感情。把握表情，也就是指把一定的思想感情力求得体地表现出来，也是对自己音容笑貌的适度控制。表情的核心内容是笑的问题。把握表情的基本要求是善于笑，指笑的时机恰当，时长合宜，笑态得体。笑是人人都会的，但是，善于笑并非人人都能做到。善笑本身有许多技法。

《小妇人》电影海报

一般来说，沟通者的表情，要受到两种因素的制约：一是对接受者的态度、感情。二是所表述言辞的内容。就前者来说，沟通者的表情基调应是微笑，一则因为微笑是和融洽的关系相契合的，微笑乃是社交上最好的非语言性信号；二则因为微笑时的面部肌肉容易控制，可以长久维持笑貌。就后者来说，笑和笑的分寸的掌握就显得特别重要。“面部是思想的荧光屏”，不同的话题，不同的场合，就应有不同的表情表露，该严肃就不能笑，该笑就笑，该怎么笑就怎么笑。

比如，在祝贺（获奖、朋友生日）的场合，交谈时，一定要满面春风，笑容可掬，使人感到你友情的真挚；在喜庆（结婚、寿辰）的场合，你除了锦心绣口，还应当笑逐颜开，给大家增添欢乐的“酵母”；在欢声笑语的联欢会上，则不妨开怀大笑，直至达到笑的饱和；在正式会谈（如座谈会、外交谈判）中，即使是在坦率的会谈中，虽然要求不苟言笑，然而也不宜死板着面孔。在这种场合，嘴角的一丝微笑使人显得矜持高雅，大度包容，微笑社交甚至成为许多外交家为人称道的风格。在这些场合，如果一本正经、面色阴沉，就将令人望而生畏、望而生厌、大煞风景了。

当然，笑不由衷、巧言令色，是容易被识破的。因此，不论是哪一种笑，只有发自内心的笑，同对方会心的笑，才能真正使对方的心弦产生共振。至于在吊唁、葬礼、扫墓、传送死亡通知书等场合，就绝对不能有一丝笑容，而应当表现出肃穆、沉静、伤感的样子。

相逢开口笑，是一种常用的见面体态语。无论是见到生人、熟人、长辈、小辈、同性、异性，都可以开口发笑。但是，开口笑并不是哈哈的咧嘴大笑，也不是嘻嘻逢迎的笑，而只是指说话面露微笑，带有笑的色彩。

在融洽的气氛中，当对方发笑时，自己应有笑的呼应。言语交际双方笑的反馈，可以构成彼此交流的桥梁，感受对方的感情态度，理解对方的思想观点，从而制造出理想的言语交际效果来。

笑应当贯穿始终。当面对许多人时，最好在你和听话人交融的笑声中结束谈话，使你的笑貌音容在大家的脑海里最后再打上一个印记。美国人戴尔·卡耐基在其所著《演讲术》中，曾转引一位演说家的话，强调“必须在听众的笑声中说‘再见’”。即使是两个人之间，结束谈话时，也一定要留给对方一个愉快的表情，笑容便是结束谈话的最佳“句号”。

六、利用空间

这里的空间，指人际空间。所谓人际空间，就是我们站或坐时选择的与他人的间隔距离。在非语言诸因素中，人际空间是一种特殊的无声语言，对人们传达情感和思想，建立关系具有重要的作用。因此，合理地利用空间，对于建立和发展正常的人际关系，并不是可有可无的问题，而应当认真对待之。

人际空间受多种多样因素的制约。美国学者理查德·L·威瓦尔指出，我们每一个人都随身带有一个所谓“非正式空间”，可以把它想象为一个大气泡，我们居于气泡之中。这个气泡根据以下各种不同的条件和情况膨胀或者收缩：

(1)参与传播者的年龄、性别；

(2)参与者的文化及种族背景；

(3)话题或主要内容；

(4)人际交往的环境；

(5)参与者的身体特征(高矮胖瘦)；

(6)参与者的态度或感情倾向；

(7)人际关系的性质(如友谊)；

(8)参与者的性格特征。

合理地利用人际空间，必须充分地考虑到上述所有的因素：

首先，要注意文化历史背景(cultural and historical background)的影响。

人际空间的大小、交际距离的远近，受文化历史背景的影响是明显的，可以说，不同的民族对交际距离有不同的观念。白种美国人、英国人和瑞典人在交际时站得比较远，南欧人（意大利人、希腊人）站得比较近，南美人、巴基斯坦人和阿拉伯人交际时站得最近。因此，如果不同民族的人交往，而双方又不相互理解这种差异，那么就很可能闹出笑话，以至出现矛盾。

"进退之道"

一个美国人和一个巴基斯坦人站在一个大厅的一头谈话，两人有不同的交际距离观念而又相互不理解，于是，双方就闹出了一场笑话：美国人喜欢站在三四步远的地方谈话，而巴基斯坦人总想站近一点，觉得距离太远不舒服，因而步步逼近。可是，美国人觉得距离太近不好，便步步后退，这样，一进一退，由大厅的一头边谈边走到了另一头，巴基斯坦人把美国人挤到角落里去了，谈话只好中断。结果是巴基斯坦人觉得美国人太冷淡、太别扭、腼腆，美国人觉得巴基斯坦人亲昵过度、太危险。这里十分明显地表现出由文化差异造成的交际距离和人际空间的民族差异。

其次，要注意性别差异。交际距离也有明显的性别差异。一般说来，女性相聚比男性相聚站得近。女性同男性对空间位置的安排也不同：女性往往靠在她喜欢的人的旁边，而男性则选择在他喜欢的人对面坐着。女性最反感陌生人坐在自己旁边，男性最不喜欢陌生人占据自己对面的位置。因此，利用人际空间，一定要照顾到男女间的差异。

再次，要注意双方关系的密切程度。交际距离还受双方关系发展程度的影响。两个陌生人的交际距离要比两个熟人的交际距离远；一般关系的人交往比好朋友相会站得远；一般同志关系的人交往比情人幽会站得远得多。从一定的意义上说，人际关系由疏到亲的发展，同时也是人际距离不断缩小的过程。此外，两个人的关系不同，选择的方位也不一样。两个人如果是合作办事，往往会站在一边；相反，两个竞争者往往是面对面的。在谈判中，双方代表总是分别坐在桌案的两边。

合理地利用人际空间，当然还要考虑其他有关的制约因素。这里不再展开详述。总而言之，人际交往中，合理的人际空间的形成，是全面分析各种制约因素的综合结果。

第十六章 人际交往中的礼仪与禁忌

人际关系的发展可以说是交往主体彼此心理距离的拉近过程，往往一个微笑、一声谢谢等再简单不过的礼仪却能够在很大程度上缩短彼此心灵间的距离。礼仪在人际交往中的地位非常重要，是开启人际交往之门的钥匙，也是人际关系融洽和发展的重要手段，如塞万提斯所讲："礼貌不花钱，却比什么都值钱。"

人际交往中的礼仪做起来并不难，只要用心去做就能做好，但这一点往往被忽视。正如法国礼仪学家让·塞尔(J. Serres)所讲："礼仪构成的栅栏似乎很低，似乎可以任意跨越而不受拘束。但是这样做的结果是自己倒霉，就像塞甘先生的山羊那样，被恶狼所吞食了。"因而，必须给予交往礼仪应有的重视。

第一节 见面礼仪与禁忌

人际关系是从初次见面开始的，交际礼仪也由此如影随形。交往主体初次见面时的交际礼仪非常重要，关乎人际关系的后续发展。真挚的问候、真诚的握手、真实的介绍会给对方留下深刻印象。

一、问候

任何形式的交往都以问候语开始，热情简洁的问候，甚至只是一句并无实际内容的"您好！""幸会！"，就能有效地缩短彼此的心理距离。问候可以简单但不可以应付。

要特别注意见面(特别是初次见面)时的称呼，一定要恰当，初次见面在无法确定准确的称呼前可以先以问候语来铺垫，待了解确定后再选择恰当的称呼。称呼根据场合的不同可分为正规称呼和非正规称呼。正规称呼一般适用于初次见面及工作中。初次见面一般用敬称，如"您"。遇到德高望重的人时常用"您＋老"方式，如"您老"或"姓＋老"方式，如"马老"。工作中一般根据职务、职称、学衔、军衔、职业等直接称呼，或在前面加上姓氏，如"处长"、"张处长"。非正规称呼主要适用于日常生活中的亲戚和朋友间，可以用“你”指称，可以直呼姓名，可以在姓氏前加“老”或“小”，亲戚间更可以以辈分称呼。

称呼原初的作用就是指代，是符号，能使人物在脑海里对号入座即可。但在现代礼仪社会，称呼有了社会性，被赋予了诸多功能。称呼具有鲜明的褒贬性，称呼的选择体现了主体对他人的基本评价和情感；称呼能反映彼此间的人际关系状况。因而，在选用称呼时要根据对方的职业、身份、辈分以及与自己的亲疏关系和情感距离，根据当时所处的具体场合来斟酌。恰当的称呼选择很重要，而表达称呼的语气更重要，充满亲切和友善的声音能使对方产生积极的情感，增强自己的吸引力。

称呼五注意

与人说话，称呼语是必不可少的。有人把交际语言喻为浩浩荡荡的大军，而称呼语则是这支大军的先行官。因为在交际中，人们对称呼语恰当与否的问题，十分敏感。尤其是初交，往往会影响交际的成败。因此，在使用称呼语时，一定要慎重，力求恰如其分。具体地说，至少要注意这样几个方面：

其一是要用尊称，不用鄙称。称呼有尊称和鄙称之分。尊称使人喜欢、舒服；鄙称惹人讨厌、反感。使用尊称，对上，若是长辈、长者，尊称为“老爷爷”、“老奶奶”、“大叔”、“大娘”等；对上级尊称为张厂长、李校长、王科长、蓝经理等；对学者、知识分子，可称职称，如某教授、某工、某总等。对下，也应选择妥帖的称呼，可亲切地称为小王、刘秘书、老吴、张大夫等。有时可亲昵地称其名字，但务必要省略姓氏。对各行各业的人，也应尊敬地称呼为好，如理发员同志、厨师同志、售票员同志等，若鄙称之剃头的、烧饭的、卖票的等就太不尊重人了。还有，称别人的绰号，特别是带有对人格侮辱性质的绰号，最容易使人反感。

其二是要看称呼对象的职业、年龄、性质诸条件。见到工人尊称“师傅”，见到农民亲切地称“老乡”，见到干部、战士、知识分子称为“同志”比较合适。见到年纪略长于自己者，可称“大哥”、“大姐”，较你年幼者可称“小弟”、“小妹”。与各种称呼比较，“同志”和“先生”这个称呼有较大的“跨度”和“保险系数”。

其三是要注意人们的语言习惯。例如，称“老大爷”，农民感到亲热，而工人则感到刺耳，而知识分子就觉得很陌生了。

其四是要注意场合。例如，在平时口语中，称妈妈、爸爸，自然亲切，而叫母亲、父亲则生硬了些，但在庄重的文书中则应以后者为宜。如自己的姐姐是教师，在课堂上应称老师，而到了家里，则还是称姐姐为好。此外，称呼还有差异极大的地区习惯问题。如天津人一般都按小辈、孩子的称呼叫人。在山东有些农村，男子乐于被称为“二哥”，而忌称“大哥”，但在全国大部分地区称农民为“大哥”是有亲切感的。

其五是要注意主次关系。如同时对多人称呼，以先长后幼、先上后下、或先疏后亲为宜。如在外交场合，宴请外宾时，一般先总统及其夫人、后随员，如此较为妥当。1972 年 2 月 21 日，周恩来总理在一次招待会上是这样称呼的：“总统先生，尼克松夫人，女士们，先生们，同志们，朋友们！”这种称谓客气、周到而又出言有序。

在称呼的具体使用中要避免读错名字，对方的名字中可能会有不认识或摸不准的字，遇到这种情况，千万不能自以为是，一定要弄清楚，如果来不及的话，宁可选择泛指称呼。读错名字往往被认为是大不敬；一定不要使用低俗、歧视性称呼；即便关系再熟，也不要用绰号(nickname)称呼；也不要将具有地域性特点的称呼在地域外使用。

二、握手

初次见面时简单的形体语有助于人际关系的和谐。握手是人际交往通用的国际礼仪，握手是一种无言的交流，却往往能感受到彼此的情绪状态，为后续交往奠定基调。握手看似简单的动作，也有复杂的礼仪。握手的标准姿势是在距握手对象约一米时向对方伸出右手，伸出左手与人握手是不礼貌的，伸手的同时上身微前倾，并握住对方的右手上下摆动几下，然后松开。握手时姿势要轻松自然，避免紧张。握手时力度要适中，到底怎样才算适中？最好是在实践中把握，不过也有礼仪专家提出适中的握力为 2 公斤左右。其实，没有必要刻意追求适中握力的准确数据，只要握手时把握既不可毫不用力，有缺乏热情之嫌，也不可拼尽全力，有示威之疑即可；握手的时间要适度，既不可稍触即分，走形式，也不可久久不放，惹人嫌；握手时要精神集中，目露诚意，除特殊场合外要面带微笑。

在正式社交场合，作为礼仪的握手也不能盲目，不能见人就主动伸手。握手时谁主动伸手要符合一些约定俗成的次序，一般来讲，根据长者优先原则、女士优先原则和上级优先原则依实际状况而定。

对长者、身份高者，握手时须稍稍欠身致意，并最好以双手去握。不得体的握姿，就男青年来说，常表现为伸臂过长，用力过大，过于主动；就女青年来说，只牵指尖，过于冷漠。在言语交际的始末，行握手礼的双方一般总有一个先伸出手来的主动者。握手礼源自欧洲，按照欧洲人的习惯，在与异性的交际中，主动者应是女性；在长幼间交际时，主动者应是年长者；在有身份差异的交际中，主动者应是身份高的。无论在哪种情况下（即使对方忽略了握手礼的常规次序），如果对方已经伸过手来，自己都应当毫不迟疑地伸过手去。大方、优雅、热情地盈盈一握，一定会给对方留下彬彬有礼、友好亲善的印象。

握手是表达友好的方式，是一种典型化的体态交际艺术，无论谁向你伸出友好之手，都应该积极反应。如果存在不宜握手的情况，应及时向对方示意。无故拒绝握手是极不礼貌的行为，甚至是挑衅行为。握手是一对一的真诚行为，在有多人同时握手时，避免有交叉握手的情况出现。当你伸手时发现已有人伸手了，应该主动收回，并道歉，等别人握完后再开始握手。握手时原则上不能戴手套，即使手套洁白无瑕。握手时应不应该戴手套不能以手套干净与否来衡量，而应以诚心与否来衡量。薄薄的手套会阻碍心理距离的拉近，影响人际交往的前景。握手时要有眼神的交流，以此来表达诚意。千万不能东张西望，令人感觉无诚意；也不能有另类表情，使人尴尬。

三、介绍

如果说握手是无言的交流，那么，介绍就开始了言语交流，向人际沟通出发。人际交往中的介绍有自我介绍和为他人介绍之分。

《欧也妮·葛朗台》中的情景

自我介绍既是一项交际礼仪，也是自我推销、拉近距离的方式。在自我介绍时不能盲目，要看准时机，一般选择在对方精神比较集中，并对你有兴趣之际，这样你的介绍会给对方留下相对深刻的印象，自我介绍的效果会事半功倍；反之，很可能事倍功半，浪费表情，自尊受辱。自我介绍又有主动和被动之别，这二者只是发起方不同，其他方面是一致的。自我介绍还要根据当时的场合和具体情况选择介绍内容的简繁，如果只是应酬性介绍，只需介绍自己的全名即可，最多再说明一下职业；如果想与对方进行深入交往的话，介绍的内容就要详细得多，包括姓名、职业、单位、特点、兴趣爱好等等。即使是详细介绍，也不能太泛泛，要突出具有吸引力的方面；要掌握分寸，既不要夸大自己，也不要故意贬低自己，务求真实。

为他人介绍时一定要征得当事人的同意，遵循当事人的意愿。介绍须按照一定的顺序原则进行，即较受尊重方有了解的优先权，如把男士介绍给女士，把未婚者介绍给已婚者，把小辈介绍给长辈等。介绍的内容要简单扼要，用词要准确，不能有歧义，在无相关背景参照下，不能用简称。介绍者只需起抛砖引玉之功用即可，后续内容交由交往主体双方。介绍者不能将自己的主观判断和评价加给受介绍人，严守信息传递者的本分。当然，作为被介绍者要积极配合，表现出相应的尊重和应有的热情。

四、名片

现代交际中名片的使用越来越广泛，其功用丰富，可视为介绍的延伸和强化。名片的使用要遵循相应的礼仪规范。递送名片一般选择在介绍之后，并建立在希望与对方深入交往的基础之上。名片是不可以见人就送的，不仅浪费，而且容易造成信息安全隐患。某种意义上讲，名片是交往主体的代表，因而，其应保持平整干净，并放在容易取的地方，如上衣口袋，公文包的外层等，以节约彼此的时间；递送名片时最好用双手递送，以示尊敬；名片正面向上，其上文字的方向以对方能够正常阅读为宜；递送名片的高度以对方方便接纳为佳。收受名片最好用双手，在接过名片后要认真阅读，并妥善保管，切不可接过后连看都不看就随意放在一边，或随手把玩。无论是名片的递送还是收受都应以尊重为贯穿主线，其间的具体行为都应以体现尊重为标准。

名片小知识

类型：

名片一般分社交名片、职业名片和商务名片三种类型。

社交名片：印有姓名、地址和电话。

职业名片：除印有社交名片项目外，还要加印单位、职称等项目。

商务名片：在职业名片基础上，在背面印上公司的业务范围、经营项目等。

提醒：即使职务再多也只写一两项为好。

规格：

最通用的名片规格是 9cm×5.5cm，当然也可以用 10cm×6cm 或 8cm×4.5cm 规格。

材质：

一般选用耐磨、不易折的纸即可，如果没有特殊情况，不必选择布、皮、金属等其他材质，也没有必要用昂贵的材质。

色彩：

色彩的选择要醒目，且不失端庄，一般选择白色、米色、浅蓝、浅黄等颜色，一般不用黑色、红色、绿色等，并且名片以单一颜色为好，过多的颜色会使人产生杂乱之感。

文字：

在内地使用的名片，一般用简体汉字，非必要不使用繁体汉字。名片字体以容易识别为选择标准。在少数民族地区、外企使用的名片，可以加注少数民族文字或外文。

版式：

名片的版式一般有横式和竖式两种，在内地一般采用横式，这符合汉字规范。

初次见面的礼仪要非常注重，其运用的恰当与否直接关系到后续交往的可能性，以及交往的进程。但即使是人际关系建立后的见面礼仪也须注意，关系熟时礼仪的形式可以简化，但礼仪背后的真诚不能简化。

第二节 往来礼仪与禁忌

人际关系是在往来中前行的，人际往来中的礼仪对人际关系的发展会产生非常重要的影响。往来的礼仪可分为你来礼仪和我往礼仪，但交往主体角色时常处于变化中，难以严格区分，也可从大方面将往来礼仪分为邀请礼仪、拜访礼仪和待客礼仪。

一、邀请

邀请(invitation)是促成人际往来的有效手段，其中的礼仪对于能否邀请成功及能否达到预期效果至关重要。邀请的方式按照正式程度可分别采取当面呈交邀请信、当面口头邀请或以电话方式邀请。电话邀请已成为现代社会邀请的重要方式，它具有及时性、不受空间距离约束等优势，并且，只要注重电话礼仪也不失邀请的尊重性。打电话很方便、很容易，但要打好一次电话则不简单。

首先，要考虑时间问题，即在适宜的时间拨通对方的电话以及在恰当的时间结束与对方的通话。拨通对方电话时要么根据预约的时间，要么按照惯例排除一些不适宜的情况，如常规的休息时间、就餐时间以及休假时间等。通话时间要本着节约资源及节省时间的原则合理安排，如无特殊情况切勿长篇大论，最好在"三分钟"内结束通话。

其次，要注意电话语言的文明和态度的认真。

再次，要重视举止文明。除了使用可视电话外，通话对方并不知道你在干什么，但出于尊重对方考虑，即使在对方"不知情"的状况下也要举止文明，要起身站立，认认真真。这更能体现尊重，展现礼仪。接打电话时要态度诚恳、语言文明、举止合理。

不论什么形式的邀请都须提前发出，且提前的时间要恰当，既不能让受邀人因时间太长而遗忘，也不能因时间太短而措手不及，并且注意邀请的时间地点等要符合受邀人的安排和习俗，以免尴尬，影响邀请的效果。

另一方面，受到邀请是现有人际关系状况的体现，也是人际关系更进一步的契机。接到邀请后，都应在较短时间内给出明确的答复，使邀请人能够有时间调整。答复的方式可根据受邀方式而定。但并非有邀必去，更不可随意答应，要根据实际状况认真分析后再决定，否则就是对邀请者的非礼之举。如要拒绝或临时取消都应给出让对方信服的理由，并表达真诚的歉意，恰当的拒绝无损于人际关系。

二、拜访

拜访是主动发展人际关系的手段，在拜访中要非常注重礼仪，否则，拜访的效果会打折扣，甚至徒劳无功。拜访分主动拜访(active visit)和受邀拜访(invited visit)两种情形，如是主动拜访，须提前预约，特别是初次拜访或正式拜访(formal visit)，提前预约是拜访的基本礼仪，更是对对方的尊重；如是受邀拜访，则在明确接受邀请后不必再次预约。拜访时应如约而至，千万不能迟到。因而，拜访前要做好充分的准备，特别是首次拜访，在不了解"线路"的情况下，要么提前"探路"，要么预留"耽误"的时间。

若确有变故的话，应以恰当的方式及时通知对方。一旦迟到，无论什么原因都不应成为迟到的借口，真诚的歉意比"理由"更合适。拜访时的着装要依情况而定，若对方无特殊偏好的话，着装无须一味追求名牌或时尚，也不能随意过头，不修边幅，应以衣着整洁大方为基本标准。进门拜访前要敲门或按门铃，得到允许后方可进入，若在室内巧遇他人的话，应礼貌地打招呼。在对方的邀请下入座在指定位置，不能随便坐，也不易随心所欲摆坐姿。

如果不是在办公场合的话，拜访时最好携带礼物，恰当的礼物能够促进人际关系的发展。送礼物的根本目的是表达心意，因而，赠送礼物勿以经济价值为衡量标准，而应以诚意为指导。所以，礼物的选择要因人因事精心准备，精心构思，体现礼物的目的性、创意性，使对方感受到礼物是用“心”送的。另外，礼物的包装也非常重要，精致讲究的包装不仅悦目，而且赏心，也是诚意的体现。礼物的精心准备还体现在礼物选择的禁忌上，礼物具有一定的象征意义，不同地区和民族有其固定的习俗禁忌(convention taboos)，如中国人一般不以“钟”做礼物，因其与“终”谐音；数字禁忌(figures taboos)，如日本人忌“4”、“6”、“9”；颜色禁忌(colors taboos)，如印度人忌白色。还有一些现实的禁忌：礼物的价值要限定在规定范围内，否则，就会跨越界限成为行贿受贿了；忌送公认为有害的东西，如香烟、低俗之物等；忌送残次品及用过的物品，否则，会伤害对方的自尊，这样的礼物送还不如不送。礼物要及时并且当面呈给，不能等到要离开时再送，也不能随便放在哪个地方。送礼物的时机和方式也是礼物能否达到预期效果的影响因素。

千里送鹅毛

唐朝的封疆大吏每年都给皇帝进贡，当时有一封疆大吏特意挑选了几只雍容华贵的白天鹅作为贡品，并派缅伯高为特使护送白天鹅进京。当时天气炎热，加之长途颠簸，白天鹅无精打采，病怏怏的，浑身泥土，都快变成灰天鹅了，所以，在途径沔阳湖时，缅伯高想给“灰天鹅”洗个澡，以恢复其靓丽本色。谁曾想，一打开笼子，原本蔫蔫的天鹅一飞冲天，留下几只羽毛在空中飘荡，此时此景，缅伯高追悔莫及！号啕大哭，并赋打油诗一首：“将贡唐朝，山高路远。沔阳湖失去天鹅，倒地哭号。上复唐天子，可饶缅伯高？礼轻情意重，千里送鹅毛。”

收拾好心情，缅伯高带着白天鹅毛进京了，并硬着头皮把“天鹅毛贡品”献上。皇帝诧异，问其缘故，缅伯高如实描述，并重复了其所作的打油诗，皇帝理解他的遭遇，并被“礼轻情意重，千里送鹅毛”诗句感动。结果，皇帝不仅没有因弄丢贡品而加罪缅伯高，而且赞赏其“情意重”。

入座并简单寒暄之后，便进入了拜访最重要的交谈环节。这一环节进行的好坏直接决定着拜访的成败。交谈是以语言为载体的，交谈中要运用文明、礼貌和准确的语言，一般情况下要使用普通话，除特殊情况，尽量少用“家乡话”，也不要动辄冒出一句英语，特别是“中国式”英语，这会使语言的沟通效果打折扣的；

交谈中还要注意眼神、表情、手势，坐姿等形体语言，不可三心二意，到处观望，也不能乱用手势等，如果形体语言运用得当则能够为交流增光添彩。话题是交谈的核心，话题不在多而在恰当，选择一个好的话题，意味着交谈已成功了一半。话题应因人因情因时因地而选，不过一般来讲，选择较多的是双方都感兴趣的、轻松的话题，这样的话题容易掌控，也能营造和谐的交谈气氛。

当然，整个交谈都要围绕话题进行，不要老跑题，形成“驷马难追”的局面。简单地讲，交谈须遵循态度真诚、精神饱满、语言得体、语气平和、话题恰当等原则。交谈中不仅要注意“谈”，还要注重“听”，“用十秒钟的时间讲，用十分钟的时间听。”交谈中要会倾听，首先不能随意打断对方的谈话，即使非常不赞同其观点，这是对谈话者的基本尊重；而且听时要认真专注，听其言，观其态，解其意；听时还要适时作出反应，或微笑，或点头，总之要让谈话者感到你是在认真地听而不是只做出了听的姿势。总之，倾听会使谈话更和谐、顺畅、投机。

拜访时间的把握也非常重要，不是拜访时间越长就表示越尊重，过犹不及。若拜访前已有时间约定，那么，务必在约定时间范围内结束拜访；若无时间约定的话，要以不影响对方其他安排为准则，视具体情况而定，如对方多次看手表，或有其他访客到来等情况，就应适时告辞。告辞时一般受访者都会挽留，但要坚定离意，告辞时不要忘记表达谢意。

拜访的礼仪会因人际关系密切程度不同而有所差别，关系一般的话则礼仪要讲究些、正式些；关系深的话则礼仪可简单些，但不能肆无忌惮，以防造成负面的“近因效应”。

三、待客

交往主体在人际交往中的角色是变化的，一时为拜访者，一时为受访者。作为拜访者时要注重拜访礼仪，作为受访者时则须注意待客礼仪。待客之礼贵在真诚，要贯穿待客的整个过程。首先，在客人到访之前要精心准备，仪表整洁大方、待客环境幽雅、待客用品齐备等，先为客人营造一个良好的硬环境。待约定时间到来之前，应到门口迎接客人，特别是初次来访或重要的客人；如果是远道而来的，则应该到车站、机场迎接，并握手表示欢迎。无论见到客人后的心情多么激动，多么迫不及待地想交流，都应先把客人让进门，否则，客人会误以为不受欢迎。

客人进屋后应请客人入座，要不然客人会很为难，不知该坐在哪里。客人入座后要及时热情地呈递上饮料、水果等待客用品。交谈是整个过程的重点，如果目的性很强的拜访，那么，在寒暄过后便直接进入主题；如果目的不明确，那么，可根据彼此的关系选择话题，避免宾主都无话可说的尴尬场面，主人有责任提供话题，不可冷场。不论是什么话题，不论是否同意客人的观点，都应该积极地倾听，表达尊敬之礼，然后再陈述自己的观点。整个过程要以客人为本，以客人为活动中心，自己的私事放在从属地位。待客过程中要热情盎然，达到“有朋自远方来不亦乐乎”的境界，为客人营造出一个优越的软环境，让客人真正感受到“宾至如归”。即使客人呆得时间较长也不能表现出不耐烦，或被认为是“逐客”的小动作，如频繁看手表等，更不能提出结束会客。

告别一般应由客人提出，在其提出告辞后要诚挚挽留，如果客人执意告辞的话，则应相送。相送的距离视具体情况而定，如果是“远朋”的话，最好送到车站、机场等地；如果是本地客人或熟人的话，送到门口即可，不过不能客人一出门口就立即关门，要在门口向客人挥手送别，等其走远后再关门。

如果客人有赠送礼物，则应主动迎上，面带笑容，双手接过礼物，并表诚挚谢意。获赠礼物后在条件允许的情况下最好当面拆开礼物，拆的动作要斯文，有条不紊，切不可表现得迫不及待。拆开后应进行适度称赞，可以用语言，也可以用动作，或语言加动作。不应进行负面评价，使客人尴尬，也不要吹捧得太离谱，使客人感觉不真诚。接收礼物要从表情、语言、动作各方面认真对待，让客人感受到对其礼物全方位立体式的尊重及对他本人的尊重。礼物赠送应有来有往，收到客人的礼物后最好回赠，当然回赠不能在接到礼物后马上进行，有应付之嫌，可以在客人临别时回赠，也可之后登门回拜时再送。待客礼仪可因人际关系的疏密而正式或简洁，但精髓不能简化。

张之洞送客

张之洞（1837～1909），字孝达，自号抱冰老人，人称张香帅，是清朝洋务派代表人物之一，主张“中学为体，西学为用”。他一生主要做了办新式教育、办实业和练新军三件大事。张之洞晚年的威望颇高，但不乏自命清高之嫌。有一天，一位布政使到张之洞的总督府拜访，公事谈完，布政使便向张之洞提出告辞，但张之洞将布政使送到厅门就停下了脚步，无意继续。此时，布政使察觉到张之洞的用意，遂对张之洞说：“请大帅多走几步，下官还有几句话要告诉你。”张之洞于是就陪布政使继续走，但都到了仪门了，还不见布政使开口，于是恼火地说：“你不是有话对我说吗？”布政使神情自若，行礼后说：“其实我只想告诉你，按照礼仪制度，总督应该将下官送到仪门，现在大帅既然已照规定把我送到了仪门，现在就请你留步吧！”张之洞听后很生气，但在送客礼仪面前，他只能“哑巴吃黄连——有苦说不出”了。

注：仪门指官衙府第大门之内的门，也指官署的旁门。

第三节　应酬礼仪与禁忌

人际交往中除了一对一的交往形式，也有一对多的交往形式，如参加宴会和舞会等。参与这样的交际应酬活动既能够拓展新的人际关系，也可以深化已建立的人际关系。当然，这样的效果是在遵循相应礼仪的前提下才能取得的，否则会适得其反。

一、宴会

宴会是现代非常重要的交际形式，一般是以用餐为媒介的交际活动。被邀赴宴是对自己的一种肯定，若没有特殊事情的话，应有邀必赴，若确实另有安排的话，要及时向邀请方解释并致歉。总之，无论是去还是不去，都应给出明确的答复，一经答复切勿随意变更。出席宴会要特别注重仪表，要根据宴会的性质选择恰当的着装，以示尊重。赴宴要准时，最好在宴会正式开始前到达，到达后主动向主人问候。

进入宴会厅后要按照邀请函上的桌次和座位就座，若邀请函没有明示的话，务必要在相关人员的引导下入座，切勿随意乱坐，否则会打破原有的安排，而给主人造成尴尬局面。入座后要注意坐姿，要端正，一般来讲，双手或放在桌上或相握放在腹前，不要把双手抱于脑后，也不要玩弄酒杯、碗筷等；双脚收拢放在自己的座位前面，不要越界乱伸，更不能大翘“二郎腿”，悠然自得。

要利用宴会开始前的时机广泛交际，力争多认识一些新朋友，扩大交际范围。当然在结交新朋友时也不能忽略旧朋友，新朋旧友都要交际，这是参加宴会最重要的目的。

宴会开始后一定要注意“吃相”，优雅的吃相给他人以好的印象，能够增强人际吸引力。进餐时要举止优雅自然，不要狼吞虎咽，也无须战斗风格，即使吃到兴头上也不能宽衣解带，仪表文明要自始至终；当然也不能走向另一个极端，唯唯诺诺，动作僵硬，甚至最后都填不饱肚子。进餐时不能只顾美味，而忘了交际，要时不时与周围人交谈，但在张口说话前要确保嘴里无食物，不要口含食物大声说话，以免有“喷饭”的“壮举”，最好开口前用餐巾把嘴角擦干净，以表交谈的诚意。

饮酒是宴会中不可缺少的环节，往往以敬酒方式来拓展新的人际关系及巩固已有的人际关系。敬酒碰杯时酒杯的位置要低于对方酒杯的位置，以示尊敬。相互敬酒往往将宴会推向高潮，在热烈的气氛中，更容易建立人际关系。饮酒只是交际的载体，到底宴会中饮多少酒为宜，要根据个人的具体情况，原则上以适度为佳，底线是濒临醉酒状态，如果醉酒后失言失态，之前的努力将随酒而去，前功尽弃。

宴会结束前如果没有紧急事务的话不要提前离席，给予所有参加宴会者以尊重。宴会结束后应主动向主人告辞并致谢，同时也要与新朋旧友依依话别。

二、舞会

舞会是现代社会生活中的一项重要活动，又称为交谊舞会。名称已彰显了它的交际功能，可充分利用舞会这一平台联络老朋友，结交新朋友，特别是异性朋友，扩大交际。舞会营造了优雅、轻松、和谐的氛围，使参与其中的人易于产生积极的情感，加之合乎礼仪的行为举止，便容易彼此形成人际吸引，进而建立良好的人际关系。

19 世纪维也纳舞会场景

舞会是正式而隆重的交际形式，仪表格外重要。女士一般化淡妆，穿晚礼服，整体搭配要自然美观；男士应保持头发和胡须的美观，不能头发凌乱，胡子拉碴的，服装方面最好是西装革履。舞会对着装有严格要求，不仅要整洁，而且要庄重，否则的话会降低身份，处于尴尬境地，难以邀到舞伴，无法拓展人际关系，失去参加舞会的意义。

舞会最重要的环节就是跳舞，但跳舞不能只跟自己带来的舞伴跳，要积极邀请他人跳，但不能反复邀请某人，这样不利于扩大交际。邀请跳舞要合乎礼仪，一般只能邀请异性跳舞，通常是男士主动邀请女士，邀请时要保持绅士风度，彬彬有礼，当然女士也可主动邀请男士。受邀请是对自己的肯定，原则上讲有邀必应，男士受邀务必应邀，女士受邀若确有不便应告知原因并诚意致歉，不能在刚拒绝后就接受他人的邀请，这会伤到前者的自尊心。在共舞过程中要保持举止文雅，彼此保持适当的距离，一曲舞结束后男士应将女士送回原位，总之要保持对舞伴的尊重。

舞会中跳舞只是交际手段，不是目的，因而，在舞曲间歇或休息时间寻找机会与老朋友交谈，深化已有人际关系，积极与想结交的人交谈，介绍自己，展示自己的人际吸引力，为之后的人际交往奠定基础。

第四节　涉外礼仪与禁忌

全球化时代，中外交流日趋频繁，时常有机会到其他国家去交际，就算乖乖呆在家门口有时候也得与外国人打交道，这都属于涉外交际(foreign communication)。在交际全球化下，有必要懂得涉外交际的基本礼仪规范，一般讲包括国际通用礼仪及特有禁忌。

涉外交际礼仪(foreign protocol)的基础是平等，不管是在国内还是在国外，也不管面对的是发达国家还是发展中国家甚至是贫穷落后国家的交际对象，都要以礼相待，不能刻意区分三六九等。涉外交际的一个客观现实是：不同国家民族的交际礼仪不尽相同，甚至有时截然相反。对此不能盲目地进行正确或错误判断，即不能以自己习惯的礼仪为标准对他国他民族的礼仪进行评价，要以良好的心态对待礼仪差异性，承认多样性，也就是对对方的尊重。尊重差异，更体现在对宗教礼仪和禁忌的尊重上，与有宗教信仰的对象交际时务必要尊重其宗教礼仪，千万不能触碰宗教禁忌，否则的话，交际势必受挫。世界三大宗教都有其禁忌，如佛教忌吃荤、忌饮酒；伊斯兰教忌食猪肉等，忌公共场合与妇女亲近；基督教在盛大宗教节日要斋戒等。

涉外交际时礼仪的运用要适度，由于中外文化上的差异，相似的礼仪在其运用上要把握好“度”。中国人在交际时以热情见长，热情容易引发积极情感，有利于交际的发展。“中国式”热情对于个体意识强烈的外国人来说可能就变成了“侵犯”，所以，涉外交际时热情要有度，关心、批评要把握分寸，保持合理的心理距离，同时还要保持恰当的空间距离，不贴近，不远离；中国人以谦虚为礼，涉及到自我评价时往往谦虚到自贬的程度。涉外交际中，特别是面对不了解中国文化的外国人不能过于谦虚，否则他们会真的认为事实就是你所说的那样，结果适得其反。涉外交际中的自我评价要谦虚有度，实事求是，敢于表达自己的优点。

涉外交际分两种情景：一是在中国与外国人交际，这种情景应用国际通用交际礼仪便可应对自如；二是在国外与当地人交际，这种情景只按照国际通用交际礼仪也能顺利交际，如果能“入乡随俗”，了解当地礼仪的话，会使对方备感亲切与尊重，人际关系无疑会向积极方向发展。其实，涉外交际的核心仍然是尊重，以尊重为基调就不会失礼。

你吃了吗？

“你吃了吗?”是中国人常用的一句问候语。这句问候语由来已久,古代粮食短缺,人们要经常饿肚子,因而,人们见面时常以“你吃了吗?”来表达关切。沧海桑田,现在中国人的生活水平突飞猛进,自然不会饿肚子了,但人们见面时还说:“你吃了吗?”其实,“你吃了吗?”已经失去了原初的内容指向,只有单纯的问候之意了,此话是意在形外。如果与不太了解中国文化的人,或更具体点讲,与不了解“你吃了吗?”真正意义的人见面时以这句话为问候的话,会引起诧异或误会。有的人会认为你觉得他没钱吃饭,是对他的贬低;有的会认为你要请他吃饭,如果他回答“没吃”,但你又没真请他吃饭,那么,他会认为你在骗他。所以,涉外交际的问候语不能以自己的习惯来选择,否则,轻则引起误会,重则交际破裂。涉外交际问候最好是在了解对方情况的基础上选择他们习惯的用语,如遇到英国人,就可以谈谈天气,这样会倍显亲切;否则的话,就用国际上通用的问候语,如“How are you”等,切忌滥用。

人际交往的具体礼仪其实就是人际交往礼仪基本原则的生活化、具体化,万变不离其宗。人际交往中的礼仪与禁忌可以说是问题的两个方面,遵循了礼仪也就回避了禁忌,同样回避了禁忌也算是遵循了基本的礼仪。因而,人际交往中,在注重交际礼仪的同时,也要关注交际的禁忌,特别是涉外交际、跨民族交际和涉宗教交际。人际交往中触及禁忌是大忌,关乎人际关系的建立与否、发展与否。但是,在交际实践中,禁忌纷繁复杂,不可能全部掌握,只需把握一条原则:“入境而问禁,入国而问俗,入门而问讳。”掌握交际的礼仪和禁忌,能够促成人际关系顺利建立,推动人际关系和谐发展。

本篇思考题

1. 用“自觉轮”对处于某一境况中的自我进行分析。
2. 在介绍自我时如何把握分寸?
3. 怎样才能做到适度地暴露自己?
4. 简述交往场上自我防卫的几种方法。
5. 如何克服人际交往中的恐惧心理?
6. 如何克制人际交往中的怒气?
7. 谈谈自我内在和外在优化的辩证关系。
8. 能否探知他人的内心世界?

9.怎样才能抓住说服的最佳时机?
10.如何通过摆事实来说服他人?
11. 运用苏格拉底技法应注意什么?
12.怎样做才能在批评中不伤他人自尊心?
13.拒绝他人的技法有哪些?
14.求助他人的技法有哪些?
15.如何端正说话的态度?
16.如何看待“见什么人说什么话”?
17.什么情况下说话要模糊?
18.什么情况下说话要委婉?
19.什么情况下说话要简略?
20.如何使你的说话做到生动形象?
21.如何使你的说话做到幽默风趣?
22.什么是封闭式发问和开放式发问?
23.做个高明的倾听者有何意义?
24.沟通时如何运用眼神?
25.打手势时应注意什么?
26.运用所学有关人际距离知识分析你的人际圈。
27.握手时应注意什么?
28.拜访时应注意什么?
29.待客时应注意什么?
30.跨文化交往时应注意什么?

主要参考文献

《马克思恩格斯选集》第1～4卷，人民出版社1995年版。

《列宁选集》第1～4卷，人民出版社1995年版。

《毛泽东选集》第1～4卷，人民出版社1991年版。

《毛泽东书信选集》，人民出版社1983年版。

《邓小平文选》第3卷，人民出版社1993年版。

《论“三个代表”》，中央文献出版社2001年版。

[英]弗兰西斯·培根著，何新译：《培根论人生》，上海人民出版社1983年版。

[法]卢梭著，高煜译：《论人类不平等的起源和基础》，广西师范大学出版社2002年版。

[法]卢梭著，李平沤译：《爱弥尔》上卷，商务印书馆1978年版。

[德]康德著，唐钺译：《道德形而上学探本》，商务印书馆1957年版。

[德]费希特著，梁志学译：《论学者的使命人的使命》，商务印书馆1984年版。

[德]费尔巴哈著，荣震华等译：《费尔巴哈著作选集》上卷，商务印书馆1984年版。

[德]黑格尔著，贺麟等译：《哲学史讲演录》第1卷，商务印书馆1959年版。

[德]尼采著，程志民译：《善恶之彼岸》，华夏出版社2000年版。

[德]哈贝马斯著，洪佩郁、蔺青译：《交往行动理论》第1卷，重庆出版社1994年版。

北京大学哲学系外国哲学史教研室编译：《西方哲学原著选读》上卷，商务印书馆1985年版。

[苏]F. M. 安德列耶娃著，李钊译：《社会心理学》，上海翻译出版公司1984年版。

[日]古畑和孝编，王康乐译：《人际关系社会心理学》，南开大学出版社1986

年版。

[日]齐藤勇著，弓海旺等译:《人际关系心理学》，中国和平出版社 1987 年版。

[美]海伦·H·克林纳德著，李飞等译:《人际关系成功之道》，北京体育学院出版社 1987 年版。

[美]戴尔·卡耐基著，林轸甫译:《人性的弱点》，国际文化出版公司 1987 年版。

[美]朱迪·C·皮尔逊著，陈金武、朱家麟、黄星民译:《如何交际》，湖南人民出版社 1987 年版。

[美]朱利·法思特著，陈钰鹏编译:《人体语言》，上海文化出版社 1988 年版。

[美]罗伯特·A·雷维奇、巴巴拉·怀顿著，邵燕燕编译:《人际关系的测试和调整》，上海文化出版社 1988 年版。

[奥地利]赫·舍克著，王祖望、张田英译:《嫉妒论》，社会科学文献出版社 1988 年版。

[英]道格拉斯·W·贝斯黑莱姆著，邹海燕、郑佳明译:《偏见心理学》，湖南人民出版社 1989 年版。

[美]唐·库什曼等著，宋晓亮译:《人际沟通论》，知识出版社 1989 年版。

[美]理查德·L·威瓦尔著，赵微等译:《交际技巧与方法》，学苑出版社 1989 年版。

[美]R. M. 霍杰茨著，吴德庆等译:《工作中的现代人际关系学》，中国人民大学出版社 1989 年版。

[苏]尼基塔·谢·赫鲁晓夫著，述弢等译:《赫鲁晓夫回忆录》，社会科学文献出版社 2006 年版。

[美]卡耐基著，陈宏译:《赢得朋友》，学林出版社 2007 年版。

S. Penrod, *Social Psychology*. Prentice-Hall, Inc. , 1983.

J. L. Freedman et al. , *Social Psychology*. Prentice-Hall, Inc. , 1985.

R. J. Sternberg, A Triangular Theory of Love. *Psychol. Rev.* , 1986, p. 93.

R. B. Adler et al. , *Interplay, The Process of Interpersonal Communication*. Holt, Pinehart & Winston, 1986.

L. L. Barker, *Communication*. Prentice-Hall, Inc. , 1987.

A. H. Maslow, *Motivation and Personality*. Harper & Row, 1987.

P. Marsh, *Eye to Eye, How People Interact*. Topsfield, MA: Salem House, 1988.

R. Sternberg & C. Whitney, *Love the Way You Want It: Using Your Head in Matters of the Heart*. Bantam,1991.

A. Aron, E. N. Aron & D. Smollan, Inclusion of other in the Self Scale and the Structure of Interpersonal Closeness. *Journal of Personality and Social Psychology*, 1992, p. 63.

D. G. Myers, *Social Psychology*. The McGraw-Hill Companies, Inc., 1993.

F. Luthans, *Organizational Behavior*. The McGraw-Hill Companies, Inc., 2002.

J. G. Richard & G. Z. Philip, *Psychology and Life*. Pearson Education, Inc., 2004.

人民出版社马列著作编辑室编:《列宁的风格》,人民出版社 1985 年版。

车文博主编:《心理学原理》,黑龙江人民出版社 1986 年版。

时蓉华编著:《社会心理学》,上海人民出版社 1986 年版。

杨宗、聂嘉恩、郭全盛主编:《中国实用人际关系大全》,上海文化出版社 1986 年版。

王雷等:《人际关系基础》,辽宁大学出版社 1987 年版。

姚平:《人际关系学概论》,陕西人民出版社 1987 年版。

曹杰编著:《行为科学》,科学技术文献出版社 1987 年版。

俞文钊:《领导心理学》,上海人民出版社 1987 年版。

王安平主编:《领导关系学》,黑龙江人民出版社 1988 年版。

黄希庭、徐凤姝主编:《大学生心理学》,上海人民出版社 1988 年版。

邵伏先:《人际交往心理学》,重庆出版社 1988 年版。

高友德主编:《青年交往心理学》,湖南人民出版社 1988 年版。

钟坚等:《社会沟通论》,浙江教育出版社 1988 年版。

熊守海等:《神奇的交际艺术》,武汉出版社 1988 年版。

郑永廷主编:《人际关系学》,中国青年出版社 1988 年版。

金马:《生存智慧论》,知识出版社 1988 年版。

申笑梅等:《中国人际关系》,山西人民出版社 1989 年版。

穆怀中等:《协调人际关系的艺术》,山西人民出版 1989 年版。

袁振国等:《交往的艺术》,天津人民出版社 1989 年版。

史仲文、徐慕坚:《人际关系学》,书目文献出版社 1989 年版。

臧乐源等主编:《人际关系学》,天津人民出版社 1990 年版。

周向军主编:《待人处世的学问》,济南出版社 1990 年版。

高慎盈:《体语之谜》,天津人民出版社 1990 年版。

刘凤舞:《列宁传》,江苏人民出版社 1991 年版。

王永胜、张伟主编:《毛泽东的艺术世界》,山东大学出版社 1991 年版。

袁贵仁:《人的素质论》,中国青年出版社 1993 年版。

郑日昌主编:《大学生心理珍断》,山东教育出版社 1996 年版。

章志光主编:《社会心理学》,人民教育出版社 1996 年版。

宋一秀、杨梅叶:《毛泽东的人际世界》,中央文献出版社 2000 年版。

张翼星等:《读懂列宁》,四川人民出版社 2001 年版。

李谦编著:《现代沟通学》, 经济科学出版社 2002 年版。

周向军:《人际关系学》(修订本),云南人民出版社 2003 年版。

邹海燕、柳礼泉、张君编著:《社会心理学》,湖南大学出版社 2003 年版。

孔燕主编:《微笑成长》,安徽人民出版社 2003 年版。

宋专茂、丁霞编著:《大学生心理健康测量与导向》,暨南大学出版社 2005 年版。

李家龙等编著:《人际沟通与谈判》,立信会计出版社 2005 年版。

朱士群等:《阶级意识、交往行动与社会合理性:西方马克思主义社会政治理论的现代性话语》,中国科学技术大学出版社 2005 年版。

郑杭生等主编:《马克思主义社会学史》, 高等教育出版社 2006 年版。

陈国海编著:《组织行为学》, 清华大学出版社 2006 年版。